FISCHER

TORSTEN KÖRNER

Die Familie Willy Brandt

FISCHER

FSC
www.fsc.org
MIX
Papier aus verantwortungsvollen Quellen
FSC® C083411

Erschienen bei FISCHER

Übersetzungen aus dem Norwegischen:
Hanne Hammer, Daniele Stilzebach

Satz: Dörlemann Satz, Lemförde
Druck und Bindung: CPI books GmbH, Leck
Printed in Germany
ISBN 978-3-10-040407-7

Für Mai

Inhalt

An Gräbern stehen

Im Sommer 1980 trat Willy Brandt das erste Mal öffentlich vor die Bürger Unkels. Er wirkte entspannt, das sonst oft melancholisch verquollene Gesicht war gestrafft. Die Schwermut auf Diät gesetzt, ein heiteres Lächeln glättete die Züge. Die kleine Rotweinstadt am Rhein in der Nähe von Bonn feierte den einhundertsiebzigsten Geburtstag des Freiheitsdichters Hermann Ferdinand Freiligrath, der von 1838 bis 1840 in Unkel gelebt hatte. Hier am Rhein hatte sich Brandt 1979 nach der Trennung von seiner zweiten Ehefrau Rut niedergelassen. Ein neues Kapitel seines Lebens sollte hier aufgeschlagen werden. Hier würde er noch einmal lieben, noch einmal heiraten, hier würde er das erste Mal überhaupt ein Haus bauen, in dem er 1992 schließlich sterben sollte.

Die Menschen standen dicht an dicht auf dem schmalen Marktplatz, der von geduckten Fachwerkhäusern eingezwängt war. Den populären Politiker wollten sie sehen, ihm galt ihre Neugier. An diesem Tag, dem 17. Juni 1980, war Willy Brandt 66 Jahre alt und glücklich, am Leben zu sein. Das Bewusstsein der eigenen Endlichkeit drängte gerade an diesem Festtag scharf und schneidend heran. Brandts Leibwächter indes merkten davon nichts, Gefühle fielen nicht in ihren Zuständigkeitsbereich. Der Unkeler Schriftsteller Leonhard Reinirkens hatte unmittelbar vor dem prominenten Mitbürger gesprochen und sich deshalb redlich bemüht, Freiligrath als politischen und revolutionär gestimmten Dichter herauszuarbeiten. Doch dann trat Brandt ans Rednerpult, dankte seinem Vorredner kurz und bemerkte lächelnd, man möge doch bitte nicht vergessen, dass Freiligrath auch sehr schöne Liebesgedichte geschrieben habe. Dann nahm er sich zur Verblüffung des Publikums, das eher Wahlkampftöne erwartet hatte, die Freiheit, eine Freiligrath-Strophe zu rezitieren: »O lieb', so lang du lieben kannst!

O lieb, so lang du lieben magst! Die Stunde kommt, die Stunde kommt, wo du an Gräbern stehst und klagst.«

Ein kurzer still-beklommener Moment, vorbei.

Fünf Monate später nahm Brandt auch formell Abschied von seinem alten Leben, jetzt wurde auf Papier bekundet, was im Leben längst besiegelt war. Am 16. Dezember 1980 wurden Rut und Willy Brandt nach 32 Jahren Ehe geschieden. Es waren die wichtigsten Jahre in ihrem Leben. Sie waren miteinander jung gewesen, sie hatten einander genügt, wie man sich nur im Gefühl der sicheren Liebe genügen kann, sie hatten ihre drei Kinder aufwachsen sehen und waren ein glanzvolles, ein sich bestärkendes und miteinander wachsendes Paar gewesen. Sie war die Frau an der Seite des Mannes, der aus dem Exil heimgekehrt war, sie war die Frau des Regierenden Bürgermeisters, sie war die Frau des SPD-Parteivorsitzenden und Kanzlerkandidaten, sie war die Frau des Außenministers, schließlich die des Bundeskanzlers und auch die Frau des Friedensnobelpreisträgers. Sie liebte, sie war loyal, eine Ja-Sagerin war sie nicht, keine Erfüllungsgehilfin, keine, die nur abnickte, was er sagte und tat. Sie hatte ihren eigenen Kopf, auch dafür hatte er sie einst mehr als geschätzt. Doch zuletzt teilten sie nur noch das Gefühl, den anderen nicht mehr zu erreichen, nicht mehr zu verstehen.

Am Tag ihrer Scheidung in Bonn lachten sie ein letztes Mal miteinander, tranken in der Wohnung ihres Sohnes Lars ein Glas Wein, dann gingen sie auseinander. Doch dieser Tag war nicht, wie es Rut Brandt erhofft hatte, der Tag, an dem ihre Freundschaft begann, sondern nur ein schwer lastendes, unversöhnliches, nachtragendes, verletzendes Schweigen. Rut und Willy Brandt sprachen nie wieder miteinander und sahen einander nur noch im Fernsehen.

Willy Brandt starb zwölf Jahre später am 8. Oktober 1992. Rut Brandt war weder zum klirrend-kühlen Staatsakt im Reichstag noch zur anschließenden Beerdigung auf dem Zehlendorfer Waldfriedhof eingeladen worden. Die Söhne Peter, Lars, Matthias und Brandts Tochter Ninja aus erster Ehe folgten dem Sarg, vor ihnen Brigitte Seebacher-Brandt, Willy Brandts dritte Gattin, und Helmut Kohl. Der Staat und seine Repräsentanten, die Partei und ihre Genossen hatten den Toten ganz zu ihrem Toten gemacht. Familie als Randnotiz. Wolf-Rüdiger Knoche, ein Jugendfreund von Peter Brandt, beobachtete: »Bei der Beerdigung ist mir aufgefallen, aufgegangen, dass die Partei Brandts Familie war. Ich habe noch nie in meinem Leben einen Mann so weinen sehen wie Holger Börner.«

Rut Brandt starb am 28. Juli 2006 in Berlin. Sie war schon seit längerer Zeit krank gewesen, Namen und Gesichter waren ihr entglitten, Zeiten und Bilder waren verloren, ihre Erinnerungen porös geworden. »Rut Brandt litt an Alzheimer« meldeten die Zeitungen. In ihrer Todesanzeige las man einen Sinnspruch des norwegischen Nationaldichters Bjørnstjerne Bjørnson: »Es gibt Sonne genug, es gibt Acker genug. Hätten wir nur der Liebe genug.« Auch Rut Brandt wurde auf dem Zehlendorfer Waldfriedhof in Berlin beigesetzt. So liegen die Eheleute getrennt und doch beisammen. Das Grab des Bundeskanzlers befindet sich an einem breiten Hauptweg. Gleich auf der Rückseite liegt die Grabstätte des Berliner Bürgermeisters Ernst Reuter, der für den jungen Heimkehrer Willy Brandt eine Vaterfigur wurde. Rut Brandts Grab hingegen ist nicht so leicht zu entdecken. »Fahren Sie mir mal nach, sonst finden Sie es nicht«, sagt der Friedhofsmitarbeiter, steigt in sein Auto und fährt los. Ich steige auf mein Rad. Es ist ein regnerischer und kalter Apriltag, kaum eine Menschenseele verliert sich auf dem riesigen Areal. Birken säumen still und winterstumm die Wege. Von dem breiten Weg zweigt ein schmaler Pfad ab. Hier hält das Friedhofsfahrzeug, auf dessen Ladefläche allerlei Erdwerkzeuge lagern. Der Mann steigt aus, winkt mir wortlos, ich folge. Er zeigt auf einen unscheinbaren Stein, steckt die Hände in die Taschen und überlegt. Dann sagt er: »Das ist das erste Mal, dass jemand nach ihrem Grab fragt. Er liegt da hinten, das haben Sie ja gesehen, und sie liegt hier. Was macht das Leben?« Er sieht mich dabei nicht an. »Bei ihm ist das anders!«

»Was ist anders?«, frage ich.

»An seinem Todestag kommen hier ganze Busladungen an. Das sind meistens Genossen, die zu seinem Grab pilgern. Da liegen dann die Blumen. Blumenberge. Meistens Nelken. Das war doch seine Blume oder?«

»Ja«, antworte ich, »Nelken und Rosen!«

Auf Willy Brandts Grabstein findet sich nur sein Name.

Die Welt kennt Willy Brandt, doch wer kennt seine Welt? Die SPD, seine Partei, war nur eine seiner Welten. Für viele Genossen aus entfernteren Provinzen ist der Besuch an dem Grab des legendären Parteivorsitzenden auch heute noch ein fester Programmbestandteil ihrer Berlinvisite. Aufstellung nehmen, Haltung zeigen, ein ernstes Gesicht hissen, Blumen ablegen, kurzes Innehalten, Foto. Es ist ein öffentliches Grab, eine kollektive Gedenkstätte. Rut Brandts Grab dagegen bleibt privat. Matthias hat es bepflanzt und einen Erinnerungsstein, den Peters Frau Antonia aus Norwegen mitgebracht hatte, auf das Grab gelegt. Der Stein diente in ihrem Ferienhäuschen, ihrer Hütte, die stets ein Knotenpunkt des familiären Lebens gewesen ist, als Türstopper.

Heimatstein.

Tote und Lebende werfen einander Fragen zu. Es ist selten still an Gräbern, es ist viel lauter, als man denkt. An Gräbern streiten Geschichten, an Gräbern geht die Zeit mit sich selbst ins Gericht. An Gräbern finden und verlieren sich Familien. Hier beginnen das »Ich«, das »Du«, das »Ihr« und das »Wir« ihre komplizierten Verhandlungen. An Gräbern schneiden sich alle ins eigene Fleisch.

Wie verschlug es die Norwegerin Rut Brandt, das »Arbeitermädchen aus Hamar«, nach Berlin? Warum fand Willy Brandt, der proletarische Junge aus Lübeck, seine letzte Ruhe auf dem Berliner Waldfriedhof? Woran ist diese Ehe zerbrochen, und warum fand Willy Brandt keine Worte mehr für seine Ex-Frau? Und was ist das für eine Familie im Schatten der Macht gewesen? Welche Wege sind die Kinder gegangen, welche Wege mussten sie gehen? Während der Vater durch seine geheimnisumwitterte Herkunft und unsichere Kindheit eine soziale Bindegewebsschwäche ausprägte und als belastendes Lebensgepäck mit sich trug, fand die Mutter trotz einer entbehrungsreichen Kindheit familiären Halt und Geborgenheit. Beide, Rut und Willy Brandt, waren ohne Vater aufgewachsen, doch erlebten sie zu Hause einen sehr unterschiedlichen Umgang damit und zogen daraus unterschiedliche

Rut und Willy Brandt setzen Zeichen. An Heilig Abend 1959 stellen sie Kerzen in ihr Fenster, um den Gedanken der deutschen Einheit wachzuhalten. Damit folgen sie, wie viele andere Bundesbürger, einem Aufruf des Kuratoriums Unteilbares Deutschland.

Schlüsse. Während Ruts früh verstorbener Vater in den Erzählungen ihrer Mutter zu einer liebenswerten und tadellosen Märchengestalt wurde, blieb der Vater von Willy Brandt verschwunden, unsichtbar und wurde selbst dann noch totgeschwiegen, als ihn der Sohn durch forschendes Fragen zum Leben hätte erwecken können. Brandts Vater war ein »Flüchtling«, ein »Verräter« und »Treuloser«, Ruts Vater hingegen war ein »Unglücklicher«, ein »Unvergleichlicher«, den die Krankheit – er starb an Tuberkulose – aus dem Leben und aus seiner Familie riss. Ihm war nichts, Brandts Vater hingegen alles vorzuwerfen. Grabsteine – betrachtet man sie nur lang genug und liest ihre Zeichen – werden zu Fragezeichen.

Ich verlasse den Friedhof. Der Regen hat aufgehört. Ein kleiner Bagger hebt ein Grab aus. Auf dem Rückweg fahre ich durch die Marinesiedlung am Schlachtensee, hier lebte die Familie Brandt von 1949 bis 1964 in einem bescheidenen Reihenhaus. Von dort aus ist es nicht weit in den Grunewald, wo der Regierende Bürgermeister und seine Familie in einer vom Senat gekauften Dienstvilla lebten, ehe die Brandts 1967 nach Bonn umzogen. Und zuletzt schaue ich noch am Schöneberger Rathaus vorbei, dieser »großen, steinernen Schachtel«, dort, wo Brandt von 1957 bis 1966 als Berliner Bürgermeister gewirkt hatte, wo Rut ein- und ausgegangen war, wo die Kinder ab und an in seinem dunklen Amtszimmer vorbeigeschaut hatten.

Berlin, so viel ist klar, wird in dieser Geschichte keine geringe Rolle spielen. Matthias und Peter Brandt haben es nicht weit zum Grab ihrer Eltern, wenn sie in Berlin sind. Lars lebt in Bonn und Ninja in einem Außenbezirk von Oslo. Doch die Entfernung, die jemand zum Grab seiner Eltern einnimmt, bemisst sich nicht in Kilometern.

Auf der Fahrt durch die Stadt habe ich Zeit, über die Brandts, ihre Gräber und ihre Geschichte nachzudenken. Das, was jemand in der Öffentlichkeit über seine Beziehung zu den Gräbern seiner Eltern sagt, verdient besondere Beachtung, denn hier setzt jemand ein Signal: So will ich meinen Dialog mit den Toten verstanden wissen, so stehe ich ohne euch in der Welt. An Gräbern sucht man Wahrhaftigkeit und Wege zu sich selbst, denen man trauen möchte. Die Konfrontation mit dem Grab wird als beglaubigtes Echtheitssiegel der eigenen Empfindung verstanden.

In seinem Erinnerungsbuch »Andenken«, es erschien 2006 und wurde sofort ein Bestseller, in dem sich Lars Brandt mit seinem Vater und fremden wie eigenen Vaterbildern auseinandersetzt, stößt man auf eine Passage, die einen Besuch am Grab des Vaters schildert:

»Ich suchte nach seinem Grab, dessen Lage sich mir bei der Beerdigung, dem langen Gang durch flankierende Polizistenreihen, nicht eingeprägt hatte. Gleich mir fanden andere Leute, die mir unbekannt waren, auf dem weiten Areal die Stelle, wo er beigesetzt ist; sie legten Blumen an den Rand; Nelkensträußchen, die selber nicht gerade lebendig aussahen.

Ich stand an seinem Grab, aber hatte nicht das Gefühl von mehr Verfügungsgewalt über den, der in ihm liegt, jetzt, da er sich nicht mehr zu wehren vermochte. Er gab, was er zu geben hatte, auf seine Art.«

Hier wird deutlich, dass der Sohn selbst in so einem intimen Augenblick wie dem Friedhofsgang das eigene Erleben mit anderen, ganz fremden Menschen teilen und seinen eigenen Standpunkt daher behaupten muss. Schon die Beerdigung, ein öffentlicher Akt, ließ kaum zu, sich die Lage des Grabes einzuprägen. Auch deshalb ist mindestens ein zweiter Gang nötig, um einen eigenen, nicht entfremdeten Weg zum Grab zu finden. Doch der Tote ist dem Sohn, dem Überlebenden, jetzt nicht ausgeliefert, und der Sohn fühlt nicht mehr »Verfügungsgewalt« über den Mann, der sich nicht mehr wehren kann. »Verfügungsgewalt«? Ein merkwürdiges Wort, um eine Beziehung zwischen Personen, Lebenden oder Toten, zu charakterisieren. Über jemanden verfügen, eine »Verfügungsgewalt« über jemanden besitzen, ist das Wunsch oder Widerwille? Und noch am Grab findet der Sohn einen Charakterzug seines Vaters bestätigt. Die Art des Vaters, sich hinzugeben, war eine besondere, ihm eigene, die sich dem Begehren anderer, ihren Verfügungswünschen und Nähe-Ersuchen widersetzte. Was er gab, wenn er gab, gab er auf seine Art. Wer das nicht akzeptierte, auch das ist eine Flaschenpost dieser Schilderung, ging leer aus. Der Sohn, Lars, akzeptiert diese Eigenheit des Vaters und behauptet so gegen alle anderen öffentlichen und privaten Brandt-Sucher seine eigene, ihm gemäße Verbundenheit mit dem Vater.

Von Matthias Brandt ist ein anderer Ton überliefert, ein anderer Blick, eine andere Art, seinen Besuch am Grab der Öffentlichkeit mitzuteilen. Nachdem Matthias Brandt in dem zweiteiligen Fernsehfilm »Im Schatten der Macht« im Jahr 2003 ausgerechnet den Kanzlerspion Günter Guillaume spielte, jenen Mann, über den sein Vater gestürzt war, wird er einer der gefragtesten Schauspieler des Landes. Hätte ein Drehbuchautor diese Vater-Sohn-Konstellation erfunden, hätte man ihm diese Wendung der Geschichte kaum abgenommen. Der Kanzlersohn wird zum Schauspieler und brilliert in der Rolle jenes biederen Stasi-Agenten, der seinen Vater ausspionierte? Ham Sie's nich 'ne

Nummer kleiner? Ein bisschen realistischer? Stärker als zuvor wird wegen dieser romanhaften Wendung jetzt auch das Privatleben von Matthias Brandt für die Medien interessant: Es erscheinen zahlreiche Porträts über den jüngsten Sohn des Politikers. Im Januar 2009 publiziert der »Stern« ein Porträt unter dem Titel »Der Verstörende«. Die Reporterin Ulrike Posche begleitet den Schauspieler für einen Tag in seinem Berliner Leben. Zum Abschluss des Gesprächs fährt Matthias Brandt mit der Journalistin zum Waldfriedhof. Warum? Der Schauspieler ist ein ungemein zuvorkommender, höflicher Mensch. Will er der Journalistin entgegenkommen, weil er weiß, dass sie nach intimen Einblicken sucht? Ist es ein spontaner Einfall, eine intime Geste oder eine kleine Inszenierung? Ulrike Posche schildert den Gang zum Friedhof folgendermaßen: »Sollen wir noch eben bei Rut und Willy vorbeigehen?«, fragt Matthias Brandt. Dann stoppt er seinen tomatensaftroten Mercedes 200, Baujahr 81, vorm Zehlendorfer Hauptportal. Er schnürt den Weg hinauf, zeigt auf Ehrengräber links und Ehrengräber rechts. Hier Hildchen Knef, da Ernst Reuter, dort Günter Pfitzmann. Nach kurzer Strecke steht er vor seinem Vater. »Und wieder 'ne einzelne Rose drauf«, singsangt er und keckert ein brüchiges Matthias-Brandt-Lachen, »hat noch viele Verehrer, unser Willy. Und Verehrerinnen.« Matthias Brandt zeigt sich hier betont offen, locker und »unverkrampft«. Er sagt »unser Willy«, und damit verlässt er den ausschließlich familiären Standort. Willy gehört allen, nicht nur mir. »Unser Willy«, das ist die öffentliche Figur, der kultisch verehrte Politiker, das überparteiliche Vorbild. Klingt aber »unser Willy« vielleicht auch verächtlich, herablassend oder bitter? Nein, meint die Reporterin, es klingt nur »ein bisschen ironisch, vielleicht auch verlegen«. Was der Schauspieler wirklich meint, wenn er am Grab des Vaters von »unserem Willy« und seinen Verehrern spricht, bleibt in der Schwebe, wird durch den halb ironischen, halb verlegenen Tonfall in einer unbestimmten Vieldeutigkeit belassen. Distanz, Gelassenheit, verborgene Missbilligung, Humor, Zuneigung? Vieles ist denkbar, aber wirklich bestimmbar ist nichts. Einerseits gewährt der Schauspieler scheinbar freizügig Einblick in die Vater-Sohn-Beziehung, andererseits liefert er keine eindeutigen Lesarten und hüllt sich in verschwiegene Beredsamkeit.

Zwischentöne beherrscht der Schauspieler Matthias ebenso wie sein Bruder Lars.

Tochter Ninja und Peter Brandt haben sich noch nicht öffentlich über das Totengedenken geäußert. Ich werde versuchen, sie zu fragen, welche Wege sie zum Grab führen und ob sie mit den Toten Zwiesprache halten.

Der Dialog mit den Toten, der ja überall und nicht nur an Gräbern stattfinden kann, gehört zu einer Familie, weil er das Gestern und Heute verknüpft, weil in ihm die Fragen aufgeworfen werden, die eine Familie bewegen. Die vorliegende Familiengeschichte versucht jedoch nicht, den Faden der Erzählung enger zu knüpfen, als das Gewebe zwischen den Mitgliedern der Familie tatsächlich gewesen ist. Irgendwann geht jeder eigene Wege, irgendwann ist jeder allein unterwegs, mag er auch noch so sehr sich gebunden fühlen oder gebunden sein. Die Familie Brandt, die Familie Willy Brandt wurde nicht von einem Bundeskanzler regiert, und sie soll hier auch nicht dazu dienen, Willy Brandt über krumme Wege durch Küche, Bad und Bett als Mensch auf die Schliche zu kommen. Familien lassen sich nicht auf einen Namen und Nenner bringen, und wenn man fünf Kinder die Geschichte ihrer Familie erzählen ließe, bekäme man vermutlich fünf sehr unterschiedliche Versionen zu hören.

Diese Familiengeschichte soll daher in besonderem Maße offen sein für Fragmente, rivalisierende Einschätzungen, Leerstellen, Entwicklungssackgassen und abgerissene Fäden. Im Zentrum des Buches steht nicht Willy Brandt, obwohl die Gravitation seiner Ämter und seiner Persönlichkeit die Familie natürlich in besonderer Weise gefesselt und bewegt hat. Vielmehr möchte ich die Geschichte von verschiedenen Seiten anpacken, möchte da und dort den Kindern stärker folgen als dem Vater, möchte hier länger bei der Ehefrau und Mutter verweilen oder scheinbar über Gebühr von einem Freund oder Feind der Familie berichten. Dahinter verbirgt sich auch die Überzeugung, dass zu einer Familie immer mehr Menschen gehören als nur Vater, Mutter, Kind. Der »Onkel« Herbert Wehner wird eine Rolle spielen oder auch die alte »Tante« SPD, aber auch ein Nachbar kann dazugehören, ein Modeschöpfer, ein Hausmädchen, ein Fotograf, ein falscher

Freund. Wahlverwandtschaften aller Art sollen hier ihre berechtigte Rolle spielen.

Das Buch wird auch von Begegnungen berichten, von Erlebnissen während meiner Recherche. Ab und an sage ich »Ich«, aber nicht um von mir zu erzählen, sondern um das Zustandekommen des Berichts, seine Gebundenheit und seine Herkunft zu verdeutlichen. Eine Familiengeschichte verträgt keinen allwissenden, allmächtigen Erzähler. Wo sich etwas nicht fügt, fügt es sich nicht. Man wird hier vieles, aber sicherlich nicht »alles« erfahren. Wer »alles« wissen will, muss Sterne lesen.

Der Verlassene

Vom ersten Tag seines Lebens an ist Willy Brandt ein Verlassener. Er wird geboren in ein Familienpuzzle, in dem viele Teile fehlen und in dem das, was vorhanden ist, zusammenzulegen niemand versuchen wird, er am allerwenigsten. Familienfragmente wohin man blickt, abgerissene Fäden, kein familiäres Kontinuum in Raum und Zeit. Als Willy Brandt am 18. Dezember 1913 um 11 Uhr 45 in Lübecks Arbeitervorstadt St. Lorenz als Herbert Ernst Karl Frahm geboren wird, begrüßt ihn kein einträchtig lächelndes Doppelgesicht über der Wiege. Nur die Hebamme Luise Lotzow steht der neunzehnjährigen Martha Frahm in der kargen Dreizimmerwohnung zur Seite. In der Geburtsurkunde bleibt der Name des Vaters ungenannt, Herbert Frahm ist ein unehelich geborenes Kind. Damit ist dem Knaben bereits mit der Geburt der »Urmakel, diese Idioten-Erbsünde« (Heinrich Böll) der bürgerlichen Gesellschaft mit ins Lebensreisegepäck geschnürt, ein Stigma, das ihn lebenslänglich begleitet. »Über meinen Vater«, schreibt Willy Brandt in seinen Erinnerungen, »sprachen weder Mutter noch Großvater, bei dem ich aufwuchs; dass ich nicht fragte, verstand sich von selbst. Und da er so offenkundig nichts von mir wissen wollte, hielt ich es auch später nicht für angezeigt, die väterliche Spur zu verfolgen.« Wo der Vater fehlt, fehlt schon mal die Hälfte einer Familie. Kein stolzes Paar nimmt sich des Jungen an, keine Schar von Tanten und Onkeln reicht den Jungen von Arm zu Arm. Und wo sind die Großeltern mütterlicherseits? Wilhelmine Frahm stirbt 1913 kurz vor der Geburt ihres Enkelkindes, und der Stiefgroßvater Ludwig Frahm zieht 1914 in den Krieg. Den Enkel lernt dieser vorerst nur auf Fotografien kennen, die ihm seine angenommene Tochter ins Feld schickt. Herbert im hellen Kleidchen wie ein Mädchen, Herbert im Marine-Dress als kleiner Matrose. Martha Frahm ist in den ersten Jahren als Mutter auf sich allein gestellt, ihr

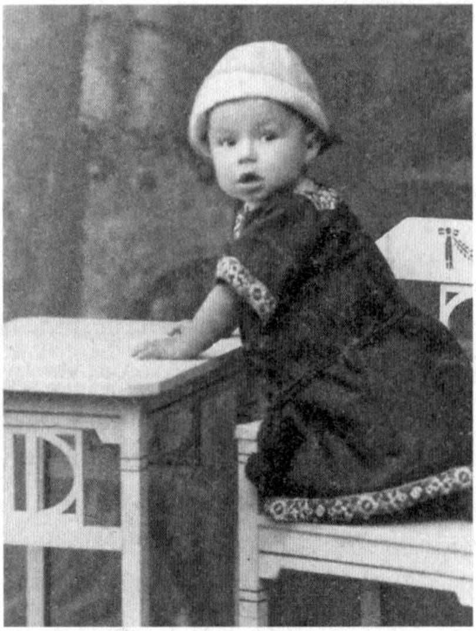

Willy Brandt im Alter von 9 Monaten (1914).

Sohn wird von Nachbarn mitversorgt, weil sie als Verkäuferin arbeiten muss, dreizehn, vierzehn Stunden am Tag.

An dem Sohn vollzieht sich, was bereits die Mutter erlebte, denn auch sie wurde unehelich geboren und hat ihren leiblichen Vater nie kennengelernt. Somit ist der Großvater des Jungen, zu dem er Papa sagen und der noch in seinem Abiturzeugnis als Vater firmieren wird, gar nicht sein leiblicher Großvater. Und als der Großvater, bei dem er überwiegend lebt und aufwächst, noch einmal heiratet, bekommt der Junge eine Stiefgroßmutter, die er nicht ausstehen kann und »Tante« nennt. Dass der geliebte Großvater gar nicht sein leiblicher Großvater ist, wird Willy Brandt 1934 von seinem Onkel Ernst mitgeteilt (der wiederum »nur« der Halbbruder seiner Mutter ist). Mit dieser Nachricht sei, so schreibt Willy Brandt in seinen Erinnerungen, das »familiäre Chaos« um ihn herum vervollständigt worden. Dazu passt noch, dass auch er einen Halbbruder bekommt, denn seine Mutter heiratet 1927 den Maurerpolier Emil Kuhlmann, den Stiefvater nennt Willy »Onkel«. Von Emil stammt Martha Frahms zweiter Sohn Günter. Da dieser jedoch erst 1928 zur Welt kommt, wächst Willy Brandt wie ein Einzelkind auf. Und als sei dieser familiäre Flickenteppich nicht schon löchrig genug, nimmt sich der Mensch, den er bislang als den verlässlichsten kennenlernte, der ihm die meiste Orientierung bot, das Leben. Ludwig Frahm schießt sich 1936 eine Kugel in den Kopf, krank, verzweifelt, hoffnungslos. Sein Enkel, der schon nicht mehr seinen Namen trägt, erhält die Nachricht im Exil in Norwegen.

Verlassenheit ist also eine zentrale Erfahrung in Willy Brandts Kindheit und Jugend. Es fehlt an bergenden Mächten, es fehlt an familiärem Zuspruch, es fehlt an zustimmenden, bekräftigenden Instanzen. Es ist eine unbehauste Jugend, die Ich-Identität des jungen Mannes ist fragmentarisch, disparat, emotional zerfranst, sie hat sich nicht in Übereinstimmung oder im Widerspruch zu einem familiären Kollektiv entwickeln können. Charakterbildende Konflikte hat der Junge mit sich selbst ausgetragen, ohne Widerpart ist das ein schwieriges Geschäft. Der unbehauste, der verlassene Junge baut sich ein Nest auf den Schultern, eine Dachstube, in die er einzieht, die er ein Leben lang mit sich herumtragen wird. Im Haus des Großvaters bezieht der Junge eine Dachkammer, ein Privileg in seiner proletarischen Jugend. Hier hat er die Chance, die existentielle Verlassenheit zu nobilitieren, aus der Not eine Tugend, aus dem Leiden Gewinn, vielleicht Genuss zu schmieden. Lesen, schreiben, sich bilden, das Ich phantasievoll formen und umformen. Er verinnerlicht die Dachkammer, sie ist sein Ich-Raum, den er braucht, um sich im Gespräch mit sich selbst wieder zur Welt zu bringen und sich an den eigenen Haaren aus allen Tiefen und Sümpfen zu ziehen.

Wo familiärer Zuspruch fehlt, wo die Familie als Ordnungs- und Orientierungsrahmen ausfällt, übernehmen im besten Falle andere Instanzen diese stabilisierende Funktion. Willy Brandt wird in den Sozialismus hineingeboren, in die SPD, oder genauer noch, er wird der Obhut der sozialdemokratischen Arbeiterbewegung übergeben, in der auch Mutter und Großvater ein geistiges Obdach und emotionale Heimat gefunden haben. Das geben sie an ihren Jungen weiter. Er kann kaum laufen, da stecken sie ihn, zur körperlichen Ertüchtigung, in die Kinder-Turngruppe des Arbeitersports. Dann findet er, zur musischen Bildung, Aufnahme im Arbeiter-Mandolinenklub, und bald übt er sich auch im Bühnen- und Puppenspiel. Das sind die Bildungsanstrengungen der Arbeiter, die die bürgerlichen Bildungswege nachempfinden, sich zu eigen machen. Die Mandoline, die Geige des kleinen Mannes, ist allemal günstiger als ihre bürgerliche Schwester und robuster, kleiner und somit auf den beliebten Wanderfahrten der Arbeiterjugend eine mobile Gefährtin, gut einsetzbar am abendlichen Lagerfeuer. Das Flackern des Lagerfeuers – die gesellige Runde ums brennende, krachende Holz – wirft ein Licht auf den Jungen, das bleibt als Erfahrung von Nestwärme und Geborgenheit im Kreis einer Gesinnungsfamilie, in der die Herkunftsfamilie aufgeht, die größer und machtvoller ist als diese, sich ständig erneuert, wächst und unbezweifelbare Väter anbietet.

Im Gegensatz zum verschwundenen Vater, der noch lebte, aber totgeschwiegen wurde, sprach man, »als ich klein war, öfter bei Bier und Schnaps (Kööm) als bei Kaffee und Kuchen« viel über »den Alten«, »Meister August« oder ganz familiär über »August«. Gemeint ist August Bebel, der »Kaiser der kleinen Leute«, der legendäre Arbeiterführer und Vorsitzende der SPD. Bebel starb am 13. August 1913, also vier Monate bevor Willy Brandt geboren wurde, dennoch rückt Brandt Tod und Geburt in seinem Buch »Links und frei« so eng und auffällig zusammen, dass man unweigerlich an die Idee der Reinkarnation denken muss, so als ob Geist und Seele des sterbenden Bebel im Knaben Herbert Frahm ein neues Zuhause gefunden hätten: »Bebel starb im Sommer jenes Jahres 1913, gegen dessen Ende ich auf die Welt gekommen bin. Nicht selten hatte ich die Empfindung, ihn noch selber zu treffen. Tatsächlich lernte ich einige Persönlichkeiten kennen, die – wie Rudolf Wissell, Paul Löbe oder Wilhelm Kaisen – in der Bebelschen Partei groß geworden waren. In bin in Lübeck nicht wenigen begegnet, die Bebel gehört und gesehen hatten, die Kraft seiner Worte rühmten oder die Sicherheit seines Urteils über das, was kommen werde. Manche sahen ihn wenigstens von fern, als er 1901 anlässlich des Reichsparteitags in Lübeck weilte.« Das schreibt Willy Brandt 1982 als Vorsitzender der SPD, als Besitzer von Bebels Taschenuhr, die ihm als sein legitimer Erbe und Nachfolger wie eine Reliquie, wie ein Vater-Sohn-Erbstück übergeben wurde. Brandt vergisst auch nicht, seine Leser über die Uhr wissen zu lassen: »Sie ging noch gut.« Brandt, der seine leibhaftige Familie nur diskontinuierlich erlebt hat, betont in dieser Passage den Kontinuitätsgedanken, er lässt den Geist des Mannes gleichsam über sich schweben (»hatte ich die Empfindung, ihn noch selber zu treffen«) und führt auch die Aura-Boten an, die Bebel »gehört und gesehen hatten«, denen er in Lübeck häufig begegnet war und die ihm Bebel zutrugen, antrugen, die ihm die Aura des Mannes übermittelten.

Nachdem Willy Brandt Berliner Bürgermeister geworden war und sich 1960 anschickte, das erste Mal Kanzlerkandidat der SPD zu werden, veröffentlichte er unter dem Titel »Mein Weg nach Berlin« erstmals eine Autobiographie. Längst hat Willy Brandt Herbert Frahm abgespalten, und er lässt seinen Co-Autor Leo Lania über sein früheres Ich schreiben: »Von dem Knaben Herbert Frahm, von seinen ersten vierzehn Jahren, habe ich nur eine sehr unklare Erinnerung behalten, nicht viel mehr als die paar hier geschilderten Episoden. Ein undurchsichtiger Schleier hängt über diesen Jahren, grau wie der Nebel über dem Lübecker Hafen. (…) Es ist schwer für mich, zu glauben, dass der Knabe Herbert Frahm ich selber war.«

Eine Episode, ein Erlebnis sticht aus diesem Nebel hervor, und Willy Brandt hat sie wieder und wieder erzählt, in seinen Büchern, Interviews und persönlichen Gesprächen, um sein Herkommen und seine Bewusstseinsbildung zu erklären. Diese Szene ist eine Ur-Szene seiner Identität, jedenfalls hat er sie retrospektiv zu einem Baustein seiner politischen Biographie gemacht. In seinen Büchern hat er sie mal flott in epischer Prosa erzählt oder als dramatisch dialogische Szene dargestellt. Aber immer hat er betont, wie wichtig sie für ihn sei.

Streik in Lübeck, Kampf um mehr Lohn. Die Arbeiter werden ausgesperrt, kein Geld, wenig Essen. Auch Ludwig Frahm, der als Lastwagenfahrer für die Draeger-Werke arbeitet, gehört zur ausgesperrten Belegschaft. Herbert, acht Jahre alt, wohnt mit seinem Großvater in einer Dienstwohnung gleich neben dem Werk.

Der Junge steht mit knurrendem Magen vor dem Schaufenster der Bäckerei. Brötchen, Brote, Gebäck.

»Hast du Hunger, Junge?« Der dreht sich um. Hinter ihm steht einer der Direktoren des Draeger-Werks. Herbert blickt zu ihm auf. Das ist der »Herr Staatsanwalt«, den hat man zu grüßen, ein hoher Herr. »Habt ihr genug zu essen?«

Der Junge sagt nichts. Schweigt. Vielleicht schüttelt er auch den Kopf. Der Direktor weiß Bescheid. Er nimmt den zögernden Jungen an der Hand, zieht ihn in die Bäckerei, kauft zwei frisch gebackene Brote und reicht sie dem verblüfften Jungen.

»So, und nun lauf!« Das lässt er sich nicht zwei Mal sagen. Er rennt nach Hause. Zwei Brote! Was für ein unerhörtes Glück! Doch der Empfang ist frostig. Das Kind kann die Reaktion des Großvaters kaum einordnen.

»Trag die Brote schnell zurück!« Der Junge schaut verständnislos.

»Zurücktragen? Wieso?«

»Kein streikender Arbeiter lässt sich von seinem Arbeitgeber bestechen. Das ist Verrat. Wir lassen uns nicht abspeisen. Wir wollen den Lohn, der uns zusteht, keine Almosen, mein Junge. Geh schon, trag es zurück!«

Hat der Junge wirklich triumphiert, als er die Brote zurück über den Ladentisch schob? So liest man es in »Mein Weg nach Berlin«, ein Buch, das seinen Helden von Anfang an als unbeirrbaren, selbstsicheren Sozialisten auftreten lässt, ein idealisierendes Bilderbuch, das Zweifel, Irrwege und ideologische Sackgassen auf Willy Brandts Weg weitgehend beiseitelässt oder klein schreibt und eine nahezu bruchlose politische Kontinuität suggeriert. Dass der Junge trotzig triumphierte, als er das Almosen ablehnte, mag überzeichnet sein, doch die geschilderte Brot-Szene ist kein proletarisches Märchen, sondern Brandt hat hier für sich ein Lebensmotiv entdeckt: Brot holen, ohne es beschämt zurücktragen zu müssen. Er wird auf den Spuren von August Bebel ein Leben lang um soziale Gerechtigkeit und sozialen Ausgleich kämpfen. Seine kindliche Erinnerungslandschaft ist karg, familiäre Szenen fehlen fast völlig, aber diese Szene des politischen Erwachens gehört zu seiner Daseinsversicherung. Das ist der verinnerlichte Ich-Appell: Geh, kämpf um gerechtes Brot, lehne Gnadenbrot ab.

Willy Brandt hat die Brotszene immer als politisches Initiationserlebnis verstanden. Mit 14 tritt er den »Roten Falken« bei, dann, mit 15, wird er Mitglied der Sozialistischen Arbeiter-Jugend (SAJ). Er entdeckt sich als Redner, als Agitator, er erlebt die Zustimmung der Gruppe, ihren Beifall oder ihre Ablehnung als ich-bildende Substanzen, als Stufen zum Ich-Ideal. In »Links und frei« analysiert er: »Mir hat die Jugendbewegung viel bedeutet: Durch die Gemeinschaftserlebnisse, wohl auch als Familienersatz und gewiss als Boden persönlicher Erprobung.« Er macht sich selbst, bildet sich selbst, zieht sich selbst heran. Ein Selbstgemachter, ein sich auf sich selbst Verlassender. So sieht er es.

Brandt ist ein guter Schüler. Als begabter Schüler darf er das Johanneum besuchen, überwiegend ein Gymnasium für Bürgerkinder, Brandt ist eines der wenigen Arbeiterkinder. Zunächst ist er einer der besten Schüler, seine Leistungen sacken aber ab, als er sich in die Politik stürzt. Er fehlt viel, schreibt sich die Entschuldigungen selbst, gleichwohl schafft er das Abitur mit leichter Hand. Im Abituraufsatz legt er selbstbewusst dar, dass die Schüler der Schule nicht eben viel zu verdanken haben, weil man auf ihr nichts »Wesentliches fürs Leben« lerne. Auch diese Anekdote hat Brandt oft erzählt, auch sie bekräftigt das Pathos eigenverantwortlicher Selbsterschaffung. Früh wollte sich dieser junge Mann niemand anderem verdanken, früh hat er darauf hingewiesen, trotz aller Widerstände aus eigener Kraft seinen Weg gegangen zu sein.

Im Hinblick auf den Familienmenschen Willy Brandt lassen sich einige Kindheitsmuster feststellen: Die Familie wird von ihm als diskontinuierliche und disparate Erzählung erlebt. Sie ist kein verlässlicher Raum der Selbstfindung und Selbstbegründung. Daraus resultiert ein verkümmerter Familiensinn. Willy Brandt ist früh in sich selbst zerfallen. In der frühkindlichen Phase seines Lebens fehlen Mutter und Vater. Der Großvater als Orientierungspol tritt erst in sein Leben, als Brandt fünf Jahre alt ist. Der übernimmt zwar die Vaterstelle, aber dass da ein anderer ist, dass da einer fehlt, ist dem Kind nur zu klar. Der abwesende Vater begleitet den Sohn wie ein Schatten, der verborgen werden muss. Anstatt ihn selbst durch Sprache ans Licht zu bringen, unterdrückt der Sohn dieses Scham-Erbe, das später von anderen hervorgezogen und missbraucht wird. Der junge Willy Brandt verinnerlicht die Dachkammer als Lebensraum und Lebensweise. Sich zurückziehen, die Tür schließen, mit sich selbst und über sich selbst und über die Welt und die anderen sprechen. Das Selbst wird zur Dachkammer, zum Labor, in dem man Selbst-Bilder entwickelt. Willy Brandt hat es nicht gelernt, seine Gefühle zur Sprache zu bringen. Da es an verlässlichen emotionalen Bindungen fehlt, ist er gezwungen, vieles allein auszutragen. Er leidet, im privaten Raum, an emotionaler Ausdrucksschwäche. Zeitweilig versinkt er in Sprachlosigkeiten, lastendem Schweigen. Das Leitbild des Politikers, sein Ur-Bild, ist August Bebel. Dieser »große Vater« wird ihm früh nahegebracht. Er lernt, dass einer zwar tot, dennoch aber sehr lebendig sein kann. Das Bildnis des gütigen Vaters macht er sich zu eigen. Willy Brandt bliebt ein Leben lang auf der Suche nach dem Lagerfeuer. Die gesellige Runde ist ein Kreis von Menschen, der durch Ideen, durch gemeinsame Wege und Erlebnisse verbunden ist. Wer das Lagerfeuer sucht, geht auf Wanderschaft. Brandt wird zum Vagabunden, der immer wieder aufbricht, sich losreißt, um sich draußen zu holen, was er drinnen nicht bekommt. Der Kampf um das gerechte Brot und gegen das Gnadenbrot ist ein Lebensantrieb, ein Lebensmotiv. Politik wird als Chance erkannt, verschiedene Entwicklungsstufen und Erlebnisse zu integrieren, sich selbst zu finden und zu erfinden. Politik ist die Chance, vielen Menschen nahezutreten, ohne dem einen Menschen wirklich nahekommen zu müssen. Politik ist eine Haut.

Oberstudienrat Dr. Kramer unterrichtete Willy Brandt auf dem Johanneum in Französisch und Englisch. Was hat er gemeint, als er seine Mutter Martha Frahm beiseitenahm und ihr den Ratschlag gab? »Halten Sie Ihren Sohn von der Politik fern! Der Junge hat gute Anlagen, es ist schade um ihn. Die Politik wird ihn ruinieren.« Kramer, ein Gegner des Nationalsozialismus, wurde 1933 gezwungen, das Johanneum zu verlassen. Er wusste keinen Ausweg und nahm sich das Leben. Sein Schüler Herbert Frahm war jung und frei genug, andere Wege zu gehen.

Und: Willy Brandt war kein Tänzer.

Geborgen

Rut Brandt hat sich ein Leben lang geborgen gewusst. Durch Herkunft, Heimat, Familie. Während ihr späterer Mann Willy Brandt diese drei bergenden Mächte abstreifte oder gezwungen wurde, sie abzustreifen, hat Rut Brandt ein Leben lang an diesen bergenden Hüllen, diesen Häuten ihrer Identität festgehalten.

Sie wird am 10. Januar 1920 im Örtchen Stange nahe der norwegischen Kleinstadt Hamar geboren, die am Mjøsa-See liegt, dem größten Binnensee Europas. Hamar, das damals etwa 7000 Einwohner zählte, liegt inmitten der Provinz Hedemark, eine der Kornkammern Norwegens. In ihren beiden Erinnerungsbüchern »Freundesland« und »Wer an wen sein Herz verlor« gewinnen die Passagen über Hamar und die umgebende Natur mitunter eine lyrische Beschwörungskraft, so dass es leichtfällt, die lebendige Sehnsucht der Autorin zu spüren: »Hedemark ist mein Norwegen. Dort bin ich geboren. Dort gehöre ich hin. ›Es ist gleich, wo ich in der Welt wohne – wenn ich nur den Mjøsa sehen kann‹, sagen die Menschen in Hedemark. Bei dem kleinen Ort Stange öffnet sich die Landschaft auf stattliche Höfe und Felder. Und dann siehst du plötzlich Hamar. Von der kleinen Anhöhe wirkt die Stadt beinahe groß. Im Winter legt sich eine Eisdecke über den Mjøsa und bleibt bis weit in den April liegen. Vor der Asphaltzeit diente der gefrorene See auch als Verkehrsweg – ich erinnere mich an Lastautos mit Waren und Pferdeschlitten, die Leute von Hamar nach Gjøvik an das gegenüberliegende Seeufer brachten.« Es sind knappe, klare, unumstößliche Sätze, da muss nichts bezweifelt oder zweifelsreich erinnert werden, da werden die Sätze wie unantastbare Wegmarken zu Papier gebracht.

Als Rut drei Jahre alt ist, stirbt ihr Vater Andreas Hansen, der als Chauffeur auf einem Gut gearbeitet hatte, an Tuberkulose. Seine Frau Manghild Hansen und ihre vier gemeinsamen Kinder stehen nun allein in der Welt. Hjørdis, Martha (Tulla gerufen), Rut und Olaug. Es fällt auf, dass Rut Brandt nie den Namen ihrer Mutter genannt hat, jedenfalls nicht in ihren Erinnerungen, sie ist einfach immer nur »Mutter«. So steht die Mutter in dieser Erinnerungslandschaft fast wie eine naturhaft archaische Kraft. Die starke Frau, die Optimistin, die alles und alle zusammenhält, die keinen Mann mehr braucht und will, die nachts näht und am Tag in die Milchfabrik arbeiten geht. Mutter, die sich auf alle Künste des Haushalts versteht, Mutter, die ihren Mann in den Himmel hob: »Mein Andreas war nicht wie die anderen Männer. Er ging nicht in Arbeitskleidung wie sie. Er trug Livrée mit blanken Knöpfen und Hirschlederhandschuhen und musste sich zwei Mal am Tag rasieren.« Dieser prachtvolle Mann rauchte nicht, trank nicht, er prügelte nicht, er war friedlich. Das unterschied ihn von den anderen Vätern. Für die Kinder gab es keine schlimmere Drohung als diese: »Wenn ihr nicht artig seid, heiratet eure Mutter wieder.« Andreas Hansen blieb unvergleichlich, »er erschien uns wie eine Märchengestalt«, er hatte nur einen Fehler, für den er nichts konnte: Er starb zu früh. Während Willy Brandt von seinem Vater nichts wissen wollte, weil der von ihm nichts hatte wissen wollen, wollte Rut Hansen von ihrem Vater alles wissen, weil sie keine eigene Erinnerung an ihn besaß.

Damit kein anderer Mann die Vaterstelle einnimmt, damit die Mutter tagsüber in der Fabrik arbeiten kann, sind die Töchter frühzeitig gefordert, den Haushalt zu führen und Geld dazuzuverdienen. Eine weiterführende Schule kann keine von ihnen besuchen. Mit 15 Jahren geht Rut von der Schule ab, arbeitet zunächst in einer Bäckerei, dann beginnt sie eine Schneiderlehre. Die Familie ist arm, aber, so liest es sich, fröhlich. Arm darf man sein, aber man darf nicht arm scheinen oder für arm gehalten werden. »Wir lernten früh, dass es wichtig war, hübsch gekleidet zu sein. Arm war man, wenn man in zerlumpten Sachen herumlief und wenn man dreckig war.« Der Dreck muss bekämpft werden. Putzszenen schildert Rut Brandt einige und sie verbindet damit Klarheit, Frische, Reinlichkeit, aber auch Geselligkeit und familiären Zusammenhalt: »Sonntag war ein guter Tag. Mutter war zu Hause und verbreitete Wohlbehagen. Wenn der Sonnenschein über den frisch gescheuerten Küchenboden schien, wenn vier Paar

Vier Schwestern, ein Leben lang eng verbunden: Olaug, Hjördis, Rut und Martha, genannt Tulla

Schuhe blankgeputzt beim Holzkasten standen, wenn der Frühstückstisch festlich gedeckt war mit Eiern und Ansjovis, Dauerwurst und Presswurst, Käse und Marmelade auf selbstgebackenem Brot, wenn die Messingstange auf dem Herd frisch geputzt mit dem Kupferkessel um die Wette blitzte und das Schmuckhandtuch mit der Kreuzstichstickerei gewaschen und gesteift an der Wand hing: Mein Heim ist meine Burg – ja, dann wussten wir, dass man es nicht besser haben konnte.« Das ist ein Sonntagsbild, das vom werktäglichen Mangel spricht, aber auch vom Binnenraum Familie, der für vieles entschädigt, was das Leben vorenthalten mag. Das kleine, geordnete Haus ist ein Erinnerungsstück, das lebenslänglich hält und noch im Rückblick Wärme spendet. Die machtvolle Mutter, die nicht einmal einen Namen braucht, um für immer Mutter zu sein, die Schwestern, die das Leben Zusammenhalt lehrt und die von dieser Lektion nie lassen werden.

Der Zusammenhalt der Schwestern wird, sofern das überhaupt möglich ist, noch enger, als die Mutter mit gerade einmal 40 Jahren 1931 einen Schlaganfall erleidet und wochenlang gelähmt ist. Die sonst so besonnene Hjördis sagt verzweifelt: »Wenn unsere Mutter stirbt, nehme ich mir das Leben.« Die Schwestern wachen abwechselnd am Krankenlager, erst Monate später wird die Mutter gesund und kann wieder ihre Arbeit in der Molkerei aufnehmen. Rut ist eine gute Schülerin, doch da es an Geld fehlt, bleibt ihr der Besuch einer weiterführenden Schule verwehrt. »Meine einzige systematische Ausbildung« erzählte sie der Journalistin Heli Ihlefeld, »waren die sieben Volksschuljahre. Erst später, als ich mehr Geld verdiente, nahm ich Privatstunden, kaufte mir Bücher auf Abzahlung und lernte im Studienzirkel der Sozialistischen Jugend.« Ihre Mutter bleibt nach dem Schlaganfall eine kränkliche Frau, die Sorge, sie früh zu verlieren, legt sich wie ein drohender Schatten über das Leben der Schwestern. Manghild Hansen stirbt 1955 im Alter von 65 Jahren.

So wie Rut und Willy Brandt vollkommen unterschiedlich damit umgehen, dass sie beide ohne Vater aufwachsen – sie macht eine Märchenfigur, er macht eine Unperson aus dem fehlenden Vater –, so unterschiedlich gestaltet sich in ihrer Jugend das Verhältnis zur Politik. Zwar betonen beide in ihren Erinnerungsbüchern, dass sie »geborene Sozialisten« sind, dass sie in den Sozialismus und seine Tradition hineingeboren werden, doch dieses Hineingeboren werden vollzieht sich sehr unterschiedlich und hat andere Konsequenzen. Während Willy Brandt, »kaum dass er laufen kann«, in verschiedenen Bildungs- und Beschäftigungsgruppen der Arbeiterbewegung sozialisiert wird, auch weil ihm die Familie fehlt, geht Rut diesen Schritt erst als Jugendliche mit 15, 16 Jahren. Er wird in der großen roten Familie abgegeben, auch weil die Not das diktiert, Rut geht freiwillig, weil es ihr Freude bereitet, an den zahlreichen Aktivitäten teilzunehmen. Während Willy Brandt in die Gesinnungsfamilie hineinwächst, von dieser adoptiert wird und ihr schließlich bald den Vorrang vor seiner Herkunftsfamilie gibt, bleibt Rut ihrer Herkunftsfamilie treu. Bei ihr wird das familiäre Prinzip auf die Politik übertragen, die ein familiär-freundschaftlicher Raum ist, kein Raum, um sich selbst zu profilieren, kein Raum, um sich selbst darzustellen, um sich selbst überhaupt erst zu finden. Herbert Frahm findet erst im politischen Milieu zu Willy Brandt, er begründet sein Selbst erst hier richtig, der politische Raum liefert ihm die Identitätsbausteine, die das ungefestigte Selbst braucht, um seine Ich-Identität befriedigend zu begründen. Rut hingegen bringt ein gesichertes Selbst in den politischen Raum ein und findet in ihm nichts, was sie reizen könnte, sich umzubauen. Rut hat ein unernstes, ein egalitäres Verhältnis zur Politik, für sie gehört zur Politik auch das gemeinsame Wandern, Singen, Jungsein, Radfahren, Kaffee, Kuchen, Tanz. Aufschlussreich in diesem Zusammenhang ist, wie sie in ihren Erinnerungen einige bürgerliche Intellektuelle beschreibt, die aus ihrem Milieu ausgebrochen sind und nun die Nähe zu den Proletariern suchen (denen Rut sich zurechnet), um sie aufzuklären, um ihnen die Heiligen der Theorie nahezubringen. Rut erzählt, wie die »Intellektuellen« sie und ihre Schwester Tulla zu einer 1. Mai-Feier 1939 auf eine Hütte einluden. Zunächst hatte Rut Bedenken, aber weil einer der Jungen sie »interessierte«, sagte sie schließlich doch zu: »Sie nahmen die Politik furchtbar ernst. Wir waren ausgelassener und begeisterten uns für so vieles. Zuerst wurde ein Vortrag gehalten, und es wurde ernsthaft diskutiert von ernsthaften jungen Männern. Später standen wir im Kreis, nahmen uns an den Händen und sangen ›Avanti Popolo‹. Getanzt wurde natürlich nicht. Dafür hatten sie es zu eilig, die Weltrevolution vorzubereiten.« Der Spott in dieser Passage ist unüberhörbar, und er hätte wohl auch Willy Brandt gegolten. Man kann ihn sich leicht als einen dieser Intellektuellen vorstellen, denn schließlich hatte er sich durch seine bürgerliche Schulbildung und durch seinen politischen Lektüreeifer schon ein Stück von diesem entspannteren, bodenständigeren Sozialismus entfernt. Er nahm die Politik furchtbar ernst, musste sie ernst nehmen, denn sonst hätte er selbst sich nicht ernst genommen.

Eine weitere »Parallelaktion« im Leben von Rut und Willy Brandt ist zu besichtigen, die wiederum völlig andere Folgen für die Persönlichkeitsentwicklung zeitigt. Während Willy 1933 vor den Nazis aus Deutschland flieht, flieht Rut mit ihrer Schwester Tulla 1942 vor den Häschern der Gestapo nach Schweden. Herbert Frahm verwandelt sich in den Jahren im Exil zu Willy Brandt, er lässt das Kind, das er war, zurück, spaltet es ab. Rut hingegen bleibt auch in der Fremde bei sich, weil es keinen Grund gibt, den alten Namen abzulegen. Willy Brandt schafft und erlebt seinen neuen Namen, Rut Hansen spürt weder Antrieb noch Zwang, den alten Namen abzulegen. Rut kann ihrer Heimat ungebrochen treu bleiben, während Willy Brandts Verhältnis zum eigenen Land voller Brüche ist. Zwischen dem Entzug seiner deutschen Staatsangehörigkeit im September 1938 durch den nationalsozialistischen Staat und der Schmähung durch Konrad Adenauer (»Herr Brandt alias Frahm«) im Wahlkampf 1961 gibt es einen Zusammenhang, auf den ich später zurückkommen werde.

Im Rückblick auf die Kindheit und Jugend von Rut Brandt und im Vorausblick auf die Ehe mit Willy Brandt kann man einige Kindheitsmuster festhalten, die prägend gewesen sind: Rut Hansen entwickelt und bewahrt sich von frühester Kindheit an einen lebendigen Familiensinn. Zu ihrem Selbsterhalt gehört früh die innere und äußere Reinlichkeit, um jeden Anschein von Armut und Bedürftigkeit abzuwehren. Sie erbt von der Mutter das Überlebensprinzip: Optimismus ist Frauen- und Lebenspflicht. Wo der Mann fehlt, muss die Frau ihn ersetzen. Das Ideal- und Idyllenbild dieses Lebens ist das geordnete und gesellige Haus. Wo alles seinen Platz hat, findet auch der Mensch seinen Platz. Auch die Natur bietet ein Obdach, das den Menschen bergen kann. Für Rut hat die Familie Vorrang. Politik ist ein familiär-freundschaftlicher Raum, der nicht durch Machtkämpfe oder rivalisierende Verhältnisse bestimmt ist. Der politische Raum ist kein Selbstfindungs- oder Selbstbegründungsraum, kein Raum, mit dem man Defizite der Persönlichkeitsentwicklung kompensiert. Ihr Verhältnis zum Vater- und Mutterland bleibt ungebrochen. Bisweilen muss man vor den Deutschen fliehen, um sie zu überleben. Und: Die Weltrevolution kann warten, wenn ein Tanz lockt.

Und Rut ist eine Tänzerin.

Sich trauen

Am 4. September 1948 heiratet Rut, geborene Hansen, verwitwete Bergaust, einen Mann namens Willy Brandt, der laut Reisepass immer noch Herbert Frahm heißt, weshalb die hochschwangere Braut nunmehr offiziell den Namen Rut Frahm trägt, während ihr Mann von allen nur Willy Brandt genannt wird. Wir sind in Berlin. Erst ein Jahr später, im August 1949, darf sich Rut Frahm offiziell Rut Brandt nennen, denn nun hat der Berliner Polizeipräsident die Namensänderung ihres Mannes anerkannt und legitimiert. Die vier Namen, zwischen denen Rut Brandt in diesem Augenblick lebt, die vier Namen, die ihre Identität bezeichnen, sie aber auch verwischen, die vier Namen, die ihren Weg bis zu diesem Zeitpunkt beschreiben, machen deutlich, dass die Ehe mit dem eben erst geschiedenen Willy Brandt kein himmelhochjauchzender Jubelbund ist, sondern von Anfang an eine komplizierte und sorgenreiche Lebensgemeinschaft, die gegen äußere und innere Anfechtungen verteidigt werden muss.

Als Willy Brandt 1933 ins norwegische Exil flüchtet, folgt ihm alsbald wie versprochen seine Lübecker Freundin Gertrud Meyer, die von den meisten Brandt-Biographien immer als Randfigur behandelt wurde, ohne dass ihre Rolle an seiner Seite hinreichend gewürdigt worden wäre. Erst die Dissertation von Gertrud Lenz, die unter dem Titel »Gertrud Meyer. Ein politisches Leben im Schatten Willy Brandts« jüngst erschienen ist, hat diese ungewöhnliche und mutige Frau aus dem Abseits des macht- und männerzentrierten Blicks geholt und ihren Lebensweg beleuchtet. Um die Beziehungs- und Familiengeschichte der Brandts besser verstehen zu können, ist ein Blick auf diese Frau und ihr Zusammenleben mit Willy Brandt wertvoll.

Gertrud Meyer wurde 1914 in Lübeck geboren, wo sie Brandt kennenlernte, als sich beide für die Sozialistische Arbeiter-Partei (SAP) engagierten. Brandt hatte sich dieser im Herbst 1931 gegründeten linkssozialistischen Splitterpartei im Oktober 1931 angeschlossen und die SPD verlassen, weil er den Parlamentarismus der Weimarer Republik für verrottet hielt – eine Räterepublik war das Ziel. Während sich Brandt im Exil unter dem Eindruck des skandinavischen Sozialismus, der pragmatisch über Parteigrenzen hinweg den Konsens suchte, und des schwedischen Sozialstaates, der echte demokratische Errungenschaften hervorbrachte, vom radikal-revolutionären Sozialisten zum demokratischen Reformsozialisten wandelte, hielt Gertrud Meyer auch nach dem Krieg an den politischen Idealen ihrer Jugend fest. Sie und Willy Brandt bildeten im Exil eine sozialistische »Kameradschaftsehe«, Brandt stellte sie als seine Frau vor, und sie wurde als Gertrud Brandt angesprochen. Sie unterstützte Brandts publizistische Produktivität finanziell, als kritisch anregende Leserin, aber auch durch ihr Geschick, die Manuskripte in eine professionelle Form zu bringen und zu verbreiten. Eine böse Untertreibung wäre es deshalb, sie als fleißiges »Maschinenfräulein«, als emsige Sekretärin an seiner Seite zu betrachten. Vor allem war es sie, die die SAP-Zelle in Oslo zusammenhielt, Kontakte pflegte und Brandt half, seinen Kampfnamen Willy Brandt in Exilkreisen bekannt zu machen. Sie unterstützte ihn 1936, als er als Kurier nach Berlin ging, und sie selbst riskierte ihr Leben mehrfach, als sie wiederholt ins nationalsozialistische Deutschland reiste, um dort Widerstandsarbeit zu organisieren. Als sie 1939 mit dem Psychoanalytiker Wilhelm Reich nach New York übersiedelt, um dort an seiner Seite zu arbeiten, bedeutete das nach ihrem Verständnis keineswegs das Ende der Beziehung zu Brandt, der ihr folgen sollte. Auch von New York aus organisierte sie Unterstützung für die SAP in Oslo, kümmerte sich um die Verbreitung von Brandts Büchern und hoffte darauf, dass sich ihre Lebensgemeinschaft fortsetzen ließe. Dass ihr Gefährte sich mittlerweile mit Carlota Thorkildssen verbunden hatte und 1940 ihre gemeinsame Tochter Ninja zur Welt kam, erfuhr sie 1942 erst durch Dritte, woraufhin sie den Kontakt zu Brandt erst einmal enttäuscht abbrach. Nach Kriegsende nahm sie die Korrespondenz zu ihm wieder auf, nachdem sie davon Kenntnis bekommen hatte, dass Carlota und Willy Brandt sich getrennt hatten. Sie glaubt in erster Linie, dass die Politik diese Beziehung zerrieben habe, und weil sie Brandt für eine politische Ausnahmegestalt hält, meint sie, in seinem Falle müsse das Private hinter dem Politischen zurückstehen. Sie schreibt am 10. Oktober 1945: »*Ich weiß, dass Du Dich persönlich ziemlich schlecht fühlst. Ich weiß sehr wohl, dass Du viel von Deinem privaten Leben für die Sache aufs Spiel setzt. Du bist auch kein Normalmensch.*« Was sie aber nicht weiß und auch nicht von Brandt erfährt, ist, dass er bereits mit Rut liiert ist. Brandt scheut sich, Farbe zu bekennen, offen einzugestehen, dass er für sie beide keine Zukunft sieht. Vielleicht fehlt ihm dazu auch der Mut, weil Gertrud Meyer anklingen lässt, dass sie sich durchaus eine neue Partnerschaft mit ihm vorstellen kann, ja insgeheim wünschen mag, da sie recht allein in der Welt steht und nach den Jahren ruheloser Aktivität eine Familie gründen will. Doch sein Angebot, sie an der Norwegischen Militärmission in Berlin unterzubringen, wo er ab dem 17. Januar 1947 eine Stelle als Presseattaché antritt, lehnt sie ab. In emotionalen Angelegenheiten ist und bleibt Brandt wortkarg und konfliktscheu. Auch gegenüber der neun Jahre älteren Carlota Thorkildssen hatte er es lange Zeit nicht fertiggebracht, seine Beziehung zu Rut anzusprechen.

Aber auch Rut hatte ihr Bündel aus Schuld- und Verlustgefühlen geschnürt und über die Schulter geworfen. Sie hatte 1942 in Stockholm den Eisenbahner Ole Olstadt Bergaust geheiratet, ein flotter, sportlicher Typ, der, wie Rut fand, einem Filmstar nicht unähnlich sah. Ole Bergaust hatte sich wie sie im norwegischen Widerstand engagiert und stammte ebenfalls aus Hamar. Doch der überstürzt geschlossenen Ehe waren weder Glück noch lange Dauer beschieden. Ole Bergaust erkrankt alsbald schwer an Tuberkulose, man muss ihm einen Lungenflügel entfernen, doch auch der zweite ist bereits stark angegriffen. Bergaust siecht langsam in einem Sanatorium dahin und beschwört Rut, die ihn besucht und schreibt, ihn nicht zu verlassen, doch sie kann sich nicht frei machen von den Gefühlen für Willy Brandt, und das Glück an dessen Seite überwiegt den akuten Gewissensschmerz. Sie wird sich selbst ein Leben lang anklagen, und der Vorwurf, sie habe ihren ersten Mann verlassen, als der sie brauchte, bleibt ihr erhalten und nagt an ihr mit unverbrüchlicher Treue. Ole Olstadt Bergaust stirbt

1946 in Falun. Rut Brandt wird, bevor sie selbst auf die letzte Reise geht, noch einmal zu ihm zurückkehren. Das ist aber ein späteres Leben und ein anderes Kapitel.

In den Jahren zwischen 1945 und 1948 sind Rut und Willy Brandt vielfach getrennt. Ein großes Hin und Her zwischen Schweden, Norwegen und Deutschland. Die Trennungen sind beruflich und familiär bedingt, aber die Zeit der Trennungen tragen auch die Zweifel heran, ob man sich »für immer« zusammentun soll. Niemals zuvor und niemals danach hat Willy Brandt, der ein Leben lang ein immens fleißiger, ja vielleicht ein rastloser Briefeschreiber gewesen ist, so viele Briefe geschrieben, und niemals hat er sich gegenüber einer Frau mehr geöffnet, als in diesen Briefen an Rut. Zwar übertritt er die letzte Schwelle nie, man hat immer das Gefühl, er lasse weiße Flecken auf der inneren Landkarte, aber er versucht aufrichtig, ihrer beider Beziehungsleben zu erkunden und herauszufinden, was der richtige Weg ist.

In ihrem Buch »Wer an wen sein Herz verlor« hat Rut Brandt zahlreiche Auszüge aus seinen Briefen präsentiert, wobei einer hervorsticht, weil es einer der offenherzigsten Briefe ist, die Willy Brandt jemals geschrieben hat, und weil er sich nicht, wie sonst oft, auf politische, sondern auf partnerschaftliche Entwicklungen konzentriert. Er sagt ungewohnt Ich und Du und Wir. Er schreibt im Januar 1947 aus Oslo (wo er auf sein Visum nach Deutschland wartet) nach Kopenhagen (wo Rut arbeitet): *»Du, Rut, obwohl ich das nicht oft sage, habe ich Dich sehr lieb. Ich habe viel über uns nachgedacht. Wir haben schon früher darüber gesprochen, daß wir einen wenig glücklichen Start hatten. Wir mußten unseren Weg ja so gehen, daß er teilweise zu Lasten anderer ging – das ist zwar kein ungewöhnliches Problem, aber in jedem Fall ein Problem. Was mich betrifft, hat sich, wie ich zugebe, mehrmals eine Art schlechtes Gewissen gemeldet, besonders gegenüber Ninja, die ich, wie Du weißt, sehr lieb habe. Weil die Umstände so waren, wie sie waren, war es schwierig für uns, ganz ineinander aufzugehen, womit ich nicht sagen will, daß eine ideale Beziehung darin besteht, daß einer der Partner sein Ich aufgibt, ganz im Gegenteil. Aber ich frage mich, ob wir nicht zu ›vorsichtig‹ gewesen sind. Andererseits ließ sich wohl kaum vermeiden, daß die äußeren Umstände und* *nicht zuletzt meine ambulierende Existenz unserem Leben ein ziemlich hektisches Gepräge gaben. Wie die Dinge lagen, war es schwer zur Ruhe zu kommen. Keine Angst wegen dessen, was ich jetzt sage: Es gab Stunden, wo ich Bedenken hatte, mich erneut fest zu ›binden‹, ein Gefühl, das übrigens verschwindet, wenn ich auf Reisen bin und mich einfach nach Dir sehne. Warum soll ich nicht ehrlich zugeben, daß ich zu manchen Zeiten dachte, ich passe nicht in die Institution Ehe? Eigentlich nicht aufgrund dessen, was man üblicherweise unter Treue versteht (denn das ist keine Zwangsvorstellung, seit ich mit Dir zusammen bin), sondern weil ich glaubte, daß die Ehe in vielerlei Hinsicht die Liebe tötet. Man glaubt in ihr allzu leicht, daß man einen anderen ›besitzt‹. Man kennt kein Wort dafür, aber man kann sich gegenseitig peinigen, ohne es zu wollen, oder man kann sich gefangen fühlen in einem teilweise selbstgestrickten Netz aus ›Rücksicht und Mühe‹. Ich finde, man muß sich das ganz klar machen. Gleichzeitig bin ich mir so gut wie sicher, daß wir uns eine glückliche Zukunft aufbauen können. Darauf sollten wir uns wohl auch Papiere ausstellen lassen, aber das Stück Papier darf niemals das Wesentliche werden. Das Wesentliche sind die Empfindungen; sie sind, davon bin ich überzeugt, auf beiden Seiten stark genug, aber trotzdem gilt es, sie gegen Gewohnheit zu schützen.* [...] *Sag mir ruhig, wie schwer es sein kann, mit mir auszukommen. Ich werde mich schon verteidigen, wenn ich finde, daß Du ungerecht bist.*«

Für Rut und Willy Brandt war diese Ehe ein Wagnis, sie mussten sich zu dieser Trauung trauen, denn hinter ihnen lagen gescheiterte Beziehungen, die die Frage aufwarfen, ob man überhaupt zur Ehe taugt, noch dazu in Zeiten, in denen alles ungewiss war, das emotionale Band zueinander, die Entscheidung, wo man lebt, welche Heimat man wählt, die berufliche Zukunft. Die Frage nach Willy Brandts beruflicher Zukunft bedeutete im Jahr 1948 zugleich die Frage, wo die Familie Brandt fortan leben würde, welchem Land und welchem Projekt sie sich verschrieb, mit welcher Sprache sie ihren Alltag bestreiten würde, wohin diese Familie gehörte. Sollte sie in Norwegen leben, in die Schweiz oder nach Paris ziehen oder doch in Deutschland bleiben, ein Land, das 1947 noch gar nicht existierte? War Berlin, diese »Leiche einer Stadt«, ein geeigneter Ort, um Kinder großzuziehen, oder sollte man besser in die Provinz ausweichen, nach Bonn, Hannover oder nach Lübeck? Zu all diesen Orten gab es Kontakte, berufliche Optionen, Türen, die sich einen Spalt weit auftaten und einen Blick auf einen denkbaren Lebensweg werfen ließen, aber Brandt entschied sich schließlich für Berlin.

Am 17. Januar 1947 hatte Willy Brandt in Berlin seine Tätigkeit als norwegischer Presseattaché aufgenommen. Er hatte lange gezögert, für welches seiner Heimatländer er fortan arbeiten und sich einsetzen sollte. Hatte er Norwegen nicht etwas zurückzuzahlen? Das Land hatte den Flüchtling aufgenommen, ihn eingebürgert, ihm eine neue Sprache angeboten, eine Familie geschenkt und schließlich auch eine neue Liebe. Dieses Land hatte ihm vertraut, obwohl er dem Land angehörte, das Norwegen 1940 überfallen, besetzt, der Freiheit beraubt und unterdrückt hatte. Oder sollte er sich für Deutschland entscheiden, sein Mutterland, das ihn ausgebürgert hatte, aus dem er hatte fliehen müssen, das Land, das jetzt am Boden lag, politisch und territorial zerstückelt und mit unvergleichlicher Schuld beladen war? War er nicht ein Teil der deutschen Arbeiterbewegung? Hatte sie ihm nicht geholfen, der zu werden, der er war? Gertrud Meyer jedenfalls war tief enttäuscht, als sich Brandt in alliierte Dienste begab, weil sie von ihm einen unbedingten Einsatz für die deutsche Arbeiterbewegung erwartete, weil sie in ihm eines ihrer größten Talente sah. Am 21. März 1947 schreibt sie daher deprimiert an Jacob Walcher, Brandts politischen Mentor und väterlichen Freund im Exil: *»Willy ist ja eine einzige große Enttäuschung, aber das wirst Du am besten an Ort und Stelle feststellen können, darüber brauche ich Dir nicht mehr zu schreiben. Ich bewundere, wie er das Leben in dieser Zwischenstellung aushält. Ich würde daran kaputtgehen.«*

Die Arbeit als norwegischer Presseattaché war ein Kompromiss. Zwar vertrat Brandt in Berlin norwegische Interessen, aber noch gab es Bonn als Bundeshauptstadt und Machtzentrum nicht. Der Alliierte Kontrollrat befand sich in der alten Reichshauptstadt, hier hatte die internationale Politik ihre Bühne aufgeschlagen, hier hatten die Norweger ihre Militärmission angesiedelt, und hier befand er sich in Deutschland, wenn auch in einer viergeteilten Stadt. Berlin war für Brandt also eine Schnittstelle eigener Interessen, hier konnte er seine Loyalitäten noch am ehesten synchronisieren, zu Norwegen, zu Deutschland, zur

SPD, zur Europa- und Deutschlandpolitik, zum Journalismus und zur Politik, zu seinen Karrierechancen. Alle Türen einstweilen noch offen. Doch die Tätigkeit als norwegischer Presseattaché, die ihn in gewisser Weise gegenüber dem deutschen Alltag wattiert und ihn vom deutschen politischen Leben distanziert, befriedigt Brandt bald nicht mehr. Er will politisch gestalten, mitwirken am Aufbau des zerstörten Landes, er sucht auch das Zentrum der Aufmerksamkeit, wer politisch wirken will, braucht Macht. Brandt besann sich darauf, woher er kam, er schloss sich wieder der SPD an, die fähige Leute wie ihn brauchte, ihm aber doch nicht gleich alle Türen öffnete. Er musste sich in die SPD hineinkämpfen, jedenfalls auf die besseren Plätze. Am 26. Januar 1948 bestimmte der SPD-Parteivorstand Willy Brandt zu seinem Vertreter in Berlin, der den SPD-Vorsitzenden Kurt Schuhmacher über alle bedeutsamen Entwicklungen in der Vier-Mächte-Stadt zu informieren hatte, eine Aufgabe, der sich Brandt mit ungeheurem Fleiß annahm. Am 1. Juli 1948 wird er wieder deutscher Staatsbürger, und am 14. August 1949 wird er Bundestagsabgeordneter im ersten deutschen Bundestag. Er tritt seinen Machtweg in der Berliner und in der Bundes-SPD an, ein steiniger, abgründiger Weg.

Politische Macht war für Willy Brandt ein Aphrodisiakum, und Berlin war ein Ort, an dem das Welttheater Funken schlug, ein Ort, an dem Vergangenheit, Gegenwart und Zukunft spannungsvoll aufeinanderstießen. Diese Atmosphäre ängstigte Rut, während sie ihren Mann anzog. Sie ist in Hamar, als er am 13. April 1948 schreibt: »*Geliebte,* [...] *Es gibt nichts dazu zu sagen, dass Du nervös bist. Aber es besteht kein Grund, sich um mich Sorgen zu machen. Gerade jetzt ist es wichtig, hier weiterzumachen, verstehst Du. Wenn Berlin aufgegeben wird, wird das für das restliche Deutschland und für ganz Westeuropa schicksalsschwere Konsequenzen haben. Deshalb können die westlichen Alliierten auch nicht ihres Weges ziehen, auch wenn sich die anderen alle möglichen Schwierigkeiten einfallen lassen, was Transport und Kommunikation angeht. Ich glaube sogar, dass es nur eine Möglichkeit gibt, die westlichen Alliierten dazu zu bekommen, sich aus Berlin zurückzuziehen und die wäre ein Krieg. Wie Du weißt, halte ich das für wenig wahrscheinlich. Und außerdem ist es fast gleichgültig, wo man ist, wenn es zu dieser Konsequenz kommt. Ansonsten denke ich, dass wir noch ein Jahr oder so hier bleiben sollten. Dann können wir uns vielleicht einen ruhigeren Ort suchen. Es besteht jedoch die Gefahr, dass das weniger interessant sein wird. Ansonsten besteht auch kein Grund daran zu zweifeln, dass man schon irgendwie herauskommt, falls etwas Unvorhergesehenes passieren sollte.«* Schon zwei Monate später ereignet sich etwas Unvorhergesehenes. Als Reaktion auf die Währungsreform in den Westzonen und den Westsektoren Berlins riegelt die Sowjetunion den Zugang nach Berlin am 24. Juni 1948 systematisch ab, die fast einjährige Berlin-Blockade beginnt und die Zeit der heldenhaften Versorgung der Stadt durch die Luftbrücke der Alliierten. Vor diesem Hintergrund schreibt Willy Brandt am 22. August an Carlota Thorkildssen: *»Ich habe früher Berlin und die Berliner nicht ausstehen können. Jetzt habe ich die Ruinenstadt gern und bin stolz auf eine Bevölkerung, die durch die Verteidigung ihres Rechtes daran teilnimmt, die Schande wegzuwaschen, die andere über dieses Volk gebracht haben. Entschuldige bitte die grossen Worte, aber entweder geht alles schief, oder es ist ein wesentlicher Beitrag zur politisch-moralischen Regenerierung unseres Kontinents.«*

Während Brandt von Berlin elektrisiert war, weil der Ort seinem Begabungsprofil entgegenkam und hier nicht nur Politik, sondern vor allem Geschichte gemacht wurde, sah Rut Brandt der Stadt weniger vermittelt und abstrakt ins Gesicht. Sie war erschüttert über die Szenen menschlicher Not, und bald überkam sie Scham, weil sie als Angestellte der norwegischen Militärmission privilegiert war, der Besatzungsmacht angehörte und als Uniformträgerin – sie arbeitete im Rang eines Leutnants als Sekretärin für ihren Mann – unübersehbar zu den Siegern gehörte. Als sie einmal in der Schlange vor einem Blumengeschäft hasserfüllte Blicke und Bemerkungen auf sich zieht, flüchtet sie weinend nach Hause. Schon bevor sie das erste Mal nach Berlin gekommen war, hatte sie Willy Brandt gewarnt, man werde Zeuge »entsetzlicher Dinge« und man müsse sich »zwangsläufig eine dicke Haut« zulegen, wenn man bestehen wolle. Tatsächlich war Rut Brandt weitaus weniger robust, und die Bilder vor allem von hungernden und kriegsversehrten Kindern ließen sie nicht los. In ihren Erinnerungen hat sie dem kriegszerstörten Berlin eindrucksvolle Passagen gewidmet, am bedrückendsten steht ihr das folgende Bild vor Augen. Während sie den kurz zuvor geborenen Peter im Kinderwagen durch die Straßen schiebt, eingehüllt in wärmende Decken und Kissen, begegnet sie zwei weniger umsorgten Kindern: »Die beiden Jungen auf dem Kurfürstendamm werde ich nicht vergessen. Der Größere, mit erwachsenen Augen, zog den Kleineren hinter sich auf einem ›Volkswagen‹, einem Brett mit vier Rädern. Von seinen Beinen waren nur noch die Oberschenkel da. Ich sah sie mehrmals und wollte ihnen gern etwas geben, Schuhe für den Älteren oder eine warme Jacke für den Jüngeren. Aber ich tat es nicht. Ich hatte Angst davor, dass der Große Nein sagen und vielleicht mich sogar anspucken würde, weil ich Uniform trug.«

Willy Brandt ging das Bild eines anderen Kindes nach. Das Bild dieses Kindes hatte ihn in schweren Zeiten aufgerichtet, Zeiten, in denen er nahe daran war, das Leben loszulassen. Am 9. April 1940, der Tag an dem die deutsche Wehrmacht ihren Überfall auf Norwegen begann, teilt ihm seine Freundin Carlota mit, dass sie ein Kind von ihm erwartet. Als Brandt im Frühsommer 1940 in deutsche Gefangenschaft gerät – er verbirgt seine Identität in der Uniform eines norwegischen Freundes –, ist es vor allem der Gedanke an die bevorstehende Geburt des Kindes, das ihn aufrichtet. Derart persönlich gefärbte Erinnerungsstellen wie die folgende aus seinem Buch »Links und frei« findet man selten in Willy Brandts späteren Autobiographien, die einen Prozess der Entprivatisierung durchlaufen und den Privatmann Brandt völlig hinter dem Partei- und Staatsmann zum Verschwinden bringen. Hier bekennt er noch: »Die Zukunft erschien nahezu ohne Hoffnung. Ich hoffte, der Mut zu unserem Kind werde sie nicht verlassen, und klammerte mich in nahezu verzweifelten Stunden an den Gedanken, dass in unserem Kind etwas von mir weiterleben würde, sollte ich nicht überleben.«

Die Mutter von Ninja Frahm, Carlota Thorkildssen, ist eine intellektuelle, eigenständige Frau, die unabhängig von Willy Brandts politischem Umfeld einen weitgespannten Freundeskreis besitzt. Als Brandt sie verlässt, kann sie diesem Verlust ein eigenes Leben entgegensetzen, und so richtet sie sich, auch um ihrer Tochter den Aufbau einer stabilen Beziehung zum Vater zu ermöglichen, auf freundschaftlich-pragmatische Weise mit ihm ein.

Als ich Ninja Frahm in Oslo besuche, sie wohnt einige U-Bahnstationen vom Stadtzentrum entfernt, holt sie am zweiten Tag meines Besuches eine Mappe mit alten Briefen und Fotos hervor. Sie will mir die Briefe ihres Vaters zeigen, der immer die Verbindung zu ihr halten wollte und gehalten hat. Sie übersetzt den Brief aus dem Norwegischen. Nur größenwahnsinnige Erzähler werden weismachen wollen, sie könnten mit ihrem forschenden Auge in die intimste Nische eines Lebens eindringen und es der Öffentlichkeit präsentieren. Jeder verantwortliche Biograph wird irgendwann sein Manuskript in die Ecke schleudern wollen, weil er erkennt, dass das Leben ein verteufelt fein gesponnenes Netz ist, das, wenn es einmal gelebt und zerrissen ist, niemals wiederhergestellt oder rekonstruiert werden kann. Diese Textur ist unwiderruflich verloren. Aber manchmal hat man, wenn man versucht, einige Fäden zusammenzulegen, das Gefühl, sie würden sich gleich von selbst zusammenfinden, sich versöhnlich umschlingen und zusammenwachsen, ohne dass die Nadel des Erzählers nachhelfen muss. Das war so ein besonderer Moment für mich, weil sich im Akt des Vorlesens, in Oslo im Haus von Ninja Frahm, die Zeiten und Beziehungen in einem Augenblick vermählten, der Geschichte in sich trug. So waren wir beide, die Übersetzerin und ich, sehr bewegt, weil aus diesen Zeilen ein lebendiges Gefühl sprach, das das längst verflogene Ich des Briefeschreibers zurückholte und das historische Fenster zu einer Vergangenheit aufstieß, die damals noch als ungewisse Zukunft vor dem jungen Mann namens Willy Brandt lag.

Der Vater schreibt am 4. Dezember 1947 aus Berlin an die siebenjährige Ninja: »*Liebes Ninjachen, ich bin recht traurig, weil ich so lange nichts von Dir gehört habe. Weder Brief noch Karte ist gekommen, seit ich in Oslo war. Ich weiß auch nicht, ob Du das Päckchen aus Stockholm und die Grüße zum Geburtstag bekommen hast. Also musst Du Dich jetzt bitte bemühen und einen schönen, langen Brief schreiben. Wahrscheinlich werde ich Weihnachten nicht nach Hause kommen. Ich glaube, es wird einige Monate dauern, bis ich wieder nach Oslo komme. Ich denke aber viel an Dich und möchte gern so oft wie möglich von Dir hören.*

Vielleicht hat Mama schon erzählt, dass ich in einigen Wochen eine neue Arbeit anfangen werde. Ich bin ja, wie Du weißt, in Deutschland aufge-

wachsen. Später habe ich in Norwegen gewohnt. Ich musste nach Norwegen fliehen, weil die, die damals in Deutschland regiert haben, dieselben schrecklichen Leute waren, die später auch Soldaten nach Norwegen geschickt haben. Jetzt aber gibt es andere Menschen, die Deutschland wieder aufbauen wollen und dafür sorgen werden, dass das Land nie wieder etwas Falsches gegen andere Länder unternimmt. Und ich finde, dass ich dabei helfen muss, auch wenn ich Norwegen sehr, sehr lieb habe. Es ist aber so, wie mir neulich einer meiner Freunde aus der Schweiz geschrieben hat: Ich muss jetzt für dasjenige von meinen beiden Vaterländern arbeiten, das es schwer hat und meine Hilfe braucht. Zum Schluss möchte ich gern wissen, was dieses Jahr ganz oben auf Deinem Wunschzettel steht. Erzähl es Mama! Sie kann es mir gleich schreiben, und wir werden sehen, was wir damit machen können. Eine grosse Umarmung von Deinem Papa.«

Einige Monate nach meinem Besuch schickt mir Ninja eine ganze Reihe von Briefen ihres Vaters, die sie übersetzt hat. An die Übersetzung hat sie jeweils verblüffend echt aussehende Kopien der Originalbriefe geheftet, sie möchte, wie sie schreibt, dass ich einen möglichst zeitgetreuen Eindruck ihres Briefwechsels bekommen solle. Vater und Tochter haben ihr ganzes Leben auch brieflich Kontakt gehalten. Für diese Biographie haben wir uns auf die frühen Briefe konzentriert, weil in ihnen Geschichte, Alltag und Gefühl zusammenfinden, während viele spätere Briefe ganz und gar privat-alltäglichen Charakter haben, zumal das Telefon den Fluss der Briefe ausdünnt. Am 21. März 1948 schreibt Willy Brandt, der mittlerweile als Verbindungsmann des SPD-Parteivorstandes in Berlin Kontakt zu den Alliierten pflegt, an Ninja: »*Liebes Ninjachen,* [...] *In meinem letzten Brief habe ich erwähnt, dass ich vielleicht eine Reise nach Amerika machen würde. Es stellt sich heraus, dass aus dieser Reise nichts wird. Gleichzeitig ist mir klar geworden, dass eine geplante Sitzung in Oslo ausgesetzt worden ist. Deshalb komme ich wahrscheinlich erst im Sommer wieder nach Norwegen. Du kannst Dir bestimmt schwer vorstellen, was ich alles zu erledigen habe. Vieles muss geschrieben werden, und deshalb muss ich noch eine Angestellte engagieren. Und dann gibt es viele Menschen, mit denen ich mich besprechen muss, die meisten Engländer, Amerikaner und Franzosen. Ab und zu muss ich auch Vorträge halten. Leider ist es so, dass ich mich nicht sehr viel bewege, oder ge-*

Willy Brandt und seine Tochter Ninja Frahm, im Sommer 1944 in Schweden

nauer gesagt, das Auto wird benutzt statt der Beine. Bis jetzt habe ich einen Mietwagen gehabt, nächste Woche bekomme ich aber ein neues, kleines Auto, einen sogenannten Volkswagen. Er ist fast zu klein, aber man kann ja damit fahren. [...] *Ich wünsche Dir alles Gute, mein Ninjachen. Ich denke viel an Dich und sende viele liebe Grüße und eine große Umarmung. Dein Papa.*«

Alle paar Wochen gehen Briefe zwischen Berlin und Oslo hin und her, der Vater versucht seiner Tochter, seinen Alltag zu vermitteln, und deutlich erkennbar ist auch, wie sich der Erwachsene um den Verständnishorizont des Kindes bemüht, weil er sich um eine verständliche Sprache bemüht und komplizierte Sachverhalte entwirrt, so gut es geht. Am 18. Mai 1948, einen Tag nach dem norwegischen Nationalfeiertag, erkundigt sich Brandt, wie sein »Ninjachen« den großen Tag verbracht hat: »*Ich habe ein sehr schlechtes Gewissen, weil ich so lange gewartet habe, bevor ich Deinen letzten Brief beantwortete.* [...] *Gestern war der 17. Mai und da hast Du bestimmt in der Kinderparade mitgemacht. Hier gibt es so was nicht. Ich habe aber dann doch den 17. Mai ge-*

feiert. Am frühen Nachmittag war ich mit einigen Freunden zusammen in der Militärmission – da wo ich früher gearbeitet habe – und da hat es geschlagene Eier mit Zucker gegeben. So etwas bekommt man nicht jeden Tag, besonders nicht hier, und wenn Du Deinen Papa gut kennst, kannst Du Dir wohl vorstellen, dass er etwas Kognak in die süße Suppe getan hat. Später habe ich den norwegischen Minister besucht, wo etwa 200 Leute zu einer »cocktail party« im Garten versammelt waren. Mama kann Dir erklären, was das ist. Üblicherweise ist es ganz langweilig, mit vielen Menschen, die herumwandern und so tun, als ob sie sich über wichtige Sachen unterhalten. [...] *Es ist die Rede davon gewesen, dass ich bald nach Oslo kommen würde, leider lässt es sich aber nicht machen. Ich hoffe aber sehr, dass ich Dich im Laufe des Sommers treffen werde. Sonst wirst Du wohl so groß sein, dass ich Dich fast nicht wiedererkenne. Schreib mir bitte, wenn Du Lust hast. Mit vielen Grüßen und einem Kuss von Deinem Papa.«*

Unmittelbar nachdem sich Willy Brandt von Carlota getrennt hatte, wollte diese keinen Kontakt zu Rut, doch einige Jahre später entspannt sich das Verhältnis zwischen den Frauen, und Carlota schreibt 1948: *»Und wenn es nun so gehen musste, dass Ninja eine ›Stiefmutter‹ haben sollte, so war mir niemand lieber als Du.«* Willy Brandt schreibt im August 1948 an seine Ex-Frau: *»Liebe Carlota,* [...] *Vielen Dank für das, was Du über Rut und mich geschrieben hast. Der Nachwuchs steht uns jetzt bald ins Haus. Um formellen Schwierigkeiten zu entkommen, planen wir auch, zum Standesamt zu gehen. Elsa hat angedeutet, dass Du Ninja schon*

Ninja schmollt und Vater Brandt raucht, Sommer 1946.

erzählt hättest, dass sie einen kleinen Halbbruder oder -Schwester bekommen wird. Wenn ich nach Oslo komme, muss ich wohl selbst mit ihr über das ganze ›Problem‹ reden. Ich hoffe, sie wird nicht ungnädig sein. Wenn ich an ihrer Stelle gewesen wäre, hätte ich meinem Vater ein paar Wahrheiten sagen müssen. Aber ich hätte dann auch wohl darauf vorbereitet sein müssen, dass er geantwortet hätte: hier stehe ich und kann nicht anders.« Ninja Frahm kann sich nicht an dieses »Problemgespräch« erinnern, aber sie hat ihren Halbbruder Peter offenbar so liebevoll ins Herz geschlossen und in den Arm genommen, wie es auf zahlreichen Fotos, die sie zeigt, überliefert ist. Und auch Rut, die sich immer eine Tochter gewünscht hatte, nimmt sich, wie sie in »Freundesland« bekennt, ihrer Stieftochter herzlich an: »Und Ninja liebte – und liebe – ich, als wäre sie mein eigenes Kind.«

Das Jahr 1948 ist ein Entscheidungs-, ein Begründungsjahr für die Familie Brandt.

Rut und Willy Brandt entscheiden sich füreinander.

Er entscheidet sich für eine Karriere in der SPD.

Er entscheidet sich für Berlin.

Sie entscheidet sich, ihm zu folgen.

Er entscheidet sich für Deutschland.

Beide entscheiden sich, eine Familie zu gründen.

Beide entscheiden sich, neu anzufangen.

Sie trauen sich.

Ninja

Wir trafen uns vor dem Nationaltheater in Oslo.

Es war ein sonniger Tag im September, die nächsten Tage brachten Regen und steifen Wind.

Ich warte vor dem Haupteingang, wo die Statuen der Nationaldichter Henrik Ibsen und Bjørnstjerne Bjørnson stehen. Schwer und würdevoll schauen sie in die Ferne. Kurz nachdem deutsche Truppen das neutrale Norwegen angegriffen hatten, verwandelte die Wehrmacht das Nationaltheater kurzerhand in eine Kaserne.

Der Platz vor dem Theater ist ein beliebter Treffpunkt. Hier haben sich schon Willy Brandt und Carlota Thorkildssen getroffen, später trafen sich hier Willy Brandt und Rut Bergaust. Jetzt warte ich auf Ninja Frahm, das älteste Kind Willy Brandts. »Ja, da sind Sie!« Ich drehe mich um, sie steht vor mir. Fester Händedruck. Warme braune Augen. Sie trägt einen leichten Herbstmantel, die Haare sind kurz geschnitten, sie vermittelt sofort das Gefühl, willkommen zu sein, und vertreibt so meine Beklommenheit. Ich bin ein Kind des 20. Jahrhunderts, ein Sohn deutscher Geschichte. Mir fällt es schwer, gerade jene Länder zu besuchen, die von meinen gepanzerten Vorvätern überfallen wurden. Schamgepäck.

Wir steigen in die U-Bahn und fahren kaum eine Viertelstunde in Richtung Østerås, steigen an der Haltestelle Ekraveien aus. Norwegen ist ein reiches Land, die Handy-Dichte scheint höher als in Deutschland, die Jugendlichen sehen bisweilen aus wie Statussymbole, gut gekleidet, Logos blinken, fast alle wischen über ihre Smartphones. Es geht leicht bergauf, eine sanfte Hügellandschaft, in der Ferne sieht man den berühmten Holmenkollbakken, die Schanze streckt ihren Hals wie ein Dinosaurier über die Wälder. Die typischen skandinavischen Holzhäuser sehen aus wie hingetupft, ockerfarben, dunkelgrün, beige, rot, es fehlt ihnen die lastende Schwere, die steinerne Abwehr.

Urlaubslandschaft. Ninja Frahms Haus ist karmesinrot, Birken, Fichten und Apfelbäume kleiden es ein.

Eine Katze streift ums Haus.

Montag, Dienstag, Mittwoch. Wir sprechen drei Tage. Ninja Frahm spricht gut Deutsch, sie hat es früh gelernt. Mit neun Jahren reiste sie das erste Mal nach Berlin und besuchte den Vater. Nein, sie besitzt keine zusammenhängenden Erinnerungen an die Zeit, als ihre Eltern noch zusammenlebten, sie war vier Jahre alt, als ihr Vater Carlota Thorkildssen verließ. Nur die Bilder in ihrem Album erzählen von jenen Jahren. Das erste gemeinsame Weihnachtsfest in Stockholm, ein kleiner Tannenbaum mit norwegischer Fahne, später die Tochter auf den Schultern des Vaters, der in einem Demonstrationszug am 1. Mai mitläuft, viele Bilder von gemeinsamen Sommertagen.

Das Gefühl, von ihm verlassen worden zu sein, hat nie Fuß gefasst, weil sie seine dauerhafte Präsenz nie kannte, denn selbst als die Eltern noch zusammen waren, war er fast immer unterwegs. Wie ihr Vater ist auch sie ohne Vater aufgewachsen, denn ihre Mutter hat nach der Trennung von Willy Brandt nicht wieder geheiratet und ging auch keine andere dauerhafte Beziehung ein, aus der eine Vaterfigur hätte erwachsen können. Doch sosehr ich auch frage und diese Leerstelle umkreise, Ninja hat diese frühkindliche Erfahrung nicht als Stigma erlitten, sie hat nicht ein Leben lang gehadert wie ihr Vater, der das Schamgefühl, ein uneheliches Kind gewesen zu sein, nie ganz abgelegt hat. Ja, es war ungewöhnlich, dass der Vater fehlte, dass die Eltern geschieden waren, aber es scheint, soweit ich Einblick nehmen kann, kein Trauma daraus geworden zu sein.

»Dass Willy Brandt eine Tochter aus erster Ehe hat, ist einer breiteren Öffentlichkeit unbekannt. Auch in den Brandt-Biographien erfährt man wenig über Sie. Wann sind Sie geboren?«

»Ich wurde am 30. Oktober 1940 in Oslo geboren. Mein Vater war zu diesem Zeitpunkt schon in Schweden auf der Flucht vor den Nazis.«

»Wissen Sie, wie Ihre Eltern Ihren Namen gefunden haben? War Ihr Vater beteiligt?«

»Mein Name bedeutet auf Spanisch ganz einfach Mädchen, niña, so ein Schnörkel über dem n. Mein zweiter Name ist Carlota, wie meine Mutter. Angeblich hat mein Großvater Gustav Thorkildssen meinen Namen ins Spiel gebracht. Er war ein norwegischer Ingenieur, der für eine deutsche Firma arbeitete, die um die Jahrhundertwende in aller Welt Seilbahnen baute. Er hatte in Mexiko und Spanien gelebt und gearbeitet, und dort rufen sie die Mädchen niña. Das gefiel ihm und meiner Mutter gefiel das auch.«

»Ich las, Sie hätten deutsche Vorfahren?«

»Meine Großmutter Janina Zeggel, die in Chicago zur Welt kam, war das Kind deutscher Auswanderer. In Mexiko hat sie dann meinen Großvater kennengelernt.«

»Sind Sie getauft worden?«

»Ja, ich wurde in Stockholm getauft. Mein Vater hatte inzwischen den Umzug organisiert.«

»Willy Brandt wurde ja 1941 von den schwedischen Behörden verhaftet, weil man ihn für einen Spion hielt.«

»Ja, die Lage war unsicher in den Kriegszeiten, deshalb hat mich meine Mutter auch taufen lassen. Sie war sonst nicht sehr religiös, aber so wurde ich ins Kirchenbuch eingetragen, und das gab meiner Mutter Sicherheit, weil sie fürchtete, dass wir getrennt werden könnten. Der Pfarrer kam zu uns nach Hause in Hammarbyhöjden …

»Ein Stadtteil von Stockholm?«

»Ja, er kam zu uns nach Hause, und weil die norwegischen Flüchtlinge keine schönen Schüsseln aus Silber oder Glas besaßen, wurde eine simple Rührschüssel als Taufbecken benutzt. Das war am 11. Oktober 1941, ich weiß es noch, weil es auf meinem silbernen Kinderlöffel eingraviert ist.«

Als ich am Abend dieses ersten Tages in mein Hotel fahre, dämmert es bereits. Wir sind für den nächsten Morgen verabredet. Meine Unterkunft ist spartanisch, kostet aber so viel wie in Berlin ein gehobenes Hotel. Ein ehemaliges Armeequartier, in dem die norwegische Armee immer noch ihre Soldaten unterbringt. Als ich morgens auf den Flur trete, sitzen ein halbes Dutzend junger Männer in dunkelblauer Uniform auf dem spiegelblanken Linoleumboden und füttern ihre Smartphones, sie blicken kaum auf, als ich mir einen Weg durch den

Beinwald bahne. Draußen ist der Herbst in die Stadt eingezogen. Kräftiger Wind stülpt die Regenschirme um.

Vor Ninja Frahms Tür sitzt die Katze und begehrt Einlass. Ninja kocht einen Tee und bietet mir das »Du« an, das sei in Norwegen üblich, hier duzt jeder jeden, ein egalitärer Zug der norwegischen Gesellschaft, die wenig gibt auf hochtrabende Formen. Als Ninja in den siebziger Jahren einmal einen Brief an ihren Vater liest, in dem er mit allen möglichen Ehrentiteln bedacht wird, ist sie befremdet. Der Name hätte es doch auch getan, wozu die Titel?

Anders als ihre Brüder spricht Ninja immer von ihrem »Vater«, während die Söhne, in erster Linie Peter und Matthias, oft von »Willy« sprechen, weil sie ihn nicht nur als Vater kennen, sondern auch als kollektive Figur, die sie mit anderen zu teilen haben. Ninja hat durch die Jahrzehnte eine ganz andere Bindung aufgebaut, einen ganz anderen Begegnungsrhythmus mit ihm gehabt. Seit Anfang der fünfziger Jahre ist sie in den Sommerferien stets im Marinesteig zu Gast und bleibt vier oder fünf Wochen. Carlota Thorkildssen findet zu einem pragmatischen, freundschaftlichen Verhältnis mit Rut Brandt, beiden Frauen liegt es am Herzen, dass Ninja einen lebendigen Kontakt zu ihrem Vater pflegt. Rut, die sich immer eine Tochter gewünscht hat, nimmt sie überdies wie ein eigenes Kind an, die kleine Norwegerin an ihrer Seite verkörpert außerdem ein Stück Heimat in Berlin. Von dem Politiker Brandt bekommt Ninja wenig mit, und Berlin weiß kaum von ihr. Als sie ihren Vater Anfang der sechziger Jahre einmal zu einem Empfang während der Berliner Filmfestspiele begleitet, tuschelt die Festgesellschaft neugierig, wer denn die junge, hübsche Frau an der Seite des Bürgermeisters sei und wo sich eigentlich seine Frau befinde. Brandt amüsiert sich und sagt einem Bekannten: »Die sollen sich ruhig wundern. Wenn Sie Auskunft geben müssen, sagen Sie wahrheitsgemäß, ich hätte eine gute Freundin meiner Frau ausgeführt.«

Wir sitzen im Esszimmer. Ninja hat eine Kiste mit alten Briefen und einige Fotoalben hervorgesucht. Der berühmte Vater hat nie eine drückende Gravitation für sie entwickelt, hier in Norwegen war er ein anderer Mensch, und all die Schlagzeilen, die öffentlichen Fehden und

Angriffe hat sie nur aus großer Distanz miterlebt. Wenn sie einmal etwas in den norwegischen Zeitungen über ihn las, dann war das fast immer zustimmend, denn hier fehlten die Feinde. Für Brandt war Norwegen Freundesland, sein »zweites Vaterland«, wie der Historiker Einhart Lorenz schrieb, er schlüpfte, norwegisch sprechend, in eine andere Haut, wirkte freier, gelöster. Das Land hatte ihn gebildet, erzogen, es hatte aus ihm einen sanften Mann gemacht und ihn radikale Phrasen und aggressive Parolen ablegen lassen. Er suchte den Konsens, suchte Zustimmung, keine Unterwerfung, suchte den Dialog, baute Brücken. An diesem ganz anderen Politikstil, einer sanften Bestimmtheit, verzweifelten dann die eigenen Parteifreunde, die straffere Führung verlangten. Etwas von dieser dialogischen Sanftheit findet man im Wesen seiner Tochter, die im Gespräch keine harten Urteile über Menschen fällt, sondern versucht, jeden in seiner Zeit und seinem Möglichkeitsraum zu sehen.

Ich spreche kein Norwegisch, aber die Sprache klingt nicht völlig fremd für jemanden, der in einer Gegend aufwuchs, wo noch viel Plattdeutsch gesprochen wurde. Das eine oder andere Wort, den einen oder anderen kurzen Satz verstehe ich. So blicke ich auf die Briefe von Willy Brandt, die Ninja nun zur Hand nimmt und in Auszügen übersetzt. Am 22. August 1948 schreibt ihr Vater an Carlota: »*Wenn es um praktische Fragen geht, habe ich, wie Du weißt, bereits früher gesagt, dass ich alles tun möchte, um dazu beizutragen, dass Ninja eine einigermaßen gute Jugend hat und eine ordentliche Ausbildung erhält. Nichts wird verhindern können, dass sie mir besonders nahe steht, auch wenn es einen verhältnismäßig großen geographischen Abstand zwischen uns gibt.* [...] *Vergiss bitte nicht, Bilder von Ninja zu schicken.*« Der Briefwechsel zwischen Ninja und ihrem Vater wird sich in der nächsten Generation in ähnlicher Konstellation wiederholen. Als Peter Brandt und seine Frau Gabriele auseinandergehen, unterhalten Vater und Tochter Karoline eine ähnliche Botschaftsbrücke auf Papier.

Im Januar 1948 hatte Willy Brandt seine neue Stelle als Berliner Vertreter des SPD-Vorstands angetreten. Er versucht, seiner Tochter den Umzug und Berufswechsel anschaulich zu machen und sich in ihren Verstehenshorizont einzufühlen. Am 11. Februar 1948 schreibt er nach Oslo: »*Liebes Ninjachen, […] Wie ich Dir schon vor Weihnachten in einem Brief erzählt habe, habe ich mit einer neuen Arbeit begonnen. Das hat einen Umzug und viel Mühe mit sich gebracht. Ich wohne jetzt in einem schönen, kleinen Haus. Es liegt an einem See, der Haalensee heißt. Es ist tatsächlich in der Mitte der Stadt, aber doch auch ein bisschen ländlich. Nur wenige Minuten entfernt liegt ein großer Wald, der Grunewald heißt. Mein Büro ist im selben Haus, und ich habe furchtbar viel zu schaffen. Ich bin sehr froh, dass ihr endlich ein eigenes Dach über dem Kopf gefunden habt, und ich hoffe, dass Du Dich in Eurem neuen Haus wohlfühlst. Schön, dass Dein Weg zur Schule nicht mehr so lang ist. Vielleicht kannst Du mir mal erzählen, was Ihr alles in der Schule macht. Und dann habe ich eine große Bitte: Ich möchte so gern, dass Du mir einige Fotos schickst. Alles Gute, mein kleines Ninjachen, tausend Küsse von Deinem Papa.*« Der Vater vermisst seine Tochter, das lässt sich unschwer aus diesen Briefen herauslesen. Ninja nimmt einen anderen Brief, einen noch, sagt sie, dann ist es Zeit, etwas zu essen. Die Katze streift unter dem Tisch an den Beinen entlang. Der bunte Kater heißt Sofus, der Weise. Ninjas Tochter Janina hat ihn aus dem Tierheim geholt, zunächst ein scheues Tier, das nur langsam Zutrauen fasste. Die Katze scheint einen Moment die bewegliche Landkarte der Regentropfen auf dem Fenster zu studieren, dann leckt das Tier eine Pfote, schaut kurz zu und verschwindet lautlos.

»*Als Du Deinen Brief geschickt hast*«, schreibt der Vater am 22. August 1948 an die Tochter, »*war es Sommer in Norwegen. Hier war es auch sehr heiß, aber nur wenige Wochen. Sonst hat es viel Regen gegeben. Letzte Woche hatten wir das schlimmste Regenwetter, das ich jemals erlebt habe. Der Keller war voller Wasser, und der kleine See, an dem ich wohne, ist so hoch gestiegen, dass der niedrigste Teil des Gartens vollkommen überschwemmt wurde. Jetzt gibt es übrigens bald Pfirsiche im Garten. Schade, dass ich Dir keine schicken kann, sie würden bestimmt unterwegs verderben. Jetzt fängt wohl bald wieder die Schule an? Ich hoffe, dass Du es nicht zu langweilig findest. Ich sehe an Deinem letzten Brief, dass Du die Schrift schon richtig schön beherrschst. Wenn Du Lust hast, musst Du mir bald wieder schreiben und von der Schule und Deinen Spielen erzählen und von allem, was Du auf dem Herzen hast.*

Letztes Jahr um diese Zeit waren wir zusammen in Lillehammer. Ich

Auf Vaters Schulter: Ninja Frahm und Willy Brandt,
Sommer 1946

hätte gewünscht, dass wir auch dieses Jahr eine Woche auf dem Lande hätten verbringen können. Das war aber leider nicht möglich. Hoffentlich wird es nicht so lange dauern, bis ich zu Besuch komme. [...] Alles Gute, Ninjachen, mit einer großen Umarmung von Deinem Papa.«

Viele weitere Briefe gehen hin und her, sie blieben im Ton privat, große Politik findet sich kaum. Es geht darum, den anderen am eigenen Alltag teilhaben zu lassen, ein Bild von sich in der Ferne entstehen zu lassen.

»Du kannst machen, was du willst? Ich mache das Mittagessen! Wenn du magst, setz dich ins Wohnzimmer! Schau dich um!«

Im gesamten unteren Wohnbereich findet sich keine Tür. Wohnzimmer, Küche und Esszimmer gehen ineinander über, kein Haus, um sich voreinander zu verstecken. Wenn Ninja oben umhergeht, hört man unten jeden Schritt. Die Decken sind niedrig, die getäfelten Wände und Decken strahlen Wärme aus. Ein großes Sofa, von der Katze an den Seiten zerkratzt, eine Le Corbusier-Liege, ein paar Sessel. Bequemlichkeit, Behaglichkeit. Eine Bücherwand, zurückhaltend, keine intellektuelle Leistungsschau. Auf einer Biedermeier-Kommode, die aus dem Haushalt von Carlota stammt, steht unübersehbar eine bronzefarbene Büste von Willy Brandt. Sie ist von dem bekannten norwegischen Bildhauer Nils Aas gefertigt worden. Mir fremd. Leichte Tendenz zur Heroisierung, Heldengesicht, entschlossen, kraftvoll, hart. Die fließenden, die weichen Gesichtszüge Brandts, hinter denen man ein zweites und drittes Gesicht finden konnte, finde ich hier nicht, Kampfgesicht.

Oben auf dem Buchregal eine kleine Abteilung zu Willy Brandt. Seine eigenen Bücher, das Buch »Andenken« ihres Bruder Lars, Rut Brandts Erinnerungen »Freundesland«. Alles dezent, auch die Büste ordnet sich ein in die Sammlung von Krügen, Vasen, altem Schmuck, Schatullen, silbernen Kästlein. Eine Stereoanlage von Bang & Olufsen, viel Klassik, viel Jazz, Kunstbände. Ein bürgerliches Ambiente.

Ninja geht in der Küche umher. Ich schaue aus dem Fenster. Im nassen Gras liegen feucht schimmernde Äpfel. Der Regen hat nachgelassen.

Sie ist offenbar ein Mensch, der andere lassen, in ihrem So-sein lassen kann. Nein, sie kommt nicht und erklärt nicht, sie drängt sich nicht auf, sie zeigt nicht hier oder da, nein, sie hält sich zurück und räumt mir Eigenzeit ein. Sie misstraut nicht und traut ihrem Urteil, wenn sie es einmal gefunden hat. Sie erscheint mir großzügig und frei von Selbstdarstellung. Sie ist offen für Begegnungen und will wissen, wer ihr da gegenübersitzt und fragt.

Wir setzen uns im kleinen Wintergarten zum Essen. Ninjas Mann Knut, ein Bauingenieur, der mittlerweile im Ruhestand lebt, ist für einige Tage zur Hütte gefahren, die seine Frau nach Ruts Tod von Peter, Lars und Matthias erworben hatte. So bleibt dieser Ort, an dem die Familie Brandt über Jahrzehnte zusammenfand, wo der Kanzler Urlaub machte und der Spion ihm über die Schulter schaute, in der Familie.

Wir sprechen über Ninjas Mutter Carlota. Nach dem Abitur ist sie als junges Mädchen nach Paris gegangen, wo sie zunächst als Au-Pair-Mädchen arbeitete, ehe sie nach einigen Jahren bei der Société des Nations, dem Völkerbund, angestellt wurde. Als sie nach Norwegen zurückkehrte, arbeitete sie in den dreißiger Jahren als Sekretärin am

Institut für vergleichende Kulturforschung. Ihre Mutter, sagt Ninja, sei im Rückblick selbst ein bisschen erstaunt und beeindruckt gewesen, dass sie sich in so jungen Jahren ganz allein und ohne Hilfe ins Ausland gewagt habe. Gleich nach dem Krieg hat sie aus eigener Initiative eine literarische Agentur aufgebaut, die mit Übersetzungsrechten handelte, vor allem für amerikanische und englische Literatur. Carlota Thorkildssen vertrat ausländische Autoren und vermittelte ihre Manuskripte an norwegische Verlage. Sie spielte bis zu ihrem Tod eine wichtige Rolle in der literarischen Welt in Norwegen.

Wir wechseln den Tisch. Üblicherweise zieht man in Norwegen die Schuhe im Haus aus. Plötzlich ein Stich. Ein Holzsplitter. Dielenboden. Tja, sagt Ninja, die ein Arsenal von Pinzetten besitzt, das passiert. Die Norweger scheinen ein Volk zu sein, das mit den Splittern seinen Frieden gemacht hat. Wer zu Hause den Fuß vorsichtig aufsetzt, wie geht der durch die Welt?

Ninja fällt die Schule leicht. Wir nehmen alte Briefe in die Hand. Sie macht ihr Abitur als Klassenbeste. Ihr gerührter Vater schreibt ihr daraufhin am 22. Juni 1959: *»Liebe Ninja, vielen Dank für den Brief mit der Nachricht, dass Du einen sehr schönen Abschluss der zwölften Klasse gemacht hast. Ich danke Dir herzlich! Aber damit es nicht nur ›schöne Worte‹ bleiben, lege ich einen Geldschein bei, den Du wechseln kannst, verfahre, wie Du möchtest, oder benutze ihn für Einkäufe diesen Sommer in Berlin. Du schreibst, dass Du überlegst, Mathematik und Naturwissenschaften zu studieren, aber dass Du Dir noch nicht ganz sicher bist. Für mich ist es leider sehr schwer, Rat zu geben – wegen des Abstandes und überhaupt. Du musst selbst versuchen herauszufinden, was für Dich das Richtige ist. Die Entscheidung hat ja eine gewisse Bedeutung dafür, wie sich Dein Leben weiter entwickeln wird.«*

Ninja beginnt ein naturwissenschaftliches Studium, da sie in diesen Fächer besonders gut ist, doch nach einem Semester verliert sie das Interesse an der Materie. Sie möchte mehr dem Leben, den Menschen zugewandt arbeiten. Nachdem sie an ihrer ehemaligen Grundschule hospitiert hat, entscheidet sie sich für ein Studium an einer pädagogischen Hochschule. Ihr Vater bestärkt sie, an ihrer Wahl festzuhalten, sich nicht beirren zu lassen. Er schreibt am 20. Mai 1960: *»Es ist eine* *wichtige Entscheidung für Deine Zukunft, die Du jetzt getroffen hast. Wenn Du selbst meinst, dass die Entscheidung richtig ist, werden alle anderen sie respektieren müssen. Ich werde jedenfalls nicht zu denen gehören, die eventuell meinen, dass Du »aufgegeben hast«. Das Wichtigste ist, dass Dir die Arbeit, die Du machst, gefällt. Außerdem braucht man in Norwegen, so wie in anderen Ländern, gute Lehrer … Also: Viel Glück!!«*

Da Telefon klingelt. Es ist Janina. Sie erwartet ihr erstes Kind. Es gibt viel zu bereden zwischen Mutter und Kind.

»Du bist dann Lehrerin geworden?«

»Ja, ich habe mehr als 40 Jahre in diesem Beruf gearbeitet und es eigentlich nie bereut!«

»Bist du einer Schule treu geblieben?«

»Ich habe in verschiedenen Regionen in Norwegen gelebt und deshalb ein sehr spannendes Berufsleben gehabt. Ich arbeitete in Nord- und West-Norwegen auf dem Land in ganz kleinen Schulen, aber eben auch in größeren Schulen in Lillehammer, in Melhus außerhalb von Trondheim und schließlich in meiner Heimatstadt Oslo, mit Kindern von der ersten bis zur neunten Klasse. Die letzten 15 Jahre waren besonders schön, weil ich mich der Montessori-Pädagogik gewidmet habe und am Aufbau von zwei Schulen beteiligt war. Sie gehörten zu den ersten Montessori-Schulen überhaupt in Norwegen. Eine dieser Schulen habe ich auch einige Jahre geleitet.«

Es sind viele Briefe, die vor uns liegen. Brandt war ein immenser Briefschreiber, der jede Gelegenheit nutzte, um von unterwegs Nachricht zu geben. Es war seine Art, den familiären Faden zu spinnen, Versuche, den Distanzen und der vagabundierenden Existenz etwas entgegenzusetzen. Auch Ninja hat er so ins Familienleben einbezogen und ihr das Aufwachsen ihrer Geschwister nahegebracht und vor Augen gestellt. Ohne diese kontinuierliche Berichterstattung wäre es Ninja sicherlich nicht so leichtgefallen, bei ihren Besuchen in Deutschland sofort wieder in diese Familie hineinzufinden. Ich notiere nur einige Sätze – ich könnte viele andere zitieren –, die zeigen, dass Vater Brandt bemüht war, seiner Tochter den Alltag gerade in seinem ruhigen Fluss, mit seinen kleinen Entwicklungen und Veränderungen zu dokumentieren. Am 30. April 1952 heißt es: »*In letzter Zeit spielt Peter den ganzen Tag Indianer. Und Lasse hat gerade angefangen, im Laufställchen herumzulaufen.*« Am 28. Oktober 1954 wird gemeldet: »*Peter hat mir heute erzählt, dass er weiß, was er werden möchte, wenn er groß wird: Schuster oder Naturforscher! Lasse ist immer noch ein kleiner Spaßvogel.*« Zwei Tage vor dem Weihnachtsfest seufzt Brandt am 22. Dezember 1954: »*Ich habe sehr viel zu tun. Wir haben Wahlen gehabt und werden eine neue Regierung bilden. In den Weihnachtsferien muss ich an meinem Buch über Bürgermeister Reuter arbeiten.*« Kaum weniger ereignisreich heißt es am 28. Februar 1955: »*Die letzten zwei Wochen sind sehr mühsam gewesen, zuerst Sitzungen in Bonn, dann ein kurzer Aufenthalt in Kopenhagen mit 5 Vorträgen in 2 Tagen, dann wieder Sitzungen in Bonn und Berlin mit erregten Diskussionen, ob Deutschland wieder Soldaten bekommen soll. Peter war die letzten Tage mit in Bonn. Er fängt ja in ungefähr einem Monat mit der Schule an. Zurzeit ist er aber am meisten daran interessiert, sich zu verkleiden, so wie er es beim Kölner Karneval gesehen hat.*« Das Familienleben läuft wie ein Daumenkino vor mir ab, familiäre Szenen überwiegen, politische Bezüge werden nicht ausgespart, bleiben aber die Ausnahme. Ninja, die die Briefe selbst das erste Mal im diachronen Querschnitt liest, ist überrascht, wie vielfältig die Briefe sind, was sie alles transportieren. Erst in der Zusammenschau begreift sie das intime Gewicht dieser Briefe, die gegen das Sich-fremd-Werden angeschrieben werden.

Das Telefon klingelt. Es ist spät geworden. Es ist Janina, die fragt, ob ihre Mutter in den nächsten Tagen zu Ikea mitkommen will, Kindermöbel kaufen.

»Wann ist der Geburtstermin?«

»In der letzten Oktoberwoche.«

»Dann hat dein Enkelkind vielleicht mit dir Geburtstag?«

»Ja, vielleicht!«

»Ihr seid fast alle Oktoberkinder, du, Peter und Matthias.«

»Ja, und Peters Tochter Karoline hat auch im Oktober Geburtstag.«

Der Regen hat nachgelassen. Ringsumher sind in den Häusern die Lichter angegangen. Ich schalte mein Aufnahmegerät aus.

»Vielleicht musst du noch einmal anschalten, da hab ich noch was Interessantes für dich und das Thema.«

Es ist ein Brief, den Ninja von ihrem Vater erhielt, als sie am 30. Oktober 1961 volljährig wurde. Wenige Wochen zuvor war Matthias Brandt am 7. Oktober in Berlin geboren worden. Ihr Vater schreibt am 27. Oktober: *»Liebe Ninja, es ist wirklich ein merkwürdiges Gefühl: Hier ist ein ganz kleiner Weltbürger – dort eine grosse Tochter, die ihren 21. Geburtstag feiert. Alle meinen guten Gedanken sind bei Dir an diesem Tag, und alle guten Wünsche werden Dich auf Deinem Lebensweg begleiten. Ich hoffe, dass Dir Deine Arbeit gut gefallen wird. Und ich hoffe, genauso stark, dass Du all das Glück findest, was Du verdient hast. Rut und die Jungen schliessen sich an diese Glückwünsche an. Grosse Umarmung! Papa.«*

»Dørene lukkes!«, sagt die Lautsprecherstimme in der U-Bahn und schon schließen die Türen. Ich habe das oft gehört in den letzten Tagen. »Die Türen schließen!«

Am nächsten Morgen ist der Himmel verwaschen grau. Von meinem Fenster kann ich die Küche des Hotels sehen. Zwei Frauen mit weißen Schürzen und Häubchen stehen im Hof und rauchen. Die Fahrt mit der U-Bahn kommt mir heute kürzer vor. Es ist später Vormittag. Es bleiben ein paar Stunden, ehe ich aufbrechen muss.

»Als dein Vater 1974 als Bundeskanzler zurückgetreten ist, ist er nach Norwegen gefahren. Hast du ihn in dieser Zeit getroffen, und erinnerst du dich an seine Stimmung?«

»Ich lebte in Melhus, das südlich von Trondheim liegt. Als mein Vater in diesen Maitagen nach Hamar gekommen ist, bin ich gleich zur Hütte gefahren. Ich erinnere mich nicht mehr genau daran, was er gesagt oder erzählt hat, aber es waren harmonische Tage mit ihm und Rut. Ich hatte den Eindruck, dass er irgendwie vom Druck befreit war.«

»Ich möchte noch einmal auf deine Mutter zurückkommen. Kannst du dich daran erinnern, wann sich deine Eltern das letzte Mal getroffen haben?«

»Meine Eltern haben sich selten getroffen. Ich erinnere, dass meine Mutter einmal Rut und Willy auf dem Venusberg besucht hat, als sie an der Buchmesse in Frankfurt teilgenommen hatte. Vielleicht war es das letzte Mal, dass sie sich sahen.«

Die Katze streicht um unsere Beine.

»Kannst du mir bitte sagen, wann deine Mutter gestorben ist?«

»Meine Mutter starb ganz unerwartet an einem Herzanfall im Juni 1980. In dieser aufwühlenden und traurigen Situation hat das Schicksal mir was sehr Schönes und Bedeutungsvolles geschenkt. Mein Vater sollte am nächsten Tag an einer Sitzung in Oslo teilnehmen, und wir wollten uns treffen. Es war fast nicht zu glauben, dass mein Vater, der so weit entfernt von mir lebte, tatsächlich in diesem Augenblick in Oslo war, als ich meine Mutter verloren hatte.«

»Und habt ihr euch dann gesehen?«

»Ja, es war gut. Mein Vater wohnte im Grand Hotel an der Karl Johan Gate. Ich weiß noch, wie ich überlegt habe: Wie erreiche ich ihn jetzt? Denn es war ja nie so einfach, meinen Vater zu erreichen.«

»Ihr habt euch im Hotel getroffen?«

»Ja, und es war tröstlich, dass er da war. Es hat gutgetan, dass er ausgerechnet an diesem Tag in Oslo war.«

»Kannst du dich an deinen letzten Besuch bei deinem Vater in Deutschland erinnern?«

»Ich habe meinen Vater das letzte Mal im August 1992 getroffen. Wir wussten, dass er nicht mehr lange Zeit leben würde. Ich war in dieser Zeit zweimal in Unkel, zuerst mit Knut und Janina, die für ihren Bestefar Willy ein schönes, selbstgemaltes Bild mitgebracht hatte. Ein paar Tage später habe ich ihn noch einmal alleine besucht. Ich bin mit meinem Vater im Garten runter an den Rhein spazieren gegangen. Er hat eine Rose abgebrochen und mir gegeben, und wir haben beide verstanden, dass wir uns zum letzten Mal sahen. Es war ein Abschied.«

»Bestefar heißt …?

»Großvater!«

»Ninja, vielen, vielen Dank!«

Es wird Zeit aufzubrechen.

Ninja wirft ihren Mantel über. Es regnet nicht mehr. Die Blätter beginnen, sich herbstlich zu färben.

»Ich bring dich zur Bushaltestelle!« Mit dem Bus geht es am schnellsten zum Flughafen.

Wir sprechen noch dies und das. Was man so spricht, wenn man viel voneinander erfahren hat, aber sich doch eigentlich noch kaum kennt. Solche Interviews über mehrere Tage sind eigentümliche Zeitreisen. Keiner weiß, was man unterwegs findet. Es ist eine asymmetrische Beziehung, die da entsteht. Kommt einer, fragt dich aus und trägt deine Antwort mit nach Haus. Schultert dein Leben wie Gepäck und ist verschwunden. Ninja, das ist mein Eindruck, neigt nicht dazu, die Dinge komplizierter zu machen, als sie sind. Sie ist geradlinig. Sie ist warmherzig.

»Vielleicht sieht uns mein Vater jetzt zu, da oben auf seiner Wolke.«

Ob ihm gefiele, was er sähe?

Der Bus biegt schwerfällig um die Ecke.

Sie wartete, bis er abfuhr.

Im Marinesteig

Der Waldfriedhof, auf dem sich Willy Brandt beerdigen ließ, liegt nicht weit von der Marinesiedlung entfernt, ein Katzensprung. Mit Google Maps lässt sich weiterhin feststellen, dass man mit dem Auto für die 2,5 Kilometer etwa sechs Minuten braucht, wobei man zu beachten hat, dass die Strecke über private oder gesperrte Abschnitte führt. Wie dieses Problem zu lösen ist, verrät Google nicht. Die Benzinkosten betragen 0,53 Cent. Außerdem werden zwei Alternativrouten vorgeschlagen, die jedoch länger sind. Geht man zu Fuß, benötigt man für den 2,2 Kilometer langen Weg etwa 27 Minuten, allerdings heißt es bei Google Maps, dass sich der Routenplaner für diese Strecke noch im »Beta-Stadium« befinde, was so viel heißt wie »Wir haben nicht die leiseste Ahnung, aber wir lassen es uns nicht anmerken!«

Ja, das Leben hat sich verändert. Als die Familie Brandt 1950 in den Marinesteig zog, gab es keine digitalen Pfade und kein Handy, kaum Fernsehen, Autos waren noch nicht viele unterwegs, und die Eltern schickten ihre Kinder zum Spielen auf die Straße. Manches im Leben von Willy Brandt war dem Zufall geschuldet, aber kaum die Wahl seiner letzten Ruhestätte. In der Marinesiedlung am Schlachtensee lebte die Familie Brandt länger zusammen als an irgendeinem anderen Ort, von 1950 bis 1964. Hier hat Brandt seine Familie begründet, hier hat der unruhige Wanderer, so gut er konnte, Wurzeln geschlagen, hier, in Berlin, hat er Karriere gemacht.

Brandt hat um Berlin gekämpft, wie um kaum etwas anderes in seinem Leben. Das Schicksal der Stadt hat er buchstäblich mit dem seinen verbunden. Er wollte nach Berlin, nicht Rut. Er witterte die Chancen, er sah die Aufgabe, hier lag sein Weg, hier lohnten der Streit und der Schweiß. Im Exil hatte Brandt früh begriffen, erspürt und erlitten, was es heißt, Teil der Geschichte, der Weltgeschichte zu sein, von ihr rücksichtslos hin und her gestoßen zu werden. In Berlin, der viergeteilten, besetzten, zerbombten und zerschossenen Stadt, konnte man der Weltgeschichte den Puls fühlen. Und bestenfalls ließ sich hier selbst mitdrehen am Rad der Geschichte. Brandt wollte das. Er wollte nicht im bequemen, aber schläfrigen Oslo bleiben, er wollte nicht in die Vergangenheit zurückkatapultiert und Bürgermeister in Lübeck werden, er wollte keinen sicheren, gut bezahlten Job in der westdeutschen Provinz. Er suchte den steinigen, den dornigen Weg. Er wollte Macht. Dass es hart werden würde, hatte er wohl vorausgesehen, wie sehr ihn das beuteln würde, eher nicht. Als er 1947 nach Berlin ging, konnte er noch als junger Mann gelten, doch als er die Stadt 1966 verließ, um in Bonn Außenminister zu werden, war er schon fast ein alter, müder Mann, der kaum noch daran geglaubt hatte, höchste Ämter zu erreichen. Berlin hatte ihn vor der Zeit alt gemacht, aber ihn auch zu einer ihm gemäßen Rolle und politischen Identität finden lassen. Berlin hat ihn ausgesaugt, aber auch vollgepumpt mit Erfahrung und Kenntnis, diese Stadt hatte ihn gepackt und nicht mehr losgelassen.

Ich bin den Weg zwischen dem Waldfriedhof und der Marinesiedlung einige Male gegangen. Wenn man den Friedhof verlässt, wendet man sich nach links, durchquert den Wasgensteig, der in die Wasgenstraße mündet. Man passiert die Johannes-Tews-Grundschule, hier wurden Peter und Lars eingeschult. In der Matterhornstraße lag der Wochenmarkt, auf dem Rut Brandt regelmäßig einkaufte, hier befindet sich die evangelische Johanneskirche, in der Peter und Lars konfirmiert und Matthias getauft wurden, hier sprach Pfarrer Manfred Karnetzki schließlich 2006 die Trauerworte für Rut Brandt. Die Matterhornstraße stößt auf die Breisgauer Straße, wo sich früher das »Lumina« befand, ein ehrwürdiges, längst verlorenes, von einem Supermarkt verdrängtes Kino, das Willy Brandt bisweilen mit den Kindern besuchte und wo ihm der Kopf vor Müdigkeit auf die Brust sank. Und gleich um die Ecke erprobte sich Peter Brandt das erste Mal als rebellisches Kind. Aber vor diesem frühkindlichen Widerstandsakt musste das Kind erst mal zur Welt kommen.

Peter Willy Brandt, der älteste Sohn von Rut und Willy Brandt, wird am 4. Oktober 1948 in Berlin geboren. Ein echtes Berliner Blo-

Vaterstolz: Willy Brandt fährt den erstgeborenen Sohn Peter spazieren, Berlin 1949.

ckade-Kind. Es ist die Zeit der Stromsperren, Zeit der brummenden Rosinenbomber. Die Kinder knien im Staub und spielen mit ihren Modellfliegern Luftbrücke. Peter kommt bei Kerzenlicht zur Welt. Es ist eine schwere Steißgeburt. Der werdende Vater ist in Westdeutschland unterwegs. Dafür ist sein getreuer Fahrer zur Stelle und fährt Rut ins Krankenhaus. Die Arztrechnung muss in Naturalien beglichen werden: Margarine, Zucker, Mehl. Der Vater findet den Säugling ein bisschen klein, runzelig, aber, so Vater Brandt: »Er kann ja noch wachsen!« Der Junge ist ein paar Jahre darauf bereit, die nächste Etappe seines Lebens anzugehen: den Kindergarten.

»Ich weiß nicht mehr genau«, erzählt Peter Brandt, »wie alt ich war, als ich in den Kindergarten der evangelischen Kirche kommen sollte, drei oder vier Jahre vermutlich. Eines Tages gingen meine Mutter und ich dorthin, um mich anzumelden. Wir wurden von einer ernst blickenden Schwester empfangen, die in ihrer schwarzen Ordenstracht besonders streng aussah. Ich besaß damals einige Kasperlepuppen und fragte die Schwester, ob ich die mitbringen könne. ›Ja, die kannst du mitbringen!‹, sagte sie. Offenbar habe ich da bereits einen Verdacht geschöpft, denn ich fragte weiter: ›Darf ich denn auch meinen Teufel mitbringen?‹ Da schaute sie noch strenger als zuvor und sagte: ›Nein, den darfst du nicht mitbringen. Keinesfalls!‹ Niemand hat mich mehr dazu gebracht, in diesen Kindergarten zu gehen. Ich hatte damals einen sehr starken, teilweise auch destruktiven Willen, und da hat meine Mutter schließlich kapituliert und gesagt: ›Dann müssen wir die Zeit bis zur Schule halt irgendwie anders rumkriegen!‹ Da die ganze Siedlung von Kindern wimmelte, war das kein großes Problem. Meine Mutter musste nur die Verandatür öffnen, schon war man weg und mit anderen zusammen.«

Zurück an Mutters Hand in die Marinesiedlung, wo auch ich auf meinem Spaziergang endlich angekommen bin. Die Siedlung ist ein lupenreines Kriegskind. Erbaut wurde sie von 1938 bis 1943 und sollte dazu dienen, höheren Diensträngen der Marine komfortablen Wohn- und Erholungsraum zu bieten. Die heute denkmalgeschützte Siedlung war auch damals schon ein friedlich abgeschiedener Winkel am Rande der großen Stadt. Berlin mochte untergehen, brennen und in Trümmern liegen, hier draußen konnte man sich der Illusion hingeben, Stadt, Land, Schicksal seien nicht in Stücke zerschlagen. So stehen sie da, die zweigeschossigen Häuser. Erbaut für Männer, die es schwer haben, die ins feindliche Leben ziehen, Befehle geben, Kanonen abfeuern lassen und Torpedos auf die Reise schicken. Männer, die Schiffeversenken nicht als Spiel, sondern als Beruf begriffen.

Nach dem Krieg wurde die Siedlung abgerüstet. Andere Männer kamen, neue Familien zogen ein. Ein Jugendfreund von Peter Brandt erinnert sich, dass die Männer in dieser Siedlung aussahen, als ob sie »jeden Tag mit Ärmelschonern und weißen Kragen ins Büro gingen«. Die Familie Brandt – bestehend aus Rut und Willy Brandt, Peter, der Haushälterin Martha Litzl und der wohlgetrimmten Pudeldame »Blackie« – zog Anfang 1950 in den Marinesteig 9, wo zuvor der Fregattenkapitän Johannes Priemer gewohnt hatte. Fünf Jahre später, mittlerweile war der zweite Sohn Lars Andreas Brandt (3. Juni 1951) zur Welt gekommen, zog die Familie in das größere Haus mit der Nummer 14, wo seit 2003 eine Gedenktafel daran erinnert, dass hier der

Peter Brandt, Rut Brandt und Ninja Frahm, Sommer 1951 in Berlin

Regierende Bürgermeister von Berlin von 1955 bis 1964 gewohnt hatte.

Nun zog Willy Brandt sicher nicht in den Krieg, aber mit Ärmelschonern ging er auch nicht durchs Leben. Sowohl die Berliner SPD als auch die Bundespartei wiesen ihn lange zurück, schenkten ihm kein Vertrauen und brachten ihn an den Rand der Verzweiflung. Im Kampf um Macht und Einfluss in der Berliner SPD war der vierschrötige und beinharte Traditionalist Franz Neumann sein schärfster Gegner, der vor kaum einem Mittel zurückschreckte, um Brandt kleinzuhalten. Neumann, von 1946 bis 1958 Vorsitzender der Berliner SPD, war ein echter Parteiheld (was er auch gerne durchblicken ließ). Er war im »Dritten Reich« von der Gestapo gefoltert worden und hatte widerstanden. Nach dem Krieg kämpfte der bullige Mann an vorderster Front gegen die Zwangsvereinigung von SPD und KPD. Neumann, ein gelernter Metallarbeiter, der sein Image als Malocher einzusetzen wusste, war ein Krieger im Dienst der Partei. Und Brandt war in seinen Augen bloß ein smarter Karrierist. Neumann ließ seinen Gegenspieler ausspionieren, versuchte, belastende Informationen über ihn zu beschaffen, speiste den politischen Gegner und die Presse mit Anti-Brandt-Munition und denunzierte ihn in den eigenen Reihen. Und Brandt musste dagegenhalten. Er warb, stritt, ging auf die Ochsentour. Bier, Kognak, Schnaps, Whisky, auch das waren Waffen im Kampf um die Köpfe, speckige Tresen, rauchgeschwängerte Hinterzimmer, auch an diesen Fronten musste geworben und gekämpft werden, und das auch von seiner Seite mit harten Bandagen.

Zwar wird er im August 1949 Mitglied des ersten Deutschen Bundestages, doch da er zwischen Bonn und Berlin pendelt, kommt er weder hier noch da so recht voran. Im Dezember 1949 wird er Kreisvorsitzender im Bezirk Wilmersdorf, ein Jahr später wählt man ihn ins Berliner Abgeordnetenhaus. Zwei Jahre darauf, 1952, kandidiert er erstmals für das Amt des Landesvorsitzenden der Berliner SPD und tritt gegen Franz Neumann an. Er holt sich eine blutige Nase.

Bei seinem zweiten Versuch, Neumann als Landesvorsitzenden abzulösen, scheitert er im Mai 1954 knapp, aber er scheitert. Weitaus schmerzhafter ist die deutliche Niederlage, die er im Juli beim SPD-Bundesparteitag hinnehmen muss. Bei den Wahlen zum Parteivorstand fällt er krachend durch. Bei Brandt setzt sich der Eindruck fest, nicht gewollt und abgelehnt zu werden. Zur niederschmetternden Gewissheit scheint sich diese Einschätzung zu verdichten, als er 1956 zum zweiten Mal nicht in den Parteivorstand gewählt wird. Diesmal findet der Bundesparteitag in München statt. Um sich zu entspannen, absolvieren die Delegierten nach der Wahl eine Dampferfahrt auf dem Starnberger See, das Ergebnis soll erst am nächsten Tag bekanntgegeben werden, doch die Ergebnisse sickern unter der Hand durch. Brandt hat nur 194 Stimmen erhalten, nein, man will ihn nicht. Es ist mehrfach überliefert: Tränen laufen ihm über das Gesicht. Er schreibt am 15. Juli 1956 an seine Frau: *»Ich bin übrigens sehr traurig, fast verzweifelt. In München ist es katastrophal gelaufen. Sie wollen mich auch diesmal nicht dabeihaben. Das ist heute in allen Zeitungen zu lesen. Politisch lief es besser als erwartet, aber das macht die persönliche Niederlage nur umso schwerwiegender. Neumann hat wieder einmal getan, was er konnte* [...]. *Ich werde wohl darüber hinwegkommen, aber im Moment habe ich die größte Lust, zum Eremiten zu werden. Gruß und Umarmung, Dein Willy.«*

Brandt verzweifelte an der Einsicht, dass ihm die eigenen Leute, die Genossen, absprachen, zu wissen, was die Menschen umtrieb, wo sie der Schuh drückte, welche Politik die richtige für sie war. Er war, so lauteten die Vorwürfe, doch ein Sonnyboy, lebte vom Alltag der Menschen abgehoben, hatte keine Ahnung, was man im »Dritten Reich« alles zu erdulden hatte, während er im sicheren, warmen Emigrantennest gehockt und gewartet hatte, bis der braune Spuk vorüber war. War es nicht feige, aus Deutschland zu fliehen, während Leute wie Franz Neumann den Kopf hinhielten? Das Niveau dieser denunziatorischen Einflüsterungen war erbärmlich, aber blieb nicht doch was hängen? Und dass es die eigenen Leute waren, die dieses Gift spritzten, wäre wohl auch einer robusteren Natur als Brandt an Nerven und Nieren gegangen.

Das Blatt wendet sich nur langsam. Brandt gelingt es in mühevollen »Kleinkriegen« (Reden, Schreiben, Flüstern, Versprechen, Trinken), aber doch Schritt für Schritt, dass man ihn in der Öffentlichkeit als legitimen Erben des 1953 verstorbenen Bürgermeisters Ernst Reuter wahrnimmt. Der charismatische Politiker hatte Berlin gegen den kommunistischen Zugriff verteidigt und den Seelenton der gemarterten Stadt getroffen, als er 1948 vor dem Reichstag sprach. Seinen Appell »Ihr Völker der Welt, schaut auf diese Stadt!« hatte er nicht nur den 300 000 Berlinern, sondern der ganzen Welt zugerufen. Und das klang im Angesicht der Berliner Blockade wahrhaftig und angemessen pathetisch zugleich. Er gab den eingeschlossenen Berlinern das Gefühl, in ihrer Stadt die Freiheit der ganzen Welt zu verteidigen, und zugleich vermittelte er ihnen die Zuversicht, dass die freie Welt diese Botschaft hörte und zu Hilfe eilte. Nach Ernst Reuters Tod, der für Brandt Mentor, Ratgeber und väterlicher Freund war, blieb die Heldenstelle, der Pathos-Thron verwaist. Reuters Nachfolger blieben blasse Interimskandidaten, denen es nicht gelang, der Stadt Stimme, Ausdruck und Gesicht zu geben. Die Chance, diese Leerstelle zu füllen und zum Berliner Freiheitskämpfer aufzusteigen, ergab sich für Willy Brandt im November 1956, nachdem die sowjetischen Panzer den Ungarnaufstand blutig niedergewalzt hatten. Am Abend des 5. November war die Stimmung im Westteil der Stadt explosiv. Hunderttausende hatten sich zur großen Freiheitskundgebung vor dem Schöneberger Rathaus versammelt. Der Aufstand vom 17. Juni 1953 war den Berlinern noch in naher, schmerzhafter Erinnerung. Die sowjetischen Panzer waren das sichtbare Zeichen für politische Unterdrückung, persönliche Freiheitsberaubung und die Spaltung der Stadt. Die Westberliner fühlten sich eingeschlossen und im Stich gelassen. Das Kollektiv – man kann es ruhig mit einem biblischen Vergleich sagen – suchte seinen Mann Moses. Es suchte einen Führer, der seinen Stab über das Rote Meer hielte, woraufhin die roten Fluten zurückwichen, sich teilten und man gefahrlos auf dem Meeresgrund wandeln konnte. Die Westberliner sehnten sich nach einem Führer, der ihnen die Fenster öffnete und sie ins Weite blicken ließ.

In dieser Nacht trat Willy Brandt aus eigener Kraft den vakanten Heldenposten an. Die Organisatoren der Demonstration hatten die emotionale Hitze der Masse völlig unterschätzt, denn man hatte gedacht, man könne die Menschen versammeln, zu ihnen reden und sie dann wieder nach Hause schicken. Die Masse als großes, aber vollkommen brav-säuberliches Ausrufezeichen hinter den Reden der Politiker. Doch mit dieser Rolle als Ornament wollten sich die aufgewühlten Berliner nicht mehr begnügen. Die papierenen Phrasen reichten ihnen nicht. Ernst Lemmer (CDU) wird ausgebuht, Franz Neumann, der eine leidenschaftslose Rede im schlimmsten Parteikauderwelsch hält, wird ausgepfiffen und niedergeschrien. Man verlangt nach Willy Brandt, der als Redner gar nicht vorgesehen, aber natürlich zugegen ist. Rut – das ist selten genug bei solchen Ereignissen – ist an seiner

Willy Brandt auf dem SPD-Parteitag 1949

Seite. Brandt greift zum Mikrophon, beschwichtigt, stockt, wringt sich die Worte aus der Brust. Viel zu bieten hat er nicht. Es solle ein Telegramm an die Vereinten Nationen geschickt werden, um gegen das sowjetische Vorgehen zu protestieren. Im Grunde genommen ist er ebenso ohnmächtig wie die wütende Masse, aber er versteckt seine Ohnmacht und Wut nicht hinter blechernen Floskeln. Brandt erhält schütteren Beifall, aber das ist unendlich viel mehr als das, was Franz Neumann erreicht hat. Die gefährliche Situation ist jedoch noch keineswegs vorbei. Ein paar tausend vornehmlich junge Menschen wollen sich nicht mit Worten zufriedengeben. Sie fordern Taten. Sie rufen »Freiheit für Ungarn«, »Russen raus!« oder »Mörderbande!«. Sie ziehen Richtung Osten, das Ziel ist die sowjetische Botschaft im Ostsektor. Am Brandenburger Tor sind bereits Volkspolizisten aufgezogen, die mit Karabinern im Anschlag in äußerster Alarmbereitschaft auf die Demonstranten warten. Brandt steigt in einen Lautsprecherwagen der Polizei und setzt sich an die Spitze des Zuges. Steine fliegen, es gibt erste Handgemenge. In Charlottenburg bringt er die brodelnde Menge das erste Mal zum Halten. Er beschwichtigt, beruhigt. Warnt. Spielt ihnen nicht in die Hände! Er stimmt das Lied vom guten Kameraden an, einige verharren, werden nachdenklich. Gleichwohl zieht die Wutwalze weiter. Das Spiel wiederholt sich. Brandt stoppt den Zug. Die Volkspolizisten greifen ihre Waffen fester, in den Seitenstraßen der »Linden« stehen einsatzbereite russische Panzer. Wenn es jetzt zum Zusammenstoß kommt, wenn die Westberliner Hitzköpfe den Polizeikordon durchbrechen, wenn sie nach Ost-Berlin vordringen und die ersten Schüsse fallen, wenn die ersten Toten zu beklagen sind, dann kann eine Eskalation, dann kann ein Krieg nicht mehr ausgeschlossen werden. Brandt klettert auf ein Auto, schnappt sich ein Megaphon. Brandt lenkt den Strom der Empörung um. Er formiert einen neuen Zug, führt die Menge weg vom Gefahrenherd Brandenburger Tor und zieht mit den Erregten vor das sowjetische Ehrenmal an der Straße des 17. Juni. Hier stehen zwei ausrangierte Sowjet-Panzer, die man gefahrlos beschimpfen kann. Brandt beschwört noch einmal eindringlich die Gefahr. Besorgt nicht das Geschäft der anderen Seite, lasst euch nicht provozieren, es hilft den Ungarn nicht. Dann stimmt er mit »schnarrender Stimme« die Nationalhymne an, und endlich gehen die Menschen nach Hause. Widerwillig zwar, aber sie zerstreuen sich. Der Mann Moses war gefunden.

Es wird spät in dieser Nacht. Spät, sehr spät kehren Rut und Willy Brandt in dieser Nacht in den Marinesteig zurück. Das ist eine seltene Erfahrung, ein seltenes Erlebnis, dass Rut in einem geschichtlichen Augenblick so eng an seiner Seite ist. Aber bevor Willy Brandt 1957 Bürgermeister wird, bevor Rut und Willy Brandt zum glamourösen Paar aufsteigen, muss man noch mal auf die ersten Jahre im Marinesteig zurückblicken. Denn obschon die Familie hier ein vergleichsweise normales, alltägliches und auch gefestigtes Leben führt, bahnen sich in diesen Jahren doch Konflikte und Entfremdungen an, stauen sich ungestillte Sehnsüchte, Verletzungen werden vorbereitet und Wunden geschlagen.

Rut Brandt hat sich in ihren Erinnerungen durchaus selbstkritisch über ihre Rolle in dieser Zeit geäußert. Sie schreibt im Hinblick auf die

Auseinandersetzungen mit Franz Neumann und die innerparteilichen Kämpfe ihres Mannes: »Eine gute Stütze war ich nicht. Ich begriff nicht, wie wichtig es für ihn war, Einfluss zu bekommen. Eines Abends brach es aus ihm hervor: ›Verstehst du denn gar nicht, dass ich Macht will?‹« Rut Brandt verstand unter Macht eine Form von Gewalt, sie verband damit die Besetzung Norwegens, Macht war für sie eine Art zwischenmenschlicher Finsternis. Dass ihr Mann eine gestaltende Macht meinte, dass er seine politischen Vorstellungen nur durchsetzen konnte, wenn er eine hohe Position innehatte, verstand sie nicht. Sie erkannte wohl auch nicht, dass sich sein Wesenskern diesem Griff nach der Macht schon verschrieben hatte, dass seine gesamte Identität davon abhing, auf diesem Weg voranzukommen. Nur so ließ sich erklären, dass ihn das, was er hatte, so wenig befriedigte.

Als Brandt am 11. Januar 1955 zum Präsidenten des Abgeordnetenhauses gewählt wird, weint Rut. Sie fürchtet sich vor der öffentlichen Rolle, die ihr nun abverlangt wird, sie will nicht repräsentieren, und sie ahnt, dass dieses Amt erst der Beginn seines, ihres Aufstiegs sein wird. »Ich hatte keinerlei Ambitionen ins Rampenlicht zu treten. Ich hatte Angst vor dem Unbekannten.« Ihre Rolle ist bislang klar definiert, sie ist Mutter und Hausfrau und sie ist die Frau, die die Familien zusammenhält. Den Kontakt zu Willy Brandts Mutter und seinem Halbbruder hält vor allem sie, und dann ist da natürlich auch ihre Familie, an der sie in ganz anderem Maße hängt als Willy Brandt an der seinen. Sie pflegt den Kontakt zu ihren drei Schwestern, besucht sie regelmäßig in Norwegen und nimmt auch die Söhne Peter und Lars dorthin mit. Es kommt aber auch vor, dass sie alleine oder nur mit einem Sohn fährt, um ihrer Mutter zu helfen oder auch um eine Auszeit zu nehmen, da ihr die ruppigen deutschen Wahlkämpfe, die ihr Mann durchsteht, psychisch zusetzen. Sie tut sich nicht leicht, in Deutschland anzukommen. Mit ihrem Mann spricht sie zu Hause Norwegisch, und auch mit den Kindern unterhält sie sich zumeist in ihrer Heimatsprache, da sie möchte, dass Norwegen für sie mehr als ein Urlaubsland wird. Noch Anfang der siebziger Jahre wird in der Presse eine Anekdote bekannt, die ihre mangelnde Sprachbeherrschung überliefert. Als Matthias vor Gästen zu Bett geschickt wird, obwohl er doch noch fernsehen will, fernsehen muss, stapft er empört aus dem Wohnzimmer und ruft grollend: »Und Deutsch kann'se auch nicht!«

Zur Sprachbarriere kommt ein Gefühl der Beklommenheit hinzu, weil sie ausgerechnet in dem Land lebt, das so viel Unheil und Unglück über Europa gebracht hat. Als sie Mitte der fünfziger Jahre einmal im Kino einen Dokumentarfilm über den Holocaust sieht, erleidet sie einen Weinkrampf, der kein Ende nehmen will. Später, als Frau des Regierenden Bürgermeisters, besucht sie regelmäßig Berlins jüdisches Altersheim, in dem überwiegend Frauen wohnen, die das KZ Theresienstadt überlebt haben. Es sind in der Regel private Besuche ohne Fotografen. Sie hat überhaupt eine Abneigung gegen das Protokoll, und sie hat nahezu panische Angst, dass man ihr irgendwo eine Rede abverlangen könne. Als man sie einmal beim Sommerfest einer Kleingartenkolonie überrumpelt und sich eine kleine Ansprache erbittet, verheddert sie sich fürchterlich, ehe sie beschämt verstummt. Daher lässt sie die Gastgeber einer Veranstaltung regelmäßig vorwarnen, dass sie auf keinen Fall das Wort ergreifen werde. Erst wenn ihr das hoch und heilig versprochen wird, sagt sie ihre Teilnahme zu. Noch im hohen Alter erwähnt sie bei einem Fernsehinterview nicht ohne Stolz, sie habe es geschafft, durchs Leben zu kommen, ohne eine einzige Rede gehalten zu haben.

Was ihrem Leben in Deutschland Halt gibt und ihr langsam das Land öffnet, sind ihre beiden Söhne Peter und Lars, die im Marinesteig zu waschechten Berlinern werden. Sie stromern durch die Gärten und Büsche, machen die Straße unsicher, toben mit den vielen Nachbarskindern herum, sie machen das, was alle Kinder machen, die eine überwiegend unbeschwerte Jugend haben. Dass ihr Vater wenig zu Hause ist, unterscheidet ihn in dieser Zeit noch nicht in auffälliger Weise von anderen Vätern, die in den Wirtschaftswunderjahren ihrer Karriere nachjagen. Da aber auch Rut Brandt oft verreist, finden die Kinder vor allem bei der gemütvollen Haushälterin Martha Litzl Halt und Geborgenheit. Die Kinder nennen sie nur Litti. »Meine Mutter«, erzählt Peter Brandt, »war mitunter ganz verzweifelt, das hat sie mir später erzählt, weil Litti immer auf unserer Seite stand. Wenn meine Mutter einmal streng sein wollte, hat Litti das mit ihrer Gutmütigkeit und ihrer unendlichen Geduld sofort wieder ruiniert.« Willy Brandt schlägt die Kinder nie, Rut ist es, die ab und zu eine Ohrfeige gibt oder einen Klaps auf den Po, weil sie nicht weiß, wie sie die Jungen sonst zur Räson bringen soll. Nun ist diese Art der pädagogischen »Gewaltenteilung« in der Schicht, in der die Brandts aufwachsen, kaum untypisch, und auch die Ohrfeige gehört in fast allen Haushalten zum Erziehungsrepertoire dazu. Von der Idee einer »gewaltfreien Erziehung«, die das Bürgerliche Gesetzbuch heutzutage für alle Kinder fordert, war man in den fünfziger Jahren noch weit entfernt. Man kann jedoch sicher sein, dass Martha Litzl auch in der folgenden Affäre zweifellos für Peter Brandt Partei ergriff. Am 7. Juli 1954 schreibt der Chef des Postamtes Schlachtensee an Willy Brandt: »*Sehr geehrter Herr Brandt! Wie die zuständige Zustellerin Ihres Hauses meldet, hat Ihr fünfjähriger Sohn ihr wiederholt Schläge mit Stricken beziehungsweise Stöcken versetzt. Die Zustellerin will, wie sie vertrauenswürdig erklärt, Ihre Gattin davon in Kenntnis gesetzt und gebeten haben, dem Kinde diese Unarten zu untersagen. Nach den Angaben der Zustellerin hat sie heute dem Kinde ein paar kleine Schläge verabfolgt. Diese Handlungsweise ist ihr von der Amtsleitung selbstverständlich untersagt worden, da sie keine Berechtigung dazu besitzt. Wir bitten für diese verständliche Reaktion um Entschuldigung. Gleichzeitig möchten wir jedoch bitten, darauf einzuwirken, dass das Kind die ja jedes Mal im Dienst befindliche Zustellerin nicht in dieser Weise behelligt. Hochachtungsvoll.*«

Willy Brandts Reaktion ist nicht überliefert. Aber in der Regel kümmerte sich Rut um solche Angelegenheiten, wie auch aus dem folgenden Brief hervorgeht. Rut ist mit Lars nach Norwegen gereist, ihr Mann, der Termine in Bonn hat, ist mit dem schulpflichtigen Peter in Deutschland geblieben. Brandt schreibt am 19. Mai 1955 aus Berlin: »*Liebe Rut, Peter geht es ausgezeichnet. Wir wollen morgen am Himmelfahrtstag einen Ausflug mit Bockwurst-Essen machen, wenn nur das Wetter irgendwie mitspielt. Heute regnet es und ist kalt. Er hat gestern eine Zwei geschrieben und mich gebeten, dich zu grüßen, aber ›leider‹ hatte er keine Zeit – wie er gesagt hat –, dir zu schreiben. Ich habe ihm gestern aus Bonn ein Auto mitgebracht und darüber hat er sich gefreut. Montag war Elternabend. Ich war zu Hause, bin aber nicht hingegangen. Zum einen weil es*

Auf der »Grünen Woche« in Berlin 1954. Lars Brandt auf dem Arm des Bären, daneben Peter Brandt

mir nicht gut ging, zum anderen weil ich keine Lust hatte. Er hatte auch bereits Bescheid gesagt, dass ich arbeiten muss und Du nicht da bist und dass Du das nächste Mal kommen wirst.« Wer auf einen Ausflug in die Weltgeschichte wartet, wer Geschichte schreiben will, dem wird es schwerfallen zu glauben, er könne den historischen Moment auf dem Elternabend antreffen. Dass Brandt hier das schlechte Gewissen kitzelte, darf man annehmen. Er nennt gleich drei Gründe, warum er nicht ging, gehen konnte. Krankheit, Unlust und Arbeit. Die Arbeit verfolgt Brandt auf Schritt und Tritt, denn anders als Angestellte oder Beamte nimmt er die Arbeit mit nach Hause. Geldsorgen peinigen zudem die Familie, so dass der Berufspolitiker Brandt nebenbei noch als Journalist für skandinavische Zeitungen arbeiten muss, um das Gehalt aufzustocken. Der Bundestagsabgeordnete Brandt verdient etwa 2000 Mark im Monat, von denen aber 400 Mark an die Partei und die Fraktion abgeführt werden müssen. Außerdem muss er für die 22 Sitzungswochen in Bonn ein möbliertes Zimmer anmieten, und das Essen und Trinken in den Bonner Restaurants stellt auch einen erheblichen Posten dar. Wie sehr ihn die finanzielle Situation bedrückt, lässt Brandt seine Frau in seinen Briefen oft genug wissen. »*Wie komme ich nur zu vernünftigen Nebeneinkünften?*« Die ersten Möbel im Marinesteig 9 müssen die Brandts auf Raten kaufen. Ein Sofa, ein modischer Nierentisch, ein Esstisch mit vier Stühlen, Regale und einen Schreibtisch, Gardinen mit schwarzen Schiffchen, nichts davon ist luxuriös, dennoch belasten die Ausgaben die Familienkasse stark.

Einen ganz anderen, weitaus höheren Preis dürfte Brandt als Mensch, Ehemann und Vater auf dem Weg zur Macht gezahlt haben. Der Schriftsteller Dieter Lattmann, der von 1972 bis 1980 für die SPD im Bundestag saß, hat das Phänomen der menschlichen Verarmung mit eindrucksvoller Sensibilität beschrieben. Die Wesensveränderungen und Persönlichkeitsprozesse, die er für sich selbst diagnostizierte, der zwischen seiner Familie in München und Bonn pendelte, können auch für Brandts Hin und Her zwischen Berlin und Bonn aufschlussreich sein. Lattmann, der Brandt ziemlich gut kennenlernte und einen wachen Blick für dessen Abgründe entwickelte, schreibt in seinem Buch »Die lieblose Republik« über die Deformationen des Berufspolitikers: »Wo gibt es einen Berufspolitiker, der nicht seinen nächsten Menschen auf unheimlich wirksame Weise misshandelt, nämlich durch Entzug seiner Gegenwart? [...] Es ist mehr als nur Vernachlässigung, in der Regel wird das Aussteigen aus dem Persönlichsten daraus, wider Willen und doch nicht von ungefähr. Wieweit liegt diesem Handeln zugrunde, dass man nichts anderes mehr mit sich anzufangen weiß? Wie weit geht der Selbstbetrug durch Aktionismus? Was ist Ausflucht und was das eigentliche Ziel hinter den vorgegeben Gründen? Es muss nicht so sein, aber es ereignet sich so und wiederholt sich immerzu, dass man in der Politik untertaucht und bald nicht mehr auffindbar ist, weder für andere noch für sich. Eine Hohlkörperexistenz mit perfekter Schminke. Abrufbare Floskeln ausstreuend. Ein Statementautomat. Ich beobachte das bei anderen wie bei mir.«

Brandt hätte dieser Diagnose vermutlich einiges abgewinnen können, aber in seinen Büchern findet man derartige Selbstzergliederung nur ansatzweise. Das hätte auch ein zu großes Fragezeichen hinter seine Existenz gesetzt, denn er betrachtete das, was er tat, nicht als spielerische Wahl, zu der es zahlreiche Alternativen gäbe, sondern als Berufung und Auftrag. War es in der jungen und sich selbst suchenden Republik nicht geradezu eine Pflicht, seine Talente rücksichtslos für sein Land einzusetzen, wenn das zugleich als gelungenste Entwicklung der eigenen Persönlichkeit begriffen werden konnte? Musste nicht auch die Familie verstehen, dass ein größerer Schaden entstünde, wenn man diesem Ruf nicht folgen würde? Schließlich war er ja auch ein im Stich Gelassener, der sich in seiner Spagat-Existenz zwischen Bonn und Berlin aufrieb und seinen Kopf allein auf ein stickiges Kissen in einem karg möblierten Zimmer legte. Da ging man lieber spät zu Bett, trieb sich in den paar Bonner Weinstuben und Kneipen herum, Obdachlosenasyle für Abgeordnete aus sämtlichen Provinzen, da trank man sich die Perspektive schön, die Stimmung heimelig, da suchte man Anschluss und Geselligkeit und fand das, was Männer immer finden, wenn sie einsam sind, wenn sie melancholisch blicken und darüber hinaus keineswegs abscheulich aussehen, man fand eine Frau, mit der man der Tristesse der bescheidenen Zimmer entfloh, mit der man den Pflichtwelten entkam und in ein prickelndes Gegenleben abtauchte. Dieses Existenzmodell – fremdgehen, um sich nicht mehr fremd zu fühlen – lebten viele Abgeordnete, und so bildete sich ein parteiübergreifender Konsens, sich als heimatvertrieben zu betrachten und sich gegenseitig zuzubilligen, im zugigen Bonn Fernwärme und tröstende Worte zu suchen.

Willy Brandt verliebt sich in Susanne Sievers. Es ist keine flüchtige Liebelei, keine einsilbig hastige Affäre. Die attraktive, rothaarige Susanne Sievers aus Köln ist sieben Jahre jünger als Willy Brandt und hat bislang als Sekretärin im Bundestag gearbeitet. Sie ist eine Frau, die auffällt, weil sie kein stummes Akten-Fräulein bleibt, sondern selbst das Wort ergreift und eigenständig arbeiten will. Sie wird Redaktionsassistentin der »Westfälischen Rundschau« und gibt bald den florierenden Bonner Informations-Brief (BIB) heraus, der Hintergrundinformationen aus Politik und Wirtschaft verspricht. Sie ist eine Frau, die zu Gefallen weiß und der es leichtfällt, Informationen zu sammeln, eine immer wichtiger werdende Ware im Nachrichtenzeitalter. Brandt fühlt sich zu der selbstbewussten Frau hingezogen und öffnet sich ihr gegenüber mehr, als er eigentlich beabsichtigt. Seine Beziehung zu ihr beginnt just in den Monaten, in denen Rut mit ihrem zweiten Kind schwanger ist. Man kann nur vermuten, dass sich Brandt deswegen mehr als einmal Vorwürfe gemacht haben wird. Doch die anfänglich lose Verbindung wird immer verbindlicher. Das Paar trifft sich im Bonner Gasthaus »Adler«, man geht zusammen ins Kino, unternimmt Ausflüge ins nahe Siebengebirge, man findet Kosenamen füreinander, Brandt nennt sie »Puma«, und er ist ihr »Bär«, Susanne holt ihn mit ihrem Wagen von Flughafen ab, und wenn sie einmal in Berlin ist, versuchen sie sich auch zu treffen. Aber vor allem schreiben sie sich. Brandt schreibt zahlreiche Liebesbriefe, die im Wahlkampf 1961 in die Öffentlichkeit gelangen und ihm das Leben schwermachen werden. Er weiß, dass es für ihn als öffentlichen Mann unter dem Gesichtspunkt der Diskretion und Karriereplanung keine gute Idee ist, sich auf diese Weise in die Hand seiner Geliebten zu begeben, aber er kann seinen eigenen Vorsätzen nicht treu bleiben. Ihm ist offenbar zu viel an Susanne Sievers gelegen. Er schreibt ihr Ende Juli 1951: *»Ich denke viel an Dich, Susann. Im übrigen aber – nimm mir's nicht übel und versteh es nicht falsch – halte ich nicht viel davon, daß wir uns Briefe schreiben. Du willst mir einfach nicht aus dem Kopf. Ich freue mich auch von Dir zu hören. Aber es ist besser, einfach einen Gedankenstrich zu setzen.«*

Im September des Jahres 1951 lässt sich Susanne Sievers bei einem Besuch der Leipziger Messe als Mitarbeiterin der Staatssicherheit anwerben. Es bleibt unklar, ob sie nicht von Anfang an eine Doppelagentin ist, denn ihre Berichte, die sie der Staatssicherheit schickt, sind in auffälliger Weise frisiert, so als ob jemand gezielt Aufmerksamkeitsakzente setzen will. Klar ist, dass Susanne Sievers ihre Stasi-Tätigkeit in Bonn nicht verschwiegen hat, sondern sich dubiosen Nachrichtenhändlern anvertraute, die wiederum eigene Interessen verfolgten. Brandt hat sie von ihrer Stasi-Mitarbeit mit großer Wahrscheinlichkeit nichts mitgeteilt, denn sie wollte die Liebesbeziehung zu ihm, die sie aufrichtig lebte, nicht gefährden. Daher ist sie es auch, die die Beziehung enttäuscht abbricht, als Brandt sich auf einer Karnevalsfeier offenbar einen Fehltritt erlaubt, der sie verletzen muss. Brandt schreibt ihr daraufhin zerknirscht und reuig: »*Ich weiß genau, daß ich mich schlecht benommen habe und daß Du das nicht verdient hattest. Ich bitte Dich aufrichtig um Verzeihung.* [...] *Das war wohl so etwas wie ein Schlußstrich. Und ich halte wenig von der Kunst des Kleisterns. Etwas aber sollst Du wissen – ich bin sogar kühn genug zu meinen, daß Du es weißt: nichts wird die gute Erinnerung an Dich und uns bei mir je trüben können (außer vielleicht mein eigenes »schlechtes Gewissen«). Vielleicht hätte ich mich zu dem, was ich jetzt die gute Erinnerung nenne, klarer bekennen, vielleicht hätte ich Dir offener zeigen und sagen sollen, wie froh ich war, Dich getroffen zu haben. Aber das ist wohl an sich nicht meine Art, und außerdem hatte ich vielleicht ein bißchen Angst davor, daß der Trennungsstrich dann eines Tages noch mehr schmerzen würde. Oh, diese verfluchten Fesseln, die man sich selbst anlegt und die einen hindern, ganz sich selbst zu sein!*« Trotz Brandts Fauxpas reißt der Kontakt zwischen ihnen nicht ab, denn er sucht die Versöhnung, und auch sie will ihn nicht aufgeben.

Durch ihre vielfältigen partei- und staatsübergreifenden Kontakte wird Susanne Sievers bald eine Frau im Zwielicht. Die DDR-Justiz stuft sie als abtrünnige und »umgedrehte« Agentin ein, deren Auftrag es sei, die DDR auszuspionieren. Sie wird bei einem Besuch in Ostberlin verhaftet und am 15. Dezember 1952 zu acht Jahren Zuchthaus verurteilt. Man wirft ihr Kontakte zum »Ostbüro der SPD« vor, man glaubt, Brandt selbst habe sie zur Gegenspionage angehalten. Brandt bemüht sich von Anfang an um ihre Freilassung, doch erst im August 1956 kann er dazu beitragen – auch durch die Unterstützung von Konrad Adenauer –, dass sie vorzeitig aus der Haft entlassen wird. Susanne Sievers sucht den Kontakt zu ihrem »Bären«, sie sucht seine Unterstützung. Brandt verhält sich zögerlich, abwartend, er, der jetzt Präsident des Abgeordnetenhauses ist, fürchtet, eine wieder auflebende Beziehung könne ihm schaden, seiner Stellung, seinem Familienleben. Dennoch wird er »rückfällig«. Die Freundschaft und Liebesbeziehung zerbricht endgültig im Winter 1957/58. Susanne Sievers wird eine gut dotierte Stelle in der Berliner Landesvertretung in Bonn angeboten. Brandt, der mittlerweile Berliner Bürgermeister ist, verhindert ihre Einstellung, weil er darin eine gefährliche Nähe sieht, eine Nähe, die seine politische Karriere ruinieren könnte. Durch dieses Veto hat er sich Susanne Sievers zur Feindin gemacht. Sie sucht nun die Nähe von Brandts politischen Gegnern. Dort findet sie ein Auskommen und revanchiert sich, indem sie ihre intime Korrespondenz an CSU-Kreise verkauft. Diese Affäre wird die Familie Brandt in unheilvoller Weise einholen, denn als Brandt 1961 das erste Mal als Kanzlerkandidat für die SPD antritt, werden die Briefe öffentlich.

Es sind schwierige Jahre für Rut Brandt. Ihr Mann lässt sie kaum teilhaben an den politischen Kämpfen, die er in Berlin und Bonn zu bestehen hat, er verschanzt sich, wird schweigsam. Lieber schreibt er ihr Briefe von unterwegs, um sie auf dem Laufenden zu halten, aber wenn man diese Briefe liest, hat man den Eindruck, hier rapportiert einer nur pflichtschuldig sein enormes Programm. Es wird sehr viel äußere Bewegung abgebildet, Termine, flüchtige Eindrücke, an der Oberfläche verharrende Schilderung von Begegnungen und Reisen. Einen intimen Einblick in seine Gefühlswelten sucht man in dieser Korrespondenz meist vergebens. Dennoch spürt man Brandts Bemühen, sich mitzuteilen, an der Beziehung zu »arbeiten«. Ihm fällt es leichter, drei oder vier Seiten Brief aus sich herauszudrücken als zwei oder drei wirklich intime Sätze im persönlichen Gespräch zu finden. Brandt weiß, dass er seine Ehe und seine Familie nur durch einen lebendigen Dialog zusammen und aufrechterhält, aber ihm gelingt es kaum, die politische Arena zu verlassen, um den familiären Bezirk zu betreten. Das Politische, all die damit verbundenen Manöver, Sprech- und Verhaltensweisen formen den Mann und zerren an seinem ohnehin schwach ausgeprägten Familienbewusstsein. Umgekehrt wird Rut, die bislang eine ganz und gar private Person war, plötzlich mit den Herausforderungen der öffentlichen Existenz konfrontiert. Als Frau des Parlamentspräsidenten und bald als Gemahlin des Regierenden Bürgermeisters wird sie unversehens zu einer Repräsentantin, zu einer »Vorzeigefrau«, die gezwungen wird, das Private abzustreifen, um als strahlende Zuversichtsdarstellerin ihrem Mann den Rücken zu stärken. Was Politikern geläufig ist, muss sie sich erwerben: eine Maske aufsetzen für das gefräßige Auge Öffentlichkeit, ganz gleich, wie es in ihr aussieht. Dass ihr Mann in Bonn in die Fremde geht, bleibt ihr nicht verborgen, aber es wird zwischen den Eheleuten nicht thematisiert. Die Familie beginnt, zur Zielscheibe zu werden, und die Postzustellerin bringt jetzt immer öfter Briefe, in denen Brandt als »vaterlandsloser Geselle« beschimpft wird. Das ist noch einer der harmloseren Ausdrücke. Diesen denunziatorischen Energien werden sich die Brandts ein Leben lang ausgesetzt sehen. Als ich den Nachlass von Rut Brandt sichte, fällt mir auf, dass sie einige dieser Briefe aufbewahrt hat. Warum? Um bei sich und anderen die Erinnerung wachzuhalten, wie niederträchtig der Mensch sein kann? Weil es sonst kaum zu glauben wäre, in was für absurden Denkweisen sich Menschen einrichten? Nachdem Rut Brandt im Herbst 1981 im »Kölner Treff« aufgetreten ist, erreicht sie einige Zuschauerpost. Sie hat sich große Sympathien erworben mit ihrer herzlich-fröhlichen Art. Doch es finden sich auch Briefe in einer anderen Tonlage. Da schreibt »ein besorgter Bürger in Deutschland«, der Rut Brandt eigentlich ganz nett findet, wie er versichert, der aber dennoch glaubt, ihr Vorwürfe machen zu müssen: *»Aber wie konnten Sie nur diesen Brandt, schon als uneheliches Kind und mit einer solchen Herkunft, heiraten? Dieser Feigling riss im 2. Weltkrieg aus, anstatt zu helfen, uns die Nazis vom Hals zu halten, und um dann noch in einer fremden Nation, so einen Soldaten zu spielen.«*

Wie rekonstruiert man ein Zeitbild? Wie erweckt man einen verschwundenen Ort zum Leben? Ja, die Gedenktafel im Marinesteig bezeugt, dass Willy Brandt dort lebte, aber auf Gedenktafeln findet man dürre Daten, kein Ich und kein Du, von der Familie kein Wort. Orte sind flüchtige Räume, die aus mehr als Stein, Straße, Baum und Haus bestehen. Wie kann man die Gegenwart transparent machen, so dass durchscheint, was auch einmal war und sich hier zu Hause und lebendig fühlte?

Ich bat den »Tagesspiegel« um Hilfe. Ein Aufruf erschien. Nur wenige Zeilen. Zeitzeugen gesucht! Wer erinnert sich an die Familie Brandt im Marinesteig? Tatsächlich klingelte bald das Telefon, und es erreichten mich einige Mails und Briefe. Ein Taxifahrer wusste zu berichten, dass er Rut Brandt in den fünfziger Jahren immer zum nahen Wochenmarkt gefahren habe.

»Erinnern Sie etwas Bestimmtes?«

»Frau Brandt is' so 'ne Fröhliche jewesen. Und uff'n Rücksitz saßen die Jungs, beede hinter dicken Glas!«

»Sie meinen Brille?«

»Jenau!«

Eine andere Frau, sie war ein Nachbarskind, hat bis heute den Satz ihrer Mutter im Ohr: »Frau Brandt, das ist eine ganz vornehme Frau!« Bei einem Besuch im Haus der Brandts zählt das Kind die Kleider von Rut Brandt. Es waren 32. »Sind wir arm?«, fragte sie ihren Vater abends. »Wie kommst darauf?« – »Na ja, weil Mutti nur acht Kleider hat und Frau Brandt hat so viele!«

Ein früherer Polizist meldete sich. Er habe vor dem Haus des Bürgermeisters Wache gestanden. »Bisweilen kam Herr Brandt nachts angetrunken nach Hause. Sein Fahrer und ich mussten ihn dann ins Haus bringen. Dann setzten wir ihn auf einen Sessel, wo er sofort einschlief.«

Im Keller des Hauses mit der Nummer 2 hat sich ein Wandbild erhalten. Es zeigt Schneewittchen und die sieben Zwerge. Man erzählt mir, Frau Brandt habe es eigenhändig mit den Kindern aus der Siedlung gemalt. Ein Mythos des Ortes? Peter Brandt und Ninja Frahm können sich an dieses Bild nicht erinnern, aber sie räumen ein, dass die Erinnerung trügerisch ist.

Wer ist Schneewittchen eigentlich? Eine Frau auf der Flucht. Eine Frau, die ein Haus aufräumt. Eine Frau, die sich unentbehrlich macht. Eine Frau, die von einer Neiderin vergiftet wird. Eine Frau, die in einem gläsernen Sarg liegt und von allen bestaunt wird. Tot und doch so schön! Schön und doch so tot! Da stolpern die Zwerge über einen Ast.

Schneewittchen schlägt die Augen auf.

Martha

Alles andere kann ich später noch erzählen.

Martha Litzl, geborene Mielke, kam 1909 in Lippehne in der Neumark zur Welt, wo ihr Vater August einen kleinen Bauernhof besaß. Die alte Lindenstadt lag idyllisch zwischen zwei Seen. Die »Ökonomische Encyklopädie« aus dem 18. Jahrhundert weiß, dass die Wiesen der Stadt sehr »ansehnlich« waren, weshalb die Bevölkerung überwiegend von Ackerbau, Viehzucht und Fischerei lebte. Hat das Städtchen, das heute in Polen liegt, sonst etwas Ruhmvolles vorzuweisen? Das Lippehner Trinkrecht galt seit dem 15. Jahrhundert, zeitweilig gab es 87 Bier-Braustellen. Und sonst? Der spätere Reichskanzler Bismarck rettete hier als junger Leutnant seinem unvorsichtigen Reitknecht Hildebrandt das Leben, als der am Ertrinken war, aber das Denkmal, das man ihm später dafür errichtete, musste 1945 weichen, als die polnischen Behörden die Verwaltung des Gebiets übernahmen. Verschwinden musste auch die deutsche Bevölkerung, sie wurde bei Kriegsende vertrieben, soweit sie nicht bereits vorher vor den heranrückenden russischen Truppen geflohen war. Zu denen, die gen Westen flüchteten, gehörte Martha Litzl. Ihr Mann war im Krieg gefallen, die kurze Ehe kinderlos geblieben. Es gelang Martha, eines der Pferde vor einen Karren zu spannen, ein paar Habseligkeiten zusammenzuraffen und ihre nahezu ohnmächtige Mutter neben sich zu setzen. So reihten sie sich bei bitterer Kälte in den Strom der Flüchtlinge ein. Doch die Mutter war bereits zu geschwächt, sie starb in den Armen ihrer Tochter. Martha Litzl musste sie am Wegesrand begraben, es blieb keine Zeit zum Abschiednehmen. Martha schlug sich nach Berlin durch, fand Arbeit als Hausmädchen bei einer amerikanischen Offiziersfamilie. Sie stand auf mächtigen Beinen, schnell ließ sie sich nicht umwerfen.

Als die Brandts nach Peters Geburt ein Hausmädchen suchen, ge-

Der ewige Sehnsuchtsort für Brandts Haushälterin Martha Litzl: Lippehne

ben sie eine Annonce auf. Die Bewerberinnen stehen vor dem Haus in der Trabener Straße am Halensee Schlange, doch die Wahl ist schnell getroffen. Als Martha Litzl schwer atmend zur Tür hereinkommt, legt sich Pudeldame Blackie sofort zu ihren Füßen und bleibt dort mucksmäuschenstill liegen. So hat Rut Brandt in ihrem Buch »Freundesland« erzählt, wie Martha Litzl das Leben der Brandts betrat. Sie widmet ihr vier volle Seiten, nicht eben wenig, wenn man bedenkt, wen Rut Brandt in ihrem Leben alles kennengelernt hat. Diese vier Seiten gehören für mich zu den schönsten Abschnitten in ihren Erinnerungen. Rut Brandt schildert Martha Litzl sehr lebensnah, die Passage ist sehr dicht gewebt, viele kleine Erinnerungsstücke fügen sich zu einem pulsierenden Bild. Martha Litzl wird lebendig auf dem Papier. Tritt heraus. Und durch den Blick auf ihre Haushälterin lernt man Rut Brandt kennen. Sie zeigt Empathie, sie würdigt die Verdienste ihrer Haushälterin, sie macht das ohne Gnadenton, ohne sich schmunzelnd von ihrer Angestellten abzusetzen. Man merkt, dass diese Frau ihr nicht so ganz fremd war, ihr Herkommen, ihr Weg. Und sie zeigt rückblickend aufrichtige Dankbarkeit und schreibt eindringlich, was Martha Litzl für sie bedeutete: »Und Litti blieb bei uns in der ganzen Berliner Zeit als eine starke und steuernde Kraft in der Familie. Später baten wir sie zwei-, dreimal im Jahr, nach Bonn zu kommen. Wir konnten nicht richtig von ihr lassen. Sie war eine feste Stütze in meinem Dasein, und meiner Kinder nahm sie sich an, als wären sie ihre eigenen. ›Unsere Kinder‹, sagte sie immer. Sie war ihr Verteidiger und Beschützer, und sie hatte immer Zeit für sie. Sie strich den Seifenschaum mit Zeigefinger und Daumen von ihren Armen, ließ den Abwasch stehen, nahm Peter und Lasse an die Hand und ging mit ihnen zum Badestrand, wenn sie es verlangten. Sie legte die Stopfsachen weg und las ›Micky Maus‹ vor.«

In keinem von Willy Brandts Erinnerungsbüchern taucht Martha Litzl auf. Wäre es so unvorstellbar gewesen, sie im Register zwischen Egon Bahr, John F. Kennedy oder Henry Kissinger zu finden? Läsen sich Politiker-Biographien nicht spannender, wenn sich die großen Anwälte der Menschen, wenn sich die Repräsentanten einmal umblickten nach ihrem Volk, ihm wirklich ins Gesicht schauten und nicht nur Kollektiva und ihre Stimmungen erfassten? Würden die dickleibigen Wälzer nicht gewinnen, wenn sie das Private nicht rigide vom Politischen trennten, sondern es miteinander ins dialektische Spiel brächten?

Ich habe ein paar Sätze aus Brandt-Briefen der fünfziger Jahre ausgeschnitten, die Liste ließe sich verlängern. So schrieb Willy Brandt über die Haushälterin an seine Frau Rut, wenn sie verreist war. »Litzl« taucht regelmäßig in der Korrespondenz auf. Meist wird sie mit einem kurzen Satz bedacht:

»Im Haus wurde ich von Litzl begrüßt.«
»Litzl hatte gesagt, daß ›Herrchen‹ kommt.«
»Litzl hatte alles sauber und schön gemacht und auch in meinem Büro und Peters Zimmer ordentlich aufgeräumt.«
»Gestern hat sie zusammen mit einer anderen Frau – ich weiß nicht, ob es ihre Schwester oder Nichte war – das Haus geschmückt.«
»Sie hat Preiselbeeren bestellt.«
»Ich musste Litzl natürlich Bericht erstatten.«
»Litzl hat ein gutes Essen mit Koteletts, Bohnen, Pilzen und Bohnensalat gemacht.«

»Am Nachmittag waren sie und Blackie zu einem Flüchtlingstreffen.«
»Litzl hat noch ein paar Birnen gekauft. Und ein paar Brombeeren, um Marmelade zu machen.«
»Ansonsten hat sie sich über diverse Probleme häuslicher Art ausgelassen, aber ich höre nicht immer so genau zu.«
»Litzl hat angefangen, Preiselbeeren einzumachen.«
»Litzl geht es gut, genau wie Blackie. Sie war zum Scheren.«
»Litzl soll sie mit Kamillentee oder so weiterbehandeln.«
»Litzl hat die Böden bearbeitet.«
»Die Jungen waren mit Litzl ins Kino.«
»Litzl sollte heute mit Peter zum Arzt gehen.«
»Litzl hatte am ersten Pfingsttag frei.«
»Da war nur Litzl zu Hause.«
»Ich soll die Jungen von ihren Spielkameraden grüßen und natürlich von Litzl.«
»Litzl passt gut auf mich auf.«
»Es ist mir auch mit Litzls Hilfe nicht gelungen, einen anständigen Knoten zu binden.«

Wie die schnaufende Martha Litzl dem brummenden Willy Brandt den Schlips zu binden versuchte, hätte ich wirklich gerne als Zeitzeuge begleitet. Es fällt auf, dass Brandt seine Haushälterin sehr nüchtern beschreibt, obwohl sie doch praktisch zur Familie gehörte und auch einige Jahre bei den Brandts wohnte. Daher überrascht es nicht, dass die Söhne ihre »Litti« anders erlebten. Jeder der Brandt-Söhne gräbt in seinen Erinnerungen auf sehr verschiedene Weise, und oftmals trennen sich hier ihre Wege, aber dass Martha Litzl für sie, für die Familie ungemein wichtig war, darauf können sie sich alle rasch einigen. Lars Brandt hat ihr in seinem Erinnerungsbuch ein einfühlsames Psychogramm gewidmet: »Sie führte nicht nur den Haushalt. Sie bildete einen feststofflichen Gegenpol zu dem Gas elterlicher Präsenz. Das ließ sich allenthalben wahrnehmen, aber nicht greifen, man wusste nicht, wo es anfing und endete, es bedeutete alles oder nichts. Ich war ein Kind, und Martha Litzl war vorhanden. Die Tragik, die darin liegt, dass ihr das eigene Leben weggenommen worden war und sie in unserer Familie knappen Ersatz fand, begriff ich erst später.« Mir kommt es vor, als ob der Autor sein Gefühl für die Frau, in deren Schicksal er sich so trefflich einzufühlen weiß, hinter abstrakten Formulierungen, denen die Sinnlichkeit ausgetrieben ist, verbirgt. Ein »feststofflicher Gegenpol?« Also jemand, an dem man sich festhalten, reiben konnte? Das »Gas elterlicher Präsenz«? Also etwas, das man nicht zu fassen bekommt, das sich entzieht, verflüchtigt, aber dennoch alles durchdringt? So lese ich dieses Gegensatzpaar. Die füllige, wärmende, Fürsorge spendende Martha, die stets anwesende, in Gerüche, Düfte, Geräusche und Tätigkeiten aller Art eingehüllte Haushälterin – und dagegen das Elternpaar, das sich den kindlichen Bedürftigkeiten oft entzieht, das durch eine unsichtbare Regie abkommandiert wird, zu rätselhaften Reisen oder Begegnungen aufbricht und in steter Abrufbereitschaft steht. Es ist Lars Brandts eigene Art, das, was er liebt, besonders präzise fassen zu wollen. Sein Blick schneidet, er präpariert, so kommt er dem Vergangenen nah. Es ist ein kühler Weg, ein kühles Tasten, das aber nicht verbergen kann, dass das Eingedenken Wärmeschuld abträgt. Der Autor fürchtet sich davor, sentimental zu werden, weil das seinen Stil zerfrisst. Das echte Gefühl, das Lars Brandt zwischen den Worten und Zeilen sucht, lässt sich nur gewinnen, wenn man seinen Stift nicht vorsätzlich in Tränengebiete abtreiben lässt. Seine Nadel der Erinnerung tastet die Rillen des schwarzen Albums »Es war einmal« knisternd ab. Cool-Jazz. Bei einer Lesung in Gauting versagt ihm die Stimme, als er die Stelle über Martha Litzl liest. Er muss unterbrechen, etwas trinken, sich sammeln. Eine Journalistin der »Süddeutschen Zeitung«, die die Szene beobachtet, meint, eine Träne in seinem Augenwinkel entdeckt zu haben. Eine Zuhörerin vermisst im anschließenden Gespräch mit dem Autor »Gefühl«. Lars Brandt antwortet: »Wenn Sie das so empfinden, haben Sie für sich recht.« Der Versuch einer Deutung: Lars Brandt verweist in seiner Erwiderung auf die Individualität des Empfindens. Seine Zuhörerin vermisst in seinem Buch Gefühl, weil sie sich nicht auf seine literarische Verschlüsselung von Gefühl einlassen kann. Dass da zu wenig Gefühl sei, auch in Hinblick auf Martha Litzl, kann ich nicht sehen, aber doch eine große Vorsicht, die eigene Emotionalität auf einen frei zugänglichen Marktplatz zu tragen.

Der Autor ist kein Mann, der zu wenig Gefühle zeigt oder sie sprachlich nicht gestaltet, sondern er ist vermutlich, wie sein Vater, von einem Übermaß an Gefühl erfüllt, für das er einen ihm gemäßen Ausdruck suchen muss. Wenn es zwischen dem Buch von Lars Brandt und seiner Mutter Rut überhaupt einen Berührungspunkt gibt, dann in den Passagen über Martha Litzl.

Die Haushälterin wird von allen Brandts als betont unsentimentale Frau beschrieben. Wenn jemand in der Siedlung gestorben war, konnte es passieren, dass Martha Litzl sich auf den Weg zum Trauerhaus machte, klingelte und dann ungeniert die Todesursache erfragte. Über ihre familiären Verluste sprach sie wenig. Aber sie schwärmte oft von Lippehne, träumte davon, ihre Heimat noch einmal zu besuchen. Sie besuchte regelmäßig die Treffen der Vertriebenen. Wie Martha Litzl denn die Ostpolitik seines Vaters beurteilt habe, frage ich Peter Brandt. Musste sie das nicht ablehnen, weil die faktische Anerkennung der Oder-Neiße-Grenze ihre Heimat unwiderruflich verlorengab? »Nein«, erwidert Peter Brandt, »auch da war sie ganz unsentimental. Was weg ist, ist weg. Meinen Vater hat sie unheimlich verehrt. Sie sagte oft zu mir: ›Wenn du mal groß bist, dann arbeitest du auch so viel wie dein Vater.‹ Manchmal, wenn sie morgens um fünf Uhr aufstand, klapperte im Arbeitszimmer meine Vaters noch immer die Schreibmaschine, und das flößte ihr die größte Hochachtung ein.«

»Und was bedeutete Martha Litzl für Sie persönlich? War sie Ersatzmutter, Tante, Großmutter?«

»Für uns Kinder war sie eine ganz wichtige Bezugsperson. Für jeden auf seine Weise. Ich weiß nicht warum, das ist so ein spontanes Gefühl, für Lars war sie vielleicht noch wichtiger als für mich. Sie war ja so ein ganz anderer Typ als meine Mutter, die eine herzliche und liebevolle Frau war, die aber auch eine andere Seite haben und sehr distanziert und ein bisschen unnahbar sein konnte. Bei Litti gab es so etwas nicht, die war immer nahbar, greifbar. Meine Mutter hat mir erzählt, ich selbst erinnere es nicht mehr, ich hätte als kleines Kind buchstäblich unter Littis Rock gestanden. Ja, das klingt wie bei Günter Grass, aber so ist es wohl gewesen.«

Eine Woche nach seinem Bruder Peter besucht mich Matthias

Immer fleißig: Martha Litzl im Garten in Norwegen

Brandt. Es ist ein schöner Spätsommertag. Er ist mit dem Fahrrad gekommen. Er ist gut gelaunt. Er nimmt auf demselben Stuhl wie sein Bruder Platz.

»Welche Erinnerungen haben Sie an Martha Litzl?«

»Ich habe viele, starke Erinnerungen an Martha Litzl. Sie ist eine wichtige, sehr wichtige Person für mich. Meine Brüder werden Ihnen das sicher bestätigen. Sie war für mich eine Art Großmutter-Ersatz, denn die Lübecker Großmutter starb 1969, und an sie habe ich nur noch verschwommene Erinnerungen. Martha Litzl, Litti wie wir sie nannten, führte unseren Haushalt die ganzen fünfziger Jahre hindurch. Nachdem wir nach Bonn umgezogen waren, kam sie ein- oder zweimal im Jahr und blieb jeweils ein oder auch zwei Monate, zum Schrecken aller dortigen Hausangestellten, denn sie hatte sehr präzise Vorstellungen. Sie hat sich unserer Familie sehr zugehörig gefühlt, und das bestimmt zu Recht. Für mich hat sie gefühlsmäßig eine wichtige Rolle gespielt, denn sie hatte, was uns Kinder anging, keine ausgeprägten pädagogischen Ambitionen. Man wurde von ihrem Liebesschwall überschüttet, was für ein Kind einfach ein tolles Erlebnis ist. Natürlich braucht ein Kind eine gewisse Richtung, die ihm vorgegeben wird, aber wenn es auch noch einen Menschen gibt wie Litti, der völlig bedingungslos alles toll findet, was man macht, und der grundsätzlich sich auf deine Seite stellt, wenn es Auseinandersetzungen mit anderen gibt, und der immer findet, dass du im Recht bist und die anderen unrecht haben, dann kann das schon eine tolle Wirkung haben. Ich denke, da ist das Stichwort ›Bedingungslosigkeit‹. Sie ist deshalb so wichtig für mich, weil ich durch sie eine bedingungslose Zuneigung erlebt habe – oder sagen wir besser Liebe, das ist wahrscheinlich richtiger. Ich glaube, dass das stark prägt.«

»Blieb denn der Kontakt zu ihr bestehen, nachdem Sie nach Bonn gezogen waren?«

»Ja! Abgesehen davon, dass sie uns in Bonn besuchte, besuchte ich sie auch in Berlin.«

»Allein?«

»Ja!«

Unvermittelt zückt Matthias Brandt sein Smartphone, wischt über zwei, drei Icons, und schon höre ich die Beatles: »Komm, gib mir deine Hand«, die deutsche Version.

»Das war die erste Single, die ich mir gekauft habe, da muss ich vier oder fünf Jahre alt gewesen sein. Die habe ich zusammen mit Litti gekauft, sie musste mit mir nach Steglitz zur Schlossstraße fahren. Das war großartig, und die Beatles spielen bis heute eine wichtige Rolle für mich.«

»Wie alt waren Sie, als Sie von Bonn nach Berlin flogen, um Martha Litzl zu besuchen?«

»So 7 oder 8?«

»Und wie lange? Zwei Tage?«

»Nein, eine Woche oder zehn Tage immer! Ich bin zweimal im Jahr zu ihr gefahren oder besser geflogen. Ich bekam so ein Ding, so eine Art Ausweis um den Hals und landete dann in Tempelhof, wo sie schon auf mich wartete. Und dann fuhren wir mit dem Bus zu ihr nach Steglitz. Die Besuche bei ihr erinnere ich als den Inbegriff des Luxus. Ich fand ihre Ein-Zimmer-Wohnung auch viel attraktiver als unsere Villa auf dem Venusberg. Kinder haben ja was übrig für dieses Höhlenartige, für dieses ganz andere Leben. Durch die Besuche bei ihr blieb ich Berlin verbunden.«

»Ihre Mutter hat in ihrem Buch geschrieben, der Tod von Martha Litzl sei die erste große Trauer ihrer Kinder gewesen. Erinnern Sie das?«

»Ich muss etwa 13 oder 14 gewesen sein?«

»Sie starb 1975 …«

»Rückblickend betrachtet habe ich wohl nahezu traumatisiert reagiert, denn ich habe ihren Tod überhaupt nicht zur Kenntnis genommen, nicht zur Kenntnis nehmen wollen. Meine Mutter, die zu ihrer Beerdigung flog, hat es mir gesagt, aber es hat Jahre gedauert, bis mir wirklich klargeworden ist, dass sie nicht mehr lebt. Insofern muss das ein sehr großer Schmerz gewesen sein.«

Warum Martha Litzl in die Nervenheilanstalt kam, weiß keiner der Brandts mehr genau. Lars mutmaßt in seinem Buch, sie sei vom »Verlust ihres Lebens« überwältigt worden und zusammengebrochen. Seine Mutter, erinnert sich Peter Brandt, habe sich sehr dafür eingesetzt, dass Martha Litzl rasch entlassen wird, was ihr diese wiederum nie vergessen habe, da sie fürchtete, für immer in der Anstalt bleiben zu müssen.

Martha Litzl blieb den Brandts ihr ganzes Leben lang ergeben. Ursula Schurig, die von 1958 bis 1961 als Hausmädchen arbeitete, erklärt mit resoluter Festigkeit: »Ich kann mir die Brandts ohne Frau Litzl gar nicht vorstellen! Ein Muttterersatz? Sie war noch mehr als eine Mutter für die Jungs!«

Martha Litzl erkrankt an Bauchspeicheldrüsenkrebs. Am 9. Januar 1975 schreibt sie ein letztes Mal an Rut Brandt, um ihr zum Geburtstag zu gratulieren. Nachdem sie den Brief beendet hat, packt sie ihre Tasche und fährt ins Krankenhaus. Sie wird nicht mehr zurückkommen. Sie stirbt am 7. Februar 1975 und wird am 17. Februar auf dem Friedhof Berlin-Wilmersdorf an der Berliner Straße 81 beerdigt. Rut, Peter und Lars Brandt nehmen an der Trauerfeier teil.

Die Wohnung von Martha Litzl wird von ihrer Nichte aufgelöst. Die Fotos der Brandt-Kinder sind nicht zu übersehen.

Nein, teilt mir die Friedhofsverwaltung mit, das Grab der Frau Litzl, Martha existiere nicht mehr.

Ihre Grabzeit war abgelaufen.

Eine Version der Vorkommnisse

Der Brandt hat einen Sonderzug. Das muss man sich mal vorstellen. Einen ganzen Zug für einen einzigen Emigranten. Das hat es seit Lenin nicht mehr gegeben. Und Lenin war immerhin ein gebildeter Mann. Der hatte wenigstens eine anständige Schulbildung. Wenn der Brandt ins Ausland fährt, muss man sich ja direkt schämen, als Deutscher.

Alfred Tetzlaff in »Ein Herz und eine Seele«

Eine Version der Vorkommnisse: Willy Brandt, der als Beschwichtigungsredner und Gefühlsdimmer nach dem Ungarn-Aufstand von den Medien zum Helden der Stadt ausgerufen und von den Berlinern als solcher empfunden wurde, wird am 3. Oktober 1957 zum Regierenden Bürgermeister gewählt. Die zahlreichen Berlin-Krisen (Chruschtschow-Ultimatum, Bau der Mauer) erneuern und befeuern diesen Ruhm. »Willy Brandt ruft die Welt« texten seine Propagandisten, und die Welt hört tatsächlich zu, die Welt blickt auf Berlin und Brandt. Der kalte Krieger Brandt wandelt sich in der geteilten Stadt zum Entspannungspolitiker, der berühmteste Bürgermeister der Welt wird zum Nebenaußenminister der Bundesrepublik. Die Politik der »kleinen Schritte« nimmt Gestalt an. Der Aufstieg des Mannes scheint unaufhaltbar. Ja, er verliert zwar trotz Stimmzuwächsen die Bundestagswahlen 1961 und 1965 als Kanzlerkandidat der SPD, ist fast weg vom Fenster, aber er gewinnt an innerer und äußerer Statur. Selbst mit Niederlagen weiß Brandt Bündnisse einzugehen. Er streift das Image des deutschen Kennedy ab, er wird den Ruf des Zauderers los und packt die Machtchance beim Schopf. So kommt es, wie es kommen muss: Der Mann tritt am 28. Oktober 1969 das Amt des Bundeskanzlers an. Das ist eine Version der Vorkommnisse.

Die Weltgeschichte rafft die Ereignisse. Was einer zu geben hat, ist schnell genommen, sie registriert nur die wichtigsten Namen, in ihrem Register fehlen die Namen der Nachbarn, der Freunde, der Ehefrauen, der Kinder, der Neider und Feinde. Was haben die Namenlosen dem Namenhaften zu geben? Was wäre er ohne sie? Gibt man ihm diese zurück, bittet man ihn, aus dem großen Gemälde zu steigen. Was machen die Söhne, wenn ihr Vater die Welt ruft und Berlin rettet? Wie fühlt sich die Ehefrau, die plötzlich ins Rampenlicht gestoßen wird?

Peter ist früh ein ernstes Kind. Giert nach Büchern, sobald er lesen kann, schmökert sich durch alle Karl-May-Abenteuer. Von Anfang an entwickelt er ein besonderes Interesse für Geschichte. Wenn der Vater verreist, wird er von Peter stets beauftragt, für ihn das Gelesene in der Wirklichkeit zu überprüfen. Von einer Amerikareise schreibt Willy an Rut am 5. März 1954: »*Du kannst Peter erzählen, dass ich noch keinen Kontakt zu irgendwelchen Büffeln hatte. Neger habe ich hingegen zu Tausenden gesehen und einige wenige Indianer.*« Diese Art von Geschichtsschnipseln für den Ältesten findet man häufig in den Briefen des Vaters. Peter, so berichten es Klassenkameraden aus der Grundschule, war in diesem Fach dem Lehrplan immer weit voraus. »Ich bin Peter Brandt, und mein Vater ist der Präsident von Berlin!«, so stellte sich Peter mitunter in der Schule vor, und er konnte mit Merksprüchen wie »333 – bei Issos Keilerei« oder »753 – Rom kroch aus dem Ei« nur so um sich werfen. Das Hausmädchen Ursula Schurig, die damals noch Zimmermann hieß, aber ihren Mädchennamen ablegte, nachdem sie 1962 einen der Wachtpolizisten aus dem Marinesteig heiratete, meint über ihn: »Peter hat auch schon als Kind immer irgendwie gearbeitet. Ich habe den Eindruck, er ist wie sein Vater geworden, den Schreibtisch immer voll, Arbeit, Arbeit, Arbeit. Peter wollte immer alles wissen und alles wahrnehmen.« Frau Schurig rät zu einem zweiten Stück Apfelkuchen inklusive Schlagsahne. Sie ist gerade einmal siebzehn, als sie bei den Brandts als Hausmädchen eingestellt wird. Willy Brandt prüft die Bewerberin: »Nimm 'se doch, nimm 'se doch«, rät Peter zu.

»Und wie«, frage ich sie, »haben Sie Lars in dieser Zeit erlebt?«

»Lars hat seine Kindheit gelebt, ihm war das Leben wichtiger, seine Freunde, das Angeln. Er hat von morgens bis abends in seinen Micky-

Maus-Heften gelesen. Peter war ernster, mit dem konnte man bis in den frühen Morgen hinein diskutieren.«

Als Rut und Willy Brandt 1959 zu einer von der Bundesregierung finanzierten Weltreise aufbrechen, die der eingeschnürten Stadt Berlin Freunde und Unterstützung in aller Welt verschaffen soll – Rut absolviert aus Sorge um die Kinder nur den Amerika-Teil –, bleiben die Kinder in »Fräulein« Schurigs und Martha Litzls Obhut. Sie gehen mit den Kindern zum Baden an den Schlachtensee, sie fahren Boot, Lars wirft seine Angel aus und zieht eine mickrige Plötze nach der anderen aus dem grünen See. Kümmerliche Exemplare, die im früheren Luftschutzkeller von Lars für sein »naturkundliches Museum« präpariert werden und bereits am nächsten Tag bestialisch stinken. Ab und an erbarmt sich »Litti« und legt ein paar Fische in die Pfanne, es ist jedoch ein beschwerliches Mahl, der Mund voller Gräten. Das Hausmädchen erinnert sich auch an gemeinsame Fernsehabende im Hause Brandt. Dann versammelte sich die ganze Familie vor der klobigen »Fernsehtruhe«, auch der Regierende Bürgermeister, und man schüttete sich aus vor Lachen, wenn Sendungen wie »Dick und Doof« oder anderer Klamauk geboten wurde.

Bis zu Willy Brandts Wahl zum Regierenden Bürgermeister war die Familie Brandt eine weitgehend private Familie, doch das änderte sich nun schlagartig. »Das Familienleben«, erinnert sich Rut Brandt, »wurde eine öffentliche Angelegenheit. Die Fotografen gingen ein und aus. Wir stellten uns mit Kindern für sie auf, und wir stellten uns ohne Kinder auf. Ich ging mit Fotografen auf den Markt, und ich rührte für sie in leeren Töpfen auf dem Herd.« Die Familie wurde dirigiert, von öffentlichen Interessen, vom Protokoll, das nun immer häufiger auch Rut Brandts Anwesenheit forderte, von den Wünschen der Partei und diversen Terminkalendern. Die Familie Willy Brandt wurde von den Medien entdeckt, Rut Brandt wurde entdeckt, die Kinder. Brandt ist häufig als der »erste Medienkanzler der Republik« bezeichnet worden, das mag stimmen, wenn man ihn mit seinen Vorgängern vergleicht, aber diese Formel suggeriert, Brandt sei ein ungewöhnlich begabter Medienmensch gewesen, der seine Talente erst mit und in den Medien so recht zu Entfaltung habe bringen können. Doch wenn man sich seine Fernsehauftritte in den fünfziger und frühen sechziger Jahren anschaut, dann wirkt Brandt im medialen Rahmen keineswegs alert, forsch und augenblicksbegabt. Er wirkt eher gehemmt, steif, dressiert und eifrig bemüht, dem Medium die Nahrung zu liefern, die es verlangt. Ja, er sieht gut aus, jung, aber mitunter leicht unbeholfen und kamerascheu, ein instinktbegabter und wendiger Medienpolitiker wie Helmut Schmidt etwa war er nicht. Er stiert mitunter die Kamera an, als sei die ein lebendiges, gefräßiges Wesen, er lässt die Satzenden ohne wirklichen Abschluss, er wirkt mitunter phlegmatisch. In einer Sendung ist er unübersehbar alkoholisiert, das Bierglas vor sich, so eine Mediendarstellung würde heute als Debakel empfunden.

Ende der fünfziger Jahre sind es vor allem Presse und Rundfunk, die die Familie Brandt entdecken und aufbauen, eine Familie wird inszeniert, weil die sich differenzierenden Medien auf Prominenz setzen, das Starprinzip in allen gesellschaftlichen Bereichen durchsetzen und damit einen Strukturwandel der Öffentlichkeit forcieren. Die privaten Bilder von Politikern wie Adenauer oder Erhardt waren medial bislang eher statisch, mit der Familie Brandt beginnt sich das zu ändern. An der Seite des Mannes Brandt wird seine überaus attraktive Frau entdeckt, die als Norwegerin eine ganz eigene »abenteuerliche« Geschichte einzubringen hat, und im Lauf der sechziger und siebziger Jahre werden auch die Söhne zu Medienfiguren, die aus dem gepflegten Familienbild herausstechen und mit eigenen Stories und Interviews bedacht werden. Die Medienfamilie Brandt wird ins Bild gesetzt. Es beginnt mit Homestories. Ein Übertragungswagen des RIAS (Rundfunk im amerikanischen Sektor) fährt am 27. August 1958 im Marinesteig vor, ein Reporter setzt sich an den Frühstückstisch. Rut Brandt, die sich vor der Live-Situation scheut, ist schon außer Haus.

Reporter: »Wann geht's in die Schule? Wie viel Uhr?«
Lars: »Zehn vor neun!«
Reporter: »Na, da ham wir ja noch ein bisschen Zeit. Und in welche Klasse gehst du jetzt?«
Lars: »Erste!«

Reporter: »Das ist aber eine dumme Sache, dass die Schule jetzt wieder begonnen hat, wo der Urlaub gerade vorbei ist. Ferien sind doch besser?«

Lars: »Viel …«

Reporter: »Viel besser? Macht die Schule überhaupt keinen Spaß oder doch so ein bisschen?«

Lars: »Keen bisschen!«

Reporter: »Überhaupt kein bisschen?«

Lars: »Außer Religion, da ham wir so eine olle Lehrerin …«

Reporter: »Die Bemerkung über die Lehrerin haben wir jetzt, Gott sei Dank, nicht gehört, aber wer urteilt nicht so von der ersten bis zur achten oder dreizehnten Klasse? … Herr, Bürgermeister, es ging ja diesmal in die Heimat Ihrer Frau!«

Brandt: »Ja, wir waren in Norwegen.«

Reporter: »Was macht man denn den ganzen Tag in der Einsamkeit dort oben?«

Brandt: »Zunächst schläft man lange, außer wenn man früh aufstehen will, um fischen zu gehen, und dann macht man Ausflüge, bei schlechtem Wetter liest man. Wir haben mit den Jungs nordische Sagen gelesen, die sehr schön sind, in der Originalsprache sehr viel schöner als in der Übersetzung, man kann Spiele machen, man kann, wie gesagt, etwas fischen gehen, vor allem aber kann man mit dem Volkswagen, mit dem wir da waren, ja doch auch im dortigen Gelände besonders leicht auf schlechten Wegen rumkommen, und so haben wir also 'ne ganze Menge auch so an kleinen Ausflügen unternommen.«

Reporter: »Was war denn das Schönste da oben?«

Lars: »Wenn schönes Wetter ist!«

Willy Brandt, der schon zuvor ein unermüdlicher Handlungsreisender in Sachen Politik und Partei war, wird nun immer häufiger vom Rathaus Schöneberg, einem gewaltigen, steinernen Aktenordner, verschluckt und von einer ganz anderen Familie umgeben. Die Berliner Presse nennt sie spöttisch Brandts »Heilige Familie«. Der Regierende Bürgermeister, ein legendärer Morgenmuffel, hat einen Kreis von ihm treu ergebenen Köpfen um sich gesammelt, die ihn managen, aufbauen, groß machen, ihn aber auch isolieren, damit er, auf dem Weg zu Höherem, seine ohnehin fragilen Kräfte nicht verschleißt. Jacques Schuster hat in seiner konzisen Studie über Heinrich Albertz Brandts Machtkokon anschaulich beschrieben. Da ist Klaus Schütz, ein junger Mann mit weltkriegszerschossenem Arm. Er blickt bewundernd zu dem älteren Brandt auf, adoptiert ihn innerlich als Ziehvater und investiert seine beträchtliche taktische Intelligenz, um Brandts politische Karriere zu fördern. Das Bürgermeisteramt soll – da wissen sie sich einig – für Brandt nur Zwischenstation sein. Schütz, der in Amerika die starzentrierten Wahlkampfmethoden studiert hat, wird alsbald diese Konzepte auf Brandts Kampagnen übertragen. Kaum weniger gewieft und manövererprobt ist der Pressechef des Regierenden, Egon Bahr, ein treuer Eckart, der Brandt bis zum Lebensende begleiten wird. Der frühere Chefkommentator des RIAS ist verschwiegen, sieht auch aus, wie man sich einen Geheimen und gerissenen Rat am Hofe vorstellt, wie eine kluge Fledermaus, denkt in machtpolitischen und außenpolitischen Kategorien und kann mit Brandt stundenlang hypothetische Brücken ins Hüben und Drüben des deutsch-deutschen Alltags bauen. Unbedingt genannt werden muss auch Heinrich Albertz, der zwar zwei Jahre jünger als Brandt war, dennoch aber als Chef der Senatskanzlei väterliche Beschützerinstinkte für Brandt entwickelte, dessen politische, aber auch emotionale Sensibilität ihm gefiel und geschützt werden musste. Albertz, von Haus aus ein evangelischer Pastor und – was keineswegs dasselbe sein muss – ein gläubiger Christ, besaß ein »inneres Geländer«, an dem er trittsicher durchs Leben ging. Weil ihm Parteidenken und Rituale gehörig auf die Nerven gingen und er sich nur Gott gegenüber in der letzten Pflicht sah, war er der ideale Mann für den nervös-ruhelosen Brandt. Der bedächtige Pfeifenraucher schottete Brandt ab, verhinderte, dass jeder Sozialdemokrat ungebremst zum »Genossen Brandt latschen« konnte, und half dem Bürgermeister, sich auf das Wesentliche zu konzentrieren. Das war Brandts »Heilige Familie«: Ein dienender, den Vater antreibender Ziehsohn, ein loyaler Freund, der ihm seinen beträchtlichen Denkapparat uneitel zur Verfügung stellte, und eine pastorale Vaterfigur.

Zurück zum Marinesteig: Peter und Lars besuchen beide die Johannes-Tews-Grundschule, Peter wechselt nach der vierten Klasse auf die Nordschule, weil der dort angebotene Lateinunterricht seine historischen Interessen bedient. Lars hingegen geht erst nach der sechsten Klasse auf das Rathenau-Gymnasium. Beide Brüder sind es gewohnt, mit verschiedenen Bezugspersonen auszukommen. Ihr Leben, ihre Familiensituation impft ihnen ein, dass es von Vorteil sein kann, sich alleine beschäftigen zu können oder sich rasch Halt bei und an jemandem zu verschaffen, den man vielleicht noch nicht ganz so gut kennt. Zwar ist immer jemand da, Martha Litzl, ein norwegisches Au-Pair-Mädchen, ein Hausmädchen, Brandts Fahrer Georg Holly oder zur Not auch ein Wachtpolizist, aber auch dieses »Personal« ist nicht immer verfügbar. In der kinderreichen Siedlung sind die Brandts bestens integriert, die zwei laufen und spielen überall mit, sie sind fester Bestandteil einer Bande, eines kleinen Theaterensembles auch, man spielt Brennball, sie schleichen sich ins »Lumina«, ohne Kinokarten zu kaufen, sie bewerfen Spaziergänger am Schlachtensee aus dem Gebüsch heraus mit Sand, sie treiben den altersüblichen Unfug. Sie besitzen aber auch ein Talent, wenn man das so sagen kann, zum im Abseits Stehen, wohin sie nicht von anderen befördert werden, sondern sich selbst begeben, um manches allein mit sich und in sich auszutragen. Beide Söhne sind stark fehlsichtig, beide schielen leicht, so dass sie früh zu Brillenträgern werden, was ihnen auf Kinderfotos das Aussehen von Miniatur-Erwachsenen verleiht. Insbesondere Lars muss mehrere kleine Augenoperationen über sich ergehen lassen, läuft monatelang mit einem abgeklebten Auge als »Einäugiger« herum, damit das schwächere Auge zum ausgleichenden Training gezwungen wird. Rut hat in dieser Beziehung mit ihren Jungs mitgefühlt, gelitten, weil sie hoffte, dass die beiden von starkem Glas und Gestell verschont blieben. Für ihren dritten Sohn Matthias wünschte sie sich so sehr, dass er keine Brille tragen, dass sie ihn erst gar nicht zum Augenarzt schicken müsse, obwohl alle Anzeichen dafür sprachen, dass er in gleicher Weise sehbeeinträchtigt sein würde wie seine Brüder. Vielleicht ist auch eine winzige Portion mütterlicher Eitelkeit dabei, die sie abhält, ärztlichen Rat einzuholen, vielleicht auch »Fürsorge«, die dem Sohn das »Brillenschicksal« ersparen will. Vater und Mutter Brandt fragen sich oft, woher die Fehlsichtigkeit kommt, sie muss eine Generation übersprungen haben und wird eher von der väterlichen Seite stammen, denn auch Ninja hat als Kind mit Augenproblemen Bekanntschaft gemacht und einen leichten Silberblick geerbt.

Die Brillen betonen einen ernsten, frühreifen Eindruck. Auf vielen Bildern, die die bereits jugendlichen Brandts zeigen, blicken sie distanziert auf das Kameraauge, als ob sie durchschaut hätten, dass hier ein Spiel getrieben wird, in dem sie nur ein Ornament der Macht sind. Da kann man – ohne übertriebene Interpretationsanstrengungen zu unternehmen – so etwas wie Widerständigkeit spüren. Auch eine Portion Langeweile ist dabei, so als wollten sie sagen, wir hätten eigentlich Besseres zu tun, aber wenn's Vati hilft. Mitunter sehen sie sich zum Verwechseln ähnlich, nicht nur weil sie sich physiognomisch ähneln, sondern auch weil ihr Gesichtsbrillenausdruck übereinstimmend an intellektuelle Hochflieger denken lässt, selbstbewusst-coole Gymnasiasten oder Studenten unter Denkstarkstrom. Ist es dieser eigenwillige Blick und Anblick, der Lars noch als Knirps selbst zur Kamera greifen lässt? Er wünscht sich einen Fotoapparat und ist bald der Dokumentarist der Familie, der, wo er geht und steht, sein forschendes Kamerakinderauge (Agfa-Box 600) auf die Mitmenschen und die Welt loslässt.

Kindern wird mitunter ein offenes Auge und ein besonderes Gespür für die Welt der Erwachsenen nachgesagt, weil sie den Augenblick beim Wort nehmen und die Erwachsenen nicht nach ihrer Vergangenheit oder Zukunft beurteilen. Erwachsene hingegen sehen im Kind eher das, was aus ihm werden könnte oder werden sollte. Rut Brandt wollte, dass ihre Söhne lernen, sie wollte, dass sie schaffen, was ihr verwehrt geblieben war. Peter Brandt erinnert sich an ihren an die Kinder weitergereichten Bildungshunger: »Meine Mutter konnte sehr energisch werden, wenn ich mal keine Lust hatte, die Hausaufgaben zu machen. Sie sagte dann: ›Kein Problem, ich kann dich morgen als Laufbursche bei ›Hefter‹ anmelden!‹ – Das waren Berliner Lebensmittelläden, die warben mit dem Spruch ›Erst einmal, bald öfter, dann immer zu Hefter‹. In Schuldingen verstand sie keinen Spaß, weil sie selbst ja nicht diese Bildungschancen hatte. In ihrer Familie hatte keiner das Abitur gemacht und studiert. Ich konnte also für die Schule keine Unterstützung von den Eltern erwarten. Mein Vater war fast nie da, und woher hätte meine Mutter Latein oder Mathe können sollen?« In den meisten Fächern trägt Peter Brandt gute Noten nach Hause, doch Mathematik ist für ihn seit dem Übergang ins Gymnasium ein Leidens- und Zitterfach. Zum Glück findet sich in der Nachbarschaft ein Nachhilfelehrer. Er heißt Horst Lison, studiert Psychologie und Medizin an der Freien Universität und hilft Peters Schulfreund Robert Schulz bei den Hausaufgaben. Drei Mark und fünfzig bekommt er pro Stunde, und diesen Lohn erhält er bei den Brandts auch. Obendrein wird er von Rut Brandt oder Martha Litzl bekocht, und »beide«, erinnert er sich, »waren hervorragende Köchinnen«. Der junge, gutaussehende Mann hilft Peter und Lars und ist bald ein willkommener Gast in der Familie. Dieser freundschaftliche Faden wird ein Leben lang halten. Für Peter Brandt wird er eine Art großer Bruder, der ihm auch in späteren Lebenskrisen Halt gibt.

Als ich Horst Lison zum Interview treffe, kommt mir auf der Straße ein »junger« Mann von achtzig Jahren entgegen, geschulterter Rucksack, beschwingter Gang, wacher Blick. Er ist Psychologe geworden, spezialisiert auf die Behandlung und Begleitung von Kindern und beruflich immer noch unterwegs. Gerade kommt er von einer Tagung. Auch Willy Brandt schätzt bald den jungen Mann, der 1958 in die SPD eintritt und mit dem man ungezwungen politisieren kann. Ich frage ihn, ob er sich an bestimmte Gesprächssituationen oder -inhalte mit Brandt erinnert. Ja, er erinnere sich insbesondere an ein Gespräch über Israel, als Brandt dort ein Flüchtlingslager besucht habe. »Das muss 1973 gewesen sein?« Horst Lison nickt. »Kann hinkommen. Vielleicht ist mir dieser Satz im Gedächtnis geblieben, weil ich seine Aussage als weitblickend empfand. Er hatte immer ein Gespür für das, was kommt. Er meinte, was dort in Israel und im Nahen Osten passiere, sei ein ›Sprengsatz für unser aller Zukunft‹. Auch eine Begegnung im Jahr 1965 prägt sich nachhaltig ein. Brandt ist gerade zum zweiten Mal als Kanzlerkandidat gescheitert: »Wir saßen zusammen und schwiegen. Wir tranken Kognak, ja, er trank viel, aber ein Alkoholiker war er nach meiner Auffassung nicht. Er lief unruhig hin und her, die meiste Zeit schwieg er, nur ab und zu brach es aus ihm heraus, und dann ließ er sich negativ über Herbert Wehner aus. Er war sehr, sehr niedergeschlagen.« Und Peter und Lars? Waren das verschiedene Typen? »Peter«, sagt Lison, »spielte auch wie alle anderen Kinder, aber er spielte doch irgendwie ernst. Lars war eher der Sonnyboy, fröhlicher, während Peter aus der Geschichte kam und in die Geschichte ging. In anderen Fächern hatte er Konzentrationsschwierigkeiten, nicht in Geschichte. Vielleicht wollte er seinen Vater auf diesem Sektor überbieten. Ich denke, das Vorbild seines Vaters, die Erwartung, so zu werden wie er, muss eine große Belastung für ihn gewesen sein, aber er hat das nie ausgesprochen.«

Was Horst Lison in unserem Gespräch besonders betont, was er hervorgehoben wissen möchte, ja was ihm am Herzen liegt, ist die Korrektur eines eingeschliffenen Bildes, eines Eindrucks, der mitunter von Willy Brandt überliefert wird. Er sei nur selbstbezogen gewesen, emotionslos oder unfähig, auf andere Menschen einzugehen. Horst Lison hat ihn anders erlebt.

Lison gehört zur ersten Generation der studentischen Fluchthelfer, die aus Idealismus ihre Kommilitonen, Freunde oder Bekannte in den Westen holen wollten. Nach dem Bau der Mauer am 13. August 1961 stand nahezu ein Viertel der Studenten der Freien Universität (FU), die im Osten lebten, vor der Frage, wie es weitergeht. Im Westen bleiben? Zurückkehren? Oder, falls man sich gerade im Osten befunden hatte, einen Fluchtversuch wagen? Horst Lison und zahlreiche Mitstudenten nahmen den Leitgedanken ihrer Universität ernst, denn die FU war 1948 von Studenten und Professoren aus Protest gegen die zunehmende Unfreiheit an der Ost-Berliner Humboldt-Universität gegründet worden. Kommerzielle Interessen hatten sie keine. In der ersten Phase der Fluchthilfe wurden vor allem Tunnel gegraben. Dann, nachdem diese unterirdischen Passagen immer stärker in den Fokus der Staatssicherheit gerieten, konzentrierte man sich auf Manöver mit falschen oder gefälschten Pässen. Insgesamt werden 70 FU-Studenten bei Fluchthilfeaktionen von der Staatssicherheit festgenommen. Horst Lison gehört zu ihnen. Man verurteilt ihn zu sechs Jahren Haft. Bei den Verhören zeigen die Stasi-Vernehmer besonderes Interesse für alles, was mit dem Regierenden Bürgermeister von Berlin zusammenhängt. Horst Lison: »Ich wurde sehr genau und hartnäckig nach Willy Brandt befragt, sie wollten alles über ihn wissen. Wer bei den Brandts ein- und ausging, wie die Wohnung aussah, wo die Zimmer lagen, was er für Gewohnheiten hatte. Ich musste sogar eine Skizze der Wohnung anfertigen. Nachdem ich das gemacht hatte, fühlte ich mich regelrecht beschmutzt.« Eine Freundin von Horst Lison setzt sich unmittelbar nach seiner Verhaftung mit Rut Brandt in Verbindung und berichtet ihr, was vorgefallen ist, und die schenkt dem verweinten Mädchen erst einmal etwas Stärkendes ein: »Jetzt genehmigen wir uns erst einmal einen guten Kognak, das ist wie Medizin. Willy muss helfen.« Aus seinen Akten weiß Horst Lison, dass sich Willy Brandt frühzeitig und wiederholt für seine Freilassung eingesetzt hat, er werde, so stand es da, alles Menschenmögliche für ihn tun. Tatsächlich kommt Lison am 26. Juni 1963 frei.

Dieser heitere Sommertag ist keiner wie jeder andere, für Lison nicht, aber auch nicht für Berlin, denn es ist der Tag, an dem John F. Kennedy vor dem Schöneberger Rathaus spricht und den jubelnden Berlinern zuruft: »Ich bin ein Berliner!« Als er am Abend zurückfliegt, wird der bewegte Präsident zu seinen Beratern sagen: »Einen Tag wie diesen werden wir nicht mehr erleben!« Ausgerechnet in dieser historischen Situation, die für Brandt mit Terminen und Ereignissen überladen ist, empfängt er Horst Lison im Schöneberger Rathaus. Kennedy ist noch nicht eingetroffen. Der Bürgermeister nimmt sich Zeit. Diese Begegnung steht Lison lebhaft vor Augen: »Er hat mich in den Arm genommen, er hat gelacht und sich richtig gefreut. Dann musste ich ihm alles über den Prozess und die Haft erzählen, und er hat sehr aufmerksam zugehört. Da war er alles andere als unbeteiligt oder emotionslos, und – das darf man nicht vergessen – das war der Tag, an dem er den amerikanischen Präsidenten empfing.« Was ihn gewundert habe, erzählt Horst Lison, war, dass Willy Brandt überhaupt kein Misstrauen ihm gegenüber gezeigt habe, obwohl er doch zwei Jahre in der DDR in Haft gesessen hatte und es bekannt war, dass Häftlinge mitunter »umgedreht« und als Späher eingesetzt wurden. Brandt sei vielleicht etwas »vertrauensselig« gewesen, denn Lison ging wieder im Hause Brandts ein und aus und bekam sogar den Auftrag, Willy Brandts private Bibliothek zu systematisieren.

Als wir Abschied voneinander nehmen, betont Lison, dass er sich selbst nicht als »Opfer« betrachte und auch von anderen nicht in diese Kategorie gesteckt werden möchte, nein, er habe vielmehr für die Freiheit gekämpft und Widerstand geleistet.

Auf der Suche nach der längst verschwundenen Marinesteig-Welt der Brandts stoße ich auf kreuzende, begleitende Biographien und Schicksale, die als Kontrastmittel zum Leben der Familie Brandt betrachtet werden können und die, um nur einen Aspekt zu nennen, zum Beispiel anschaulich machen, woher das tiefsitzende Misstrauen gegen Willy Brandt kam, warum er immer wieder diffamiert wurde und warum diese Diffamierungen lange Zeit auf fruchtbaren Boden fielen.

Heidi Leonhardt-Barillé wächst im Marinesteig auf. Sie freundet sich mit Ninja Frahm an, die regelmäßig in den Sommerferien oder auch zu anderen Gelegenheiten nach Berlin kommt, um ihren Vater zu besuchen. Da der oft unterwegs ist und ihre viel jüngeren Brüder als »ernsthafte« Spielgefährten ausfallen, schließt Ninja sich schnell an einige Mädchen der Siedlung an und lernt so mit kindlich-frischer Auffassungsgabe Deutsch. Heidi Leonhardt wird ihre beste Freundin, und diese Freundschaft hat bis heute innigen Bestand, obwohl Ninja in Oslo und Heidi in der Nähe von Paris lebt. Rut Brandt freundete sich – unkompliziert wie sie war – rasch mit Ninja an, sie sei ihr, sagt Heidi, immer eine »gute Stiefmutter« gewesen. »Haben Sie denn auch Carlota Thorkildssen kennengelernt?« Heidi Leonhardt bejaht das: »Ich habe sie 1956 kennengelernt. Sie war eine kleine, aber energiegeladene Person, keine strahlende Schönheit, aber eine Intellektuelle, die neun Jahre älter war als er und Brandt ein bisschen unter die Fittiche genommen hat. Sie hatte einen eigenen Freundeskreis, ein eigenes Leben. Carlota hat die Trennung von Willy Brandt gut vollzogen, ohne Scherereien, Tränen, ohne Streit, das wurde sehr geordnet vollzogen. Willy hat Ninja auch immer sehr herzliche Briefe geschrieben, er konnte überhaupt herzlich sein, aber er war eben fast nie da.«

Die Geschichte, die hier als Kontrastweg dienen soll, ist die Geschichte ihres Vaters: Gert Leonhardt. Er ist 1913 geboren, also im selben Jahr wie Willy Brandt. Er ist ein Leichtathlet, wird ein Meisterläufer auf der 5000-Meter und der 10000-Meter-Strecke, er fasst internationale Wettkämpfe ins Auge, doch der Krieg verhindert olympische Träume und macht jeden Gedanken an ein Studium zunichte. Gert Leonhardt will eigentlich Sportjournalist werden, aber die Geschichte zieht einen dicken Strich durch diesen Lebensplan. Zwar überlebt er den Krieg, aber er gerät in jugoslawische Kriegsgefangenschaft, die – auch im Vergleich mit anderen Kriegsgefangenschaften – besonders verlustreich, entbehrungsreich und grausam ist. Unterdessen hat sich Heidi Leonhardts Mutter, die von ihrem Mann seit Jahren keine Nachricht erhalten hat und ihn für tot hält, in einer sogenannten »Onkelehe« eingerichtet. »Als mein Vater zurückkam, hatten wir einen strahlenden Helden erwartet, aber dann kam da so ein kleiner, kümmerlicher Wurm. Onkel Walther, Mutter und mein Vater hielten mehrere Konferenzen ab, wie es weitergehen sollte. Mein Vater war natürlich sehr verbittert, und ich erinnere mich, wie er auf Fotos von Mutter Walther wegschnitt. Mein Vater hat Brandt gehasst, er hat ihn nicht einmal gegrüßt, und am liebsten hätte er mir verboten, dass ich zum Spielen rübergehe, aber da setzte ich mich durch. Mein Vater wurde dann, weil er gut mit Menschen umgehen konnte, Vertreter für ›BBB‹, besonders billige Bettwäsche, später schlug er sich als Versicherungsvertreter durch.«

Wie sah Gert Leonhardt Brandt? Wie stellte sich dessen Schicksal dar, wenn er es mit seinem Weg verglich? Der war ins Ausland gegangen, der hatte nicht kämpfen müssen, hatte im Trockenen gesessen, dem war kein Haar gekrümmt worden. Der hatte nicht gehungert, der war nicht zum Minenräumen oder Steineklopfen gezwungen worden, der stand nicht unter der Knute. Draußen hat er seine Freiheit genossen, während er als Soldat in den Dienst der Vernichtung gezwungen wurde, der eigenen und der der anderen. Der kam 1945 nach Hause, brachte eine schöne Frau mit, machte Karriere, fand ein Haus, und kein Onkel hatte seinen Platz als Ehemann und Vater eingenommen, keiner hatte ihn tot geglaubt, kein Kind hatte ihn fremd und zweifelnd angeschaut. Aus dieser Perspektive war es leicht, jemanden wie Brandt, der als Günstlings des Schicksals erscheinen musste, abzulehnen, ja zu hassen.

Befremden musste Rut und Willy Brandt auch, wenn die eigenen Kinder Nazi-Ideologeme wie bunte Steine ins Haus schleppten, ohne sich etwas dabei zu denken. Eine solche Begebenheit hat Peter Brandt erzählt. Mit sechs oder sieben Jahren teilt er seiner Mutter ganz unschuldig mit, Hitler sei doch gar kein so schlechter Mann gewesen, der habe vieles auch gut hinbekommen. Rut Brandt bleibt ruhig, sie schimpft nicht, sie fragt ihren Sohn nur, woher er denn solche Gedanken habe. Ein etwas älterer Freund von Peter, der aus einer Familie stammt, in der die Mutter eine gläubige Nationalsozialistin war, ist der Lieferant des braunen Saatguts. Als der Freund Peter das nächste Mal besucht, nimmt sie ihn beiseite und klärt ihn auf: »Hör mal, Hartmut! Ich habe gehört, dass du ein großer Hitler-Anhänger bist? Weißt du denn eigentlich, was der gemacht hat? Er hat einige meiner besten Freunde umgebracht! So ein Mann ist das!« Peters Freund versteht sofort, was Rut Brandt sagen will. »Wenn die Mutter meines besten Freundes so etwas sagt, dann muss etwas dran sein!« Und der Freund, so berichtet es Peter Brandt, überliefere diese Anekdote bis heute, weil er glaubt, dass Rut Brandts Mahnung ein wichtiger pädagogischer Baustein auf seinem Weg gewesen sei. Sie habe Nachdenklichkeit eingefordert, wo er bis dahin nur nachgeplappert hatte.

Das Jahr 1961 ist ein Krisen- und Angstjahr in Berlin, und es ist ein mehr als schwieriges Jahr für die Familie Brandt. Die globale Angst vor einem Dritten Weltkrieg war vielleicht in Berlin am spürbarsten, hier, wo die Supermächte Stirn an Stirn standen und die Muskeln spielen ließen. Die zweite Berlin-Krise nach 1948 zieht sich über mehrere Jahre hin und findet ihren Höhepunkt in Mauerbau und Kuba-Krise. Einige zehntausend Berliner ziehen in die Bundesrepublik, sie werden von denen, die die Stellung halten, als »Feiglinge« betrachtet, Häuser stehen leer und sind billig zu haben. Umzugsunternehmen sind auf Monate ausgebucht, und der Berliner Senat zahlt den Berlinern fortan eine Lohnzulage namens »Zitterprämie«. Der Regierende Bürgermeister Brandt ist vor allem als Stirnbieter, kalter Krieger und Stimmungsaufheller im Einsatz. Die nagende Verunsicherung, die imaginierten Zerstörungs- und Verwüstungsbilder eines Atomschlags und ein permanentes Bedrohungsempfinden teilen sich selbstverständlich auch den Kindern mit. Das Gefühl der Bedrohung verdichtet sich für Peter Brandt in folgender Szene: »Meine Mutter hat mir dann, ich vermute um mich zu beruhigen, mal erklärt, warum wir es in Berlin im Falle eines Atomkrieges gut getroffen hätten. Sie meinte auf Berlin würde schon keiner eine Bombe werfen, denn hier würden ja die vier Mächte sitzen und sich wohl kaum selbst auslöschen. Kurioser Gedanke! Ich erinnere mich auch daran, wie mich mein Vater einmal zur Seite nahm, es war wenige Monate vor der Kuba-Krise, und meinte, es könne sein, dass er einmal längere Zeit nicht nach Hause komme, und ich als der älteste Sohn müsse dann der Mann im Hause sein und meiner Mutter helfen. Ich war groß genug, um zu wissen, was ein Atomkrieg bedeutet. Auf dem Höhepunkt der Kuba-Krise war ich richtig bedrückt. Ich glaube, was die politische Zuspitzung anging, war ich in meinem Leben nie wieder so furchtsam und niedergeschlagen wie damals. Ich habe Anfang oder Mitte der sechziger Jahre einen Film gesehen, er hieß »Das letzte Ufer«, der mich damals sehr beschäftigte und an dessen furchtbare Geschichte ich mich bis heute erinnere. Es ging um die Welt nach einem Atomschlag. Nur in Australien lebten noch Menschen. Für die Überlebenden verdichtete sich aber auch immer mehr die Gewissheit, dass sie keine Überlebenschancen besaßen. Einer beging Selbstmord, indem er sich mit Autoabgasen vergiftete, und die Regierung ließ schließlich Giftkapseln an die Bevölkerung verteilen.«

Zerstörerisch in einem ganz anderen Sinne war Willy Brandts Griff nach der Macht. »Voran mit Brandt« forderten die Wahlplakate der SPD im Bundestagswahlkampf 1961. Die schwarz-weißen Porträts zeigen ein ernstes Jungengesicht. Traut man diesem stirnfaltenfreien Burschen das Kanzleramt zu? Entschlossenheit und Festigkeit will der Kandidat zeigen, gleichwohl wirkt er weich, zugänglich, erschütterbar. Das erste Mal in der Geschichte der Bundesrepublik lässt sich der Herausforderer des amtierenden Kanzlers als »Kanzlerkandidat« titulieren, ein semantischer Kunstgriff, von Klaus Schütz aus Amerika importiert, der als symbolischer Vorgriff auf das Amt verstanden werden darf, als frohe Botschaft an den Wähler, dem suggeriert wird, der Kandidat habe die Hälfte der Strecke auf dem Weg an die Spitze schon erfolgreich absolviert und sei auf keinen Fall als »Habenichts« zu betrachten.

Konrad Adenauer, der Urälteste, der steinfeste Greis, scheut nicht davor zurück, seinen juvenilen Gegenspieler zu diffamieren. Bei einer Wahlkampfkundgebung spielt er auf die uneheliche Geburt von Willy Brandt an und lässt sich zu dem Satz hinreißen: »Wenn irgendjemand von seinen politischen Gegnern mit größter Rücksicht behandelt worden ist, so ist es Herr Brandt alias Frahm.« Rut und Willy Brandt haben diese Schläge in den intim-familiären Bereichen sehr verletzt, das haben beide in späteren Jahren oft betont. Da wurde Gift ausgestreut, traut ihm nicht, dem Namenfälscher, traut ihm nicht, dem unehelichen Balg, traut ihm nicht, dem Heimatwechsler, der ist keiner von uns. Das waren sicher Angriffe auf das Nervenkostüm des Kandidaten, aber auch Einkerbungen ins Unterfutter der Identität. Der ohnehin kräftezehrende Wahlkampf musste so zur Tortur werden. Dabei sollte Brandt den »smiling Willy« geben, im cremefarbenen Mercedes zieht er durch Städte und Dörfer und schwenkt seinen grauen Homburg so entschlossen und oft, dass Klaus Schütz bald Ersatzexemplare beschaffen muss. Das Pensum, das Brandt absolviert, ist beeindruckend, er legt in den ersten 21 Tagen der Kampagne 22 056 Kilometer zurück, besucht jeden Tag fünf bis sechs Städte und bis zu 15 Landgemeinden und hält bis zu 25 Reden auf Marktplätzen oder in angemieteten Zirkuszelten. Peter Merseburger hat diesen Kraftakt in seiner Brandt-Biographie ausführlich geschildert und betont, der Regierende aus Berlin habe sich seiner Pflichten »beinahe roboterhaft entledigt«. War der Kandidat in Gedanken woanders? Hatte er die Hoffnung bereits vor dem Urnengang fahrenlassen? Die auf den Menschen und Privatmann zielenden Angriffe zeigten Wirkung, denn sie trafen nicht nur Brandt, sie schossen nicht nur auf den Politiker, sondern sie zielten auch auf den Ehemann und Vater und berührten hier seine sensibelsten Punkte. Böse Zungen behaupteten, er sei ein blasser Kennedy-Verschnitt, ein Abklatsch des Originals, ja selbst Rut Brandts Schwangerschaft sei doch nichts anderes als ein Wahlkampfmittel, denn schließlich habe Jacqueline Kennedy es erfolgreich vorgemacht: Der Baby-Bonus angelt Stimmen.

Noch hinterhältiger und weitaus schmerzlicher war die Veröffentlichung des Buches »... da war auch ein Mädchen«. Autorin war angeblich eine mysteriöse Claire Mortensen, doch dahinter steckte der zwielichtige Hans Frederick, der nicht nur enge Beziehungen zur CSU, sondern auch zu Ostberliner Diensten unterhielt. Das Buch ist eine charakterliche Denunziation, denn es mustert Brandts Beziehungsleben tendenziös und versucht, den Kandidaten als egoistisch-kalten Frauenmann zu stilisieren, der Frauen benutzt und auspresst, solange sie ihm dienen, und sie fallenlässt, wenn er sich von ihnen keinen Nutzen mehr verspricht. Brandt wird hier als illoyaler Wüstling, als Trunkenbold und nikotinabhängiges Psychowrack ins denkbar schlechteste Licht gerückt. Was dem schmierigen Pamphlet trotz seines durchsichtigen Stils Gewicht verleiht, sind die faksimilierten Briefe, die Brandt 1951/1952 an Susanne Sievers geschrieben und die diese aus Rache weitergegeben hatte. Außerdem hat sie dem Autor haarklein geschildert, wie Brandt sich verhielt, was ihr auffiel, wie er sich benahm, was man gemeinsam erhoffte, wie man zusammen träumte und in Bonn lebte. Selbst wenn man das Buch mit Skepsis zur Hand nimmt, selbst wenn man daran denkt, dass hier jemand moralisch zerstört werden soll, gelingt es dem Text dennoch, ein gewisses Maß an Authentizität vorzugaukeln, denn was wäre intimer als der Blick durchs Schlüsselloch? Man muss sich nur einmal vorstellen, wie verheerend die Veröffentlichung dieses Buches auf Rut und Willy Brandt gewirkt haben muss. Rut sah sich vor aller Öffentlichkeit betrogen und zur Zielscheibe des Spottes gemacht, und ihr Mann, der in seinem Innersten ausgeforscht und bloßgestellt wurde, musste annehmen, dass damit nicht nur seine Karriere, sondern auch seine Ehe zerstört worden sei. Der Abgrund, der sich hier reißend vor den Eheleuten Brandt auftat, muss finster gewesen sein. Nach der Schilderung seines Biographen Peter Koch brach Brandt im Schöneberger Rathaus weinend zusammen und wollte alles hinschmeißen. Erst Hans Albertz gelang es, den am Boden Zerstörten wieder aufzurichten und ihm Kampfgeist einzuimpfen. Brandt wehrt sich juristisch gegen die Verletzung seiner Persönlichkeitsrechte und obsiegt, das Pamphlet muss zurückgezogen werden. Der öffentliche Schaden war weitgehend abgewendet, aber privat ließ sich dieser Schlag kaum mit juristischen Mitteln erledigen. Willy Brandt hatte seine Mannschaft, die ihn wieder aufrichtete, und – auch sie war ihm Gefährtin: Die Geschichte verlangte dringend nach ihm. Der Bau der Mauer am 13. August 1961 machte ihn als zeithistorische Figur scheinbar unentbehrlich, stellte ihn vor solch gewaltige Herausforderungen, dass daraus auch Verdrängungsenergien gewonnen werden konnten. Wer eine halbierte Stadt aufrichten und wundversorgen muss, wer im Fokus weltweiten Interesses steht, findet Argumente genug, das Privatleben an den äußersten Rand seiner Existenz zu drängen und den häuslichen Dialog mit der eigenen Frau hintanzustellen.

Rut Brandt hört ihn schweigen. Wenn ihr Mann in diesen Wochen und Monaten zu Hause ist, sagt er nichts. Hüllt sich ein in einen Mantel aus Erschöpfung, Rauch, Unruhe, Scham und unabweisbare Pflicht. Kaum ist er da, ist er auch schon wieder kaum noch da. Sein Dasein ist zugleich ein Fortsein, sein Dasein ein einziges Unterwegssein, der Mann sieht aus wie ein in Eile gepackter Koffer. Kein Vater dieser Generation war Kreißsaal-Gefährte. Der Mann war, sofern er es einrichten konnte, in der Nähe, aber Zeuge und Begleiter war er nicht. Als Rut Brandt am 7. Oktober 1961 Matthias Frederik Brandt zur Welt bringt, ist der Vater nicht einmal telefonisch zu erreichen. Schon Peter (Steißgeburt) und Lars (Kaiserschnitt) waren anstrengende Geburten – musste Rut Brandt nicht fürchten, auch ihr drittes Kind würde ihr bei der Niederkunft alles abverlangen? Daher war sie tief enttäuscht, als ihr Mann, kaum war die Wahlschlacht geschlagen, nach Amerika aufbrach, um aus der für ihn bedrückenden innenpolitischen Situation zu fliehen. Floh er auch vor der Familie? Bei der Geburt gibt es Komplikationen, man fürchtet um das Leben des Säuglings. Da kein mündiger Angehöriger zu erreichen ist, gibt schließlich eine von Brandts Sekretärinnen die Einwilligung zum Kaiserschnitt. »Meine Geburt«, berichtet Matthias Brandt, »war eine lebensbedrohliche Angelegenheit für Mutter und Kind. Meine Mutter hat sehr eindrücklich in ihren Erinnerungen geschildert, was für eine schwierige Zeit das für sie war, sehr viel mehr hat sie mir darüber auch nicht erzählt. Aber da ich wohl alles andere als geplant war, hat sie mir immer vermittelt, dass meine Geburt für sie eine Lebenswende dargestellt hat. Das hat uns zeit unseres Lebens verbunden. Sie hat mir das Gefühl von Bedingungslosigkeit gegeben, und – darüber habe ich viel nachgedacht – das ist das Schönste, was einem als Sohn widerfahren kann.« Dass die Geburt ihres dritten Sohnes Matthias eine Art Wende war, kann man lebhaft nachvollziehen, wenn man die betreffenden Passagen in »Freundesland« liest. Da schreibt sie: »Jetzt waren wir eine große Familie mit drei Kindern, zwei Hunden, einer Katze, Vögeln, Fischen und mehreren Schildkröten. Ich war wieder glücklich. Der Wahlkampf war vorbei, und wir würden in Berlin wohnen bleiben. Gott sei Dank!« Noch dreißig Jahre später schickt die Autorin im Rückblick auf diese Zeit einen großen Seufzer zum Himmel. Sie besaß ein bemerkenswertes Talent zur Fröhlichkeit, einen eisernen Willen, nicht unglücklich sein zu wollen. Sie konnte verdrängen, ablegen, nach vorne schauen. Jetzt sind wir eine große Familie!

Im Gespräch mit dem Journalisten Wolfgang Korruhn hat sich Rut Brandt 1994 über diese Phase nach dem Tod Willy Brandts freimütig geäußert, freimütiger als in ihren Erinnerungen: »Ich war sein Besitz – für eine Zeit. Was mich sehr tief enttäuscht hat, war, dass er in die USA fuhr, als ich Matthias zur Welt brachte. Da sollte er einen Ehrendoktor kriegen oder so etwas. Es war eine schwere Geburt, und ich wusste nicht, ob ich es schaffe. ›Ach, das wird schon klappen‹, hat er gesagt und ist einfach abgereist.«

Ich wende ein, dass Matthias 1961 im Jahr der Mauer geboren wurde und der Regierende Bürgermeister von Berlin damals im Blickpunkt der Weltpolitik stand.

»Diese Reise hätte er verschieben müssen. Irgendwie. Ich weiß nicht, wie.«

»Haben Sie damals daran gedacht, sich von ihm scheiden zu lassen?«

»Ja«, antwortet sie sofort, »schon Mitte der fünfziger Jahre. Aber den Kindern zuliebe habe ich's dann doch nicht getan.«

»Das haben Sie ihm gesagt?«

Auf Vaters Fuß: Matthias Brandt und Willy Brandt, Berlin 1963

»Nein! Das hab ich für mich behalten. Aber ich hab' das aufgeschrieben. Wenn mich irgendetwas sehr verletzt hat, hab' ich's auf Zettel geschrieben.«

Rut Brandt findet Halt in ihrer »Großfamilie«, sie kann mit Tieren sprechen, sie hält sich an Augenblicken fest, und sie hat eine enge Gefährtin in jenen Jahren, mit der sie viel teilt, auch Leid und Kummer. Marianne Bohmbach ist ihre beste Freundin im Marinesteig. Ja, Rut

Brandt versteht sich auch zum Beispiel gut mit Heidi Schütz, der Frau von Klaus Schütz, doch Marianne Bohmbach gehört nicht zur politischen Sphäre, und mit ihr kann man größere Distanz zum politischen Betrieb halten, der Rut Brandt zunehmend abstößt. Die Brandts und die Bohmbachs wohnen im Marinesteig Tür an Tür, Brandts wohnen im Haus mit der Nummer 14, Bohmbachs rechts daneben Hausnummer 12. Man kann gar nicht aneinander vorbei. Eberhard und Marianne. Er geht voran, ein dominanter Ehemann. Schneidig, Jahrgang 1921, meldet sich bei Kriegsbeginn freiwillig zum Heer, vorher wird schnell das Notabitur ablegt, piff-paff, schon ist er Leutnant, erhält das Eiserne Kreuz. Blitzkarriere nach dem Krieg hingelegt. Ruck-Zuck-Studium. Jüngster Notar in Westberlin. CDU-Wähler, Katholik, verabscheut Parteien, Gestalten wie Bahr, Schütz oder Wehner flößen ihm Widerwillen ein. Eberhard und Marianne haben drei Söhne, Michael (1946), Christian (1948) und Peter (1959). Michael freundet sich mit Lars, Christian vor allem mit Peter an. Indianerspiele, Wilder Westen am Schlachtensee. Die Brandt-Kinder sind freier, ihre Erziehung ist liberaler. Die haben ein Indianerzelt, dürfen im Garten schlafen. Die Bohmbach-Jungs müssen ministrieren und dürfen manches nicht. Wenn jemand Vorbild für Rut Brandts Schwangerschaft war, dann war das nicht Jacqueline Kennedy, sondern Marianne Bohmbach, deren Sohn Peter ebenso nachzügelt wie Matthias bei den Brandts nachzügelt. Rut Brandt wird Patentante von Peter Bohmbach. Rut hat noch den starken Wunsch, ein Mädchen zu bekommen. Weil sich dieser Wunsch jedoch nicht erfüllt, begleitet sie alle Töchter im Freundes- und Verwandtenkreis mit beharrlicher Großzügigkeit und ist schließlich entzückt, als Peter (1983) und Matthias (1999) Väter von Töchtern werden und sie zur Großmutter machen.

Marianne Bohmbach teilt bestimmte Erfahrungen mit Rut. Sie sind beide 1920 geboren, sie haben jetzt beide drei Söhne, sie sind beide mit dominanten und häufig abwesenden Männern verheiratet, wenngleich Brandts Dominanz eine ganz andere ist als die von Eberhard »Bubi« Bohmbach. Während Eberhard Bohmbach ein äußerst traditionelles Familienbild hochhält und bewahren will – die Frau ist die treue Kameradin des Mannes, erzieht die Kinder und hütet das Heim –, ist

Brandts Dominanz eher bedingt durch sein Image und seine Ämter, denen Rut sich anzupassen, auf die sie sich einlassen muss, ohne das traditionelle Familienbild nach außen in Frage zu stellen. Gleichwohl war Rut Brandt weitaus emanzipierter als ihre Freundin Marianne, die ihre eigenen Wünsche zurückstellte, die verzichtete und sich fügte, was Rut befremdete, die ihre Freiräume besaß und sich stets genommen hatte. In dieser Hinsicht war Brandt ein modern denkender Mann, der Beziehungen mit starken Frauen wie Gertrud Meyer und Carlota Thorkildssen gelebt hatte und keineswegs die füg-folgsame Frau forderte.

So lebten die Familien Tür an Tür und verflochten ihren Alltag immer stärker ineinander. Man feierte Weihnachten zusammen, die Männer tranken, rauchten, rissen Witze, die Frauen hatten das Ihre zu besprechen. Willy Brandt war tolerant, auch und gerade auf diesen nachbarschaftlichen Pfaden; man hätte annehmen können, der Katholik und stramme Soldat, der CDU-Wähler und Parteienverächter Bohmbach sei ihm zu fremd, zu fern, ja vielleicht zu feindlich gesinnt, doch wenn Brandt jemanden mochte, konnte er über Trennendes hinweg das Verbindende finden. Peter Brandt erzählte mir einmal, wie angetan sein Vater von einem Referenten der CSU-nahen Hanns-Seidel-Stiftung gewesen war, obwohl der im Spanischen Bürgerkrieg Mitglied der Legion Condor gewesen war, also jener im Geheimen operierenden Kampfeinheit Hitlers, die General Franco unterstützte und die ersten Kriegsverbrechen der Deutschen Wehrmacht beging. Brandt konnte sich über ideologische Barrieren hinwegsetzen, wenn ihm der Kerl bloß gefiel. Die Männer arrangierten sich und spazierten bei festlichen Zusammenkünften in alkoholumspülten Gefilden, während die Frauen auch im Alltag fast alles miteinander teilten. Sie gingen zum selben Frauenarzt, beide waren Kundinnen bei Friseurmeister Kurt Boldt, und gemeinsam pilgerten sie zum Kosmetikstudio Henriette Halgard am Kurfürstendamm und »rochen wie die Puderdosen«, wenn sie nach Hause kamen. Auf dem Höhepunkt ihrer Freundschaft erwägten die Frauen, ob man zwischen den Häusern nicht einen Durchbruch machen könnte, da man ja ohnehin ständig zusammen war.

Sie lebten Tür an Tür: Marianne Bohmbach und Rut Brandt.

Michael und Christian Bohmbach sitzen mir gegenüber. Die Brüder sind andere Berufswege gegangen als die Brandts. Christian betreibt eine Reihe von florierenden Bäckereien, und auch Michael kann als Inhaber einer Werkstatt für Zahntechnik kaum klagen. Sie erinnern sich an einen Familienurlaub mit den Brandts in Lungau im Salzburger Land. Sommerszenen: Die Kinder kaufen eine Angel, Forellenfischen am sprudelnden Bach. Doch dann schreitet eine örtliche Autorität ein und konfisziert die Rute, da Willy Brandt keine gültige Lizenz besitzt. Dann lieber auf den Schießstand, da ballern die Erwachsenen nach Herzenslust, auch die Frauen, auf ein fernes Reh auf Pappe. Die Flinten rauchen. Und eine Schnitzeljagd wird veranstaltet, die Familien schwärmen aus. Irgendwann ist Willy Brandt verschwunden, abgetaucht, wie vom Erdboden verschluckt. Man findet ihn in einem gewaltigen Blaubeerfeld, da liegt er, lacht, den Mund voller Beeren. Doch der Urlauber Brandt bleibt selten so ungestört, meistens zieht und zerrt irgendein Referent an ihm, Nachrichten laufen ein, Brandt ist nie außer Dienst.

»Wissen Sie«, sagen die Bohmbach-Brüder mehr oder weniger mit einem Mund, mit einer Stimme, »Brandt war kein Alkoholiker, und er war auch kein Schürzenjäger, wenn Sie jetzt ein Buch schreiben, dann sollten Sie das ausräumen. Der hatte ja nie Zeit. Wenn wir spät abends nach Hause kamen, dann brannte in seinem Arbeitszimmer immer noch das Licht. Bei niemand anderem im Marinesteig brannte so lange das Licht. Ja, er wirkte oft abwesend, so als ob er eine Mission hat. Zigaretten gefressen hat er wie Brot. Und das sollten Sie auch betonen, er war ein sehr menschlicher Mensch, der Gefühle hatte.«

Warum starb Marianne Bohmbach so früh und qualvoll mit 46 Jahren? Warum war sie unglücklich? Da sind die Brüder unterschiedlicher Auffassung. Zwar können sie sich einigen, dass der stille Weg ihrer Mutter etwas mit ihrem Vater zu tun hat, aber in welchem Ausmaß? Christian meint, seine Mutter habe sehr darunter gelitten, dass sie nicht mehr in ihrem erlernten Beruf als Zahnärztin arbeiten durfte, weil Eberhard es verbot. Michael jedoch findet, sie sei heilfroh gewesen, dass sie nicht mehr habe arbeiten müssen. Ihre Mutter sei eine sehr in sich gekehrte Frau gewesen. Sie habe Rut Brandt bewundert, weil sie so selbstbewusst gewesen sei und auch an der Seite ihres »bedeutenden« Mannes nicht klein oder unbedeutend gewirkt habe. Rut Brandt besaß eine starke Selbstdisziplin, die sie von emotionalen Gefährdungen fernhielt. Marianne Bohmbach hingegen ertrank nach innen. Sie trank heimlich. Wenn ihr Mann im Büro und die Kinder in der Schule waren, versuchte sie, die Angst und die Leere wegzuwischen. Sie trank mit bitterer Konsequenz und mit Geschick, denn lange Zeit merkte niemand etwas, und als die Krankheit erkannt wurde, war es zu spät. Der Halt, den Marianne Bohmbach auch an Rut Brandt gefunden hatte, schwindet, als die Brandts 1964 den Marinesteig verlassen und in eine geräumigere Villa in der Taubertstraße umziehen. Schließlich ziehen die Brandts im Frühjahr 1967 nach Bonn. »Die Depression unserer Mutter verschärfte sich, nachdem die Brandts fortgezogen waren. Als es dann mit meiner Mutter gesundheitlich rapide bergab ging, hat sich unser Vater an Rut gewandt, und die hat geholfen, wo sie nur konnte. Unsere Mutter fiel ins Delirium tremens und wurde ins

Auguste-Viktoria-Krankenhaus eingeliefert, doch es war zu spät, ihr Körper war zu sehr vergiftet.«

»Soll ich diese Geschichte in der Biographie erzählen?«

»Ja!«, sagen die Brüder. »Ich will das ganz offen sagen und bekenne mich auch dazu«, sagt der jüngere Christian. »Ich bin seit vielen Jahren trockener Alkoholiker, und Alkoholismus ist eine Krankheit, die vom Schweigen lebt. Unsere Mutter hätte nicht so früh sterben müssen, wenn sie sich früher zu ihrer Sucht hätte bekennen können. Man hilft niemandem, wenn man seine Abhängigkeit verschweigt. Wenn man darüber sprechen kann, ist das der erste Schritt.«

Michael Bohmbach ist sich in dieser Hinsicht mit seinem Bruder wieder ganz einig. Er berichtet, wie bewegt Rut und Willy Brandt auf der Beerdigung ihrer Mutter gewesen seien. Willy Brandt, sagt Michael Bohmbach, habe »total geheult«, als der Sarg von Marianne Bohmbach in die Erde gesenkt worden sei. Auch das, meint er, spricht doch gegen das Bild von einem gefühllosen Mann. Als ich Peter und Lars von dieser Friedhofsszene berichte, reagieren beide völlig unabhängig voneinander verblüffend ähnlich mit einem nahezu identischen Satz: »Dass mein Vater dort geweint hat, halte ich für unwahrscheinlich.« Ich setze ein Fragezeichen hinter ihr Fragezeichen und auch Fragezeichen hinter mein Fragezeichen.

Sicher sind zwei Dinge: »Wissen Sie, dass ich den Schreibtisch von Willy Brandt aus dem Marinesteig besitze?«, sagt Michael. »Er hat ihn meinem Vater geschenkt!« Seine Frau führt mich die Treppe hoch zum Schlafzimmer. Da steht tatsächlich ein aus der Zeit gefallener Schreibtisch, steht da so rum, unbenutzt, viel zu wuchtig für das kleine Zimmer. »Schauen Sie, hier hat Willy Brandt signiert!« Frau Bohmbach zieht eine Schublade auf. Tatsächlich! Auch die Zeitspanne, in der der Tisch in seinem Besitz war, hat Brandt eingeritzt: von 1957 bis 1964. Und daneben der Name: Willy Brandt. Ein Star brennt seinen Namen ins Holz. Ein schöner Tisch. Irgendwie hängen die Bohmbachs an ihm, irgendwie hätten sie ihn auch gerne vom Hals. Irgendein Museum wird sich finden.

Und die zweite Sache ist die: Einige Jahre nach Mariannes Tod meldet sich »Bubi« Bohmbach in Bonn und bittet Rut Brandt um ihre

Zustimmung. Wozu? Er möchte heiraten. Ob sie als beste Freundin von Marianne damit einverstanden sei? Rut Brandt gibt ihren Segen.

War das so eine Nebenbei- und Mikrogeschichte im Leben der Brandts?

Willy Brandt wird 1964 zum Parteivorsitzenden der SPD gewählt.

Der Kanzlerkandidat der SPD scheitert 1965 auch beim zweiten Anlauf.

»Komm zurück nach Berlin!«, sagt Rut.

Brandt versinkt in Depressionen und sieht sich als geschlagenen Mann.

Er wird 1966 widerstrebend Außenminister.

Am späten Abend des 28. September 1969 stößt er die Tür zum Kanzleramt mit aller Macht auf, obwohl sie sich unvermutet und nur für einen kurzen Moment auftut.

Manchmal reicht ein Spalt, um aus einer glücklosen Geschichte zu entkommen.

Kurznachrichten

Lieber MB, ginge es grad?

Sitze gerade beim Essen. In 15 Minuten?

Gern.

So. Bereit.

Okay, also wild und wirr, einverstanden?

Nur zu.

Was sehen Sie gerade?

Mein Haus. Sitze im Garten.

Gibt's was, womit Sie Ihre Tochter neckt?

Meine Adidastrainingshose »franz beckenbauer«

Echt?

Ja. In drei Monaten nimmt sie mir die dann weg.

He he – steckt in jedem Hund ein verzauberter Mensch?

Interessanter Gedanke. Es hieße, dass wir wie mit einem britischen Konservativen und einem in die Jahre gekommenen Hippiegirl zusammenleben, die sich sehr über den anderen wundern, aber ohne einander nicht sein wollen.

Großes Gelächter – In wessen Haut würden Sie gerne einen Tag einziehen?

Die eines Elefanten.

Verstehe, Elefanten gelten als Dickhäuter.

Ja, meine das aber nicht im Sinn von »dickes Fell«, sondern eher was die Lebenswahrnehmung angeht, die würde mich wirklich interessieren.

Okay, hat Ihnen Helmut Schmidt mal den Kopf getätschelt?

Nicht dass ich mich erinnern könnte, der war, glaube ich, sehr zurückhaltend.

Welchen Bundeskanzler würden Sie gar nicht verkörpern können?

Schröder.

He he – Sind Sie ein Kreißsaal-gefährte?

Ja, auch gemeinsamer Geburtsvorbereitungskurs in Charlottenburg, wo alle am Anfang der Stunde erst mal erzählt haben, wie's ihnen geht.

Was haben Sie gesagt?

Ich habe den anderen zugehört und mir daraus ein schönes Potpourri zusammengebastelt. Alle waren zufrieden.

Wären Sie lieber Karlsson oder Lillebror?

Wäre gern Karlsson, bin Lillebror.

Ist José Mourinho ein großer Schauspieler?

Ich mag den, ja. Natürlich ist das eine große und, wie ich finde, oft lustige Show, die der da abzieht.

Haben Sie Ihren Vater mal mit Bart erlebt? Ich kenne kein Foto.

Nein, ich erinnere mich nur an sein Rasierwasser: Aramis.

Mögen Sie Fårikål?

NEIN!

Ist Ihr Smartphone Ihr Familienalbum?

Das ist wohl so. Großartige Erfindung.

Wir nähern uns der Nachspielzeit. Haben Sie mal eine mimische Resonanz Ihrer Eltern in Ihrem Spiel entdeckt?

Ehrlich: Andauernd. Oft, wenn die Figuren, nicht ich, sich unbeobachtet fühlen.

Lieblingstugend?

Mut. Womit keineswegs die Abwesenheit von Angst gemeint ist.

90. Minute plus 3. Keine Macht den …?

Bescheidwissern. Denen, die meinen, sie wüssten, wie's geht.

Familie ist …?

Das, woher all unsere Gefühle und Geschichten kommen.

Das Leben ist …?

hm, pffffffffffffffffffff

Okay, Schlusspfiff!*

---

* SMS-Dialog mit Matthias Brandt am 4. Mai 2013

Strafarbeit*

Essen, essen, meine Wonne!
Heute in der Zeichenstunde überkam
mich ein furchtbares Hungergefühl.
Mir wurde schwarz vor Augen.
Von König Hunger regiert griff ich
in die Tasche.
Meine zitternde Hand fühlte
Butterbrotpapier, – mein Essen!
Voll Freude packte ich das herrliche
Mahl aus.
Dabei überkam mich ein heroisches
Gefühl. Ich konnte nicht widerstehen.
Es gab keine Wahl.
Entweder zubeißen oder umfallen.
Schnell nahm ich einen Bissen, doch
das hatte der Lehrer Herr Kleyer
schon gesehen und rief: »Zu Morgen
machst du eine Strafarbeit!«
»Essen, essen meine Wonne.«
Dabei konnte ich gar nichts dafür, denn
dieses gewisse Gefühl raubte mir den Verstand.
Aber leider herrscht an manchen Stellen immer noch
das Faustrecht.

---

* Peter Brandt, 5. Klasse

Katz und Maus

Im Sommer 1966 sagen Peter und Lars Brandt der Schule und der Bundesrepublik sieben satte Wochen lang Adieu! Dieser Sommer läuft ihnen heute noch nach, wie so viele Geschichten, in denen ihr Vater eine Rolle spielt, doch diese Geschichte ist in besonderer Weise unvergänglich, obschon Willy Brandt hier zunächst nur Randfigur ist. Er soll eine Unterschrift leisten, als Erziehungsberechtigter, als Vater. Im März 1966 ist Peter Brandt 17, Lars ist 14, und Matthias zählt vier Jahre und ist somit zu klein, um in dieser Geschichte, die übrigens nicht jugendfrei ist, eine Rolle zu spielen. Zunächst jedoch sind die Eltern Rut und Willy Brandt gefragt, denn die minderjährigen Gymnasiasten Peter und Lars sollen die Hauptrolle in einem Spielfilm übernehmen. Nach dem sagenhaften Erfolg seines Romans »Die Blechtrommel« (1959) veröffentlichte Günter Grass die schmale Novelle »Katz und Maus«, in der der Protagonist Mahlke, ein Gymnasiast mit übergroßem Adamsapfel, fanatisch danach strebt, ein Ritterkreuz zu erwerben, erst durch Diebstahl, dann als Soldat im Zweiten Weltkrieg.

Der Berliner Produzent und Regisseur Klaus-Jürgen Pohland hatte bereits 1963 zusammen mit Grass mit den Vorbereitungen zur Verfilmung des Buchs begonnen, doch das Projekt stockte. Zunächst starb der vorgesehene Regisseur Walter Henn, dann konnte, trotz gewaltiger Anstrengungen, kein geeigneter Hauptdarsteller gefunden werden, da man das Ausschreibungsprofil offenbar sehr ernst nahm. »Er soll«, beschrieb der »Spiegel« im Februar 1963 den Gesuchten, »einen ausgeprägten Adamsapfel besitzen, von Grass als ›bremsende Gurgel‹ beschrieben. Sein Gesicht soll länglich sein, mit großer fleischiger Nase, aufgestülpter Oberlippe und hauerartigen, schrägstehenden Schneidezähnen. Weitere Kennzeichen: ausladender Hinterkopf, abstehende Ohren, dünnes blondes Haar, helle Augen, entzündete Lider, wenige

Wimpern. Er soll im Verlauf der Handlung von 14 auf 21 Jahre altern und sowohl den Pennäler als auch den Ritterkreuzträger glaubhaft machen können.«

Suchte man einen Menschen? Bei dieser physiognomischen Stellenausschreibung nimmt es kaum Wunder, dass die Suche erfolglos blieb, obwohl man Schauspielschulen anschrieb, Agenturen und Fernsehsender kontaktierte und eine öffentliche Suchaktion startete. Weder Peter noch Lars Brandt ähneln diesem Wunschprofil in auffallender Weise, auch ihre Adamsäpfel sind eher unscheinbar, aber ein Qualifikationsmoment bringen sie dann doch mit: Sie ähnelten sich damals äußerlich (mehr als heute) und können, sofern man die Rolle teilt, zumindest den Reife- und Alterungsprozess glaubhaft verkörpern. Wie kam es jedoch zu dem Besetzungscoup, dass die Söhne des Regierenden Bürgermeisters von Berlin, des Parteivorsitzenden der SPD, die Rolle des Ritterkreuzträgers Joachim Mahlke übernahmen? Günter Grass kannte Willy Brandt seit 1961 persönlich, seitdem er sich über Adenauers Diffamierungen des SPD-Kanzlerkandidaten empört hatte. Der Dichter Grass entdeckte den couragierten Bürger in sich und machte 1965 mit großem Einsatz Wahlkampf für Brandts zweiten Anlauf (»Ich rat euch, Es-Pe-De zu wählen«). Stimm- und sprachgewaltig hatte Grass die Provinzen durchpflügt, manchen Wähler verschreckt, manchen angezogen, auf jeden Fall hatte er mit Herzblut gekämpft. Dennoch war es wohl nicht Grass, der Peter und Lars ins Spiel brachte, sondern vielmehr Pohland, dessen Vater Hans Pohland aktives SPD-Mitglied und seit frühen Nachkriegsjahren ein alter Bekannter von Willy Brandt war. Der Regisseur Pohland hatte die Brandt-Söhne in den Medien wahrgenommen, gestaunt über ihre Souveränität, ihre »kesse Lippe«, ihr selbstsicheres Auftreten. Es wurden Probeaufnahmen gemacht, die Eltern und auch die Schüler baten sich Bedenkzeit aus, Pohland, der von den Probeaufnahmen sehr angetan war, sagte spontan: »Lass es uns machen!«

Die Eltern taten das, was Eltern tun: sie sorgten sich. Würden Peter und Lars überhaupt der Aufgabe gewachsen sein? Litten nicht die schulischen Leistungen darunter? Würde es nicht einen riesigen Medienrummel geben? Vielleicht sogar einen Skandal, der dem prominenten Vater angehängt werden würde? Schließlich war der Schriftsteller in konservativen Kreisen wegen einiger erotischer Szenen in »Die Blechtrommel« und »Katz und Maus« als »Pornograph« verrufen. Die Konstellation barg Zündstoff. Und schließlich – das war nicht die geringste Sorge – sollte der Film in Polen gedreht werden, hinter dem Eisernen Vorhang, da fuhr man nicht einfach mal schnell hin und zurück, in ein Land, zu dem die Bundesrepublik noch keine diplomatischen Beziehungen unterhielt und das immer noch vom Überfall der Hitler-Wehrmacht traumatisiert war, ein Land, das immer noch unter den Stiefeltritten der »Herrenmenschen« litt und sich vor dem »Revanchismus« derjenigen in der Bundesrepublik fürchtete, die die Oder-Neiße-Grenze und den damit verbundenen Verlust der Heimat nicht hinnehmen wollten. Wie würde dieses Land die jungen Deutschen aufnehmen? Die Bedenken bei Rut und Willy Brandt waren also nicht gering, doch die liberalen Eltern gaben dem Wunsch der Söhne, die die Dreharbeiten als großes Abenteuer ansahen, als Expedition ins reizvoll Ungewisse, nach. Am 23. März 1966 setzen Rut und Willy Brandt ihre Unterschrift unter den Vertrag, der ihnen unter Paragraph 13 (»Besondere Vereinbarungen«) zusicherte, dass die Dreharbeiten auf jeden Fall pünktlich zum Ende der großen Sommerferien abgeschlossen sein würden, dass die Söhne keinen Pfennig mehr als die anderen jugendlichen Darsteller erhalten durften, nämlich tausend Mark, und dass jeder Alkohol von ihnen fernzuhalten war. »Ich gehe davon aus«, fügte Vater Brandt dem Vertrag hinzu, »daß es nur so gemacht wird, wie es sich gegenüber Minderjährigen, die die Schule besuchen, verantworten läßt und mit meiner Stellung in der Öffentlichkeit vereinbar ist.« Rut Brandt, die zu Hause vieles großzügig, jedoch nicht gleichgültig laufen ließ, war keine argwöhnisch äugende Mutter, kein Kontrollfreak, keine puritanische Sittlichkeitswächterin, kannte aber im Hinblick auf Alkohol kein Pardon. Peter Brandt erinnert sich an die eisig-strenge Reaktion seiner Mutter, als sie eines Tages glauben musste, ihr Sohn habe heimlich Alkohol getrunken: »Zu meinem sechzehnten Geburtstag durfte ich eine Geburtstagsfeier ausrichten. Meine Eltern waren nicht zu Hause. Es waren auch einige Freunde eingeladen, die etwas älter waren. Einer von ihnen, der unser Haus so gut kannte, dass er genau wusste, wo die Alkoholvorräte lagerten, zauberte eine Flasche Whisky oder Kognak hervor, und die musste dann dran glauben. Die meisten hatten das gar nicht mitbekommen, aber die Älteren ließen die Flasche kräftig kreisen, ruck-zuck war die alle. Das hätte auch gar keine Folgen gehabt, wenn der Dussel die Flasche bloß nicht in die Mülltonne geworfen hätte. Am nächsten Morgen kam es dann zur Riesenkatastrophe, ein Riesenkrach, da war meine Mutter rigoros, dieser Vertrauensbruch, so empfand sie es, war nicht wiedergutzumachen. Dabei hatte ich selbst keinen Tropfen davon getrunken. Sie hat wochenlang nicht mehr mit mir gesprochen, und das war eine harte Strafe. Fürchterlich! Ihre Reaktion muss man vor dem Hintergrund Nordeuropas sehen. In Norwegen gab es Phasen der Prohibition, Volksabstimmungen über das Alkoholverbot, und in der Arbeiterbewegung existierte eine ziemlich starke Abstinenzlerbewegung, weil Alkohol als Mittel der Unterdrückung und Verdummung gesehen wurde.«

Vor diesem Reiz- und Gewitterhorizont kann man von Glück sagen für Rut und ihre Söhne, dass der Mutter (und dem Vater) die genauere

Die Söhne Lars, links, und Peter, in der Mitte Willy Brandt, Mitte der sechziger Jahre, Berlin

Kenntnis der Umstände bei den Dreharbeiten in Danzig, Zoppot und Gdingen erspart geblieben ist. Peter, scheinbar putzmunter und pflichtbewusst, schreibt der Mutter am 9. Juli 1966 – das Team ist bereits seit acht Tagen in Polen: »*Liebe Mutti! Entschuldige, daß ich erst jetzt schreibe! Aber ich habe wirklich furchtbar viel zu tun. Das Filmen macht mir riesigen Spaß. Die Arbeit ist das Interessanteste überhaupt. Pohland ist sehr zufrieden; er überlegt aber, ob Lars nicht doch einen größeren Teil – einschließlich des Wracks – übernehmen sollte. Alles kommt gut voran. Wahrscheinlich werden wir eine Woche früher fertig sein. Das Wetter ist unterschiedlich. Sonst geht es uns gut. Viele Grüße an Matthias, Verwandte und Freunde. Dein Peter. PS: Wenn ich mehr Zeit habe, hörst Du wieder von mir.*« Vergleicht man diese auffällig knappe Schilderung mit einem anderen Brief, der in diesen Tagen geschrieben wurde, erweist sich Peter als fürsorglicher Fassadenkünstler, der seiner Mutter, die er liebt, das Leben nicht unnötig schwermachen will. Pohlands Idee war, dass er neben dem Film- und Kabarett-Star Wolfgang Neuss und einigen anderen professionellen Schauspielern wie Michael Hinz oder Ingrid van Bergen ausnahmslos mit Laien arbeitete, die die Gymnasialklasse des Helden Mahlke darzustellen hatten. Ausgewählt wurden zumeist Freunde von Peter, Klassenkameraden von der Schadowschule und der Arndtschule, die Mehrzahl von ihnen war auch in der Zehlendorfer Falkengruppe aktiv, also eine »echte« Clique aus dem »echten« wahren Leben. Pohland suchte, wollte die Echtheit, da eiferte er den Einflüssen der Nouvelle Vague nach. Zwei Tage nachdem Peter an seine Mutter geschrieben hat, greift der Schulkamerad Wolfgang Zeller zum Kugelschreiber und liefert Maria Jänicke, Mitschülerin und Pfarrerstochter aus Dahlem – sie wird später Peter Brandts erste feste Freundin –, einen ganz anderen Bericht ab. Er schreibt am 10. Juli 1966: »*Inzwischen hat sich herausgestellt, daß wir zu allem Möglichen hier sind, außer dazu, einen Film zu drehen, jedenfalls so, wie man sich so etwas landläufig vorstellt. Gewöhnlich ist ja da ein Drehbuch, das jeder Schauspieler hat oder zumindest kennt. Nun kennen nicht nur wir das Drehbuch nicht, auch Pohland selber hat wahrscheinlich keine Ahnung davon. Nachts sitzt er dann mit wenigen Vertrauten beim Kerzenschein da und überlegt, was denn nächste Woche zu drehen sei. Das Ganze hat sich noch etwas geändert, da*

Peter anfangs mit Verdacht auf Blinddarmentzündung ins Krankenhaus kam, sich aber herausstellte, daß er eine Art Gelbsucht hat, aber nicht so eine gewöhnliche, sondern eine ganz neue Sorte, über die man nicht so genau Bescheid weiß. Er steht nun unter strenger Diät, spielt erst von der Sache mit dem Arbeitsdienst an, bis dahin muß Lars weitermachen, seine Szenen werden aber vorgezogen [...]. *Nun muß das Drehbuch teilweise auf Lars umgeschrieben werden, der ja doch ein ganz anderer Typ als Peter ist.*« Wolfgang Zeller schließt seinen Brief, der noch detaillierter das Tohuwabohu beschreibt, mit dem verschwörerischen Postskriptum: »*P. S. Die Sache mit Peter behalte möglichst für Dich, es dürfen unsere Eltern keinesfalls Wind davon bekommen, daß hier etwas nicht so ganz läuft.*« Die Eltern bekamen keinen Wind, denn sonst hätten sie sicherlich interveniert. Während Peter mit zehn polnischen Männern, die ihn für einen Seemann hielten, in einem bröckelnden Krankensaal lag, musste Pohland den gesamten Drehplan ändern und das Drehbuch anpassen, weil Lars, der den jüngeren Mahlke und damit den eigentlich kleinen Teil spielen sollte, für den indisponierten Bruder einspringen musste.

Die Erinnerung geht krumme Wege. Von den acht Berliner »Jungens«, die damals nach Polen gefahren waren, leben noch sieben. Klaus Langeheinecke, zeitweilig Peters bester Freund, starb früh an Krebs. Jeder von ihnen trägt einen anderen Erinnerungsroman nach Hause. Das Wort »Chaos« benutzen einige, andere nicht, einig sind sich alle, dass es bewegte Wochen waren. Phasen aufgekratzter Zappeligkeit lösten sich ab mit solchen bleierner Langeweile. Filmgeschäft eben. Warten, dass man drankommt. Leben sie in Danzig als Dreiklassengesellschaft? Während der Star Wolfgang Neuss, der den sich erinnernden Erzähler Pilenz spielte, im Zoppoter Grand Hotel wohnte, ein majestätischer Hotelkasten, der an einen luxuriösen, aber in die Jahre gekommenen Ozeandampfer erinnerte, war die Clique in einem kargen Seemannsheim untergebracht, das Spuren deutlichen Siechtums zeigte. Und Pohland hatte sich in der oberen Etage einer Arztvilla einquartiert, wo er auch Peter, nachdem der aus dem Krankenhaus entlassen war, unterbrachte, offenbar um ihn besser im Blick zu haben, um ihn aufzupäppeln, um mit ihm die Rolle vorzubereiten. Die Gefühle setzten Segel. Jungmänner zwischen Pubertät und Adoleszenz auf Reisen? Ohne Eltern? Im Künstlermilieu? Natürlich kamen die Körper, kamen Emotionen ins Spiel. Neuss, allen voran, war außer Rand und Band. Abends schluckte er große Mengen Schlaftabletten, morgens, wenn sein Körper gegen das Licht rebellierte, spülte er Aufputschmittel hinunter. Diätpillen kamen hinzu. Er ohrfeigte Pohland, der ohrfeigte ihn. Neuss floh nach Berlin, kehrte zurück, wanderte eine Woche in die psychiatrische Abteilung eines Krankenhauses, arbeitete weiter.

Die Jungen lebten ihre eigenen Abenteuer. Der siebzehnjährige Peter verliebte sich in die Frau des Aufnahmeleiters, die ihm eine warme Schulter zeigte, Lars entdeckte an sich unvermutet Anziehungskräfte für Grete Neuss, die auch ihn ansehnlich fand, aber von Pohland in höchster Not als menschliches Sedativum für ihren Mann gerufen worden war, der von Beruhigung jedoch nichts wissen wollte, sich stattdessen an drehfreien Tagen zu seiner Geliebten nach Berlin flüchtete oder mit anderen Frauen, die im Hotel seinen Weg kreuzten oder ihn planvoll auf seinem Zimmer heimsuchten, die weite Nacktheit suchte. Peter Brandt ist dennoch kein Anhänger der Chaos-Theorie: »Ich hab die Dreharbeiten nicht als chaotisch erlebt. Pohland behielt die Sache in der Hand, er ließ Neuss toben und überlegte sich, wie er die Situation wieder ins Konstruktive wendet. Natürlich hat Pohland viel einstecken müssen. Wir haben uns schon über die Erwachsenen gewundert, aber wir waren alt genug, um zu verstehen, dass sich erwachsene Menschen nicht unbedingt besser benehmen. Lars hat das spielerischer aufgefasst. Ich fühlte mich in die Pflicht genommen und wollte, bei all den Schwierigkeiten, berechenbar bleiben und Pohland, der mir auch leidtat, die Stange halten.« Zur Atmosphäre dieser Wochen in Danzig gehören auch ein »heimtückischer polnischer Vogelbeer-Wodka«, Zigaretten, Jazz, Beat, ein Tanzclub und die Fußballweltmeisterschaft 1966 in England, bei der der Stern eines gewissen Franz Beckenbauer aufgeht.

Während die Berichte der Augenzeugen den Begriff »Chaos« durchaus differenzieren, sind sich alle in der Schilderung der Brandt-Brüder einig. Beide spillrig, schnell, vielleicht zu schnell in die Höhe geschossen, beide mit im Ostseewind blaugefrorenen Lippen, mager, schmal, hellwach, individualistisch, die Augen durch die schweren Brillen bisweilen verborgen, verloren, versteckt. Peter war – so das einhellige Urteil – der Ernsthaftere, der politisch Interessiertere, derjenige, der selten leichten Herzens war, während der jüngere Lars verspielter auftrat, clownesk bisweilen, eine Lockerheit, die er offenbar auf sein Spiel übertragen konnte. Zumindest schrieb Wolfgang Neuss, kaum war er wieder in Deutschland, einen launig-übellaunigen Drehbericht für die Zeitschrift »Konkret« (September 1966) und attestiert dem jüngeren Brandt: »Lars Brandt scheint mir, nach den ersten Metern, die ich von ›Katz und Maus‹ sah, eine wirkliche Komiker-Entdeckung zu sein. Seine Lehrer werden es nach der Uraufführung des Films noch schwerer mit ihm haben. Der Junge ist ein Naturtalent à la Jerry Lewis, nur seriöser, und man lacht mit besserem Gewissen, aber vielleicht gilt das nur für mich.«

Während Willy Brandt noch seinen Geschäften als Regierender Bürgermeister im Schöneberger Rathaus nachging und seine Söhne in Polen weilten – und das soll im Hinblick auf die spätere Rezeption des Films und seine Bedeutung für die Familie Brandt schon an dieser Stelle eingebracht werden –, verfiel die Autorität des Bundeskanzlers Ludwig Erhard in jenen Wochen dramatisch. Der pyknische Mann mit der Zigarre, dessen ausladende Körperfülle das »Wirtschaftswunder« symbolisierte, agierte immer glückloser; ungeliebt in der eigenen Partei, sah er sich bald mit den ersten Anzeichen einer Wirtschaftskrise konfrontiert, die – von heute aus betrachtet – kaum der Rede wert war, ihn aber im Herbst 1966 als Kanzler stürzen ließ. Dieser Sturz hatte Folgen, für Willy Brandt, seine Familie, den Film.

Aber noch ist es nicht so weit: In Polen, die Sommertage zerren an den Nerven unserer jungen Darsteller. »Haben«, frage ich die Clique, »Sie etwas gespürt von der historischen Last und Bedrückung?« Da, wo sie »Katz und Maus« spielten, da, wo sie in die Zeit des Nationalsozialismus eintauchten und eine Geschichte rund um den höchsten Orden des »Dritten Reiches« belebten, hatte am 1. September 1939 der deutsche »Vernichtungsfeldzug« gegen Polen begonnen, in Danzig, und auf ihn folgte bald der Krieg gegen die Sowjetunion und der Holocaust.

Hatten die Gymnasiasten das damals im Blick? Spürten sie Scham? Ressentiments? Erinnerungsverantwortung? Gab es deutsch-polnische Konflikte? Die Antworten fallen unterschiedlich aus. Das sei, sagt einer, so kein Thema gewesen, sie seien eher unbefangen und in dieser Hinsicht unbedarft gewesen, einer habe sogar den polnischen Zahlmeister, der ihnen pro Tag einen Dollar auszahlte, gedankenlos »Polacke« geschimpft, weil der ihm das Taschengeld verweigerte. Andere Erinnerungsbruchstücke: Irgendjemand kratzt Hakenkreuze in den Lack eines Produktionsautos. Peter Brandt wird wüst beschimpft, als er in der Uniform eines deutschen Panzergrenadiers zum Set eilt. Doch insgesamt seien das Ausnahmen gewesen, kurze Momente der Irritation, ansonsten habe Gastfreundschaft vorgeherrscht, vor allem da, wo die Jungen privaten Zugang zur polnischen Bevölkerung fanden, und ja, es entspannen sich auch deutsch-polnische Liebesgeschichten. Christof Arnold, einer der Schüler, kommt mit einem Kellner ins Gespräch, nachdem ihm dessen eintätowierte Häftlingsnummer auf dem Unterarm aufgefallen war. Ein offenes Gespräch entspinnt sich, der Kellner erzählt, dass seine Familie in Auschwitz ermordet worden sei, er ist der einzige Überlebende. An einem drehfreien Tag besuchen einige der Schüler das KZ Stutthoff, Neuss, der dazu keine Lust hat, döst im Auto.

Je länger die Dreharbeiten dauern, desto angespannter wird die Situation. Wolfgang Zeller schreibt an Maria Jänicke: »*Die Atmosphäre ist furchtbar geladen, wir öden uns gegenseitig an, geraten auch in Streit.* [...] *Neuss ist inzwischen ein psychopathologischer Fall geworden. Er leidet unter Verfolgungswahn, ist jemand unfreundlich von den Polen, so ist das ›Anti-Neusstum‹, der Stab kann ihn nicht leiden, wir verlassen ihn immer, es ist verrückt, schon idiotisch, er kommt aus Berlin zurück, verteilt Zigaretten und alles für mindestens 500 Mark als Geschenke, am selben Nachmittag prügelt er sich mit Pohland, richtig handgreiflich, Lustig, unser Tonmann, hat mitgeschnitten. Aber irgendeine Macke hat hier jeder. Da hilft nur Flucht, entweder in den Suff, Schnaps haben wir immer da, oder real, will sehen, daß ich nach Warschau komme.*«

Kaum sind die Dreharbeiten beendet, kaum sind Lars und Peter wieder in Berlin, da beginnt der Kampf um den Film, um seine politische Botschaft, seinen künstlerischen Stil und um das Image der Familie Brandt. Es sind in erster Linie zwei innenpolitische Entwicklungen, die dafür sorgen, dass »Katz und Maus« zu einem der umstrittensten Filme der deutschen Nachkriegsgeschichte wird: Die Wahlkampferfolge der NPD und der Regierungswechsel in Bonn. Die rechtsextreme Partei zieht im November 1966 in den hessischen und in den bayerischen Landtag ein. Diese absehbaren Erfolge machen die Politiker von CDU und CSU nervös. Und Willy Brandt muss – er wird am 1. Dezember 1966 zum Außenminister und Vizekanzler der Großen Koalition gewählt – in besonderer Weise auf sein Image achten. Bevor der Film überhaupt in den Kinos anlief, schäumte die politische Rechte, da Willy Brandt es als Vater und als Politiker zugelassen hatte, dass seine Söhne ein nationales Symbol »in den Dreck zogen«. Dagegen sah Günter Grass sein Werk befleckt und verunstaltet. Nachdem er als einer der ersten einen Rohschnitt des Films gesehen hatte, schrieb er am 27. September voller Zorn an Pohland: »*Lars Brandt tanzt mit dem Ritterkreuz. Hier haben Sie dem Jungen etwas abgefordert, das er nie leisten konnte, ein bloßes verspieltes Baumelnlassen des Ritterkreuzes auf nacktem Oberkörper, ein Erstauntsein über den Fremdkörper auf nackter Haut wäre mehr gewesen. Dieser halbschwule Tanz jedoch, den Lars Brandt vorführen muss, zerrt die Kritik an militärischen Ehrenzeichen in eine andere unreflektierte Richtung, die ich nicht gutheißen kann.* [...] *Mit einem Wort: dieser Film darf so nicht gezeigt werden.*« Grass, der sich auch gegenüber Brandt in der Verantwortung sah, fordert von dem Regisseur autoritär »ein weiteres Jahr Arbeit« und »neue Dreharbeiten«. Peter Brandt erinnert sich, dass ihm Pohland von diesem Brief erzählte und ganz irritiert fragte: »Was will denn der Grass, der schreibt mir hier so komische Briefe, Nachdreh im Winter? Ich versteh das nicht!« Der Schriftsteller bewies mit seinem Anliegen, dass er wenig Einsicht in die Produktionsweise von Filmen besaß, denn er verglich die Dreharbeiten, die kollektive Team- und Terminarbeiten waren und sind, überdies kostenintensiv und schwer zu koordinieren, umstandslos mit alleingängerischer Schriftstellerei.

Der ehemalige Verteidigungsminister Franz-Josef Strauß hingegen führte keine künstlerischen Bedenken ins Feld, als er sich am 21. September in einer Bundestagsdebatte an Helmut Schmidt wandte und ihm zurief: »Ich nenne jetzt keine Namen, aber Sie wissen, was ich meine. Ich bin nicht davon überzeugt, daß alle Kriegsorden, vor allem auch alle hohen Kriegsorden, etwa nur die Belohnung für besonders persönliche Befähigung waren. In den meisten Fällen ja. Es gab auch Fälle – ich habe sie im Feld kennengelernt –, wo sie mit dem Blut der Untergebenen bezahlt oder erworben wurden. Aber tun Sie das Ihrige – ich möchte das in dieser Debatte, nachdem es ja Gegenstand offener Darstellung geworden ist, doch sagen, aber nicht etwa in gehässiger Form vorbringen, daß die Darbietung von hohen Orden, getragen von jungen Leuten prominenter Politiker, und das in diesem Fall in Danzig bei der Verfilmung eines Stückes von Günter Grass, entweder überhaupt nicht erfolgt oder nicht veröffentlicht wird. Sie wissen, was ich meine.« Strauß sprach keineswegs zufällig gerade Helmut Schmidt an. Der CSU-Politiker, der den Film ja noch nicht gesehen haben konnte und sein »Wissen« lediglich aus Presseberichten zog, die Lars Brandt und sein Spiel mit dem Orden zeigten, macht den stellvertretenden Vorsitzenden der SPD-Fraktion hier zur Gouvernante, die den Parteifreund Brandt doch bitte zur Räson rufen möge. Dabei fraternisiert Strauß untergründig mit Schmidt und appelliert an ihn als ehemaligen Offizier der Wehrmacht, ein Dienstgrad, den bekanntlich auch Strauß innehatte. Offizier spricht zu Offizier. Sein intimer Hinweis auf die Fragwürdigkeit mancher Orden, den Blutzoll, den sie forderten, zeigt ihn als aufrechten und nicht unkritischen Kämpfer, der die wahrhaft tapferen Soldaten und Ordensträger von jedem Makel befreit und zugleich die Ehre der Wehrmacht und die Geltung ihrer Orden verteidigt. Ganz unverhohlen fordert Strauß hier eine politische Zensur. Und selbstverständlich reitet Strauß an dieser Stelle – unmittelbar vor der bayerischen Landtagswahl – eine Attacke gegen den »vaterlandslosen Gesellen« Brandt, der »draußen« gewesen war, kein Offizier, kein Ordensträger, kein Mann aus dem Feld.

In dieselbe Kerbe schlug eine Bemerkung des Bundeskanzlers Erhard, der sich im kleinen Kreis an seinen Stellvertreter Erich Mende (FDP) wandte und zu bedenken gab: »Denken Sie bloß einmal, wo wir hinkommen, wenn ein Mann wie Brandt Kanzler wird. Dessen beide

Söhne schänden das nationale Symbol des Eisernen Kreuzes, indem sie das Ritterkreuz zum Badeanzug tragen.« Erhard, der ja am Rücktritt der FDP-Minister scheiterte, zielte mit seiner Bemerkung gegenüber Mende auf potentielle Koalitionsgelüste der FDP mit der SPD und hielt dem Koalitionspartner vor Augen, mit wem man sich denn da einlassen würde. Schließlich war Mende – Spitzname der »schöne Erich« – selbst ein hochdekorierter Offizier, der zu festlichen Anlässen stolz sein Ritterkreuz auf der glänzenden Frackbrust vorzeigte. Folgerichtig verließ Mende seine Partei 1970 und wechselte zur CDU, weil er die sozialliberale Koalition, ihren Kanzler Willy Brandt und seine neue Ostpolitik entschieden ablehnte. Bei so viel politischem Gegenwind wundert es nicht, dass auch das Innenministerium, das das Projekt mit 400 000 DM gefördert hatte, Druck ausübte und den Regisseur aufforderte, den Film politisch zu entschärfen, andernfalls müsse man, was rechtlich gar nicht möglich war, den gewährten Zuschuss zurückfordern. Pohland jedoch beharrte auf seiner künstlerischen Unabhängigkeit, beugte sich dem Druck nicht. Erst als Willy Brandt sich einschaltete, dem ja vertraglich ein gewisses »Mitspracherecht« in Fragen der väterlichen Fürsorge und des eigenen politischen Ansehens eingeräumt worden war, zeigte sich Pohland zu den von Brandt angeregten Änderungen bereit. Im Gegensatz zu Günter Grass, der sich nicht lange mit Fragen künstlerischer Autonomie aufhielt, artikulierte Brandt seinen Anspruch betont behutsam und bat lediglich um Korrekturen. Der gerade ins Amt gewählte Außenminister schreibt am 23. Dezember 1966: *»Sehr geehrter Herr Pohland, wie ich Ihnen gestern Abend sagte, fällt es mir schwer, zu einem abgewogenen Urteil über Ihren beeindruckenden Film zu gelangen. Sie erwarten von mir keine qualifizierte künstlerische Bewertung. Aber Sie werden verstehen, daß ich als Vater nicht nur Mahlke sehe, sondern auch meine Söhne, die ihn darstellen. Ich will mich nicht bei Einzelheiten aufhalten, sondern möchte Sie – wie in unserem gestrigen Gespräch – dringend bitten, sich zu zwei Komplexen doch zu einer Veränderung zu entschließen. Die Onanie-Szene ist meines Erachtens – auch gemessen am Drehbuch und in Widerspruch zu unserer seinerzeitigen Unterhaltung in meinem Büro – überzeichnet und überlang. Als Vater muß ich gegenüber dem Vorwurf bestehen können, meinen minderjäh-*

rigen Sohn nicht in Schutz genommen und gleichzeitig die Empfindungen anderer verletzt zu haben. Die gestrige Unterhaltung hat mich davon überzeugt, daß die Überzeichnung filmisch nicht nötig ist, sondern daß der Film hier durch etwas mehr Diskretion nur gewinnen würde. Die in die Breite gehenden Tanzszenen mit dem Ritterkreuz können – aus welchen Gründen auch immer – als kränkend empfunden werden und sollten deshalb so nicht bleiben. Auch zu diesem Punkt hat mir das gestrige Gespräch die Überzeugung vermittelt, daß der Film durch gewisse Korrekturen nicht Schaden leiden, sondern gewinnen würde. Ich möchte Ihnen vorschlagen, daß Sie sich mit Herrn Grass zusammensetzen, mit ihm das gestrige Gespräch fortsetzen und zu Lösungen kommen, die meinen beiden wesentlichen Einwänden gerecht werden. Ich hoffe, daß dieser Vorschlag Ihnen zeigt, daß es mir nicht darum geht, einen unangemessenen und sachfremden Einfluß auf ihr Filmwerk zu nehmen.« Brandt schrieb hier, einen Tag vor Heiligabend, in der Rolle des Privatmannes, auf privatem und nicht auf amtlichem Briefpapier. Er stellte den Vater vor den Politiker, ohne jedoch den Politiker zu vergessen. Die Sorge galt zunächst dem Sohn und seinem Bild, aber Brandt vergaß auch nicht den politischen Zündstoff, der in den Ritterkreuz-Szenen steckte. Im Kern ließ er, im Gegensatz zu Grass, den Film unangetastet und bat, sensibilisiert auch durch Rut Brandt und seinen Berater Klaus Schütz, die den Film ebenfalls gesehen hatten, um Änderungen. Diesem diplomatischen Ton, diesem väterlich-familiären Ersuchen konnte und wollte sich Pohland nicht widersetzen und kürzte die betreffenden Szenen. Geringfügig verändert, feierte der Film, begleitet von Protesten, am 7. Februar 1967 seine Premiere im Berliner Zoopalast. Trotz einiger Pöbeleien und Krakeeler (»Pfui Teufel!« und »Sauerei!« von der einen Seite und »Dummköpfe raus!« von der anderen Seite) blieb die Uraufführung im Beisein von Peter, Lars und Rut Brandt vergleichsweise ruhig. Schlimmeres war befürchtet worden. Peter erhielt im Vorfeld einen Brief des Vorsitzenden der Ordensgemeinschaft der Ritterkreuzträger, Brigadegeneral Horst Niemack, der ihm entschieden auseinandersetzte, warum man das Ritterkreuz nicht so schändlich schmähen dürfe. Während dieser Brief im Ton sachlich blieb, erhielt Willy Brandt eine Flut von aggressiven, beleidigenden und drohenden

Briefen. Im »Spiegel« wurden Leserbriefe abgedruckt, die durch wüste Erziehungsratschläge auffielen: »Willy, wo ist dein Rohrstock?« Die Mehrzahl der Kritiker ging mit dem Film hart ins Gericht; so stellte etwa Uwe Nettelbeck in der »Zeit« fest, die Adaption sei »peinlich«, und Joachim Kaiser konstatierte in der »Süddeutschen Zeitung«: »Pohland quält Katz und Maus«. Doch gerade ausgesprochene Filmkritiker wie Ulrich Gregor oder Christa Maerker konnten Pohlands offener Erzählweise durchaus etwas abgewinnen. Lars, der offenkundig unbefangener agierte als sein Bruder Peter, dem man die hemmende Arbeit der Selbstbeobachtung ansah, heimste einiges Lob ein, wenngleich die Kritiker auch anmerkten, dass es sich dabei in erster Linie um seine persönliche Präsenz und nicht um ein differenziertes Spiel handelte. Woher hätten die Jungen das auch nehmen sollen? Schauspielunterricht hatte keiner von ihnen genossen. Friedrich Luft, einer der wichtigsten Theaterkritiker des Landes, urteilte am 11. Februar 1967 in der »Welt«: »Lars Brandt spielt den jüngeren Mahlke. Pohland läßt ihn, klugerweise, eigentlich gar nicht ›spielen‹. Er bedient sich seiner sperrigen Jugend. Er nutzt seine Unbeholfenheit. Er macht sich seine Staksigkeit zunutze. Kein Jung-Star, sondern ein Typ wurde geliefert. Er hat sogar Mahlkes kräftigen Knorpel unterm Kinn. Er paßt. Mehr sollte nicht sein.« Joachim Kaiser, auch er einer der Kritiker von höchstem Rang in jenen Jahren, kommt am 13. Februar in der »Süddeutschen Zeitung« zu einer vergleichbaren Einschätzung: »Denn hier ist wirklich kein Urteil über die Große Koalition abgegeben, wenn festgestellt wird, daß Willy Brandts Söhne Lars und Peter den Helden der Novelle, Joachim Mahlke, vielleicht verkörpern, aber beim besten Willen nicht spielen können. Am Anfang wirkt der Jüngere noch frisch und halbwegs authentisch; doch wenn dann ›Mahlkes Aufstieg beginnt‹, beginnt bei Lars nichts. Und sein älterer Bruder, der die späteren Phasen vorzuführen hätte, steht nur nett und unbeträchtlich herum.«

Eine Filmkarriere lockte beide Brüder nicht. Zwar flog Lars auf Einladung des italienischen Regisseur Roberto Faenza nach Rom, um dort Probeaufnahmen für zwei Filme zu machen, doch der Fünfzehnjährige schlug das Angebot aus, nachdem die Eltern ihm die Entschei-

Peter Brandt, Claudia Bremer und Lars Brandt bei der Uraufführung des Films »Katz und Maus« am 7. Februar 1967 in Berlin

dung überlassen hatten, ob er die Schule beenden oder nach Rom gehen wolle.

Peter und Lars Brandt standen bereits vor ihrer Mitwirkung in »Katz und Maus« im Blickpunkt der Medien, doch zumeist waren sie bis dahin nur passiver Bestandteil des inszenierten Familienbildes gewesen. Für Homestorys, Radio- und Fernsehreportagen, für Zeitungsporträts und Wahlkampf-Spots waren sie zumeist adrette Mustersöhne ohne weitere Auffälligkeiten. Doch vor allem Peter verließ nun dieses medial komponierte Familienbild, er fing an die Ruhe zu stören, so wie 1964, als er zu denen gehörte, die bei einer Mai-Feier den Bundeskanzler Erhard auspfiffen. Das waren nur erste Fingerübungen des Protestierens gewesen, denen weitere folgen sollten. Mit »Katz und Maus« erlangten Peter und Lars bundesweite Beachtung, sie waren jetzt nicht mehr nur die Söhne, sondern die Söhne, die in »Katz und Maus« mitgespielt hatten, auf eigene Faust, ohne den Auftrag des Vaters, ohne Mandat der Partei. Sie mussten von nun an selbst entscheiden, ob jemand sie instrumentalisieren, ob jemand ihre Prominenz als Kinder des prominenten Politikers ausbeuten oder ob jemand sie als Türöffner zur politischen Sphäre benutzen wollte.

Im Frühjahr 1967 zog die Familie von Berlin nach Bonn, Peter blieb in Berlin, um sein Abitur zu machen, Lars folgte widerwillig und mit Bauschmerzen, Matthias allein war jung genug, um Berlin einen recht schmerzlosen Laufpass zu geben, er war in seiner Geburtsstadt noch nicht tief verwurzelt.

»Was haben Sie denn mit Ihrer Gage gemacht? 1000 Mark, das war doch damals eine Menge Geld?« Peter Brandt wühlt mit beiden Händen in der Kiste Erinnerung. »Vielleicht hab ich davon mein erstes Auto gekauft, einen gebrauchten VW, aber genau kann ich es Ihnen nicht mehr sagen.« Und auch in Lars Brandts Alltag scheint die Gage keine tieferen Spuren hinterlassen zu haben. Auf meine Anfrage per Mail erwidert er elektronisch-lakonisch: »Ausgehen, Zigaretten, Kino, Bücher.«

Roter Peter

Genosse Maus, ein Jugendfreund von Peter Brandt, war das unverzichtbare Beelzebüblein der Revolution. Er paffte mit Willy Brandt »Rothändle«, er sengte – nur so aus Daffke – dem schlafenden Peter Brandt mit einem Feuerzeug den großen Zeh an, er spielte in »Katz und Maus« den »Pilenz«, er spannte Wolfgang Neuss Joan Baez aus, woraufhin der schmollend mit Unterhosen warf, Henri Nannen leierte er für die Schülerzeitung »Roter Turm« ein halbes Dutzend Schreibmaschinen aus dem Kreuz, und Rudolf Augstein überließ dem quengelnden Akquisiteur alle »Spiegel«-Ausgaben, prächtig gebunden, um den Informationshunger der Berliner Gymnasiasten zu stillen, was Genosse Maus jedoch nicht hinderte, die Info-Gabe für sich zu bunkern; er schlich sich in Peter Brandts Zimmer, telefonierte unter dessen Namen oder rief bei einer Boulevardzeitung an, um mitzuteilen, wo der rote Peter heute wieder Flugblätter verteilte, er quatschte und quasselte, bis man sich ihm ergab, ihm was schenkte oder sich aus dem Staub machte. Genosse Maus, der schnorrende Sidekick, der Groupie der Revolte, der Münchhausen aus Charlottenburg, schaffte es auch diesmal wieder, er schaffte das Unmögliche.

Als die Rolling Stones am 15. September 1965 in der Berliner Waldbühne spielen, beschwatzt er die Ordner so lange, bis man ihm, Peter und anderen Freunden als »Journalisten« freien Eintritt gewährt, obwohl die Waldbühne mit 22000 Fans bereits restlos ausverkauft ist. Kaum haben die Stones die Bühne betreten, erobern einige Draufgänger die Bühne, die Polizei treibt sie zurück, während die Band flüchtet und Schutz sucht. Das Konzert wird unterbrochen. Nach einer kurzen Pause kehren Mick Jagger, Keith Richards und die anderen zurück, ein zweiter Anlauf, links und rechts wacht Polizei, Beat-Ekstase unter misstrauischer Aufsicht. Nach zwanzig Minuten ist endgültig Schluss, eine Zugabe bleibt aus, Empörungsflut. Um die Gemüter abzukühlen, stellt der Veranstalter das Licht ab, Panik bricht aus, Randale. Begeisterungsenergien verwandeln sich in Tobsucht und Zerstörungslust, die Sitzreihen brechen splitternd wie Streichhölzer unter den Fußtritten, oben spritzt die Polizei mit Wasserwerfern, am Ausgang steht berittene Polizei, Angst, unter die Hufe zu kommen, macht sich breit, nur raus, nur weg, vorbei an den bedrohlichen Tierkörpern.

An dieses mulmige, dieses unbehagliche Gefühl erinnert sich auch Peter Brandt. Er hat sich nicht nach vorne gedrängt, er bleibt zurück, weiter oben auf den Rängen, und hat das Geschehen aus einiger Distanz verfolgt. Als Bild steht ihm noch vor Augen, wie jemand die Bühne erstürmt und Mick Jagger etwas entreißt, eine Szene, die beunruhigend gewirkt habe: Hier, dachte Peter Brandt damals, läuft was aus dem Ruder. Der konservative Publizist Matthias Walden ist an jenem Abend ebenfalls in der Waldbühne, und seine Reportage zeigt deutlich, wie ratlos, verständnislos, aber auch wie aggressiv und feindselig die Elterngeneration auf die »Beat-Jünger« herabblickte. Obwohl Walden sich nicht mit jenen »älteren Beobachtern« in der Waldbühne gemein machen will, die angesichts der tobenden Jugendlichen »Arbeitsdienst«, »militärische Zucht« oder »kasernieren« fordern – nein, da ist Walden ganz liberaler, weltläufiger Herr –, wird aus seiner Beschreibung des Geschehens doch deutlich, welch vergiftete Sprachlosigkeit zwischen den Generationen herrscht, obgleich der Reporter seine ganze Sprachmacht bemüht, um den Augenblick und das Phänomen zu bannen, einzufangen. Er sieht die Szene, die auch Peter Brandt im Gedächtnis geblieben ist, so: »Mick Jagger zuckt von den Zehen bis zu den Spitzen seines weibischen Zopfes und wiederholt mit obszöner Stimmvibration sein glaubhaftes Geständnis: ›I can't get no satisfaction!‹ Er reißt sich die Jacke vom Leib, schwingt sie hoch über dem Kopf, wirft sie auf die Schulter und bewegt Waden, Schenkel, Gesäß und Hüften in einer Art männischem Striptease, das der Entblößung nicht mehr bedarf, weil die Enge seiner Hosen jeden exhibitionistischen Anspruch erfüllt. Da fährt ein Schatten aus dem dunklen Bühnenhintergrund, unterläuft mit einem geduckten Satz den Polizeicordon, springt den schlotternden Sänger von hinten an, hockt für den Bruchteil einer Sekunde auf den gehetzten Schultern des Londoner

Götzen, wird abgeworfen wie ein Cowboy im Rodeo vom Nacken des Jungstieres, entfernt im Sturz noch dem Täter und Opfer der Show das Jackett und landet mit seiner Beute im Hexenkessel der Publikumsmanege, wo reißende Fans den schweißnassen Textil-Fetisch ihres Mick Jagger zerschleißen.« Der Reporter will sich dem jugendlichen Publikum zunächst vorurteilsfrei nähern, das Beat-Phänomen analysieren, doch im Lauf seiner Reportage verfällt er einer unübersehbaren Abscheu-Lust. Obwohl er kritisch anmerkt, dass das massive Polizeiaufgebot (berittene Polizei, Hundestaffel, Überfallwagen, Wasserwerfer) eher zu einer »öffentlichen Kriminalveranstaltung« passe, das »nahende Publikum« jedoch »keineswegs kriminell« sei, verfällt er selbst in kriminalisierende und stigmatisierende Schreibweisen und Wahrnehmungen.

Die politische Radikalisierung der studentischen Jugend, die ja auch eine sprachliche Radikalisierung und Hochrüstung ist, suchte eine Antwort auf die gepanzerte, von militärischen Bildern und Szenen aufgeladene Sprach- und Zeichenwelt der Erwachsenen. Der siebzehnjährige Peter ist kein Lederjacken-Halbstarker, kein Beatnik, kein Randalesucher, keiner, der sich spontan in die wogende Menge wirft. Er braucht Überzeugungen, zu denen er stehen kann, die ihn leiten. Für ihn ist das »Stones«-Konzert an sich kein politischer Akt, aber die Art und Weise, wie die Polizei reagiert, wie sie als fühllose Ordnungsmacht auftritt, wie das Ereignis in den Medien beschrieben wird, voller Hohn, Unverständnis, Befremden und Vergeltungsverlangen, macht vielen Jugendlichen deutlich, wie autoritär diese Gesellschaft, wie unfähig und unwillig sie ist, die Perspektiven der Jugend überhaupt anzuerkennen. In diesen Jahren, die »langen fünfziger Jahre« gehen langsam zu Ende, bildet sich sein politisches Bewusstsein, vollzieht sich seine politische Radikalisierung. Dabei ist er kein Karnevalist der Revolte, so wie Genosse Maus, er ist kein Mitläufer, keiner, der die Revolution als Mode versteht und sich vorübergehend in sie kleidet. Er meint es ernst, er geht methodisch an die Sache heran, fleißig, eifrig, beflissen, textgläubig, wissensdurstig, gründlich, selbstvergessen, er webt diesen Faden tief in seine Existenz.

Er war 1958 zunächst der Evangelischen Jungenschaft »Jochen

Klepper« beigetreten, aus eigenem Anrieb, wie er betont, eine bündisch geprägte Gemeinschaft, in der Werte wie Eigenverantwortlichkeit und Unabhängigkeit hochgehalten werden, eine Gruppe, in der man gern singt, Wanderfahrten unternimmt und viel liest. Ein Vielleser ist Peter Brandt längst, als er 1963 den »Falken« beitritt, jener Nachwuchsorganisation, zu der »brave Sozialdemokraten früher ihre Kinder schickten«. Die Berliner »Falken« werden zu diesem Zeitpunkt von dem hemdsärmlig-proletarischen Harry Ristock geführt, ein SPD-Linker, der sich klar gegen den real existierenden Sozialismus in der DDR und der Sowjetunion abgrenzt, sich aber gleichwohl als entschiedener Marxist versteht. Weil Ristock 1968 als SPD-Genosse öffentlich gegen den Vietnamkrieg protestiert, wird er zeitweilig aus der SPD ausgeschlossen. Peter Brandt sucht unbeugsame Leitfiguren, und er sucht eine Position, von der aus er das bestehende politische System radikal in Frage stellen kann. Innerhalb der »Falken« schließt er sich 1966 einer sehr weit links agierenden Splittergruppe an, ehe er im Herbst 1968 eine eigene trotzkistische Organisation namens »Spartacus« mitbegründet und damit den sozialdemokratischen Jugendverband verlässt. Doch bevor es dazu kommt, engagiert sich Peter hingebungsvoll bei den »Falken«. Maria Jänicke, seine langjährige Freundin, leitet damals die Falkengruppe »Rosa Luxemburg«, während Peter alsbald zum Leiter der Gruppe »August Bebel« aufsteigt. Man trifft sich einmal in der Woche zur politischen Bildung, es werden sozialistische beziehungsweise marxistische Klassiker in Auszügen gelesen –, so verzeichnet das Protokoll der Sitzung vom 20. Juni 1968, man habe sich mit Lenins »Die proletarische Revolution und der Renegat Kautsky« und mit Rosa Luxemburgs »Die russische Revolution« befasst. Man diskutiert – mit verteilten Pro- und Contra-Rollen – aktuelle politische Probleme wie die Apartheid in Südafrika oder geht gemeinsam ins Kino, um ausgewählte Filme wie »Asche und Diamant« (Andrzej Wajda) oder »Das Messer im Wasser« (Roman Polanski) zu sehen. Um den mitunter politisch trockenen Stoff aufzulockern – zu den Mitgliedern der Gruppe zählen neben Gymnasiasten auch Lehrlinge und Volksschüler –, werden mitunter wissensfördernde Ratespiele angeboten, zum Beispiel sollen die »Falken« herausfinden, welche politischen Köpfe die

»Spiegel«-Titel zieren. Peter, erinnert sich einer, der dabei war, sei schon »ein kleiner Anführer« gewesen, belesen, intellektuell, wissbegierig, aktiv, vorneweg. Weil der Geschichtsunterricht in der Schule immer nur bis zum Ersten Weltkrieg reicht oder höchstens noch die Weimarer Republik streift, regt Peter erfolgreich an, dass Harry Ristock in die Schule eingeladen wird, um dort einen Vortrag zu halten. Noch weitaus prägender ist die Begegnung mit Oskar Hippe, einem führenden Trotzkisten und Widerstandskämpfer, der für seine politische Überzeugung im »Dritten Reich« und in der DDR ins Gefängnis ging. Diese biographisch-politische Unbeugsamkeit hat die »Falken«, zu denen Hippe mehrfach als Zeitzeuge eingeladen war, stark beeindruckt, und für Peter Brandt war die unbeirrbare Festigkeit des Mannes, sein nie verratendes Ideal ein wirkmächtiges Vorbild. Durch Hippe wurde Geschichte sichtbar, wurde Überzeugung greifbar, wurde gelebter Widerstand anschaulich und eindrucksvoll dokumentiert. Sie seien, sagt Maria Jänicke, von Hippe damals »total gebannt gewesen«, weil Wort und Tat bei ihm nicht auseinanderfielen, weil der Mann wahrhaftig war. Peter Brandt hebt im Interview die Kontinuität dieses Lebenslaufs hervor: »Oskar Hippe hatte noch den Spartakus-Aufstand 1919 mitgemacht und stammte sozial aus der Arbeiterschaft. Menschen wie er waren so beeindruckend, weil man das Gefühl hatte, unser politisches Engagement beginnt nicht erst 1967, sondern da existiert ein historischer Faden, der uns mit dem verbindet, was vor Hitler war. Dieser Faden mag nicht stark gewesen sein, aber es gab ihn. Und diese alten Arbeiter, diese treuen Trotzkisten oder Linkssozialisten spielten damals für uns und unser Denken eine große Rolle.«

Ein erfahrungsfaltiger Zeitzeuge wie Hippe war für die Sozialisation und Selbstsuche von Peter Brandt wichtiger als ein Popheld wie Mick Jagger, dem man tanzend, fühlend, habituell, aber keineswegs lesend oder gesellschaftspolitisch diskutierend folgen konnte. Da unterschied sich Peter auch deutlich von Lars, der an diesem Punkt ohne Zweifel Mick Jagger den Vorrang eingeräumt hätte. Ab und an schaute auch Lars Brandt bei den »Falken« vorbei, erinnert sich Maria Jänicke, ja, er habe sogar einmal ein Referat gehalten, eher »lustlos«, aber letztlich blieb er bei den organisierten Bewusstseinsbildungsprozessen der »Fal-

Maria Jänicke und Peter Brandt, 1968

ken« nur Zaungast. Jörg Schumacher, Mitschüler und Freund von Peter, stimmt zu, Lars sei damals »viel wuseliger und schräger« als Peter gewesen, und stellt mit ironisch gefärbter Stimme fest, »er ließ sich nicht für das ernsthafte Ziel der Weltrevolution funktionalisieren«. Nur als Gastspieler trat Lars auch bei der Schülerzeitung der Schadow-Oberschule auf, die zunächst nach dem Wahrzeichen der Schule »Roter Turm« hieß und dann in »Neuer Roter Turm« umbenannt wurde, nachdem eine Nummer wegen der drastischen Beschreibung einer Folterszene in General Francos Gefängnissen vom Schulleiter Erhart Zühlke verboten worden war, was die aufbegehrenden Schüler aber nicht hinderte, die Nummer trotzdem zu verkaufen. Lars agierte als Texter für einen rebellischen Comicstrip, der auf parodistische Weise von dem Befreiungshelden Obro erzählt: »Obro, der Titan aus dem Geschlecht der Herkuliden, hatte es sich zur Lebensaufgabe gemacht, geknechtete Völker von ihrem Joch zu befreien. Sein Ziel war die gemeinsame Bestellung des Bodens (Obroismus) und die Vereinigung aller obroisierten Völker.« Peter blieben unernste Sprachspiele, die die Ismen der eigenen Bewegung auf die Schippe nahmen, fremd, sein Zorn war heilig, seine Sprache kämpferisch, seine Empörung laut (auf dem Papier und der Straße) und seine politischen Positionen radikal. War die Sprache des Vaters nicht verlogen, durch Kompromisse, durch Taktik, machtpolitisches Kalkül und Strategie zur Unwahrhaftigkeit, zur Lüge entstellt? Im »Neuen Roten Turm« wurde die Große Koalition, in die Willy Brandt Ende 1966 als Außenminister und Vizekanzler eintrat, als »Kompromissgeburt« bezeichnet und durch eine Bildmontage aus Politikerköpfen, zu denen auch Willy Brandt gehörte, als monströses Insekt dargestellt. Gegen diesen realpolitischen Kompromissler, diesen Machtvater, diesen breiig undeutlichen Sozialdemokraten rannte Peter an.

Das politische Engagement des Sohnes wurde dankbar von der Boulevard-Presse verfolgt und jede Gelegenheit ergriffen, um ihn gegen den prominenten Vater in Stellung zu bringen. Es wurde spöttisch vermerkt, dass Peter mit den »Falken« auf der Maifeier die Rede des Bundeskanzlers Erhard auspfiff und dass er in einer Broschüre der »Falken« den freien Verkauf der Anti-Babypille verlangte. Und als die SPD in

Obro, der Retter und Befreier aller unterdrückten Völker. Lars Brandt textet für die Schülerzeitung »Neuer Roter Turm« und schickt Obro auf abenteuerliche Reisen.

die Große Koalition eintrat, wurde mit besonders maliziösen Formulierungen darauf hingewiesen, dass Peter zu den Demonstranten gehörte habe, die Parolen wie »Wer hat uns verraten? Sozialdemokraten!« riefen.

Mit bissigem Spott griff ein Magazin wie der »Spiegel« solche Meldungen auf. Hier wurde nicht so grob und derb wie in der Berliner Boulevardpresse »geprügelt«, hier wurde – aus der Perspektive altvorderer Autorität – lächelnd gestichelt, wissend gefeixt. So meldet der »Spiegel« in seiner Ausgabe vom 18. März 1968: »Peter Brandt, 19, Abiturient und Vizekanzler-Sohn, führte ein neues Idol für West-Berlins Jung-Revolutionäre ein: Einem Demonstrationszug vor die polnische Militär-Mission trug er vergangenen Dienstag ein Porträt Trotzkis voran. Der Minister-Sohn, Mitglied der ›Revolutionären Jugendgruppe Neuer Roter Turm‹: ›Ich glaube, Trotzki hat heute sehr große Bedeutung für die revolutionäre Jugendbewegung wegen seiner Idee der permanenten Revolution.‹ Brandt junior hielt standhaft zu seinem Ideal: Während der eineinhalb Stunden dauernden Demonstration ließ er das Porträt nicht los, wogegen sich seine Mit-Träger ständig abwechselten.« Man reduzierte das Engagement, den Idealismus des Jungen auf eine rein äußerliche Geste, auf ein anderthalbstündiges Plakate-Halten, auf einen billig zu habenden Heroismus. Doch in diesem Die-Stange-Halten, in dieser »Ausdauerleistung« wurde Peter Brandts besonderes Dilemma deutlich: Mehr als andere hatte er zu beweisen, dass es ihm ernst war mit seinen politischen Positionen. War er nur ein politischer Wiedergänger seines Vaters im Westentaschenformat? Wie konnte er im Hinblick auf den Erfahrungsvorsprung des Vaters diesen einholen oder gar überbieten? Und wem galt es, die Treue zu halten? Den »Genossen« der Bewegung? Den politisierten Mitschülern und Studenten, die gerade im Begriff waren, die außerparlamentarische Bewegung auf die Beine zu stellen? Wie vertrug sich das mit der innerfamiliären Loyalität zum Vater? Einerseits genoss Peter ungewöhnlich große Freiheiten, denn er war allein in Berlin geblieben, lebte ohne Bevormundung in der Familie seines Freundes Wolf-Rüdiger Knoche, war sehr eigenständig und dem direkten Zugriff der Eltern, die ohnehin liberal waren, entzogen. Andererseits wurde er von den Medien aller politischen Richtungen aufmerksam beobachtet, und jede seiner öffentlich werdenden Aussagen wurde auf familiäres und politisches Konfliktpotential abgeklopft. Seit Mitte der sechziger Jahre kam es häufiger zu Kontroversen im Hause Brandt, weil Peter direkt oder indirekt gegen die Politik des Vaters opponierte. Dabei lieferte vor allem der Vietnam-Krieg den größten Konflikt- und Zündstoff im Hause Brandt. Während sich Willy Brandt jeder öffentlichen Kritik an der Kriegsführung der »amerikanischen Freunde« enthielt, empörte sich Peter heftig und kritisierte die Zurückhaltung des Vaters als Bürgermeister und Außenminister in dieser Frage mit starken Worten. Heftigen Streit gab es anlässlich einer der zahlreichen Vietnam-Demonstrationen, an denen sich auch der siebzehnjährige Peter beteiligte. Der Regierende Bürgermeister sah sich blamiert, ausgerechnet sein Sohn beteiligt sich an Demonstrationen gegen die alliierte Schutzmacht, gegen die Amerikaner, die Berlin während der Berlin-Blockade mit ihren »Rosinenbombern« am Leben erhielten, die während des Chruschtschow-Ultimatums 1958 den freien Zugang zu Westberlin verteidigt hatten und deren Präsident 1963 vor dem Schöneberger Rathaus bekannt hatte: »Ich bin ein Berliner!« Damals, es war kaum drei Jahre her, hatte Peter mit den »Falken« auf dem Rudolph-Wilde-Platz gestanden und höflich applaudiert. Jetzt skandierte er: »Amis, raus aus Vietnam!« Willy Brandt brauste zu Hause selten auf, brüllte als Vater fast nie, entzog sich familiären Diskussionen eher, als dass er sie suchte, ließ den Sohn reden, ihn fordern, ohne ihn mundtot machen zu wollen, doch dieses Mal hielt er sich nicht zurück. Rut Brandt, die sich zwischen Sohn und Vater als Vermittlerin gefordert sah, erinnert sich in ihrer Autobiographie an diesen heftigen Ausbruch gerade deshalb, weil er selten war: »Entweder mußt du mit deinen Aktivitäten aufhören, oder ich muß als Bürgermeister zurücktreten!« Woraufhin Rut ihrem Sohn zu Hilfe eilt und mahnt: »Willy, hast du deine eigene Jugend vergessen?«

Willy Brandt und Rudi Dutschke sind sich nie begegnet, aber im Kopf des Sohnes Peter sind sie oft aneinandergeraten. Ob er einmal den Versuch unternommen habe, die beiden zusammenzubringen, frage ich Peter Brandt. Nein, sagt er, dieser Gedanke sei ihm fremd.

Der Karikaturist Oskar (Hans Bierbrauer) wandelt für die »Berliner Morgenpost« eine Bildgeschichte von E. O. Plauen (Erich Ohser) ab: Peter Brandt als Rabauke, Willy Brandt als zürnender und dann sich sorgender Vater, Berlin 1966.

Und auch ein »Wunschbruder« sei Dutschke damals nicht gewesen. Und ein »Vorbild?« Auch das treffe es nicht ganz, antwortet Peter, denn er habe Dutschke nicht kritiklos bewundert, sondern einige seiner Positionen seien ihm bereits als Schüler zu »spielerisch« und zu »impressionistisch« vorgekommen. Dass etwa die »Herausgefallenen der industriellen Leistungsgesellschaft« das »revolutionäre Subjekt« hätten bilden können, kam ihm ebenso »unernst« vor wie die Deutung der chinesischen Kulturrevolution, die Dutschke als »antiautoritäre Revolte« betrachtete – eine »abwegige« Sichtweise, findet Peter Brandt heute. Doch trotz dieser theoretischen Distanzierung, die im Rückblick vermutlich genauer auf den Punkt gebracht wird, als sie 1966/67 bereits bewusst artikuliert worden sein mag, übte der charismatische Studentenführer auf Peter eine große Anziehungskraft aus. Rudi Dutschke hat sicher zur Bewusstseinsbildung des jungen Schülers und Studenten beigetragen, er hat ihn aber wohl auch gerade durch seine intellektuelle, seine moralische und psychophysische Präsenz in eigenen Haltungen und Verhaltensweisen bestärkt. Peter Brandt erlebt Dutschke bei zahlreichen Demonstrationen als agilen, fanatischen Willensmenschen, der mit sportlich-trainiertem Körper Polizeiketten durchbricht, er sieht und hört ihn bei Mitgliederversammlungen des Sozialistischen Deutschen Studentenbundes (SDS), wo er als belesener Diskutant brilliert, er gewinnt ihn als Interviewpartner für die Schülerzeitung »Roter Turm«, er begegnet ihm als Dozenten, der seinen »Falken« und ihm in einem »marxistischen Grundkurs« an der Volkshochschule Charlottenburg 1965/66 die marxistischen Klassiker nahebringt, und er lernt den privaten Dutschke kennen, der keine »Starallüren« zeigt.

Am 27. November 1967 demonstriert Peter Brandt vor dem Kriminalgericht Moabit, weil der APO-Aktivist Fritz Teufel (»Wenn's der Wahrheitsfindung dient«) wegen schweren Landfriedensbruchs vor Gericht steht. Er soll beim Besuch des persischen Schahs einen Stein gegen Reza Pahlavi geschleudert haben. Peter weicht nicht, als Wasserwerfer ihn treffen, und er ignoriert ebenso die Appelle der Polizei, die die Demonstranten unter Dutschkes Führung auffordert, sich zu zerstreuen. Peter hat sich eingereiht, untergehakt, er marschiert unmittelbar hinter Dutschke, der in vorderster Linie auf das Gerichtsgebäude zustürmt. Obwohl Peter Brandt bei dieser Aktion nicht festgenommen wird, wird er später wegen des »Demonstrationsdeliktes« angeklagt. Als der aufgehetzte Hilfsarbeiter Josef Bachmann am 11. April 1968 Rudi Dutschke mit drei Schüssen in Berlin niederstreckt, befindet sich Peter mit seiner Freundin Maria Jänicke in Paris. »Wissen Sie noch«, frage ich Peter Brandt, »wie Sie unmittelbar reagiert haben, was Sie damals fühlten, als Sie die Nachricht erhielten?« – »Ich war schockiert, ja, aber doch auch gefasst. Die Nachricht vom Tod Benno Ohnesorg ein Jahr zuvor hatte mich mehr mitgenommen. Als mich damals jemand anrief und mir mitteilte, Ohnesorg sei erschossen worden, bin ich spontan in Tränen ausgebrochen. Meine Reaktion war mir selbst fremd, das kannte ich nicht von mir. Es war nur ein Zufall, dass ich an diesem Abend, am 2. Juni 1967, nicht vor der Deutschen Oper demonstrierte, ich musste für eine Mathearbeit lernen. Dass jemand so umkam, einfach erschossen wurde, war etwas Ungeheuerliches für mich, das barg eine neue Qualität. Und obwohl ich Dutschke ja kannte, war ich nicht so schockiert wie beim Tode Ohnesorgs, den ich nicht kannte. Wir sind dann mit dem Nachtzug sofort nach Berlin zurückgefahren und haben mit den anderen Demonstranten am 12. April versucht, die Auslieferung der Springer-Zeitungen zu verhindern. Gelungen ist das bekanntlich nicht.«

Am 13. April nehmen Peter und Maria an weiteren Demonstrationen gegen den Springer-Konzern teil, dessen Zeitungen Dutschke zum dämonischen Jugendverführer und gefährlichen Staatsfeind stilisiert haben. Die Studenten blockieren Kreuzungen und Straßen und versuchen, die aufgebrachten Autofahrer von Springers unheilvollem Einfluss zu überzeugen. Peter und Maria werden mit etlichen anderen festgenommen, Peter bleibt 30 Stunden in Gewahrsam. Man stellt seine Personalien fest, nimmt Fingerabdrücke, macht Polizeifotos, verhört ihn, sperrt ihn in eine Zelle. Ein Reporter des englischen Boulevardblattes »Sun« interviewt ihn am nächsten Tag auf dem Weg in die Universität. Angeblich, so liest es Willy Brandt später in der Zeitung, fordere der Sohn, dass man die »gesamte gegenwärtige politische Führerschaft wegschaffen« müsse, »einschließlich meines Vaters«. Die

Nachricht von der Verhaftung seines Sohnes erreicht Willy Brandt in Senegal, wo er einen Staatsbesuch absolviert. Der siebzehnjährige Lars befindet sich in seiner Begleitung. Auch die SPD-Spitze ist über die Nachricht von Peters Verhaftung wenig erbaut, man befürchtet Stimmenverluste bei der anstehenden Landtagswahl in Baden-Württemberg. Horst Ehmke lässt bekümmert im »Spiegel« verlauten: »Diese Krawalle sind für die Partei schon schlimm genug. Und nun noch das. Der Junge merkt doch gar nicht, dass er von diesen Leuten nur gegen seinen Vater benutzt wird.« Nachdem Willy Brandt von seiner Auslandsreise zurückgekehrt ist, ruft er Peter in Berlin an, um zu erfahren, was es mit seiner Verhaftung und dem Interview auf sich hat. Peter bestreitet die persönliche Rücktrittsforderung, das sind nicht seine Sätze. Das versichert er auch seiner Mutter, die am nächsten Tag nach Berlin fliegt, um nach ihm zu sehen, ihm die väterlichen Bedenken und ihre Bekümmernisse nahezubringen. Der »Spiegel«-Artikel unter der Überschrift »Peter sitzt« machte nebenher auch deutlich, wie man die Brüder Peter und Lars in der Öffentlichkeit sah oder wie man sie für die Öffentlichkeit zu Antagonisten stilisierte, die sie nicht waren. Demnach war Lars der angepasste, der brav-folgsame Sohn, während Peter der unangepasste Rebell war. Lars wurde mit Sätzen zitiert, die aus ihm in den Augen der Öffentlichkeit unweigerlich den tückischen Musterknaben machen mussten, der nicht von der Seite des Vaters wich und ihm scheinbar Gefälligkeiten ins Ohr träufelte: »Vati ist doch immer so großzügig und tolerant zu uns«, oder über seinen Bruder: »Der wird bestimmt keine Ruhe geben.«

Die beiden Demonstrationsdelikte werden 1968 vor dem Amtsgericht Tiergarten verhandelt. Peter lässt sich von dem umstrittenen APO-Anwalt Horst Mahler vertreten, nachdem ihm ein vom Vater vermittelter Anwalt allen Ernstes vorgeschlagen hatte, er solle erklären, in beiden Fällen zufällig in das Geschehen geraten zu sein. Er will freigesprochen und nach dem Erwachsenenstrafrecht behandelt werden, doch die Jugendrichterin sieht es als erwiesen an, »daß der geistige Entwicklungsstand dem sittlichen vorausgeeilt ist«, weshalb das Jugendstrafrecht zur Anwendung kommt. Der Vater Willy Brandt ärgert sich über diese verzopfte, herablassende Haltung und kommentiert die

Lars und Peter Brandt, Berlin 1965.
Sieht der Vater alles?

Urteilsbegründung der Richterin – ungewöhnlich genug – von Bonn aus öffentlich: »Wenn ein Richter die vermutete Protesthaltung eines Sohnes gegen seinen Vater als kindliche Unreife betrachtet, dann frage ich mich, wie wir bei solcher Weltfremdheit zu einem besseren Verständnis der Jugend kommen können.« Am 6. Juni wird Peter wegen »Auflaufs in zwei Fällen schuldig« gesprochen und ein »Dauerarrest von zwei Wochen« verhängt. In der Berufungsinstanz wird der Arrest in eine Geldstrafe umgewandelt. Im Rahmen einer allgemeinen Amnestie wird die Vorstrafe 1970 erlassen.

Viele Jahre nach dem Attentat auf Dutschke, viele Jahre nach den sogenannten Osterunruhen 1968 und Jahre nach dem Tod von Rudi

Dutschke, der am Heiligabend 1979 an den Spätfolgen des Mordanschlags stirbt, wird Peter Brandt gebeten, ein Erinnerungsbild des Studentenführers zu verfassen. Wer sich an andere erinnert, gräbt auch in sich selbst, wühlt auf und vermählt, verknüpft das Eigene mit dem Fremden. Die Passage über Dutschke in dem 1987 von Peter Bernhardi herausgegebenen Band kann auch als Selbstauskunft des Autors Brandt verstanden werden: »Neben der anrührenden menschlichen Wärme, die Rudi Dutschke ausstrahlte, habe ich vor allem sein Arbeitsethos bewundert. Obwohl ich selber auch nicht als faul gelte und schon mit vielen Fleißigen zu tun hatte, bin ich nie wieder jemandem begegnet, der so unermüdlich lernte wie er. Wann immer ich ihn im Bus oder auf der Straße traf: er kam gerade von einem Arbeitskreis und war unterwegs zu einem anderen – am Wochenende wie alltags. Sobald Rudi in ein öffentliches Verkehrsmittel einstieg, nahm er ein Buch und einen Bleistift in die Hand und richtete den Kopf erst wieder auf, unmittelbar bevor er ausstieg. Dabei war eben erkennbar, dass hier nicht in erster Linie persönlicher Ehrgeiz befriedigt, sondern einer tiefverwurzelten Überzeugung gedient wurde. Diese bleibenden Eindrücke empfing ich noch als Pennäler in einem Alter, in dem Ernsthaftigkeit im Umgang mit Menschen und Sachen sich erst langsam entwickelt; sie ergänzten hervorragend die bei den Falken gemachte Erfahrung des jugendlichen sozialistischen Gemeinschaftslebens.«

Freunde im engeren Sinne des Wortes sind Peter Brandt und Rudi Dutschke nicht gewesen, doch Peter macht ihn zum Ethos- und Pathos-Paten seines eigenen Wissensdrangs. Nein, Vaterfigur war Dutschke nicht, aber doch Wegweisergenosse, Lieblingsaktivist, Wahrheits- und Wegsucher, der unbedingt und leidenschaftlich für seine Überzeugungen einstand; dazu mag in gewisser Weise passen, dass Rut Brandt Gretchen Dutschke nach dem Attentat anbot – über Peter – ihr neugeborenes Kind für eine gewisse Zeit zu sich zu nehmen, als Geste der Solidarität und Entlastung, aber natürlich – das wusste Rut Brandt selbst nur zu gut – war das Kind für Gretchen Dutschke Trost in dieser schweren Zeit. Peter Brandt imponierte auch die asketische Kraft Rudi Dutschkes, der seinen Vater, der ja auch ein Fleißiger war, noch zu übertreffen schien und keine körpervergiftenden Stimulanzien benötigte, um – über die Bücher gebeugt und an den Schreibtisch gebunden – durchzuhalten. Dutschke adelte die Haltung des Lernenden, der sich alles abverlangt, der alles einsetzt, um die Welt und sich selbst zu durchdringen. Peter Brandt hat diese Haltung früh verinnerlicht, familiär in der Auseinandersetzung mit dem Vater, schulisch in der Konfrontation mit den Lehrern, beruflich an der Universität, im politischen und gesellschaftlichen Engagement. Vieles von dem, was Peter Brandt an Dutschke schätzt oder hervorhebt, kommt mir aus den zahlreichen Begegnungen mit ihm bekannt und vertraut vor. Stets schleppt Peter Brandt eine hoffnungslos überfüllte, eckig ausgebeulte Ledertasche mit sich herum, ein Ding und Symbol, das ihn als lebenslänglichen Schüler ausweist, er fährt meistens mit wehenden Schößen Fahrrad, er eilt von einem Termin zum nächsten, zückt im Bus den Bleistift und liest, nimmt hier oder da Prüfungen ab, hält Vorträge, versinkt in Bibliotheken, verwächst mit seinem Schreibtisch, schreibt, meist mit der Hand, Aufsatz um Aufsatz, Buch um Buch, Mails beantwortet er rasch, aber ökonomisch knapp, oft schließen sie mit der Formel »In Eile« oder »gerade auf dem Sprung«. Peter Brandt hat den fleißstrotzenden Rudi Dutschke als Stimulanspartner und Motivationsfigur für den eigenen Weg adoptiert; er ist dem Appell, mit dem er seine Abiturrede am 16. März 1968 beschließt, »Lernt, lernt, lernt!« (ein Lenin-Zitat), treu geblieben. Die Rede schafft einen kleinen Skandal, zahlreiche Eltern in der Aula der Schadow-Oberschule entrüsten sich, es wird gezischt, es wird »Pfui!« oder »Unerhört!« gerufen. Rut Brandt, die aus Bonn gekommen ist, erschreckt über den Grad der Ablehnung, das undemokratische und intolerante Verhalten der Elternschaft befremdet sie. Dabei hatte der Schüler Brandt lediglich eine weiter gehende Demokratisierung der Schule gefordert, wobei sich seine Kritik auch gegen solche Schüler wandte, die das tradierte Pauker-Pennäler-Verhältnis, das auf unangetasteter Autorität basierte, einfach nur hinnahmen, ohne es selbstdenkend in Frage zu stellen. Im Grunde nahm Peter Brandts Abiturrede »Für eine veränderte Schule« schon Willy Brandts Appell »Wir wollen mehr Demokratie wagen« vorweg, mit dem der Bundeskanzler in seiner Regierungserklärung am 28. Oktober 1969 Furore machte. Doch wenn man beide Texte vergleicht, die Abiturrede und die Regierungserklärung, fällt ein eklatanter Unterschied auf: Während der Abiturient eine demokratische Mitbestimmung für die Schüler fordert, einen echten demokratischen Dialog über Lehr- und Erziehungsmethoden, will der Bundeskanzler das »Mehr« an Demokratie durch Maßnahmen von »oben« nach unten erreichen. Man wolle sich dem Bürger gegenüber »öffnen«, seinem kritischen Bedürfnis »Genüge« tun und durch »ständige Fühlungnahme« und »Unterrichtung« erreichen, dass er »an der Reform von Staat und Gesellschaft« mitwirken könne. Tatsächlich skizziert Brandt hier ein großes, sensibles Staatsohr, das nur besser in die Gesellschaft hineinhören müsse, um das »Mehr« an Demokratie zu erreichen. Von echten plebiszitären Elementen oder gar basisdemokratischen Modellen ist hier nicht die Rede. Und steckte in dieser Formulierung nicht auch – neben dem Mut, Reformen anzustoßen – ein gerütteltes Maß an Misstrauen gegenüber der Gesellschaft und ihren Bürgern? Ist die Bevölkerung schon so weit, so staatsmündig, so engagiert, so politisch denkend und ansprechbar, wie wir es uns wünschen? Gefährden wir nicht die funktionierende, parlamentarische Demokratie, wenn wir uns zu sehr der »Fühlungnahme« verschreiben? Wer etwas wagt, geht davon aus, dass auch etwas verloren werden kann. Brandts Appell ist mutig und besorgt zugleich, und er ist keineswegs so stürmisch und jugendbewegt, wie es im Rückblick mitunter dargestellt wurde. Der Bundeskanzler, der so artikuliert, beugt sich wie ein Vater weiter, gütiger und verständnisvoller hinunter, als es seine Vorgänger getan haben. Die Echos der familiären Auseinandersetzungen mit Peter finden sich in diesem Antrittstext unübersehbar wieder. So wie Brandt seinem Sohn zuhörte, so wollte er als sensibler, gesprächsbereiter Staatsvater in die Gesellschaft hineinhören: Geduldig, empfänglich für die »begründeten Wünsche der gesellschaftlichen Kräfte«, die sich freilich mit dem »politischen Willen der Regierung vereinen lassen« mussten. Was wiegt mehr? Wunsch oder Wille?

Politisch hat Peter Brandt sicherlich gegen die Politik des Vaters gekämpft, aber steckte in seiner radikalen Gesinnung nicht auch ein echter Liebesbeweis, ein Liebesverlangen? Der Wunsch, Vaters Gehör und seine Anerkennung zu finden? Und war die Einübung in trotzkistische Positionen und Ideen nicht auch ein Überbietungsgefecht, das sich der junge Peter Brandt mit dem jungen Willy Brandt lieferte? Wie zerrissen, wie hin- und hergeworfen sich der Sohn gefühlt haben muss zwischen familiären Forderungen, den Ansprüchen seiner Genossen und eigenen Standortbestimmungen macht das Telegramm deutlich, dass Peter seinem Vater am 18. März 1968 um 20 Uhr 22 ins Nürnberger Grand Hotel schickt. Aufgebrachte Demonstranten hatten Willy Brandt und Herbert Wehner beim Betreten der Nürnberger Meistersingerhalle, wo ein SPD-Parteitag stattfand, bedrängt, Brandt war am Kopf getroffen und Herbert Wehner die Brille aus dem Gesicht geschlagen worden. Daraufhin empört sich der Vater telefonisch gegenüber der Mutter, seine Geduld mit Peter sei nun bald erschöpft, denn dessen »Gesinnungsgenossen« hätten ihn tätlich angegriffen. Rut setzt sich mit Peter in Verbindung und rät ihm, den aufgebrachten Vater anzurufen. Die Art und Weise, wie Peter reagiert, ist kennzeichnend für die Männer in der Familie Brandt, sich zu erklären, Unangenehmes zur Sprache zu bringen, auf Verletzungen zu reagieren. Es wird geschrieben; so kann man etwas sagen und dennoch schweigen. Anstatt den Vater anzurufen, schickt Peter ein Telegramm. Das Telegramm bietet gegenüber dem Telefonat einen Distanzvorteil, es erlaubt aber auch auf engstem Raum, die eigene Position klar und deutlich zur Sprache zu bringen, ohne dass man dabei Gefahr läuft, sich mit dem anderen in einen emotional aufgeladenen Dialog zu begeben: »Ich bin empört über die gewaltsamen Angriffe gegen Dich vor dem Parteitag. Dadurch wurde die – wie ich meine – berechtigte Demonstration gegen die Politik der SPD entwertet und diskreditiert. Der Marxismus unterscheidet sich von Anarchismus nicht zuletzt dadurch, daß er den individuellen Terror ablehnt. Abgesehen von den tiefgreifenden und grundsätzlichen Gegensätzen, die uns politisch trennen, finde ich es ungerecht – wenn schon falsche Methoden angewandt werden –, gerade gegen den liberalsten SPD-Führer vorzugehen. Die in Nürnberg aufgetretene Minderheit von Provokateuren ist der außerparlamentarischen Opposition innerhalb der SPD, besonders aber der revolutionär-marxistischen Tendenz in den Rücken gefallen. Alles Gute – Peter.« Willy Brandt hat das Telegramm am nächsten Tag nicht ohne Stolz den führenden Genossen gezeigt, die nicht selten, allen voran Helmut Schmidt, von ihm ein energisches Durchgreifen Peter gegenüber verlangt hatten. Das Telegramm des Sohnes an den Vater klingt wie eine genau austarierte Positionsbestimmung, das Gefühl der Empörung, das zum Ausdruck gebracht wird, wird sofort von politisch-historischen Erklärungen ummantelt, der familiäre Einstieg hintangestellt und verdrängt von einem Verlautbarungsteil. Der Sohn, so das Signal, bleibt sich politisch treu, knickt nicht ein, solidarisiert sich aber mit dem Vater, der weniger als Vater, sondern als politischer Führer gesehen und angesprochen wird, Politiker spricht zu Politiker.

Im Juli 1968 lag Peter Brandt nach einer Blinddarmoperation im Krankenhaus und fand Zeit zum Nachdenken. Er schreibt am 17. Juli 1968 einen langen Brief an Willy Brandt: *»Lieber Vati, vielen Dank für Deinen Brief und auch für das Geld, das Lars mir mitgebracht hat!* [...] *Immer wieder tauchen in der Regenbogen-Presse einfach erfundene Meldungen über mich und Maria auf, z. B. in der »Bild« über ein Interview, was nie stattgefunden hat. Trotzdem sage ich nicht mehr eine Silbe und habe damit gute Erfahrungen gemacht. Meiner Meinung nach handelt es sich bei diesen Meldungen (»Stern« und »Spiegel« wirken am negativsten, weil ihnen von vielen am ehesten geglaubt wird) um eine bewußte, vielleicht sogar gezielte Kampagne. Man versucht, indem man den familiären Konflikt hochspielt, den politischen herunterzuspielen, oder man verniedlicht den familiären Konflikt in einem solchen Maße, daß der politische unernst erscheinen muß (siehe »Stern«). Beide Methoden stempeln mich tatsächlich als Harlekin der APO ab und zwingen mir eine Rolle auf, die mir am wenigsten steht, die Rolle der Skandal-Nudel.* [...] *Ich kann Dir nur versichern: Glaube erst einmal nicht, was Du irgendwo über mich liest. Vielleicht bin ich Dir einige weitere Bemerkungen persönlich-privater und politischer Art schuldig: Der Zeitpunkt scheint mir gerade günstig dafür zu sein, weil augenblicklich keine Auseinandersetzungen irgendwelcher Art bestehen. Da wir uns in den nächsten Tagen wohl nicht sehen werden und ich in der Beziehung etwas schüchtern bin, tue ich es brieflich. Ich möchte, daß Du weißt, wie sehr die familiäre Auseinandersetzung mich dauert. Meiner Meinung nach könnten wir – ich meine uns alle – eine Musterfamilie abgeben. Mir wäre ein rein harmonisches Verhältnis viel lieber. Heute kann ich sagen, und ich finde, es* *ist ein großes Lob für Eltern, daß ich richtig – sozusagen etwas »antiautoritär« – erzogen wurde. Ich möchte Dir auch sagen, und ich finde, das ist für den Kontakt miteinander wichtig, daß ich Dich für aufrichtig und ziemlich konsequent halte. Nicht immer war ich davon überzeugt, aber heute weiß ich, daß Du nie – oder fast nie – aus purem Opportunismus handelst (die meisten Deiner Parteifreunde schätze ich übrigens anders ein). Auf der anderen Seite stehen meine politische Überzeugung und die organisatorische Bindung an die 4. Internationale, die Leitbild meines Handelns sind. Mutti wird wohl nie verstehen, wie weit die politische Bindung gehen kann; Du weißt es. Ich möchte von Herzen gerne, daß es nie zum persönlichen Bruch zwischen uns kommt. Aber wir wissen beide, daß es dazu kommen kann. Ich hoffe, in Zukunft alles zu vermeiden, was Dir schadet, ohne daß ich es von meinem Standpunkt aus als sehr wichtig – als unbedingt wichtig ansehe. Du solltest auch wissen, daß ich deswegen schon Streit hatte mit Genossen (darf guter Wille uns vor persönlichen Angriffen abhalten?) Mit den besten Wünschen Dein Sohn Peter.«*

Der Brief ist ein Kraftakt, ein Balanceakt. Sich treu bleiben, aber niemandem untreu werden. Sich dem Vater verwundbar und zugleich widerständig zeigen, Konflikte bedauern und zugleich die nächsten ankündigen, dem Vater Glauben schenken und seinen Überzeugungen dennoch entgegentreten, ihn vom Vorwurf des Opportunismus befreien und ihn dennoch daran erinnern (»fast nie«), den politischen und den privaten Vater zusammen und dann doch wieder getrennt denken. Peter Brandt benutzt häufig Parenthesen, er setzt Klammern, Anführungszeichen und schließt den Brief mit einem ausufernden Postskriptum, das den Vater davon in Kenntnis setzt, wo sich der Sohn in nächster Zeit publizistisch artikulieren wird. Da schreibt einer, der es sich und der Sache nicht leichtmachen will, und diese Art des »Schwernehmens«, des differenzierenden und verzweigenden Denkens ist die emotionale und intellektuelle Währung zwischen Vater und Sohn, beide Spezialisten für nachdenkliche Umwege. Kaum hat Peter Brandt den Brief an den Vater abgeschickt, fällt ihm auf, dass seine Mutter sich über eine Bemerkung zu ihrer Persönlichkeit gekränkt fühlen könnte. Er greift umgehend noch einmal zum Kugelschreiber: *»Liebe Mutti,* [...] *Gestern habe ich einen Brief an Vati geschrieben, den er Dir sicher vor-*

lesen oder zeigen wird. Deshalb brauche ich nichts alles zu wiederholen. Auf Dich eingehend schrieb ich, Du könntest wohl niemals verstehen, wie weit die persönliche Bindung an eine politische Überzeugung und Organisation gehen kann. Das ist vielleicht nicht ganz richtig. Du verstehst mich sicher als politisch denkender Mensch, kannst aber als Mutter und Ehefrau nicht billigen, wie sich zwei Menschen auseinanderentwickeln. Auf jeden Fall möchte ich auch Dir noch einmal sagen: Ich glaube heute, meine Erziehung war – innerhalb der Gesellschaft, die ich für unmenschlich halte und ändern will – eine richtige, sozusagen »antiautoritäre«. Um Mißverständnisse zu vermeiden, möchte ich das ausdrücklich als Lob verstanden wissen.«

Solche Brieferklärungen und Gemütsbeschreibungen fielen weder Vater noch Sohn leicht, noch schwerer jedoch fiel ihnen das persönliche Gespräch. Ein Dialog braucht Spontanität, Zeit, Gelegenheit. Daran fehlt es oft. Zwar konnten die Söhne den Vater nahezu immer erreichen, wenn sie es wirklich wollten, aber immer stand das Vorzimmer dazwischen, eine andere Stimme, eine andere Instanz. Und selbst wenn der Vater sie anrief, anrufen ließ, dann war es zunächst nicht seine Stimme, die aus dem Hörer drang, sondern die Stimmen seiner Sekretärinnen, die Vaters Stimme vorausgingen. Brandt besaß ein Gehör und Gespür für die Söhne, wenn der Terminkalender es zuließ. Selbstkritisch räumte er 1976 in seinem Buch »Begegnungen und Einsichten« ein: »Wir hätten öfter und gründlicher miteinander reden müssen.« Das Bewusstsein, dass er zu wenig Zeit mit seinen Kindern teilte, begleitete Brandt seit langem, von Anfang an. Auf dem Kongress »Junge Generation und Macht« in Bad Godesberg formulierte er nahezu selbstvorwurfsvoll am 8. Oktober 1960: »Mich erschüttern manchmal Berichte über die Entfremdung zwischen Kindern und Eltern, und wenn ich nicht selbst so sündigte an meinen Söhnen, würde ich es wagen, einen Appell an die Eltern zu richten, sich mehr um die Kinder zu kümmern und mehr Verständnis für deren Probleme zu zeigen.« Brandt kam in seinen Reden nur selten auf die Söhne zu sprechen, er neigte nicht dazu, sie politisch zu instrumentalisieren. Seine Toleranz ihnen gegenüber war eine Mischung gespeist aus Einsicht, aus echter Überzeugung, aus Zeitmangel, Scheu vor Konflikten, Güte, Erschöpfung, pädagogischen Versäumnissen und Erfahrungsdefiziten.

Dennoch achtete er sehr darauf, wie er in der Öffentlichkeit als Vater wahrgenommen wurde.

»Ich weiß nicht«, fragt sich Peter Brandt, »ob es meinem Vater gelungen wäre, die Wandlung seines Images zum Förderer der kritischen Jugend glaubhaft zu machen, wenn er Ende 1966 nicht nach Bonn gegangen wäre. Weil er bereits Außenminister in Bonn war – und das soll nicht zynisch klingen –, musste er nicht unmittelbar auf die dramatischen Ereignisse nach dem 2. Juni, die Erschießung Benno Ohnesorgs, und den Mordanschlag auf Rudi Dutschke am 11. April 1968 als unmittelbar Verantwortlicher reagieren.«

In dem weitverbreiteten Anekdotenbuch von Heli Ihlefeld, Willy Brandts langjähriger Freundin, findet sich auch ein Kapitel unter der Überschrift »Väter und Söhne«. Brandt hat der Autorin die Mehrzahl der Anekdoten selbst zukommen lassen, handschriftlich. Den Satz »Es ist nicht mein Problem, wenn andere nicht mit ihren Kindern fertigwerden« ändert er folgendermaßen ab: »Es ist nicht mein Problem, wenn andere ihre Kinder nicht verstehen.« Das war der Akzent, den er setzen wollte, fürsorgliches Verständnis statt autoritärer Machtbehauptung. Für dieses Erziehungsideal schlug auch Günter Grass lautstark die Trommel und rief Willy Brandt zum idealen Vater aus, dessen Toleranz beispielgebend sein könne für den Konflikt der Generationen. Bei zahlreichen Wahlkampfauftritten warb der Dichter für den verständnisvollen Vater, er verfasste für Brandts Reden pädagogische Textbausteine, die der Kanzlerkandidat im Bundestagswahlkampf 1969 auch gerne aufgriff, und er plädierte in Aufsätzen (»Eine pädagogische Lektion«) und Interviews für die »nie ermüdende Aufmerksamkeit des Vaters« Brandt, die er bewundere. Und dazu zitierte Grass gerne einen Vers des Autors Eckart Hachfeld, der reimte: »Werdet auch so tolerant wie der Vater Willy Brandt.«

In seinen Erinnerungsbüchern, aber auch in einer Reihe von Reden hat Willy Brandt eingeräumt, die Familie vernachlässigt zu haben, zu wenig mit den Söhnen gesprochen zu haben. Doch andererseits hörte er genau hin, wenn Peter politisch opponierte. Brandts Glaubwürdigkeit gegenüber der jüngeren Generation hatte auch etwas mit diesem häuslichen Konflikt zu tun, denn anders als viele andere der

Elterngeneration vermied er in der Beurteilung der Jugend Pauschalurteile. Er achtete stets darauf, schon in der Anrede differenzierende Formeln, zu finden, er schor die Studenten nicht über einen Kamm, sprach nicht von den Studenten, wo er eine extremistische Minderheit meinte. Um der Studentengeneration ein Dialogangebot zu machen, richtete die SPD im Januar 1969 einen Kongress in Bad Godesberg aus, der unter dem Titel »Die junge Generation und die Zukunft der Demokratie« stand. Zwar blieb ein wirkliches Gespräch zwischen Partei und der Jugend aus, aber Brandt hielt eine bemerkenswerte Rede, weil er sich öffnete, eigene Jugenderfahrungen einbrachte, ohne allzu altväterlich zu klingen. Der Appell, den er hier an die Studenten richtete, hätte er so auch Peter zurufen können, beziehungsweise aus dieser Passage klingen die Resonanzen familiärer Diskussion: »Jemand wie ich, der in seinem Leben nicht den leichten Weg gegangen ist, kann nicht nur an die Zukunft denken, er muss auch zurückdenken an die schrecklichen Erfahrungen, die er gemacht hat. Er muss davon sprechen, nicht um euch etwas aufzuzwingen, sondern um in unsere Diskussion etwas einzubringen, was nicht zum Vergessen geeignet ist. Zu meiner Erfahrung gehört: Man kann nicht aussteigen. Ihr könnt nicht aus der Geschichte aussteigen; ihr könnt nicht aus eurer Umwelt aussteigen; ihr könnt eure Familie nicht verleugnen, nicht eure Bildung und nicht die Tradition, in der ihr aufgewachsen seid – im Guten nicht und im Bösen nicht. 1930 und 1931 habe ich als Sechzehn- bis Siebzehnjähriger gerufen, Republik, das sei nicht viel, Sozialismus sei das Ziel. Dabei war die Weimarer Republik nicht wenig, gemessen an dem, was ihr vorausging, und vor allem an dem, was ihr folgte.« Hätte Brandt völlig die Gefühlswelt seiner Söhne unbeachtet gelassen, hätte er sich nicht auf ihr Denken einstellen können, wären ihm solche Sätze nicht gelungen.

Wer ist Lars?

»Von dem, was die anderen nicht von mir wissen, lebe ich.«

PETER HANDKE: AM FELSFENSTER MORGENS

Wer Lars Brandt ist und warum er ist, wie er ist, darüber werde ich noch lange nachdenken.

Wie schildert man einen Menschen, der offensichtlich keinen Wert darauf legt, geschildert zu werden? Wie deutet man jemanden im Familienbild, der sich jeder Deutung entzieht? Zu entziehen scheint?

Fiel mir der Zugang zu Ninja, zu Peter und Matthias Brandt leicht? Leichter? Bei allen Annäherungen, Anrufen, Mails oder Briefen ging es darum, Vertrauen zu bilden. »Dürfte ich in Ihr Leben eintreten? Würden Sie mir bitte sagen, wer Sie sind?« Mir war klar, dass solche Fragen für jeden von ihnen Zumutungen sind.

Matthias Brandt ist als Schauspieler, der in der Öffentlichkeit steht, den Umgang mit solchen Fragen gewohnt. Er löst solche Situationen professionell. Er wirkt offen, frei, zugänglich. Gleichwohl ist er scheuer und zurückhaltender, als es scheint. Peter Brandt hingegen hat sich als Historiker auch im Hinblick auf die eigene Familiengeschichte einen nüchternen Pragmatismus, eine historische Distanz zu eigen gemacht. Geschichte wird gemacht, erzählt, gedeutet auch ohne mich. »Ich bin«, so habe ich ihn verstanden, »keine Majestät, kein Souverän meines gelebten Lebens, bitte fragen Sie mich!« Ninja, die ich das erste Mal am Rand einer Veranstaltung in Berlin ansprach und um ihre Mitarbeit bat, reagierte im ersten Moment zurückhaltend. Sie war erschöpft an diesem heißen Sommertag, sie blickte nach innen, sie war hier – im Land ihres Vaters – unterwegs in Vergangenheiten, die sich mit meiner plötzlichen Gegenwart nicht recht vertrugen. Dann jedoch, später, lud sie mich umso bereitwilliger ein, lotste mich durch Oslo, öffnete mir ihr Haus, ihre Erinnerungen.

Und Lars? Es fiel bereits schwer, seine Adresse zu bekommen. Es gab Menschen, die sie besaßen, sie mir aber nicht geben wollten, weil sie meinten, das könne ihn verstimmen. Man riet mir, an den Verlag zu schreiben. Das erschien mir zu unpersönlich. Schließlich fand ich einen Journalisten, der zumindest seine E-Mail-Adresse besaß. Ich schrieb, stellte mich kurz vor, bat um Mitwirkung. Er schrieb zwei Tage später zurück. Freundlich. Jedoch ablehnend. Zum Thema »Brandt« habe er sich in seinem Buch »Andenken« bereits vor Jahren geäußert, darüber hinaus wolle er nicht weiter zu diesem »Themenkreis« Stellung beziehen: »Für Ihre Arbeit wünsche ich Ihnen trotzdem alles Gute.« Ich nahm es sportlich. Jedenfalls tat ich so. Es musste also ohne ihn gehen.

Monate vergingen, ein halbes Jahr, ich lernte seine Geschwister besser kennen. Lars blieb eine Leerstelle. Peter bot sich an, mir seinen Bruder erzählend, erinnernd näher zu bringen, er wisse um dessen Verschlossenheit nur zu gut, aber als Bruder, der in großer Nähe zu ihm aufgewachsen sei, der ihn als Bruder »liebe«, würde er sich trauen, ein zuverlässiger Gewährsmann zu sein.

Wir schoben das Gespräch auf die lange Bank. In der Zwischenzeit begegnete ich einer Reihe von Leuten, die versucht hatten, Lars kennenzulernen. Ein Biograph des Vaters, der ihn einmal getroffen hatte, meinte, er sei »verschlossen wie eine Auster«. Er habe bei ihrem Treffen mehr oder weniger nichts gesagt. Ich traf andere, die ähnliche Geschichten erzählten. Ein abweisender Mensch. Mensch im Panzerschrank. Nach innen ausgewandert. Schwierig. Sperrig. Eingekapselt. Lebt mit seiner Frau in stiller, einsiedlerischer Zweitracht. All das erschien mir keineswegs unsympathisch. Es steigerte mein Interesse, aber auch meine Beklommenheit. Ich las seine Bücher. Das Erinnerungsbuch »Andenken«, den nachfolgenden Roman »Gold und Silber« und den zweiten Roman »Alles Zirkus«. Ich klopfte die Texte auf biographische Einsprengsel ab. Wo war Lars Brandt hier auffindbar? Das erste Buch, mit dem er an die Öffentlichkeit trat, war ein Interviewband mit dem von ihm hochgeschätzten österreichischen Dichter

H. C. Artmann. Wie sehr ihn Artmann angezogen und beeinflusst hatte, würde ich später herausfinden. Das Buch war 2001 erschienen. Ein Jahr zuvor hatte Lars Brandt den schwerkranken Artmann in Wien besucht, einen Dokumentarfilm über ihn gedreht und das lange, mehrere Tage dauernde Interview schließlich als Buch veröffentlicht. Ich stieß darin auf eine Frage des Interviewers Brandt, die fast keine Frage mehr war, sondern bereits eine Antwort zu enthalten schien. Eine Frage überdies, die ganz unvermittelt und ohne Anknüpfungspunkt zwischen den beiden im Raum stand: »Muss alles immer wie geschmiert laufen, oder ist es denkbar, dass etwa Stolpern oder Lispeln einen Wert haben, oder Stottern?« Sprach da Lars Brandt zu sich selbst? Von sich selbst? War das eine Verteidigung der stockend-tastenden Rede, die sich nicht sofort als gefällige Betriebs- und Werbesprache anschmiegt?

Ich bildete mir ein, einen Umriss zu erkennen. Als »Andenken« erschienen war und ein Riesenerfolg wurde, hatte Lars eine Vielzahl von Fernseh- und Radiointerviews zu geben. Ich studierte das Material. Da sprach einer, der Pausen um sich herum entstehen ließ, dessen Sätze schon mal abrissen, der zwar eloquent war, der aber offenbar das eigene Sprechen nur als unzureichendes Abbild seines Denkens betrachtete und darüber immer schweigsamer wurde. Ist nicht alles viel komplizierter, als meine Sätze hier auszudrücken vermögen? Ein Sprachskeptiker? Stotterte da einer nach innen, weil ihm der Redefluss außen verdächtig erschien? Es war förmlich zu hören, wie seine Gegenüber, die Moderatoren mit den geschulten, munteren Stimmen, immer unruhiger wurden, wie sie Momente der Stille und des Zögerns zu überbrücken suchten, wie sie den Hörer oder Zuschauer da draußen nicht verlieren wollten, während der Gast an dieses Außen wenig zu denken schien oder, wenn er an es dachte, nur widerwillig zu Konzessionen bereit war. Nein, wohl fühlte er sich nicht vor den Mikrophonen und Kameras, er spielte mit, ohne jedoch selbst zum Spieler zu werden, er spielte sich nicht frei, er schlüpfte in kein kurzweiliges, verkaufsstimulierendes Medien-Ich.

Gerade, im Februar 2012, war sein neuer Roman »Alles Zirkus« erschienen. Furore machte das Buch kaum, die Bestsellerlisten erklomm es nicht, die einen lobten, die anderen verrissen es. Ein stilles Buch. Es ist die Geschichte eines Mannes, eines Werbeprofis, dem die Gewissheiten abhandenkommen, dem die Wirtschaftskrise zusetzt, der in eine Beruf-, Beziehungs- und Orientierungskrise hineinrutscht. Alles abwärts? Der Mann hat Alpträume, in denen er sich in einen Clown verwandelt, tagsüber bekommt er seltsame Mails, in denen ihm Clownbedarf en gros angeboten wird, und schließlich kommt ihm das Leben im entfesselten Kapitalismus wie ein Zirkus vor. In einer Literatursendung hatte Lars Brandt sein Buch vorgestellt. Mit ihm war ein anderer Schriftsteller eingeladen, der auch einen Roman geschrieben hatte, in dem es irgendwie um die Krise ging. Die Moderatorin fragte beide Schriftsteller, ob sich die Literatur angesichts der globalen Erschütterungen nicht auch neu justieren, kämpferischer und engagierter zu Werke gehen müsse? Der andere Schriftsteller, ein eloquenter, junger Mann bejahte das. Ja, sagte er, die Literatur müsse sich mal wieder einmischen, die poetische Klappe aufreißen. Lars Brandt widersprach. Die Literatur sei gut beraten, sich auf sich selbst zu konzentrieren, erst so könne sie sich zu sich selbst kommen. Einige Wochen darauf stellt er das Buch im Rahmen der Buchmesse in Leipzig vor. Ich steige in den Zug. Vielleicht ergibt sich ein Gespräch?

Als ich den Bahnhof verlasse, überquere ich den Willy-Brandt-Platz.

Lars Brandt liest im Clown-Museum. Das private Museum beherbergt die private Sammlung eines Mannes, der sich ein Leben lang für die Welt der Clowns begeistert hat. So sieht es aus: Eine wilde, bunte Sammlung. Der Raum, in dem Lars Brandt liest, ist klein. Es sind etwa dreißig Zuhörer gekommen. Ich bin aufgeregt wie ein Kind, sitze in der zweiten Reihe. Lars blinzelt in den Raum. Legt seine Armbanduhr ab, legt sie vor sich auf den Tisch. Links und rechts des Lesetischchens stehen zwei Schaufensterpuppen im Clownskostüm. Rote Nase, unheimlich starrer, freudloser Blick. Der Schriftsteller liest, unterbricht sich nach fünf Minuten und fragt, ob er gut zu verstehen sei.

Wie liest er? Er nuanciert wenig, trägt nicht dick auf, liest mit sicherer, aber nach innen weisender Stimme. Er ist kein Eroberer, kein Ich-

Lars Brandt, gesehen von seiner Frau, der Fotografin Renate Brandt

fessle-euch-alle-Vorleser, kein Mann der großen Geste. Am kleinen Finger der linken Hand trägt er einen goldenen Ring, der blitzt, als sei er frisch poliert. Und sonst?

Ich taste den Mann fragend und suchend ab, aber ein spektakulärer Schlüsselmoment zeigt sich nicht. Das ist ein Mann, der nicht gern in der Menge badet, keiner, der sich gerne schnell berühren ließe. Bei der anschließenden Diskussion zeigt er nur an einer Stelle so etwas wie Gefühl und Erregung. Als die Sprache auf den vergessenen Maler Richard Linder kommt, der in dem Roman eine gewichtige Rolle spielt, empört er sich deutlich über die alte Bundesrepublik, die verfemte, verfolgte und ins Exil gezwungene Künstler nicht stärker umworben und ins Land zurückgeholt habe, während »alte Nazis« nur zu willkommen gewesen seien in der braunstichigen Republik. Ich stelle keine Frage, mir fällt keine ein. Dann signiert er. Ich trete an den Tisch.

»Was soll ich hineinschreiben?«

»Who needs a clown?«, antworte ich und halte das für eine irgendwie intelligente Idee. Der Satz ist ein Zitat von Artmann, das Lars Brandt dem Buch vorangestellt hat. Er ist irritiert. »Nur das? Noch mal?«

»Ja!«, antworte ich und merke in diesem Moment selbst, dass sich gute Ideen schnell als verquollener Plunder herausstellen können. Ich bedanke mich und fahre nach Berlin zurück.

Meine anfängliche Annahme, ich könnte die fehlende Begegnung mit Lars Brandt auffangen, indem ich andere bat, ihn mir vor Augen zu stellen, stellte sich bald als Trugschluss heraus. Ich fand kaum jemanden, der ihn kannte, und die, die ihn kannten, kennen mochten, wagte ich nicht zu kontaktieren, weil ich anfing, mich wie ein Detektiv zu fühlen. Wolltest du nicht ein Buch schreiben? Ich entwarf wieder und wieder den richtigen Brief und warf Blatt um Blatt in den Papierkorb. Auch fand ich niemanden, der mir seine Adresse geben konnte oder wollte, und – da war ich mir sicher – ich würde erst den richtigen Brief schreiben, wenn ich die richtige Adresse hätte. Albern? Schließlich stieß ich auf einen früheren Mitarbeiter seines Vaters, der mit ihm korrespondiert hatte. Ich war diesmal entschlossen genug, den Brief zu beenden und abzuschicken. Ich schrieb schnell und ohne Innehalten.

Der Brief wurde viel zu lang, aber ich hatte bereits zu viel über den Adressaten nachgedacht, um mich kurz fassen zu können. *»Ich denke«*, so lautete ein Satz, *»dass man Familiengeschichten nicht als auktorialer Erzähler darstellen kann, und ich glaube auch nicht an lineare Entwicklungsgeschichten und ihre Fähigkeit, das Leben in seinen Falten, Schattenströmen, Nischen und Verkleidungen abzubilden. Daher will ich sehr offen erzählen, Fragmente anbieten, geforderte Antworten weglassen und auf verleimende Interpretationen verzichten. Viele Fragen, die mir zu Ihnen* *einfallen, haben gar nichts mit Ihrer Familie zu tun, da mir scheinen will, dass Sie früh ein Eigener gewesen sind.«* Mmmh, denke ich beim Blick auf die Kopie meines Briefes vom 1. Oktober 2012, klingt reichlich hochstaplerisch. Woher sollte ich wissen, ob er früh ein Eigener gewesen ist? Ist das nicht – aus der Ferne – ein anmaßendes Urteil? Ich war erleichtert, als der Brief unwiderruflich im gelben Maul verschwunden war.

Am 4. Oktober antwortete er. Ich war gespannt. Er schrieb mit Tinte. Er bedankte sich für den freundlichen Brief: *»Ich entnehme ihm, daß Ihnen bewußt ist, wie wenig die Zurückhaltung, mit der ich Ihrem Vorhaben begegnet bin, mit Ihrer Person zu tun hat. Ich wollte Ihnen das Leben wirklich nicht schwer machen, darum ging es bestimmt nicht.«* Die kleine, sanft swingende Handschrift sah der seines Vaters nicht unähnlich. Keine auftrumpfend großen, keine marschierenden, paradierenden Buchstaben, keine zackig spitzen Übergänge, sondern weich ineinanderfließende Zeichen. Gut lesbar, alte Rechtschreibung (offenbar ein Traditionalist), die Unterschrift setzt sich nicht majestätisch vom Rest des Briefes ab, sondern bleibt dem Stil des Textes treu. Der ganze Brief war keineswegs so verschlossen und abweisend, wie ich erwartet hatte, sondern zugewandt, einfühlsam und offen. Er wolle sich nun meinem Wunsch, ihn kennenzulernen nicht länger verschließen. Ob ich einen Vorschlag machen wolle? Wie, wo, wann? Ich schlug Hildesheim vor, dort las er aus »Andenken«.

Er ist überraschend groß. 1 Meter 83. Ähnelt mehr dem Vater als der Mutter. Zerstrubbelte graue Haare, halblanger Wollmantel, schwere Brille, ginge auch als Highbrow-Rockstar durch. Elvis Costello oder Paul Weller. Rockstars jedoch stelle ich mir lärmiger, weniger introvertiert vor. Im Taxi zum Hotel. Verbale Annäherungen. Das Hotel Timphus beherbergt auch eine traditionsreiche Bäckerei mit Café. Oder ist es umgekehrt? Das Café im Wiener Stil zeigt viel Holz, plüschige Pracht, Kronleuchter, Spiegelwände, eine Nostalgie-Orgie, wir tauchen in die siebziger Jahre. Käme jetzt Willy Brandt zur Tür herein, wäre man kaum erstaunt. In der Ecke sitzt ein graugerauchter, magerer stoppelbärtiger Mann, der soeben aus der Kriegsgefangenschaft zurückgekehrt zu sein scheint. Die Bäckerei Timphus: Familienbetrieb seit 1965, Meister- und Gesellenbriefe über drei Generationen, in einer Ecke steht, gut ausgeleuchtet, die geschnitzte Nothelferin des Bäckerhandwerks, die heilige Notburga, die die Armen speiste und einmal eine Sichel in den Himmel warf, wo sie an einem Sonnenstrahl hängen blieb.

Lars Brandt bestellt ein Mettwurstbrot. »Ich erzähle Ihnen jetzt einmal eine Anekdote …«, sagt er, aber die Anekdote taucht nicht auf. Er wirkt scheu, ein leichtes Zittern läuft durch den Mann, dieses Kennenlernen ist Arbeit für ihn. Über die Familie spricht er nicht, das Verhältnis zu seinem Vater stellt er auffällig lakonisch und unkompliziert dar. Sie hätten immer ein gutes, ja mitunter ein lustiges Verhältnis gehabt. Manchmal habe er an seinen Reden mitgeschrieben, und zusammen mit Klaus Harpprecht habe er auch an zwei Erinnerungsbüchern seines Vaters mitgearbeitet: »Begegnungen und Einsichten« (1976) und »Links und frei« (1982). Man habe sich in Bad Münstereifel getroffen, sich Texte zugespielt und zusammengefügt. Er habe versucht, immer so viel Thomas-Mann-Bezüge oder Zitate wie möglich in die Werke seines Vaters einzuschmuggeln. Er betont mehrfach die enge Beziehung zu seiner Frau Renate. Auch H. C. Artmann taucht auf. Zu seinen Lesungen in Bonn oder Köln sei er wie zu einem Popstar gepilgert. Er lebe gern in Bonn, ärgere sich daher über Pseudobescheidwisser und Boulevardjournalisten, die die Stadt als »Bundesdorf« verspotten. Tatsächlich beheimate die Stadt eine lebendige, international verflochtene Kultur- und Galerieszene, »das haben meine Eltern gar nicht so wahrgenommen«, und sagt: »Wussten Sie, dass Bonn die erste Sigmar-Polke-Ausstellung gezeigt hat, noch vor Berlin?« (Ich wusste es nicht). »Andenken«, das Buch über seinen Vater, habe er aus eigenem Antrieb begonnen, eine Verlagsanfrage gab es nicht.

Er isst sein Brot nur zur Hälfte. Die Pausen in unserem Gespräch schmerzen nicht. Die Kellnerinnen tragen gestärkte Schürzen. Lars Brandt beißt nicht. Aber er ist kein Plauderer. Kein Entspannungskünstler. Der ist noch unterwegs mit seinen jetzt 61 Jahren. Sieht jünger aus. Hat lange von Zweifeln gelebt. Etwas juckt innen. Wir gehen auseinander. Er will sich auf die Lesung am Abend vorbereiten. Der Raum ist gut besucht. Mir ist vor allem ein Mann erinnerlich, der sich in der anschließenden Fragerunde hervortat. Er saß in der ersten Reihe, trug eine Lederweste, längere strubbelige Haare und schwere Silberringe. Alle Zeichen standen auf Ich-bin-der-Unangepasste. Als er sich an Lars Brandt wendet, duzt er ihn, bedankt sich bei ihm, dass er ihm das Gitarrenspiel beigebracht habe, und stellt eher keine Frage. Es geht augenscheinlich darum, den anderen, uns, vorzuführen, dass man den dort kennt, das man zu seiner Vergangenheit gehört, dass man – auf welch verschlungene Weise auch immer – selbst in den Zirkel dieser Familie gehört. Lars Brandt geht kaum auf ihn ein. Es scheint so, als habe er eine gewisse Routine im Umgang mit diesem Phänomen.

Das Wiedersehen findet in Bonn statt. Wir treffen uns auf seinen Vorschlag in einem Lokal namens »Weinkommissar«. Seine Frau ist mitgekommen. Renate. Sie sieht wie eine Frau aus, die lange auf einen tintenschwarzen Fluss geblickt hat. Sie stammt aus Hannover. Sie sind ein »altes« Ehepaar. Keiner ohne den anderen und jeder für sich. Ohne Kind. Eine Katze ging zwanzig Jahre zwischen ihnen hin und her. Sah ihm beim Malen zu oder legte sich auf seinen Schreibtisch. Wie er trägt sie den Ehering am kleinen Finger.

»Tragen Sie Ihren Ehering aus ästhetischen oder antibürgerlichen Gesichtspunkten auf dem kleinen Finger?«

Sie sehen sich an. Lächeln. »Von beidem etwas!«, sagt sie und dann schaut sie wieder auf den Fluss.

Sei ihm bewusst gewesen, dass das Pseudonym David Stein, unter dem er als Maler gearbeitet und ausgestellt habe, der Name eines der größten Kunstfälscher war?

»Nein, das wusste ich nicht. Ich hab mir den Namen selbst überlegt. Ich habe ja auch den Namen ›Silk Therror‹ benutzt, ein spielerisches Pseudonym, mit dem ich auch meine Briefe oft unterschrieben habe.« Ich bin nicht sicher, wo er ist, wenn ich frage, und ich finde nicht heraus, wohin er geht, wenn er antwortet. Immer ist etwas Suchendes in seinem Blick. Lässt sich leicht aus der Bahn werfen. Stößt leicht an. Als jemand die Tür des Lokals offenstehen lässt – es zieht kalt herein –, springt er auf, bittet, man möge sie doch schließen. Ich bin dankbar für seine Initiative. Dann sitzen wir wieder zu dritt. Obwohl die Atmosphäre entspannt ist – und beim Abschied sagen wir drei ehrlichen Herzens »Es war ein netter Abend« und lächeln –, zuckt jeder von uns auf seine eigene nervöse Weise. Manchmal kann es gar nicht darum gehen, etwas zu erfahren, und Kenntnis entsteht, obgleich man schweigt. Hätte ich ein Aufnahmegerät auf den Tisch gelegt, wäre alles gestorben.

Wir schreiben uns jetzt hin und wieder, Briefe, auch Mails. SMS liest Lars Brandt kaum. Sein Handy, kein Smartphone, ist selten eingeschaltet. Ich lege ihm manche Frage vor. Manchmal empfiehlt er ein Buch, manchmal mache ich ihn auf etwas aufmerksam. Ich frage ihn – per Mail –, ob er einmal in Auschwitz gewesen sei, weil ich überlege, ein Kapitel unter diese Überschrift zu stellen. Muss dieser Ort – Willy Brandt hat ihn in seinen Reden oft die »Hölle auf Erden« genannt – nicht eine besondere Bewandtnis für diese Familie haben? Brandts Kniefall, seine Versöhnungspolitik? Ist der Höllenort Auschwitz nicht der deutsche Erinnerungsort, der vor allem die Generationen von Peter, Lars und Matthias prägte? Wie haben sie sich mit diesem Ort auseinandergesetzt, ihn erlebt? Lars schreibt: *»Nein, in Auschwitz war ich nie. Natürlich überschattet dieses Wort auch mein Leben. Ich habe mich viel mit der Geschichte des Nazismus befaßt. Bei den Reden und Aufsätzen, die ich für meinen Vater entworfen habe, spielten Themen aus diesem Zusammenhang oft auch eine wichtige Rolle. – Faßt man hingegen alles, was die damalige Furchtbarkeit ausmacht, unter dem Namen Auschwitz zusammen, könnte die einzigartige Unfaßbarkeit dieser Institution faktisch überdeckt werden, fürchte ich, auch wenn man das nicht beabsichtigt.«* Ich überlegte, was er damit meint. Meint er, meine Kapitelüberschrift sei unzulässig, weil sie weniger auf den Ort, sondern eher auf eine Begegnungs- und Empfindungsgeschichte zielt? Nämlich die der Familie Brandt? Meint er, ich würde so die Schrecken des Ortes unfreiwillig relativieren, indem ich mehr auf seine Besucher als auf den Ort selbst sehe? Warum fragte ich ihn nicht? Es überraschte mich zu hören, dass keiner aus der Familie Brandt Auschwitz besucht hatte. Natürlich waren sie, wie Lars schrieb, seelisch und emotional oft dorthin gewandert, aber physisch hatten sie diesen Ort, diesen Unort, den Martin

Walser 1965 in einem Essay »Unser Auschwitz« nannte, nicht betreten – weder Rut, Peter, Matthias noch Willy Brandt. Der erste Bundeskanzler, der Auschwitz schließlich besuchte, war 1977 Helmut Schmidt.

Unser Faden riss einstweilen nicht ab. Wir verabredeten uns ein drittes Mal, wieder in Bonn. Diesmal, so machten wir aus, würde ich auch seine Frau Renate in ihrem Atelier besuchen. Sie ist Fotografin, hat sich vor allem auf Künstlerporträts spezialisiert. Ihr Atelier befindet sich in der Südstadt. Der Raum im zweiten Stock eines Altbaus blickt auf eine wenig befahrene, baumumstandene Kreuzung. Gegenüber im Café wienert ein Mann die Kaffeemaschine. Ein bürgerliches Viertel, formbewusste Lampen schielen leuchtend aus den Zimmern, Bücherwände, Antiquitäten. Schläfriges, wohlkonserviertes Schmuckstübchen Südstadt.

Renate Brandt ist 1954 geboren und in Hannover aufgewachsen. Sie wird Buchhändlerin, zieht nach Köln und arbeitet in der Bonner Buchhandlung »König und Wolf«, die eine große Kunstabteilung unterhält. Da es damals nur wenige Galerien in der Stadt gibt, ist die Buchhandlung Anlaufstelle für kunstgesinnte Leser. Lars Brandt ist ein häufiger Kunde. Sie tun sich bald zusammen.

»Wie haben Sie Lars Brandt damals kennengelernt? War er schon ein fertiger, ein bei sich selbst angekommener Mensch?«

»Ein fertiger Mensch? Damit kann ich erst mal nichts anfangen. Was heißt das?«

»Wie haben Sie ihn gesehen, als Sie sich kennenlernten?«

»Ich würde sagen, er war sehr selbstbewusst, er wusste genau, was er wollte, aber das drückte sich nicht in seinem Auftreten aus, er hatte etwas Fragiles, etwas ganz Zartes an sich. Ich sah mich damals mit 20 als extrem schüchternen Menschen, er war einige Jahre älter.«

Renate und Lars heiraten ohne Familie. Es ist ihre Sache. Ihr Leben. Keine Konventionen, kein Fest, nur weil es erwartet wird. Renate Brandt lernt Rut und Willy Brandt 1974 kennen. »Sein Vater, Willy Brandt, war sehr freundlich zu mir. Er ist mir mit großer Selbstverständlichkeit begegnet. Ich hatte den Eindruck eines geradezu schüchternen Mannes. Er hatte vor allem gegenüber jungen Leute überhaupt keine patriarchale Jovialität, wie man das vielleicht erwartet hätte, nichts Herablassendes.«

»Und wie ist Rut Brandt auf Sie zugegangen?«

»Rut hat mich sofort geduzt und mich auch mehrfach aufgefordert, sie ebenfalls zu duzen.«

Renate Brandt beginnt 1981 beim WDR ein Volontariat als Cutterin. Durch sie schließt Lars Brandt Bekanntschaft mit dem Handwerk des Dokumentarfilms, bei einigen Projekten unterstützt und berät er sie, vor allem seine geschichtlichen Kenntnisse sind gefragt. Schließlich gibt sie 1987 ihre feste Stellung beim WDR auf, wagt die Selbständigkeit als freie Fotografin, weil sie den genormten Betrieb nicht mehr aushält, weil sie eigene Ideen verfolgt.

Sie zeigt mir eine Reihe von Porträts, die in den letzten Jahren entstanden sind, Schriftsteller zumeist, Enzensberger, Herta Müller, Thomas Hettche, Wolfgang Hilbig. Ihr Auge fordert im Gegenüber nicht den Pfau heraus. Offen gestanden mag ich keine Schriftsteller-

Renate und Lars Brandt, Anfang der neunziger Jahre

porträts. Wie sie den Finger an die Wange legen, wie sie weltwund am Schreibtisch sitzen, wie sie wilder Mann spielen oder wilde Frau, kommt mir meistens übertrieben vor. Aber das hier sind ziemlich lakonische Fotos, die Stimmung ist ernst, nicht bleiern, sie wirken, als hätten die Verstellungskünste gerade eine Zigarettenpause eingelegt. In »Andenken« finden sich zwei Automatenpassbilder von Willy Brandt. Renate Brandt hatte ihren Schwiegervater gebeten, sich an einem Projekt zu beteiligen, für das sie die Mitwirkenden bat, sich vom Automaten fotografieren zu lassen. Nein, sagt sie, insgesamt sei ihre Idee nicht aufgegangen, aber die Bilder von Willy Brandt zeigen doch etwas Besonderes. Hier ist ein Mensch zu besichtigen, dessen Gesicht immer mit Bedeutung aufgeladen, dessen Physiognomie stets als große Erzählung inszeniert worden war und das hier, hier auf dem Hocker, hier vor dem leblosen Auge, hier in diesem kleinen, schmuddeligen Kasten mit Vorhang wieder zu sich selbst zurückkehrt und über die unverstellte Sicht auf das eigene Ich staunt. Ach, das bin auch noch ich? Da bin ich wieder? Ich habe Willy Brandt kaum jemals offener ins Gesicht schauen können als auf diesen Automatenfotos, die frei sind von jeder Symbolik.

Lars holt mich vom Atelier ab. Wir wollen durch Bonn spazieren, ich will ihn auf seinen alltäglichen Wegen begleiten, um ihm näher zu kommen. Das ist die Idee. Es regnet. Das ist keine Idee. Zwei Männer unter einem Schirm. Leichte Komik. Jeder will dem anderen das größere Schutzgebiet einräumen, so werden beide nass. Ich, etwas größer als er, gehe gekrümmt. Ist es so wichtig, was man redet? Geht es unter dem aufgespannten Dach nicht um Schrittverständigung, um Schulterdiplomatie?

Lars gibt den Stadtführer.

»Haben Sie das Bonner Münster besucht? Das sollten Sie machen, es ist von großer Schönheit. Sehen Sie diese Gebäude dort, das Schloss, es ist von Clemens August gebaut worden, ein Wittelsbacher, weshalb Bonn mitunter so aussieht, als läge es in Bayern. Ja, und dort der Teich, ja, jenes ausgebaggerte Schlammloch. Das war früher ein von vielen Fischen bevölkerter Graben, dann wurde es ökologisch saniert, und seither kippt es einmal im Jahr um, die Fische sterben, und dann kommen die Bagger.« Er lacht keckernd.

Es ist das dritte Mal, dass wir uns treffen, und heute geht es leichter, heiterer. Auf einmal stehen wir vor dem Schaufenster einer Buchhandlung in der Kaiserstraße. »Das ist meine Stammbuchhandlung. Das ist eine richtige Achtundsechziger-Buchhandlung, nicht groß, aber gut sortiert.« Er winkt dem Buchhändler, der ihn erkennt, lächelnd zu.

»Gibt es für Sie das Buch der Bücher?«

»Eines ist sicherlich ›Pnin‹ von Nabokov. Das habe ich oft gelesen und jedes Mal lauthals gelacht.«

»Zettels Traum?«

»Arno Schmidt? Da bin ich ambivalent, ich hab nicht alles gelesen, bin kein Schmidtianer und kein Experte für ›Zettels Traum‹. Und immer diese alten Männer, immer diese Sprachmuskelspiele! Vermutlich schaue ich ihn gerade an wie ein frisch Verliebter. Wenn Sie etwas hören wollen, das mir ganz und gar wichtig ist, das mich sehr berührt, Sie fragten danach, dann müssen Sie sich Steve Reich ›Different Trains‹ anhören. Reich fuhr als Kind mit dem Zug zwischen New York und Los Angeles hin und her, weil sich seine Eltern getrennt hatten. Und zur gleichen Zeit fuhren in Europa die Züge in die Konzentrationslager. Diese Züge wären für ihn bestimmt gewesen, wäre er nicht in Amerika aufgewachsen.«

Wir gehen langsam zum Bahnhof.

»Welche Thomas-Mann-Ausgabe besitzen Sie?«

»Eine zwölfbändige Lederausgabe.«

»Hatten Sie grad viel Geld oder einen Gönner?«

»Mein Vater hat sie mir geschenkt, nachdem sie ihm geschenkt worden war.«

Wir schütteln uns die Hände. Ich muss frühere Eindrücke revidieren. Er ist offener, zugangsbereiter. Er fragt, ist an seinem Gegenüber interessiert, der Panzer, der ihn noch bei unserem ersten Treffen umgab, ist verschwunden. Aus dem Regen wird Schnee.

Im Zug. Im Speisewagen. Ich erinnere noch einmal die Begegnung mit seiner Frau. Ich sehe ihr Atelier. Alle Dinge hatten ihren Platz und standen nicht zufällig dort, wo sie standen. Fast alles paarweise und symmetrisch ausgerichtet. Zwei Päckchen Melitta-Filtertüten, zwei Kaffeetassen, zwei Etuis, zwei rot-weiße Dosen Schoka-Ko-La. Die Dinge stehen so nebeneinander, als hielten sie sich umschlungen, als reichten sie einander die Hand. Zwang oder Zärtlichkeit? Zärtlicher Zwang? Nein, hatte sie gesagt, als ich sie auf die Paarbildung der Objekte ansprach, das sei ihr gar nicht aufgefallen, diese Ordnung der Dinge. Schön sieht es aus. Symmetrisch. Da spricht so etwas wie Unumstößlichkeit aus den Objekten, erlöst wirken vom bloßen Konsumartikeldasein.

Wer ist Lars Brandt? Er wird einsilbig, wenn die Sprache auf die Familie kommt. Er hütet seinen Weg. Vielleicht pocht er auch bloß auf die Gegenwart und will von Vergangenheiten nichts wissen, die ihm andere abluchsen oder andichten wollen? Wie war das so als Kanzlersohn, Herr Brandt? Diese Frage läuft ihm nach wie ein treudoofer Hund, den man nicht abschütteln kann. Er gibt wenig preis. Als wir zusammen zu Mittag aßen, das Lokal war nahezu ausgestorben, fiel mir zum wiederholten Male auf, wie er in ein mitreißendes Schweigen versinken kann. Sein Vater hat sich auch oft in diesen Mantel gehüllt. Lars beginnt einen Satz, kommt an eine Gabelung, bleibt stehen und hält inne. Kann er sich nicht entscheiden, in welche Richtung er weitergehen soll?

Ich denke an eine Passage aus seinem Buch über H. C. Artmann. Er lässt seine Interviews mit dem Dichter Revue passieren. Worauf kommt es an, wenn man jemanden beschreibt, wenn man die Welt durchdringen und der eigenen Subjektivität begegnen will? Wenn man eine »reale Sicht auf die Wirklichkeit gewinnen« will? Man müsse, schreibt er, sich klarmachen: »Einzelne Menschen sehen einzelne Menschen.« Ist das sein Programm, sein Leben?

Ich schlage mein Notizbuch auf und finde einen Satz, den seine Frau im Gespräch mit mir geäußert hatte: »Mich interessieren nur einzelne Leute!«

Einige Wochen darauf sind wir wieder zum Spaziergehen verabredet. Treffpunkt am Beethovendenkmal auf dem Marktplatz in Bonn. Kein

Regen diesmal. Er trägt einen kurzen Mantel, Sneaker, auf denen ein grünes Krokodil das Maul aufreißt. Auf dem Weg zum Rhein macht er mich auf einen Bettler aufmerksam, der in der Fußgängerzone sitzt. Vor sich hat er eine abgegriffene Kladde, die er mit einem Kugelschreiber bearbeitet. Wir treten näher, verringern das Tempo. Die Seiten sind mit enger, scharf gestochener Schrift bedeckt, so sitzt er da, jeden Tag und füllt Heft um Heft.

»Vielleicht«, sage ich, »wird das das Buch der Bücher!«

Am Rhein ist es frisch. Der Winter ist gerade gegangen, der Frühling noch nicht ganz da.

Die Beine der Jogger sehen aus wie Streichhölzer, der Fluss macht weiter kein Aufhebens von sich.

»Jetzt haben wir«, sagt er, »einen Weg gefunden, miteinander zu sprechen, auch wenn es anders geworden ist, als Sie es sich vielleicht vorgestellt haben. Nicht so viel Vergangenheit!«

Die Lektion dieses Nachmittags ist leicht zu lernen. Er will sich nicht immer mit Gestern befassen müssen. Will nicht auf den Sohn reduziert und zum Anhängsel einer großen Geschichte werden. Er will selbst in der Landschaft stehen, in seiner Landschaft. Man kommt ihm näher, wenn man ihm seine Ferne lässt.

Ich weiß kaum noch, wie wir auseinandergegangen sind.

Aber wir sind verabredet. Zum Spargelessen.

Farbige Notizen

Ein äußerst komplizierter Mann. Man kann ihn nicht schwarz-weiß malen, auch nicht mit den Farben einer bunten Palette. Brandt hat ganz eigene Farben. Er ist eine Figur, die vor der Geschichte Bestand haben wird.

CARLO SCHMID

Oh«, sagt Andy Warhol »er sollte wirklich auf die Politik verzichten und Filmstar werden!« Der New Yorker Pop-Art Künstler greift zur Plastiktüte und zieht eine Polaroid-Kamera hervor. In den Räumen der Bonner Galerie Wünsche herrscht an diesem Februartag 1976 drangvolle Enge. Andy Warhol porträtiert den Bundeskanzler a. D. Willy Brandt, und Bonn ist aus dem Häuschen. Arrangiert hat das Treffen der Galerist Hermann Wünsche, ein Freund des Künstlers. Brandt hatte zugestimmt, nachdem vereinbart worden war, dass ein Porträt auf der Westdeutschen Kunstmesse in Düsseldorf zugunsten von Unicef versteigert werden würde.

Die beiden Stars sind umringt von Fotografen, Kameraleuten und Journalisten. Jetzt – das ist die allgemeine Erwartung – muss etwas ganz Besonderes passieren, etwas Seltenes, etwas Außergewöhnliches, etwas, das den Rahmen sprengt. Die großen Männer machen Smalltalk.

»How long do you stay in Bonn?«

»Tomorrow morning!«

»It's nice!«

Brandt bleibt würdevoll-ernst. Warhol nestelt an seiner Plastiktüte herum. Man wechselt in den ersten Stock, denn hier, im Erdgeschoss, kann Warhol kaum seine Ellenbogen spreizen. Warhol ist betont nüchtern, sachlich, unpathetisch. Er drückt sechsundzwanzig Mal auf den Auslöser seiner Kamera, sechsundzwanzig Mal springt das Blitzlicht Brandt an, sechsundzwanzig Mal sucht Warhol eine prägnante Pose, sechsundzwanzig Mal surrt ein milchblasser, sich noch entwickelnder Abzug aus dem Apparat. Warhol will nicht ernsthaft wissen, wer der Mann ist. Mit Persönlichkeitsstudien hält er sich nicht auf. Brandt, ganz Staatsmann, sieht sich in der Verständigungspflicht, zumal Warhol einsilbig bleibt.

»You go back to New York tomorrow?«

»No, I will go to Naples.«

»It's nice!«

Die zwei posieren noch einmal für die Presse, schütteln kurz die Hände, dann ist Warhol wieder weg. Die Journalisten sehen aus wie enttäuschte Kinder.

Sechs Wochen später hat Warhol fünf Porträts fertiggestellt, Siebdrucke in Acryl auf Leinwand. Willy Brandt sieht aus wie Marlene Dietrich oder Elizabeth Taylor. Der Lidschatten, türkis, breit aufgetragen, lässt die dunklen Augen glühen. Der Mund weich, breit, wie mit Lippenstift gemalt. Eine effeminierte Hand hält eine Zigarettenspitze, mondän wirkt das, dandyhaft.

Am 15. Juni 1981 schreibt Willy Brandt an den Kölner Künstler Georg Meistermann, der seinen siebzigsten Geburtstag feiert: »*Wir kennen uns nun schon seit vielen Jahren: flüchtig, seit wir einander in den ersten Nachkriegsjahren in Sachen ›Freiheit der Kultur‹ begegneten, intensiver während meiner Bonner Amtsjahre. Ich habe dafür zu danken, dass Sie mir während wichtiger Jahre ein kritisch-anregender Gesprächspartner und ein großzügig-duldsamer Weggefährte gewesen sind. Sie haben andere und mich teilnehmen lassen an der Sehweise des Künstlers, an seinem Bemühen, hinter die Dinge zu schauen, die Wahrheit der Dinge zu präsentieren und ihnen, wo nötig, den unechten und lügenhaften Schleier wegzuziehen, der über sie ausgebreitet wird. In Ihrem Wunsch, korrekturbedürftige Verhältnisse zu ändern, ging es Ihnen nicht immer schnell genug, und darin wusste ich mich oft mit Ihnen einig. So haben wir lernen müssen (oder bestätigt bekommen), dass der Fortschritt eine Schnecke ist.*« Dieser Brief ist in mancherlei Hinsicht bemerkenswert. Brandt war kein Kunstkenner, kein angeberischer Connaisseur, kein Museums-Pilger, aber er war offen und tolerant gegenüber modernen und experimentellen Sichtweisen. Er nährte gegenüber Kunst, zu der er keinen Zugang fand, kein Ressentiment. Wo er etwas nicht verstand, witterte er nicht gleich Scharlatanerie und wetterte nicht gegen avantgardistische Richtungen.

Der Brief dokumentiert aber auch Brandts besondere Beziehung zu dem Künstler, der sich am längsten und intensivsten bemühte, das Wesen und die Persönlichkeit des Politikers zu erfassen. Anders als der postmoderne Warhol, der Brandt en passant zur Pop-Ikone stilisierte und eine glamouröse Aura der Oberfläche schuf, war Meistermann darauf aus, »hinter die Dinge zu schauen«, dem Menschen hinter die Gesichter und Masken zu blicken, um Charakter- und Machtstrukturen aufzudecken. Kanzleramtsminister Horst Ehmke hatte Meistermann 1969 angeregt, Brandt zu porträtieren, nachdem ihm aufgefallen war, dass kaum vorzeigbare Bilder von sozialdemokratischen Politikern existierten. Meistermann, der 1960 bereits Carlo Schmid porträtiert hatte, griff diese Idee begeistert auf und fand dabei die Unterstützung von Brandts persönlichem Referenten Reinhard Wilke, dem Türhüter des Kanzlers, der entschied, wer einen Termin bei ihm bekam und wer nicht. Und weil der Maler, der im »Dritten Reich« mit Ausstellungsverbot belegt war, für Brandt seit 1952 kein Unbekannter ist, schafft es der kunstbegeisterte Wilke trotz größter Zeitnot, den Maler ins Kanzleramt zu schleusen. Brandt erscheint zur ersten Sitzung mit Akten unter dem Arm, brummig und verschlossen. Ein Podest, das der Maler ihm gezimmert hat, lehnt Brandt zunächst unwirsch ab: »Was soll das?« Meistermann überzeugt ihn, dass er ihn nicht von oben nach unten malen könne.

Brandt nimmt Platz, entzündet sich eine Zigarette und beginnt zu lesen. Unvermittelt nimmt er die Brille ab. »Die stört Sie doch?«

»Aber Sie können doch ohne sie nicht arbeiten?«

»Ich muss nicht immer arbeiten, wir können uns auch unterhalten!«

Brandt ist bereit, sich Meistermann zu zeigen, doch das bedeutet nun keineswegs, dass der Maler ihn zu fassen bekommt.

Nach einigen Sitzungen verzichtet Meistermann darauf, die Leinwand mit ins Kanzleramt zu bringen, stattdessen fertigt er dort nur noch Skizzen an und arbeitet dann in seinem Atelier weiter. Zu Beginn der Arbeit hatte Meistermann gesagt, es habe ihn gereizt, den Kanzler zu porträtieren, weil sich keine fünf Fotos finden ließen, auf denen sich der Mann ähnlich sehe, doch diese Wandelbarkeit, diese unstete Persönlichkeit stellt den Maler vor immer größere Schwierigkeiten. Er beklagt sich bei Reinhard Wilke so manches Mal, wie rätselhaft Brandt sei, wie schwer zu fassen. Es sei ein Kampf, ja ein regelrechter Kampf, ihn auf die Leinwand zu bannen, ein Kampf und ein zähes Ringen, das ihn bis in den Schlaf hinein verfolge. Der Kunsthistoriker Carl Linfert, der den Maler regelmäßig in seinem Atelier besucht, stellt fest, wie eine Farbschicht die nächste ablöst, eine Version die vorangegangene frisst, wie alte Konturen verschwinden, wie »Farbgegenden« sich bilden und vergehen, Zeichen wie Wolken aufziehen und zerfließen, wie immer neue Widerstände und Zweifel aufmarschieren. Zuletzt ist selbst Linfert, der professionelle Beobachter, ganz erschöpft von seinen Beobachtungen und findet, es ist »für mich das seltsamste Porträt der letzten Jahrzehnte«.

Auch Wilke besucht Meistermann während des Entstehungsprozesses in seinem Atelier. Einmal nimmt er auch Lars Brandt mit, der Interesse angemeldet hat, weil er sich selbst als bildender Künstler sucht und bilden will. Deshalb sucht Lars Brandt den Maler später häufiger auf, um mit ihm über Darstellungs- und Gestaltungsfragen zu diskutieren. Endlich, im Januar 1973, scheint das Porträt fertig zu sein, der Maler schreibt an den Außenminister Walter Scheel, der sich zuvor telefonisch bei Meistermann nach dem Fortgang der Arbeit erkundigt hatte: *»Die außerordentlich komplexe Persönlichkeit dieses großartigen Mannes und ihre fast unauslotbaren Hintergründe gaben da allerhand Probleme auf.«* Meistermanns Brief an Scheel liest sich untergründig wie eine Kapitulationserklärung, da er eher die Schwierigkeiten der Arbeit als ihr Gelingen betont. Und auch Reinhard Wilke spürt, dass Brandt kaum zu enträtseln ist. In seinem Buch »Meine Jahre mit Willy Brandt« beschreibt er, wie er die Begegnung mit dem vollendeten Bild erlebt: »Mittags bin ich zum Reibekuchenessen bei Professor Meistermann in Köln. Er zeigt mir sein Brandt-Portrait. Ein hintergründiges, provokatives, subtil gemaltes Bild, fast ohne jede ›Ähnlichkeit‹ mit dem Original. Die Augen sind rote Abgründe, der Mund ist ein harter Strich, wenn man das Bild von weitem sieht, von nahem wirkt er weich. Meistermann hat [...] sich mit Brandt identifiziert und an seiner Unnahbarkeit gelitten. Ich sitze lange davor und bekomme schließlich einen Zipfel zu fassen. Plötzlich lacht das Gesicht uns aus: Ihr werdet mich doch nicht fassen!« Meistermann hat das Bild »Farbige Notizen zur Biographie des Bundeskanzlers Brandt 1969 – 1973« genannt, ein sperrig-stolzer Titel, der einerseits die Vorläufigkeit des Versuchs beschreibt, andererseits den tiefschürfenden Erkenntnis- und Gestaltungswillen herausstellt. Schließlich, so Meistermann, habe er nicht nur die »variablen Konturen seiner Person« fixieren, sondern auch das »Milieu« eines Demokraten einfangen wollen. Im August 1973 ist es schließlich so weit: Brandt selbst soll das fertige Bild in Augenschein nehmen. Meistermann lässt ihn am 2. August 1973 brieflich wissen: *»Ein bisschen Herzklopfen habe ich schon – bei Schauspielern (vielleicht auch bei Politikern?) nennt man das Lampenfieber – bei dem Gedanken, Ihnen Ihr Konterfei vorzuführen.«* Und er bittet den Kanzler dringlich, er möge doch ein bisschen Zeit mitbringen, da er einige »Erläuterungen geben müsste«. Brandt lässt sich darauf ein, zusammen mit Rut besucht er Meistermanns heimisches Atelier in Köln. Er zeigt sich beeindruckt, doch er sagt wenig, das ist nicht seine Art. Er schweigt sein Bild lange an, setzt sich davor, kneift die Augen zusammen und versucht, sich selbst oder zumindest den fremden Blick auf sein Selbst zu entdecken. Beim Abendessen ist Brandt in sich gekehrt.

Um das Bild entbrennt eine öffentliche Kontroverse. Meistermann sieht sich als Opfer politischer Ränke, fühlt sich »verfemt«, ausgegrenzt. Bereits bevor das Bild der Öffentlichkeit bekannt wird, schreibt er am 30. November 1972 an den SPD-Bundestagsabgeordneten Fritz Corterier, dass er schon jetzt als »SPD-Hofmaler« verschrien sei, dass die Kirche ihn ablehne, obgleich er als bedeutender Kirchenfenstermaler bislang ein »Aushängeschild« der Kirche gewesen sei, dass der Kunsthandel ihn boykottiere und Museen nichts mehr von ihm wissen wollten. Selbst wenn man annimmt, dass Meistermann das Maß der Ablehnung aus taktischen Gründen übertreibt, ist die Feindseligkeit und das Unverständnis, die dem Bild entgegenschlagen, unübersehbar.

Bin ich das? Willy Brandt vor dem umstrittenen Porträt von Georg Meistermann

Das »Zeit-Magazin« fragt im September 1973 auf seinem Cover »Ist das wirklich Willy Brandt?« und verengt allein durch diese Fragestellung das Gemälde und seine Rezeption auf den Aspekt vordergründiger Ähnlichkeit. Zwar finden sich auch prominente Befürworter des Bildes wie Heinrich Böll, aber eine Vielzahl von ablehnenden bis gehässigen Stimmen werden laut. Man will statt Brandt einen »Neandertaler« oder gar »Hitler« erkannt haben, und die Hand des Kanzlers sei »conterganhaft« verkrüppelt. Unmittelbar nachdem das »Zeit-Magazin« die provozierende Frage aufgeworfen hat, schreibt der bekannte Bonner Journalist Walter Henkels am 27. September 1973 an Meistermann: »Ist das wirklich Willy Brandt? Ja, das ist Willy Brandt, ich möchte es spontan sagen. Die ›blinden‹ Augen! Er sieht es nicht: Seine Gutmütigkeit nehmen zu viele zum Anlaß, sie auszunutzen.«

Befremdlicher als das reaktionäre Echo war die dauerhafte Ablehnung des Bildes durch Brandts Nachfolger Helmut Schmidt und Helmut Kohl. Als Schmidt 1976 in das neue Bonner Bundeskanzleramt einzog, etablierte er in dem flachen, rost-braunen Büchsenbau, dem er den »Charme einer rheinischen Sparkasse« bescheinigte, eine Ahnengalerie, die die Porträts aller Bundeskanzler seit 1949 zeigen sollte. Adenauer, Erhard, Kiesinger, Brandt. Demokratische Traditionspflege sollte das sein, Bildung eines demokratischen Bewusstseins durch Repräsentation, durch innehaltende Rückschau. Im Frühjahr 1976 lässt Schmidt Brandt übermitteln, er wünsche sich ein Bild von ihm für die Ahnengalerie, worauf Brandt seinen Nachfolger wissen lässt, ihm wäre es willkommen, wenn man zu diesem Zwecke Meistermanns Gemälde ankaufen würde. Es sind die Büros der beiden Männer, die miteinander »sprechen«, Briefe austauschen, Schmidt und Brandt schweigen. Man versucht, Brandt den Prominentenmaler Günter Rittner schmackhaft zu machen, der bereits Ludwig Erhard und Kurt-Georg Kiesinger für das Kanzleramt verewigt hat, doch Brandt lehnt das ab. Er beharrt vielmehr darauf, dass Meistermann ihn ein zweites Mal malen solle. Daraufhin lässt Schmidt den Maler ins Kanzleramt kommen, erläutert ihm Sinn und Zweck der Ahnengalerie und wünscht sich, dieses Mal möge doch bitte schön ein »ähnliches Bild« entstehen. Meistermann fühlt sich brüskiert, bricht das Gespräch wütend ab und empfiehlt dem Kanzler im Hinausgehen, er solle es doch besser »mit einem Foto versuchen«. Trotz dieses Disputs wird Meistermann im Februar 1977 der Auftrag für das Brandt-Porträt erteilt. Der Maler macht sich ein zweites Mal an die Arbeit, es kommt zu vier ausführlichen Sitzungen. Am 20. Februar 1978 wird das Bild in der Kanzlergalerie enthüllt und der Öffentlichkeit vorgestellt. Die Reaktionen sind erneut zwiespältig, obgleich dieses zweite Brandt-Gemälde deutlich zugänglicher ist als das erste Bild. Helmut Schmidt stichelt in Richtung Brandt: »Du hast ja gar keine Krawatte?«, woraufhin Meistermann schlagfertig erwidert: »Dafür hat er eine weiße Weste!«

Mit der Wahl des Bundeskanzlers Helmut Kohl am 1. Oktober 1982 endete nach 13 Jahren die sozialliberale Koalition. Die »Wende«, die Kohl ausrief und forderte, machte auch vor der Ahnengalerie im Kanzleramt nicht halt. Für Kohl war das komplexe Meistermann-Porträt ein Ärgernis, es sollte weg. Im Dezember 1982 umwarb er den Alt-

Willy Brandt vor dem zweiten Meistermann-Porträt

kanzler, er möge sich doch bitte noch einmal porträtieren lassen. Und dieses Mal solle das Abbild doch bitte »ähnlicher« ausfallen. Brandt gab schließlich nach. Der Düsseldorfer Porträtmaler Oswald Petersen übernahm den Auftrag und lieferte ein Bild, das niemanden überforderte und kaum Nachdenklichkeit abverlangte. Im Gespräch mit seinem Büroleiter Klaus-Henning Rosen, der ihn fragte, ob es ein Fehler gewesen sei, sich von Meistermann für die Kanzlergalerie malen zu lassen, räumte Brandt ein: »Geirrt habe ich mich hinsichtlich der Fähigkeit oder Bereitschaft derer, die an dieser kleinen Galerie vorbeigehen, sich mit einem Bild zu beschäftigen, das sich nicht auf den ersten Blick erschließt. Das sah der jetzige Hausherr offenbar realistischer.«

Heute hängt das erste Meistermann-Gemälde im zweiten Stock in der Friedrich-Ebert-Stiftung in Bonn, auf einem freudlos-kargen Flur, halb verdeckt von einem Gummibaum. Als ich mit einem Notizblock vor dem Bild stehe, kommt ein Mitarbeiter vorbei, dreht sich um, bleibt stehen und sagt: »Man könnte meinen, da sei ein Tierzeichner am Werk gewesen, es hat so einen Gorilla-Ausdruck.« Eine junge muslimische Angestellte mit Kopftuch mutmaßt: »Ist das der Friedrich? Soll ich mal meinen Chef fragen?« Vielleicht, denke ich, ist das Gemälde hier gar nicht schlecht aufgehoben. Was soll es in Berlin? Im Kanzleramt? Hier lässt man Brandt in Ruhe, niemand beobachtet ihn. Hier muss er für niemanden eine gute Figur machen. Klaus Harpprecht, einer seiner engsten Mitarbeiter in den siebziger Jahren, beobachtete 1973, wie Brandt von dem Berliner Maler Manfred Bluth porträtiert wurde: »Habe WB noch selten so verkrampft gesehen: unglücklich, verhangen. Kaum zum Lachen zu reizen. Holt sich im Gespräch immer wieder zurück. Nichts liegt ihm weniger, als zu posieren – er fühlt sich bloßgestellt.«

Meistermann hat Brandt nicht entblößt, nicht bloßgestellt, sondern er hat vielmehr den weitverbreiteten Zwang zur Ähnlichkeit entblößt, er hat den trägen Blick bloßgestellt, den es nach sofortiger, eindeutiger und widerspruchsfreier Identifizierung verlangt. Man kann das Bild als psychographisches Bild des Kanzlers und Menschen Brandt lesen, ein Psychogramm in Farbe, das nicht nur etwas über den Porträtierten, sondern ebenso viel über den Maler verrät. Und auch der Betrachter muss sich fragen, warum sich ihm gerade diese und keine anderen Lesarten aufdrängen. Denn dieses offene Bild verlangt geradezu nach assoziativer, nach suchender Befragung. Meistermann, der mit der bedeutenden Psychoanalytikerin Edeltrud Meistermann-Seeger verheiratet war und jahrzehntelang Alexander und Margarete Mitscherlich zu seinen engen Freunden zählte, zeigt Brandt als einen Mann, der sich selbst unähnlich sieht, der die Anlage besitzt, sich zwischen seinen eignen Bildern zu verlieren, dessen Stimmungen wandelbar sind und unberechenbar. Was springt ins Auge? Der schmale, übergroße, dunkle Mund? Das glühende und das erloschene Auge? Die gefährlich steile Bürste Haar? Der Glutpunkt der Zigarette? Die knöcherne Hand? So sieht auf jeden Fall kein gütiger, altersweiser Staatsmann und Landesvater aus. Eher ist hier ein melancholisches Raubtier zu besichtigen, ein Mann, dem Härte ebenso wenig abgeht wie Sinnlichkeit, eine Figur, die vergittert wirkt, eingeschlossen, aber doch auch freischwebend und nicht zu fesseln durch Amt und Würde, vielmehr versteckt und verborgen in wechselnden Farben. Brandt soll sich erfreut gezeigt haben, dass sein linkes Auge so »verschlagen« lauere. Der Politiker, das ist eine Botschaft des Bildes, ist ein gefährdeter, aber auch ein gefährlicher Mann und Mensch, weil er seine Mitmenschen einzusaugen versteht, weil er sie inhaliert, verschlingt durch Verständnis und gleichzeitig reizt, weil er sich ihrem Wunsch nach unbedingtem Einblick entzieht, weil man ihn verstehend nicht zu fassen bekommt, weil er nicht auf einen Nenner, eine Natur und einen Namen zu bringen ist. Brandt bleibt der Verborgene, der Verhüllte, der hinter tausend Bildern seine Wege geht.

Und wer hängt heute im Kanzleramt zu Berlin?

Die Galerie der Bundeskanzler findet man im Foyer vor dem Presse- und Informationssaal. Besuchergruppen lassen sich erklären, warum Gerhard Schröder von Pavianen umtanzt wird und warum Helmut Schmidt von einem DDR-Maler porträtiert wurde.

Dr. Konrad Adenauer blickt überlegen wie aus Jahrhundertfernen.

Prof. Dr. Ludwig Erhard, kraftvoll-knurrig, im lebensabendlichen Heldenglanz.

Dr. Kurt-Georg Kiesinger, Kopfriese, Triumph der angewidert lächelnden Augenbraue.

Willy Brandt, umhüllt von wehmütigen Bilanzen.

Helmut Schmidt, fordernder Machtmensch und Macher.

Dr. Helmut Kohl, fleischleuchtendes Wiedervereinigungsglück.

Gerhard Schröder, steinerne Härte auf Banknotenleinwand.

Sieben Männer.

Siebenmal Ähnlichkeit.

»Nein«, sagt die Pressesprecherin, die mich durchs Kanzleramt führt, »Frau Merkel und das Kabinett kommen hier nicht vorbei. Sie nehmen den Fahrstuhl.«

Allerweltsname

Es war freilich nicht fein, daß er sich mit meinem Namen diesen Spaß erlaubte; denn der Eigenname eines Menschen ist nicht etwa wie ein Mantel, der bloß um ihn her hängt und an dem man allenfalls noch zupfen und zerren kann, sondern ein vollkommen passendes Kleid, ja wie die Haut selbst ihm über und über angewachsen, an der man nicht schaben und schinden darf, ohne ihn selbst zu verletzen.

Goethe: Aus meinem Leben

Den kennt jeder: Herbert Grönemeyers Hit »Currywurst«. Zwei Männer stehen kumpelnd und kauend an der Bratwurstbude, essen eine Currywurst oder auch zwei und spülen mit Bier nach: »Willi, is dat schön, / Wie wir zwei hier stehn / Mit Currywurst.« Proletarische Seligkeit! Willi, das ist der Mann von nebenan, das ist der Mann, dem man auf die Schulter klopfen kann, den man direkt, ohne Umwege und Hürden, ansteuert. Willy, dieser Name steht für volkstümlich dampfende Geselligkeit. Kaum ein Name könnte jedoch stärker in die Irre führen, wenn von ihm auf Willy Brandt und seine Zugänglichkeit, seine Nahbarkeit schließen wollte. Obwohl Brandt aus waschechten proletarischen Verhältnissen kam, umgab ihn eine Aura, die es verbat, ihm nahezutreten, in jeder Beziehung. Egon Bahr hat erzählt, wie Brandt auf seinen ersten vorsichtigen Annäherungsversuch reagierte. Einige Tage nachdem Bahr seine Stelle als Pressechef des Regierenden Bürgermeisters angetreten hat, sitzen sich die Männer spätabends im Schöneberger Rathaus gegenüber, und Bahr versucht, sich ein Bild von seinem Chef zu machen, vorsichtiges verbales Herantasten: »›Eigentlich kennen wir uns noch gar nicht‹, war mein erster Satz. Schon bei dieser harmlosen Feststellung wurde sein Gesicht starr. Das musste eine Mimose sein, meine Bemerkung als plumpen Annäherungsversuch zu verstehen. Sein Mienenspiel empfand ich als warnende Zurechtweisung.« In den Ortsvereinen, an der Basis war der imaginäre »Willy« eine feste Größe, eben einer, mit dem man ein Bier trinken und Skat klopfen konnte und dem man gern familiär auf die Schulter klopft. Kein anderer deutscher Politiker wurde von der Bevölkerung mit »Willy, Willy!«-Rufen begrüßt, da war er einer wie »uns-Uwe« Seeler, eben ein Malocher. Doch wenn »Willy« dann in den Ortsvereinen auftauchte, verging jedem die Lust oder der Mut, derart kumpelhaft auf den Mann zuzugehen, der eher verlegen und introvertiert wirkte.

Willy Brandt hat – wie so vieles in seinem Leben – nie erklärt, warum er sich 1933 ausgerechnet diesen Namen zulegte, warum er ausgerechnet auf diesen Namen verfiel. Das reizte nicht nur die Brandt-Biographen, sondern jeden, der ihn besser kannte, jeden, der mitbekam, wie sehr es Brandt schmerzte, dass man diesen Namen antastete, an ihn rührte, ihn durch bösartige Polemik in Mitleidenschaft zog. Obwohl dieser Name doch ausgewählt worden war, um ihn zu schützen, wurde der Name selbst zum Problem, zum brennenden Hemd auf dem Leib. Warum? Als Heilwig Ahlers, die beste Freundin von Rut Brandt in den Bonner Jahren, Brandt einmal fragte, warum er sich gerade diesen Namen auserkoren habe, erhielt sie die einsilbige Antwort, der Name sei im Norden weit verbreitet und klinge daher unauffällig. Doch diese Erklärung ließ den Biographen keine Ruhe, die Herkunft des Namens sollte dingfest gemacht werden. Der Journalist Peter Koch versuchte, Brandts Namenswahl folgendermaßen herzuleiten: »In Lübeck war er oft an einem Seidenhaus vorbeigekommen, das sich ›Norddeutschlands größtes Spezialhaus für Seiden und Wollstoffe‹ nannte. Firmenslogan: ›Wer sparen will, der hat erkannt, am besten kauft man jetzt bei Brandt.‹ Martin Wein schlägt in seinem Buch »Willy Brandt. Das Werden eines Staatsmannes« folgenden Herkunftsnachweis vor: »Möglicherweise wurde der Reedereivolontär dabei durch den Namen der Lübecker Schiffsausrüsterfirma William Brandt Wwe. inspiriert. Übrigens unterschrieb er 1933 in Oslo selbst geheime Post noch monatelang mit ›Frahm‹ oder ›Herbert‹.«

Im Exil, das ein Gefahrenraum blieb, solange die Nationalsozialisten an der Macht waren, lebte Willy Brandt unter einer Vielzahl von Namen, weil er fürchten musste, verfolgt, entdeckt und nach Nazi-Deutschland abgeschoben zu werden. Es war daher überlebenswichtig, seine Identität zu verschleiern. Andererseits musste er sich in den Kreisen des Widerstands einen Namen machen, sich zu jemandem machen. Während er gegenüber den Behörden in Norwegen meist als Herbert Frahm auftrat, agierte er in Exilkreisen als Willy Brandt, unter diesem Pseudonym publizierte er auch die Mehrzahl seiner Bücher. Seine unzähligen Presseartikel aber veröffentlichte er zumeist unter Felix Frank oder Felix Franke, Martin, f.f. oder eben Willy Brandt. Als er 1936 illegal nach Berlin reiste, war sein Reisepass auf den Namen Gunnar Gaasland ausgestellt, der Name eines Mannes, der zum Schein seine damalige Freundin Gertrud Meyer geheiratet hatte. Während des Exils wird Brandt mehrfach verhaftet oder gerät in Gefangenschaft, in Holland, Norwegen und in Schweden. Er muss zwischen seinen Identitäten lavieren und immer jene wählen, die den jeweiligen Behörden am wenigsten verdächtig erscheint. Da er perfekt Norwegisch spricht, fällt es ihm leicht, auch die Nationalität zu tauschen, wenn es gefordert ist. Brandt muss in diesen Jahren also auch zu Namen Zuflucht suchen, die ihm zwar Deckung bieten, Tarn- und Zufluchtsnamen, aber verwachsen kann er nicht mit ihnen, solange sein Leben auf dem Spiel steht. Brandt macht eine paradoxe Erfahrung, denn er ist zwar der Besitzer von vielen Namen und Pässen, aber dennoch ist er namenlos, denn die wesentliche Funktion eines Namens, von anderen identifiziert und von sich selbst als Ich erkannt zu werden, versagen ihm diese Namen, die er wie Hemden wechselt. Es sind transitorische Namen, und Brandt, der viel in Europa umherreist, ist ein Mensch, dessen Identität sich im Transitverkehr bildet. Und immer wieder läuft ihm sein Geburtsname nach, der ihn bedroht, mit dem er eine unglückliche Kindheit verbindet, den er aber noch nicht loslassen kann, da er seine Existenz verbürgt. Ließe er diesen Namen schon jetzt fahren, wäre er praktisch niemand und allen Zuschreibungen ausgeliefert. Erst einige Tage bevor er Carlota Thorkildssen am 30. Juni 1941 heiratet, erfährt die Braut, dass sie und ihre Tochter von nun an Frahm heißen werden: »Ich musste«, vertraut sie später einmal einem Biographen an, »mich erst daran gewöhnen, so genannt zu werden. Vorher hatte ich diesen Namen nie gehört.«

Als Brandt nach Deutschland zurückkehrt und sich entschließt, den Namen zu tragen, der ihn publizistisch auszeichnet und der ihm im Freundeskreis angewachsen und zugesprochen war, muss dieser Name aus der Illegalität erst einmal legalisiert werden, ein Vorgang, der schließlich erst im August 1949 abgeschlossen wird, nachdem der Polizeipräsident von Berlin die entsprechenden Papiere ausgestellt hat. Erst jetzt kann Willy Brandt mit seinem Namen Willy Brandt richtig zusammenwachsen. Umso verletzender muss es für den Heimgekehrten sein, dass eigene Genossen ihm diesen gerade anwachsenden Namen wieder vom Leib reißen wollen. Im Machtkampf mit dem Berliner Landesvorsitzenden Franz Neumann werden gezielt Gerüchte gestreut, und der legalisierte Namenswechsel öffnet Tür und Tor für die haltlosesten Verdächtigungen. Brandt ist empört, außer sich vor Zorn und setzt sich zur Wehr. Er schreibt am 19. Mai 1952 an den Berliner Vorstand und Landesausschuss der SPD: *»Bei der Wiedereinbürgerung tauchte dann die Frage meines ursprünglichen Namens auf, mit dem mich fast nichts als eine schwierige Kindheit verband, den meine Mutter nicht mehr trug und den mein Vater nie getragen hatte. Jede andere Entscheidung hätte mich dem Vorwurf aussetzen können, dass ich aus den zurückliegenden Jahren etwas zu verbergen hätte.«* Brandt will also mit dem kämpferischen Teil seiner Existenz identifiziert werden, mit seinem Widerstand gegen den Nationalsozialismus, während er seinen Geburtsnamen ablegen will, mit dem er keine geglückte Identität verbindet und der ihm ohne eigenes Zutun verliehen wurde. Brandt macht sich in diesem Moment also zum Selfmademan, zum Schöpfer seiner selbst. Das hat jedoch Tücken, wobei die harmloseste ist, dass ihn die eigene Mutter bis an ihr Lebensende nur Herbert nennen will. Auch dass er in seiner Berliner Zeit häufig Briefe mit dem Namen »Wilhelm Brandt« bekommt, ist zu verschmerzen, schließlich ist Willy die Diminutivform von Wilhelm, und viele Leute wollten sich offenbar nicht vorstellen, dass der Regierende Bürgermeister von Berlin »Willy« heißt.

Sehr viel einschneidender ist, dass der Namenswechsel zunächst von eigenen Leuten und schließlich vom politischen Gegner dazu benutzt wird, um Brandt zu diffamieren und ihn in ein trübes Zwielicht zu tauchen, das ihm den Anstrich eines Kriminellen verleiht. Als Konrad Adenauer den Kanzlerkandidaten der SPD am 14. August 1961 bei einer Rede in Regensburg »Brandt alias Frahm« nennt, mobilisiert er damit alle Ressentiments und Verdachtsmomente gegen den »Vaterlandsverräter« Brandt. Hat der es sich nicht gutgehen lassen im Exil, während wir bluteten, bombardiert wurden, im Eis vor Stalingrad lagen oder uns der Nazis erwehren mussten? Wo war »Brandt alias Frahm«? Was hat er draußen gemacht?

Adenauer legt die Opferplatte auf sein Wahlkampf-Grammophon und macht aus Brandt einen Täter. Hatte der, so die mitschwingenden Einflüsterungen, nicht mit der Waffe in der Hand gegen die Deutschen gekämpft? Hat er nichts Besseres zu tun, als gleich nach dem Krieg nach Nürnberg zu fahren, um vom dortigen Kriegsverbrecherprozess aus die deutsche Schande in alle Welt hinauszuposaunen? War er nicht in ausländischer Uniform aus dem Exil zurückgekehrt, wohlgenährt, privilegiert und gut besoldet? Hatte der nicht ein Buch mit dem Titel geschrieben »Deutsche und andere Verbrecher«? Tatsächlich trug das 1946 erstmals in Schweden veröffentlichte Buch den Titel »Verbrecher und andere Deutsche«, und es war das genaue Gegenteil eines anklagenden Buches, vielmehr trat es der These von der deutschen Kollektivschuld entschieden entgegen und bemühte sich um einen differenzierten Blick auf die Deutschen während des Nationalsozialismus. Insgeheim machten sich Adenauers Vorwurf und die flankierende Pressekampagne aus dem rechten Lager mit der nationalsozialistischen Regierung gemein, die Herbert Ernst Karl Frahm am 5. September 1938 die deutsche Staatsangehörigkeit entzogen hatte. Dieses »Brandt alias Frahm« sagte nichts anderes als »Das ist keiner von uns!«.

Dass Adenauer und auch Franz Josef Strauß seinen alten Namen hervorzogen, ihn als Stigma benutzten, verletzte Brandt auch deshalb so sehr, weil damit die alte Schamexistenz, das missglückte In die Welt hineingestoßen Werden wieder auftauchte. Sich Willy Brandt zu nennen, sich so rufen zu lassen war für den Politiker und Menschen Brandt ein konstruktiver Akt, ein schöpferischer Moment der Selbstfindung, wohingegen die Attacken des politischen Gegners darauf abzielten, den Namenswechsel als zigeunerndes Verwirrspiel, als Taschenspielertrick erscheinen zu lassen. Vielleicht muss man vor diesem Hintergrund auch sehen, dass Brandt in seinem letzten Buch, das nur schlicht »Willy Brandt. Erinnerungen« heißt, sowohl die Ernennungsurkunde zum Regierenden Bürgermeister (ausgestellt am 14. November 1957) als auch zum Bundeskanzler (ausgestellt am 21. Oktober 1969) in Faksimile abdrucken lässt. So als gäbe es vor der Welt noch den leisesten Zweifel, dass dieser Selfmademan Willy Brandt tatsächlich urkundlich beglaubigt existiert hätte. Schließlich beginnt der Urkundentext unübersehbar mit der Formulierung »Im Namen der Bundesrepublik Deutschland …« Eine bessere Rehabilitation kann es für den Vielverwundeten Brandt nicht geben, als dass auf einem unantastbaren Dokument sein nunmehr unantastbarer Name mit dem Namen des Landes vermählt wird, es ist eine Heimkehr, eine Hochzeit zwischen Heimat und Heimatlosem, die nicht wieder auszulöschende Gravur eines bezweifelten Namens. Wer sich erst über Jahrzehnte hinweg einen Namen erwerben und ihn verteidigen muss, wird auch Schwierigkeiten haben, »Ich« zu sagen, denn im Akt des Ich-Sagens identifiziert sich das »Ich« mit sich selbst und mit denen, die es erkennen und annehmen wollen. Brandt, das ist vielfach beschrieben worden, litt als Redner und auch als Autor lange Zeit unter einer Ich-Schwäche, lieber wich er ins Unpersönliche aus, verbarg sich hinter dem Plural »wir«, einem unpersönlichen Pronomen wie »man«, sprach gar in der dritten Person von sich oder verfiel auf so umständliche Formulierungen wie »der, der hier zu Ihnen spricht«. Egon Bahr sieht diese Ich-Schwäche, diese Scheu vor dem Ich erst durch die Verleihung des Friedensnobelpreises überwunden: »Er bedeutete für Brandt, von allem anderen abgesehen, seine Befreiung zur Normalität des ›Ich‹. […] Während der Jugendzeit und in der Emigration hatte er gelernt, vorsichtig und möglichst sachlich zu formulieren. Das ›Ich‹ blieb besser unausgesprochen. Das gab dem Stil des Regierenden Bürgermeisters und selbst noch des Außenministers etwas Schwebendes, Unbestimmtes. Wir vermissten den klaren Führungsanspruch. Die Rede, mit der er den Friedensnobelpreis annahm, markierte einen erstaunlichen Einschnitt in seinem Redestil. Ich war beglückt, mit welcher Selbstverständlichkeit er plötzlich das ›Ich‹ in seine Rede hineinkorrigierte.«

Aus anderen Gründen haben sich die Söhne Willy Brandts mit seinem Namen beschäftigt. Mitunter begegneten sie schmähenden Zeichen, die sie aber nicht ernstlich angriffen oder tiefer ins Selbstwertgefühl bohrten. So berichtete Lars Brandt, dass er im S-Bahnhof Grunewald las, was dort jemand an die Wand geschmiert hatte: »Frahm? Infam!« Vor allem die Blödheit des Reims sei ihm im Gedächtnis geblieben, schreibt Lars Brandt in »Andenken«. Dort findet sich auch eine Passage, die zeigt, dass die Identitätssuche des Vaters die Söhne beschäftigte, ohne sie jedoch einstweilen zu beunruhigen. *»Manchmal«*, schreibt Lars Brandt, *»lag neben der kalten Pfeife liniertes Papier auf seinem Schreibtisch, ein Brief seiner Mutter: Lieber Herb.! Die altmodische Ökonomie der Abkürzung berührte mich fremdartig, vielleicht stärker als die offene Frage, wer eigentlich mein Großvater war. Längst benutzte V. einen anderen Vornamen. Hieß auch nicht mehr Frahm mit Familiennamen, wie seine Mutter, bevor sie heiratete. Besuchte ich sie und ihren Mann, den ich Opa nannte, obwohl er es nicht war, las ich auf der Klingel des Lübecker Arbeiterhäuschens: Kuhlmann. Wir hießen Brandt.«*

Weder die Brüder noch Ninja, die ja noch Willy Brandts Geburtsnamen Frahm trägt, haben mit ihrem Vater jemals ausführlicher über seine Namenswahl gesprochen, jedenfalls ist es ihnen nicht erinnerlich. Wenn sie es versuchten, wurde er einsilbig, hüllte sich in undurchdringliches Schweigen. Die Kinder jedoch hatten zu überlegen, ob sie einen anderen Namen annehmen, um aus eigener Leistung jemand zu sein. Der Vater hatte es ihnen schließlich vorgemacht, indem er den Elternnamen als Neunzehnjähriger abstreifte und sich einen eigenen Namen schuf. »Ich habe«, erzählt Peter Brandt, »als Jugendlicher einen Moment überlegt, ob ich mir einen anderen Namen zulege. Ich war 18 oder 19, als ich anfing, regelmäßiger zu publizieren, und damals entstand die Überlegung, das unter einem eigenen Namen zu tun. Man wollte ja nicht immer sofort mit dem Vater identifiziert werden. Diesen Gedanken habe ich dann aber wieder verworfen, weil dann von außen noch viel mehr in diesen Namenswechsel hineingelegt und hineinpsychologisiert worden wäre. Die Distanzierung vom Vater wäre vermutlich viel dramatischer betrachtet worden. Als ich zwanzig war, stellte dieser Reflex ›Ach, das ist der Sohn von Willy Brandt‹ natürlich ein Problem für mich dar, aber mit 14 gelang es mir, besser damit zurechtzukommen, und heute, mit 60 plus, habe ich doch gelernt, damit recht entspannt umzugehen.« Tatsächlich lässt sich Peter Brandt 1968 bei einer seiner ersten größeren Veröffentlichungen für das von Günter Amendt herausgegebene Rowohlt-Buch »Kinderkreuzzug oder Beginnt die Revolution in den Schulen?« vertraglich zusichern, dass keine Werbung mit dem Namen Brandt gemacht werden darf und auch nicht darauf hingewiesen wird, dass sein Vater der Politiker Willy Brandt ist. Der Vertrag muss übrigens von seiner Mutter unterschrieben werden, weil Peter noch nicht volljährig ist.

Obwohl also die Söhne den Vaternamen nie ablegen – Matthias Brandt überlegt zu Beginn seiner Laufbahn, ob er einen anderen Namen überstreift, verwirft den Gedanken aber rasch –, eignen sich zumindest Lars und Peter eine gewisse Übung im Spiel mit Pseudonymen an. Als Lars Mitte der achtziger Jahre das erste Mal Bilder ausstellt, legt er sich wie bereits erwähnt das Pseudonym David Stein zu und signiert alle seine Bilder unter diesem Namen. Und auch im Schriftverkehr mit Freunden pflegt er einen spielerischen Umgang mit Pseudonymen wie »Silk Therror«. Das gleiche Spielmoment findet sich in Peters Biographie, der in einem Freundschaftsbund als »Torris« firmiert, was lateinisch so viel wie »dörrende Hitze« bedeutet. Während diesen fabulierenden Namensgebungen jedes politische Moment fehlt, findet sich das Motiv des Identitätsverstecks zumindest in Peter Brandts politischem Lebenslauf, als er in den sechziger Jahren einer trotzkistischen Splittergruppe angehört.

»In meiner trotzkistischen Phase besaß ich einen Decknamen, weil jeder von uns einen Decknamen besaß. Man hat unter diesem Decknamen geschrieben, und auch in den internen Papieren wurde dieser Deckname benutzt. Ich nannte mich übrigens ›Hagen von Tronje‹. Damals wusste ich nicht, dass dieser Name in der Weimarer Republik ein ganz typischer Deckname von Rechtsradikalen war. Übrigens fand

Lars, Matthias, Peter und Willy Brandt, Berlin 1966

ich den Hagen in der Nibelungensage viel interessanter als den Saubermann Siegfried, diesen stinklangweiligen Alleskönner. Von Hagen hingegen ging etwas Beunruhigendes, auch etwas Beängstigendes aus, der war als Typ einfach interessanter.«

»Deshalb sind Sie später hier in Berlin auch in die Hagenstraße gezogen?«

»Den Witz haben schon andere vor Ihnen gemacht. Ja, dann bin ich ja auch als Professor an die Universität Hagen gegangen.«

»Daran hatte ich nicht gedacht!«

Gelächter.

»Ein Schmalspurpsychologe könnte das jetzt zum Lebensthema machen: Er kam von Hagen nicht los!«

»Sie haben also einen Decknamen in Erwartung der Illegalität benutzt?«

»Ja und nein, also Jein. Man wurde in diese Gruppe aufgenommen, man trat nicht bei, man wurde aufgenommen. Öffentlich trat diese Gruppe gar nicht in Erscheinung, das war wie ein Geheimbund. Man hatte im Hinterkopf, dass es eine illegale Phase geben könnte, außerdem wussten wir ja, dass wir vom Verfassungsschutz beobachtet werden, und da war es ein bisschen wie Räuber und Gendarm spielen. Man verschleierte in den Dokumenten seine Existenz, damit man vom Verfassungsschutz nicht umstandslos als Peter Brandt identifiziert werden konnte.«

Wenn der Name ein symbolisches Gefäß ist, in das man ein Leben hineingießen kann, dann hat Willy Brandt, als er 1933 seinen neuen Namen wählte, seine Identität ausgeschüttet, das alte Gefäß zerschlagen und das neue Tropfen um Tropfen gefüllt. Möglicherweise hat es Brandts Biographen auch deshalb immer umgetrieben, warum sich Herbert Frahm Willy Brandt nennt. Was war Willy an diesem Mann und was Brandt? Was verrät dieser Name über den Menschen? Auf seinem Grabstein, hat Brandt einmal gesagt, solle stehen »Man hat sich bemüht«. Man. Kein Ich. Kein Name. Er hat sich anders entschieden. Da steht jetzt nur ein Name. Willy Brandt. Kein Geburts- und kein Sterbedatum, kein anderer Trostspruch. Er hat sich ein Leben lang bemüht, diesen Namen mit Leben zu füllen, er hat ihn verteidigt und aus dem Allerweltsnamen einen Namen gemacht, den nun alle Welt kennt. Und jetzt steckt alles in diesem symbolischen Gefäß, in diesem Namen, der alles heraufbeschwört, was wir mit ihm verbinden.

Willy Brandt.

Asche und Glut

Unter der Asche liegt, lauert die Glut. Trägt die Zigarette einen grauen Hut, eine Krone oder einen Schirm? Man kann im Aschemantel durch die Tage gehen, und niemand ahnt, dass man brennt. Für wen, für was? Zerdrückte Zigaretten sehen – wenn sie beieinander liegen – seltsam lebendig aus.

An das Jahr erinnert sie sich nicht genau. Es muss sich zwischen 1961 und 1965 zugetragen haben. Die Szene spielt zweifelsfrei in Bonn. Es war die Zeit, als Willy Brandt die Bonner Bühne als Kanzlerkandidat betrat, es waren die Jahre, als Brandt zunächst Adenauer und dann Ludwig Erhard herausforderte, es waren Jahre, in denen sein Erfolg und Scheitern ineinander verflochten waren. Heli Ihlefeld ist in dieser Zeit eine der ersten politischen Journalistinnen in der Bundeshauptstadt. An diesem Abend sitzt sie in der Kneipe »Rheinlust« an der Adenauerallee. Die »Politpinte« ist ein beliebter Treffpunkt der politischen und journalistischen Szene, eher ein »Hinterbänkler«-Lokal, hier sind vor allem die »Kanalarbeiter« der SPD zu Hause, jene lockere, gleichwohl einflussreiche Gruppe eher rechter und gewerkschaftsnaher Sozialdemokraten, die es – im Leben und der Politik – deftig und traditionell lieben, die in der Kantine des Bundestages schon mal mitgebrachte Würstchen auspacken und öffentlichkeitswirksam verspeisen, um gegen die mickrigen Portionen zu protestieren, und die in der »Rheinlust« vor allem Bratkartoffeln, Reibekuchen mit Speck oder Sauerkraut bestellen und die, rechtschaffen beleibte Männer, nach einem langen, trockenen Tag im Parlament die Ärmel aufkrempeln, Skat dreschen und ein kühles Bier bestellen. Männergefilde, markiges Gelächter, einverständnisheischende Ellenbogen, lüsterne Witze, blaugrauer Rauch, schweres Geschütz: Pfeife, Zigarre, Zigarette, Qualmen aus allen Rohren.

Obwohl ich oft mit Heli Ihlefeld gesprochen habe – wir haben uns in Bonn im Archiv getroffen, wir sind am Tag der Offenen Tür zusammen durch das Berliner Kanzleramt spaziert, und wir haben mehr als einmal in ihrer Kreuzberger Wohnung gesessen und lange geredet –, habe ich diese Szene nie richtig auffassen können, nie richtig für mich verstehend rekonstruieren können, obgleich ich meine Gesprächspartnerin mehrfach gebeten habe, mir diese Episode zu erzählen, und ihr mein Unvermögen dabei offen eingestanden habe.

Es ist wieder voll in der »Rheinlust«. Alle Tische besetzt, Mann/man steht, dicht an dicht, raucht, trinkt. Heli Ihlefeld hingegen sitzt. Sie ist mit ihrem späteren Mann Hermann Otto Bolesch hier, Freunde nennen den politischen Journalisten, der zahlreiche Anekdotenbände über Bonner Politiker verfasst hat, »Hobby«. Bolesch ist ein geselliger, trinkfestfreudiger Typ, Jahrgang 1921 und damit vierzehn Jahre älter als seine Freundin. Brandt, bierselig, steht dicht an ihrem Tisch oder neben ihr, zumindest so, dass sie ihn gut beobachten kann, und er beobachtet sie. Er ist in ein Gespräch gebunden, aber ein Teil seiner Aufmerksamkeit vagabundiert. Er ascht ab. Er schnippt, leicht, ganz leicht, mit dem Zeigefinger auf seine Zigarette. Die Asche fällt auf ihre Schulter, auf ihr Haar. Das sei, sagt sie, »keine aktive Anmache« gewesen, aber es war doch ein Zeichen, ein Aufmerksamkeitsersuchen. An diesem Abend beginnt nicht die Liebesgeschichte, die Beziehung zwischen Brandt und Ihlefeld, eine Beziehung, die von 1969 bis 1974 dauern wird, aber Brandt hat an diesem Abend ein Zeichen geschickt, eines, das neben die Worte fiel, aber doch sprechen konnte. War es nicht einfach nur unverschämt?

»Hast du dich nicht geärgert? Dir das verbeten?« Nein, das sei kein grobes Anklopfen, kein Beschmutzen und Beflecken gewesen, und unbewusst und zufällig sei das auch nicht gewesen, er habe vielmehr mit voller Absicht gehandelt. Das sei an diesem Abend, an diesem Ort und ihr gegenüber seine Art der Kommunikation gewesen. Hier bin ich! Zu Brandt, der privat nicht selten neckisch war, durchaus auch albern, mit eigenwilligem Humor begabt, passt dieses unaggressive, tastend-schwebende Anaschen. Viele, viele Jahre später – die »Rheinlust« existiert nicht mehr, Hermann Otto Bolesch ist tot, Rut und Willy Brandt sind geschiedene Leute, er ist kein aufstrebender Star mehr, kein Außenminister, kein Bundeskanzler –, da begegnen sich Brandt und Heli Ihlefeld-Bolesch noch einmal, zufällig. Die Frau an Brandts Seite heißt jetzt Brigitte Seebacher, und das Paar, das gerade ein Jahr zusammen ist, besucht 1980 eine Veranstaltung in Bonn, bei der auch Heli Ihlefeld zu Gast ist. Sie hatten sich seit seinem Rücktritt 1974 nur einmal zum Essen getroffen, bei dem Brandt sagte, er hätte zu ihrer Beziehung stehen und nicht zurücktreten sollen. Jetzt plaudern sie kurz, eine flüchtige Begegnung nur, doch offenbar löst sie Brandt die Zunge. Als er wieder zu Hause ist, sagt er über Heli: »Sie ist die Frau, die ich lange Jahre sehr gern gehabt habe.«

Als Brigitte Seebacher nach dem Tode ihres Mannes seine Biographie schreibt, wendet sie sich 2003 an Heli Ihlefeld mit der Bitte, diese Liebesbeziehung in ihrem Buch erstmals bekanntmachen zu dürfen. Heli Ihlefeld überlegt lange, sie selbst ist mit ihrer Geschichte nie an die Öffentlichkeit gegangen. Sie berät sich mit ihren Kindern und trifft sich daraufhin mit der Autorin zu einem Gespräch. Schließlich willigt sie ein, weil sie das Motiv der Biographin teilt: Sie möchte das Bild von Brandt als hemmungslosem Frauenverführer und Schürzenjäger korrigieren, weil sie ihn anders kennengelernt hat und weil es Brandts tatsächliches Verhältnis zu Frauen, das eher zurückgenommen, kompliziert und scheu war, entstellt. Tatsächlich war das Image Brandts als Mann der Frauen, als Frauen-Versteher und Frauen-Liebling über einen langen Zeitraum aufgebaut und von Freund und Feind politisch instrumentalisiert worden. Mal wurde er als skrupelloser Casanova denunziert, mal als feinfühliger Frauenherzenskundiger gepriesen. Im Wahlkampf 1961 nutzen die »Hauptdreckschleudern« (Peter Merseburger) Hans Frederick und Dr. Hans Kapfinger, zwei bigotte und schmierselige Kommunistenjäger und journalistische Parteigänger von Franz-Josef Strauß, die Liebesbriefe, die Brandt 1951 an Susanne Sievers schrieb, um ihn zum Helden eines denunziatorischen Groschenromans zu machen, in dem ihm die Rolle des treulosen Verführers zugewiesen wird, ein Mann, der Frauen erotisch und sozial auspresst, bis sie – verbraucht und verletzt – für die nächste Gebrauchsgefährtin zurückgelassen werden.

Einen spielerisch-heiteren, satirisch-kritischen Umgang mit Brandts

Womanizer-Image pflegte Hans-Werner Graf Finck von Finckenstein 1967 in dem Almanach zum Bundespresseball, einem jährlich erscheinenden Büchlein, in dem die Bonner Politprominenz kräftig durch den Kakao gezogen wurde. Von Finckenstein, der wirklich so hieß, einem uralten Adelsgeschlecht entstammte (der Romancier Günter de Bruyn war so fasziniert von der illustren weitläufigen Familie, dass er ein Buch über sie schrieb) und ein glänzender Journalist war, benutzte den 1964 erschienenen Roman von Max Frisch »Mein Name sei Gantenbein« als Vorlage, um den Außenminister Brandt als luftige Romanfigur zu charakterisieren, ein Mann, der die zusammengestückelte Identität eines Flickenteppichs besitzt: »Ich stelle mir vor: Gantenbein ist Willy Brandt. Er steht in seinem Zimmer, Vorstandszimmer, am Schreibtisch, an dem Erich Ollenhauer saß. Groß steht er da, breitbeinig, mit rauchiger Stimme, Sex in moll, Liebling der Frauen. Immer noch Liebling? Groß, breitbeinig, rauchig. Nichts gewonnen und schon verloren. Wozu? Warum sagt ihm keiner die Wahrheit? Wer glaubt noch an ihn? Ein fremder Mensch im eigenen Hause.« Von Finckenstein spielt mit dem Motiv des Fremdlings, der Frauen gerade wegen seiner Aura innerer Obdachlosigkeit anrührte, die ihn jedoch im eigenen Haus – in der SPD-Baracke – zunehmend isoliert.

Doch auch seine Partei, seine SPD, die alte Tante SPD, die sich ja nun schließlich auch so etwas wie eine weibliche Seele zuschrieb und zugutehielt, inszenierte den Kanzlerkandidaten Brandt im Bundestagswahlkampf 1965 unverhohlen als Frauenhelden, der weiß, was Frauen wollen, begehren und ersehnen. Auf Wahlkampfveranstaltungen wurde eine Single verteilt, die mit erotischen Appellen auf Stimmenfang ging. Klaus-Günther Naumann hatte die zwei Titel komponiert, dargeboten wurden sie im seichten Schlager-Arrangement von Werner Hass und den »Monacos«. Auf der A-Seite hieß es »Alle drücken ihm den Daumen« und die B-Seite wartete mit dem schönen Appell »Einmal muss man es probieren« auf, ein Titel übrigens, der die Behauptung der A-Seite konterkarierte, denn wenn ohnehin alle dem Kandidaten Brandt die Daumen drücken, muss man kaum jemandem Mut zusprechen (»Einmal muss man es probieren«), das politische Lager zu wechseln und den roten Mann zu wählen. Tatsächlich verbarg sich dahinter die Einsicht der Wahlforscher, dass Brandt bei der Bundestagswahl 1961 bei den Frauen zwar überdurchschnittlich viel Sympathien errungen hatte, still bewundert und vielleicht auch angehimmelt wurde, sich diese »klandestinen Gefühle« aber nicht gegen traditionelle Bindungen, rationale Erwägungen und patriarchal gestimmt-gesteuertes Abstimmungsverhalten in der eigenen Ehe oder im angestammten Milieu durchsetzen konnten. Vor diesem Hintergrundwissen versuchte der Schlager, Gefühl und Verstand zu versöhnen (»schöne Mädchen« gleich »kluge Mädchen«). Treue heißt das Zauberwort, das auf der A-Seite zwar nicht ausgesprochen wird, das aber gemeint ist (»nicht mit jedem Mann«).

> Schöne Mädchen gehen nicht mit jedem Mann
> Nur mit einem, den man wirklich liebt
> Nur mit dem, der etwas tun und nicht nur reden kann
> Und der weiß, was Mädchen sich wünschen
> Er sichert sich den Platz
> In den Herzen – für ihn gibt's keinen Ersatz
>
> Kluge Mädchen wählen doch nicht jeden Mann
> Nur den Mann aus der Berliner Luft
> Nur der Mann, der zeigt, dass er noch mehr als reden kann
> Wenn Sie Ihre Stimme ihm schenken
> Kommt auf den ersten Platz
> Unser Willy! – für ihn gibt's keinen Ersatz.

Auch das Kumpel- und Bindungsmotiv »Unser Willy« wird wieder bemüht und suggeriert volkstümlich-familiäre Nähe, Berührbarkeit, Intimität, schrankenlose Zugänglichkeit und rasche Erreichbarkeit.

Dahingegen ermuntert die B-Seite zum veritablen »Ehebruch«, Wechselstimmung soll erzeugt werden, ohne dass es den Umworbenen eigentlich auffällt. Der »erste Kuss« wird parallelisiert mit dem ersten Mal, »Rot« zu wählen. Wer jetzt nicht küsst, wer jetzt nicht »Willy« wählt, versäumt den Frühling, sich selbst und ebenso den historischen Augenblick, die einzigartige Chance.

Jedes Mädchen, das muss wissen
Es blüht einmal nur der Mai
Was man da versäumt an Küssen
Ist für alle Zeit vorbei.

[…]

Wie mit Liebe und mit Küssen
Ist's auch mit der Politik
Vor der Wahl muss jeder wissen
Wem er diesmal gönnt das Glück
Und da alles Alte
Heute abgetakelt und passé
Drum probieren kluge Leute
Dieses Mal die SPD

Der Sex-Appeal Brandts wird also lange vor der Guillaume-Affäre vom eigenen Lager genutzt, um bislang unzugängliche Wählerschichten zu erschließen. Dieses politisch-erotische Buhlen war selbst vielen Genossen verdächtig, anrüchig, unseriös, ein Image zudem, das schwer zu kalkulieren war und dem politischen Gegner überdies jede Menge Munition lieferte.

Die Beziehungsgeschichte von Brandt und Ihlefeld ist auch ein Stück deutscher Medien- und Pressegeschichte, nicht nur weil sie sich in diesem Kontext kennenlernen, sondern auch weil sich die Massenmedien nach 1945 verändert haben, weil sie den »weiblichen Blick« aufnehmen, weil Frauen zunehmend in den Journalismus drängen und damit andere »Männerbilder« gefragt sind und geliefert werden. Daniela Münkel hat in ihrem Buch »Willy Brandt und die vierte Gewalt« herausgearbeitet, wie Brandt zum »ersten modernen Medienkanzler in der Geschichte der Bundesrepublik« wurde, wie sehr er und seine Politik von der Transformation der Medien profitierten. Die Umwandlung der Medien- und Bilderlandschaft formiert Idole, formt den Blick auf die Protagonisten und regiert untergründig auch die Liebesgeschichte

Willy Brandt und Heli Ihlefeld, 1973 in Norwegen

von Brandt und Ihlefeld, denn lange bevor sie sich erstmals in der »Rheinlust« begegnen, ist das Mädchen, die junge Frau dem Medienidol Brandt schon nahegekommen. Durch die Übertragung der Bundestagsdebatten wurden Redner wie Carlo Schmid, Thomas Dehler, Konrad Adenauer und Kurt Schuhmacher zu »Stars«. Zu diesen Helden in Schwarzweiß gehörte im Hause Ihlefeld auch Willy Brandt. In ihrer 2008 erschienenen Autobiographie »Auf Augenhöhe« schreibt sie über diese erste TV-Begegnung: »Und Willy Brandt natürlich. Damals Regierender Bürgermeister von Berlin. Ich schwärmte für ihn. Wie alle Teenager hatte ich meine Idole. Außer Brandt gehörten die amerikanischen Filmstars Errol Flynn und Sabu zu ihnen. Sabu war ein indischer Junge. Er war auf einem Panther in dem Film Dschungelbuch nach Rudyard Kipling in meine Träume geritten.« Es ist aufschlussreich, dass Brandt hier in einer Reihe mit dem romantischen Frauenhelden und Abenteurer Errol Flynn steht, denn tatsächlich beginnt das Starprinzip Hollywoods auch die bundesdeutsche Medienlandschaft zu beherrschen. Mit der Gründung des Zweiten Deutschen Fernsehens (1963) beschleunigt sich ein Prozess, der in den Printmedien schon Einzug gehalten hatte. Es sind nicht mehr nur Filmstars, die als Stars wahrgenommen werden, sondern alle Berufsgruppen geraten ins Visier der öffentlichen Beobachtung, sofern sie Promi-

Potential besitzen und sich spannende Geschichten mit ihnen erzählen lassen. Jetzt können nicht nur Dschungelhelden, sondern auch Politiker auf Panthern in die Träume ihres Publikums reiten.

Plötzlich werden Fußballer oder Eiskunstläufer zu Stars, auch Wirtschaftsführer oder Ärzte, sofern sie nur Glamour, ein besonderes Schicksal oder eine erstaunliche Leistung vorzuweisen haben. Der human interest journalism hält – aus Amerika kommend – in allen medialen Bereichen Einzug, das Fernsehen meldet immer schneller Bildbedarf an, und auch die Frauenmagazine, Illustrierte und Boulevardzeitungen hungern nach intimen Einblicken, nach dem Menschen hinter den großen Bildern, nach Authentizität. Dieser Prozess, diese Starmodellierung ist von Anfang an verschlungen-widersprüchlich, denn es sind vielfach erst die Medienbilder, die die Menschen groß, übergroß und überlebensgroß machen, und zugleich fordern die Medien von ihren Bildgeschöpfen, dass sie möglichst normal, zugänglich und menschlich sind und bleiben. Folgerichtig gehören Sturz, Absturz und der tiefe Fall zu dieser Medienlogik (what goes up must come down). Auch Willy Brandt wird mit dieser widersprüchlichen Zerr- und Ziehhaltung, mit diesem widerstreitenden Darstellungsprinzip (Star vs. Mensch; einer von uns vs. keiner von uns; Glanz vs. Elend; Aufstieg vs. Fall; real vs. irreal) seine Erfahrungen machen und daran leiden. Es ist dieser mediale Transformationsprozess, der Heli Ihlefeld nach Bonn führt, aus ihr eine erfolgreiche Journalistin macht und sie schließlich auch an Willy Brandt bindet, in mehr als nur einer Beziehung.

Sie wird 1935 in Hannover in eine bürgerliche Familie geboren. Das junge Mädchen ist vom Theater fasziniert und will am liebsten Schauspielerin werden, doch ihr Vater Kurt Ihlefeld hat andere Pläne für seine Tochter. Er ist Gründer und Eigentümer einer Nachrichtenagentur, die vom Bundespresseamt und vom Verteidigungsministerium gesponsert wird. Der Neue Landesdienst (nld) ist auf aktuelle politische Berichterstattung spezialisiert und unterhält eine Redaktion in Bonn. Nachdem Heli Ihlefeld ein Volontariat bei der »Kölnischen Rundschau« absolviert und ein Studium begonnen hat, zieht sie 1959 in die Bundeshauptstadt. Nach der Auflösung der väterlichen Nachrichtenagentur vermittelt ihr Freund Hermann Otto Bolesch, den sie 1966 heiratet, einen Kontakt zur Münchner »Abendzeitung«, die in jenen Jahren unter Werner Friedmann als liberale Boulevardzeitung große Erfolge feiert und bundesweit wahrgenommen wird. Heli Ihlefeld profitiert anfänglich sicherlich von dem weitgespannten Beziehungsnetz, das ihr beliebter und bekannter Mann in Bonn aufgebaut hat, sie findet Zugang zu Spitzenpolitikern wie Adenauer, Kiesinger oder Erhard, doch schon bald steht sie ganz und gar auf eigenen Füßen, denn sie kultiviert den weiblichen Blick. Ihre Reportagen passen genau ins Bild der Zeit, denn sie übersetzen die große Politik ins »Menschliche«, sie zeigen den Politiker als Mann, Vater, Ehemann und Privatmenschen. Außerdem berichten sie nicht selten von den Frauen an der Seite des berühmten Mannes, wodurch der Mann, der Politiker, noch ein weiteres, ein anderes Gesicht erhält. Diesem human interest journalism geht es vornehmlich nicht um politische Enthüllung und Analyse, sondern um menschliche Einfühlung, um detaillierte Schilderungen privater Lebensumstände (Wohnung, Kleidung, Ernährungsgewohnheiten, Freunde, Erziehungsfragen, Hobbys) und um atmosphärische Studien, die den Charakter des Porträtierten zum Vorschein bringen sollen. Auch politische Magazine wie der »Spiegel« oder Illustrierte wie der »Stern« setzen verstärkt auf solche Themen und Perspektiven, und für große Frauenzeitschriften wie »Constanze« liefert Heli Ihlefeld mehrere umfangreiche Reportagen über Rut und Willy Brandt, werden politische Themen durch den privat-familiären Zuschnitt erst attraktiv.

Es sind vor allem Frauen, die einen anderen Blick etablieren, Journalistinnen wie Eva Windmöller (»Stern«), Wibke Bruhns (»Stern«), Ingrid Gallmeister (»Bild«) oder Hilde Purwin (»Neue Ruhr-Zeitung«), Marion Schreiber (»Spiegel«) oder Ada Brandes (»Stuttgarter Zeitung«). Die Dominanz der Männer im Journalismus wird dadurch keineswegs in Frage gestellt, und jede der Schreiberinnen pflegt ihren eigenen Stil, aber der »kriegerische« Eroberungs- und Rivalitätsblick männlicher Journalisten konkurriert nun mit Sichtweisen, die mitunter nur auf den ersten Blick »weicher«, »gefälliger« und »oberflächlicher« scheinen. Profilierten Journalistinnen wie Ihlefeld, Windmöller oder Bruhns gelingen schmerzhaft nahe Porträts, die den Porträtierten mitunter stärker zusetzen als der routinierte Rabauken-Stil männlicher Kollegen.

Das Jahr 1969 führt Heli Ihlefeld und Willy Brandt nun häufiger zusammen. Sie verfasst mehrere Reportagen über Rut Brandt, die beim Verleger, den Lesern und den Brandts Anklang finden, sie begleitet Brandt und seine Frau als journalistische Beobachterin auf einigen Auslandsreisen, und sie schreibt im Mai eine Reportage, die für einiges Aufsehen, aber auch Ärger sorgt. Anlass ist Brandts Reise als Außenminister nach Nordamerika. Heli Ihlefeld, die ihn begleitet, schreibt unter der Überschrift »Der Kavalier der neuen Schule« ein sehr zugetanes Reisetagebuch, das am 5. Mai 1969 in der »Constanze« erscheint. Das Porträt zeigte Brandt als offenen, gesprächsbereiten Menschen, der hart arbeitet, aber privat auch locker sein kann, der im Ausland eine hohe Reputation genießt und der Frauen gegenüber weiß, was sich gehört und daher von ihnen verehrt, ja wie ein Star angehimmelt wird. Doch die begleitende Bildstrecke, die den Gestus des Textes unterstreicht, hat man so noch nicht gesehen (und sah man später auch nicht mehr), denn die Reporterin schien dem Außenminister bei den intimsten Verrichtungen über die Schulter zu schauen, wobei sie selbst zu einer Art intimen Freundin wird: Sie sitzt lachend neben dem ebenfalls lachenden Brandt in dessen Suite auf dem Sofa, und die Bilder suggerieren Nähe, Nähe, Nähe, nehmen vorweg, was erst im Herbst des Jahres beginnt: ein Liebesverhältnis. Dazu passt, dass der Leser ausgerechnet Brandt, den legendären Morgenmuffel, bei der Morgenwäsche und Rasur betrachten kann, in Unterhemd vor dem Badezimmerspiegel, viel nackte Haut ist zu sehen. Die Fotos entkleiden den Politiker von seinem Amt und machen einen ganz gewöhnlichen Mann, Menschen aus ihm, einer, der wie alle anderen auch denselben Alltagsprozeduren unterworfen ist. Aufstehen, in den Spiegel blicken, Faltenstudium, Müdigkeit bekämpfen, sich pflegen, angreifbar sein, ein nahbarer Körper im grellen Blitzlicht des Fotografen, im Licht der Öffentlichkeit. Die diplomatische Mission rückt in den Hintergrund.

Im Außenministerium war man über diese Fokussierung auf das Außerdienstliche, das Legere nicht amüsiert. Man ließ die Journalistin wissen, dass der Minister sehr verärgert sei über den Stil des Porträts, der als Bloßstellung und Beschädigung des Amtes empfunden worden sei. Daraufhin schreibt Ihlefeld am 9. Mai 1969 einen Brief, in dem sie sich für die Darstellungsweise der Reportage rechtfertigt: *»Lieber Willy Brandt, zu meinem großen Kummer habe ich vernommen, daß Ihnen mein Bericht in der ›Constanze‹ mißfallen hat. Ich schreibe Ihnen nicht, um mich dafür zu entschuldigen oder gar um alle ›Schuld‹ auf meine Redaktion abzuwälzen. Denn bevor ich nicht durch schlagende Argumente eines Besseren belehrt werde, glaube ich, daß dieser Bericht für Sie positiv wirkt; wenn auch der Text einen Kompromiß mit meiner Redaktion darstellt und ich auf die Auswahl der Bilder keinen Einfluß ausgeübt habe. Meine Meinung wurde bisher von allen Kollegen unterstützt, mit denen ich über diese Geschichte gesprochen habe; und auch Frauen bestätigen mir, daß der Bericht Sie ihnen menschlich sympathisch macht. Ich hatte mir Gedanken gemacht, wie man Willy Brandt, der ja bisher nicht von der Mehrheit der Frauen gewählt wurde, den Frauen, den Wählerinnen, näher bringen kann. Deshalb hatte ich von Anfang an nicht vor, Willy Brandt im Gespräch mit anderen Staatsmännern zu zeigen, sondern seine menschlichen Seiten.«* Damit war die Affäre aber noch nicht ausgestanden. Nachdem der Brief im Außenministerium eingegangen und gelesen war, wurde die Journalistin ins Ministerium zitiert, wo sie nun ihren »Canossagang« antrat. Doch, so erzählt Heli Ihlefeld, es sei weniger Brandt, sondern vielmehr seine Umgebung gewesen, die sich über den Stil des Berichts echauffiert habe. Er selbst sei sehr gelassen und entspannt mit der Reportage umgegangen und habe ihr erklärt, warum andere das anders einschätzen. Vielleicht hat Brandt gerade der selbstbewusste, wenig reumütige Ton der Journalistin gefallen? Die Beziehung kühlt sich nach dieser Irritation jedenfalls nicht ab, sondern intensiviert sich. Ihlefeld ist zwar kein SPD-Mitglied, aber sie lässt sich von Günter Grass für dessen Wählerinitiative im Bundestagswahlkampf 1969 gewinnen. Sie fährt abends mit ihrem altersschwachen Mercedes Diesel in entlegene Ortschaften, um als Wahlrednerin für Brandt aufzutreten. Ihrem jeweiligen Publikum versucht sie zu vermitteln, dass es mit Brandt als Kanzler eine zukunftsorientierte Frauenpolitik gäbe, die das »Babyjahr, Gleichstellung der Frauen am Arbeitsplatz und Hausfrauenrente« zum Ziel hätte.

Über den Beginn ihrer Liebesbeziehung zu Willy Brandt schreibt sie in ihrer Autobiographie: »Wann es geschehen ist, weiß ich nicht mehr. Es war während des Wahlkampfes 1969. Es geschah so selbstverständlich, als müsste es so sein, ohne Anspruch auf eine Zukunft und irgendeine Erwartung auf Erfüllung – bedingungslos. Nie hätte ich die mir anvertraute Familie im Stich lassen können. Da es so war, spürte ich auch keine Reue, kein schlechtes Gewissen. Es gab zwischen uns eine große, gegenseitige Sympathie, die einfach akzeptiert wurde. Ich will unsere Beziehung damit nicht idealisieren. Für mich war er ein großer Mensch – aber ein Mensch –, eine große Persönlichkeit.«

Es hat während meiner Recherchen keiner großen Anstrengungen bedurft, um in den Gesprächen und Interviews dem Thema »Willy Brandt und die Frauen« zu begegnen. Dabei waren es vor allem die Männer, alte Männer zumeist, Weggefährten, die das Thema anschnitten, mitunter auch ungefragt, deftig gewürzt mit handfesten Witzen oder schlüpfrigen Anekdoten, mit denen sie aber keinesfalls zitiert werden wollten. Ja, Brandt hatte wohl zeit seines Lebens einige Affären, aber ein Schürzenjäger war er wohl nicht, kein viriler Beutemacher, kein dreist-derber Draufgänger.

Einige Wochen vor ihrem Tod hatte ich Gelegenheit, mit der Psychoanalytikerin Margarete Mitscherlich zu telefonieren. Obgleich sie mich nicht kannte, war sie freundlich, und so überfiel ich sie mit der Frage, ob wir uns zu einem Interview zum Thema Brandt treffen könnten. Sie saß gerade mit einer Freundin zusammen, trank Sekt und war offenkundig in aufgeräumter Stimmung. Willy Brandt interessierte sie sehr, als Thema, als Phänomen, als Mensch. Sie war ihm einige Male privat und auch bei gesellschaftlichen Anlässen begegnet. Auf meine Frage, ob Brandt, was einige Beobachter meinen, leicht autistische Züge gezeigt hätte, sagte sie entschieden: »Nein! Autistisch? Das glaube ich nicht. Er konnte sich plötzlich abwenden, aussteigen aus einer sozialen Beziehung, und er zeigte sicherlich auch depressive Züge, aber ein autistischer Mensch war er bestimmt nicht. Wenn Sie mich interviewen wollen, müssen Sie auch meine Freundin Gisela Stelly-Augstein interviewen, die ist ihm häufiger begegnet als ich. Aber wir können uns gerne treffen, wenn ich Ihnen auch fast schon alles gesagt habe, was ich sagen kann.« Und bevor wir uns verabschiedeten, sagte sie noch, angesprochen auf Brandts Verhältnis zu Frauen: »Er war kein Verführer, er brauchte aktive Frauen, die ihn begehrten, die auf ihn zugingen.« Margarethe Mitscherlich klang so lebendig und vergnügt, dass es mich überraschte, bald darauf von ihrem Tod zu hören.

Brandts Verhältnis zu Frauen war kompliziert, er suchte sie, ließ sich aber lieber finden. Er hatte ein ausgesprochenes Nähebedürfnis, war aber eher zurückhaltend in der Herstellung von Nähe, er begehrte, beäugte dieses Begehren aber auch misstrauisch und lieferte sich ihm selten aus. Eine Episode mag kennzeichnend sein. In Journalistenkreisen sagte man Ingrid Gallmeister von der »Bild-Zeitung« eine Affäre mit ihm nach, aber wie sich ihre Begegnung tatsächlich abspielte, erzählte sie später einer Freundin.

Als Brandt im August 1970 nach Moskau gereist war, um den Moskauer Vertrag zu unterzeichnen, trafen sich der Kanzler und die Journalistin spätabends im Hotel. Der Kanzler bat sie zu sich auf sein Zimmer, er brauche ein wenig Gesellschaft. Ein Kellner brachte etwas zu essen, im Fernsehen lief ein Fußballspiel. Sie tranken Rotwein, rauchten, redeten, Stunden vergingen. Dann brachte Brandt sie zur Tür, bat sie aber, bevor er die Tür öffnete, einen Augenblick zu warten. Er ging ins Badezimmer, ließ Wasser in die Wanne laufen, kam zurück und entließ die Journalistin mit einem Wangenkuss. Vor der Tür stand ein Leibwächter und registrierte das Bild. Ging es Brandt auch darum? Ein Bild von sich in die Welt zu setzen, das weniger kompliziert, sondern handfest und letztlich banal war? Wollte er ein Klischee nähren, um sich dahinter zu verbergen? Wie auch immer – Brandt suchte Nestwärme, ohne so recht zu wissen, wie man Nester baut.

Ich habe die Erinnerung an das Gespräch mit Margarete Mitscherlich hier gesucht, in diesem Kapitel, an dieser Stelle, um Brandts besonderes Verhältnis zu Heli Ihlefeld zu unterstreichen. Ihre Beziehung hat Dauer, Vertrautheit und Tiefe, gleichwohl ist sie brüchig, sie kennt keinen Alltag, sie findet selten zur intimen Begegnung, und wenn sie einander treffen, ist das Rendezvous eingezwängt in einen engmaschigen

Terminkalender, läuft unter der Rubrik »Interview«, die Leibwächter sind nie weit, und der Abschied steht immer vor der Tür und hält Wache. Brandt hat sich gegenüber seiner späteren Frau Brigitte Seebacher zu dieser Beziehung bekannt, auch in seinen späten Erinnerungen erwähnt er, ein letzter Gruß, Heli Ihlefeld als »liebe Freundin«, freilich ohne ihren Namen zu nennen. Rut mag etwas geahnt haben, doch gewusst hat sie nichts, vielleicht auch weil viele der Geschichten, die man ihrem Mann nachsagte, zu offenkundig erfunden waren. Gerüchte gab es viele, Gewissheiten kaum.

Sowohl in ihrer Autobiographie als auch in unseren Gesprächen berichtete Heli Ihlefeld betont diskret von ihrer besonderen Verbindung zu Brandt. Dass Kollegen ihr vorwerfen, sie habe die Öffentlichkeit gesucht, kränkt sie, denn es war erst die Biographie von Brigitte Seebacher, die die Beziehung bekanntgemacht hat, nicht ihr eigener Impuls. Gleichwohl ist sie anhaltend erleichtert und froh, dass sie sich zu diesem Schritt entschlossen hat, denn erst jetzt konnte sie beginnen, das so lange unterdrückte Verhältnis für sich zu rekonstruieren, ihm nachzuspüren und offen in ihre Biographie einzubringen. Auch in unseren Begegnungen gibt ihre Erinnerung erst nach und nach bestimmte Szenen frei oder preis, weil sie verdrängt, fast vergessen waren, verloren schienen oder erst durch bestimmte Fragen wiedergefunden wurden.

Eine Begegnung, die solch verschüttete Momente freisetzt, findet in Bonn im Archiv der sozialen Demokratie statt. Hier liegt, wohlverwahrt und gut katalogisiert, ein Leben in grauen Boxen und Mappen, der Nachlass von Willy Brandt, und hier liegt – ebenso behütet – ein Depositum, das Heli Ihlefeld dem Archiv übergegeben hat. Mit einem Depositum werden Unterlagen bezeichnet, die jemand einem Archiv schon zu Lebzeiten zur Verwahrung übergibt. In diesem Depositum finden sich einige Briefe Brandts, viele Presseausschnitte, verschiedene Manuskripte, Fotos, die die Journalistin und den Kanzler zeigen: beim gemeinsamen Tanz, in angeregter Unterhaltung auf einem Empfang, beim Spaziergang in Norwegen, auf dem Venusberg in Brandts Dienstvilla oder in Ruts Hütte in Hamar im Kreis der Familie.

Wir beugen uns gemeinsam über die Dokumente. Ein Manuskript

von Willy Brandt fällt mir auf. Es sind, in kleiner, säuberlicher Handschrift, gut ein Dutzend Seiten, eng beschrieben, auf denen er für die Journalistin etwa 40 Anekdoten aus seinem Leben niedergelegt hat. Als Brandt hörte, dass Heli Ihlefeld an einer Sammlung von Anekdoten über ihn arbeitet, liefert er ihr aus eigenem Antrieb die Miniaturen. Das Buch erscheint erstmals 1968, und Brandt hat die Druckfahnen penibel durchgesehen, Ergänzungen oder Korrekturen vorgenommen. Als Auskunftsquelle ist dieses Buch daher nicht bloß als heiteres Plauderkästlein, sondern auch als Dokument der Selbsteinschätzung und Selbststilisierung Brandts zu betrachten. Ich werde in einem anderen Kapitel auf dieses Buch und auf das Talent des Politikers, sein öffentliches Bild selbst zu formen, zurückkommen. An dieser Stelle soll genügen, es als Dokument großer Verbundenheit und Nähe zu Heli Ihlefeld einzuschätzen, denn allein das Sammeln und Aufschreiben muss Brandt Zeit und Energie gekostet haben, eine Arbeit, die man nicht für jemanden macht, der einem gleichgültig ist. Bei der Durchsicht der Papiere fällt Heli Ihlefeld unvermittelt ein, dass sie in jenen Jahren im Auftrag eines Verlages auch ein Buch über Rut Brandt geschrieben habe, der das Manuskript dann jedoch nicht veröffentlichen wollte. Wir vereinbaren, dass ich es einsehen kann, wenn wir wieder in Berlin sind.

Die Journalistin lebt in Kreuzberg oder auf Naxos, hier wie dort bietet sie ein »Balance Coaching« an, das weniger ausbalancierten Menschen »Begleitung und Unterstützung auf intellektueller, emotionaler, seelischer und geistiger Ebene« offeriert. Der Beginenhof am Erkelenzdamm ist ein Wohnprojekt für vorwiegend alleinstehende, zumeist ältere Frauen, die ihre Partner oder ihre Partnerin verloren, keinen gesucht oder noch keinen gefunden haben. Mit seinem Namen verweist der Beginenhof auf die mittelalterliche Beginen-Bewegung, in der sich unverheiratete oder verwitwete Frauen, die Beginen, zuerst in Flandern zu klosterähnlichen Lebensgemeinschaften zusammenschlossen und karitativ wirkten. In der modernen Version ist das karitative Element im oftmals unwirtlichen, die Vereinzelung und Vereinsamung befördernden Stadtraum vor allem nach innen, ins Innere des Hauses gewendet. Die Frauen wollen vielleicht allein, aber nicht einsam leben, sie bilden im Idealfall eine kommunikative, fürsorgliche Hausgemeinschaft. Frau muss sich diese säkularisierte Klösterlichkeit leisten können, das architektonisch gehobene Projekt hat einen stolzen Preis, hier ziehen vor allem bürgerliche, gut ausgebildete und finanziell abgesicherte Frauen ein. Die schwere Gittertür öffnet sich lautlos wie in Zeitlupe, eine Kamera beäugt den Eingang.

Heli Ihlefelds Wohnung ist, inmitten des bunten Bezirks – ganz nah die hart-hässliche Betonfratze des Kottbusser Tors und ganz nah die lärmende, entfesselt feiernde Partyjugend auf der Admiralsbrücke –, eine stilvoll eingerichtete Geborgenheitsmuschel (Biedermeier-Möbel, sanftes Licht, Bücher, wärmende Decken, Kunst). Als ich in dem Rut-Brandt-Manuskript blättere, folgt ein weiterer Erinnerungsschub: »Hab ich dir schon diesen Brief gezeigt? Wo hab ich ihn denn? Einen Moment!« Sie übergibt mir den Brief, der Umschlag ohne Briefmarke, also einer, der überbracht und nicht verschickt wurde. Brandt schreibt am 19. April 1971: *»Liebe Heli Ihlefeld, anbei finden Sie den Glücksklee, den meine Herren und ich Ihnen eigentlich schon in Riva geben wollten. Mit freundlichen Grüßen Ihr Willy* Brandt.« Außer diesen zwei knappen Zeilen hat der Briefschreiber noch ein gefaltetes Blatt eingelegt, das zwei vierblättrige Kleeblätter enthält, ein großes und ein kleines. Sie sind jetzt braun, glatt, todtrocken, erinnern an Tabakblätter. Der Brief hat eine starke, widersprüchliche Aura. Auf dem schweren Briefpapier des Bundeskanzlers, links oben prangt stolz der Bundesadler, darunter in hochamtlicher Herrschaftsschrift »Der Bundeskanzler«, tanzen die handschriftlich-schwarzen Zeilen wie im Schmetterlingsflug. Und lassen sich zwei Glückskleeblätter anders als romantisch lesen? Doch dann wäre es gedrosselte Romantik in offiziöser Obhut, denn die »Herren«, die hier genannt werden, sind die nächsten Mitarbeiter Brandts, die von dieser Liaison wussten, zum Beispiel die Büroleiter Rainhard Wilke, sein Stellvertreter Wolf-Dietrich Schilling, der Leibwächter Ulrich Bauhaus oder der Referent Günther Guillaume. Es ist auffällig, dass Brandt die »Herren« voran- und sich hintanstellt, so als ob die »Herren« in Herzensdingen ein Mitspracherecht hätten, so als ob es unbescheiden klänge, an einer Stelle »ich« zu sagen, wo man doch eher erwartet, dass das »Ich« allein und ohne »Herren« bliebe.

Nachdem Brandt die Erfahrung gemacht hatte, dass Liebesbriefe in den falschen Händen zu zerstörerischen Werkzeugen werden können – die Veröffentlichung der Briefe an Susanne Sievers hatte 1961 fast zum Bruch der Ehe mit Rut geführt, die sich vor den Augen der Öffentlichkeit gedemütigt und hintergangen sah –, war er vorsichtig geworden; auf dem Papier mochte er sich nicht mehr in vergleichbarer Weise öffnen, das distanzierende »Sie« regiert, obschon das »Du« längst Alltag ist zwischen den beiden. Bei diesen Manövern der Seriosität half ihm wohl auch das Amt des Bundeskanzlers, denn dieses verlangte Würde, Maß und Beherrschung. Sosehr also die Kleeblätter zum Herzen sprechen, so sehr wacht doch der Adler im Kopf über den Mann und seine Gefühle. Nur wenige Journalisten, eine Handvoll Mitarbeiter im Kanzleramt und Vertraute wie der österreichische Bundeskanzler Bruno Kreisky wissen um Brandts Verhältnis zu Heli Ihlefeld. Bruno Kreisky lässt die Journalistin auch deutlich spüren, dass er, weil er Rut von Herzen zugetan ist, die Beziehung missbilligt. Er ist auffällig kühl, als sie sich am Rande eines privaten Treffens mit Brandt begegnen. Die Fahrt zu diesem Treffen nach Schlangenbad erinnert sie genau. Eine surrealistische Kulisse im Dezember 1973. Ölkrise, schockhaftes Innewerden von wirtschaftlichen Abhängigkeiten, der Slogan »Energiesparen: Unsere beste Energiequelle« kommt auf. Die Bundesregierung unter Kanzler Willy Brandt verhängt an vier Sonntagen im November und Dezember ein Fahrverbot. Und so ist die Autobahn irritierend leer, als Heli Ihlefeld mit einer Sondergenehmigung aus dem Kanzleramt von Bonn Richtung Hessen zu ihrem Rendezvous fährt.

Der Spiegel-Journalist Hermann Schreiber, der einige der besten Porträts über Brandt geschrieben hat, wusste um die Verbindung seiner Kollegin, er ist bis heute mit ihr befreundet. Als der Regisseur und Autor Oliver Storz das zweiteilige Doku-Drama im »Schatten der Macht« schreibt und inszeniert – es wird im Herbst 2003 in der ARD ausgestrahlt und verhilft Matthias Brandt in der Rolle als Günter Guillaume zum Durchbruch –, ist Hermann Schreiber als Berater und historischer Kronzeuge dabei. Ich greife zu einem frag-würdigen, zweifels-reichen Mittel. Ich benutze den Film, um mir die Wirklichkeit aufzuschließen, ich schreibe einen Dialog zwischen dem Kanzler (Michael Mendl) und seiner namenlosen Geliebten (Ann-Kathrin Kramer) ab und versuche, mir den von Oliver Storz geschriebenen Dialog als Brandt-Ihlefeld-Wortwechsel vorzustellen. Dunkles Hotelzimmer, blaues Licht, draußen regnet es heftig, Klavier und Saxophon zerreißen Herzen. Auf dem Bett die Geliebte, in weißer Unterwäsche, weißes, leicht zerwühltes Bettzeug. Der Kanzler im weißen, oben geöffneten, eher doch schon wieder verschlossenen Hemd, denn die Stimmung ist Abschied, ist post festum, ist Melancholie und Leben auf Halbmast. Sie liegt, er sitzt.

Er: Halbdunkle Hotelzimmer, stundenweise, die Leibwache draußen auf dem Korridor. Mehr hab ich nie zu bieten gehabt …

Sie: Das ist es nicht, du weißt, dass es das nicht ist. Das ist der Mantel …

Er: Was für ein Mantel?

Sie: Aus Einsamkeit, dein Schutzanzug, du ziehst ihn nie aus, und wenn wir im Garten Eden wären, du hättest ihn an.

Er: Ich kann nicht anders (Seufzer). Man sagt mir nach, ich sei ein Frauenmann, sie mögen mich, sie wählen mich, aber wenn es um eine Einzelne geht, um die Einzige, dann kommt die Fremdheit …

Sie: Ich weiß … Du bist alles andere als weltfremd, du bist ein Fremder in der Welt.

Er: Schon als junger Kerl, damals in der Nacht in der ich abgehauen bin im Fischkutter nach Dänemark, ich hab nicht das Gefühl gehabt, dass ich die Heimat verlasse, ich bin nur von einem Exil ins andere gegangen.

Sie: Weißt du, wann ich mich in dich verliebt habe? (Er horcht auf, gesteigerte Aufmerksamkeit) Als du da gekniet hast, da am Mahnmal in Warschau im Ghetto, die vielen Menschen drumherum, Polen, Deutsche, Diplomaten, Journalisten, und einer kniet … ein Fremder in der Welt.
Lebewohl, ich werde nicht aufhören, dich zu lieben.

Cut

Einen Abschied wie diesen, einen Moment, der historische und emotionale Augenblicke so dicht verwoben zur Sprache bringt und mythisch überhöht, hat es zwischen dem schweigsamen Willy Brandt und Heli Ihlefeld nie gegeben. Ihre Gespräche drehten sich um politische Angelegenheiten, oft um das Thema Gleichberechtigung, vieles war – am Rande eines Parteitages oder einer Wahlveranstaltung – dem aktuellen Tagesgeschehen verhaftet. Sie habe, sagt Heli Ihlefeld, oft mit Brandt über das Thema der Gleichstellung gesprochen und sich dann gefreut, wenn es vermehrt in seinen Reden anklang. Offenbar hatte er zugehört. Zwischen ihnen stand immer das Amt, der Apparat, deshalb haben sie auch nie miteinander telefoniert, immer trennte sie die Stimme eines anderen. Das emotionale, sich selbst beschreibende und erkundende Ausdrucksvermögen, das Storz Brandt hier zuspricht, auf die Seele schreibt, war Brandt im persönlichen Gespräch nicht gegeben. Der Film zeigt eine Fiktion, eine künstlerische »Männerphantasie«, zweifellos eine, die ihm gewogen ist. Das existentialistische Pathos (»von einem Exil ins andere gegangen«) war ihm als individuell-melodramatisches Bekenntnis fremd. Der Film muss dramatisieren, das ist legitim, Brandt hingegen waren noch dort dramatische Posen und Worte zuwider, wo das Leben zweifelsfrei dramatisch war. Der Ton war durchweg sachlicher, undramatischer, sprach- und bildloser.

Zwar ist die Szene ihres Abschieds tatsächlich dramatisch, aber sie kommt ohne Worte aus, weil es ein Abschied aus der Distanz ist. Nachdem Brandt seinen Rücktritt vom Amt des Bundeskanzlers erklärt und der Rundfunk des NDR die Nachricht in der Nacht vom 7. Mai 1974 um 24 Uhr in die Welt hinausgeschickt hatte, versammelten sich vor Brandts Villa im Kiefernweg ein paar hundert Menschen. Treueschwüre, Fassungslosigkeit, Resignation, ja auch Angst. Gespenstische Stimmung. Viele weinen unverhohlen. Brandt steht im Schatten von Holger Börner, das Gesicht, die Haltung, der Körper versteinert wie immer, wenn es innerlich emotional in ihm arbeitet und tobt. Ein Fackelzug der Jungsozialisten zieht vorbei, unruhig flackernde Schatten auf Brandts Gesicht. Heli Ihlefeld steht allein und unerkannt in der Menge, sie weint, fühlt sich »unendlich einsam« und ist auch voller Angst, dass ihr Name in den Medien genannt, dass sie gehetzt, schuldiggesprochen, dass ihre Familie in den Sog der Schlagzeilen gezogen wird und unter dem Druck zerbricht.

Jahre später. Brandt schreibt Heli Ihlefeld ein letztes Mal. Sein Sturz ist bereits Geschichte, er selbst nach einem verschleppten Herzinfarkt knapp dem Tod entkommen. Jetzt weilt er im südfranzösischen Hyères zur Kur, verbittet sich den Besuch seiner Frau Rut, von der er sich trennen will, nicht wissend, wie, wird umsorgt von Brigitte Seebacher und schreibt am 27. Januar 1979 vom Krankenlager: »*Liebe Heli, als ich mich hier Anfang des Monats gerade zurechtgefunden hatte, erreichten mich über Lothar Deine guten Wünsche, über die ich mich sehr gefreut habe. Es hatte mich böse erwischt, aber nun spricht alles dafür, daß ich gesünder sein werde, als ich es seit Jahren war (allerdings ohne Nikotin und ›nur‹ noch mit Rotwein). Ich wünsche Dir viel Gutes und sende herzliche Grüße! W.*« Es ist der erste und zugleich letzte Brief, in dem Willy Brandt die frühere Gefährtin mit dem wärmeren »Du« anspricht. Und er vergisst nicht, ihr mitzuteilen, dass ihm die treueste Freundin fortan fehlen wird: die Zigarette.

Genscher sieht dich an

Im Lauf seines Lebens wird jeder Mensch zur Kunstfigur. Nicht nur die, die wir im Fernsehen sehen, nicht nur die, von denen wir in den Büchern und Zeitschriften lesen, nicht nur die, denen die Öffentlichkeit ein Image auf die Haut tätowiert. Jeder setzt sich aus den unterschiedlichsten Erzählungen zusammen, jeder wird erzählt, zusammengestückelt, beschrieben und etikettiert. Hans-Dietrich Genscher ist auf jeden Fall eine Kunstfigur, und ob er in irgendeinem Bereich seines Lebens keine ist, wird er vermutlich selbst nicht wissen.

Wir kennen ihn. Glauben, ihn zu kennen. Er ist immer dabei gewesen. Der Mann mit den großen Ohren, der Mann mit dem gelben Pullover, der Mann, den die sonst so bissige Satire-Zeitschrift »Titanic« wegen seiner diplomatischen Unrast und Unentbehrlichkeit 1989 ungewohnt liebevoll »Genschman« taufte. Er, der weltumrundende Vielflieger, der, so witzelte man, sich dabei schon mal selbst begegne, der von 1965 bis 1998 Mitglied des Deutschen Bundestages war und unter den Bundeskanzlern Brandt, Schmidt und Kohl länger als jeder andere Minister dieses Landes im Amt blieb. Ein Überlebenskünstler, ein Seiltänzer, ein Mann mit starken Nerven. Er ist der Mann auf dem Balkon der deutschen Botschaft in Prag: »Wir sind zu Ihnen gekommen, um Ihnen mitzuteilen, dass heute Ihre Ausreise …« Der kollektive Aufschrei, Jubel, Tränen, tausendmal gesehen, tausendmal Gänsehaut.

Willy Brandt, das darf man sagen, hat ihn nicht gemocht, respektiert ja, gemocht nicht. War ihm zu quecksilbrig, zu elastisch, zu ideenlos, politisch zu wenig zu fassen, zu betriebsam. Hatte ihn der Innenminister Genscher in der Guillaume-Affäre nicht in eine verhängnisvolle Konstellation manövriert? Hatte Genscher nicht seine Hände in Unschuld gewaschen, während er, Brandt, Verantwortung übernahm für die Fehler des aalglatten FDP-Mannes? Und hatte ihm der karrierebewusste Aufsteiger aus Halle im Hinblick auf den Fortbestand der soziallliberalen Koalition nicht schmerzhaft vor Augen geführt, dass gerade er, der Kanzler, die Nummer 1, der Charismatiker, entbehrlich war? Für ihn, für Brandt, stand schon Helmut Schmidt zum Austausch bereit, aber niemand konnte Hans-Dietrich Genscher, den zukünftigen FDP-Vorsitzenden, Außenminister und Vizekanzler, ersetzen. Zu ihm gab es keine Alternative. Brandt ist nicht an Genscher gescheitert, aber der war ein Weichensteller seines Scheiterns. Diese Rolle wird er 1982 noch einmal spielen, als er die Weichen für den Wechsel zur CDU stellt und damit Helmut Schmidt als Kanzler scheitern lässt, woraufhin der sonst so distinguierte Regierungssprecher Klaus Bölling Genscher wütend einen »heillosen Advokaten« nennt (wofür sich Bölling übrigens später bei Genscher entschuldigt hat).

Das ist also Hans-Dietrich Genscher, geboren 1927 in Halle, wohnhaft in Wachtberg bei Bonn, ein Mann, dem Walter Scheel einmal bescheinigte, er könne nicht wie andere nur um die Ecke, sondern gleich ums »Karree denken«, und über den Egon Bahr, wahrhaft ein listenreicher Mann, in seinen Erinnerungen urteilt, er habe niemals »größere taktische Meisterschaft erlebt«. Vielleicht, denke ich, ist Genschers politischer Überlebenswille, sein atemloses Hinaufklettern, seine berüchtigte Elastizität auch eine Folge seiner Jugend. Er ist erst zehn Jahre alt, als der Vater stirbt, er muss sich früh recken, abstrampeln, Verantwortung tragen. Als junger Mann erkrankt er an Tuberkulose und liegt jahrelang im Krankenhaus. Einer, den das Leben so früh hingeworfen, so ans Bett gefesselt hat, will sich nie wieder hinlegen.

Nein, sagt der Taxifahrer, Genscher habe er nicht gefahren, aber Rut Brandt schon, das sei ja eine »fabelhafte, freundliche Frau« gewesen. Hans-Dietrich Genschers Wohnort ist mit öffentlichen Verkehrsmitteln nicht zu erreichen. Was verspreche ich mir von einem Interview mit Hans-Dietrich Genscher, dem Meister der undeutlichen Rede, der für solche Gelegenheiten, bemerkte der Politikwissenschaftler Franz Walter einmal, einen »Bausteinkasten von rhetorischen Allgemeinheiten« besitzt? Vielleicht muss man, wenn man Genscher nach Brandt und seinem Verhältnis zu ihm befragt, eher auf das Ungesagte achten?

Und vielleicht ist der Typus des Politikers, den Genscher verkörpert, der Typus des effizienten Machttechnikers, ein guter Kontrast, um einen so anderen Typ wie Willy Brandt in seiner Aura zu fassen. Aber vielleicht packt Genscher doch aus? Vielleicht bekennt er Ungeheuerliches? Warum sonst hatte mir sein Büro ausrichten lassen, Herr Genscher sei gerne zu einem Gespräch mit mir bereit, aber nur ohne Aufnahmegerät! Das sei die Bedingung! So was sagt man doch nicht, wenn man nichts sagen will?

Die Tür wird unverzüglich und ruckhaft geöffnet. So als habe er mich schon hinter der Tür stehend erwartet. Ein starker Händedruck, er sieht – durch mich hindurch – mich an, nimmt den Blumenstrauß für seine Frau (sie mag Anemonen, hatte die Bürodame gesagt), befördert ihn auf dem kürzesten Weg in die Küche, überhört meine Smalltalk-Floskeln (»schön haben Sie es hier«) und befindet sich schon schnurstracks auf dem Weg ins Wohnzimmer, während ich noch im Flur stehe und ablege. Dieser Mann hat wirklich keine Zeit zu verlieren. Ich folge ihm. Da sitzt er schon auf einem Sofa. Empfangs- und sendebereit. Ich trotte hinterher, fühle mich eingerostet und alt angesichts dieser körperlich vorgetragenen Leistungsbereitschaft. Ich erkläre kurz, wer ich bin und was ich mache. Dass ich den Menschen Brandt stärker … dass ich das Private und das Politische … dass ich die Verbindung zwischen familiären und politischen Krisen …

Der große, alte Mann hört mir mit ausdruckslosem Gesicht zu. Obwohl er mich die ganze Zeit unverwandt anschaut, weiß ich nicht einmal mehr, was für eine Augenfarbe er hat. Ich stelle meine Fragen, er antwortet, ich mache Notizen. Die Antworten kommen rasch. Sie bergen keine Gefahr, sie haben Genschers Sicherheitsschleusen ohne Alarmsignal passiert.

»Mit ihm konnte man tiefere Gespräche führen …«

»Es gab ja eigentlich nur zwei Bundeskanzler, die Weichensteller waren, Adenauer und Brandt.«

»Bevor ich Brandt persönlich kennenlernte, entstand schon eine persönliche Beziehung zu ihm, weil ich die Diffamierungen ungerecht fand.«

»Das erste Kabinett Brandt war das beste Kabinett, dem ich jemals angehört habe.«

»Die Kabinettsitzungen mit dem Kanzler Brandt waren echte Aussprachen, bei den beiden anderen Bundeskanzlern Schmidt und Kohl war das nicht so.«

»Rut und Willy Brandt waren ein eindrucksvolles Paar.«

»Familiär gab es zwischen uns keine Berührungspunkte!«

»Ich habe es nicht als Schwäche empfunden, dass sich Brandt bisweilen zurückzog, dass er Ruhe brauchte, ein Mann wie er brauchte das.«

»Weich wäre ein völlig falsches Wort für seinen Charakter, überlegen Sie, wie der Mann kämpfen konnte, zum Beispiel für die Ostpolitik.«

»Ich lernte Willy Brandt besser kennen, nachdem er als Bundeskanzler zurückgetreten war und wir beide Parteivorsitzende unserer Parteien waren.«

»Brandt und Schmidt, das waren zwei völlig verschiedene Welten!«

Seine Antworten werden immer knapper, er sieht mich nach jeder Antwort herausfordernder an. Starrt mich an. Der Mann hat heute noch was vor, das ist unübersehbar. Ich beschließe, das Gespräch zu beenden. Ich hoffe ein wenig auf den Nachspann. Versuche noch einmal, seinem Blick standzuhalten, und komme mir plötzlich vor wie ein sowjetischer Unterhändler, mit dem er über den Austausch von Spionen verhandelt. So, sagt sein Blick, jetzt kommst du. Ich bewege mich keinen Millimeter.

»Herr Genscher, ist das eigentlich Ihr Dienst- und Diplomatenblick? So wie Sie mich jetzt ansehen?«

Ein Ruck geht durch den Mann, ein sanftes Aufschrecken, als hätte er jetzt wegen unvorhergesehener Turbulenzen den Autopilot-Modus beenden müssen. Er rückt seine Brille zurecht. Ich fühle mich verantwortlich für seine Verlegenheit und schiebe nach: »Ich meine, dass Sie so schauen können, das kann nicht jeder, die meisten Menschen halten das doch gar nicht aus, sich so anzusehen, also das ist sicher für einen Diplomaten ein unschätzbarer Vorteil, so ein Blick …«

Er murmelt, leicht unzusammenhängend, nein, nein, kein Dienstblick, vielleicht ein … nein … also … nein … das sei ihm jetzt gar nicht so klar gewesen, dass er … nein, kein Dienstblick …

Er ist jetzt etwas aufgeschlossener. Während unseres Gesprächs ist mir die mannshohe Pflanze aufgefallen, die neben dem Sofa steht. Einige Blätter sind zu Boden oder aufs Sofa gefallen, Genscher hat die ganze Zeit ein gelb gewordenes, runzliges Blatt zwischen den Fingern hin und her gedreht. Ist das vielleicht ein Benjaminus Ficus? »Nein«, antwortet er, »ich weiß nicht, wie der heißt.« Er betrachtet den Baum nachdenklich. »Wir haben den schon seit Jahrzehnten, irgendwann geschenkt bekommen, meine Frau hat ihn immer wieder zurückgeschnitten, aber er wächst und wächst. Er ist fast so etwas wie ein Haustier für uns, nein, trennen können wir uns nicht von ihm. Vielleicht haben wir ihn schon, seitdem wir hier wohnen. Wir sind in dieses Haus genau zu meinem fünfzigsten Geburtstag eingezogen.«

Und jetzt belebt sich sein Blick, da ist tatsächlich so etwas wie Genugtuung, ein Funkeln. Damals, zu seinem fünfzigsten Geburtstag waren alle da, die ganze Republik, sagt er, auch Willy Brandt. Und er erzählt, nicht ohne einen gewissen Stolz, dass das Haus mehr als 300 Quadratmeter Wohnfläche vorweisen kann. Sein Architekt habe ihm damals versprochen, von außen würde das Haus nicht groß wirken, aber nach innen würde es sich öffnen und sehr geräumig sein. In diesen Tagen steht Bundespräsident Wulff kurz vor seinem Rücktritt. Er steht unter Beschuss, weil die Finanzierung seines Eigenheims, das keineswegs schlossähnliche Ausmaße hat, unter fragwürdigen Umständen zustande gekommen ist. Der deutsche Politiker, denke ich, musste immer ein Bescheidenheitsdarsteller sein, Vermögen, Besitz oder gar Reichtum auszustellen war gefährlich in der engen Bonner Demutsrepublik und ist es noch in der Berliner. Das Eigenheimglück, Wunschtraum der Deutschen, darf sich nicht zu sehr abheben vom Maß der Mitte.

Unser Gespräch hat sich erschöpft. Da Genscher in dem Interview erzählt hat, er sei mit Horst Ehmke befreundet und gehe mit ihm gelegentlich essen, frage ich, ob er einen Kontakt herstellen könne. Ohne Umschweife zieht er ein Handy aus der Hosentasche, achtet nicht auf meinen Einwand (»Ich würde ihn lieber anschreiben«), und schon ist Ehmke am Apparat. »Ja, hallo, Horst, hier ist Hans-Dietrich ... ja, grüß dich, ja, mir geht es gut ... sehr gut ... (dann sieht Genscher mich an, und ich merke, dass dieser Witz für mich bestimmt ist) ja ... selbst wenn man mir ein Bein abnehmen würde, ginge es mir noch besser als meiner Partei (Ehmkes heiseres Lachen dringt aus dem Handy) ... Ja, Horst, hör zu, ich hab hier einen jungen Mann ... wie heißen Sie noch mal? ... ja, er soll dich anrufen ... gut ... und grüß auch deine Frau.«

Genscher springt auf. Eilt zur Tür, ruft seine Frau: »Barbara! Barbara!« Keine Antwort. Nur ein schütteres, weit entferntes Geräusch zeigt an, dass sich oben jemand aufhalten muss. Genscher ist schon am Wagen, ich stehe noch im Flur.

»Worauf warten Sie?«

»Ich dachte ... weil Sie keine Jacke ... haben Sie einen Schlüssel?«

»Nun kommen Sie!«

Genscher fährt einen großen, silberfarbenen Audi. Kaum sind wir eingestiegen, bedient er ein hochmodernes Navigationsgerät, das zugleich ein Autotelefon enthält.

»Ja, hier Genscher. Ich hole die Post. Andere Termine? ... Seien Sie bitte unten, ich bin gleich da!«

Ich verstehe. Der Mann fährt mich nicht aus Menschenliebe zum Bahnhof, er will die Post aus seinem Büro abholen, er erwartet etwas, er ist ungeduldig, er erwartet immer etwas. Die Post! Der Mann will wissen, was die Welt macht! Während unserer kurzen Fahrt ruft er mehrfach im Büro an. Er will keine Zeit verlieren, er ist ein Präzisionsarbeiter. Ich packe mein Bauchpinsel-Set aus: »Einen Mann Ihrer Tatkraft könnte die FDP heute gut gebrauchen!« Gerade sind die Gelben bei der Landtagswahl in Berlin unter zwei Prozent geblieben. Ich höre keinen Widerspruch. Ich frage ihn, ob seine Tochter in der Nähe wohnt und wie es ihr geht.

»Wie kommen Sie denn jetzt da drauf?«, fragt er überrascht.

»Na ja, ich schreibe doch auch über Brandt als Familienvater, und ich versuche für mich herauszufinden, ob ein Berufspolitiker auch Familienmensch sein kann. Deshalb habe ich …«

»Ich versuche, bei meinen Enkeln das richtig zu machen, was ich bei meiner Tochter falsch gemacht habe.«

Herbstland.

Wir sind da. Am Straßenrand steht eine blasse, eingeschüchtert wirkende junge Frau. Das Postfräulein. Sie hält mit Mühe einen schwarzen schweren Diplomatenkoffer, den sie auf der Rückbank verstaut. Dann reicht sie ihm durch die Beifahrertür die Unterschriftenmappe. Ich bin jetzt Schreibtisch. Das Fräulein sieht aus wie eine Büroklammer. Genscher unterzeichnet vier Briefe. Noch ein kurzes Stück. Wir sind am Bahnhof. Kurzer Abschied. Der silberfarbene Wagen stößt forsch auf die Straße. Jemand hupt.

Der Außenminister a. D. gibt Gas.

Auf dem Venusberg

»Es geht darum, die Angst abzuschaffen, und das ist manchmal echt viel Arbeit.«

Matthias Brandt in »Schattenväter«

Eine Familie kann in einem Haus, aber zugleich unter sehr verschiedenen Dächern leben, und selbst wenn man in einem Zimmer zusammenkommt, heißt das noch nicht, dass man zusammenfindet.

Willy Brandt tritt 1966 zögerlich und widerstrebend in die große Koalition aus CDU und SPD ein. Die Genossen drängen ihren Parteivorsitzenden, Außenminister und Vizekanzler zu werden. Doch Brandt hat einen geradezu körperlichen Widerwillen, sich in dieses Kabinett einzufügen, weil es von dem ehemaligen NSDAP-Mitglied Kurt Georg Kiesinger geführt wird. Brandt reagiert geradezu allergisch auf dessen körperliche Präsenz, igelt sich ein, verstummt, verschnupft. Dennoch lässt er sich überzeugen, Berlin aufzugeben und nach Bonn zu ziehen. Die Familie folgt ihm, ebenfalls wenig begeistert. Rut Brandt hatte sich an ihre Rolle in Berlin gewöhnt, und nachdem ihr Mann zweimal als Kanzlerkandidat gescheitert war, hatte sie kaum noch damit gerechnet, die Bühne vertauschen zu müssen. Ja, nach der Niederlage von 1965 war zwischen den Eheleuten diskutiert worden, ob man sich nach Norwegen zurückziehen und Brandt die Politik aufgeben solle. Im Herbst und Winter 1965 war es Brandt schlechtgegangen. Die dumpfe Niedergeschlagenheit, in die er regelmäßig im Herbst versank, war schwärzer als sonst, und für einen Moment trat der Tod an ihn heran und fragte, wie es um ihn stehe, ob er genug habe oder noch ein bisschen bleiben oder doch gehen wolle? Er bricht zu Hause zusammen, man vermutet zunächst einen Herzinfarkt. Während sich die Ärzte um ihn bemühen, zieht sein Leben wie in einem Film an ihm vorüber, und er schaut schon auf die andere Seite des Flusses. Doch es kann kein organischer Schaden diagnostiziert werden. Brandt überwindet die seelische und körperliche Krise, er macht weiter.

Der Sprung nach Bonn ist also kein euphorischer, sondern erst einmal ein mürrischer Wechsel, zumal Rut Brandt entschieden feststellt: »Ich bin eine Berlinerin!« Peter Brandt bleibt wie erwähnt wegen des Abiturs in Berlin, kommt in den nächsten Jahren nur besuchsweise und gelegentlich in den Ferien mit der Familie zusammen und wohnt im Haus der Familie seines besten Freundes Wolf-Rüdiger Knoche. Auch Lars ist zunächst alles andere als angetan und tut sich mit dem Wechsel schwer. Es dauert seine Zeit, ehe er in Bonn Fuß fasst und ankommt, dann aber wurzelt er hier umso fester. Am leichtesten gelingt es naturgemäß dem Jüngsten in der Familie, seine Berliner Zelte abzubrechen, er erlebt den Umzug als abenteuerliche Reise. Demütigend ist nur, dass er in Bonn nicht wie in Berlin zur Vorschule geht, sondern noch einmal in den Kindergarten muss. Aus Protest besteht er darauf, fortan mit dem Gokart vor dem Kindergarten vorzufahren, um wenigstens so seinen Status zu demonstrieren: fast schon groß! Aber schon bald lässt er sich von dem neuen Zuhause, dem weitläufigen Areal und den neuen Abenteuermöglichkeiten gewinnen.

Das neue Domizil ist nicht ohne Reize. Es befindet sich auf dem Venusberg, von wo aus man auf die Stadt hinabschaut. Eine kurvenreiche Straße führt nach oben, wo es 176 Meter über dem Meeresspiegel noch dörflicher zugeht als im ohnehin beschaulichen Bonn. Auf dem Venusberg, wo die Bäume dicht an dicht stehen, wo man einander kennt, wo im Winter der Schnee länger liegen bleibt, wo der Hund begraben liegt, wo die einzige Sehenswürdigkeit ein kümmerliches und verwittertes Kaiser-Wilhelm-Denkmal darstellt. Hier oben lässt sich nach 1949 bevorzugt die politische Klasse nieder. Das weiße Haus mit den elf Zimmern, das die Brandts im Frühjahr 1967 beziehen, beherbergte zuvor Brandts CDU-Amtsvorgänger Gerhard Schröder. Die Dienstvilla des Außenministers wird nun sieben Jahre das Zuhause der Familie Brandt, obschon sie, nachdem Brandt 1969 zum Kanzler gewählt wird, eigentlich in den modernen Kanzlerbungalow umziehen müsste, doch der Venusberg lässt die Brandts nicht los.

Ein merkwürdiges Haus, eine denkwürdige Familie, wo soll man da beginnen? In diesem Haus mischen sich privates und politisches Leben, intime und öffentliche Gesten siedeln dicht beieinander, familiäre und repräsentative Arrangements schlingen ein gemeinsames Band. Brandt war der erste Kanzler, der eine sichtbare, ja eine kontroverse, eine dynamische Familie anzubieten hatte. Vorher gab es an der Seite von Politikern folgsame Kinder und dienende Frauen zu beobachten, Familie als Anhängsel, Familie im Schattenreich, schmückendes Beiwerk, das naturwüchsig die unumstößliche konservative Lebensordnung zu verkörpern hatte: Kinder, Küche, Heim, Herd, Hausfrau, Kirche, keine Klagen. Doch das öffentliche Bild der Brandts war widerspruchsvoller. Da war die »schöne Norwegerin« an Brandts Seite, über die in den Medien schon mal gemutmaßt wurde, sie sei eine Kommunistin gewesen. Da war der »rote Peter«, der als rebellischer Aktivist seinem Vater viel Ungemach bereitete. Da waren Lars und Peter, die doppelten Mahlkes aus dem »Skandal-Film« *Katz und Maus* (1966), in dem der jüngere Brandt-Sohn das Ritterkreuz entehrt. Ja, war dieser Lars Brandt nicht auch ein Tunichtgut wie sein Revoluzzer-Bruder? Man hatte ihn doch in Berlin auch einmal in Polizeigewahrsam genommen, weil er sich an der Gedächtniskirche für die dort herumlümmelnden »Gammler« eingesetzt hatte. Und dann der Herr des Hauses selbst, dass der kein Kostverächter war, schien noch das geringste Problem zu sein. Zur Kirche ging der auch nicht, aber schlimmer: Hatte der ein Vaterland? War dieser Mann nicht ein windelweicher Hausherr, der sich von den Kommunisten genauso um den Finger wickeln ließ wie von den eigenen rotlackierten Söhnen? Doch diesen Ressentiments standen andererseits sehr freundliche Familienbilder gegenüber, die von Illustrierten, Boulevardblättern und eher linksliberalen Zeitungen gepflegt wurden.

Jenseits dieser zugeschriebenen Bilder und grassierenden Vorurteile, jenseits dieser öffentlich zugewiesenen Rollen musste jeder der Brandts seinen eigenen Weg finden, sein eigenes Selbstverständnis suchen. Die größte Last fiel dabei sicherlich Rut Brandt zu, denn sie repräsentierte die Frau an seiner Seite, aber auch die Familie, sie musste, das war gleichsam Staats- und Parteiräson, eine fabelhafte Kanzlergattin sein, aber auch eine gute Mutter und Kameradin, und nicht zuletzt war sie die Landesmutter, die dem Land und dem Ausland ihr optimistisches Lächeln zeigen sollte. Dieses Zuversichtsgesicht war immer im Dienst, ganz gleich ob das Fest eines Kleingartenvereins besucht oder ein Staatsgast empfangen wurde. Herzen erobern für Willy, tanzen für die SPD und lächeln für Deutschland.

Als Brandt am 21. Oktober 1969 zum Bundeskanzler gewählt wurde, saß seine Frau auf der Besuchertribüne des Bundestages und »zerdrückte eine Träne«. Es war ihr zuwider, in der Öffentlichkeit Gefühle zu zeigen, die von der Politik in Dienst genommen werden konnten, auch eine große Portion Unsicherheit bestimmte ihr Verhalten, denn sie hatte gelernt, dass die Politik überhaupt, aber vor allem in diesem Land ein vermintes Gelände war, in dem man vorsichtig aufzutreten hatte. Was sie innerlich bewegte, versteckte sie meistens hinter einer Miene patenter Heiterkeit. Sie legte sich eine zweite und dritte Haut zu. In Köln fand sie den Prominentenfrisör Heinz Merges, der ihre mädchenhafte Frisur zu einem auffallend hochtürmenden Löwenhaupt veränderte, so dass ihr eher zierlicher Kopf weitaus größer wirkte. Dass Kleidung auch eine Sprache sein kann, ein Statement, ein Ausdruck, aber auch eine schützende Hülle, hatte Rut Brandt nicht erst in Berlin gelernt. Seit frühester Kindheit war sie angehalten, sich hübsch zu kleiden, um gegenüber dem forschenden Blick jedes Verdachtsmoment, etwas könne nicht in Ordnung sein, abzuwehren. In Bonn war es vor allem der Berliner Modeschöpfer Uli Richter, der für ihre Garderobe verantwortlich war. Von 1970 bis 1974 kleidet er sie exklusiv bei allen Staatsbesuchen ein. Sein Stil, orientiert am internationalen Geschmack, war auf der Höhe der Zeit, er war sachlich und anmutig, leger, aber auch repräsentativ, verspielt, aber nicht versponnen, er war kess, unsentimental, aber nicht frech und forsch.

Rut Brandt, die schon 1959 an der Seite ihres Mannes in den USA geglänzt hatte, wiederholte dieses Kunststück 1970, als sie mit ihrem Mann die Vereinigten Staaten besuchte. Im Mai 1970 brachte die Frauenzeitschrift »Jasmin« eine ausführliche und reich illustrierte Reportage unter dem Titel »Charme ist eine feine Waffe«, die Rut Brandt, ihrem Auftreten und ihrem Geschmack huldigte. Der Reporter Mainhardt Graf Nayhauß schilderte, wie Rut Brandt im amerikanischen Außenministerium empfangen wurde, wo »24 Frauen einflussreicher Männer« sie willkommen hießen: »Die meisten der 24 Ladys sahen die Frau des deutschen Bundeskanzlers zum ersten Mal. Nach Fräuleinwunder, Kessler-Zwillingen und Elke Sommer waren sie erneut gehalten, ihre Vorstellung von der deutschen Frau zu ändern. Hatten bisher CDU-Muttis vom Typ Luise Erhards und Marie-Luise Kiesingers die Gattung der deutschen Politikerfrau repräsentiert, so zeigte sich den Amerikanerinnen jetzt eine Dame, die – würde sie in Washington leben – vermutlich bald von den amerikanischen Modejournalen zu den zehn bestangezogenen Frauen der Welt gezählt werden würde.« Nachdem also Rut Brandt offenbar tiefen Eindruck auf die amerikanische Damenwelt gemacht hatte, nahm sie es später in Angriff, den dazugehörigen Herren den Kopf mit ihrem saloppen Charme zu verdrehen: »Als am Abend desselben Tages beim Diner im Weißen Haus auch die Ehemänner der 24 Society-Damen die Gattin des deutschen Kanzlers sahen, erlebten sie eine Frau, die nicht nur in ihrer rosafarbenen Abendtoilette hinreißend schön aussah; sie erlebten

Rut Brandt auf einer Modenschau ihres bevorzugten Modeschöpfers Uli Richter, 1972

auch eine Frau, die einiges von der Kunst des Flirts verstand: eines Flirts, der etwas von der Frische einer Mentholzigarette hatte, aber auch etwas von Ironie. Zu Präsident Richard Nixon sagte Rut Brandt: ›Wenn Sie wüssten, wie gut ich mich mit Ihnen letzte Nacht im Bett unterhalten habe.‹ Der Präsident glaubte, sich verhört zu haben. Sein Gesicht verriet Zweifel und wohl auch Wunschdenken. ›Heute Nacht‹, fügte Frau Brandt hinzu, ›als ich nicht schlafen konnte, habe ich mir zurechtgelegt, was ich Ihnen in meinem besten Englisch sagen und wie ich auf Ihre Antworten antworten würde. Aber jetzt kann ich vor Müdigkeit weder Deutsch noch Norwegisch, geschweige denn Englisch sprechen.‹ Der amerikanische Präsident war amüsiert und beeindruckt.«

Mal ganz abgesehen davon, ob es freundlich und metaphorisch subtil ist, jemandem den Charme einer Mentholzigarette zu attestieren, so stellte diese Reportage der Kanzlergattin ein außerordentlich gutes Zeugnis aus. Zwar bleibt die Frau hier auf das hübsch anzusehende Objekt reduziert, und auch ihr »Flirt« mit Nixon wird auf einer erotisch aufgeladenen Ebene abgehandelt, andererseits wird die Frau in der politischen Sphäre überhaupt wahrgenommen, aus ihrer Stummheit erlöst und darf sprechen. Es ist zwar nur Smalltalk, aber doch einer, der selbstbewusst und keck daherkommt. Die Leserinnen der »Jasmin« sollen sich freuen dürfen über diese selbstbewusste Frau, die auf internationalem Parkett eine glänzende Figur macht. Es ist ein Stellvertreterbild, das hier auf die Reise geht, die deutsche Frau kann sich sehen lassen und braucht sich selbst in Washington nicht zu verstecken. Die Frau an seiner Seite fängt an zu sprechen, die »Mutti« ist abgelöst, ein neuer deutscher Frauentyp betritt die Szene. Es ist eine Frau, die sich von den Männern nicht die Sprache verschlagen lässt, auch wenn es ihr schwerfällt, wie sie bekennt, zur Sprache zu finden.

Die norwegische Sprache war für Rut Brandt auch eine Heimathülle, Schutzwall und half ihr, Distanz zu einem Land zu halten, dessen anhaltende Vergangenheit ihr unheimlich blieb. Jüngere Deutsche, etwa die Freundinnen ihrer Söhne, berührte sie gerne, sie war da körperlich zugewandt, Küsschen links und rechts, aber bei älteren Deutschen zeigte sie eine deutliche Körperscheu und Distanz, sie war auf der Hut. Die norwegische Sprache bot da auch einen gewissen Schutz, ganz und gar in diesem Land aufzugehen. Lange hatte sie mit ihren Kindern überwiegend Norwegisch gesprochen, bis diese dann für sich die Entscheidung trafen, sich vor allem in der deutschen Sprache zu bewegen. Matthias Brandt erinnert sich an diesen Moment der Ablösung, der Sprachtrennung, der für Rut Brandt ein Verlust gewesen sein muss: »Die erste Sprache, die ich lernte, war Deutsch, dann habe ich als zweite Sprache sehr schnell und sehr gut Norwegisch gelernt, einfach weil wir da viel Zeit verbracht haben. Es gibt ja so ein Alter bei Kindern, bevor sie in die Schule kommen, wo manchmal sechswöchige Ferien ausreichen, um komplett eine Sprache zu lernen. Und so war das ein bisschen bei mir. Ich war dann eine Zeitlang zweisprachig, und wechselte dann je nach Gesprächspartner. Als ich acht oder neun Jahre alt war, habe ich diese Zweisprachigkeit abgelehnt. Ich wollte zu den Deutschen gehören! Ich habe mich von einem Tag auf den anderen strikt geweigert, Norwegisch zu sprechen, sehr zum Kummer meiner Mutter. Aber ich blieb rigoros. Vielleicht empfand ich, dass in diesem Hin und Her zu viel Ungeklärtes, zu viel Chaos steckte.«

Zur eigenen Sprache zu kommen, sich sprachlich zu behaupten, Sprachhemmungen zu überwinden, die eigene Stimme nicht zu verlieren oder gegen die Sprachlosigkeiten des Mannes an ihrer Seite anzusprechen war eine der großen Aufgaben und Herausforderungen von Rut Brandt. Der hatte sich außer Haus oft so leer und so müde geredet, dass für das Haus auf dem Venusberg kein Sprachrest mehr blieb oder die auswärtigen Sprachflüsse innerlich weiterliefen, die Debatten im Kopf, die Reden, die unausgesprochenen Appelle, die es morgen auszusenden galt, die Argumente, die er nicht losgeworden war, all die Sätze und rhetorischen Manöver, die weiter ihren Dienst taten, obwohl man lieber zur Ruhe käme und auch innerlich schwiege, aber nicht schweigen kann, weil man zur Hälfte ein Denk- und Sprechautomat ist, der immer neue Platten auf den Teller spuckt und knisternd abspielt, eine Art politische Jukebox, der man am liebsten selbst den Stecker ziehen würde, wenn man dann nicht fürchten müsste, gar nicht mehr da zu sein oder plötzlich die Stille oder die Melodien der anderen zu hören.

Im Herbst 1972 ist diese Jukebox tatsächlich kaputt, der Arzt hat den Stecker gezogen. Man kann sich diese Situation gar nicht absurd genug vorstellen. Der Kanzler hat bei der Bundestagswahl 1972 einen triumphalen Wahlsieg errungen, und dennoch geht's bergab. Das historisch gute Wahlergebnis für die SPD benebelte manchen in der Partei, verführte zu Disziplinlosigkeiten, ruinierte den Teamgedanken, und anstatt es dem Kandidaten Brandt zu danken, wie glänzend man plötzlich dastand, begann man aus Eigeninteressen, seine Autorität zu demontieren. Das unaufhörliche Sprechen und Werben hat Brandts Stimme ruiniert, er fürchtet, an Krebs erkrankt zu sein, eine Geschwulst an der Grenze zur Bösartigkeit wird von den Stimmbändern entfernt, Brandt liegt im Krankenhaus und hat Sprechverbot. Rut kommt zweimal am Tag, flüstert ihm etwas zu, er flüstert zurück, aber – der behandelnde Arzt achtet streng darauf – nur wenige Worte. Nichts Bedrohlicheres gibt es für einen Politiker, als seine Stimme zu verlieren. Stimme ist Macht, Präsenz, Einfluss, Kontrolle. Brandt hingegen ist stumm, ausgeschaltet, ausgerechnet während der Koalitionsverhandlungen mit der FDP, die Weichen, auf denen er in den nächsten anderthalb Jahren abwärtsfahren wird, werden jetzt ohne ihn gestellt. Herbert Wehner und Helmut Schmidt, die Weichensteller, sind im Vollbesitz ihrer Stimmen und sprechen so laut, dass Brandts Flüstern nicht ankommt.

In seinen Erinnerungen »Komplettes Stückwerk« hat Erhard Eppler das Paradoxon des stimmlosen Siegers, des tragischen Triumphators in einer eindrucksvollen Szene festgehalten: »Nie vergesse ich das Bild des siegreichen Kanzlers, den ich in der Residenz des Außenministers auf dem Venusberg erlebte: Steif wie eine Statue in einem Sessel mit hoher Lehne sitzend, das starre Gesicht über der weißen Halskrause, in welche die Ärzte ihn gezwängt hatten, konnte er sich nur flüsternd verständlich machen. Um ihn war eine Aura der Einsamkeit, ja der Tragik. (...) In diesem Gesicht eines Leidenden war mehr vom Tod als vom Triumph zu lesen.«

Zu Brandts Stimme gehörte der Rauch, die Zigarette als Begleitschutz. Das strenge Rauchverbot raubt dem Mann einen Teil seiner Persönlichkeit. Später wird Brandt sagen und es wirklich so meinen, er hätte nicht als Bundeskanzler zurücktreten müssen, wenn er Raucher hätte bleiben dürfen. In diesen Wochen und Monaten des unaufhörlichen Missvergnügens, im Winter 1972, bekommt Willy Brandt Besuch von zwei Grenzgängern: Dieter Lattmann und Rudolf Augstein. Der Schriftsteller Lattmann (SPD) und der Publizist Augstein (FDP) versuchen sich als Bundestagsabgeordnete. In seiner lesenswerten Autobiographie »Einigkeit der Einzelgänger« beschreibt Lattmann, wie er eines Abends zusammen mit Augstein hinauf zum Venusberg fährt und den Kanzler besucht. Es ist ein irritierender Eindruck: »Wir passierten die Wache und standen nach einem kurzen Wegstück vor der Tür. Rut Brandt empfing uns freundlich, schlank im langen Kleid. Von Anfang an hatte ich den Eindruck, sie war an diesem Abend die einzige mit sich übereinstimmende Person. Der Hausherr schien mir hinter einer außenministerhaften Haltung nicht wirklich anwesend zu sein. Natürlich hatte ich mich über diese Einladung gefreut. Nur war mir die Erfahrung neu, wie distanziert Brandt sein konnte, selbst gegenüber Menschen, die er früher schon manches Mal ins Vertrauen gezogen hatte. Er fragte uns nur, was er ohnehin wusste. Es war kein Gespräch, sondern eine Visite. Natürlich klang nach diesem gewaltigen Wahlsieg auch etwas von unserer Zuversicht an und von der akuten Ausweglosigkeit der Opposition.

Mir war die ganze Zeit, als schwebe ein Schatten durch den Raum. Ich stellte mir vor, wie viele Probleme in diesem Augenblick auf ihm lasten mussten, und ich fragte mich: Warum hat er uns herbestellt? Da saß ich dem einzigen Politiker gegenüber, den ich verehrte, und fühlte mich fehl am Platz. Bei Wein und einem Imbiss liefen auch zwischen ihm und Augstein nur eingespielte Gesprächsriten hin und her. Rut Brandt wartete mit einigen Streichen der Söhne auf, selbst das erhellte nur kurz die Szene. Aber sie blieb souverän bis zum Schluss, den ich nur noch herbeisehnte, und sie war es auch, die uns wieder verabschiedete, der Kanzler hatte sich schon zurückgezogen.«

Die Szene zeigt Rut Brandt an einer Schnittstelle ihres Lebens, wo kaum zwischen dem geschäftlichen und dem privaten Teil unterschieden werden konnte. Als charmante Gastgeberin hatte sie die Stimmung herzustellen, in der den Herren ein munteres politisches Gespräch gelingen sollte, aber das fiel schwer, wenn ihr Mann, gefangen in seinen Stimmungen, nicht aus sich herausfand und seinem Gegenüber das Gefühl vollkommener Entbehrlichkeit gab. Das Eigentümliche an Brandt als Person war ja auch, dass er als Politiker ein Charisma entwickelte, das andere glauben machte, sie seien unentbehrlich für ihn, seine Politik und das Land. Das ist Charisma: in der politischen Arena ein Gefühl von Unentbehrlichkeit erzeugen. Nahezu erschrocken, geradezu schockiert waren dann viele, die diesen Mann persönlich trafen und sich in seiner Nähe überflüssig und fehl am Platz fühlten. So wie Dieter Lattmann in diesem Moment. Rut Brandt musste diesem Schweigen etwas entgegensetzen, es fortzaubern, fortplaudern, mit ihrer Fröhlichkeit wegwischen. Zwar war ihr dieses Naturell von Haus aus gegeben, aber auf dem Venusberg gehörte dazu auch eine eiserne Disziplin, das drückende Schweigen fortzulächeln. Schon die Architektur des Hauses markierte diese Aufgabenstellung. Die privaten Räume befanden sich im ersten und zweiten Geschoss. Im Erdgeschoss lagen die Repräsentationsräume, in denen der Kanzler seine Gäste empfing. Die Einrichtung dieser politischen Zone hatte Rut Brandt mit Hilfe eines Berliner Einrichters übernommen. Die Möbel, Teppiche und Bilder im Erdgeschoss waren samt und sonders geliehen, so kam etwa der große Gobelin, der die Wand des zentralen Empfangsraums zierte, als Leihgabe aus der Münchner Pinakothek: »Übergabe Karthagos an den Sieger Scipio«. Man lebte also im wahrsten Sinne des Wortes im Bundesbesitz. Ganz klassisch und traditionell lagen ein Damensalon und ein Herrenzimmer nebeneinander, ein Arrangement, das die alte Ordnung widerspiegelte: Hier im blauen Rauch der Zigarren, Zigarillos und Zigaretten wurde schwere Politik gemacht, nebenan wurde der leichte Plauderton gepflegt. Dass es bei den Männern immer um Leben und Tod ging, bewies schon die Büste im Herrenzimmer: Sie zeigte den ermordeten John F. Kennedy.

Rut Brandt war, seitdem sie 1967 als Frau des Außenministers auf den Venusberg gezogen war, ungemein viel Sympathie entgegengebracht worden, auch und gerade von den Medien. Diese mediale Gloriole war noch gesteigert worden, als aus der Ministergattin die First Lady, die Frau des Bundeskanzlers wurde. Die liebenswürdige Rut

Brandt wurde mit journalistischen Liebenswürdigkeiten überschüttet, und gerade weil sie stets betonte, immer sie selbst bleiben zu wollen, war schwer auszumachen, wo sie selbst noch sie selbst war. Im Laufe ihres Lebens auf dem Venusberg musste dieses Selbstbild, dieser Schein der Normalität – ich bin nur ein armes Mädchen aus Norwegen, ich bin eine ganz normale Frau – immer schwerer aufrechtzuerhalten sein, denn natürlich war sie alles andere als eine durchschnittliche und normale Frau. Gerade weil sie sich so betont normal gab, ein Image, das auch ihrem Mann die Stimmen der Wählerinnen zufliegen ließ, wuchs ihr Ansehen, steigerte sich das Selbstbild zum Vorbild und Überbild, das sich von ihr ablöste und dem sie dann selbst nachlaufen musste.

Die Schlagzeilen flogen ihr zu: »Rut ist meine beste Freundin«, »Mehr Herz in Bonn« »Die Lady auf dem Venusberg«, »Die Frau, die jeder gernhat«, »Noch nie war die Frau eines Kanzlers so bescheiden«. Landauf, landab werden die Hymnen auf Rut Brandt gesungen. Das liest frau sicherlich gern, das zeichnet aber auch ein Idyllen- und Harmoniebild, das einen eigenen eigentümlichen Zwang und sanften Terror ausübt: Es soll, es muss, es wird uns gutgehen. Nach außen praktizierte Rut das Prinzip der selbstbewussten Unterordnung – er soll reden, er regiert, ich diene ihm, ich halte die Familie zusammen –, nach innen litt sie zunehmend darunter, dass die Kommunikation zwischen den Eheleuten immer schwerer wurde. Ja, sie beklagte sich auf ihre humorvolle Weise, aber die Stoßseufzer, die sie aussendete – welche Frau kannte diese Gefühle nicht? –, hatten natürlich einen bitteren Kern. Während der Koalitionsverhandlungen 1969 scherzt sie stöhnend, so dass es die Illustrierten überliefern: »Gut, dass es ein Radio gibt. Mein Mann erzählt mir ja nichts!« Dass er nicht aus der Haut fährt, Gefühle zeigt oder Empörung mit ihr teilt, treibt sie selbst zur Verzweiflung. Als ein Journalist der Illustrierten »Quick« sie 1970 fragt, was sie denn an ihrem Mann störe, antwortet sie: »Er bleibt immer so schrecklich gelassen. Ich kann ihn nie aus der Fassung bringen. Es ist manchmal, als ob ich zu einem Stein spreche. Wenn ich ihm beispielsweise sage, die Rede, die du heute gehalten hast, war mies – wir kritisieren nämlich seine Reden, weil die anderen ihm doch nie die Wahrheit sagen –, dann wird er nicht ärgerlich oder wütend, er prüft, woran das liegen könnte. Er bleibt stets die Ruhe und Gleichmut in Person.« So loyal diese Aussage ist, so liberal, so scheinbar modern, offenherzig und frei weg von der Leber – die emanzipierte Frau wäscht ihrem Mann, dem Kanzler, den Kopf –, so viel verschlucktes und eben nicht zustande gekommenes Gespräch, so viel taubes Empfinden steckt doch auch darin. Der ist ein Stein, oder er steckt im Stein, und die Frau kann reden, wie sie will, er bleibt im Stein stecken. Wie sprengt man den? Sprengstoff?

Am Abend des 19. November 1972 sitzen Rut und Willy Brandt im Herrenzimmer. Es ist der Tag der Bundestagswahl. Alle sind erschöpft. Alle Kraftreserven aufgebraucht. Ein paar Journalisten, ein paar Mitarbeiter sind zugegen. Die Kinder haben sich oben im Haus verteilt. Peter ist mit seiner Freundin Maria Jänicke aus Berlin angereist. Immerhin: heute ist ein historischer Tag. Wird die sozialliberale Koalition ihre Ost- und Reformpolitik fortsetzen können, oder ist

St. Martin-Umzug, Willy Brandt, vor ihm Sybille Ahlers und Sohn Matthias, Bonn 1969

Brandt gescheitert? Ein unmenschlicher Wahlkampf, der nicht nur den Protagonisten, sondern auch den Familien alles abverlangt hatte. Schon im Sommer des Jahres war Brandt in eine tiefe Krise abgestürzt. Wollte das Zimmer nicht verlassen: Hinschmeißen. Alles Arschlöcher! Schmidt, Wehner, diese Wichtigtuer! Er solle führen! Autorität zeigen! Die Fraktion will geprügelt werden!

Rut, die solche Stimmungen schon lange kennt, ist doch erschüttert, denn sonst rutscht ihr Mann verlässlich im Winter in solche Abgründe. Jetzt schon im Sommer? Das war höchst untypisch. Weinend rief sie Egon Bahr an, der Einzige, der jetzt noch kommen durfte, denn selbst Horst Ehmke, der sonst das Amt des Wachrüttlers ausübte, ging dem Kanzler gerade unerhört auf die Nerven mit seiner supervirilen Agilität. Gegenüber Bahr bekannte Brandt: »Ich bin gescheitert mit meiner Art, die eben keine Befehle erteilt und Menschen wie Menschen behandelt!« Brandt will zurücktreten, aber es gelingt Bahr, den Freund aufzubauen. Brandt hält durch, geht auf die lange Wahlkampfreise zum historischen Sieg. Als die Schlachten dieses Jahres geschlagen sind und die ersten Hochrechnungen eintreffen – Brandt nimmt sie im Herrenzimmer telefonisch entgegen –, als sich die Gewissheit einstellt, dass ihm diese Wahl ein triumphales Ergebnis beschert, das beste der SPD-Geschichte, als klar wird, dass die Menschen ihm und seiner Politik vertrauen, bleibt Brandt unbewegt wie ein Stein. Warum, fragt sich wohl seine Frau, sind denn jetzt alle so beklommen? Haben wir nicht gewonnen? Es ist Rut, die die Stimmung mit einer jener Bemerkungen rettet, in denen sich noch Scherz und schon Verzweiflung mischen: »Wenn das so weitergeht, schmeiße ich eine Tränengasbombe! Dann können wir alle weinen.«

Was macht eine Frau, die die meiste Zeit ihres Lebens auf ihren Mann warten muss, die ihn mitunter häufiger im Fernsehen als im eigenen Heim sieht? Sie sucht sich Freundinnen, die ähnliche Erfahrungen machen. Dorothea Bahr, Mildred Scheel und Heilwig Ahlers, die Frau des Regierungssprechers Conrad Ahlers. Heilwig Ahlers wird in den siebziger Jahren die beste Freundin von Rut. Eine andere Freundin von Rut Brandt, die mich an diesem Punkt bat, ihren Namen nicht zu nennen, meinte, Heilwig Ahlers habe die »böseste Zunge der Stadt« gehabt. Was ist damit gemeint? Kann damit vielleicht auch die wehrhafteste Zunge gemeint sein? Bonn war, in politischen Kreisen, ein klatschsüchtiges Nest, weil sich im Klatsch Herrschaftswissen, intime Gerüchte, politische Botschaften und delikate Intimitäten mischten. Wer mit wem und warum, ist erkrankt an, legt sich dort schlafen, kassiert hier ein Sümmchen, die grüßen sich nicht mehr, ist stocktaub, hat angebandelt, macht die Tasche auf, will nur zu diesen Bedingungen, alter Nazi, leidet an Gehirnerweichung, ist bettelarm, hält ihn aus. Wo man selbst zur Zielscheibe wird, setzt man sich züngelnd zur Wehr, giftige Bemerkungen müssen pariert werden. Natürlich bekommt Rut einiges zu hören, schon im Wahlkampf 1969 hatte Brandt den Genossen zugerufen, er sei kein »Säulenheiliger«, und der blendend aussehende Conrad Ahlers war es auch nicht. Da legt man sich, falls man in diesem Kessel aus Gerücht und Gift nicht gegart und gekocht werden will, besser eine wehrhafte Zunge zu. Rut bewunderte Heilwig auch für ihre profunde Bildung und ihre Fähigkeit, nach außen alles auf die scherzhaft leichte Schulter zu nehmen, alles an sich abperlen zu lassen. Unter ihrem Mädchennamen Heilwig von der Mehden veröffentlichte die »Brigitte«-Kolumnistin Bücher mit Titeln wie »Nehmt die Männer wie sie sind. Es gibt keine anderen« oder »Lauter reizende Leute … man merkt es nur nicht immer«, die sich sehr erfolgreich verkauften, weil sie hier im neckisch-scherzhaften Parlando Alltagssorgen aufnahm, ohne in Sarkasmus, Zynismus zu verfallen oder zur offenen Rebellion gegen die Männer aufzurufen.

Zu diesem Frauen- und Freundinnenkreis, die die Politik ihrer Männer richtig finden, sie öffentlich auch loyal unterstützen, die aber um die Diskrepanz von öffentlicher Figur und privater Person, öffentlicher Wortfülle und häuslichem Schweigen nur zu gut wissen, gehört auch Ria Maternus, die Wirtin des Gasthauses »Maternus«, die ebenfalls mit einer robusten, sehr wehrhaften Zunge gesegnet ist. Die burschikose Rheinländerin tanzte im Karneval schon mal mit kess entblößten Beinen auf einem ihrer Wirtshaustische. Ria Maternus verstand sich zudem noch auf die Kuppelei in allen Lebenslagen, im schummrig-rustikalen »Maternus« wurde nicht nur manche Ehe angebahnt oder Scheidung begossen, hier wurden auch Kontakte gehandelt, hier bekamen Journalisten, die einem Minister monatelang hinterherliefen, endlich ihren Termin beim kühlen Stößchen. Das legendäre »Maternus« in Godesberg war ein Klatschknotenpunkt höherer Ordnung, wenn man unter Klatsch auch den informellen Austausch von politischen Informationen, die Anbahnung von manchem Kuhhandel und diskrete Begegnungen über die politischen Lagergrenzen hinweg versteht. Auch Brandts sind hier häufig zu Gast und feiern hier manches Familienfest, bis die Ehe 1980 geschieden wird und Willy Brandt fortan kein gern gelittener Gast mehr ist. Da ist Ria parteiisch.

Um also auf dem Venusberg zu überleben, um dem Druck standzuhalten, um das öffentliche Bild der patenten Kanzlergattin zu konservieren, schützte sich Rut Brandt mit verschiedenen Hüllen. Kleidung war eine wichtige Hülle, schick sein, modern sein, geschmackvoll sein. Kosmetik ist eine andere Haut. Einmal in der Woche geht sie zu ihrer Kosmetikerin und lässt sich intensiv behandeln. Schließlich ummanteln sie auch ihre Freundinnen mit den wehrhaften Zungen und dem desillusionierten Blick. Eine soziale Hülle sind die zumeist norwegischen Hausmädchen, die Rut in Norwegen gezielt im Familien- oder Freundeskreis sucht. Auch die Wohnung ist eine Schutzhülle, Rut Brandt achtet penibel darauf, dass die Räume blitzen.

Als Lars Brandts Buch »Andenken« im Januar 2006 erscheint, wird auch Maria Jänicke an ihre Eindrücke vom Familienleben der Brandts auf dem Venusberg erinnert. Sie will Lars schreiben und gratulieren, aber sie fühlt sich gehemmt, denn sie weiß, wie bedachtsam Peters Bruder Wörter setzt. So entwirft sie zunächst einen Brief, den sie dann aber nicht abschickt, erst eine zweite Version geht auf die Reise. Ich zitiere aus dem daheimgebliebenen Brief, weil er die Atmosphäre jenes Hauses spürbar werden lässt, es ist die Perspektive einer Besucherin, die als Peters Freundin einen wachen Blick für familiäre Schwingungen und Atmosphären hat. Maria Jänicke schreibt am 17. Februar 2006 an Lars Brandt: *»Mir fiel als Erstes ein, wie still es bei Euch war, so still und unlebendig, obwohl ich ›lebendige‹ Erinnerungen an Deine Mutter und Matthias habe, auch an Deine Exklave oben, wo Du eine eigene Welt gebaut* *hattest und uns in atemlosen Vorträgen von allen möglichen ›schwachsinnigen‹ und/oder genialen Leuten berichtet hast, von Leuten, die Du bewundert hast wie Arno Schmidt, oder Deinen Lehrer, auch von Leuten, die Du verachtest hast. Du hast den Witz in manchem gesehen, was wir äußerst ernsthaft betrieben. Und Du hast Dich vor Lachen ausschütten wollen über irgendeine superwichtige Politselbstdarstellung. Ich kann mich an Dein tonloses Schnauben erinnern, wenn Dich was amüsiert hat, an Deinen trockenen Humor.*

Das war lebendig. Matthias fegte da rum, und Du hast ihn mal wegen seiner unbekümmerten Art beneidet, in der er sich die Umgebung zu eigen machte, indem er z. B. in einen der wertvollen Tische gesägt hat. Das war auch lebendig. Ebenso Rut, sie habe ich mit einer unprätentiösen heiteren Art in Erinnerung. Für mich war sie so eine Art Hüterin von dem Geheimnis: ›Der Sinn des Lebens ist auch das Leben selbst‹. Zumindest habe ich das als ›geheime‹ Botschaft von ihr an Peter empfunden. Und sie habe ich in Erinnerung, so als ob sie einen stummen Kampf um etwas Lebendiges in diesem Haus führte, mit Matthias als ›Schild‹ und ihren norwegischen Mädchen als Knappen. Ab und an, erinnere ich mich, hat sie ein Putzfimmel überwältigt. (Übrigens auch in Norwegen.) Das empfand ich immer als äusserst bedrohlich.

Und dann eben der Vater. Ein Getüm. Ein Getüm von beherrschten Gefühlen. Eine Erscheinung, plötzlich und unerwartet kam er den Flur langgeschoben. Grüßt stumm und höflich, haut sich vor den Fernseher, knarzt vor sich hin. Unerwartet auch plötzlich humorvoll. Aber oft auch was Bedrohliches.

Ein Haus unbeseelt, mit Euch vier Menschen voller Gefühl, jeder für sich irgendwie irre einsam. So kommt es mir heute vor, wenn ich mich erinnere. Durch Dein Buch erscheint mir alles plötzlich so deutlich vor Augen. Eine mörderische Stille hinter einem arglos arrangierten Alltag.

Aber eben dieser Putzfimmel. Die Räume wurden jeden Tag gereinigt, Flur, Zimmer, jeden Tag gestaubt und gesaugt, fiel mir auf. Rut machte es auch selbst, wenn an einem Tag mal kein Mädchen saugte. Saug, putz, war gar kein Dreck zu sehen. Und in Norwegen mit Salmiak. Man ist fast erstickt an dem Geruch.«

Wo sich ein Druck auf die Körper legt, sucht der Körper Möglichkeiten des Druckausgleichs, gelingt das nicht, schlägt er Alarm. Rut Brandt litt oft unter dem Gefühl, ihrer Rolle nicht mehr gewachsen zu sein. Sie nahm gelegentlich, wie ihr Mann, Beruhigungsmittel wie Valium, um sich über schwere Tage zu helfen. Mit Alkohol ging sie vorsichtig um, schon seit ihrer Kindheit in Norwegen war sie gegenüber diesen Rausch- und Betäubungswegen sehr skeptisch und verfolgte den Alkoholkonsum ihres Mannes mit Sorge. Sie litt regelmäßig an Kopfschmerzen, Gastritis, bekam Magengeschwüre.

Als sie am 20. Oktober 1971 frühmorgens erfährt, dass ihrem Mann der Friedensnobelpreis verliehen wird, schreit sie es übermütig durchs ganze Haus: »Der Nobelpreis! Der Nobelpreis!«. Ihr Mann blieb reserviert, so viel Begeisterung am frühen Morgen? Nein! Als 1972 der CDU-Herausforderer Rainer Barzel mit dem konstruktiven Misstrauensvotum scheiterte und bald die ersten Gerüchte auftauchten, es könnte mit Bestechungsgeldern nachgeholfen und jemand von der Opposition gekauft worden sein, fragt Rut ihren Mann, ob es wahr sei, dass die SPD jemandem von der CDU 50 000 Mark angeboten habe, antwortet er achselzuckend: »Woher soll ich das wissen?« Da war er wieder, der Stein, der Unberührbare! Die emotionale und kommunikative Basis der Eheleute wurde auf dem Venusberg Jahr für Jahr schmaler. Wäre es ihnen gelungen, sich im Dialog und Austausch gegenseitig von ihren Bedrückungen zu befreien, hätte die Ehe eine Chance gehabt, aber jeder litt auf seine, dem anderen nicht zu vermittelnde Weise, so dass aus dieser zunehmenden Fremdheit, diesem Aneinandervorbei ein weiteres Druckpotential erwuchs. Als die Ehe sich auflöste, waren die Eheleute physisch und psychisch erschöpft. Willy Brandt erlitt Ende 1978 einen Herzinfarkt, Rut Brandts Körper reagierte später mit einem ebenso lebensgefährlichen Magendurchbruch.

Unvollständig wäre das Bild, wollte man die vielen guten Momente und Ereignisse aussparen, um die Atmosphäre gewollt dramatisch und immerzu lastend zu zeichnen. Rut war ein äußerst geselliger Mensch, und dieses Talent konnte sie auf dem Venusberg auch in besonderer Weise entfalten. Auch die Idee des offenen Kanzlerfestes ging auf ihr

Konto. Hier traf man im Garten des Palais Schaumburg plötzlich andere Schichten, es ging vergnügter, bunter, abwechslungsreicher zu, und das Motto ihres Mannes »Mehr Demokratie wagen!« wurde hier ganz anschaulich umgesetzt, denn es wurden erstmals ganz »normale« Mitbürger eingeladen, Handwerker, Feuerwehrmänner, Polizisten, aber auch Krankenschwestern und Kindergärtnerinnen, daneben Schauspieler, Schlagersänger, Literaten, bildende Künstler und vor allem auch Musiker. Bonn wurde auch durch ihre Initiativen tatsächlich ein bisschen glanzvoller, auf dem Parkett etwas weniger steif, etwas fröhlicher. Und es fanden sich im Haus auf dem Venusberg auch Gelegenheiten, wo ihre und seine Geselligkeit zusammenfanden und den Gästen eine besonders animierende Stimmung im lebendigen Kreis geboten wurde.

In gewisser Weise waren dieses Haus und seine Bewohner auch auf eine gute Weise unberechenbar. Ja, Spannungen lagen in der Luft, aber auch das Gefühl, jetzt könne gleich etwas ganz Besonderes passieren; eine gewisse Form der Langeweile war hier nicht zu Hause, vielmehr entwickelte sich was, auch wenn es schief war oder schräg, wenn es gärte und grummelte, es passierte was. Jeder werkelte in seinem Laboratorium vor sich hin, entwickelte sich, probierte aus, beobachtete, diagnostizierte. Es ist vielleicht kein Zufall, dass die jüngeren Söhne Lars und Matthias einen künstlerischen Weg einschlugen, denn dieses Haus auf dem Venusberg lud dazu ein, zwischen sich und der Welt einen Riss zu spüren, Menschen in ihren Rollenzumutungen und Maskeraden zu studieren und ganz verschiedene Sprechweisen aufeinanderprallen zu hören. Hier wurde man im eigenen Haus so an den Rand gedrängt, dass man besondere Sensibilitäten und Empfindsamkeiten entwickelte, um den eigenen Standort zu bestimmen und zu befestigen. In diesem Haus wurden auch unentwegt Kulissen gebaut und verschoben, Unterhändler trafen ein, Limousinen fuhren vor, aus dem Fernseher blickte das Land in ein Haus, dessen Bewohner diesem Land ein Gesicht gaben, man konnte sich hier oben auf dem Berg schon auf einer Spitze, vielleicht einer Nadelspitze fühlen, auf jeden Fall war das kein Allerweltshaus, und selbst Allerweltsprobleme bekamen hier gleich eine ganze andere Gravitation, oder warum standen da die Leibwächter vor dem Haus und hinten im Garten, und warum kam dieser oder jener Präsident hierher? Hier wurde doch um den Frieden gerungen, die Einheit, Abrüstung, Entspannung, Ost-West-Dialog, Völkerfreundschaft, hier sprachen Amerika und die Sowjetunion vor, und das waren ja nun doch keine Zwergenreiche, und um nichts weniger als solche Größen ging es hier in diesem Haus, in dem vier Menschen neben allen anderen Dingen auch Menschen sein wollten und jeder doch zusehen musste, wie er seine Haut rettete.

Während Matthias dem Haus zunächst noch mit kindlicher Unbefangenheit entgegentritt und es hemmungslos als Abenteuerspielplatz versteht, bringt Lars, der hier als Fünfzehnjähriger einzieht, ein schon entwickelteres Sensorium für die Zumutungen des Ortes mit sich. Die folgenden Zitate, mit denen Lars Brandt hier seine Position und seine Stellung beschreibt, verdanke ich Heli Ihlefeld durch ihr nie veröffentlichtes Buchmanuskript über Rut Brandt. Es ist der einundzwanzigjährige Student Lars Brandt, der hier spricht. Schon auf dem Gymnasium, so erzählt es Thomas Mirow, der seit der gemeinsamen Schulzeit auf dem Cusanus-Gymnasium mit ihm befreundet ist, hätten viele Mitschüler die Nähe von Lars gesucht, sich ihm aufgedrängt, versucht, ihm nahezukommen. Muss da nicht naturgemäß ein Abgrenzungs- und Klärungsbedürfnis entstehen? Lars Brandt gibt 1972 zu Protokoll: »Solange ich denken kann, ist mir bewusst, dass ich selbst, ohne dazu etwas getan zu haben, im Blickpunkt stehe. Ich frage mich immer, wenn jemand meine Bekanntschaft sucht: Was will der von dir? Das ist sicher wieder nur dein Name, der ihn anzieht.« Immer wird sein Name mit dem Vater identifiziert: »Da kann ich mich nun mal nicht heraushalten. Aber es wächst mir manchmal zum Halse heraus.«

Im Gegensatz zu Peter Brandt, der seinen beruflichen Weg früh gefunden hat – er will derjenige sein, der die Geschichte versteht und deutet –, kann sich der jüngere Lars nicht so entschieden festlegen. Peters Reise als Historiker geht nach außen, Daten, Ereignisse, Entwicklungen außerhalb seines Gesichtskreises wollen beschrieben und eingeordnet werden, Lars hingegen reist eher nach innen, es gilt, subjektivere Wege zu beschreiten. Früh interessiert er sich für Jazz, legt sich umfangreiche Plattenbestände und Kenntnisse zu, er liest viel, spielt Gitarre und beginnt zu malen. Er freundet sich mit Eva und Fritz Berneis an, die für seine Entwicklung eine bedeutsame Rolle spielen. Eva Berneis ist seine Deutschlehrerin, eine ambitionierte und ungewöhnliche Pädagogin, die den Schülern ein tiefes Verständnis von Literatur vermittelt und vorlebt, für sie ist Literatur nicht Wissensstoff, sondern unentbehrliches Elixier, fürsorgliches und beschützendes Vademecum. Lars lernt bald ihren Mann Fritz Berneis kennen, ein origineller, hochgebildeter Kopf, ein Lyriker und Maler gegenstandsloser Bilder, der sich dem Kunstbetrieb systematisch entzogen, ja verweigert hat. Nach einigen Ausstellungen in den frühen fünfziger Jahren zog es ihn in einen Innen- und Ichraum, der ihm unüberschaubar genug schien, wozu da noch ablenkender, entfremdender Betrieb? Er konnte sich von seinen Bildern nur äußerst schwer trennen, begriff sie als unvollendet, noch im Prozess befindlich, legte da Hand und Auge an, ließ die Zeit über die Leinwand streichen und vermutete hier, im Dialog mit dem Künstler, noch Möglichkeiten, die draußen wegfielen.

Frau Berneis, die in der nationalsozialistischen Terminologie als »Halbjüdin« galt, hatte das »Dritte Reich« überlebt; die Widerständigkeit dieses Paares, ihre weitgefächerten Interessen, ihr künstlerischer Alltag, all das zog Lars Brandt an. Das Sonderliche und Abseitige war ihm allemal sympathischer als all die Helden des Mittelwegs. Das Leben der Boheme begann ihn zu faszinieren, Bürgerlichkeit als Lebensform war nur da interessant, wo sie dekadente Ränder streifte, wo sie den Keim des Morbiden in sich trug, wo sie abgründig war. Thomas Manns befestigte, aber eben auch schatten- und halbschattenreiche Bürgerlichkeit war spannend, mit all ihren verdrängten und verborgenen Seiten. Das, was auf den ersten Blick unverdaulich war, schwer zugänglich, zog Lars an. Kaum bekannte Autoren wie der österreichische Schriftsteller Fritz von Herzmanovsky-Orlando weckten sein Interesse, weil sie querstanden zu den üblichen literarischen Einordnungsversuchen. Was auf dessen Grabstein stand, »Wer sein eigener Herr sein kann, soll nicht einem anderen gehören«, könnte man auch als Leitspruch von Fritz Berneis und Lars Brandt auffassen. Auch dass Herzmanovsky-Orlando schrieb und zeichnete, also einem künstlerischen Doppelweg folgte, reizte ihn, da er ebenfalls versuchte, auf beiden Bahnen vorwärtszukommen und sich auszudrücken. In den frühen achtziger Jahren tauschte er sogar sein VW-Cabriolet gegen eine Buntstiftzeichnung von Herzmanovsky-Orlando, für ihn ein glänzendes Geschäft, weil er sich in der Gesellschaft von Außenseitern nie an den Rand gedrängt, sondern eher auf die Innenseite des Lebens versetzt fühlte.

Was Lars dem Sprechen und Schreiben des Vaters ablauschte, was ihn anzog, war die Komplexität der politischen Rede, die einem anderen Machtbegriff gehorchte als die literarische Sprache, die die Wirklichkeit nach Herzenslust verbiegen und umformen, die alles bestreiten und abstreiten konnte. Dahingegen musste die politische Rede die Wirklichkeit integrieren, sich ihrer wirklichkeitsschaffenden Gewalt bewusst sein und mit äußerster Vorsicht Spielräume erkunden. In den achtziger Jahren lieferte Lars regelmäßig Beiträge zu den Reden seines Vaters, insbesondere kulturelle Bausteine, Thomas-Mann-Zitate, aber auch viele Einsichten und Gedanken zur Geschichte des »Dritten Reiches«, die Lars in besonderer Weise umtrieb. In Heli Ihlefelds Rut-Brandt-Manuskript räumte Lars auch bereitwillig ein, sein Vater habe ihn dafür sensibilisiert, »dass die Ansatzpunkte, die man wählt, um etwas Bestimmtes zu erreichen, oft die ganz falschen sind. Dass es nicht darum geht, Personen zu treffen oder zu entmachten, sondern dass es um die Sprache geht und man von der Person etwas absehen muss.«

Willy Brandt war sich – und das gefiel dem Sohn – wie kaum ein anderer Politiker bewusst, dass politische Sprache eine Gewalt, eine Handlung ist, die erst im Akt des Sprechens Wirklichkeit schafft. Das konnte gefährlich sein, weil die politische Sprache bestimmte Dinge antizipierte und die Wirklichkeit dann zusehen konnte, wie sie mit dem Umstand, gerade erst geschaffen worden zu sein, zurechtkam. Oder umgekehrt, die Sprache wurde von der Wirklichkeit blamiert, weil diese so unerschütterlich fest und träge allem Sprechen widerstand und dem politischen Sprechen seine Grenzen aufzeigte. Brandt wusste, dass da draußen, in dem Gebiet, das man Wirklichkeit nennt, eine Vielzahl von Optionen und Wegen bereitsteht, die der Politiker mit seiner Rede vernichten, aber auch entdecken kann. Das Hin- und Her-Rudern seines Sprechens, sein Lavieren zwischen dem Einerseits und dem Andererseits ist auch durch seine Sensibilität für den widerspruchsvollen Reichtum da draußen begründet. Für solche diffizilen Manöver war Lars empfänglich, weil er in diesen gedankenreichen Gratwanderungen seinen Vater fand, der beim stockenden Sprechen Erkundungen einzog, mit welchen Worten man am besten vorankam in einer Welt aus Widersprüchen.

Rut Brandt hingegen fühlte sich von solchen Bedenklichkeiten, diesen auch sprachlichen Idiosynkrasien, diesem In-sich-Brüten und -Bohren eher zurückgestoßen, sie forderte eine deutlichere und weniger umständliche Sprache ein. Mit den Jahren entfernte sich Lars von ihr, kehrte seltener zu ihr zurück als die anderen Söhne, verlor das Interesse an dieser Art von Leben, das nicht konsequent die verschlungeneren Pfade wählte. Diese Differenzen deuten sich auf dem Venusberg schon an, als Lars mit Blick auf das Interieur feststellt: »Die Vorstellungen meiner Mutter von Geschmack widersprechen meinen Vorstellungen. Ich kann es nicht haben, in einer geschmackvollen Umgebung zu leben, die mir eine heile Welt vorspiegelt.« Mit dem Vater verband Lars auch das nächtliche Vagabundieren am Schreibtisch, der antibürgerliche, künstlerische Lebensrhythmus. Er arbeitete nachts und schlief am Tag. Wenn es hell geworden war und sich alle aus den Betten quälten, zog er die Decke über den Kopf und legte sich schlafen. Nein, er schlief nicht länger als die anderen, aber er suchte sich zum Abtauchen lieber die fade Tageszeit aus, denn die Nacht war allemal das interessantere Experimentierfeld.

Rut Brandt taucht im Erinnerungsbuch ihres Sohnes Lars kaum auf. Eine Stelle fällt ins Auge: Vater und Sohn treffen sich zur mitternächtlichen Stunde in der Küche am Kühlschrank. Beide sind Nachtmenschen, Brandt frisst sich durch Akten, Lars zeichnet. Als sie sich am Kühlschrank treffen, ist es so, als ob sie aus ganz unterschiedlichen Welten auftauchen. Sie beginnen zu plaudern, berichten einander. Diese unvermutete, aber eben auch selbstverständliche Begegnung muss für den Sohn ein kostbarer Moment gewesen sein, wenn er sich fast 40 Jahre später an ihn erinnert. Doch die nächtliche Intimität wird unterbrochen: »Meine Mutter war im Schlaf gestört worden und konnte unserem nächtlichen Treffen nichts abgewinnen.« Bis auf diese Szene bleibt Rut Brandt ausgespart, das ist nicht unbedingt ein Indiz für schroffe Differenzen, sondern eher für Distanzen. Auch Matthias und Peter bleiben in »Andenken« nur Schemen, kaum lebhaft überlieferte Figuren. Diese Randstellung leuchtet aber wiederum ein, weil das Buch ja dem Vater gilt, dieses »Andenken«, das ja festgehalten werden muss, weil nicht nur die Zeit, sondern all die vielen anderen Zeitzeugen und Willy-Brandt-Andenkenbewahrer dem Sohn die eigene Geschichte bestreiten. Ihre Andenken sind nicht seine Andenken, und indem der Sohn sich der Vater-Sohn-Geschichte bemächtigt, zieht er auch klare Grenzen gegenüber den fremden Andenkenjägern, die dem Sohn nicht selten erklären wollen, sie wüssten um den Vater besser Bescheid als er selbst. »Wussten Sie eigentlich, dass …?« Diesen Beutemachern sind natürlich auch Peter und Matthias unentwegt ausgesetzt, die ihre eigenen Strategien entwickelt haben, ihre Vater-Sohn-Geschichte zu retten. Wem gehört ein Mann wie Willy Brandt?

Es ist ein langer Weg vom Venusberg, von der Adresse Kiefernweg 12 bis nach Lüdenscheid, wo Lars Brandt im März 1985 in der Galerie »Lüdenscheid West« seine erste Einzelausstellung eröffnete. Aber zweifelsohne beginnt dieser künstlerische Weg auf dem Venusberg. Das Studium der Politikwissenschaften und Soziologie, das er schon weit vorangetrieben hat, beendet er nicht. Hat er erkannt, dass der Berufsweg Journalismus nicht der seine ist? Oder hat er für sich entdeckt, dass das Zeichnen und Schreiben der einzige Weg ist, auf dem er keine Zugeständnisse machen muss? Lars Brandt hat diesen Weg mit einiger Konsequenz verfolgt. An einer bürgerlichen Karriere war er nicht interessiert. Dafür war er auch bereit, auf materielle Bequemlichkeiten zu verzichten. Sorglos übers Wasser finanzieller Unabhängigkeit schweben konnte er nicht, aber wie soll man sein Brot erwerben, wenn man streng mit sich ist, wenn man auf seinem Tempo beharrt, wenn man sich nicht geschmeidig dem Markt anpasst? Dieses Talent ist bei Lars Brandt eher schwach ausgeprägt. Wie sein Vorbild Fritz Berneis trennte er sich ungern von seinen Sachen, zeigte sie auch nicht freudig her, war unzufrieden mit sich selbst, hoch die Hürden, hoch!

Im »Spiegel«-Heft 10, 1985 liest man folgende Meldung über den schon nicht mehr ganzen jungen Mann auf der Suche nach einem gangbaren Weg, mit dem man dem künstlerischen Anspruch treubleiben, aber auch seinen Lebensunterhalt erwerben kann: »Lars Brandt, Sohn des SPD-Vorsitzenden, meldete sich in der vergangenen Woche im tiefen Sauerland in der Öffentlichkeit zurück: Der zweitälteste von drei Brandt-Söhnen, zeitweilig bekannt durch seine Rolle in der Verfilmung der Grass-Novelle ›Katz und Maus‹ und wegen seiner vor allem von Boulevard-Zeitungen aufmerksam registrierten Teilnahme an Berliner Demos, eröffnete in der Galerie ›Lüdenscheid West‹ seine erste Einzelausstellung. Seit er 1976 sein Studium der Soziologie und Japanologie abgebrochen und seinen Eltern mitgeteilt hatte, er wolle von sofort an nur noch malen, signierte er seine Bilder mit dem Pseudonym ›David Stein‹. Damit habe er vermeiden wollen, dass nur sein Name Interesse an seiner Kunst wecke. Somit sei die Ausstellung (Preise: 800 bis 15 000 Mark) auch als Bekenntnis zur eigenen Identität zu verstehen. Die Familie hielt sich denn auch weitgehend raus: Zur Eröffnung kam nur Bruder Matthias mit Punker-Frisur. Mutter Rut sah sich die abstrakte Schau vorher an, Vater Willy will in den nächsten Tagen ohne Aufsehen vorbeischauen.« Einige, die Lars Brandt in dieser Zeit erlebt haben, meinen, er habe sich gesträubt, an die Öffentlichkeit zu gehen, auch habe er für seine Bilder Preise aufgerufen, die zwar seinem Arbeitseinsatz angemessen waren, die aber potentielle Käufer doch abschrecken mussten, weil niemand Lars Brandt als Künstler kannte. Die Preise seien auch Schutzschilde gegen ein allzu schnelles Einverleibt- und Geschlucktwerden zu verstehen, als Puffer gegen potentielle Kritik und einen vielleicht ausbleibenden Erfolg. Wer sich selbst verknappt, wer den Zugang zu sich so versperrt, kann sicher sein, nur von denen gefunden zu werden, die verstehen wollen.

Ich bin wieder mal in Bonn gewesen. Habe Lars Brandt getroffen. Auf dem Rückweg versuche ich mich an dem Porträt eines Dialogs zwischen Künstler und Gesellschaft, an einem Psychogramm. Passt es zu diesem Mann, den ich da grad getroffen habe? Lars, schreibe ich über seinen Weg vom Venusberg nach Lüdenscheid, legte sein Veto ein. Er war erst mal dagegen, bevor er dafür war. Einverstanden sein hieße vorschnell seinen Frieden machen mit dem, was es abzulehnen galt, weil es die

Ich-Essenz verfälschte, verwässerte, unzulässig verfremdete. Wer aber dauerhaft opponiert, sein Einverständnis verweigert, weil er das Mitlaufen an sich für flau und bequem hält, wer nicht mitmacht aus Prinzip, weil das Mitmachen einfach den bewusstlosen Betrieb am Laufen hält, dem wächst die Aura des Unverstandenen zu. Kein Mitläufer sein, das ist sein sich selbst auferlegter Imperativ. Wer sich in diesem Nicht-Einverstandensein einrichtet, wird sich bald unverstanden fühlen und – sofern er dieses Lebensspiel konsequent fortsetzt – sich unverstanden fühlen wollen, weil es beweist, dass er keine Konzessionen an das falsche Leben macht; oder ihm wird die Rolle des Unverstandenen von anderen zugewiesen, die nicht verstehen wollen, warum sich einer einrichtet im Nein und Nicht. So igelt man sich ein zwischen nicht Nichtverstehen-Wollen und Nicht-verstanden-Werden, zwischen fremdem und eigenem Unverständnis. Dir wächst eine Stachelhaut, die sticht nach innen und nach außen. Entzündete Empfindsamkeit, das ist Kapital und Schuldverschreibung eines Künstlers, der sich immer fragen wird, ob er den eigenen Ansprüchen genügt. Das ist schmerzhaft, denn die eigenen Ansprüche sind nicht eben klein, sondern, auch aus Vorsorge gegen die Ansprüche der Welt, von vornherein streng und scharf. Doch die Welt entwickelt mitunter ganz andere Maßstäbe und Kriterien, nach denen sie rücksichtslos urteilt und den Künstler zaust und zergliedert. Der muss sich unverstandener fühlen denn je, denn er weiß besser als jeder andere, dass die Welt ihn, sein Werk oder sein Werk-Ich aus ganz falschen, oberflächlichen Gründen ablehnt.

Ist Lars Brandt ein dramatischer Mensch? Nein, eher nicht. Ernst? Ja, ernst, ja! Aber doch auch begeisterungsfähig! Keineswegs erloschen oder erkaltet. Ich erinnere mich, wie er sich in einem unserer Gespräche für den früheren Direktor des Museums Ludwig in Köln, Kasper König, begeisterte, rein und unverfälscht. Ja, er hat diesem Mann – ich kannte ihn nicht – einen kleinen Thron aus Hingabe und ehrlicher Bewunderung gebaut, seine Kenntnisse und seinen Blick gerühmt, und wer so etwas macht, hat sich nicht nur eine Begeisterungsfähigkeit erhalten, sondern auch Werte, die er gegen andere Wertvorstellungen verteidigt. Die Freunde von Matthias Brandt, die damals auf dem Venusberg ein- und ausgingen, haben Lars Brandt nur selten erlebt, meist, so heißt es übereinstimmend, saß er in seinem Laboratorium aus Musik, Buchstaben und Zeichen und versuchte, irgendetwas auf die Spur zu kommen. Der beste Freund von Matthias in jenen Jahren, Andreas Brenke, erinnert sich jedoch, dass der große Lars, denn der war ja zehn Jahre älter und lebte in einer ganz anderen Umlaufbahn, zu den Geburtstagen von Matthias eine Art Stimmungsmacher gab, mit Zylinder und Frack, moderierend und singend.

Erinnert sich Matthias noch an Lars in Zylinder und Frack?

»Lars hat immer meine Kinder-Geburtstage animiert. Er war Conférencier, der dann auch Gitarre spielte. Natürlich habe ich meinen großen Bruder bewundert. Man orientiert sich ja doch sehr stark an so einem Vorbild. Aber das war dennoch nicht vergleichbar mit anderen Familien. Lars hatte ja auch seinen eigenen Bereich in der riesigen Villa. Das war schon immer so ein regelrechter Marsch bis zu ihm. Ich bekam ihn gar nicht mit, wenn ich nicht erst mal eine Anstrengung unternommen habe. Das ist ohnehin kein unwesentlicher Faktor an unserem Bonner Leben auf dem Venusberg gewesen. Das Haus war eben so groß, dass man niemandem zwangsläufig begegnete, sondern man musste sich immer auf die Socken machen. Von alleine ist da nichts passiert. Das ist natürlich ein riesiger Unterschied zu anderen Lebensmodellen, etwa wie bei Andreas' Zuhause, wo die Familie ständig durcheinanderwuselte und die Dinge zu einem kommen. Man muss sie nicht die ganze Zeit suchen. Vielleicht ist es für ein Kind ja auch mal ganz schön, wenn die Dinge zu einem kommen, wenn man sie nicht suchen, wenn man ihnen nicht nachlaufen muss. So kann man es sagen!«

Auch für Matthias war dieser große Bruder in vielerlei Hinsicht undurchsichtig, weit weg, ein Erwachsener eben, von dem man aber eine ganze Menge aufschnappen konnte, etwa dessen Begeisterung für Jazz-Musik. Manchmal, wenn Matthias – der auf dem Venusberg auch unter Personenschutz stand – die Leibwächter abschütteln wollte, half der große Bruder. Lust auf ein Eis? Der versteckte einen dann in seinem VW auf der Rückbank, wo man sich zu ducken hatte, wenn man das Tor passierte, und schon waren zwei Brandt-Söhne unterwegs, wo die wachsamen Leibwächter nur einen gesehen hatten. So wie Lars den

Bruder zum Verschwinden brachte, wurde übrigens auch der Vater zwei- oder dreimal aus dem Haus geschleust. Für sich hatte Lars diese Art von gepanzerter Begleitung strikt abgelehnt, er wollte keine geschmeidigen Aufpasser, bei denen eine Pistole die Jacke ausbeulte.

Matthias hatte diese Wahl nicht. Als er 1967 auf den Venusberg zog, war er sechs Jahre alt, als er 1974 die gut gesicherte Villa im Kiefernweg verließ, war er zwölf. Leibwächter gehörten zu seiner Existenz wie ... – wie Familie? Die Mutter oder den Vater konnte man abschütteln, Leibwächter eher selten. Sie waren immer da, mal mehr, mal weniger präsent, aber stets da. Die konnte man auch vergessen, die konnte und musste man hemmungslos instrumentalisieren, auch um sich vor ihnen zu schützen, etwa wenn niemand anders zum Spielen vorhanden war, aber gegenwärtig waren sie immer. Für Kinder indes besaßen sie nicht die bedrohliche Ausstrahlung, die Erwachsene mit ihnen verbanden. Dass diese Männer und Frauen mit Sportwagen und Pistole da waren, um sie gegen Anschläge oder Entführungen zu schützen, war für das Kind eine abstrakte Größe. Matthias und seine Freunde erlebten sie zeitweilig auch als coole Typen, mit denen man schon mal eine Schneeballschlacht machen konnte. Da sie häufig wechselten, baute man zu den meisten keine persönliche Bindung auf, aber ein Leibwächter wie Fritz Sorg, der eine väterliche Ausstrahlung besaß, zeigte auch Talent zur Kummerannahmestelle, mit einem wie ihm konnte man auch über Lehrer und Klausuren sprechen. Matthias Brandt war jung und unbekümmert genug, sich an diese Schatten zu gewöhnen.

In unserem ersten Interview zum Thema Kindheit und Jugend kommen wir auch rasch auf den Venusberg zu sprechen, denn erst hier kann Matthias Brandt einen verlässlichen und durchgängigen Erinnerungsstrom anzapfen. Die Berliner Jahre sind nur noch in kurzen Momenten, Bruchstücken, isolierten Bildern und atmosphärischen Fetzen vorhanden. Ich frage ihn nach Freundschaften.

»Gab es gute Freunde auf dem Venusberg?«

»Ich habe ziemlich schnell Freundschaften geschlossen und bald einen besten Freund gefunden: Andreas Brenke. Ich lernte ihn in der Grundschule kennen, und er war praktisch meine ganze Kindheit hindurch bis zum meinem zwölften oder dreizehnten Lebensjahr in meiner Nähe. Die Tage, an denen wir uns nicht gesehen haben, kann man leicht zählen.«

»Dann muss er ja eine zentrale Figur für Sie gewesen sein?«

»Eine wichtige und entscheidende Figur. Ein Freund, wie es enger nicht geht, wie man es sich besser nicht wünschen kann. Wie ein Bruder. Und seine Familie, die mich wie ein eigenes Kind aufgenommen hat, war sehr großzügig. Ich bin da ein- und ausgegangen und habe in dieser Familie sehr viel Zeit verbracht; ich fand sie sicher auch interessant, weil es was vollkommen anderes war: Diese Familie lebte mit mehreren Generationen unter einem Dach, und sie lebten einen Familienzusammenhalt und ein Familienleben, was mir in meinem Elternhaus nicht so bekannt war, ein Leben, an dem ich zumindest als Teilzeitkraft gerne dran teilgenommen habe.«

»Wohnte die Familie Brenke auch auf dem Venusberg?«

»Ja! Die Straße hieß ›Am Paulshof‹, und in diese Straße sind wir dann nach dem Rücktritt meines Vaters auch gezogen. Aber ich glaube, dass eine Neigung von mir, mir andere Leben anzueignen, indem ich da hineintauche, sich schon damals gezeigt hat. In diesem Haus habe ich den Beobachterstatus aufgegeben und mich als Teil dieser Familie gefühlt. Das ist toll, dass sie das zugelassen haben. Das war für meine Kindheit ein ganz wichtiger Ort, ganz wichtige Menschen.«

»Also Sie haben da oft zu Mittag gegessen, Sie sind dort nach der Schule hingegangen?«

»Ich bin oft nach der Schule mit ihm nach Hause gegangen und bin erst abends in mein wirkliches Zuhause zurückgekehrt. Also, ich habe den ganzen Tag da verbracht. Wir waren lieber bei ihm als bei mir. Wegen der ganzen Sicherheitsgeschichten bei uns, das ging da damals schon los, es war entspannter bei denen.«

»Sie haben da Normalität gefunden?«

»Ja. Ich habe in dieser Familie am normalen Leben, am Alltag teilgenommen, wie ich das von unserem Leben nicht kannte. Ich kann mich noch daran erinnern, wie das erste Auto gekauft wurde. Das war eine richtige Sensation, das erste Auto.«

»Sie meinen jetzt das erste Auto der Familie Brenke?«

»Ja! Der Großvater bekam das Auto, er war eben der Erste, der in dieser Familie ein Auto besaß. Der Vater von Andreas arbeitete in Köln, fuhr dort aber meistens mit dem Zug zur Arbeit. Der Großvater hat dann auch oft Ausflüge mit uns gemacht in seinem VW 1600.«

»Das ist ein Käfer?«

»Nein, das war eine größere Limousine, beige, VW 1600. Und er machte damit damals so Autoausflüge mit Andreas und mir.«

»Der Großvater hieß Friedrich Gladenbeck?«

»Genau! Wir fuhren ab und zu in die Eifel mit ihm. Er war immer munter, fröhlich, hatte immer Witze auf Lager. Dabei sang er uns unanständige Lieder vor, sagte aber immer, das dürften wir nicht, auf keinen Fall zu Hause erzählen …«

»Die Lieder können Sie aber nicht mehr?

……………?

»Ich meine wegen des Zeitgeistes, der da vielleicht zum Ausdruck kommt!«

»Nee!«

»Schade!«

Ziemlich beste Freunde: Andreas Brenke und Matthias Brandt

Ein anderer Mensch, an den sich Matthias Brandt in diesem Zusammenhang gerne erinnert, ist seine Grundschullehrerin Margarete Hinze. Wir haben uns leider nicht persönlich kennengelernt, aber wir haben uns oft geschrieben und auch telefoniert. Internet besitzt Frau Hinze nicht. Nach vielerlei Umwegen und Anrufen, Frau Hinze war mehrfach umgezogen, nach einem Brief, den ich ins Blaue schickte, kam endlich eine Antwort. Ja, sie lebe da und dort und freue sich, von mir zu hören. Wir telefonierten einige Male, und auch Matthias Brandt schrieb seiner Lehrerin einen herzlichen Brief, sie solle sich nicht gehindert fühlen, mit mir zu sprechen. Frau Hinze stimmte zu, bat jedoch um ein persönliches Gespräch, das aber aus terminlichen Turbulenzen nicht zustande kam. Daher fragte ich sie brieflich, ob wir uns nicht telefonisch unterhalten könnten. Frau Hinze schrieb mir Folgendes zurück, und, das will ich dazu sagen, Frau Hinze hat eine wunderbar gleichmäßige Handschrift, die mich in ihrem Ebenmaß an das beruhigend verlässliche Schlagen einer mahagonifarbenen Standuhr erinnert. Sie schreibt: »*Lieber Herr Körner, ich bin überzeugt, dass ein gutes Gespräch nur entsteht, wenn zwischen den Gesprächspartnern kein unpersönliches Medium steht. In meiner langen Schulzeit habe ich nie ein telefonisches Elterngespräch geführt. Diesen Grundsatz möchte ich auch jetzt nicht aufgeben.*« Ich finde, dass Frau Hinze hier leibhaftig auftritt, nämlich mit ihrer Haltung, mit der sie auch Matthias und seiner Mutter, die verlässlich zu den Elternsprechtagen kam, begegnete: diskret, offenes Visier, nicht um die Ecke. Dass den Jungen mitunter Leibwächter zur Schule fuhren, war im Unterricht schnell vergessen. Auf der Grundschule genoss Matthias Brandt weitgehend Normalität. Allerdings kam es vor, dass der Religionslehrer, Pfarrer Preuß, seinen Schüler triezte, ihn zur Strafe Kniebeugen machen ließ und dazu höhnisch sagte: »Dein Vater will doch ein Vorbild sein, dann zeig uns doch mal, dass du auch ein Vorbild bist, Brandt!« Peter Brandt war übrigens auf die gleiche Weise von einem Lehrer gedemütigt worden. Solchen Anfechtungen war Matthias Brandt bei seiner Klassenlehrerin nicht ausgesetzt, hier war er geborgen, weil sie eben keinen Außenminister- oder Kanzlersohn aus ihm machte. Sympathisch finde ich auch, dass Frau Hinze im Zeitalter der medialen Selbstauslieferung und tyrannischen Intimität sich trotz einer gewissen Hartnäckigkeit meinerseits nicht umstimmen ließ. Dennoch ließ sie mir brieflich etwas zukommen, was mich ungemein freute. Im Jahr 1971 veröffentlichte der zehnjährige Schüler Matthias Brandt folgenden Aufsatz in der Schülerzeitung der Waldschule Venusberg. Überschrift: »Burg Pimponello – Andreas und ich haben vor ein paar Tagen angefangen, in unserem Garten auf der Hundehütte eine Festung zu bauen. Zuerst mussten einmal alle Bretter von dem Dach herunter. Dann wurde angefangen. Andauernd musste Andreas von dem Dach herunterklettern, um mir die passenden Bretter zu reichen. Nun stützten wir die Bretter durch Ziegelsteine. Jetzt wollten wir prüfen, ob unser Bau auch hält. Den ersten Angriff auf unsere Festung machten wir also selbst. Wir kamen mit Steinen, Schneebällen und Stöcken und warfen sie gegen die Festung. Aber das hätten wir nicht tun sollen, denn sofort krachte die Festung zusammen. Dann stiegen wir sofort wieder auf das Dach und legten jetzt statt zwei Ziegelsteine fünf hinter die Bretter. Nun kam noch der alte Gartenschlauch dazu. Wir benutzten ihn als Walkie-Talkie, denn wer die Festung besuchen wollte, musste das ›Kennwort‹ sagen. Endlich war alles fertig. Wir spuckten beide auf die Bretter und sagten: Ich taufe dich auf den Namen Burg Pimponello! Das war ein tolles Abenteuer. Matthias Brandt IIIa.« Kinder bauen gerne Festungen. Auch die, die in einer Festung leben und tatsächlich von Walkie-Talkies aus Fleisch und Blut umgeben sind.

Matthias Brandt und Andreas Brenke verloren sich mit 12 oder 13 aus den Augen. Warum? Matthias wechselte die Schule, fand neue Freunde, Andreas erkrankte schwer an Diabetes, was ihn in seiner Entwicklung hemmte. So ging jeder seinen eigenen Weg. Andreas Brenke lebt und arbeitet heute in Spanien. Als ich ihn in Valencia auf dem Handy erreichte, feierte er gerade seinen fünfzigsten Geburtstag und freute sich unüberhörbar, gerade an diesem Tag einen Gruß vom fernen Venusberg zu erhalten. In zwei langen Gesprächen half er mir, die Kinder- und Jugendzeit mit Matthias anschaulich zu machen. Willy Brandt? Eine kaum vorhandene Größe, praktisch unsichtbar. Lars? Verborgen in seinem fernen Zimmer. Peter? Zaungast. Rut Brandt? »Sie versuchte immer, das Familienleben einer normalen Familie zu führen, obwohl das ja ganz augenscheinlich fast unmöglich war.« Sie war eine »schicke, aber doch nicht zu schicke Frau«. So, wie sie war, ging sie einkaufen, ohne in einer hochtrabenden Hülle oder Kleiderfestung zu stecken. Immer um Normalität bemüht. Liberal. Keine alles wissen wollende Herrscherin, keine Glucke. Aber doch offen und interessiert am Treiben der Kinder. Seine jüngere Schwester, die Rut Brandt stets an ein norwegisches Mädchen erinnert habe, bekam zu jedem Geburtstag ein schönes, teures Kleidchen von ihr geschenkt. »Als Willy Brandt der Friedensnobelpreis verliehen wurde, übernachtete Matthias bei uns, denn seine Mutter und Lars waren nach Oslo geflogen. Wir saßen vor dem Fernseher, um der Verleihung zuzuschauen. Matthias hatte mit seiner Mutter verabredet, dass sie sich ganz doll am Ohr zieht, um ihm zu zeigen, dass sie an ihn denkt. Ja, und das hat sie dann auch getan. Der Rest der Zeremonie hat uns dann nicht so sehr interessiert.«

Das Haus auf dem Venusberg war ein widersprüchliches Haus, auch und gerade für ein Kind. Während Lars als junger Erwachsener die Gegebenheiten reflektieren konnte, musste Matthias die Situationen intuitiv erfassen. Vor den Begriffen, vor der formulierten Einsicht stand das Gefühl, ein Wittern der Atmosphäre, ein spürendes Begreifen. Der Vater war eine komische Macht, selten zu Hause, aber dennoch präsent. Die Gewalt, die von ihm ausging, war keine herkömmliche, ein strafender Vater war der nicht, aber eben doch eine unberechenbare Größe, einer, nach dem sich alle Kompassnadeln ausrichteten. Wer diesem Magnetfeld entkommen wollte, musste selbst was auf die Beine stellen. Manchmal schlich sich Matthias in das Arbeitszimmer seines Vaters und fuhr mit seinem Drehstuhl Karussell. Manchmal beobachtete er ihn morgens, wenn der Bundeskanzler schwerfällig in den Pool kletterte, um ein paar Bahnen zu schwimmen, ein rätselhaft schnaubendes Nilpferd. Manchmal kletterte das Kind in den geräumigen Kleiderschrank der Mutter, um sich allen Blicken zu entziehen, und still in einem Buch zu lesen. Dann wieder fand es sich in einer Traube von gesteuerter Aufmerksamkeit, Menschen, vom Vater magisch angezogen, die wollten ein Bild von diesem Haus und dieser Familie mit nach Hause tragen und taten die seltsamsten Dinge dafür.

Haben Kinder eigentlich eine Intimsphäre? Matthias wird in manchen zeitgenössischen Presseberichten zwar als »Clown« beschrieben, der vor der Kamera für jeden Schabernack zu haben ist, aber warum kleben dann an der Tür seines Kinderzimmer drei handgeschriebene Zettel, eigenhändig vom Neunjährigen angebracht: »Vorsicht Tretminen, Lebensgefahr!«, »Rauchen verboten!« und »Bitte nicht an die Tür lehnen!«. Solche Appelle notiert der Reporter gerne und teilt sie seinen Lesern mit, aber spricht aus ihnen nicht schon ein deutliches Abgrenzungsbedürfnis? Während Matthias diesen Wunsch, nicht ausgespäht zu werden, noch spielerisch oder unbewusst artikuliert, weil ihm noch nicht klar sein kann, was die Öffentlichkeit ist und was sie mit diesen Bildern macht, grenzt sich Lars mitunter sehr klar ab und verweigert es immer häufiger, eine Rolle in dem inszenierten Familienbild zu übernehmen. Matthias hingegen wird regelrecht »überfallen«, denn welchen Widerstand soll ein Kind schon bieten, und sind die Fragen nicht arg drollig und harmlos und ganz unpolitisch? Da fragt einer, wie es denn sei, mit »Vati« zu spielen und Matthias antwortet, ja, er spiele schon ganz gern mit dem »Vati«, aber mit »Mutti« sei es doch schon schöner, weil sie mehr bei der Sache sei als der Vater. Ob er denn wisse, was Demonstrationen seien, wird er von seiner Mutter im Hinblick auf Peters Aktivitäten gefragt. »Ja«, antwortet er, »auf die Straße gehen und Krach machen!« Das klingt hübsch, und morgen steht es in der Zeitung. Dass der Vater Gegner hat, ja vielleicht Feinde hat, teilt sich ihm schon mit. Wahlplakaten des Herausforderers Rainer Barzel streckt er die Zunge heraus, und als er einmal in den Nachrichten hört, sein Vater müsse sich gegen ein Misstrauensvotum zur Wehr setzen, ist er empört: »Wieso misstraut man Vati?« Seine Mutter versucht, es ihm zu erklären, weil der Junge wirklich aufgebracht ist.

Was ist das aber auch für ein seltsamer Vater? Ja, er ist unzweifelhaft der Vater, der Sachen macht, die andere Väter auch tun, etwa Zeitung lesen, herumbrummeln, sich vor den Fernseher hocken, knappe Dialoge mit der Frau führen, aber sonst? Wo ist da Normalität zu holen? Muss man den nicht wie ein rohes Ei behandeln? Mal ganz abgesehen davon, dass der Mann so eine Art Hauptwachtmeister oder Regierungschef oder König oder Nummer 1 oder das große Auge oder der Bundeskanzler von Deutschland ist, nein, der ist außerdem noch sehr sensibel, empfindsam, erschöpft, verschlossen wie ein Panzerschrank. Seine seelische Konstitution ist eben auch nicht die eines Dutzendmenschen. Wie also geht man als Kind mit so einem Trumm, mit so einem heiligen Supermonster um? Einmal, erzählt Matthias Brandt, habe der Vater sich die Zeit genommen, mit ihm ein Modellflugzeug zusammenzubauen. Ein sonderbar seltenes und deshalb gut zu erinnerndes Ereignis. Vielleicht hatte Rut ihren Mann dazu angehalten? Da sitzen sie also, Vater und Sohn. Natürlich geht schief, was schiefgehen kann, wenn man sich nicht auskennt mit diesem Kleber und diesen fiesen, kleinen Teilen, die offenbar nur geschaffen sind, um einen Erwachsenen, der weiß Gott Besseres und Wichtigeres zu tun hat, als dieses vermaledeite Flugzeug zusammenzubauen. Da fängt das Kind an, sich zu sorgen, weil dieses Trumm gleich platzt, und dafür steht es doch nicht, man will doch Spaß haben und spielen, aber anstatt dass das Kind sich gehenlassen kann im Spiel, entwickelt es Strategien, wie dem Vater zu helfen sei, wie man ihn aus diesem aussichtslosen Kampf mit den tausend kleinen Teilen befreit. Die Fürsorgepflicht wird umgekehrt, und die Familie wird zum Vati-Schoner, zur Hilfstruppe, zum Ruhekissen, zum Idealbild, zur Repräsentations-, zur Staatsfamilie. Wie grotesk das sein kann, schildert Lars in »Andenken«, wo er beschreibt, wie er mit dem Sohn von Nicolae Ceauşescu sprechen soll, der ein bizarres Herrschaftsverständnis an den Tag legt und sich gebärdet, als verhandele er mit dem Brandt-Sohn über die Zukunft der beiden Staaten.

Auch Matthias wird in politische Manöver, die sich vorpolitisch gebärden, sich familiär tarnen, aber tatsächlich von einiger politischer Tragweite sind, eingebunden, ohne dass er wissen kann, warum gerade er ausgewählt wird. In dem sehr stimmungsvollen und erhellenden Dokumentarfilm »Schattenväter«, in dem die Autorin Doris Metz die Lebensläufe von Pierre Guillaume und Matthias Brandt parallelisiert, schildert Matthias eine solche Szene, ein diplomatisches Manöver, das im Gewand eines Familienausfluges daherkommt, aber doch nichts

Ein seltener Augenblick: Willy Brandt spielt mit Matthias.

anderes ist als der Versuch, zwei Freundfeinde im Schoß der Parteifamilie zusammenzuführen. Der Anlass soll so unspektakulär wie möglich sein, aber doch von Anfang an Intimität bezeugen. Willy Brandt und Herbert Wehner wollen zusammen eine Fahrradtour machen. Matthias wird dieses Ereignis ein paar Tage vorher bekanntgegeben. Er möge sich bereithalten, an Ort und Stelle sein. Ein Fahrrad wird angeschafft, denn der Kanzler besitzt keines. Der Sohn hat ihn vorher auch noch nie auf ein Fahrrad steigen sehen. Kann der das überhaupt? Am Tag X, dem Tag der großen Wiederannäherung, steigen Brandt und Wehner auf ihre Fahrräder, Matthias, das familiäre Bindeglied, der Stimmungsaufheller, fährt hinterdrein. Das Trio ist nicht weit gekommen, hat das weitläufige Grundstück noch nicht einmal verlassen, da gerät der unsichere Radfahrer Brandt in Schieflage und stürzt, wie in Zeitlupe kommt es dem beobachtenden Sohn vor. Brandt steht wieder mühsam auf, hat sich offensichtlich wehgetan, hebt das Fahrrad auf, stemmt es hoch und schmeißt es zornentbrannt weg, stößt voller Ingrimm den Fluch »Scheiße!« aus und geht dann ohne ein Wort zu sagen weg. Ab. Weg. Verschwunden. Wehner und Matthias bleiben sprachlos zurück. Das muss doch ein gefährdeter Vater sein? Der ist leicht aus der Bahn zu werfen, der kann, im Gegensatz zu Wehner, noch nicht einmal radfahren.

Ein aufmerksames, ein empfindsames Kind wird den doppelten familiären Riss bemerken: Die Kluft zwischen der inszenierten und der realen Familie und den widersprüchlich zerrissenen Vater, der das weite Land regiert, aber in diesem Haus herumirrt wie ein Ortsunkundiger. In »Schattenväter« hat Matthias Brandt seinen befremdeten Kinderblick auf den Vater so beschrieben: »Ich glaube, ich habe meinen Vater als so eine Art Behinderten erlebt, aus dem kindlichen Empfinden heraus, was ja vielleicht gar nicht so falsch war, als einen emotional Behinderten, mit dem man vorsichtig umzugehen hatte. Ich habe schon auch Angst gehabt vor dem, aber nicht weil ich dachte, der straft mich, das ist auch nie vorgekommen, der war sehr sorgsam und sanft mit mir, aber ich dachte, man kann so viel falsch machen.«

Das Abenteuer der Normalität, das erlebt Matthias Brandt vor allem beim Fußball an der Seite seines Freundes Andreas. Sind Fragen, die sich selbst beantworten, dumm? Oder gibt es gar keine Fragen, deren Antwort man vorwegnehmen kann?

Ich frage Matthias Brandt: »Ihr Vater hat Ihnen nicht zugeschaut beim Fußball? War der mal bei einem Spiel?« Das Tonband verzeichnet an dieser Stelle großes Gelächter.

»Nee, der war nie da, aber ich erinnere mich auch nicht, dass ich das gewünscht hätte.«

»Es wäre wohl übertrieben, wenn man daraus schlussfolgern würde, er habe sich nicht um seinen Sohn …«

»Diese Schlussfolgerung ist … bei bestimmten Dingen ist es auch tatsächlich besser, wegzubleiben.«

Matthias Brandt wird 1972 Mitglied des beschaulichen Sportvereins SSV Plittersdorf in Bonn. Vor dem Verein liegt schon die Fußball-Verrücktheit. Im Garten der Brenkes wird der Rasen bis zur Unkenntlichkeit zerspielt. Jeden Samstag sitzen die Jungs vor der »Sportschau«. In der Woche ahmen sie die Helden nach, schlüpfen in die Identität ihrer Mannschaft und lassen im Garten der Brenkes noch einmal Bayern München gegen Borussia Mönchengladbach antreten. Der SSV Plittersdorf freut sich über die beiden Neuzugänge, zumal beide ganz talentiert sind. Andreas ist ein versierter Mittelfeldspieler, Matthias trifft als Mittelstürmer. Man kleidet sich um in windschiefen Baracken, in der Erinnerung fällt immer Regen, und ständig sind die Knie von den fiesen Aschеplätzen aufgeschrammt. Eine glückliche Zeit. Die Leibwächter verschwinden hinter der Maske biederer Zuschauer. Andreas' Vater, Hans-Georg Brenke, ist einer der Betreuer, Siegfried Adolf Magka ist der Trainer. Der ehemalige Berufssoldat arbeitet im Auswärtigen Amt als Verwaltungsangestellter und hat die Mannschaft im Griff. Zusammenhalt wird großgeschrieben, darauf legt er Wert, die Trikots schlabbern nicht lose herum, sondern stecken ordentlich im Hosenbund, die Stutzen sind hochgezogen.

Siegfried Magka hat den Umzug nach Berlin nicht mehr mitgemacht. Wir sitzen bei Kaffee und Kuchen, mit dabei sind Magkas Frau Heidi und ihr Sohn Joachim, der auch mit Matthias zusammen gespielt hat. Frau Magka, die für die Mannschaftsverpflegung sorgte, fällt sofort ein, dass Rut Brandt eines Tages bei ihr anrief und wissen wollte, was denn, bitte schön, Apfelkraut sei, denn Matthias würde nur noch von Apfelkraut reden und nichts anderes mehr essen wollen. An seinen prominenten Zögling erinnert sich Siegfried Magka, der viele Diplomatenkinder in die Mannschaft integrierte, gern: »Der Matthias konnte bei uns ein ganz normaler Junge sein. Er saugte dieses Leben auf, er wollte einfach mal sein wie alle anderen, mitlaufen, mitkämpfen für den Erfolg, denn sonst wurde ihm ja alles hinterhergetragen oder geschenkt. Bei uns bekam er erst mal nichts geschenkt, er war ein Junge wie alle anderen, und das hat ihm gutgetan.« Eines Tages kam Matthias mit einem Trikot von Partizan Belgrad zum Training, das ihm von Jugoslawiens Staatspräsidenten Tito persönlich geschenkt worden war, doch das schwarzweiße klebrige Hemd kratzte wie der Teufel, verschwand in der Trainingstasche und ward nicht mehr gesehen.

Doch umfangen von atmungsaktiver Normalität, kann es auch von Vorteil sein, Sohn des Bundeskanzlers zu sein. Am 23. Juli 1973 kommt es im Düsseldorfer Rheinstadion zum DFB-Pokalendspiel zwischen dem 1. FC Köln und und Borussia Mönchengladbach, das Duell Wolfgang Overath gegen Günter Netzer. Trainer Magka, der zuvor vergebens versucht hatte, Karten für das Endspiel zu bekommen, fragt in letzter Hoffnung im Bundeskanzleramt an, wo man fündig wird. Da der Bundeskanzler, kein Kenner und Freund des Spiels, weder Zeit noch Lust hat, sind seine Karten frei. Und so fahren Trainer Magka, sein Sohn und Matthias Brandt an diesem heißen Sommertag nach Düsseldorf. Kaum im Stadion angekommen, fragt Matthias: »Trainer, darf ich mir eine Fahne kaufen?« Der Junge kauft sich eine Fahne des 1. FC Köln. Das ist Protestakt, enttäuschte Liebe, denn eigentlich ist Matthias ein Anhänger von Mönchengladbach, doch den Wechsel seines Idols Netzer zu Real Madrid empfindet der Junge als Verrat. Dass deutsche Stars ins Ausland wechseln und damit ihre Karriere in der Nationalmannschaft »gefährden«, wird immer noch als »Verrat« aufgefasst, als Treulosigkeit und Söldnertum.

Die Gäste auf der Ehrentribüne sind nicht unbedingt entzückt über den schmalen Jungen, der die rote Fahne des 1. FC Köln schwenkt. Matthias Brandt wird Augenzeuge eines historischen Fußballereignisses. Das Königsbild dieses Spiels, es wird wieder und wieder gezeigt, gehört zum nationalen Erinnerungsgut. Es ist das letzte Spiel von Günter Netzer im Trikot von Borussia Mönchengladbach. Der Wechsel nach Madrid ist beschlossene Sache, weshalb der autoritäre Trainer Hennes Weisweiler seinen Star auf die Bank gesetzt hat. Ein unfassbarer Akt. Noch unerhörter ist, dass sich der Rebell Netzer weigert, als ihn der Trainer in der Halbzeit auffordert, sich zur Einwechslung bereitzumachen. Die Sonne sticht, Weisweiler kocht, Netzer schmort. Die Trainer auf der Bank rauchen noch, Weisweiler zertritt wütend seine bis an den Filter heruntergebrannte Zigarette. Die Unfassbarkeit dieses Nachmittags, den Gipfel der Insubordination, leistet sich der langhaarige Netzer, als er sich in der fällig gewordenen Verlängerung selbst einwechselt, ohne erst den Trainer zu fragen. Nun wäre diese bodenlose Frechheit oder eben Kühnheit dennoch längst vergessen, wenn nicht ausgerechnet Netzer selbst das Siegtor geschossen hätte. 94. Minute. Netzer kommt im Mittelfeld an den Ball, schleppt ihn mit grimmiger Entschlossenheit nach vorne, passt zu Rainer Bohnhof, stürmt weiter, fordert, zieht den Rückpass auf sich und schmettert dann das Leder mit links in den linken oberen Winkel, der Torhüter zuckt nur mit der Achsel, und Netzer dreht ab, springt, dreht sich im schwerelosen Jubel.

Auf der Rückfahrt nach Bonn. Die Jungs glühen vor Begeisterung. Trainer Magka schwitzt Blut und Wasser. Die Leibwächter haben ihn aufgefordert, sich der Wagenkolonne des Bundespräsidenten anzuschließen. Der fährt vorneweg, in der Mitte Magka, hinten die Leibwächter für Matthias. Doch der Ford Consul des Trainers, 75 PS, kann mit den schweren Limousinen der Politiker und den Sportwagen der Beamten nicht mithalten, immer wieder reißt der Kontakt ab, und von hinten fahren die Sicherheitsbeamten dicht drängend auf. Als sie endlich den Venusberg erreichen, stöhnt der Trainer vor Erleichterung auf.

Matthias Brandt spielt nahezu vier Jahre Fußball im Verein, erst beim SSC Plittersdorf, dann beim höher spielenden FV Godesberg 08, wohin Trainer Magka seine Mannschaft nahezu vollständig mitnimmt.

Matthias Brandt, Zweiter von rechts, untere Reihe, im Trikot des FV Godesberg 08, Bonn 1975

Natürlich gibt es spektakuläre Ereignisse, die Matthias nur erlebt, weil er der Sohn des Bundeskanzlers ist. So besucht er mit seinem Freund Andreas die Olympischen Spiele 1972 in München, und 1974 fliegt er mit seinem Vater zum Endspiel der Fußballweltmeisterschaft. Nach dem Rücktritt des Bundeskanzlers gilt dann die größte Sorge des Sohnes auch der Frage, ob es bei dem lange geplanten Besuch der Weltmeisterschaft bleibt. Zwar rücken Vater und Sohn einige Plätze nach hinten, aber das macht dem Kind nichts aus. Weitaus kostbarer und prägender sind die Jahre auf dem Platz, das wöchentliche Training, die Auswärtsspiele, die Kommandos des Trainers, die Tore, die man schießt. Auch die Tagträume. Matthias kauft Fußballbücher und Fußballlexika und verbringt königliche Nachmittage in Gesellschaft eines großen Eisbechers, eines Fußballbuches und imaginärer sowie realer Traumtore. Die C-Jugend des FV Godesberg 08, Trikotfarbe gelb / blau, ist höchst erfolgreich, sie bleibt anderthalb Jahre ungeschlagen, wird mehrmals Meister.

Im Herbst 1975 meldet Rut Brandt ihren Sohn dennoch bei Trainer Magka ab. Matthias komme immer so furchtbar dreckig nach Hause, ob er denn nicht eine sauberere Sportart empfehlen könne, fragte Rut Brandt, aber die Schmutzverdrossenheit der Mutter wird kaum der einzige Grund für das Ende der Vereinskarriere gewesen sein.

Dass Matthias nie Starallüren gezeigt habe, sagt sein ehemaliger Trainer, habe man auch leicht feststellen können, als er 1974 plötzlich im »Aktuellen Sportstudio« im ZDF auftauchte, denn er habe niemandem etwas davon erzählt, weshalb er, sein Trainer, fast aus dem Sessel gefallen sei, »als da unser Matthias saß und unsere Farben hochhielt«. Man hatte den Kanzler in die Sportsendung eingeladen, und in seinem Umfeld entstand die Idee, ihm den fußballverrückten Sohn an die Seite zu stellen. Im Hinblick auf die Wählergunst schadet so ein Arrangement nie, zweitens braucht Brandt, der im Frühling 1974 schwer angeschlagen ist, bei diesem Ausflug ins leichte Fach einen Stimmungsaufheller an seiner Seite, und drittens kann er ja nicht selbst auf die Torwand schießen, was dann eben der Filius übernimmt und zweimal trifft, obwohl man ihn nur dreimal schießen lässt. Erstaunlich ist, wie abwesend der Kanzler bei diesem Auftritt

BUNDESREPUBLIK DEUTSCHLAND
DER BUNDESKANZLER

Bonn, den 3. April 1974

Sehr geehrter Herr Magka,

da Matthias in letzter Zeit viel krank gewesen ist, halten meine Frau und ich es für richtiger, die Osterferien zu seiner Erholung und Kräftigung zu nutzen. Er wird also die von Ihnen vorgesehene Osterfahrt nicht mitmachen, sondern mit meiner Frau nach Norwegen reisen. Ich hoffe, Sie haben dafür Verständnis.

Matthias wünscht aber allen Teilnehmern eine recht vergnügte Reise.

Mit freundlichen Grüssen

Ordnung muss sein: Der Bundeskanzler entschuldigt seinen Sohn.

innerlich wirkt, wie sein Sprechen routinemäßig weiterläuft, Floskel auf Floskel, während er in Gedanken doch ganz woanders spricht und arbeitet. Die heutige Medienöffentlichkeit, hypersensibilisiert und immer auf der Suche nach unbefestigten und misslungenen Auftritten, würde an dieser Stelle sofort aufmerken, einhaken und dem Kanzler seine starre Maske vorhalten. Tatsächlich wirkt es nahezu unfreiwillig komisch oder vielleicht besser bestürzend, wie wenig sich Brandt hier auf Verstellungs- und Inszenierungskünste verlassen, wie ungeschützt man ihm beim Leiden zusehen kann. Inmitten von Menschen konnte sich Brandt in wuchernde Einsamkeiten verlieren. Da zogen ihn selbst die Kameras nicht aus diesem klebrig melancholischen Sumpf.

Nein, wegen des Spions Günter Guillaume hätte Willy Brandt nicht aus diesem Haus auf dem Venusberg ausziehen müssen. Dieser war doch eher von zweitklassiger Güte und wurde nur berühmt, weil sein Chef es war. Ein Meisterspion war er nicht, und das meiste, was seine Auftraggeber durch ihn erfuhren, hätten sie wohl auch der Zeitung entnehmen können. Brandts Autorität innerhalb der Regierung verfiel schleichend, sein Charisma, ohnehin eine schwer zu fassende Größe, reichte nicht mehr aus, um die divergierenden Kräfte innerhalb der SPD zu disziplinieren. Und obwohl Willy Brandts Rücktritt sehr gut in Herbert Wehners Machtkalkül passte, weil der Zuchtmeister der Fraktion schon lange nichts mehr von dessen schlaffer Amtsausübung hielt, kann man ihn doch wohl schwer als den Hauptverursacher und Sündenbock betrachten oder sagen, Brandt sei über eine Intrige Wehners gestürzt. Brandts Charisma hatte mit der Verleihung des Friedensnobelpreises und der gewonnenen »Willy-Wahl« 1972 alles erreicht, was zu erreichen war, im komplexen Regierungsalltag wurde diese charismatische Macht- und Möglichkeitshülle zerrieben, zerfetzt. Es war ein schleichender Erosionsprozess, der im Herbst 1972 einsetzte, als Brandt im Krankenhaus lag. Die Fehlbesetzungen im Kabinett waren nicht wieder zu korrigieren. Die Disziplin in der Partei und im Regierungsapparat ließ nach, man stritt im Kanzleramt um Kompetenzen, laufend sickerten Indiskretionen an die Presse durch, und die Autorität des Kanzlers verfiel zusehends.

Klaus Harpprecht, einer seiner engsten Berater in diesen Monaten, hält in seinem Tagebuch fest: »Der Autoritätsverfall ist schon daran zu sehen, dass in den Sitzungen im kleinen Kreis gelegentlich alles durcheinanderredet, bis er durch ein ordnendes Wort eingreift. Vor ein paar Monaten wäre das nicht passiert.« Ja, auch Herbert Wehner stellt Brandts Autorität in Frage, und mit Helmut Schmidt steht ein machthungriger und bissiger Aspirant als potentieller Nachfolger bereit, aber es gibt viele andere Gründe, die Brandt in diesen Monaten verloren aussehen lassen. Die Ölkrise 1973 und die damit verbundenen vier autofreien Sonntage pflanzen der Bevölkerung ein Krisenempfinden ein, das sich noch steigert, als im Januar 1974 die neuen Arbeitsmarktzahlen bekannt werden: demnach sind in der Bundesrepublik 620 000 Menschen arbeitslos. Diese Zahlen schockieren die Bundesbürger, denn noch nie hat das Land eine derart hohe Arbeitslosenquote verkraften müssen. In zahlreichen Branchen wird gestreikt, der Bummelstreik der Fluglotsen kostet Nerven und Geld, und als dann auch noch die Müllabfuhr drei Tage lang die Arbeit verweigert und sich der Dreck auf den Straßen stapelt, scheint der Untergang des Landes unabwendbar. Heinz Kluncker, der Chef der machtvollen Gewerkschaft Öffentliche Dienste, Transport und Verkehr (ÖTV), der Herr über die Mülltonnen, Heinz Kluncker, der so aussah wie er hieß, ein kraftvoller Bulldozer, setzte gegen Brandts erklärten Willen einen zweistelligen (elf Prozent) Lohnabschluss durch. Der Bundeskanzler stand wie ein schwaches Männlein im Wind.

Die linksliberale Presse, die Brandts Aufstieg euphorisch begleitet und ihn auf den Schild gehoben hatte, schrieb ihn nun systematisch in den Abgrund. Hinter vorgehaltener Hand sprach man auch in der Partei von »Willy Wolke«, dem der Friedensnobelpreis zu Kopf gestiegen sei, während ihn das harte Tagesgeschäft kaum noch kümmere. Wibke Bruhns hatte im »Stern« ein schneidendes Psychogramm des immer einsamer werdenden Mannes geschrieben, das in der Partei für große Unruhe sorgte und Brandt auch persönlich traf. Es gipfelte in Sätzen wie »Willy Brandt hat viele Freunde. Ob er einen Freund hat, ist nicht bekannt«. Brandt beklagte sich bei der Autorin, die wie wenige andere einen privilegierten Zugang zu ihm genoss, mit keinem Wort, Rut

Brandt jedoch bat Wibke Bruhns auf den Venusberg und beschwerte sich bitterlich, der Artikel habe ihrem Mann sehr geschadet. Die SPD fuhr miserable Ergebnisse bei den Landtagswahlen ein, was auch dem innerparteilichen Streit mit den Jungsozialisten zugeschrieben wurde, die viele Stammwähler der SPD mit »kommunistisch« klingenden Parolen vergrätzten und verschreckten. Und nicht zuletzt war es die Steiner-Affäre, die der SPD, aber auch Willy Brandt zusetzte, denn plötzlich stand sein hohes moralisches Ansehen in Frage. Der CDU-Abgeordnete Julius Steiner hatte 1973 vor der Öffentlichkeit erklärt, beim Misstrauensvotum gegen Willy Brandt habe die SPD in Gestalt ihres Parlamentarischen Geschäftsführers Karl Wienand seine Stimme gekauft. Was wusste Brandt davon? War es möglich, dass diese Art des korrupten und kriminellen Machterhalts durch ihn gebilligt wurde?

Es rumorte, miese Stimmung allerorten. Besorgt wird im Bundeskanzleramt registriert, dass zunehmend bösartige und hämische Witze im Land umherlaufen. Man beauftragt einen Psychologen mit der Erforschung des Phänomens. Dabei kommt heraus, dass die Mehrzahl der spöttischen Pfeile schon während des »Dritten Reichs« und in der DDR abgeschossen, nun aber auf Brandt und seine Regierung umgemünzt wurden. Hier machten sich Frustration und Aggression Luft, und ein deutlicher Ansehensverlust des Bundeskanzlers wurde spürbar. Kostprobe: »Wann ist die Bundesrepublik wieder in Ordnung? – Wenn der Bundeskanzler Strauß am Grab von Willy Brandt die Witwe von Herbert Wehner fragt: ›Wer hat eigentlich Egon Bahr erschossen?‹«

Nein, wegen des Spions Günter Guillaume hätte Willy Brandt nicht aus diesem Haus auf dem Venusberg ausziehen müssen. Brandts Nimbus war erschöpft, seine Führungskraft erloschen. Er hatte nie geglaubt, man könne mit der Faust argumentieren und auf den Tisch hauen. Das beeindruckt doch nicht einmal den Tisch, pflegte er zu sagen, es schmerzt allenfalls die Hand. Hätte ein Mann wie er im Kreis der Familie Kraft schöpfen können? Zu Hause? Wo war der Kreis, wo war das Zuhause? Verbrachte er nicht viel mehr Zeit im Amt, in der Parteizentrale, auf Reisen? Unterwegs? Waren nicht das seine Kreise? Sein Büroleiter Reinhard Wilke, seit 1970 sein engster Mitarbeiter, macht sich Sorgen wie ein Familienangehöriger, wenn Brandt auf dem Venusberg ist. Er notiert 1973: »Ich habe die Erfahrung gemacht, dass ihm längere Aufenthalte allein auf dem Venusberg gar nicht guttun. Er liest wohl zu viel Zeitung und ärgert sich über jeden Mist. Er hat das Gefühl, alles laufe schlecht, in der Partei, in der Regierung, in der Öffentlichkeit usw. Seine Haut ist hauchdünn.« In einem nächtlichen Gespräch mit seinem Redenschreiber Harpprecht sagt Brandt: »Wir sind alle verrückt, aber es ist über das Maß.« Rut fühlt sich ausgeschlossen, abgehängt, ihr Mann schafft es nicht mehr, seine Probleme in ihre Welt, ihre Sprache, ihr Zuhause zu übersetzen.

Klaus Harpprecht hat in seinen Erinnerungen, die nur wenige familiäre Beobachtungen enthalten – Rut streift ein paar Mal unauffällig durch die Seiten, und die Söhne kommen so gut wie gar nicht vor –, eine Szene überliefert, die eigentümlich berührt, weil sie das lähmende Schweigen und die verlorene Intimität zwischen den Eheleuten festhält, diskret, aber doch vielsagend. Am 10. Januar 1974 feiert Rut Brandt ihren 54. Geburtstag. Es wird ein kleines Abendessen auf dem Venusberg ausgerichtet. Die Unterhaltung verläuft zunächst schleppend, der Alkohol befeuert die Zungen. Zu späterer Stunde entschließt sich die Gesellschaft, tanzen zu gehen. Man landet in einer Diskothek. Rut Brandt tanzt ausgelassen, hat sie immer gerne getan. Brandt steht am Rand, sieht zu, trinkt, unterhält sich. Dann nimmt er den Platz des Discjockeys ein, sichtlich angeschlagen. Rut tanzt weiter, und weil ihr Mann als Tanzpartner nicht zur Verfügung steht, fordert sie die Sicherheitsbeamten auf. »Später«, schreibt Harpprecht, »haben die jungen Leute sie artig gebeten.«

Willy Brandt war kein Tänzer.

Am 6. Mai tritt Willy Brandt vom Amt des Bundeskanzlers zurück. Am Morgen des Tages war er an das Bett seiner Frau getreten, sie schliefen schon lange getrennt, und hatte ihr gesagt, dass er nun zurücktreten werde. Rut hatte ihm geantwortet, dass sie das richtig finde, einer müsse schließlich die Verantwortung übernehmen. Dann ging er. Eine längere Aussprache fand nicht statt, aber Brandt nährte seit jenem Morgen einen vorwurfsvollen, vergiftenden Groll gegen seine

Frau. Sie sei, sagte er später, neben Herbert Wehner an seinem Rücktritt schuld.

Matthias Brandt erinnert sich an den Augenblick nach dem Augenblick: »Ich wurde von einem der Au-pair-Mädchen zu meiner Mutter gerufen. Mein Vater muss kurz davor bei ihr gewesen sein, um ihr seinen Rücktritt anzukündigen. Sie lag noch im Bett und weinte und erzählte mir, war vorgefallen war. Sie war sehr getroffen von dem Vorgang, so viel zum Thema ›mangelnde Anteilnahme‹ oder ›sie hätte ihm in diesem Moment nicht die nötige Unterstützung gewährt‹. Dafür lege ich meine Hand ins Feuer: Der Rücktritt meines Vaters war für meine Mutter eine absolute Tragödie! Für sie bedeutete es das Scheitern einer guten und richtigen Sache, sagen wir es mal so. Da gibt es überhaupt kein Vertun! Jenseits aller privaten Verletzungen. Aber das Private überwog in diesem Moment nicht. Sie war ernsthaft traurig und empfand das als Unglück, und zwar nicht als privates. Ich konnte mit dieser Nachricht erst mal nicht so viel anfangen, weil ich nicht wusste, was ich mir unter einem Rücktritt vorzustellen hatte, weil mein Vater, solange ich auf der Welt war, noch nie zurückgetreten war. Das ging eigentlich immer nur eine Stufe weiter hoch. Ich habe aber sofort, wie man als Kind so ist, nachgedacht, was hat das für praktische Konsequenzen? Ziehen wir womöglich vom Venusberg in die Stadt, was total doof gewesen wäre, weil ich dann ja nicht mehr in der Nähe meines besten Freundes gelebt hätte. Solche Sachen gingen mir durch den Kopf.«

Nachts zieht ein von den Jusos organisierter Fackelzug an dem Haus des Kanzlers vorbei, ein letzter solidarischer Gruß. Einige hundert Menschen versammeln sich, um ihre Trauer und Bestürzung kundzugeben. Nicht wenige weinen.

Am Abend des nächsten Tages sitzt der Junge allein vor dem Fernseher, als plötzlich der Vater unvermutet hereinkommt. Er hat seinen Sohn seit einigen Tagen nicht gesehen. Er versucht sich an einer Erklärung. »Deine Mutter hat dir sicher schon erklärt …« Die Nachrichten beginnen. Der Rücktritt des Bundeskanzlers steht an erster Stelle. Brandt verstummt. Das Bild des Spions Guillaume wird eingeblendet. Der Vater beginnt nun wie ein Wahnsinniger zu lachen, es schüttelt

Eine Schlagzeile, die viele Menschen betroffen machte: »Kanzler Brandt zurückgetreten!«

den massigen Mann, dann geht er lachend und ohne ein weiteres Wort zu sagen ab, wird von dem Haus verschluckt, und dem Sohn ist unheimlich zumute.

Die Umzugshelfer werden informiert und nehmen ihre Arbeit auf.

Die Brandts reisen nach Norwegen, Flucht vor den Schlagzeilen, dem Schmutz.

Matthias langweilt sich in der Einöde, übt Englisch mit dem niedergeschlagenen Vater und spielt mit den Sicherheitsbeamten Fußball.

Helmut Schmidt wird am 16. Mai 1974 zum fünften Bundeskanzler der Bundesrepublik gewählt.

Zuletzt, schreibt Lars Brandt in »Andenken«, zuletzt, als das Haus leer und verlassen lag, als die Möbelwagen ihre Beute abtransportiert hatten, als die Truppen abgezogen waren und das Wächterhäuschen ohne Menschenseele in die Ferne glotzte, als alles Geschichte geworden war und die Bewohner des Hauses sich eine neue Bleibe gesucht hatten, lagen da noch ein paar gewaltige Elefantenstoßzähne auf dem Asphalt, so als ob das Haus die unverdaulichen Reste eines opulenten Mahles ausgespien hätte. Die Bewohner des Hauses waren mit dem Leben davongekommen. Das Haus hingegen, so viel war klar, würde nie wieder solche Bewohner erleben.

»Meine fünf liebsten Nationalspieler?«

Matthias Brandt zieht die Fußballschuhe an, schnürt sie fest zu, macht eine doppelte Schleife. Er spielt ohne Schienbeinschoner, aber die Stutzen sind ordentlich hochgezogen. Das Trikot steckt vorbildlich in der Hose. Das hat der Trainer noch mal kontrolliert. Dann geht's hinaus auf den Platz, wo der schwarze Mann steht und im Regen Rumpfbeugen macht.

»Meine fünf liebsten ...?

....

Günter Netzer – trotz einer durchwachsenen Nationalmannschaftskarriere, dann lange, lange nichts ...

....

Franz Beckenbauer ....

....

Gerd Müller! Ich habe viele Jahre die These vertreten, dass Gerd Müller der beste Fußballspieler aller Zeiten war, weil er besser als jeder andere verstanden hat, worum es bei diesem Spiel geht ....

....

Jetzt bloß keinen Fehler machen! Ich denke wirklich angestrengt nach und wäge gegeneinander ab, das ist jetzt keine Anstellerei. Man kann ja sehr viel Zeit mit dem Zusammenstellen von Listen verbringen. Eine Fünfer-Liste ist ja auch noch mal schwieriger als eine Zehner-Liste ...... also diese drei schon mal vorbehaltlos

Netzer, Beckenbauer, Müller ... deutsche Nationalspieler? Wir reden jetzt nicht von internationalen Kräften? .....

....

Rudi Völler ....

....

und als Fünfter ....

....

Katsche Schwarzenbeck ... Drei Bayern unter den ersten fünf ... Ich lass das jetzt einfach mal so stehen ...«

Rocco und seine Brüder

Rocco steht Kopf. Aus dieser Perspektive hat niemand anders die Familie Brandt gesehen. Rocco, der Graupapagei, hing kopfüber in seinem Käfig und betrachtete durch Gitterstäbe hindurch, wer da zu ihm hereinsah: Die Brandts. Die Brandts hatten Haustiere, bevor sie Kinder hatten. Willy Brandt liefert am 8. April 1948 seiner Frau Rut, die in Norwegen weilt, dieses Bulletin animalischen Befindens: »*Blackie ist ziemlich traurig, daß sie nicht mehr rauskommt, wann sie will. Da das mit Deiner Abreise zusammengefallen ist, meint sie wohl, daß alleine ich für die Langeweile verantwortlich bin. Außerdem kommt sie jeden Morgen ins Schlafzimmer und nimmt ihren Platz auf Deinem Kopfkissen ein. Gestern ist die Tochter von Frau Petzold mit ihr spazieren gegangen. Sie hatten bestimmt viel Spaß zusammen. Jedenfalls hing Blackie die Zunge aus dem Hals, als sie nach Hause kam.*«

Die schwarze Pudeldame taucht in jenen Jahren oft in der Korrespondenz zwischen den Eheleuten auf. Was tun Haustiere? Wozu sind sie gut? Sie halten Haus und Hof zusammen. Sie überbringen Botschaften, sie weben auf ihren Wegen zwischen den Menschen ein Netz von Sozialität. Sie sind Unterhändler zwischen den Parteien, sie stopfen, mit Fell oder Gefieder, Löcher, und sie knüpfen Bande zwischen Drinnen und Draußen.

Rocco, ein bilingualer Papagei – er parlierte ebenso gut Deutsch wie Norwegisch –, besaß ein verblüffendes Sprachtalent. Mal dachte der Hund, sein Herrchen habe gerufen, mal dachten Gäste, Willy Brandt sei unter die Bauchredner gegangen, mal dachten die Söhne, die Mutter hätte nach ihnen verlangt, und manchmal dachte das Hausmädchen, Matthias sei in Not.

Stand Willy Brandt ihm am nächsten? Der Bundeskanzler fütterte ihn bisweilen mit Erdnüssen. Rocco fraß dem Mann aus der Hand. Der hatte eine tiefe, heisere Stimme. Morgens wie abends saß der Erd-

Rut Brandt hegte stets eine tiefe Liebe zu Tieren. Hier mit Pudeldame Blackie Mitte der fünfziger Jahre im Marinesteig.

nussmann im Sessel, sog an glühenden Stäbchen, deren Rauch Rocco einhüllte. Grau in Grau. Manchmal trat der Mann vor den Käfig und krächzte ein Lied: »Wacht auf, Verdammte dieser Erde, die stets man noch zum Hungern zwingt! Völker, hört die Signale! Auf zum letzten Gefecht! Die Internationale erkämpft das Menschenrecht.« Rocco pfiff es nach und erhielt eine Nuss zur Belohnung. Dann wandte sich der Mann ab, ließ wieder bittere Wolken aufsteigen und verschwand. Ihn bekam Rocco seltener zu Gesicht als die anderen. Dennoch schien der Mann an ihm zu hängen. Eines Tages durfte der Vogel hinaus. Auf den Balkon. Es war warm. Das Tier, das nie zuvor geflogen war, erinnerte sich daran, dass es Flügel hatte. Die Tür des Käfigs stand offen. Rocco startete, hob ab, kreiste über dem Garten, verschwand. Wohin? Vielleicht traf er sich mit Artgenossen? Der Regierungssprecher Conrad Ahlers besaß eine Gelbstirnamazone, und auch Brandts Wissenschaftsminister Klaus von Dohnanyi hielt sich einen gefiederten Freund. Wer soufflierte wem?

Nach einigen Tagen kehrte Rocco zurück zum Erdnussmann. Rocco landete im Garten von Heinrich Lübke; dass der alte Mann einmal der Bundespräsident gewesen war, spielte für Rocco gar keine Rolle. Stattdessen stieg der Bundeskanzler auf eine Leiter, bot ihm den Arm an und schmeichelte: »Komm, Rocco, Rocco, komm!« Er ließ sich bitten, hüpfte zurück hinter Gitter.

Vertrauter jedoch war dem Papageien die Frau des Hauses, er sah sie öfter, sie geizte nicht so sehr mit ihrer Stimme. Sie konnte er so verblüffend nachahmen, dass Matthias sich angesprochen fühlte, wenn der Vogel mit Ruts Stimme nach ihm rief. Sah die Frau ihn nicht auch anders an, leichter, luftiger, mehr so im Vorübergehen? Ihr Blick eine Feder? Erdnussmanns Blick wie Blei? Der Blick des Mannes sucht etwas, das drückt auf das Gefieder. Aber deshalb rupfte er sich nicht die Federn aus, nein, das war nicht der Grund. Ein Graupapagei kann sich aus vielen Gründen das Federkleid rupfen, es ist – ganz egal, was der Grund sein mag – stets ein Hilferuf: »Mir geht es nicht gut!« Sicher fehlte ihm eine Gefährtin, Graupapageien sind lebenslängliche Treugänger. Gesellige Tiere, die sich abends in Baumwipfel zusammenfinden und sich austauschen. Hier, in diesem Wipfel, verloren sich am Abend alle in ihren Zimmern oder vor dem Apparat, dessen heilloses Geflimmer Rocco irritierte. Vogelkundige bieten uns die folgenden Erklärungen für das Federrupfen, dieses Phänomen der Selbstverstümmelung, an: Einsamkeit, Stress, Ungezieferbefall, Zigarettenqualm, zu wenig UV-Licht, traumatische Erlebnisse, fehlende Bademöglichkeiten, zu enge Tier-/Mensch-Beziehung, Organschäden, zu geringe Luftfeuchtigkeit, Mangelerscheinungen. Was suchen wir uns aus?

Matthias bestaunte das Tier, Jugend forscht, und schenkte ihm hin und wieder einen Fingerhut Alkohol ein. Was sah der Promille-Papagei jetzt? Was sehen wir, wenn wir Tiere ansehen?

»Tiere hätten«, schreibt Lars Brandt in »Andenken«, »eine Brücke zur Welt sein können. Aber sie waren nur staunende Zeugen außerhalb jenes Aquariums, das uns beherbergte.« Lässt sich diese eine, diese zu Lars gehörende Empfindung zur kollektiven Empfindung der Familie machen? Zimmert sich nicht jeder der Brandts im Kontakt mit den Tieren, den zwei Hunden, der Katze, den Schildkröten und dem Papagei, seinen eigenen Steg ins Andere oder in die Welt? Rut Brandt hatte eine freie, unsentimentale Beziehung zu Tieren, Beobachter attestieren ihr eine »besondere Wirkung auf Tiere«, sie war es auch, die die Tiere zumeist in die Familie holte, adoptierte, barg. Ihrem Mann hingegen widerfuhren Tiere, er bekam sie geschenkt, mal einen Ziegenbock oder einen Affen namens Pixie, der dann jedoch, weil er die Familie mit seinem Geschrei terrorisierte, an den Berliner Zoo abgegeben werden musste. Peter, nur Zaungast in Bonn, baut keine engere Beziehung zu einem der Haustiere auf, und Matthias, der Jüngste, nimmt sie, kindlich unbefangen, als Spiel- und Abenteuergefährten, die das Haus beleben.

Eines Tages nimmt Vater Brandt Matthias zur Seite und erzählt ihm die Geschichte von Rocco und seinen Brüdern. Die säßen in Togo,

Zögernd nähert sich Willy Brandt dem weltberühmten Flusspferd »Knautschke«, Berlin, Mitte der fünfziger Jahre.

einer ehemaligen deutschen Kolonie. Am Rand eines Waldes bat man den Politiker, die Ohren zu spitzen. Brandt lauschte. Plötzlich vernahm er militärische Kommandos: »Rechts herum!« – »Augen gerade aus!« – »Stillgestanden!« – »Präsentiert das Gewehr!« Man befand sich am Rand eines früheren Exerzierplatzes, und die Graupapageien, die bekanntlich sehr alt werden können, hatten noch die Kommandos der kaiserlichen Armee aufgeschnappt. Nun saßen sie hochbetagt in den Bäumen und beschallten den Gast mit verlorener Zeit.

Ist das vielleicht der geheime Auftrag der grauen Papageien? Die Stimmen der Toten bewahren? Vielleicht lebt Rocco noch. Ich habe es nicht herausfinden können. Willy Brandt nahm das Tier nicht mit, als er auszog und die Eheleute getrennte Wege gingen. Einige Jahre lebte er noch mit Rut und Matthias zusammen und krächzte Tag für Tag: »Guten Morgen, Herr Brandt!« Aber irgendwann verschenkte Rut Rocco an eine Verwandte in Norwegen, wo er jedoch nicht lange gelitten war und weitergereicht wurde. Mag sein, dass die Stimme von Willy Brandt noch ab und an, brummig und heiser, ein neugieriges Kind erschreckt. Oder Rocco pfeift die Internationale und das Lied geht durch die Wälder: »Wacht auf, Verdammte dieser Erde …«

Qualmen

»Erst musste er die technische Seite lernen – wie man inhalierte, ohne zu husten: wie man die Sinne dazu brachte, eine Drogenbenommenheit als Lust und nicht als einsetzende Übelkeit zu empfinden. Dann kamen die subtileren Lektionen in Ästhetik, unterstützt durch den Gebrauch des Badezimmerspiegels: lernen, wie man die Zigarette lässig hält, sogar beim Sprechen damit gestikuliert, als wäre man sich kaum bewusst, dass sie zwischen den Fingern klemmt; beschließen, an welchem Teil der Lippen die Zigarette am ansprechendsten hängt – von vorn und im Profil betrachtet –, und wie man bei beiden Ansichten am besten die Augen gegen den Rauch zukneift. Das Besondere an Zigaretten war, wie er herausfand, dass sie dem Gesicht, das stets nackt und für sein Alter jung gewirkt hatte, Jahre hinzufügte. An seinem siebzehnten Geburtstag war er dann bereit. Sein Rauchverhalten hielt den kritischen Blicken seiner Altersgenossen stand – keiner lachte –, und damit war er initiiert.«

Richard Yates: Eine gute Schule

Heinrich Böll sah es nicht gern, wenn seine Söhne die Zigaretten nur zur Hälfte rauchten und sie dann achtlos ausdrückten. Gewissenhaft gierig rauchte er den Glimmstängel bis auf den Filter herunter und gab ihm erst dann den Laufpass. Er wusste noch, was es heißt, sich nach einer Zigarette zu verzehren. Seine Romane und Erzählungen liest man nicht ohne Gefahr, nikotinsüchtig zu werden, mir ging es jedenfalls so. Da rauchen einsame Männer und einsame Frauen, Kriegerwitwen, Kriegsversehrte, Vertreter mit fadenscheinig gewordenen Anzügen, Clowns, vom Glauben abgefallene Priester, da rauchen alle, die nach Gott, Geborgenheit, Rettung und großen Antworten suchen. Die große Antwort kommt nie, Gott – käme er vorbei – hätte wahrscheinlich auch eine Zigarette im Mundwinkel. Es würde mich nicht wundern, wenn es bereits Doktorarbeiten über das Rauchen im Werk von Böll gäbe. Dabei käme dann vermutlich heraus, dass in Bölls Werken Wirtschaftsbosse nur Zigarren, glaubensfeste Priester Pfeife, zweifelnde Priester hingegen Zigaretten und Schurken (irgendwelche finsteren Ministerialbeamten, Waffenfabrikanten oder Ex-Nazis) gar nicht rauchen. Für Böll war der Tabak Brot, eine Art leicht entflammbarer Glauben, ein kleines Gebet, eine Reise, ein Ausstieg, Sucht, Rauchhelm, Weihrauchstängel, ein Gedicht auf Lunge und dergleichen mehr.

Böll schrieb 1972, wenn ihm nur einmal vier oder fünf Monate Zeit in den Schoß fallen würden, »mit der dazugehörigen Ruhe«, wie er hinzufügte, dann würde er gerne »einen längeren biographischen Essay über Willy Brandt schreiben«. Irgendwann wäre er sicher bei der Frage angelangt: Warum raucht der Mann so viel? Wie wenig heute in der medialen Öffentlichkeit geraucht wird, lässt sich an dem kettenrauchenden Alt-Kanzler Helmut Schmidt festmachen, der als letzter öffentlicher Dauerraucher im deutschen Fernsehen wie ein Fossil aus längst vergangenen Zeiten angestaunt wird. Die Zigarette gehört zum medialen Bild des Politikers Brandt, sie wurde eines seiner ikonographischen Wesensmerkmale. Joschka Fischer, der gerade Außenminister geworden war, ließ 1998 sondieren, ob man nicht ein Brandt-Gemälde von Andy Warhol für sein Amtszimmer ankaufen könne, es zeigt den rauchenden Brandt, einen mondän-melancholischen Herrn mit Zigarettenspitze, der mit der Aura eines Stummfilmstars in die Kamera blickt.

Was für eine Beziehungsgeschichte haben Willy Brandt und die Zigarette? Was erzählt diese Sucht über ihn? Wie sehr sie ihm zur unentbehrlichen Gefährtin, zur Nervenstütze geworden war, wusste man spätestens seit 1972, als Brandt das Rauchen verboten worden war. Kein anderer Wahlkampf in der Geschichte der Bundesrepublik hat die Menschen so sehr elektrisiert und emotionalisiert, kein anderer

Wahlkampf hat Willy Brandt physisch so gemartert. Seine Stimme versagte, die Kehle fühlte sich brandig und rau an, das Schlucken schmerzt, über die entzündeten Stimmbänder strich stechend der Rauch, abends bringt Brandt nur noch ein heiseres Krächzen zustande. Brandt bangt, fürchtet, glaubt, es sei Kehlkopfkrebs. Er begibt sich im November 1972 in die Hals-Nasen-Ohrenklinik der Bonner Universität. Der behandelnde Arzt findet eine Geschwulst und diagnostiziert, sie befinde sich vermutlich »an der Grenze zur Bösartigkeit«. Todesangst, die erste! Während der Operation läuft etwas schief. Brandt droht zu ersticken, erwacht aus der Narkose und registriert deutlich das hektische Treiben der Ärzte, die ihn zu stabilisieren versuchen. Todesangst, die zweite!

Als er wieder zu sich kommt, sind die Nachrichten gut und schlecht zugleich: Die Geschwulst war nicht bösartig, aber Zigaretten sind von nun an verboten. Die Wahl ist triumphal gewonnen, doch der Kanzler liegt zwei Wochen im Bett, darf nicht reden, nicht rauchen. Er schreibt Briefe, flüstert Rut ein paar Worte ins Ohr. Professor Walter Becker, der behandelnde Arzt, spricht gegenüber Brandt ein striktes Rauchverbot aus und lässt es auch Rut gegenüber nicht an deutlichen Worten fehlen. Brandt hält sich an das Rauchverbot und wird, wie er später Egon Bahr gesteht, »leiden wie ein Hund«. Man darf annehmen, dass Brandt sich niemals das Rauchen hätte »verbieten« lassen, wenn er nicht zwei Mal im kurzen Abstand Todesfurcht verspürt hatte.

Als sein Büroleiter Reinhard Wilke ihn in der Klinik besucht, bemerkt er, wie erschöpft der Kanzler ist: »Hinzu kommt das Verbot zu rauchen. Er kaut wild auf einem Kaugummi herum und ist sehr bemitleidenswert.« Die Stimmung des rauchfreien Kanzlers ist miserabel. Er legt den Ärzten dar, dass er ohne Zigaretten Fehler mache, die er sonst nicht mache, die Zigarette stehe sozusagen in der Regierungsverantwortung, doch die Ärzte kontern gelassen, Fehler würde er auch mit Zigarette machen. Doch weil der Patient derart gereizt ist, verschreiben sie ihm Valium, leicht dosiert. Brandt bleibt angeschlagen, übellaunig, neigt zu depressiven Verkapselungen. Einige Monate später ist Brandt immer noch am Boden, down, lutscht lustlos Bonbons und verbittet sich den Besuch eines Arztes: »Ach, der versteht doch nichts davon! Das ist eine psychische Sache.« Der besorgte Wilke ist mit seinem Latein am Ende: »Wir können doch schließlich keinen Psychiater zum Kanzler schicken. Vielleicht handelt es sich nicht nur um ein Entzugssyndrom? Wenn man nur helfen könnte.«

Nach seinem Rücktritt vom Amt des Bundeskanzlers hat Brandt mehr als einmal geklagt, er hätte nicht zurücktreten müssen, wenn er »damals nur beim Rauchen geblieben wäre«. Brandt bereute bitter, der Gefährtin nicht treu geblieben zu sein, ohne sie fühlte er sich ganz offenbar nur wie ein halber Mensch. In den bleiernen Tagen vor seinem Rücktritt am 6. Mai 1974 notiert sein Berater und Freund Klaus Harpprecht, der SPD-Vorsitzende habe vor dem Parteirat geäußert, »er fürchte, daß es schiefgehen werde«. Und als ein mögliches Erklärungsmuster bot er an: »Der Nikotinentzug: Man könne das Rauchen schon aufgeben, das kann man, aber es sei wohl doch eine fast unerträgliche Nervenbelastung für jemanden, der seit seinem 16. Lebensjahr geraucht habe.«

Im Alter von 14 Jahren tritt Willy Brandt in die sozialdemokratische Kinderorganisation »Rote Falken« ein. Für den »Lübecker Volksboten« schreibt er einen Artikel über diese Gruppe, der am 12. Dezember 1928 veröffentlicht wird: »Wer sind die ›Roten Falken‹«? Wer sie sind, will ich Euch gerne verraten. (...) Die sich abseits von Alkohol und Nikotin, abseits von Schundliteratur und Kinokitsch, für den geistigen Kampf der Arbeiter erziehen.« Hinter der hier propagierten Abscheu vor der Zigarette steht der Kampf der Bewusstseinsbildung gegen die Bewusstseinsverneblung, die Zigarette wird hier umstandslos zum lähmenden Geistesgift. Vorgekaute Phrasen, ohne reiche Lebenskenntnis, aber mit Begeisterung vorgetragen und mit Vehemenz durchgesetzt. Mehrfach stimmte Brandt für den sofortigen Ausschluss von »Sündern«, die beim Rauchen erwischt worden waren, ein Verbot, das auch außerhalb der Gruppe zu beachten war. Es galt damals, die »Roten Falken« vom Ruch des Verkommenen, des Sittenlosen und Zügellosen zu befreien. Diese jugendfürsorgliche Askese wird auch Peter Brandt noch kennenlernen, als er aus eigenem Antrieb 1963 in Berlin den »Falken« beitritt und pädagogischen Leitsätzen wie »Der rote Falke raucht und trinkt nicht!« begegnet.

Als der neunzehnjährige Willy Brandt im April 1933 an Bord eines Fischkutters Deutschland verlässt, ist er längst Raucher. Er wird es ein Leben lang bleiben, auch wenn er sich 1972 zeitweilig dem Rauchverbot beugt, ein Diktat, das 1978 erneuert wird, als die Ärzte feststellen, dass er einen doppelten Herzinfarkt erlitten hat. Und obgleich mit seiner dritten Frau eine strenge Wohlergehenswächterin penibel darauf achten wird, dass er nicht sündigt, schnorrt er heimlich mit lausbübischer Freude und Beharrlichkeit. Ja, doch, den ein oder anderen Entwöhnungsversuch hat er selbst unternommen, aber der Erfolg hielt sich in Grenzen. So schreibt er am 25. Oktober 1954 an Rut, die sich in Norwegen aufhält: »*In dieser Woche steht fast jeden Tag ein Zahnarztbesuch auf dem Programm, was mich nicht gerade begeistert. Um es noch schlimmer zu machen, habe ich den heroischen Versuch gestartet, meinen Nikotinverbrauch zu reduzieren – wir werden sehen, was daraus geworden ist, wenn Du nach Hause kommst.*« Es war nichts daraus geworden.

Im Jahr 1957 spitzt sich der Machtkampf innerhalb der Berliner SPD zu, der traditionelle SPD-Flügel um Franz Neumann bekämpft den Rivalen Brandt mit fairen und vor allem unfairen Mitteln. Brandt ist nervlich und körperlich schwer angeschlagen, hat Herzrasen, raucht wie ein Schlot, schläft nachts schlecht, trinkt zu viel. Er muss raus aus Berlin und fährt für einige Wochen in den Schwarzwald zur Kur, wo er einen erneuten Versuch unternimmt, vom Rauchen loszukommen. Er schreibt seiner Frau am 12. April 1957 aus dem Kurort Höchenschwand: »*Es war wohl an der Zeit, dass ich eine Weile aus dem Teufelskreis herausgekommen bin. Aber das ist schon eine Umstellung.* [...] *Bis jetzt habe ich mich an das Rauchverbot gehalten (oder richtiger an den dringenden Rat des Arztes aufzuhören). Am leichtesten war es am ersten Tag, es ist noch immer so, dass ich Lust auf eine Zigarette habe, vor allem nach den Mahlzeiten. Die Tabletten, die ich nehme, mögen wichtig sein, um das Gift aus dem Körper zu bekommen, aber bisher haben sie nichts bewirkt.*«

Zu den verlässlichen Kindheitserinnerungen der Brandt-Kinder gehört der in blauen Rauch gehüllte Vater, der am Tisch sitzt und schreibt und dabei qualmend sinnt, nach Worten und Sätzen, nach Ideen und Gedanken sucht. Lars Brandt hat auch die Geräuschkulisse des Rauchens in seinen Erinnerungen abgespeichert, der Kettenraucher Brandt besaß gleichermaßen eine olfaktorische und akustische Präsenz. In seinem Buch »Andenken« hält der Sohn diese doppelte Präsenz fest: »Der Kopf der Tabakpfeife brachte den Aschenbecher nicht mehr zum Klingen, wenn er sie ausschlug. V. rauchte jetzt fast nur noch Zigaretten, in unüberschaubarer Menge, ganze Packungen während zweistündiger Sitzungen, wie er, selber erstaunt, verriet. Später zusätzlich Zigarillos, deren Rauch er ebenso gierig inhalierte. Hatte er sich abends doch einmal seine Pfeife gestopft, um auch ihren dicken Qualm genüsslich tief in die Lunge zu saugen, schepperte es danach nur noch trocken, wenn er sie in seinem Drehaschenbecher leerte.« Tatsächlich hat Brandt etwas getan, was man – das sagen Ärzte und Tabakwarenkundige gleichermaßen – tunlichst vermeiden sollte, aber was ein existentieller Raucher wie Brandt dennoch tat, er inhalierte alles, was ihm zwischen die Lippen kam.

Wer könnte, frage ich mich, den rauchenden Kanzler genau beobachtet haben? Wer hat ein Auge für so etwas? Egon Bahr könnte, will aber nicht vom Zigarettenmann Brandt erzählen. Dennoch war Bahr zu einem Treffen bereit, er erzählt auch sehr nett und zugewandt, davon, wie sich Brandt und er verstanden hätten, wie sie kleinste Körperzeichen zu deuten wussten, wie sie eine nahezu telepathische Verbindung aufgebaut hätten, und wie er den Freund auch heute noch spüre, verstünde, wenn er ihm Fragen vorlege.

»Glauben Sie an Geister, an Seelenwanderungen, Herr Bahr?« Egon Bahr legt den Kopf in den Nacken, lächelt sibyllinisch, bläst Rauch in die Luft. Ich erbitte mir eine seiner Zigaretten (»Marlboro«) und rauche, was ich sonst nie tue. Aber das ist schön, so eine Dunstgemeinschaft, so ein Kokon aus Rauchmeldungen. Fühle mich jetzt nicht wie Willy Brandt, aber man versteht, dass Brandt diesen klugen, taktisch kühlen, aber innerlich so musischen und auch gefühlvollen Mann sehr gemocht hat, es gut mit ihm aushielt, auf ihn zählte, mit ihm unzählige Zigaretten speiste.

Der Chronist der Bundesrepublik, der große Fotograf Josef (Jupp) Darchinger, ist auch ein Mann, der scharf hinsah und Brandt recht nahe kam. Ich besuche ihn in seinem Haus in Bonn. Vom Bahnhof zu

Ein Leben ohne Zigarette, lohnt sich das? Willy Brandt war ein existentieller Raucher.

Fuß: Zersiedeltes Gebiet, triste Vorstadtkulisse, tosender Autobahnzubringer, Gewerbeflächen, plötzlich Getreidefelder, Stadt ausgefranst. Darchinger, dessen Eltern in Bonn-Endenich Landwirtschaft besaßen, ist hier aufgewachsen. Der große Fotograf hat alle bedeutenden deutschen Politiker ins Auge gefasst, von Adenauer bis Merkel, er hat sie in Szene gesetzt, hat ihnen nachgestellt, ohne ihnen aufzulauern, er hat den historischen Moment gebannt. Er ist mit ihnen um die Welt geflogen (»Brandt hatte Flugangst«), jetzt sitzt er im Wohnzimmer, lässt seinen Kaffee kalt werden und freut sich über die Vögel am Fenster.

Darchinger ist jetzt 87, schweigt, schaut hinaus, sagt Sätze wie aus einem Theaterstück: »Es gibt böse, böse Menschen, aber die müssen auch alle sterben« (über Intriganten in Brandts Nähe) oder »Das Maß seiner körperlichen Eloquenz steigerte sich, alles steigerte sich, die Gestik, die Mimik, der Körper fing an zu sprechen. Wenn er mich sah, zwischen den anderen Fotografen, ging er auf mich ein« (über Brandt als Partner der Fotografen, als Mitspieler). Über den Raucher Willy

Brandt sagt er den drastisch anschaulichen Satz: »Helmut Schmidt pafft nur! Wehner paffte auch nur! Paffer, das sind keine Raucher, das sind Paffer! Willy Brandt hat tief inhaliert, das war ihm eine richtige Leidenschaft, es kam hinten wieder raus.« Darchinger stößt das Wort »Paffer!« mit einer gewissen knurrigen Verachtung aus. Brandt war kein »Paffer«, er war Raucher, der die Zigarette verschlang und sich den Rauch so zu eigen machte, dass man den Eindruck gewinnen konnte, er sei Teil seines Leibes. Auf der Suche nach dem Raucher Willy Brandt stößt man auf einige Anekdoten. Als Brandt 1961 das erste Mal als Kanzlerkandidat antritt, raucht er in der Öffentlichkeit nur noch verschämt, verstohlen. Wenn Fotografen in der Nähe sind, sagt er: »Bitte nicht, ich rauche ja nicht!« Der »Spiegel« bringt seinen Lesern am 19. Februar 1964 zur Kenntnis: »Willy Brandt, 50, Zigaretten-, Zigarren- und Pfeifenraucher, lehnte als Ehrengast bei einem Fischessen der bayerischen SPD in Landshut eine angebotene Zigarre mit der Begründung ab: »Nein, das geht nicht. Seit Erhard Bundeskanzler ist, rauche ich keine Zigarren mehr.«

Hatte Brandt eigentlich eine Stammmarke? Weder Egon Bahr, Klaus Schütz oder Hans Koschnick, alte Aschenbechergefährten allesamt, können sich darauf besinnen. Peter Brandt, der es selbst nie zum existentiellen Raucher gebracht hat, glaubt sich zu erinnern, dass sein Vater eine Zeitlang »Senoussi«-Zigaretten rauchte, ein Orienttabak, filterlose, auffallend lange Zigaretten, die in einer orangefarbenen Schachtel steckten. Verbürgt ist zumindest, dass Brandt Zigarillos mit den wohlklingenden Namen »Weiße Dame« und »Attaché« rauchte, die Letzteren sinnigerweise in seinem Amt als Außenminister. Lars Brandt lässt mich, spontan befragt, via E-Mail wissen: »Mein Vater rauchte früher HB, später Lord Extra. Die letzten Jahre Marlboro. Weiße Dame? Kann ich mich nicht erinnern. Attaché auf jeden Fall. Senoussi stand in Schlachtensee für Gäste herum.«

In die Attaché-Phase fällt auch die eindrucksvollste »Raucherstudie« über Brandt, die mir begegnet ist. Die Dokumentation »Einige Tage im Leben des Willy Brandt« ist eines der bemerkenswertesten Fernsehporträts über Brandt überhaupt. Der konservative SFB-Journalist Matthias Walden begleitete den Außenminister im Winter 1968 einige Tage sehr intensiv, er ist bei Staatsbesuchen in Italien, Frankreich und Marokko dabei, folgt ihm auf Schritt und Tritt, ist im Hotel, im Flugzeug, im Büro, zu Hause auf dem Venusberg und bei einem Landesparteitag an seiner Seite. Er fängt auffallend viele Raucher-Szenen ein, derart viele Bilder voller Qualm und Asche, dass der Journalist am Schneidetisch selbst überrascht ist und den Porträtierten darauf anspricht.

> WALDEN: »Sie rauchen sehr stark, Herr Minister. Man sieht Sie auf sehr vielen Aufnahmen gerade dieses Filmes Zigaretten anzünden, rauchen und ausdrücken. Haben Sie manchmal versucht, das einzuschränken? Zählen Sie die Zigaretten?«
>
> BRANDT: »Ich zähle sie nicht, ich wage sie nicht zu zählen. Ich hab's versucht, erfolgreich, das Rauchen einzustellen. Mark Twain sagt, es ist gar nicht schwer, er habe es zwanzig Mal erfolgreich gemacht. Ich bin ursprünglich ein Pfeifenraucher gewesen, das kann ich jetzt gar nicht mehr, das Image ist vergeben, und ich bin kein Sklave dieser … Leidenschaft, wenn man sie Leidenschaft nennen will. Man muss im Grunde doch auf eine ganze Menge verzichten, sag ich mir, solange man nicht selbst das Gefühl hat, es schade wirklich, warum soll man auf dieses Stimulans verzichten, wenn es nicht nur eine dumme Angewohnheit ist?«

Nein, um das Feld mal von hinten aufzurollen, eine dumme Angewohnheit war das Rauchen für Willy Brandt nicht, denn von dummen Angewohnheiten kann man lassen und lassen, loslassen konnte er nicht. Und dumm, unreflektiert, gab er sich dieser »Leidenschaft« ohnehin nicht hin, sondern er grübelte oft, was es mit ihm und der Zigarette auf sich hatte. Die Zigarette gerät ihm, der im politischen Alltag so oft Verzicht leisten muss, wie er sagt, zur Entschädigungsleistung, ein gestatteter Genuss, legitimierte Triebbefriedigung, wo andere Wünsche gestaut und unbefriedigt bleiben. Mit der Zigarette wird also nicht nur unterdrücktes Leben teilweise kompensiert, sondern auch dem Leben, dem Arbeitsleben auf die Sprünge geholfen, denn die Zigarette ist auch Stimulans, also Antriebsmittel und Zündfunke. Das erste Frühstück des Tages war die Zigarette, und selbst nachts, wenn Brandt aus dem Schlaf aufschreckte, so erinnert es Peter Brandt, so hat es ihm seine Mutter oft erzählt, griff der Vater zur Schachtel neben dem Bett. Die eigentümlichste, die spannungsvollste Passage von Brandts Antwort auf die Frage nach seinem Rauchverhalten findet sich im Mittelteil. Nach dem humorvollen Auftakt – dem Hinweis auf Mark Twain und seine Kunst des Aufhörens – kommt er auf die eigene Raucherbiographie zu sprechen (»ursprünglich Pfeifenraucher«) und dann fügt er hinzu – und es soll immer noch humorvoll klingen – »das kann ich jetzt gar nicht mehr«. Warum kann er es nicht mehr? Verlernt? Wohl kaum, sondern »das Image ist vergeben«. Brandt verschluckt den Namen, den er hier nennen müsste, es ist niemand anders als sein Erzfeindfreund Herbert Wehner, an dem er bekanntlich litt und der das Image als Pfeifenraucher monopolisierte. Der »Onkel« war auf der medialen Bühne der Pfeifenmann, so wie Ludwig Erhard der Zigarrenmann war, Images also, die von Antipoden besetzt waren. Das »kann ich jetzt nicht mehr«, klingt dann ein bisschen so wie »es ist mir jetzt zuwider«. Der andere, dessen Name ich hier nicht nenne, hat mir die Pfeife entwendet. Man muss keineswegs in die tiefenpsychologische Strickwarenabteilung hinabsteigen, um sich zu fragen, warum Brandt zwar den Namen Wehners nicht nennt, aber die kleine Pause, die entsteht, die stockende Rede von zwei auffälligen Worten ummantelt wird, nämlich »Sklave« und »Leidenschaft«. Brandt wurde in der frühen Phase seiner Karriere in der Partei und in der kritischen Öffentlichkeit oft als »Marionette«, als »Schachfigur« oder »Puppe« in den Händen Wehners betrachtet. Und Wehner war schon immer der »Zuchtmeister«, der Peitschenmann, der seine donnernde Rede über die Köpfe und Rücken der Fraktion schickte und jeden Widerspruch zischend fortwischte. Der Historiker Arnulf Baring schreibt in seinem Buch »Machtwechsel« über das Leidensverhältnis Wehner-Brandt: »Brandt litt, wie alle, unter Wehner, wenn er schweigend dasaß, an der Pfeife sog, sich unaufhörlich Notizen machte, seine Umgebung bewußt verunsicherte, ja tyrannisierte. Viele Jahre warb er um Wehners Gunst.«

Wehner war demnach für Brandt der Mann, der Leiden schafft, seine Leiden. Wenn er also sagt, ich bin kein Sklave dieser Leiden-

Das Image war vergeben: Herbert Wehner als Pfeifenraucher. Willy Brandt litt oft stumm an seiner Seite, 1973.

schaft – an dieser Stelle weicht der humorige Tonfall und die Stimme wird metallisch hart –, drückt er damit eigentlich aus: »Ich bin kein Sklave Herbert Wehners«, ich bin kein Pfeifenraucher, weil die Pfeife Wehners Marterinstrument ist. Diese Passage korrespondiert mit einem berühmten Interview, das Günter Gaus in seiner Sendung »Zur Person« im September 1964 mit Brandt führte. Der Interviewer fragt: »Herr Brandt, auf welche Weise haben Sie und Herbert Wehner sich gefunden?« Brandt, der gerade im Begriff ist, nach einer Zigarette zu greifen, die schon auf einem Tischchen bereitliegt, atmet tiefer, eine Last liegt jetzt auf ihm, die Hand, die schon über der Zigarette schwebte, kehrt in den Schoß zurück, stabilisiert den Mann und Brandt beginnt mit niedergeschlagenem, nach innen wanderndem Blick: »Wir sind ...... (lange Pause) ziemlich verschie...« an dieser Stelle kann sich der sonst so disziplinierte Gaus einen Zwischenruf nicht verkneifen: »Das kann man wohl sagen«, Brandt zuckt und vollendet erst dann seinen Satz »...dene Typen«. Erst nachdem er sich an dem Wehner-Antwortkomplex abgearbeitet hat, gestattet er sich die Zigarette, die er fast schon in der Hand hatte.

Natürlich war Brandt nikotinsüchtig, aber seinen Dialog, seine Partnerschaft, seine Beziehung mit der Zigarette auf diesen physiologischen Aspekt zu reduzieren, hieße doch all die seelischen Valeurs und emotionalen Farben, die in dieser Lebensbindung eine Rolle spielten, auszublenden. Brandts Nachdenken über sein Image als Raucher zeigt doch, dass er um die bedeutsame Bildhaftigkeit dieser Rolle wusste. Nicht zuletzt daraus erwuchs das Bedürfnis, sich auch an diesem symbolischen Punkt von Herbert Wehner abzusetzen. Dieses »sich absetzen« kann aber auch schlicht und einfach als räumliche Distanzierung vom Pfeifenmann verstanden werden, denn Brandt verbrachte viel Lebenszeit an Wehners Seite, sitzend, und damit Wehners Dunst, Qualm, seiner psychophysischen Präsenz unmittelbar ausgeliefert. Da ist Brandt sicherlich Konflikt- und Krisenraucher, der Stress abbaut, er zieht aber auch, mit jeder Zigarette, mit jedem Zug, eine Linie zwischen sich und Wehner. An Wehners Seite hüllte sich Brandt oft genug in Rauch, eine Außenhaut und Hülle, die den anderen auf Abstand hielt.

In anderen Kontexten jedoch, in anderen Räumen, an der Seite anderer Partner wird die Zigarette, das Rauchen als männerbündisches Ritual, zum Lagerfeuer, das Gesellschaft stiftet, Gemeinsamkeit, ein intimer Pakt zwischen der Macht (Brandt) und der Meute (die Journalisten). In »Einige Tage im Leben des Willy Brandt« ist eine solche Szene ausführlich zu sehen. Brandt sitzt, am Ende eines langes Tages in Paris, in einer Suite im Hotel Bristol mit den deutschen Auslandskorrespondenten zusammen, resümiert den Besuch, plaudert, erzählt Witze und raucht. Der anfangs leere Aschenbecher füllt sich, das Rauch- und Nebelband – nahezu alle rauchen – legt sich immer dichter um die Männer. Trotz der anwesenden Kamera fühlt sich Brandt sichtlich wohl, kein Last-, eher ein Lusttermin, er ist ungezwungen, der Körper wirkt entspannt, er ist nicht eingezwängt in protokollarische Pflicht und Order. Brandt, der zeit seines Lebens den Journalisten nicht vergaß, der er im Exil war, lässt die Zigarette zum sechsten Finger werden, Zeige- und Mittelfinger wandern zur Schläfe, der Rauch umflort die Stirn, steigt, sinkt, verbrüdert sich mit dem Rauch der anderen. Es ist bereits tief in der Nacht, es geht auf zwei Uhr zu, und

Brandt hat keine Eile. Seine Referenten hingegen senden schon seit geraumer Zeit Signale, drängen ihn zunächst sanft, dann stärker: »Es wird Zeit, ins Bett zu gehen!« Und Brandt, die Zigarette in der Hand, meint lächelnd, bedauernd, dass der Abschied naht, »die Brüder wollen noch mal …«, woraufhin sein Referent mit Nachdruck fordert: »Jetzt bin ich diktatorisch, Sie sollen ins Bett gehen«. Der Brüderbund, das Tabakkollegium, löst sich auf, Brandt geht auf sein Zimmer, raucht, schreibt. Gute Nacht!

So wie das Rauchen und das gesellige Reden für Brandt zusammengehören, so untrennbar gehören Rauchen, Schreiben und Lesen zusammen. Ich habe selten einen Menschen gesehen, der die Zigarette so sehr inkorporiert, so sehr zum Teil seines Leibes und seiner fließenden Körperlichkeit gemacht hat wie Brandt. Brandts Söhne sind, im Gegensatz zu ihrem Vater, treulose Raucher, irgendwann in ihrem Leben haben sie dem Rauchen »Adieu!« gesagt, ohne sich gemartert zu fühlen, Peter noch als Jugendlicher, Lars und Matthias später im Leben. Sie haben gern, auch viel geraucht, aber sie konnten es lassen, sie fanden in anderen Beziehungen emotionalen und bergenden Halt. Rut rauchte gern, aus Geselligkeit, kontrollierter Genuss, dem die existentielle Schwere abging.

In seinen späten Jahren wurde Brandt, fürsorglich belagert, zum Schlupflochraucher. Matthias, der mit ihm Anfang der achtziger Jahre gelegentlich in Bonn zum Mittagessen verabredet ist, erlebt einen getriebenen Raucher, der in kurzer Zeit möglichst viel Rauch schlucken will. Im Wagen hält der Fahrer Hans Simon dann ein Mundwässerchen bereit, Kaugummis auch und Lakritz. Falsche Fährten. Peter erzählt mit Behagen die Anekdote, wie sein Vater seinen Halbbruder Günter Kuhlmann in Lübeck besucht und sich für eine Stunde mit ihm in einen stillen Winkel verdrückt, wo sie wie die Wahnsinnigen »aus allen Rohren« rauchen.

Der berühmteste Raucher der Literaturgeschichte heißt Zeno Cosini in Italo Svevos gleichnamigem Roman. Unser Held Zeno, ein etwas müder, antriebsloser Mann, hat tausend Mal versucht, das Rauchen aufzugeben, tausend Mal hat er die letzte Zigarette angezündet, und tausend Mal hat er nach der letzten Zigarette gierig an der nächsten letzten, die nicht die letzte war, gezogen. Vermutlich ist Zeno mit der Zigarette in der Hand gestorben. Was er über das Wesen der letzten Zigarette zu sagen hat, mag auch für Brandt und seine tausend Versuche gelten: »Ich bin überzeugt, dass die Zigarette anders und bedeutsamer schmeckt, wenn sie die letzte sein soll. Auch andere können einen eigenen Geschmack haben, aber nie einen so intensiven. Die letzte Zigarette hat das Aroma des Gefühls eines Sieges über sich selbst, der Hoffnung auf eine baldige Ära voll Kraft und Gesundheit. Andere Zigaretten besagen, dass man seine eigene Freiheit besitzt, indessen man raucht, und dass gleichwohl jene Ära voll Kraft und Gesundheit weiter in hoffnungsvoller Nähe bleibt, wenn auch auf etwas später verschoben.« Brandt, der bei seiner Abschiedsrede als Parteivorsitzender der SPD »im Zweifel für die Freiheit« plädierte, entschied sich für die Freiheit. Offiziell lebte er die »Ära voll Kraft und Gesundheit«, und inoffiziell rauchte er die Zigaretten, die vor der letzten lagen.

Als Heinrich Böll dem Tod entgegenging, becircte er noch die Nachtschwestern im Krankenhaus nach allen Regeln der Kunst, bis sie vor seinem verzweifelten Charme kapitulierten und ihm Zigaretten brachten.

Wo und wann hat Willy Brandt seine letzte Zigarette geraucht? Saß er in seinem Garten? Sah er auf den Rhein? Oder dachte er an all die knisternden Gefährtinnen aus Glut und Asche, die weißen Damen, die ihn begleitet, die ihn behütet hatten? Das Schlupfloch gehört ihm.

Haut

»Nicht alle Abgeordneten reisten im Bundesbahnbett. Andere kamen im Auto zur Hauptstadt gefahren, quittierten das Kilometergeld und standen sich gut dabei; sie waren die schärferen Hechte. Auf der Rheinstraße brausten die schwarzen Mercedeswagen neben dem Wasser stromabwärts. Stromabwärts der Schlick, stromabwärts das Treibholz, stromabwärts Bakterien und Kot und die Laugen der Industrie. Die Herren hockten neben ihrem Fahrer, sie hockten hinter ihrem Fahrer, sie waren eingenickt. Die Familie hatte einen strapaziert. Körperabwärts, unter dem Mantel, der Jacke, dem Hemd, lief der Schweiß. Schweiß der Erschöpfung, Schweiß der Erinnerung, Schweiß des Schlummers, Schweiß des Sterbens, Schweiß der Neugeburt, Schweiß des Wohingefahrenwerdens und wer weiß wohin, Schweiß der nackten, der bloßen Angst.«

Wolfgang Koeppen: Das Treibhaus.

Am Kaiserplatz in Bonn, ganz in der Nähe des Hofgartens, lag früher, zwischen den großen Kriegen, eine angesehene Apotheke. Die Regale stiegen hoch bis zur Decke, und ganz oben, in den letzten Schubladen, lagerte das, was nur selten verlangt wurde. Betrat man das Geschäft, schellte ein helles Glöckchen, und der Apotheker löste sich aus dem Halbschatten der hinteren Räume.

Niemand weiß, wo er geblieben ist. Nach dem letzten Krieg zog 1948 eine Drogerie in die Räume, und die neue Inhaberin, eine geschäftstüchtige, energische Frau, ließ die düsteren Regale an ihrem Platz. Immerhin passten die hellen Schubladengriffe aus Porzellan ganz gut zu den neuen Waren. Wo früher Medizinen aller Art, Tinkturen, Pülverchen und Pillen auf Kundschaft warteten, lagen nun edle

Düfte, pflegende Cremes, Duftwässerchen, Rasierutensilien, alle möglichen und unmöglichen Apparate zur Pflege des Körpers, teure, wohlklingende Versprechen auf Anmut und Schönheit. Der Lippenstift trat seinen Siegeszug an, das mobile Schönheitsstübchen, das in jedes Täschchen passte. Die Erfindung der Drehmechanik im Jahr 1948 und die neuen, leichten Umhüllungen machten ihn noch handhabbarer und unkomplizierter, ein Star wie Hildegard Knef warb für den preisgünstigen »Volkslippenstift«.

Die Drogerie Herold behauptete sich am Kaiserplatz bis 1972, dann brach eine andere Zeit an und das etablierte Einzelhandelsgeschäft wurde von einer großen Parfümerie-Kette übernommen, die dem Laden das handelsübliche Dutzendgesicht verlieh. Aber einstweilen, in den fünfziger und sechziger Jahren, traf sich hier, was in Bonn Rang und Namen hatte, um sich schönmachen zu lassen. Der Kampf um die Schönheit wurde nicht auf die leichte Schulter genommen. Für die Damen gab es – je nach Gusto – zwei separierte Kabinen, die Helena-Rubinstein-Kabine und die Guerlain-Kabine. Eine anderthalbstündige Behandlung kostete jeweils zwölf Mark. Die hübsch anzusehenden Kosmetikerinnen trugen weißgesteifte Kittel mit Stehkragen und baten die Kundinnen mit duftender Freundlichkeit zur Behandlung. Nur mit Termin! Rücken, Dekolleté und Gesicht wurden sanft massiert, die Durchblutung fördernd, dann wurde die Haut aufmerksam studiert und gereinigt. Wärmende Decken schützten dabei die entblößten Hautpartien, die nicht frieren durften. Oh ja, es wurde vieles besprochen, denn die Damen der höheren Gesellschaft, deren Männer in den Ministerien Dienst taten, an der Universität lehrten, in der Universitätsklinik in weiße Kittel schlüpften oder in den Banken diskret das Geld mehrten, bekamen viel zu hören. Die wichtigen Herren betraten die Drogerie viel seltener, aber auch sie kamen, wenn Geburtstage gefeiert wurden oder das Weihnachtsfest vor der Tür stand. Die großen Chefs kamen und kauften für ihre kleinen Sekretärinnen große Flakons mit erlesenen Düften, weil sie wussten, was sie den meist unverheirateten Schreibmaschinenfräuleins verdankten, obwohl sie es meistens vergaßen. Aber ein- oder zweimal im Jahr ist ein schlechtes Gewissen ein spendabler Kunde. Die Fraktionsvorsitzenden kamen, ja, auch die Minister, und die Direktoren, alle wussten, was sie ihren Frauen schuldeten. Herbert Wehner ließ es sich nie nehmen, die Kosmetika für seine Frauen selbst auszusuchen, dabei lief er, in Gedanken an seine Frau, seine Stieftochter und seine Sekretärinnen, zu Liebenswürdigkeit in Hochform auf. Aber auch die Herren wurden hier fündig. In edlen Kartonagen ruhten eingeschlagen in Taft und Samt große Flaschen Eau de Toilette oder Eau de Cologne, als ob es sich um Schmuck handelte. Und in den Schubladen ruhten teure Seifen, die es nicht eilig hatten, weil sie schon jahrelang abgelagert worden waren, damit das Parfüm durch den ganzen Seifenkörper dringen konnte.

Ich frage Matthias Brandt, was ihm zum Thema Haut einfällt, was er, in Hinblick auf die Familie Brandt, damit verbindet, ob er selbst eine Hautgeschichte hat. Er überlegt und antwortet mit der ihm eigenen hin- und herwandernden, bohrenden Bedachtsamkeit: »Wenn uns die Firma Gore-Tex erklären will, warum ihre Jacken so ausgezeichnete Produkte sind, dann zeigen sie uns diese graphischen Bilder, mit denen uns demonstriert wird, dass nichts von außen eindringen, aber alles von innen raus kann. Das ist meine erste Assoziation zu dem Thema. Für Leute, die so eine Konstitution haben wie wir – ich traue mich jetzt mal in diesem Zusammenhang für uns alle, für die Familie zu sprechen –, spielt der Schutz dessen, was in uns ist, aus den unterschiedlichsten Gründen, eine unglaubliche Rolle. Nicht in dem Sinne, dass wir uns abschotten, sondern, dass wir uns schützen müssen. Es gibt zweifelsohne eine große Empfindlichkeit, Anfechtbarkeit, und jeder von uns musste seine Methoden und Mechanismen entwickeln, um damit zurechtzukommen und im Leben zu bestehen. Insofern ist es für die Frage nach der Haut interessant, dass ich die Haut zunächst als Schutzorgan verstehe und sie erst dann als sensitives Organ beschreiben würde. Die Haut dient, aus meiner Sicht, also nicht in erster Linie der Kontaktaufnahme, sondern sie ist ein Schutzorgan, um nicht angefasst zu werden, von Dingen, von denen ich nicht angefasst werden möchte. Wenn dieser Schutz einigermaßen funktioniert, erst dann wird sie auch ein sensitives Organ. Sie kann nur ein sensitives Organ sein, wenn sie zunächst ihre Schutzfunktion wahrnimmt und leistet.

Die Haut ist und war für uns alle ein großes Thema, sicher nicht exklusiv, denn viele Menschen beschäftigen sich auf diese Weise mit ihrer Haut. Aber die Aufmerksamkeit für die Haut ist bestimmt eine große Gemeinsamkeit, wenn man diesen Mikrokosmos ›Familie Brandt‹ betrachtet und man bei aller Verschiedenheit nach Gemeinsamkeiten sucht.«

Auf die Frage, ob die Haut für die Familie Brandt ein verbindendes Thema sein könnte, das sie – trotz aller Unterschiede – dennoch eint, bin ich durch eine Begegnung mit Renate Messler gestoßen, die in den sechziger Jahren in der Drogerie Herold als gelernte Kosmetikerin gearbeitet hat. Als sie in den siebziger Jahren – inzwischen hatte sie sich selbständig gemacht – die Damen der Bonner Gesellschaft zu ihren Kundinnen zählte, es waren viele Politikergattinnen darunter, ist sie oft bedrängt worden, ihr intimes Wissen preiszugeben, denn zwischen ihr und ihren Kundinnen bildete sich über Jahre, ja Jahrzehnte ein besonderes Vertrauensverhältnis. Dass sie gegen solche Vertrauensbrüche immer gefeit war, versteht man schnell, wenn man ihr begegnet. Sie ist eine eigenwillige, eigendenkende Frau, die beruflich früh auf eigenen Beinen stand und die von ihren Kundinnen gerade wegen ihrer völligen Unabhängigkeit geschätzt und gesucht wurde, bis heute. Sie hat nichts Liebesdienerisches an sich, und von ihrem Blick aus wirklich leuchtend grün-grauen Augen darf und wird man sich durchdrungen fühlen, entlarvt oder erkannt, das muss jeder selbst für sich entscheiden.

Renate Messler hat Rut Brandt 1970 kennengelernt, Gerda Landerer, die viel mehr war als Willy Brandts Chefsekretärin im Kanzleramt, war bereits bei Herold Renate Messlers Kundin und empfahl Rut Brandt an sie. Gerda Landerer, dieser Frau im Hintergrund, verdanken Willy Brandt, aber auch seine Familie viel. Die alleinstehende Sekretärin organisierte für den eher alltagsuntauglichen und unpraktischen Brandt nahezu das gesamte Leben, sie regelte seinen Alltag weit über den politischen Bezirk hinaus. Sie stellte die Kontakte zu den Söhnen her, sie war ein Bindeglied der Familie. Sie war eine jener Bürodienerinnen, die rund um die Uhr zur Stelle waren. Für Familie oder einen Mann blieb da kein Platz. Und schließlich – als Rut und Willy Brandt sich scheiden ließen und Rut nach Kopenhagen zog – übernahm Gerda

Landerer den berühmten Familienhund Bastian und pflegte ihn treu bis an sein Lebensende.

Rut Brandt besuchte also auf Empfehlung von Brandts Chefsekretärin Renate Messler und blieb ihr bis zu ihrem Tode verbunden. Als sie 2005, ein Jahr vor ihrem Tod, noch einmal Bonn besucht und sich von den wichtigen Menschen ihres Lebens verabschiedet, kehrt sie auch bei ihrer langjährigen Weggefährtin ein. Der Strauß Rosen, den sie ihr damals mitbrachte, liegt immer noch oben auf dem Biedermeierschrank in der Praxis in der Münsterstraße. Hierher kam Rut Brandt einmal in der Woche und ließ sich behandeln. Dabei blieb sie sehr viel länger als andere Kundinnen. Ihre Haut und ihr Hautbild waren von großer Bedeutung für ihr öffentliches Auftreten, für ihr Selbstbewusstsein.

»Rut Brandt war meine einzige Kundin, die einen so hohen Wert auf das Make-up gelegt hat. Sie verließ das Haus nicht ohne Make-up. Wenn sie nach draußen ging, musste alles perfekt sein. Ich denke, das war so eine Art Rüstung für sie, und sie hat viel mit dieser Äußerlichkeit verdeckt. Sie hatte ja eher einen kleinen Kopf, und daher hat sie großen Wert auf ihre Frisur gelegt, mit der sie das ausglich. So wirkte der Kopf größer, und auch das war wohl eine Art Schutzfunktion. Am Pflegeaspekt, an dem natürlichen Erhalt der Haut war sie kaum interessiert, obwohl ich oft versucht habe, ihr das nahezubringen. Für sie war das Gemälde wichtig.«

Unser Gespräch dauert mehrere Stunden. Renate Messler erzählt von der anderen Zeit, die sie in Bonn erlebt hat. Die Hierarchien im Geschäftsleben waren noch starr, streng, alles war sehr autoritär. Die Chefs waren Paschas, jedes Büro ein kleines Feudalreich, an dessen Spitze der Mann stand. Der Krieg war noch nicht so fern, im Stadtbild konnte man noch seine Spuren lesen, an Gebäuden oder beim Anblick kriegsversehrter Menschen. Die Ideologen des »Dritten Reiches« waren kosmetikfeindlich gewesen, »eine deutsche Frau reinigt sich nur mit Wasser und Kernseife«, Lippenstift und Rouge waren verpönt, damit war es nun vorbei. Parfüms und Seifen waren populäre, aber auch noch teure Güter, wer es sich leisten konnte, leistete sich eine kostspielige zweite Haut aus Duft, Farbe, Pflege. Die uniformierten Ladenketten regierten noch nicht die Innenstadt, stattdessen stillte eine Vielzahl von gehobenen Einzelhandelsgeschäften die Bedürfnisse der Bonner Machtkaste aus Politik und Wirtschaft. Bei Herold einzukaufen, gehörte in dieser Gesellschaft zum guten Ton.

»Wie würden Sie Rut Brandt als Person, als Persönlichkeit beschreiben? Wie wirkte sie auf andere?«

»Sie war eher großgewachsen, besaß eine wunderbare Figur und war sehr mädchenhaft. Ich sagte vorhin, sie hat nicht so einen großen Wert auf die natürliche Pflege, sondern eher auf die Verschönerung der Haut gelegt. Sie war aber diszipliniert, sie trank nicht viel und rauchte wenig, sie neigte überhaupt nicht zu Übertreibungen und aß auch nicht sehr viel, sie achtete sehr auf ihre Linie. Sie war ein sehr gepflegter Mensch. Ich fühlte mich für sie verantwortlich, fühlte mich ihr verpflichtet, weil sie Menschen suchte, die sich in dieser Weise um sie kümmerten. Sie hatte ein sicheres Gespür für Menschen, die sich ihrer annahmen. Sie war als Persönlichkeit gerne unernst, sie wollte fröhlich sein. Ihre Bewegungen waren fließend, leicht, sie war wie ein Schmetterling, so wollte sie durchs Leben flattern. Dabei wurde sie von schlimmen Kopf- und Magenschmerzen und auch von Polypen gequält, aber für psychosomatische Erklärungen oder psychologische Deutungen hatte sie nichts übrig. Sie wollte sich nicht auf den Grund gehen, für Krankheiten waren die Ärzte da.«

Willy Brandt hat sich nur schminken lassen, wenn er ein Fernsehstudio betrat. Wenn ich das Thema Haut nun im Hinblick auf Willy Brandt bedenke, fallen mir zuerst die zahlreichen Anekdoten ein, die dem dünnhäutigen Politiker gelten. In Hermann Otto Boleschs Buch »Typisch Brandt. Kanzleranekdoten« findet man unter der Überschrift »Haut« die folgende Beobachtung: »Kurze Verschnaufpause zwischen zwei Wahlkampfveranstaltungen. ›Wissen Sie‹, sagt der Bundeskanzler, ›in der Politik muss man ein dickes Fell haben.‹ ›Sie haben aber keines‹, wirft jemand aus der Runde ein. ›Ich versuche aber immer, die dünne Haut zu kaschieren‹, sagt Willy Brandt.«

In Heli Ihlefelds Sammlung »Anekdoten um Willy Brandt« liest man unter der gleichen Überschrift die folgende Episode: »›Ist es richtig, dass Sie nicht nur ein äußerst empfindsamer, sondern auch ein empfindlicher Mensch sind?‹ Auf diese Frage, von der Berliner Morgenpost gestellt, antwortete Brandt: ›Man kann schlecht über sich selbst urteilen. Ich bin jedenfalls kein Rhinozeros.‹«

Was unternimmt ein Mann gegen seine dünne Haut? Die Frau des Politikers lässt sich zu einem Gemälde verwandeln, ihr Make-up hat auch die Funktion einer raffinierten Camouflage, die das Ich unauffällig befestigt und absperrt gegen allzu forschende Innenwelterkundung. Doch diese Art des Make-ups ist dem Mann versperrt.

Die Frau schminkt sich für den Tag, der Mann schminkt sich für die halbe Ewigkeit und die Geschichte. Und wer sind dann seine Make-up-Artisten? Fotografen können eine Persönlichkeit verbergen, sie können schmeicheln, sie können schminken, aber letztendlich suchen sie alle das große, bedeutende Bild. Bedeutsam kann aber auch und gerade eine Fotografie sein, die den Porträtierten demaskiert, einen unbekannten Wesenszug enthüllt und den inneren Menschen nach außen trägt. Politiker stehen Fotografen daher in zwiespältiger Weise gegenüber: Sie brauchen sie, weil diese ihre Person öffentlich machen, sie popularisieren und überhaupt erst wirkmächtige Bilder ihrer Auftritte schaffen. Andererseits fürchtet der Politiker den Fotografen als Entblößungsjäger und Demontagespezialisten, dem jedes Mittel recht ist, in die Festung Mensch einzudringen, um einen Riss zwischen Person und Image, Politik und Handeln aufzuzeigen, der die Wahrhaftigkeit des Politikers in Frage stellt oder beschädigt. Politiker sind, schon von Berufs wegen, eitle Menschen, die auch ihr Bild regieren wollen, sofern sie es können. Brandt war ein geduldiger Komplize dieses archivierenden Auges, sofern er dem Fotografen vertraute. Dieser würde ihn, seine Arbeit und seinen wesenhaften Dialog mit dem Bürger dokumentieren, und um nichts weniger ging es einem geschichtsbewussten Politiker wie Brandt: Er wollte geborgen werden für die Landschaft jenseits der Erinnerung, über den Tag, das Jahr und sein Leben hinaus überliefert und dem kollektiven Gedächtnis anheimgegeben werden. So fertigen die Fotografen eine zweite Haut, die sich aus allen Häuten zusammensetzt, die der Mann zu Markte trägt, denn das ist Politik seit jeher, die eigene Haut auf den Marktplatz tragen, der Agora (ἀγορέ), wo sie, die Haut, die Derma (δέρμα), auf das Volk, den Demos (δῆμος), trifft und von diesem mit Bedeutung beschrieben wird. Die Fotografen sind also Dermatologen, Hautkundige, ganz eigener, anderer Art. Sie heilen nicht, sie heben.

Ein sensibler fotografischer Dermatologe ist auf jeden Fall Konrad R. Müller, der von Konrad Adenauer an alle deutschen Kanzler fotografiert hat und dabei stets von der Haut als Bedeutungsfläche und Gefühlslandschaft fasziniert war. Konrad R. Müller hat Willy Brandt intensiv begleitet, er war bei den Wahlkämpfen im Sonderzug an seiner Seite, er hat ihn in seinem Büro in der Baracke besucht, und er hat ihn in Norwegen auf der Hütte beobachtet: »Ich habe in seiner Haut regelrecht gebadet, ich kannte jeden Quadratzentimeter, ja, ich kannte sein Gesicht sehr viel besser als mein eigenes. Ich habe Willy Brandt von 1969 bis 1991 fotografiert, immer nur Gesicht und Hände, immer schwarzweiß. Seine Emotionen konnte er nicht vertuschen, man kann den Mann wirklich lesen, wenn man meine Porträts betrachtet.«

»Hat er versucht, die Aufnahmen zu kontrollieren?«

»Nein, gar nicht, er hat mir vertraut. Da unterschied er sich auch deutlich von Helmut Kohl, der mich erst mal examiniert hat und der bei einem Fotoband auch mitbestimmen wollte, was hineinkommt und was nicht. Das wäre Willy Brandt nie eingefallen, er verließ sich darauf, dass man sein Handwerk beherrschte. Das letzte Mal habe ich ihn 1991 fotografiert, da war er bereits entrückt und von Krankheit gezeichnet. Er sah einfach durch mich und die Kamera hindurch.«

Nach dem Gespräch mit Konrad R. Müller werde ich mich wie ein gerolltes Tabakblatt fühlen. Unser Gespräch findet in der Zigarrenbar des Berliner Savoy-Hotels statt, wo die Gäste in schweren Ledersesseln versinken, wo es einen begehbaren Humidor gibt und wo der Fotograf immer einkehrt, wenn er, der gebürtige Berliner, zu Besuch in seiner alten Heimat ist. »Sein Händedruck«, sagt er, »war seltsam leblos.« Dass Willy Brandt einen oftmals desinteressierten Händedruck besaß, dass er sein Gegenüber trotz des Händedrucks unberührt ließ, ja, mit der nur halb hingereichten und kaum zudrückenden Hand auch kühle Reserve oder gar Ablehnung signalisierte, ist mir von vielen

Menschen, die ihn trafen, berichtet worden. »Geben Sie mir mal die Hand, sehen Sie? So hat er einem die Hand gegeben«, diesen Satz habe ich nicht selten gehört, begleitet von einer Demonstration eines schlaffen Händedrucks. Doch lässt sich daraus eine grundlegende taktile Wahrnehmungsschwäche schließen? Politiker sind so oft zum Händeschütteln verurteilt, dass sie mit ihren Kräften haushalten müssen.

Ein erstaunliches Dokument taktiler Sensibilität und eines sehr genau differenzierenden Hautbegegnungsvermögens liefert die Fernsehdokumentation »Eine Woche mit Willy Brandt« (ZDF) von Ruprecht Eser und Horst Schättle aus dem Jahr 1981. Die Journalisten begleiten Brandt am 21. Mai 1981 nach Paris, wo François Mitterrand nach seinem Wahlsieg in sein Amt als französischer Staatspräsident eingeführt wird. Es ist eine machtvoll-festliche Demonstration nationaler Stärke und zugleich die triumphale Inauguration eines sozialistischen Sonnengottes. Vor dem Arc de Triomphe trifft Brandt auf eine Reihe von sozialistischen Freunden aus ganz Europa, Gefährten und Bekannten. Der deutsche Gast schreitet ihre Reihe ab, als sei er der Mann des Tages, und er lässt jedem eine ganz eigene Begrüßung zuteil werden, vielfach in den haptischen und emotionalen Intensitäten abgestuft. Da wird einer kräftig an den Oberarmen gefasst und gerüttelt, herzlich und doch auf Distanz bleibend. Es gibt den einfachen Händedruck und es gibt den Händedruck mit Handdach, bei dem sich die linke Hand wie ein Dach auf die verschlungenen rechten Hände legt. Dem griechischen Ministerpräsidenten Andreas Papandreou wird betont freundlich und offenen Gesichts die Hand geschüttelt (mit Handdach), es folgt ein weniger prominenter Mann, dem wird freundlich, gleichwohl förmlich die Hand gedrückt (ohne Handdach), jetzt ist Mário Soares, der portugiesische Premierminister, an der Reihe, er wird gedrückt, umarmt, die Wangen werden innig aneinandergeschmiegt, dann folgt eine Frau, die wird freundschaftlich, gleichwohl routiniert auf die rechte Wange geküsst, und dass Brandt auch anders kann, zeigt sich bei der Begrüßung von Melina Mercouri, der griechischen Sängerin und Politikerin, die wird mit einem doppelten Wangenkuss bedacht, wobei der zweite Kuss auf die linke Wange kaum anders als zärtlich zu nennen ist, Brandt küsst sie mit gespitztem Kussmund betont ausdrucksvoll und regelrecht bedachtsam, da schwingt unübersehbar eine genießerische Komponente mit, schließlich kommen eine Reihe von alten Kameraden und Militärs an die Reihe, die nur so obenhin gestreift werden, nicht kühl, aber die dringen kaum durch zur Wahrnehmungshaut. Schließlich, etwas später, trifft er auf die beiden Söhne von François Mitterrand, Gilbert und Jean-Christophe, die ebenfalls sehr unterschiedlich begrüßt werden. Den jüngeren Gilbert greift er mit beiden Händen von hinten um den Kopf, eine sehr zärtliche, sehr väterlich-großväterliche Szene, zieht ihn so an sich und schenkt ihm einen wirklich tief-kostbaren, den Augenblick festhaltenden Blick, der eigene Sohn könnte kaum liebevoller und aufmerksamer bedacht werden, dem älteren Jean-Christophe hingegen reicht er die Hand freundlich, aber doch zurückhaltender. Brandt besaß also durchaus ein taktiles Begegnungs- und Wahrnehmungsvermögen, das er hier, im öffentlich-politischen Raum, voll ausspielt.

Zurück in die Rauch- und Nebelhöhle des Savoy. Konrad R. Müller erzählt auch von den zahlreichen Wanderungen, die er mit Willy Brandt unternommen hat, nicht weil Brandt darauf erpicht gewesen wäre, sondern weil die Partei versuchte, ihn wieder aufzurichten, ans Leben heranzuführen, unter Menschen zu bringen. Im Sommer 1976 – der Bundeskanzler a. D. war noch nicht Präsident der Sozialistischen Internationale und er war noch nicht Vorsitzender der Nord-Süd-Kommission – befand sich Willy Brandt in einer depressiven Phase. Ein Dialog mit seiner Frau Rut fand kaum noch statt, der Parteivorsitzende fühlte sich vom Bundeskanzler Schmidt schlecht oder gar nicht informiert, und sein Rücktritt war eine Wunde, die sich nicht schließen wollte. Im Erich-Ollenhauer-Haus, dem Hauptquartier der SPD, machte man sich Sorgen. Das Konzept der kollektiven Wanderung wurde als therapeutische Maßnahme ersonnen. Unter dem Motto »Mit Willy Brandt durchs Land« organisierte man eine Reihe von Wanderungen, die durch traditionelle Armutsgegenden führten, in denen die SPD stark verwurzelt war. Der große, müde Vorsitzende sollte durch die Begegnung mit der Basis wieder aufgefrischt werden, mentale Infusionen. Müller fiel dabei auf, wie Brandt vollkommen aus der begleitenden Menge herausfallen und in sich selbst verschwinden konnte, wie ihn eine abweisende Aura umgab, die jeden zurückwies.

»Wenn man meine Fotos betrachtet, wird man feststellen, wie sich Brandt auf sich selbst zurückzieht, wie er, umgeben von anderen, vereinsamt. In solchen Momenten war seine Miene ganz durchlässig. Sein Gesicht ist für mich eine Urlandschaft, zerklüftet, zerfurcht, vulkanisch. Brandts Haut war sehr verlebt, geschont hat er sich nicht, der Alkohol und die Zigaretten haben ihre Spuren hinterlassen, aber diese Süchte waren Ausdruck von Sehnsucht. Deshalb findet man auf der Haut auch all die seelischen Beschädigungen, die Niederlagen, die er hat einstecken müssen. Seine Haut war transparent, durchscheinend. Seine Haut konnte sehr erstarrt, fast gefroren wirken, das Gesicht war ganz maskenhaft, alles war schlaff, und die Gravitation zog das regelrecht nach unten. Dann aber, in Bruchteilen von Sekunden, explodierte etwas in ihm, und das Gesicht verwandelte sich, straffte sich, und Eruptionen von Fröhlichkeit traten nach außen. Ja, Willy Brandt konnte richtig ansteckend lachend, obwohl er gerade eben noch depressiv und völlig verschlossen gewirkt hatte.«

Der Politiker erwirbt sich im Laufe seines Lebens eine mediale Hülle, eine zweite Haut, eine ikonische Existenz. Bei einem charismatischen Politiker wie Brandt wird man, wenn man sich in den eigenen Erinnerungsarchiven auf die Suche begibt, auf Bilder oder einen Bildstreifen treffen, der uns seine historische Figur konserviert, Bilder, die ihn am Leben erhalten. Doch welche Beziehung existiert zwischen der medialen Hülle dieser Figur und seinem subjektiven Bewusstsein? Oder besser, präziser, wo treffen diese Bilder auf die Ausdrucks- und Aussagegestalt des Politikers, auf seinen Wesenskern? Lässt er seinen Körper in der Öffentlichkeit sprechen? Willy Brandt macht es dem Beobachter in dieser Hinsicht nicht so leicht wie Herbert Wehner, der in seinen Briefen, Interviews und Reden häufig den eigenen Körper in Stellung und zur Sprache bringt. Von früher Jugend an hat Wehner eine sehr expressive, bildhaft zugespitzte Sprache bemüht, um sich auszudrücken und mitzuteilen. In einem Interview aus dem Jahr 1964 sagt er über seine politischen Ambitionen: »In den Bundestag wollte ich nicht. Ich dachte, das braucht Zeit – und warum soll ich? Ich habe Kurt

Schumacher gesagt: Sie werden mir doch dort von allen Seiten manchmal täglich bei lebendigem Leibe die Haut vom Leibe reißen. Ja, sagte er, das werden sie, aber das wirst du auch aushalten. So ging das. Und das habe ich manchmal so gefühlt, als wenn mir die Haut vom Leibe gezogen würde.« Wehner stilisiert sich hier in mythischer Tradition zur Marsyas-Figur, jenem Satyr, dem vom eifersüchtigen Gott Apollon die Haut bei lebendigem Leibe abgezogen wurde, weil er sich erdreistet hatte, besser Flöte zu spielen als der olympische Gott.

Es würde wohl eine ganz eigene Studie erfordern, eine »Hautspur« im Werk von Willy Brandt zu entdecken, das ja zum einen aus einem gewaltigen Schriftwerk und zum anderen aus unzähligen performativen Akten besteht, also Sprechhandlungen, bei denen der Politiker Stellung bezieht und somit sprechend handelt, weil das Sprechen Positionen setzt und Tatsachen schafft. In diesem Kapitel muss ich mich auf Ausschnitte konzentrieren, um nicht den familiären Zusammenhang aus dem Blick zu verlieren. Wenn man sich so etwa durch die flammend rote Berliner Ausgabe arbeitet (Zehn voluminöse Bände), die einen gewichtigen Teil des schriftlichen Werks versammelt, dann stößt man auf einige Hautbilder, die an markanten Stellen auftreten. Der Brief, den Willy Brandt am 23. Dezember 1947 an den Parteivorsitzenden Kurt Schumacher schreibt, ist einer der wichtigsten seines Lebens, nicht nur, weil er immer wieder zitiert wird, sondern weil Brandt, der sich hier gegen üble »Giftspritzen« und Verleumder aus Exilkreisen zur Wehr setzt, seine Biographie verteidigt, sich selbst prüfend ins Gesicht schaut und selbstbewusst seine politische Existenz im Nachkriegsdeutschland begründet. Dieser Brief wird zum inneren Kompass für Brandt, der ihn im Laufe seines Lebens wieder und wieder erinnert. In Hinblick auf Intriganten in der SPD schreibt er: »Ich habe allerdings auch keine Lust mehr, ruhig mit anzusehen, wie man mir ins Gesicht spuckt.« Und an einen Freund schreibt er in jenen Tagen ganz ähnlich, zwar habe er sich eine »dicke Haut« zugelegt, doch ins Gesicht spucken lassen möchte er sich nicht. Die Haut kommt bei Brandt immer dann ins Spiel, wo es um Konflikte, Angriffe oder unterschwellige Aggressionen geht. Am 22. Dezember 1970 schreibt der Bundeskanzler an seinen Verteidigungsminister Helmut Schmidt, der von ihm einen strafferen Führungsstil im Kabinett eingefordert hatte: »Keiner von uns kann mehr aus seiner Haut – aus seinem Stil – heraus.« Zwölf Jahre später, mittlerweile neigt sich die Regierungszeit des Kanzlers Schmidt dem Ende zu, schreibt ihm der Parteivorsitzende Brandt am 30. März 1982 gereizt, er wolle nicht jenen Gruppen nachlaufen, die »uns den blanken Hintern zeigen«. Schließlich beschwert sich Brandt am 23. April 1986 brieflich bei Schmidt, der ihn zuvor öffentlich kritisiert hatte, dass er niemandes »Watschenmann« sein wolle. Man kann festhalten, dass Brandt dort von der Haut spricht, wo ihn etwas berührt, angreift, wo er zur Zielscheibe wird oder wo er sich gegen jemanden zur Wehr setzen will. Die politische Haut ist eine empfindliche Fläche, weil sie vom Gegner entstellt, befleckt, durchlöchert, verätzt oder mit verfälschenden Zeichen beschrieben werden kann.

Brandt hat ein großes Thema, bei dem sich entsprechende Passagen durchgängig und ohne große Mühe finden lassen: Die deutsche Frage, also die deutsche Teilung und die Versuche, diese zu überwinden. Der Abgeordnete Brandt spricht bei einer deutschlandpolitischen Debatte im Bundestag am 17. Juli 1953 unter den Pfui-Rufen der Regierungsparteien davon, dass den Sozialdemokraten die »gesamtdeutsche Haut« näher sei »als das kleineuropäische Hemd«. Drei Tage nach dem Bau der Mauer hält der Regierende Bürgermeister am 16. August 1961 seine berühmte Rede vor dem Schöneberger Rathaus. Hunderttausende Berliner drängen sich, kampfeslustig, erregt, zornig, ohnmächtig. Brandt muss, die Rolle kennt er, Dampf aus dem Kessel lassen, aber zugleich Gefühl in politische Aktion gießen, obgleich er kaum Spielraum für politische Manöver hat. Daher appelliert er an die Alliierten, in deren Händen das Schicksal Berlins liegt: »Es kommt jetzt alles darauf an, dass unsere Freunde in vollem Umfange erkennen, dass es auch um ihre Haut, um ihre Glaubwürdigkeit, um ihr Prestige geht. […] Wir rufen die Völker der Welt, wir rufen ihre Repräsentanten auf, hierher nach Berlin zu sehen, wo die blutende Wunde eines Volkes verkrustet werden soll durch Stacheldraht und genagelte Stiefel.« Brandt macht hier aus der Haut eine existentielle Kategorie und wirft den Alliierten die Berliner Haut über (»ihre Haut«), ein starkes Bild, das vertuschen muss, dass Brandt als Regierender Bürgermeister kaum Ansprüche an die Regierungen der großen Mächte stellen kann. Bemerkenswert erscheint mir das »zerrissene Bild«, das Brandt im Anschluss benutzt. Er spricht davon, dass die blutende Wunde mit Stacheldraht und genagelten Stiefel verkrustet werden soll, ein Ding der Unmöglichkeit, denn Stacheln und Spitzen reißen die Wunde erst so richtig auf. In dem Bild schwingt jedoch auch die innere Widersprüchlichkeit der späteren Ostpolitik mit, denn einerseits wollte man ja die Wunde, die deutsche Frage, offenhalten, sonst hätte man sich abgefunden mit dem Status quo, andererseits musste man die Wunde versorgen, verkrusten, um zwischen den beiden Staaten ein geregeltes Hin und Her zu schaffen. Die Verkrustung, die Verschorfung der Wunde war also Gefahr und Chance zugleich.

Dass diese widerstreitenden Energien, die sich eigentlich befehdenden Ziele Brandt auch körperlich umtrieben, seinen politischen Ausdruckskörper und Amtsleib beschäftigten, tritt in der legendären Debatte um die Ostpolitik der SPD-FDP-Koalition am 27. Mai 1970 im Deutschen Bundestag deutlich zutage. Eine Woche nachdem Willy Brandt den Vorsitzenden des Ministerrats der DDR Willy Stoph zu Verhandlungen in Kassel getroffen hatte, musste die Brandt-Scheel-Regierung ihre Ostpolitik gegen die harsche Kritik der CDU/CSU-Opposition verteidigen, die den »Ausverkauf deutscher Interessen« fürchtete, weil die Bundesregierung die DDR als zweiten deutschen Staat anerkennen und die Oder-Neiße-Linie als endgültige Westgrenze Polens akzeptieren wollte. Dadurch werde schließlich der Kommunismus in Europa obsiegen, die NATO als Schutzschild zerbröseln und die Freiheit auf der Strecke bleiben. Brandt, der als letzter Redner spricht, führt aus: »Nach der jahrelangen Verkrustung war wohl diese Art von Begegnung nötig, um in Gang zu kommen.« Während er das sagt, kratzt er sich auffallend heftig am Unterarm und Ellenbogen, das Kratzen wiederholt sich, als er erneut auf das deutsch-deutsche Verhältnis zu sprechen kommt. Den Mann treibt dieses Thema auch körperlich um. Brandt unterscheidet sich an diesem Tag deutlich von den anderen Rednern, die auch eine Statur finden, die für etwas eintreten müssen und gleichsam mit dem Körper argumentieren. Brandts Vorredner Rainer Barzel sticht körperlich nicht besonders hervor, er wird vor allem von einem Tonfall regiert, Schärfe schleicht sich bei ihm verstohlen durch die Hintertür, die Person ist Sprache, Anzug, Argument, ein schneidiger, fleißiger Bürokrat. Da ist der CSU-Abgeordnete Karl-Theodor zu Guttenberg von einem anderen Kaliber. Er hält an diesem Tag seine letzte Rede im Bundestag, er leidet an einer unheilbaren Erkrankung des Nervensystems; als er, schweißgebadet, das Rednerpult verlässt, muss er von zwei Abgeordneten gestützt werden. Der Todkranke obsiegt über den Körper, indem er ihm den Furor seiner Rede abringt und – im Angesicht des nahenden Todes – mit der dramatischen Aufrichtigkeit eines Mannes spricht, den die ungewisse Zukunft des Landes stärker zu schmerzen scheint als der Abschied vom eigenen Körper. Vor diesem schier übermenschlich anmutenden Willensakt mutet Kurt Matticks (SPD) nachfolgende Rede, der sich buchstäblich mit den Händen an den Mikrophonen festhält, fast wie eine Karikatur an. Außenminister Walter Scheel ist dann wiederum ganz glatte Schale, ein Anzug wie auf den Leib gegossen, das spärliche Haar wie zum kostbaren Siegerkranz frisiert, die Haut glatt, ein bodenlos gepflegter, nüchterner, auf seine schöne Hülle achtender Mann, der sich kaum aus der Reserve locken lässt, der jedes tiefere Gefühl von der Oberfläche seines Körpers verbannt.

Brandt hingegen ist auch körperlich fast unentwegt mit sich beschäftigt, nicht nur als Redner, sondern auch als Zuhörer, da er in der Regierungsbank dem Rednerpult am nächsten sitzt. Auch hier kratzt er sich oft, massiert die Schläfe, spielt mit einer Büroklammer, trommelt ungeduldig mit den Fingern auf den Handrücken, legt den Zeigefinger sinnend an die Wange. Diese körperlichen Selbstbefühlungen oder Erkundungen, die zumeist unbewusst abzulaufen scheinen, setzen sich fort, als er spricht, ergänzt um jene Gesten, die bewusst zum Einsatz kommen: das Ballen der Fäuste, das polternde Pochen mit dem Zeigefinger, das In-die-Hände-Klatschen, mit dem Brandt einen Angriff rhythmisch akzentuiert. Er kaut auf dem Brillenbügel, faltet die Hände, kratzt sich hinterm Ohr, legt den Zeigefinger auf die Lippen, verschränkt die Arme vor der Brust, ertastet seine Ellenbogen, knüllt Papier, wedelt mit Blättern, staucht und stößt sie in Form, reibt Daumen und Zeigefinger aneinander, feuchtet sich die Lippen. Es scheint

Eine Wunde, die sich nicht schloss: Die deutsch-deutsche Grenze. Willy Brandt betrachtet den »Eisernen Vorhang« am 20. November 1960 in Hessen nahe Philippsthal.

so, als ginge er auf innere Tuchfühlung zu sich selbst, als prüf-fühle er sich, als taste er die Resonanzen ab, die ihm das Plenum zuwirft und die von ihm selbst von innen nach außen wandern.

Die deutsche Frage, die Frage nach der Überwindung der deutschen Teilung, war eine Lebensaufgabe für Willy Brandt, sie kroch ihm unter die Haut, sie nagte an ihm, biss an ihm herum, sie quälte ihn, sie richtete sich auf Dauer in ihm ein, denn niemand hatte das Trennende stärker erfahren als der heimgekehrte Exilant, der als Regierender Bürgermeister von Berlin all die Dramen um und an der Mauer hautnah miterlebt hatte. Das ließ sich nicht ausradieren. Als er am Abend des 10. November 1989 vor dem Schöneberger Rathaus spricht, die Masse ruft »Willy, Willy«, die Stimmung ist aufgeheizt, brandet frenetischer Jubel auf, als ihm das Wort erteilt wird. Er beginnt seine Rede mit der folgenden Geschichte: »Mich hat auch das Bild angerührt von dem

Polizisten auf unserer Seite, der rübergeht zu seinem Kollegen drüben und sagt: ›Jetzt haben wir uns so viele Wochen, vielleicht Monate auf Abstand gesehen, ich möchte Ihnen heute mal die Hand geben.‹ Das ist die richtige Art, sich dem Problem zu nähern: einander die Hand geben.« Dieser Berührungsappell findet sich in vielen Reden in diesen euphorischen Monaten wieder, zusammenrücken, einander die Hände reichen. Und schließlich wünscht sich Willy Brandt am 4. Oktober 1990 bei der ersten gesamtdeutschen Bundestagssitzung im Berliner Reichstag, »dass ohne entstellende Narben zusammenwächst, was zusammengehört«. Und pocht aufs Pult dabei.

Die Haut ist eine Politikerin, könnte man sagen, denn sie vermittelt zu einem erheblichen Teil unsere Beziehungen zur Umwelt und ist mit etwa zwei Quadratmeter Fläche unser größtes Sinnesorgan. Schon in den sechziger Jahren besaß die Familie Brandt eine Höhensonne, aber wer von den Eltern sich ihrer vornehmlich bedient, ist nicht überliefert, nur dass sich eines Tages eines der norwegischen Kindermädchen das Gesicht völlig verbrannte, weil es das Gerät, wie Brandt an seine Frau schreibt, »unsachgemäß« gebraucht hatte. Rut Messler ist der Auffassung, dass Willy Brandt die Höhensonne benutzt haben muss, denn Rut Brandt habe die Sonne eher gemieden, wohlwissend, dass Sonnenlicht eine frühzeitige Hautalterung bewirkt. Es wäre plausibel, dass eher Willy Brandt der Höhensonnenkunde ist, denn er betete die Sonne an, sofern er die Zeit dazu fand. Peter Brandt jedoch hält es für ausgeschlossen, dass sich sein Vater vor die Strahlenflut gesetzt habe, denn er »bekam Bräune fast von selbst«. Der »strahlende Sonnenschein«, den Willy Brandt suchte, sich erhoffte oder seiner Frau als Seelenmedizin empfahl, war in den Briefen an Rut ein verlässlich wiederkehrender Ausdruck. Half die Sonne nicht gegen Depressionen, verlieh sie dem zunehmend auch im Fernsehen sichtbaren Politiker nicht einen Schutzfilm, eine Vitalitätsmaske? Der Dialog, den der Politiker Brandt mit seiner Haut pflegte, erscheint mir lebendig und vielschichtig, Brandt ist, auch im Vergleich mit anderen Politikern, in der öffentlichen Arena sehr mit dem eigenen Leib beschäftigt, so als nähme er permanent Fühlung mit dem Draußen auf, der Stimmung im Saal, den Energien der Masse, den Falten der Zeit. Die Haut des Politikers wird zum Atmosphärenthermometer, zum Gefühlsbarometer, zum Spannungs- und Erschütterungsseismographen, zum Frühwarnsystem, das die Angriffe des Gegners antizipiert, bevor der sie ausgesprochen hat. Muss, frage ich mich, die private Haut darunter leiden, wenn einer seine politische Haut zu so großer Fühl- und Ausdrucksstärke steigert? Oder wird die Haut taub gegenüber privaten Bedürfnissen, weil sie unablässig damit beschäftigt ist, die politischen Signale und Zeichen zu verarbeiten?

In einem Interview mit dem Journalisten Jacques Schuster erinnerte sich Peter Brandt 2011 an den fehlenden körperlichen Kontakt mit seinem Vater: »Eines der Kinder einmal in den Arm zu nehmen, das ist ihm nicht eingefallen. Ich habe meinem Vater zeitlebens nur die Hand gegeben. Die Vorstellung, dass man den Vater küsst, war mir fremd.« Diese Körpererfahrung isoliert Peter Brandt jedoch kaum von anderen Kindern seiner Generation, und sie beschreibt auch nur undeutlich den Vater Willy Brandt im Besonderen, der wie die meisten Väter dieser Jahrgänge ein körperlich distanzierter und ausdrucksunfähiger Vater war, kein Kreißsaalgefährte, kein Windelwechsler, kein Spielplatzkamerad und Lego-Genosse. Diese historische Differenz ist daher nicht als individuelles Defizit anzukreiden und verfehlt den Mann und seine Zeit. Aufschlussreicher finde ich, was Peter Brandt im weiteren Verlauf des Gesprächs sagt. Auf die Frage, ob es ein Vor- oder Nachteil gewesen sei, Willy Brandt zum Vater zu haben, antwortet er: »Ich kann mich an kein Ereignis im Leben erinnern, in dem es mir wirklich geholfen hätte«, entgegnet Brandt. »Eine Belastung war es früher schon. Was habe ich zeitweise geschwitzt, wenn man mich als Sohn Willy Brandts vorstellte.« Peter Brandt meint dieses Schwitzen nicht nur innerlich, sondern auch äußerlich. Der Vater treibt dem Sohn Schweißperlen auf die Haut, weil er sich durch seine Abkunft unmittelbar mit ihm verglichen sieht. Eine »Lichtgestalt« wie Brandt wirft nicht nur gewaltige Schatten, die das Licht schluckt, das den Kindern fehlt, sie bündelt das Licht auch wie ein Brennglas und schickt sengende Strahlen, die die Haut beschädigen und verletzen. Dabei ist es keineswegs der Vater selbst, der die Strahlen wirft und schickt, sondern sein Publikum (ganz gleich ob Freund, Feind oder Fan), das die Ikone wie einen übermächtigen Scheinwerfer ausrichtet und mit diesem gebündelten Spot (dem Verfolger) auf die Kinder zielt. Nein, sagt Peter Brandt, zu dem Thema Haut falle ihm im Zusammenhang mit der Familie nicht wirklich etwas ein. Er habe früher als »Bleichgesicht« gegolten, ein blasses Kind sei er gewesen, obwohl er als Kind immer Indianer gespielt habe und somit eine »Rothaut« gewesen sei. Was Peter Brandt sozusagen subkutan mit seinem Vater verbindet, ist die deutsche Frage, die Frage nach der Nation. Er ist in die »gesamtdeutsche Haut« geschlüpft, von der sein Vater gesprochen hat. Zwar findet sich in seinen publizistischen Texten kein ausgesprochener Haut-Metaphern-Pfad, aber das mag zunächst daran liegen, dass Peter Brandt, der Historiker, selbst wenn er als politischer Publizist agiert, um analytische Termini bemüht ist und nicht den eigenen Leib wie sein Vater als Redner zum Sprechen bringen muss. Doch – anders als Lars und Matthias, die in den entscheidenden Jahren in Westdeutschland sozialisiert wurden und den Osten kaum entbehrten – brannte Peter das Thema Teilung wie seinem Vater auf und unter der Haut. Im Jahr 1993 beginnt Peter Brandt einen Text mit dem Titel »Politischer Lebenslauf« mit dem erstaunlichen Satz: »Ich habe seit meiner Geburt mit der Deutschen Frage gelebt, seit frühester Jugend auch bewusst.« Tatsächlich hat er innerhalb der Linken eine Menge verbale Prügel dafür einstecken müssen, dass er das Thema der Nation und die Sehnsucht nach einem wiedervereinigten Land nicht der politischen Rechten überlassen wollte, sondern eine »Vaterlandsliebe« von links probierte.

Was Lars Brandt zu dem Thema zu sagen hat, sagt er schriftlich oder bildlich, mit dem Stift oder dem Pinsel. Er codiert sein Empfinden, ich muss ihn auf seinen poetischen Inseln besuchen, da wird er Empfindungen nach außen tragen und von seiner Haut sprechen. Es gibt in »Andenken« zwei Stellen, die von einer taktilen Beziehungsgeschichte sprechen, zwei Episoden, die von Wünschen und Entbehrungen erzählen mögen. »Es war an einem Sonntagmorgen gewesen, als ich mit fünf oder sechs Jahren übermütig ins elterliche Schlafzimmer hüpfte (was selten vorkam). Ich weiß nicht mehr, was ich dort vorhatte, Guten Morgen sagen vermutlich. V. schlief noch. Unter der Decke schaute sein großer Zeh hervor, und ich konnte nicht widerstehen, ihn versuchsweise zu kitzeln. V. schreckte auf und blickte mich eisig an, so wie jetzt hier.« Das Kind reißt den Erwachsenen aus dem Schlaf, wird zum Eindringling, zerreißt seine Schlafhülle. Der eisige Blick stößt zurück, die Kontaktaufnahme ist gescheitert. Das zweite Fundstück scheint prima vista in keiner engeren Beziehung zur sonntäglichen Zehenkitzelei zu stehen. Eine andere Szene spielt vor dem Hintergrund eines misslungenen Norwegen-Urlaubs. Die Wochen sind verregnet, es ist kalt, und die Fische beißen nicht an. Vater und Sohn sitzen in einem Ruderboot, jeder auf seiner Seite, und der spiegelnde See gibt nichts preis. Willy Brandt wird immer schweigsamer, verschlossener, versinkt in sich, Haut als Zelle. Da geschieht es: »Ich weiß auch nicht, wie es geschah, seit wann war ich ungeschickt im Umgang mit der Wurfangel? Mein Blinker flog in die entgegengesetzte Richtung – dahin, wo V. saß. Haarscharf wischte der Drillingshaken an seinem linken Auge vorbei. Erstaunt sah er zu mir hinüber, auf seiner Wange zwei scharfe Linien und ein paar kleine rote Perlen.« Natürlich wirft der Sohn die Angel nach den Fischen aus, aber der Blinker fliegt haarscharf am Auge des Vaters vorbei, und der Drillingshaken ritzt die Wange. Ich lese die Stelle als unbewussten Appell, als Auskunftsersuchen, auch als Bitte. Der eisige Blick des Vaters wird in dieser Passage in einen erstaunten Blick verwandelt. Der Drillingshaken verletzt die Hautzelle, Blut tritt hervor, und es kommt Leben in den scheinbar leblosen Mann. Wie das Blut auf der Wange Willy Brandts aussah, wissen wir nicht, aber der Schriftsteller Lars Brandt greift über 40 Jahre später zu dem Bild der »Perle«. Der Augenblick ist ihm unvergesslich, die Auster gibt eine Perle preis, weil der Sohn unvermutet, unversehens und unbeabsichtigt eine Grenze verletzt, die Grenze zwischen Vater und Sohn, innen und außen, Schein und Sein. Ein Erzähler ist niemals nur ein Erzähler; wenn er anfängt zu erzählen, beugen sich viele Leben über seine Schulter und heben ihre Stimme, insofern ist der Erzähler des zweiten Romans von Lars Brandt nicht umstandslos als Lars Brandt zu betrachten, aber die beiden werden sich und ihre Familie aus Stimme und Stoff gut kennen. Der Roman »Alles Zirkus« kann auch als Hautstudie gelesen werden, denn er birst vor Hautbeschreibungen, Haut-Metaphern, Haut-Hautverletzungen, Haut-Begehungen, Haut-Beziehungen, Haut-Verkleidungen und Haut-Erkundungen.

Walter und Trixi sind ein Paar, das seit vielen, vielen Jahren zusammenlebt. Er arbeitet in der Werbebranche, sie dreht Dokumentarfilme. Walter fühlt sich oft genug nur noch als »mäßig willkommener Gast in der eigenen Haut«. Morgens steht er vor dem Spiegel und fügt sich, beabsichtigt oder unbeabsichtigt, kleine Schnitte zu. Ein Ritzer auf der Suche nach … Es perlt. Er steckt in einer »tauben Haut«. Das Paar hat sich weit voneinander entfernt, und Walter »würde viel darum geben, jetzt Trixis Haut zu berühren«, und sehnt sich »nach dem Duft ihrer Haut«. Trixi hingegen treiben andere Hautwünsche um. Ihr Blick fällt auf ein Ladenschaufenster, in dem erotische Damenunterwäsche präsentiert wird: »Latex. Feines Nappaleder mit Schnürungen, sogar die Ösen teilweise hauchdünn bezogen. Reißverschlüsse und Schnallen aus Metall.« Auch im Mittelpunkt ihrer künstlerischen Interessen steht ein Bild, das als Haut-Panorama betrachtet werden kann, als Hautgemälde, in dem jemand seine Haut zugleich entblößt und verbirgt und die Phantasie des Betrachters gerade dadurch gereizt wird, dass die im Bild befindlichen Figuren mehr sehen als wir, die das Bild von außen betrachten, und die Frau, die uns ihr nacktes, pralles Gesäß zuwendet, aber uns ihr Gesicht für immer vorenthält. Das Bild stammt von Richard Lindner, es heißt »The meeting« und wird von Trixi und Lars Brandt gleichermaßen geschätzt. Es ist ein Kosmos aus Farbe, Form und Fleisch, jeder steckt in einer andersfarbigen, andersgearbeiteten und anderssprechenden Haut. Im Zentrum des Bildes steht eine dralle Frau, die dem Betrachter den Rücken kehrt, sie steckt in einer auffällig bunten Korsage, deren Rückenmuster zwischen den Bedeutungen changiert: Katze, Kelch, Engel, Fledermaus, Sphinx, verschnürte Vagina. Was ein Bild wie dieses erzählt, ist nicht erschöpfend zu sagen, weil es von untergründigen Assoziationen und persönlichen Mythen berichtet. Mir fällt auf, dass die Frau, die sich zeigt, nicht gesehen wird. Alle im Bild befindlichen Figuren verweigern der Frau ihren Blick, schauen in unzugängliche Ferne, ins Leere. Wir jedoch bohren unseren Blick in den Rücken der Frau und finden nur Rätsel. Ist das eine Flaschenpost? Zeig dich, wie du willst, zeig deine Haut, wir erlösen dich nicht!

Ich bat Lars Brandt per E-Mail, ob er etwas beitragen könne zum Thema Haut und Familie. Auf meine E-Mails antwortete er am nächsten Tag: »*Mit Zurückhaltung beantworte ich Ihre letzten drei aufeinanderfolgenden Mails, weil ich nicht leichtfertig in Ihren Gedankengang eingreifen und ihn vielleicht verkürzen möchte. Nur so viel: Sie machen sich Gedanken über die Haut – was sie bedeutet und wie man sie darstellt. Die Wahrheit liegt bekanntlich an der Oberfläche. Jedenfalls sehen manche Künstler das so, und zu denen rechne ich mich. Dahinter steht ein erkenntnistheoretisches Interesse – oder vielmehr ein erkenntnispraktisches. Die Haut bietet da eigentlich kein grundsätzlich gesondertes Problem, sofern es um Aussage und Wiedergabe realer Stoffe geht.*«

Die Wahrheit liegt bekanntlich an der Oberfläche? Wie ist das gemeint? Lars Brandt meint hier die Oberfläche von Gemälden, wo Sinn und Sinnlichkeit in Farbmischung und Auftrag dicht beieinanderliegen. Es geht also um Leinwand-Abenteuer, denn hier, auf der Oberfläche, stoßen innere und äußere Bilder aufeinander. Die Wahrheit ist also nicht oberflächlich, sondern sie sucht die Oberfläche, um erst hier ihren Ausdruck zu finden. Und ich denke, das gilt für Leinwände wie für Häute, die wir auch als eine Leinwand verstehen können, auf der innere und äußere Lebensfilme sich begegnen. Gerade wer in einer öffentlichen Familie lebt, muss sich gefallen lassen, auch und gerade wenn er oder sie das Private sucht, dass wir, die nicht dazugehören, dazugehören wollen, weil wir die Leinwand Brandt bemalen oder beschriften. Ein Politiker wie Brandt lebt geradezu von der kollektiven Energie, die auf seine Leinwand fließt, und auch ein Schauspieler wie Matthias Brandt bietet uns seine Haut als Projektionsfläche an. Ein Schauspieler fährt schließlich aus der eigenen Haut und siedelt in einer fremden, der Schauspieler ist der Hautwechsler par excellence, er lebt zwischen den Häuten. In diesem Sinne schrieb Egon Friedell über den Jahrhundertschauspieler Josef Kainz: »Auch dieser war ja fast unerreicht, in der Kunst, in jeder Rolle, ja in jeder Szene eine andere Haut zu zeigen, durch den ununterbrochenen Wechsel der Farben und Lichter das Auge zu überwältigen.« Lars Brandt trägt seine Haut vermittelter zu Markte, er schreibt und malt und lässt Metaphern von seinen Innenwelten und Familienwegen sprechen. Wenn die Wahrheit an der

Oberfläche liegt, dann ist für den Künstler schon die Wahl des Materials, auf dem er malt, zeichnet oder druckt, eine Suche nach der Wahrheit, denn das Papier, die Leinwand, der Karton oder was auch immer, sind Häute der Wahrhaftigkeit, und ihre Beschaffenheit, ihre Oberfläche teilt sich dem Bild, das auf ihnen entsteht, unauslöschbar mit. In diesem Sinne betrachte ich eine Zeichnung von Lars Brandt auch als Hautstück, dem er seine Empfindung und seinen Blick einschreibt, einritzt. Die Bleistiftzeichnung findet sich in Lars Brandts Buch »Andenken« und zeigt Willy Brandt. Ist das Willy Brandt? Die mit wenigen Strichen erschaffene Figur erinnert an Mickymaus mit großen Ohren, an einen Zyklopen mit nur einem leeren Auge, an Tintin, den rasenden Reporter, der mit seinem Hund um die Welt jettet und zahlreiche Schurken zur Strecke bringt. Auch einen Totenschädel sieht man, einen riesigen Mund, ein Wesen aus Comic und 1001 Nacht. Und schließlich das Papier: Lars Brandt hat es in Lissabon gekauft, in einem Fischladen, der ihm jedoch wie eine wunderliche Bibliothek vorkam, da die erstarrten Dörrfische wie Bücher in den Regalen lagen. Und auf diesem bräunlichen Fischpapier zeichnete der Sohn den sterbenden Vater, »es war meine Art, darüber nachzudenken, was geschah«.

Für mich vermählen sich in dieser Zeichnung die Zeiten, meine Comic-Assoziationen beruhen auf dem Gedanken an den großen Comic-Freund Lars Brandt. Sein Vater hat ihm oft die neuesten Comics mitgebracht, etwa Mickymaus-Hefte aus Norwegen. Im Angesicht des sterbenden Vaters reist Lars Brandt in alte Zeiten, begeht seine Erinnerungsräume und lässt aus dem Vater auf dem Papier ein Wesen werden, das in seinen knappen, kargen Umrissen durchlässig ist für alle willkürlichen oder unwillkürlichen Fundstücke aus dem Museum der Erinnerung. Da stirbt einer, aber dabei verwandelt er sich wieder in den Jungen, der sein Sohn war, und in den Jungen, der er selbst einmal war in einem Gebiet außerhalb der Reichweite des Sohnes. Fischpapier? Sind Vater und Sohn nicht gerade durch das Angeln miteinander verbunden? Antizipiert der Sohn schon die nahende Erstarrung? Keinen Strich zu viel, hier sollen Lücken sprechen. Diese wunderliche Zeichnung ist für mich eine Begegnungsstätte zwischen Vater und Sohn, Erkundungsfahrt in Hautgebiete.

Als Historiker ist Peter, der erstgeborene Sohn, auf besonders enge Tuch- und Hautfühlung mit dem Vater gegangen, denn für Willy Brandt wäre dieser Beruf ein alternativer Lebensweg gewesen, und auch als junger Mann hat sich Peter auf das gefährlichste Identitätsspiel mit dem Vater eingelassen, da er riskierte, dass man ihn wegen seines politischen Engagements als Lebensweg-Kopisten ansah. Es wird mitunter übersehen, vielleicht auch von mir, dass die Söhne es nicht nur mit einer »Lichtgestalt« zu tun hatten, sondern dass auch die Mutter eine strahlende Figur war.

Rut Brandt hatte sich als Erste an der Seite ihres Mannes zu behaupten. Um ihr Selbst zu schützen, lässt sie sich in ein Gemälde verwandeln. Ihr Make-up soll das Innenleben vor dem öffentlichen Blick schützen, es soll aber auch ihre Wesensart, ihre unkomplizierte Fröhlichkeit, unterstreichen. Ihr Make-up soll nur jene inneren Aspekte zur Geltung bringen, die sie mag. An der Seite eines Mannes, der sich in der Öffentlichkeit vielerlei Angriffen ausgesetzt sah und der sie selbst angriff, indem er sie zeitweilig verließ und sich an fremden Häuten wärmte, musste es eine enorme Kraftanstrengung bedeuten, dieses Selbstbild aufrechtzuerhalten. Es war nicht zuletzt sie, die viele kommunikative Defizite ihres Mannes ausglich und seine Gesellschaft für andere erst erträglich machte, indem sie sein autistisches In-sich-Versinken durch die eigene forcierte Begegnungsfreude aufwog. Eine solche Rolle bedeutet auch Verzicht und Selbstverlust. Man wird kaum einen Menschen finden, der Rut Brandt nicht mag, und ich habe wirklich viele Menschen nach ihr gefragt. Ich habe keinen Anlass, das Bild der fröhlichen, herzlichen, anderen bedingungslos zugewandten Frau in Frage zu stellen, aber ich frage mich, welchen Preis es gekostet hat, Tag für Tag dieser Mensch sein zu wollen, als den man sich selbst gerne sah. Wie viel eigene und fremde Idealisierung mag da stecken, und geriet die Mutter dadurch nicht auch zu einer überlebensgroßen Figur auf der Bühne der Bundesrepublik? Gerade ihre Liebenswürdigkeit, die medial verstärkt und vervielfacht wurde, kann ein eigenes Gewicht entwickeln. Trauer und Schmerz, Scham und Schuld, Zweifel und Angst, all das sollte nicht zu diesem Gemälde gehören. In ihrem Buch »Freundesland« schreibt Rut Brandt: »Wie das kleine Mädchen vor dem Spiegel konnte ich mir sagen: ›Ich bin ich, bin ich!‹ Es hat mir über vieles hinweggeholfen, dass ich immer dieselbe war: ich selbst.« So liest sich ihre Autobiographie auch nur zum Teil als Selbstbeschreibung, es ist ebenso gut ein Bericht über Selbstvermeidung, denn der Kampf um das eigene Selbst wird nur dezent angedeutet, stattdessen behauptet sie trotzig, sie sei sie selbst, nur sie selbst. In diesem Sinne ist »Freundesland« auch eine Haut über der Haut, ein autobiographisches Make-up, das andere Gesichter abdeckt.

»Mir ist«, sagt Renate Messler, »zu Ihrem Kapitel über die Haut noch etwas eingefallen, was vielleicht ganz gut dazu passt. Rut Brandt trug in den sechziger und siebziger Jahren oft Handschuhe. Und ich habe sie eines Tages gefragt, warum, denn es erschien mir ungewöhnlich. Ich werde nicht vergessen, was sie mir antwortete. Sie sagte: ›Man weiß ja in diesen Zeiten nicht, wem man die Hand gibt und was diese Leute in diesen Zeiten gemacht haben.‹«

»Sie meinte im ›Dritten Reich‹?«

»Ja!«

»Sie wollte keinen alten Nazis die Hand geben?«

»Das war ihr sehr unangenehm!«

Völlig unverzichtbar war für Rut Brandt ihr Lippenstift. In ihren letzten Lebensjahren war stets eine Krankenschwester an ihrer Seite, weil sie unter fortschreitender Altersdemenz litt. Sie vergaß vieles, nicht aber ihren Lippenstift, ohne den verließ sie nicht das Haus. Sie demonstrierte ihrer fürsorglichen Begleiterin, wie man – Eins-zwei-drei – ein ausgehbereites Gesicht fabrizierte. Ein Stups Lippenstift auf Kinn, Nase, Wange und die Stirn. So, ein bisschen verreiben, und schon sieht man aus wie das blühende Leben, auch wenn es schwerfällt.

Nachdem Rut Brandt gestorben war, steckte ihr ihre Begleiterin Kristiane Arlt einen Lippenstift zu. Eine fürsorgliche Geste, denn man weiß nie, was kommt, wenn man das Haus verlässt.

Schmidt!!!

»Na, gucken Sie sich ihn doch an. Würden Sie denken, dass er einer ist, mit dem man ständig über Befindlichkeiten redet? Nee, innere Befindlichkeiten, das war nicht so angesagt. Wir sind ohnehin keine Familie, die ewig Nabelschau macht oder ständig Emotionen zeigt, linksrum und rechtsrum und so. Es wird einfach gemacht und nicht endlos geredet.«

SUSANNE SCHMIDT, IM »STERN«, 2008

Ich packe meine Bücher aus. Ich sitze im Speisewagen auf der Fahrt nach Hamburg, wo ich Altbundeskanzler Helmut Schmidt interviewen will. Doch in diesem Fall war die Gewissenhaftigkeit vielleicht noch ein bisschen größer, weil der Altbundeskanzler natürlich nicht a. D. ist, sondern immer im Dienst, und wenn jemand von außen oder von oben auf unser Land blickt, könnte er vermutlich zu dem Eindruck gelangen, der amtierende Bundeskanzler heiße Helmut Schmidt und nicht Angela Merkel, die da still und leise in ihrer flüsternden Beton-Waschmaschine sitzt und einen irgendwie unsichtbaren Eindruck macht. Ich gebe unumwunden zu, dass mir das Gespräch mit Helmut Schmidt mehr Respekt einflößt als jedes andere Interview, das ich für dieses Buch geführt habe, denn natürlich hat man eine Menge über den Mann gelesen und gehört, den ehemaligen Wehrmachtsoffizier, der seine Referenten im Kanzleramt so klein brüllte, bis sie klitzeklein waren wie graue zitternde Mäuse, und wer hätte da nicht Mitleid mit den Mäusen? Der Kanzler Schmidt, der in Kabinettssitzungen verächtlich knurrte: »Schickt die Domestiken raus!«, und jene beamteten Mitarbeiter des Bundeskanzleramtes meinte, die die »Geheimsachen« nicht mithören sollten. Seinen Spitznamen »Schmidt-Schnauze« hatte sich der Hamburger ja auch deshalb erworben, weil ihm eine aggressive

Intelligenz zu eigen ist, die den Gegner mit hartem rhetorischen Punch auf die Bretter schickt und den Mitarbeitern mit bohrender Schärfe auf den Zahn fühlte. So fühlte ich mich an diesem Montag wie ein Schüler auf dem Weg zum Abitur beim lieben Gott.

Ich stocherte also in Büchern, die ich alle längst gelesen habe, die ich aber noch mal abgraste auf der Suche nach Halt und guten Fragen. Da war Gunter Hofmanns »Willy Brandt und Helmut Schmidt. Geschichte einer schwierigen Freundschaft«. Das ist ein schönes, ein kluges Buch, ein Buch zumal, das erstmals den Briefwechsel zwischen Brandt und Schmidt systematisch auswertet. Aber kann man von einer schwierigen Freundschaft sprechen, wo zumindest der eine, Brandt, den anderen nie als Freund anerkannt hat und der andere, Schmidt, zwar anfänglich um die Freundschaft Brandts geworben, dann aber bitter enttäuscht war von ihm? Kann man von einer Freundschaft sprechen, wo zwei Männer so weit entfernt sind voneinander, Lichtjahre wie es scheint, in Stil und Ton, in Haltung und Habitus, in Sprache und Selbstbild, in Absicht und Ziel? Sicher, Gunter Hofmann differenziert den Begriff der »schwierigen Freundschaft«, er zeigt die Partner und Antipoden im Lauf der Jahrzehnte, beschreibt Höhen und Tiefen, Verletzungen und Annäherungen, gleichwohl will mir der Begriff »Freundschaft« zwischen diesen beiden nur auf der großen gut ausgeleuchteten Bühne der Staatsmänner einleuchten, da, wo sie sich selbst als Figuren in der Geschichte betrachteten und fanden, man ginge besser nicht entzweit und zerstritten in die Historie ein. Kurz bevor Willy Brandt starb, hat Helmut Schmidt ihn noch einmal besucht. In seinem Buch »Weggefährten« schreibt Schmidt, sie seien voneinander als Freunde geschieden. Doch kann man, wie Schmidt meint, das »persönliche Verhältnis« von den »sachlich-politischen Kontroversen« strikt trennen? Auch Gunter Hofmann rettet den Begriff der »schwierigen Freundschaft« schließlich dadurch, dass er Brandt und Schmidt in die Geschichte entrückt und sie als komplementäre Figuren begreift, die jeder dem Land etwas zu geben hatten, was im historischen Augenblick das Richtige war und was sich im Rückblick vortrefflich ergänze. Erst wenn man sie zusammen sehe, ihre Leistungen aufeinander beziehe, würde die prägende Signatur der sozial-liberalen Ära deutlich.

Der Entspannungspolitiker und der Ökonom, der Reformer und der Manager, der Visionär und der Realist, der Gefühlspolitiker und der Rationalist, der Zögernde und der Zupackende, der Moderator und der Chef, sie ergänzten sich, ihre Talente gehörten zusammen, und dieses Zusammen wog letztendlich schwerer als die persönlichen Differenzen und menschlichen Distanzen.

Was ich nicht in Gunter Hofmanns Buch gefunden habe, ist der Witz, den Willy Brandt über seinen Freundfeindpartnerweggefährten Schmidt gerissen hat. In Brandts Witze-Sammlung »Lachen hilft«, die erst nach seinem Tod erschien, aber von ihm eigenhändig zusammengestellt worden war, findet sich Folgender: »Der Papst, Jimmy Carter, ein Hippie und Helmut Schmidt fliegen gemeinsam über den Atlantik. Das Flugzeug gerät in Turbulenzen, und der Pilot spricht von Absprung. Es stellt sich heraus, dass nur vier Fallschirme an Bord sind. Der Pilot sagt, seine Fluggesellschaft könne ihn nicht entbehren und springt. Carter verweist auf seine globale Verantwortung und springt hinterher. Der Bundeskanzler erklärt, er sei der klügste Kopf Europas, müsse also überleben, und springt ebenfalls. Darauf wendet sich der Papst an den Hippie und spricht: Mein Sohn, ich habe mit dem Leben abgeschlossen, nimm Du den letzten Fallschirm. Da lacht der Hippie ihn an: Aber wir haben doch noch jeder einen. Denn der klügste Kopf Europas ist mit meinem Schlafsack abgesprungen.« Es wird oft behauptet, Brandt habe gerne Witze erzählt, um sich Menschen auf Distanz zu halten, um da zu lachen, wo sonst vielleicht ein intimes Gespräch hätte entstehen können. Ich glaube das nicht. Ich denke, er hat Witze erzählt, weil er gerne lachte und weil die Witze Spannungen, Verkrampfungen lösten, eigene, auch körperliche und solche in größerer Runde, etwa im Kabinett, wo man zuvor gestritten hatte. Der Witz war ihm ein mentales Naherholungsgebiet, kein Abwehr- und Distanzmittel.

Aus Respekt vor dem Altbundeskanzler (und Angst vor der Bahn) komme ich mit dem ICE um 13 Uhr in Hamburg an, bleiben also noch zwei Stunden bis zu unserem Gespräch. Ich gehe in die Bahnhofsbuchhandlung und stelle fest, dass nahezu jedes zweite Buch von, über oder mit Helmut Schmidt ist.

Zug um Zug von Helmut Schmidt und Peer Steinbrück. Titelbild: Zwei kluge Köpfe beim Schach.
Unser Jahrhundert von Helmut Schmidt und Fritz Stern
Außer Dienst von Helmut Schmidt
Auf eine Zigarette mit Helmut Schmidt von Helmut Schmidt und Giovanni di Lorenzo
Verstehen Sie das, Herr Schmidt? von Helmut Schmidt und Giovanni di Lorenzo
Als Helmut Schmidt einmal … kleine Geschichten über einen großen Mann von Jost Kaiser
Hand aufs Herz von Helmut Schmidt und Sandra Maischberger
Einmischungen von Helmut Schmidt
Helmut Schmidt – Der letzte Raucher von Martin Rupps
Auf der Suche nach einer öffentlichen Moral von Helmut Schmidt
Mut zur Führung: Helmut Schmidt im Gespräch mit Ulrich Wickert
Unser Schmidt von Theo Sommer

Das ist nur eine Auswahl. Und dann sind da noch die Bücher von und über Loki (*Auf einen Kaffee mit Loki Schmidt* und so weiter), dann sind da noch die Schmidt-Bildbände, die DVDs, die CDs, nur als Manga fand ich ihn noch nicht. Die mediale Omnipräsenz des Mannes ist gewaltig, und Willy Brandt steht ihm auf andere Weise kaum nach, denn man kann keine deutsche Stadt durchqueren, ohne auf eine Willy-Brandt-Straße oder einen Willy-Brandt-Platz oder ein Denkmal zu stoßen. Sehnt sich dieses Land nach der sozial-liberalen Ära zurück? Oder will es einen Brandt-Schmidt, einen charismatischen Krisenmanager?

Helmut Schmidt sitzt in seinem Büro im Hamburger Pressehaus, Speersort 1, hier amtiert er noch als Herausgeber der »Zeit«. Ich muss noch einen Moment warten. Vor mir waren zwei »Spiegel«-Redakteure zu Gast, um Schmidt über die Geschichte der Sozialdemokratie zu befragen. Ich müsse laut sprechen, wurde mir geraten, Herr Schmidt höre mittlerweile sehr schlecht. Er sitzt am Schreibtisch. Das niedrige Zimmer im 6. Stock, ganz, ganz, ganz hinten am Ende eines weißgekalkten Büroflurs, ist vollgestopft mit Büchern, auch mit seinen.

Helmut Schmidt raucht nicht, noch nicht. Er sieht auf meine ausgedruckte E-Mail, die ich an seine Assistentin geschickt habe, in der ich um fünf Fragen bitte, die würden reichen, ich wolle kostbare Lebenszeit nicht vernichten.

»Was ist Ihre erste Frage von den fünf?«

»Die erste?«

»Jetzt bleiben noch vier!«

Ich bin überrumpelt, muss improvisieren.

»Ich hatte den Eindruck …

»Sie müssen lauter sprechen, lauter und langsam …«

»Ich bin etwas aufgeregt …«

»Gut, also …«

»Ich hatte den Eindruck, dass Sie Ihre Zigaretten regiert haben, während Willy Brandt von seinen Zigaretten regiert wurde. Stimmt das?«

Er lächelt und antwortet wie ein Politiker.

»Der erste Teil stimmt, das zweite kann ich nicht beantworten.«

Das war also die zweite Frage, die – genau betrachtet – keine Frage war, sondern eine Beobachtung oder Feststellung, die am allerwenigsten der Bestätigung durch Schlot-Schmidt bedurft hätte. In dem Interview, das Günter Gaus mit Helmut Schmidt am 8. Februar 1966 für seine Sendung »Zur Person« im ZDF führte, ist es erstaunlich, ja, faszinierend zu sehen, wie Helmut Schmidt dieses Medium im Griff hat, während man bei Willy Brandt, der auch von Günter Gaus interviewt wurde, eher das Gegenteil vermutet. Schmidt macht aus dem Anzünden der Zigarette ein beeindruckendes Schauspiel, ja, er regiert die Zigarette, sie ist ihm völlig untertan, er macht aus ihr ein Requisit der kalten Überlegenheit und lockeren Lässigkeit. Ich bin cool – das ist die Botschaft. Jetzt ist Zeit für diese Rückblende, denn Schmidt greift zu einer Zigarette, die er in einer Schatulle aufbewahrt, die auf dem Deckel das Schloss Bellevue zeigt. Da liegen sie, ganz in Weiß und zart, Reyno in Reih und Glied.

»Sie müssen Ihre eigenen Zigaretten rauchen!«

»Sie gehen davon aus, dass ich rauche?«

»Ja!«

Offenbar greifen in diesem Zimmer alle Journalisten zum Glimmstängel. Um mit der Ikone Schmidt geraucht zu haben? Aus Opportunismus? Um den Enkeln davon erzählen zu können? Ich bin Nichtraucher, habe aber tatsächlich vier Zigaretten mitgebracht. Er benutzt jetzt Streichhölzer, bei Günter Gaus war es ein Feuerzeug.

Günter Gaus: »Lassen Sie mich einen Vergleich ziehen. Der Vorsitzende der SPD Willy Brandt ist in seinen Wahlkämpfen als Kanzlerkandidat häufig persönlich verunglimpft worden, und Brandt wurde dadurch offensichtlich tief verletzt. Wie weit sind Sie nun, Herr Schmidt, im Gegensatz zu Brandt bei politischen Auseinandersetzungen von Gefühlen frei?«

An dieser Stelle verstreicht viel Zeit. Eine unvorstellbar lange Pause, die im heutigen Fernsehen kaum vorstellbar ist, aber im damaligen schwarzweißen Gemälde äußerst spannungsvoll wirkt. Matthias Brandt, der die entsprechende Stelle auch gesehen hat, war beeindruckt von Schmidts gestalterischen Fähigkeiten, die Szene erinnert ihn an Don Draper in *Mad Men*! Exakt! Schmidt zieht eine Zigarette hervor, betrachtet sie prüfend, rückt sie im Mund zurecht, schnaubt einmal (ob zustimmend oder missmutig bleibt unklar) lässt zwei Mal das Feuerzeug zippen, inhaliert den ersten Zug tief und bequemt sich erst nach diesem großen Schauspiel konzentrierten Zuhörens und Nachdenkens zu antworten. Dann aber kommt es wie aus der Pistole geschossen, schnell, geradeaus, ein Punch.

Helmut Schmidt: »Von Gefühlen frei bin ich sicherlich nicht, aber dass ich verletzt würde? … Das kann ich auch nicht sagen. Das gehört in gewisser Weise ja zu dem Beruf des Politikers dazu, dass er im Lauf der Zeit, wenn es ihm nicht von der Natur aus mitgegeben ist, sich selber dazu erzieht, nicht allzu verletzt zu sein, ich meine …«

Günter Gaus: »Das ist nicht in Zweifel gezogen, mich interessiert hier die Frage, wie wäre Helmut Schmidt zu verletzen? Gibt es etwas, was Helmut Schmidt verwunden würde?«

Helmut Schmidt: »Wenn ich an Brandts Stelle gewesen wäre, mit demselben Lebensweg wie er, möchte ich glauben, das hätte mich auch verletzt. Ich hätte mich allerdings auch resolut zur Wehr gesetzt. Willy Brandt hat gemeint, darüber hinweggehen zu sollen mit einer gewissen Großzügigkeit, ich hätte wahrscheinlich anders reagiert.«

Günter Gaus: »Wie hätten Sie reagiert?«

Helmut Schmidt: »Scharf ...« (Schmidt spricht das Wort so aus, wie es klingt)

Günter Gaus: »Sie hätten geklagt?«

Helmut Schmidt: »Geklagt? (Schmidt lächelt geringschätzig) Nein, in offener Feldschlacht hätte ich mich auseinandergesetzt mit diesen Leuten.«

Helmut Schmidt ist ein Politiker gewesen, das wird an dieser Stelle und auch im Vergleich mit Willy Brandt bei Günter Gaus deutlich, der mit sich selbst im vollen Einklang war, dessen Ich keine Kriege gegen sich selbst führte. Durch diesen Mann ging kein Riss, und die Erzählung von sich selbst, sein Selbstbild – er war der anständige Deutsche, der im »Dritten Reich« hatte leben und für »Adolf Nazi« gegen seinen Willen pflichtgefesselt kämpfen müssen – deckte sich mit dem Selbstbild vieler Deutscher. Er war viel zu dynamisch, um an sich selbst zu zweifeln, er war viel zu autoritär, um Diskussionen ausufern zu lassen, er war zu intelligent, um Komplexe zu entwickeln, er war zu zukunftsorientiert, um zu sehr nach hinten zu schauen, er war seelisch viel zu gesund, um melancholisch zu werden, er war der richtige Mann als Kanzler und Staatsmann. Weil er sich selbst beherrschte, weil er seine Talente kannte, weil sein Wille eisern war, konnte er, fand er, ebenso gut einen Staat lenken. »Selbstgefühl als Staatskunst« hat das Hans Ulrich Kempski einmal trefflich genannt. Welches Selbstgefühl hat dann Brandt zur Staatskunst erhoben?

Meine Zigarette hat ihren Geist aufgegeben. Ich habe vergessen zu ziehen. Ich frage Helmut Schmidt, ob Willy Brandt ihm gegenüber einmal seine Tochter Ninja erwähnt habe?

»Er hat die Tochter mir gegenüber nie erwähnt. Nur die drei Söhne.«

»Sie haben Rut Brandt zu ihrem achtzigsten Geburtstag einen berührenden Brief geschickt. Sie haben geschrieben, dass Rut Brandt ein Glücksfall für uns Deutsche wäre und ein Vorbild!«

»Ja, das war sie auch!«

»Können Sie mir das bitte erklären und ihren Charakter umreißen?«

»Der Titel ihres Buches ›Freundesland‹ ist der Anfang der Erklärung. Sie war eine Dame, ohne es sein zu wollen. Eine wunderbare Frau.«

Jetzt fragt er mich, ob die Söhne ihrer Mutter etwas vorwerfen? Jetzt geht es los, die Prüfung, das Abitur.

»Nein.«

Ob denn die Söhne vorwurfsvoll an ihren Vater denken, will er wissen.

»Sie haben sich ausgesöhnt, die Söhne sehen ihren Vater mittlerweile in einem viel milderen Licht.«

Bin ich ein hochstapelnder Familiensprecher?

»Ja ja, das steht ihnen auch zu. Die sind jetzt auch 50 oder 60 Jahre alt. Wie alt sind die Kinder?«

»Ninja ist 72, Peter ist 63, Lars ist 61 und Matthias ist 51.«

»Ja, da wird man langsam weise.«

Er wirkt entspannt und unruhig zugleich. Er schnupft, reibt sich kräftig die Nase ein mit dem braunen Pulver. An der rechten Hand trägt er zwei Ringe, den Ring seiner verstorbenen Frau.

»Was hat er über Rosa Luxemburg gesagt?«

»Brandt?«

»Ja!«

Ich weiche aus. Er stellt eine weitere Frage zu Kurt Schumacher, ob mir da neue Erkenntnisse vorlägen. Ich passe. Ich bringe die Sprache auf Helmut Schmidts Besuch in Auschwitz, auf Brandts Kniefall in Warschau. Nein, er habe nicht darüber nachgedacht, warum Brandt nie in Auschwitz war. Über den Kniefall habe er mit Brandt vielleicht gesprochen, aber er erinnere sich nicht mehr genau, er vermutet, dass das dem Kanzler auch nicht sehr willkommen gewesen sei. Ja, er habe Brandt auch als depressiven Menschen erlebt, aber das sei keinesfalls ein Hinderungsgrund, Kanzler zu werden, schließlich sei er auch Kanzler geworden, obwohl er herzkrank gewesen sei. Ich versenke meine Zigarette in dem großen Aschenbecher mit Drehscheibe.

»Wie viele Zigaretten haben Sie geraucht in Ihrem Leben?«

»Millionen!«

Schmidt lächelt.

Er blickt auf die Uhr. Er schnaubt, aber ja, er pfeift auch irgendwie, spitzt die Lippen, so als freue er sich auf etwas. Um 16 Uhr müsse er weg. Seine Finger beginnen unruhig auf dem Tisch zu trommeln, keineswegs unfreundlich, aber doch unübersehbar. Muss mich von den Details losreißen.

»Hat sich Brandt im politischen Diskurs mitunter zu sehr von seinen Gefühlen steuern lassen?«

»Er war ein Meister in der Fähigkeit, Dinge anzudeuten, ohne sie klar auszusprechen. Die konnte man so verstehen, man konnte sie aber auch so verstehen. Das machte er fabelhaft. Ich hatte mehr mit den Tatsachen und er hatte mehr mit den Hoffnungen zu tun.«

»Sie haben, wie mir scheint, immer ein Korrektiv zu Politik gehabt, die Musik und die bildende Kunst. Brandt haben solche Gebiete gefehlt. Hat er seine Rolle in der Geschichte deshalb als wichtiger erachtet als Sie?«

»Ich war 1972 bereit, aus der Politik auszuscheiden. Da gab es eine Auseinandersetzung zwischen Brandt und mir. Brandt sagte zu mir: ›Wir machen dann die nächsten 4 Jahre gemeinsam!‹ Und ich habe ihm widersprochen. Ich wollte raus aus der Politik, ich hatte keine Altersversorgung. Und ich war selbstbewusst genug, um anzunehmen, dass mir schon jemand einen anderen Lebensweg eröffnen oder anbieten würde. Ich wäre kein Musiker, kein Maler geworden oder Architekt, dazu war es viel zu spät. Es waren alles kleine Begabungen, über die ich verfügte. Ich wäre wahrscheinlich Universitätspräsident oder Manager geworden.«

»Als Sie Willy Brandt kurz vor seinem Tod das letzte Mal in Unkel besuchten, sind Sie als Freunde geschieden, so haben Sie es in ihrem Buch ›Weggefährten‹ beschrieben. Sind Sie ein gläubiger Mensch?«

»Nicht mehr. Das war ich einmal, das bin ich nicht mehr.«

»Haben Sie mit Brandt in diesem Moment des Abschiedes über etwas gesprochen, was über die Welt hinausgeht?«

»Das würde mich sehr wundern. Ich weiß nicht mehr, worüber wir gesprochen haben, aber das würde mich sehr wundern. Ich weiß auch nicht, wie lange der Besuch gedauert hat. Brandt lag und ich saß neben seinem Bett.«

»Sind Sie mit einem Händedruck von Willy Brandt geschieden?«

»Das nehme ich an, mit einem Händedruck. Womit sonst?«

»Mit einer Umarmung?«

»Das ist durchaus denkbar. Vielleicht mit einer angedeuteten Umarmung. Er lag doch! Und ich saß.«

Wir wünschen einander guten Erfolg.

»Es geht los!«, ruft Frau Bazzato, seine Assistentin, dem Begleitkommando zu, Herr Schmidt begleitet mich zur Tür.

»Auf Wiedersehen!«

Er ist schon woanders. Hält sich fest am Rollator und ist schon unterwegs. Schwebt in Zeitlupe hinaus.

Ich fahre nach unten. Laufe ein Stück durch die Stadt und lande auf der Willy-Brandt-Straße. Es ist ein sonniger Tag. Vor dem Pressehaus liegt ein kleiner Park. Ich setze mich auf einen großen Stein, zünde mir eine Zigarette an und versuche, das Gespräch zu rekapitulieren. Mein Thema ist die Familie Brandt, zu der Helmut Schmidt als »schwieriger Freund« gehört haben mag. Nein, über ihre Familien haben sie nicht gesprochen, mal machte der eine eine Bemerkung, mal der andere, beiläufig. Keine weiteren Nachfragen. Ob Brandt ihn jemals gefragt habe, wie es als Wehrmachtssoldat gewesen sei, und ob er umgekehrt Brandt nach seinem Leben im Exil gefragt habe? Nein, sagte Schmidt, er habe genügend »Rückkehrer« kennengelernt, da brauchte er Brandt nicht zu fragen. Und nein, Brandt habe ihn auch nie gefragt, wie es an der Front gewesen sei. Brandt habe davon nur einmal gehört, als er Breschnew bei dessen Staatsbesuch in Bonn 1972 von seiner Zeit als Offizier an der Ostfront erzählt habe. Nein, das war die Botschaft an den sowjetischen Soldaten Breschnew und an den Exilanten Brandt, der gemeine, kleine deutsche Soldat sei kein Verbrecher gewesen. Brandt habe zugehört und ihm mit einem Zwinkern zu verstehen gegeben, er solle ruhig reden, sich Zeit nehmen. Nein, sonst sei das Thema nie zur Sprache gekommen. Ob er sich an den Brief erinnere, den er Brandt am 11. Oktober 1965 geschrieben habe, jenen Brief, in dem er dem gerade erneut gescheiterten Kanzlerkandidaten Brandt seine Freundschaft angetragen und ob es ihn nicht enttäuscht habe, dass der Umworbene aus- und zurückwich, das Angebot ausschlug? Nein, entgegnet Schmidt, daran könne er sich nicht mehr wirklich erinnern, das ist doch 50 oder 60 Jahre her (recht hat er), und schließlich sei doch Wichtigeres geschehen, er und Herbert Wehner hätten die große Koalition auf die Beine gestellt, das sei wichtig! Natürlich, er hat recht, seine freundschaftlichen Gefühle für Brandt verzeichnet kein Geschichtsbuch, die Große Koalition schon. Wären sie miteinander ins Gespräch gekommen, wäre das eine Entspannungspolitik nach innen gewesen, eine subjektive Abrüstungspolitik im stählernen Gehäuse der Macht.

Haben Brandt und Schmidt nicht immer ihren Platz in der Geschichte gesucht? Hatten sie sich nicht selbst früh und selbstbewusst als Akteure im historischen Schaltraum begriffen, und hatten sie nicht beide ein ausgeprägtes historisches Interesse, immer auf der Suche nach vergleichbaren Figuren, Konstellationen, Lösungen und berühmten Weltlenkern? Gering haben die beiden nie von sich gedacht, aber jeder aus ganz anderen Gründen, in ganz anderer Haut. Der Blick von außen auf sich selbst, dieses Sich-von-außen-Betrachten und Sich-mit-den-Augen-der-Welt-Betrachten war ihnen doch ein geläufiges Manöver. Hätten sie ihr Fremdsein, ihr Aneinanderleiden, ihre Sprachlosigkeit nicht thematisieren können?

Gefühle aber, die man nicht selbst kontrolliert und strategisch zum Einsatz bringt, haben in der Politik vermutlich nichts verloren, erst recht nicht zwischen Parteifreunden, die sich als Rivalen zu betrachten haben. In unserem Gespräch über Willy Brandt lag Schmidt daran, sich deutlich von Brandt abzugrenzen, seinen Innenraum betrat er nicht, mutmaßen wollte er nicht; wie er Brandt sah, lässt sich eher aus

Willy Brandt und Helmut Schmidt: Konfliktpartner und Ergänzungsfiguren, aber Freunde

seinen Selbstbildern schließen. An einer Stelle unseres Gesprächs kamen wir auch auf den Kanzlerkandidaten der SPD zu sprechen, der nach Schmidts Auffassung viel zu schnell rede, eine gefährliche Eigenschaft. Er hingegen habe zwar auch sehr schnell denken können, aber noch in der wüstesten Polemik hätte die Rationalität die Oberhand behalten, und er habe stets eine Sekunde zuvor überlegt, ob diese oder jene Aussage nun zweckmäßig sei. Nie habe er etwas gesagt, was er später bereuen habe müssen. Helmut Schmidt ist ein selbstkritischer Mann, aber das lässt er niemanden wissen, mit Fragezeichen ummantelt hat er sich nie in der Öffentlichkeit blicken lassen. Schmidt ist das unbeugsame Ausrufezeichen dieses Landes, und Willy Brandt war das biegsame, das vielgestaltige Fragezeichen!

Nein, denke ich, vermutlich hätten die beiden nie wirklich miteinander ins Gespräch kommen können, denn selbst das Deutsch, das sie miteinander sprachen, wurde zwischen ihnen zur Fremdsprache. Am deutlichsten vermittelt sich diese unüberbrückbare Fremdheit zwischen den beiden, wenn man Brandts wortloses Knien in Warschau mit Helmut Schmidts Rede in Auschwitz-Birkenau am 23. November 1977 vergleicht. Die Rede beginnt mit dem eindrucksvollen Satz: »Eigentlich gebietet dieser Ort zu schweigen.« Aber Schmidt schweigt nicht. Er spricht mit klirrender Rationalität. Er spricht vor allem vom deutsch-polnischen Dialog. Er spricht vom Hier und Jetzt. Er spricht – man liest es und staunt – von Hitlers deutschen Opfern, vom Widerstand gegen ihn. Hier? Ist das Chuzpe? Fehlende Empathie? Kann man als deutscher Bundeskanzler in Auschwitz sprechen, ohne ausdrücklich die ermordeten Juden zu nennen und stattdessen von deutschen Opfern zu sprechen? Schmidt spricht – und das muss man bedenken – im Ton mit großer Empathie, auch die Mimik spricht von historischer Last, von Entsetzen, aber darf Sprache an diesem Ort so kunstvoll beredt schweigen? Darf sie Politik machen, wo Politik besser unterbliebe? Darf sie so steinern sein?

Nein, ein Fragezeichen finde ich in dieser kurzen Rede nicht.

Mir ist noch das Schnauben im Ohr. Auch das Pfeifen. Die gespitzten Lippen. Ein sonniger Tag, Helmut Schmidt ist ein fröhlicher Mann.

Auf dem Rückweg, im Speisewagen.

Neben mir am Tisch sitzt erkennbar ein Fotograf, der Apparat, den er vor sich auf den Tisch gelegt hat, ist groß wie ein Fußball. Er kommt mit dem Mann an seinem Tisch ins Gespräch. Wozu er denn, fragt der andere, der immer ein eilfertig meckerndes Lachen ausstößt, diesen Riesenapparat brauche? Er sei, sagt der Fotograf, gerade in Hamburg gewesen, um Helmut Schmidt und Gerhard Schröder zu fotografieren, der Spiegel bereite da ein großes Stück vor. »Ach, wie interessant«, sagt der andere und zählt auf, welche Schmidt-Bücher er gelesen habe und dass Loki …

Und jetzt sehe ich es auch: An jedem Tisch des Speisewagens, ja, im ganzen Zug sitzen Leute, die lesen Schmidt! Sie alle kommen zurück von einem Gespräch mit dem Altbundeskanzler, jeder hat schon mal mit Schmidt im Schützengraben der Weltgeschichte gelegen, eine letzte Zigarette geraucht, jeder hat mit ihm seine Fragezeichen über Bord geworfen, und draußen an den Windrädern kleben Plakate »Der bessere Mann muss Kanzler bleiben«, und orangefarbene Luftballons steigen in den Himmel, auf denen steht nur: »Schmidt!!!«

Matthias vom Dach

Lillebror wurde ordentlich böse. »Ja, aber wie willst Du da durchkommen?«, sagte er heftig. »Wie willst Du da durchkommen, wenn ganze Schwärme von Leuten sich um dich drängen?« Da legte Karlsson den Kopf schief und guckte Lillebror verschmitzt an.
»Es gibt drei Arten, das weißt du. Tirritieren und schabernacken und figurieren. Und ich habe die Absicht, diese Arten anzuwenden, alle drei.«

Astrid Lindgren: Der beste Karlsson der Welt

Als Matthias Brandt mit dem Fernsehzweiteiler »Im Schatten der Macht« 2003 schlagartig einem größeren Publikum bekannt wurde, war das so, als sei er just von einem Dach heruntergepurzelt, besser heruntergeflogen mit einem Propeller auf dem Rücken, oder als sei er aus einer mächtigen, mit rotem Samt ausgeschlagenen und allerlei buntem Trödel- und Zauberkram gefüllten Kiste gestiegen. Wo, bitte, kam der her? Matthias Brandt?

Ich arbeitete damals bereits einige Jahre als Fernsehkritiker, studierte die »TV-Spielfilm« wie ein Wissenschaftsmagazin, saß in Fernsehpreisjurys und setzte dort ein hochgestochen-qualitätseinklagendes Jurorengesicht auf, ich wusste zudem, wer Willy Brandt war, und hatte als Student Brandt-Biographien wie die von Carola Stern gelesen, doch von Matthias Brandt hatte ich, ehrlich gesagt, nie etwas gehört. Und dann hieß es auch noch, der jüngste Brandt-Sohn würde den ärgsten Feind seines Vaters spielen, Günter Guillaume, ja, von dem wiederum hatte man was gehört. War das nun ein billiger PR-Gag? In der Fernsehbranche wusste man nicht so genau, ob man den Kopf schütteln, einen zynischen Kommentar abfeuern, die hohe Schule des Marketings loben oder erst einmal abwarten sollte. Von allem etwas. Doch eins war klar, und ich erinnere mich noch, was ich dachte, als ich im Sommer 2002 irgendwo die dpa-Meldung »Willy Brandts Sohn spielt Guillaume« las, ich dachte: Wie sieht der wohl aus? Was ist das für einer? Kann der was, und von welchem Dach ist der gestiegen? Die Neugier war geweckt. Man wartete gespannt auf Günter-Matthias-Guillaume-Brandt. Kein Drehbuchautor wäre auf so eine schillernde Schicksals-Volte verfallen. Der Sohn eines Bundeskanzlers wird Schauspieler und spielt dann just den mausgrauen Agenten, über den der Vater letztendlich gestürzt war.

Ja, und dann war es so weit, und die Hyänen, die wir Kritiker nun einmal sind, mussten das Messerchen, das wir schon fleißig gewetzt hatten, wieder weglegen. Herrje, der Mann macht seine Sache ja richtig gut, da gab es nichts zu meckern. Klar, die Aufregung war groß, »Herr Brandt, ist das nicht eine Art Vatermord, wenn Sie jetzt den Feind Ihres Vaters spielen?«, »Ist das ein Ödipus-Komplex?«, aber das Spiel des Schauspielers war als unabweisbare Größe so sichtbar vorhanden, dass die Entscheidung, ihn als Guillaume zu besetzen, nicht länger als Coup verhandelt, sondern als logische und im Rückblick so-

Das Leben schreibt abenteuerliche Geschichten: Matthias Brandt spielt den Spion Günter Guillaume, neben ihm Michael Mendl als Willy Brandt in dem Film »Im Schatten der Macht« (2003)

gar zwingende Entscheidung begriffen wurde. Und von diesem Augenblick an war das Gesicht des Schauspielers Matthias Brandt ein ganz und gar vertrautes, das in verlässlich-pfiffiger Heinz-Rühmann-Manier wieder und wieder auftauchte und seit einem Jahrzehnt unseren Alltag begleitet.

In den Erinnerungen von Schauspielern gibt es meist ein Erweckungserlebnis, einen magischen Moment, in dem das Kind dem Theater verfällt und beschließt, bewusst oder unbewusst, auch in diesem Kosmos mitspielen zu wollen. An der Hand der Mutter wird die Weihnachtsvorstellung besucht, oder man ist selbst früh eine Figur im Märchenspiel, die Aula der Schule ist bis auf den letzten Platz besetzt, und unten blüht der Stolz auf den Gesichtern der Eltern. Ja, solche Momente gibt es auch im Leben von Matthias Brandt, und wer will, kann sie wie beim Malen nach Zahlen mit dem Stift verbinden, und fertig ist der Mime. Aber der Weg ist krumm, undeutlich, es führt keine gerade Linie von Dornröschen zu Günter Guillaume.

Am 19. November 1972 spielt Matthias Brandt in der Aula des Ernst-Moritz-Arndt-Gymnasiums in dem Märchen »Dornröschen« den König. Es ist eine Aufführung des Bonner Kindertheater Ur-Vereins. Fotografen und Kamerateams sind reichlich zugegen, denn im Parkett sitzen der Kanzler und seine Frau. Es ist der Tag der vorgezogenen Bundestagswahl, die nach dem gescheiterten Misstrauensvotum notwendig geworden war, weil die bröckelnde SPD/FDP-Koalition keine ausreichenden Mehrheiten mehr organisieren konnte. Im Publikum sitzt der Schauspieler und Regisseur Peter Meinhardt, der seit 1970 am Theater der Stadt Bonn Weihnachtsstücke inszeniert. Er erinnert sich an eine Aufführung, in der Rut Brandt ihn sprechen und ihm zu der gelungenen Inszenierung, die ihrem Sohn viel Freude bereitet hatte, gratulieren wollte. An ihrer Hand hing ein schmaler Junge, der unter seinem fransigen Pony nach oben linste. »Matthias schien mir in diesem Augenblick das bestbewachte Kind der Welt zu sein«, berichtet Peter Meinhardt, der bereits vor dem Treffen von den Leibwächtern kontaktiert worden war. Jetzt sitzt er inmitten des »Dornröschen«-Publikums, knapp hinter dem Kanzler, und verfolgt das Spiel der Kinder. »Nein, nein«, wehrt er ab, »von schauspielerischem Talent war da nichts zu entdecken. Matthias feixte die ganze Zeit, aber außer der Freude, auf der Bühne zu sein und eine glänzende Krone zu tragen, sah man nichts. Er war ein Kind, kein Schauspieler, das war natürliche Spielfreude. Sein Vater hat sich amüsiert.« An diesem Abend war Peter Meinhardt nur ein Zuschauer unter vielen, der in dieser Geschichte auch nicht wieder auftauchen würde, wenn sich die beiden nicht 1982 in Hannover erneut begegnen würden. Dort ist Peter Meinhardt, Jahrgang 1942, mittlerweile Dozent an der Hochschule für Musik, Theater und Medien geworden, wo Matthias Brandt von 1982 bis 1986 seine Schauspielausbildung absolviert. Aber zwischen der Dornröschen-Aufführung und dem Studienbeginn liegen zehn Jahre. Wo auf dieser Strecke bildete sich der Wunsch, fremde Leben zum Leben zu erwecken?

In seinen acht Jahren auf dem Venusberg, in den acht Jahren, in denen sein Vater zunächst Außenminister und dann Bundeskanzler ist, wird Matthias zum Medienkind. Da Peter in Berlin geblieben ist und studiert und Lars sich nur widerstrebend der politisch-journalistischen Observation fügt – immer häufiger lehnt er diesbezügliche Anfragen ab, immer seltener lässt er sich für Reportagen oder Homestorys gewinnen, in denen ein repräsentatives Familienidyll inszeniert wird –, muss Matthias die Rolle des Kanzlersohnes ausfüllen. Bevor die

Matthias Brandt als König in dem Märchenstück »Dornröschen« am 19. November 1972 in Bonn

Brandts nach Bonn zogen, waren es Peter und Lars, die den Bild- und Imagedienst versehen mussten, weil man sie medial hofierte oder ihnen nachstellte und zum Teil, weil es sich die SPD-Strategen wünschten. Doch diesem privat-politischen Bilderrahmen waren sie nun entwachsen, und nach ihrer Mitwirkung in »Katz und Maus« (1966) drängte es beide nicht, diesen Weg fortzusetzen. Matthias ist fünf, als er für die Medien und die Öffentlichkeit zum Politikerkinddarsteller wird, und er ist 13, als man ihn von diesem Amt vorläufig entbindet. Die kindliche Unbefangenheit mag zunächst dominiert haben, aber der aufgeweckte Junge wird im Lauf der Jahre beginnen, seine Rolle zu bedenken. Wo geht da ein Riss durch mich hindurch, wo ist der, der da für die Kameras lacht, ein anderer als der, der lieber woanders wäre, in seinem Zimmer, mit dem Freund im Garten oder auf dem Fußballplatz? Heli Ihlefeld schreibt in ihrem Buchprojekt über Rut Brandt 1970 über Matthias: »Der einzige der drei Brandt-Söhne, der es genießt, im Scheinwerferlicht zu stehen, ist Nesthäkchen Matthias. Er hat gerne Publikum und fragt nicht lange, aus welchen Motiven man sich für ihn interessiert. Er posiert freiwillig vor den Kameras, um die seine Brüder einen weiten Weg machen.« Das klingt so, als habe man es mit einem Kind zu tun, das die Aufmerksamkeit anderer, auch der von Fremden nicht scheut, sondern eher noch sucht. Ist das eine Spiel- und Darstellungsspur?

So sehr das Kind also bisweilen in den Blickpunkt drängt, Aufmerksamkeit bündelt, so sehr gewöhnt es sich daran, am Rand zu stehen, zuzusehen, wie der Vater eine Rolle ausfüllt, ins rechte Licht gerückt wird und im häuslichen Raum ein Stück aufführt mit dem Titel »Der Bundeskanzler regiert, empfängt Gäste und zieht das Kanzler-Kostüm wieder aus, wenn alle gegangen sind und die Familie ihn als Vater und Ehemann sucht«. Muss schwer gewesen sein, einer für alle und einer wie alle zu sein. Schließt sich eigentlich aus. Da blieben dem Kind, dem Jugendlichen sicher die Risse zwischen den vielfältigen Existenzen des Vaters nicht verborgen. Maria Ehmke, damals eine der Freundinnen von Rut und häufiger Gast bei den Brandts, erinnert sich an ein aufmerksames Kind: »Mattchen saß meistens auf der Treppe und beobachtete alles.« Diese Beobachtung korrespondiert mit einer Schilderung, die Matthias Brandt selbst dem Kind widmet, das er einmal war. Im Jahr 2005 kommt der Dokumentarfilm »Schattenväter« in die Kinos, in dem die Lebensläufe von Matthias Brandt und Pierre Guillaume parallelisiert werden. Für die Dreharbeiten besucht das Filmteam auch die Villa auf dem Venusberg, wo Matthias Brandt einen gewichtigen Teil seiner Kindheit verbrachte. Das Haus steht leer, steht zum Verkauf bereit, und der Schnee, der fällt, verstärkt die Atmosphäre von unwiderruflich vergangener Kindheit. Melancholie tropft von den kahlen Wänden. Matthias Brandt bleibt von dieser Stimmung nicht unberührt, er streift durch Garten und Haus und versucht, das Vergangene aufscheinen zu lassen. Im Treppenhaus hockt er sich hinter einen braunen Vorhang, blickt auf den leeren Vorplatz hinaus und rekonstruiert seinen Platz im Kanzler-und-Kind-Gemälde: »Man konnte hier (er setzt sich auf die Fensterbank, duckt sich in die Ecke) durchs Fenster gucken, wer da so kommt. Da fuhren die mit ihren Autos vor, da vor dem Eingang, man guckte, wer aussteigt, da unten (er zeigt abwärts durchs Treppenhaus) kamen die rein, und dann konnte man sich ziemlich gut hierhin setzen (er wechselt die Beobachterposition, rutscht auf die Stufen), wo die einen nicht sehen konnten, wenn die da rumliefen, konnte sie aber selber ganz gut sehen. Das habe ich, glaube ich, oft gemacht.«

Muss dem Kind diese Welt aus Politik, Leibwächtern, Fotografen, Kameraleuten, hohen Gästen, ernsten Gesprächen, aus Amt und Würden, aus Kulissen von Diplomatie und Konflikt nicht wie ein rätselhafter Zirkus erscheinen? Für die Dokumentation »Einige Tage im Leben des Willy Brandt« von Matthias Walden wird 1967 auch in der Villa auf dem Venusberg gedreht. Eine häusliche Szene bitte schön, Herr Brandt! Was haben Sie da anzubieten? Brandt spielt mit Rut und Matthias Memory. Der ganze Tisch ist bedeckt mit Kärtchen. Rut spielt Normalität. Willy wuchtig, schwer im Sessel, spielt Memory, als ob er verdrossen einen Brief von Herbert Wehner studiert. Das Kind ist unbefangen, spielt nicht, bewegt sich, ist munter, rum um den Tisch, Kärtchen aufgedeckt, Erzählmündchen. Vater brummt: »Mach nicht den Kaspar!« Und gleich noch mal: »Hör auf mit der Kasperei!« Wer ist der Kaspar? Das Kind spielt Memory. Die Erwachsenen spielen das

Bundeskanzler Willy Brandt mit Frau Rut und Sohn Matthias im Urlaub in Norwegen (undatiert)

Memory-Spielen und spielen Familie und spielen Bürde-Amt-Land und spielen »Ein Bundeskanzler ist auch nur ein Mensch!«

Was macht ein Kind, das in einem großen Haus lebt, in dem Menschen, die nicht zur Familie gehören (oder doch) merkwürdig verklumpen, sich sammeln und dann wieder zerstreut werden, was macht es, wenn die Familie sich nur selten kristallisiert und findet und sich dann in dem weitläufigen Haus wieder aus den Augen verliert, jeder in seinen Bezirk abwandert? Ein Haus, in dem der Vater fremd über den Flur schleicht, »Scheiße« vor sich hin murmelt, um sich dann hinter Büchern und Akten unsichtbar zu machen? Die folgende Episode erzählt Matthias Brandt mit unüberhörbarem Vergnügen: »Ich hatte als Kind, weil ich mich viel alleine mit mir beschäftigt habe, immer bestimmte Projekte am Laufen, zum Beispiel gab es das ›Zauberer-Projekt‹. Dafür habe ich in diesem seltsamen Haus das Zeug zusammengesucht, das ich brauchte. Ich wusste, dass mein Bruder Lars einen

Zylinder besaß und dass im Schrank meines Vaters ein Frack hängt. Ich klaubte alles zusammen, und weil ich nun in einem Haushalt mit vielen Rauchern lebte, war der Weg zu diesem Experiment nicht weit. Ich halte mal das Feuerzeug an den Vorhang, da wird das Feuer so hoch züngeln, und oben, so nahm ich an, wird es wieder ausgehen. Also stieg ich in den Frack meines Vaters, setzte den Zylinder auf, schloss mich in meinem ziemlich weit abgelegenen Zimmer ein und probierte ein bisschen herum, was so ging. Leider gingen die Flammen nicht mehr aus, stattdessen brannte plötzlich der ganze Vorhang. Da kam ich auf die bemerkenswerte Idee, das Feuer mit meiner Fahrradpumpe auszupusten. So stand ich in Frack und Zylinder vor dem brennenden Vorhang und fachte das Feuer so richtig an. Als ich merkte, dass das zu nichts führt, beschloss ich erst einmal, gründlich über die Aktion nachzudenken. Ich verließ mein Zimmer, schloss es ab und dachte wirklich angestrengt nach. So ging ich in tiefen Gedanken langsam in Richtung Küche, wo meine Mutter und Litti das Abendessen zubereiteten. Ein bisschen dauerte es noch, bis ich damit herausrückte, dass mein Zimmer in Flammen steht und ob mal jemand kommen könnte. Ja, da war richtig was los! Es wurde vom Badezimmer meines Vaters, das auf der gegenüberliegenden Seite lag, eine Kette mit Eimern gebildet, auch ein Feuerlöscher, den mein Bruder Lars besaß, kam zum Einsatz, schließlich war das Feuer aus, und ich musste erst mal ausquartiert werden, weil das Zimmer unbewohnbar war.«

Über der ganzen Episode liegt ein Hauch von Lillebror und Karlsson, ein Astrid-Lindgren-Tonfall. Natürlich hat er das Buch der eigenen Tochter vorgelesen. Lillebror, sagt er, sei eine wichtige Identifikationsfigur für ihn gewesen. Eintauchen. Abtauchen. Wegdriften. Lillebror, ein ganz gewöhnlicher Junge, wie Lindgren schreibt, der aber von sich selbst sagt: »Ich bin überhaupt kein gewöhnlicher Lillebror!« Kann ein Bundeskanzlersohn ein gewöhnlicher Junge sein oder muss er den gewöhnlichen Jungen spielen, weil alles andere ohnehin ungewöhnlich genug ist? Willy Brandt ist durch die »Kaspereien« seines Sohnes kaum aus seinen grüblerischen Untiefen zum Aufstieg in den Alltag zu bitten, seine Frau jedoch hat eine Dauerkarte für die kleinen Vorstellungen ihres Sohnes, sie lässt sich gern zum Lachen bringen.

Matthias Brandt in der Theater-AG des Nicolaus-Cusanus-Gymnasiums, Bonn 1980

Für die Freunde des übersichtlich-geordneten Lebensweges findet sich die nächste unverbrüchliche So-wurde-ich-Schauspieler-Station im Leben des Matthias Brandt auf dem Nicolaus-Cusanus-Gymnasium in Bad Godesberg. Dort wird der Gymnasiast 1979 Mitglied der Theater-AG. Er belegt den »Grundkurs Literatur mit praktisch dramaturgischen Anteil«, so heißt der benotete Theaterkurs, den Monika Romain leitet. »Nein«, sagt seine Lehrerin, die selbst als Schülerin Theater spielte, »seine Note werde ich nicht verraten, auch dann nicht, wenn Matthias seine Zustimmung gibt. Aber was ich Ihnen sagen kann, ist, dass er ein verschmitzter Typ war, keiner, der sich so ausschüttete vor Lachen. Er lachte nicht oft, und er lachte auch nicht laut oder übertrieben, sondern er schmunzelte. Bei den Proben zeigte er keinen übertriebenen Ehrgeiz, eher Understatement, er war bei seinen Mitschülern sehr beliebt, weil er einen guten Humor besaß. Und Matthias war ein guter Teamer, der wollte nicht hervorstechen.«

Am 18. September 1980 feiert die Inszenierung von »Vom Soldaten, der Schauspieler wurde« in der Aula des Gymnasiums Premiere. Der Eintritt beträgt 2 beziehungsweise 4 Mark. Matthias Brandt spielte in diesem antimilitaristischen, pazifistischen Stück von John Arden den Clown einer Wandertheatertruppe, der überlegt, wie er den Zauberer Merlin spielt: »Ich will Ihnen was sagen: Ich werde ihn schon hinkriegen. Ich mache da so einen zerstreuten Professor-Typ draus – immer klappt es nicht mit seinen Zaubersprüchen, und immer verliert er seine

Brille, auf diese Art.« Matthias Brandt hat keine ausgeprägte Erinnerung an diese Inszenierung. Warum nicht? Als ich ihm ein Foto zeige, das seine Lehrerin mir zur Verfügung gestellt hat, der spindeldürre Gymnasiast sitzt in der Maske und wird gerade zum Clown verwandelt, ist er aufrichtig verblüfft, wie sehr die Situation auf dem Foto seinem heutigen Berufsalltag ähnelt. »Alles schon da!«, sagt er knapp.

Tatsächlich hat er in zahlreichen Interviews zu seinem Lebensweg die Theater-AG nie erwähnt, bisweilen sogar erzählt, er habe auf der Schule nie Theater gespielt. Matthias Brandt hat seinen Weg zum Schauspieler in der Öffentlichkeit immer folgendermaßen skizziert: Er wisse selbst nicht genau, woher dieser mimetische Impuls stamme, jedoch habe er sich diesen Wunsch selbst angeeignet, habe allein in seinem Zimmer und ohne dass es jemand mitbekam, Rollen einstudiert, ja, er habe sich eine Decke über den Kopf gezogen und seinen Text geflüstert, damit niemand auf ihn aufmerksam wurde.

Es gibt keinen Grund, an dieser Geschichte zu zweifeln.

Warum zieht einer die Decke über den Kopf, der sich einem Publikum zeigen will? Warum verhüllt sich einer, der doch auf die Bretter will, die die Welt bedeuten, und warum beginnt einer zu flüstern, dessen Stimme man doch noch in der letzten Reihe des Parketts vernehmen soll? Als Matthias sich entschloss, Schauspieler zu werden, war Peter bereits promovierter Historiker, und Lars Brandt studierte beflissen Politikwissenschaft. Kanzler-Söhne wurden bis dahin Rechtsanwälte, Unternehmer, sie wurden was Ordentliches, was Bürgerliches, einen schauspielernden Kanzlersohn hatte es bis zu diesem Zeitpunkt noch nicht gegeben, und dass die Söhne von Helmut Kohl bei ihrem Vater kaum Gegenliebe gefunden hätten, wenn sie sich zu einer »theatralischen Sendung« bekannt hätten, leuchtet jedem ein, der die Familienbilder der Kohls vor Augen hat. Matthias Brandt nahm mit diesem Berufswunsch also durchaus eine ebenso exotische wie exponierte Stellung ein. Übrigens hatte das »Nesthäkchen« gerade begonnen, den »klassischen« Weg eines Kanzlersohnes einzuschlagen und sich nach dem Abitur in Bonn für Jura immatrikuliert, doch die Materie ließ ihn kalt.

Als mir Matthias Brandt erzählte, wie er sich für die Aufnahmeprüfung vorbereitet hatte, flüsternd, sich einigelnd, sich duckend, hatte ich die Szene – ohne weiter nachzudenken – immer auf dem Venusberg angesiedelt, in der Kanzlervilla, sie schien da irgendwie hinzugehören in diese merkwürdige Aura aus Macht und Ohnmacht, Verkapselung, Stille, Leben, Trubel und gestautem Gefühl. Doch tatsächlich spielte sich die Szene in der Wohnung ab, in die Matthias mit seiner Mutter nach der Trennung der Eltern zog, eine schöne Altbauwohnung in der Bonner Südstadt. Die Wohnung war zwar geräumig, aber doch bot sie nicht mehr diese Fluchten, Winkel und Rückzugsorte wie die Kanzlervilla, und hier lebte Mathias allein, mit seiner Mutter. Verbarg sich der Sohn vor seiner Mutter? Matthias ist bestimmt der Sohn, zu der Rut Brandt das innigste Verhältnis aufbaute. Sie brachte ihn in einer sehr krisenhaften Phase ihres Lebens zur Welt. Ein Wendepunkt. Sie sagte mit ihm noch einmal ganzen Herzens »Ja« zur Familie und ihrem Mann, sie schöpfte neue Hoffnung, ja, sie ließ sich mit dem neuen Kind auch noch einmal mehr auf die Bundesrepublik ein, sie machte sich dieses Land, das ihr in Peters und Lars Jugend noch sehr fremd gewesen war und das sie oft Richtung Norwegen verließ, stärker zu eigen. Vor allem mit ihm durchlebte sie die Bonner Jahre, während sich Lars in dieser Zeit von ihr entfernte und Peter in Berlin sein eigenes Leben lebte. Das »Nesthäkchen« brauchte sie, er war noch Brücke zwischen ihr und ihrem Mann, er füllte den Begriff Familie mit Leben, so wie er dieses komplizierte, verschwiegene, aber doch auch vielsprachige Haus mit Leben erfüllte. Sie war bedingungslos auf seiner Seite, aber sie erwartete auch, dass er seinen Weg ernst nahm und ihn ernsthaft beschritt. Dass ihre Kinder sich bildeten, dass sie etwas wurden, war ihr wichtig. Durfte ihr Jüngster sicher sein, dass sie seine Entscheidung, Schauspieler zu werden, begrüßte? Rut Brandt war ihren Söhnen eine sehr zugewandte, fürsorgliche Mutter, aber sie war eher eine fröhlich-patente Kameradin als eine emotionale Bergungsmacht und Rettungswacht. Sie war herzlich, auch liebevoll auf ihre Art, sie konnte aber auch sarkastisch sein, sie konnte Luftschlösser mit einer trockenen Bemerkung komplett entlüften, es fiel nicht leicht, ihr zu imponieren, und wenn sie etwas langweilte, sagte sie das frank und frei heraus, ohne ihre Ablehnung hinter verbaler Kosmetik zu verstecken.

Man musste – auch als Sohn – vor ihrer ganz unsentimentalen Art auf der Hut sein. Es ist daher vielleicht ratsam, seinen zart keimenden Enthusiasmus für eine Idee erst einmal in aller Stille zu züchten und hochzuziehen, damit er sich nicht vor der Zeit behaupten und Kritik aussetzen muss.

Möglicherweise spielt aber ein anderes Motiv eine größere Rolle. Matthias Brandt war einige Jahre Medienliebling und gehörte zu den meistfotografierten Prominentenkindern der Bundesrepublik. Eine der frühesten Erinnerungen betrifft so eine inszenierte Szene. Das sechs- oder siebenjährige Kind besucht mit dem Vater Pützchens Markt, ein altes Bonner Volksfest. An einer Losbude darf das Kind tief in die Lostrommel greifen, zehn Lose werden gekauft. Die Fotografen zücken ihre Apparate. Niete um Niete um Niete. Nüscht. Kein Gewinn. Die Meute ist ungeduldig. Dem Kind wird die Lostrommel noch mal hingehalten, los, Junge, zieh! Und dann muss das Kind so lange ziehen, bis es etwas gewinnt, was die Presse entzückt. Ohne dass das Kind genau sagen kann, was ihm nicht behagt, ist das doch als Szene in unangenehmer Erinnerung geblieben.

Das Kind war bekannt, ohne eigenes Zutun. Matthias war der Sohn des Bundeskanzlers, der ohne Scheu auftrat. Es war die Zeit, bevor die Rote Armee Fraktion (RAF) durch ihre Anschläge ein Klima der Angst und ständigen Bedrohung schürte, und es war die Zeit, bevor Prominente mit Medienanwälten jede Berichterstattung über ihre Kinder zu deren Schutz unterbanden. Dieser Lebensabschnitt lag nun hinter Matthias, diese vielfotografierte, vielgefilmte Familie, in der er der Kanzlersohndarsteller war. Jetzt galt es, einen eigenen Weg zu finden, eine eigene Rolle außerhalb des inszenierten Familienbildes anzustreben. Dieses In-sich-selbst-Verschwinden, sich In-sich-selbst-Hineinwühlen, um sich aus etwas herauszuwühlen, sich absondern und in eine Materie, eine Idee, ein Projekt hineinkriechen, ist ein psychischer Vorgang, ein Selbstfindungsprozess, der allen Söhnen eigen ist. Peter, Lars, Matthias. In verschiedenen Graden müssen sie sich abschnüren vom Draußen, um sich – in einem selbstgesteckten Kosmos der kleinen Etappen und Schritte – auf ihre Wegmarken zu besinnen. Unter die Decke. Abdunkeln. Suchscheinwerfer einwärts. Die rasseln nicht mit dem Säbel, die marschieren nicht aufs Ziel los, sondern die Söhne betreten die Bühne vorsichtig vom Rand.

In diesen Schlupf- und Brutjahren, in dieser Phase, in der es in einem jungen Menschen gärt, ist Matthias Brandt mit Chun Mei Tan liiert, das Kind einer Holländerin und eines Chinesen, der in Bonn zwei legendäre China-Restaurants betrieb. Sie haben sich 1978 zusammengetan und bleiben drei Jahre ein Paar. Sie ist ein Energie- und Aufruhrbündel, Musterschülerin und Schülersprecherin, keine pflegeleichte Mitläuferin. Jammerland, denkt sie, als sie mit 16 Jahren nach Deutschland kommt. Sie hat keine glatte Biographie, aber sie beißt sich durch. Nicht glatt sein, rau sein, innerlich auf Achse, das kann Matthias Brandt teilen, obgleich sie sehr verschieden ticken. Chun Mei erinnert sich daran, dass auch Matthias sich von seinen Mitschülern absetzte. Die blutigen Tage des Deutschen Herbstes schockieren das Land. Ein palästinensisches Terrorkommando entführt die »Landshut«, um die RAF-Gefangenen in Stammheim freizupressen. Helmut Schmidt lässt die Spezialeinheit GSG-9 das Flugzeug stürmen, die Geiseln werden befreit, drei der vier Geiselnehmer werden getötet. In Stammheim nehmen sich daraufhin Jan Carl Raspe, Gudrun Ensslin und Andreas Baader das Leben. In der Klasse auf dem Cusanus-Gymnasium wird die Aktion der GSG-9 überwiegend begrüßt. Unsere Jungs! Sind das nicht Helden!? Matthias jedoch ist entsetzt. »Was für ein Fehler!«, sagt er, viele Menschen sind umgekommen, gar nichts ist gut! Auch in einem anderen Fall geht er auf Distanz zu Verhaltensweisen, die ihm unheimlich sind, die ihn befremden. Chun Mei engagiert sich vehement als Schülervertreterin. Die inneren Reformen, die die Brandt-Regierung angestoßen hat, erreichen jetzt auch die Schulen. Schüler- und Elternsprecher sprechen selbstbewusst in den Gesamtkonferenzen mit, die aufsässigen Schüler klopfen die Schulstatuten und Schulgesetze auf juristische Fehler ab, Forderungen nach Liberalisierung und weitergehender Mitbestimmung werden erhoben. Die kritischen Schüler laden Politiker wie Horst Ehmke als Referenten ein, sie gründen ein Schülercafé und zwingen den Schuldirektor am 9. November 1978, der Novemberpogrome von 1938 zu gedenken. »Das ist Ihre Geschichte«, wird dem Direktor, der ein Nazi gewesen sein soll, vorgehalten. »Wir«, erinnert sich Chun Mei, »galten als die Terroristen!«

Eines Tages wird ein Lehrer beschuldigt, eine Schülerin geschlagen zu haben. Der Fall wird in einer Schulkonferenz behandelt, der beschuldigte Lehrer beschwört seine Unschuld, bricht in Tränen aus. Matthias, der als stellvertretender Schülersprecher an der Konferenz teilnimmt, betrachtet die Szene mit gemischten Gefühlen. Das also kann Politik auch sein, eine Form der Gewalt, die Menschen klein macht und demütigt. Er geht innerlich auf Distanz zu dieser Art von Auseinandersetzung, zieht sich auf einen Beobachterposten zurück.

Chun Mei erlebt Rut Brandt als »würdevolle, selbstbewusste Frau«, die Eigeninitiative beweist, nicht auf ihren Mann wartet, sondern eigene Wege geht. »Wie haben Sie«, frage ich Chun Mei Tan, »Willy Brandt bei gemeinsamen Treffen erlebt, hat er sie zur Kenntnis genommen, hat er sich für ihre Geschichte interessiert?« – »Ich denke, da war wenig Platz in ihm, um sich für mich zu interessieren. Ich hatte das schon mit meinem Vater erlebt, der auch dieser Generation der unerreichbaren Väter angehörte. Denen war so viel zugestoßen, die hatten so viel erlebt und mitgemacht … ich bin in dem Bewusstsein aufgewachsen, dass es ein Fehler wäre, zu erwarten, dass sich mein Vater für mich interessiert, da war kein Platz für einen Konflikt, so habe ich Brandt auch gesehen, ein unerreichbarer, aber kein wirklich autoritärer Vater, einfach sehr fern. Für diese Generation musste es immer vorwärtsgehen, damit man überlebte.«

Nach dem Abitur 1981 gönnt sich Matthias Brandt ein »Nichtstuerjahr«, wie er sagt, ein experimentelles Träumen, Suchen, Fühlen. Seine Mutter zieht nach Kopenhagen, er bezieht die erste eigene Wohnung. Er liegt in diesem Sommer viel am Rhein, liest Romane wie den »Doktor Faustus«, die er »nur zur Hälfte versteht«, saugt aber aus den unverstandenen Partien Fliehkräfte eigner Art, päppelt Wünsche auf, studiert faktisch eine Woche lang Jura, was ihm reicht, um zu wissen, was er nicht will: Paragraphen und Akten reiten, anderer Leute Streit streiten.

Sommer
Van Nelle: Selbstgedrehte rauchen
Theolonius Monk hören
Papierene Plattenhüllen auf den Kopf stecken
Im »Maddox« abhängen
Zum Frank-Zappa-Konzert nach Köln
»Der Fänger im Roggen« lesen
Gegen die Nachrüstung demonstrieren (eher beiläufig)
Nachts ins geschlossene Schwimmbad einbrechen
Nach Amsterdam fahren oder nach Köln
Woody Allen adoptieren
Die Plattenabteilung bei »Saturn« auf den Kopf stellen

Was er will? Geschichten erzählen? Schließlich besinnt er sich wieder auf die Welt unter der Decke, auf die ins Kissen genuschelten Texte, nimmt die Theaterwelt näher in Augenschein: »Ich war Komparse am Bonner Stadt-Theater, wo mir die Oper zunächst wesentlich besser gefallen hat als das Schauspiel. Mir gefiel die Musik, und die Kostüme fand ich auch besser. Dieses Grüppchen der Komparsen bestand aus einer Truppe von ›Taugenichtsen‹ (lacht), die sich ihre zwanzig Mark am Abend verdienten, und mit einem Helm auf dem Kopf und einem Speer in der Hand in der Kantine saßen und Skat spielten. Diese Seltsamkeit gefiel mir. Auf der anderen Seite hat mein Wunsch, Schauspieler zu werden, damit zu tun gehabt, dass mich diese Schauspielerwelt beeindruckt hat. Ich sah die zwar nur aus der Ferne, ich kenne auch deren Namen nicht mehr, aber wie die so am Pförtner vorbeigegangen sind, den Schal lässig umgeworfen und mit Stütze ihr ›Guten Abend!‹ hinschmetterten, das fand ich großartig. Ich glaube, dass ich zuallererst Schauspieler werden wollte, weil ich so locker am Pförtner vorbeigehen wollte. Es wäre gelogen zu sagen, ich wollte Schauspieler werden, weil mir der ›Faust‹ so gut gefallen hätte. Das hatte viel mehr mit diesen atmosphärischen Sachen zu tun oder damit, dass ich dachte, das muss sich toll anfühlen, ein Schauspieler zu sein. Dann ist man was und wer.«

Als Matthias Brandt zur Schauspielprüfung in Hannover antritt, ist er einer von vielen, sehr vielen. Auf zwölf Plätze bewerben sich etwa 1000 Kandidaten. Schauspielschulen beerdigen Träume. In dem Team, das die Studienplätze vergibt, sitzt auch Peter Meinhardt. Dass dieser spillrige Schlacks, der da zur Tür hereinkommt, Matthias Brandt aus Bonn ist, jener Junge an der Hand von Rut Brandt, ahnt der Dozent nicht. Der hat auch nicht mehr viel gemeinsam mit dem fröhlichen König aus Dornröschen, der steckt jetzt eher in einem melancholischen Anzug. Was er vorspielt? Er hat sich den Kostja Treplew ausgesucht, jenen angehenden jungen Schriftsteller aus Tschechows »Die Möwe«, der davon träumt, eine neue Form des Schreibens zu erfinden, aber am Leben verzweifelt, weil seine Mutter ihn nicht ernst nimmt und eine Geliebte ihn verlässt. Ein verzweifelter, junger Mann auf der Suche nach emotionaler und künstlerischer Heimat. »Sie haben«, klagt er, »Ihren Weg gefunden, Sie wissen, wohin Sie gehen, ich aber quäle mich noch immer mit einem Chaos von Gebilden ab, ohne zu wissen, wozu und für wen das nötig ist. Ich glaube nicht, und ich weiß nicht, was mein Beruf ist.« Der Kandidat flüstert. Ja, ja, schön und gut, aber könntest du das vielleicht wiederholen? Oder warte mal, wir kommen jetzt ein Stückchen näher zu dir, nehmen unsere Stühle, und bitte, fang doch noch mal an! »Er spielte«, erinnert sich Peter Meinhardt, »kaum hörbar, er war sehr bei sich, aber nicht ohne Ausstrahlung, unkonventionell, fast privat, sehr leger, unterster Lautstärkepegel, wir mussten ganz nah an ihn heranrücken, um ihn zu verstehen, aber niemand hat gesagt, jetzt sprich doch bitte mal lauter. Er war stilistisch unverdorben und rannte niemandem hinterher, man spürte da keine Kopie. In einem anderen Teil der Prüfung nahm er an einer Gruppenarbeit teil, da müssen dann vier oder fünf Leute eine kleine Szene improvisieren. Das Stück, das die dann spielten, hieß »Wasserrohrbruch am Heiligen Abend«, und Matthias spielte einen Frosch, der aus dem Rohr sprang. Das war herrlich verdreht. Er ist übrigens ein ganz skurriler Komödiant, der hochgradig verrückte Sachen machen kann. Ich hab mich manches Mal weggeworfen vor Lachen, weil er die Katastrophen eines Menschen so wunderbar zünden lassen kann, diese Seite sieht man in seinen Fernsehrollen gar nicht so. Übrigens musste er oft schlucken, fast nach jedem Wort, nach jedem Halbsatz schluckte er, so als ob er vielleicht zu oft etwas runterschlucken musste?« Den letzten Satz lässt sein Schauspiellehrer, der stolz ist auf seinen Matthias, mit einem dicken Fragezeichen ausklingen. Niemand von den Kollegen habe gewusst, wer denn dieser Flüsterjunge war. Erst als Peter Meinhardt noch einmal den unauffällig gehaltenen Lebenslauf des Kandidaten studiert, geht ihm auf, wer da den Kostja gegeben hat. »Wisst ihr, wen wir da gerade aufgenommen haben?«, fragt er seine Kollegen. Man verabredet, nichts nach außen dringen zu lassen, doch am nächsten Tag ruft die »Bild«-Zeitung: »Brandt-Sohn studiert in Hannover«. Die Aufregung legt sich schnell. Und Matthias Brandt passierte vermutlich das Beste, was ihm zu diesem Zeitpunkt passieren konnte, er wird von der Öffentlichkeit vergessen. »›Du bist hier nicht als Sohn von Willy Brandt aufgenommen worden!‹, hab ich Matthias zu Beginn seiner Ausbildung gesagt, und da war er sehr dankbar.«

Wie fühlt man sich als angehender Schauspielerschüler?

»Ich hatte die Schauspielprüfung im Juli 1982 bestanden und hatte dann Zeit bis zum 1. Oktober, wo das Studium anfing. Mit einem derartigen Selbstbewusstsein bin ich in meinem ganzen Leben nie wieder durch die Gegend gelaufen. Ich dachte, ich sei der Größte, das war eine großartige und wichtige Erfahrung, denn ich hatte das erste Mal das Gefühl, mich durch eine eigenständige Leistung von den anderen abgehoben zu haben. Das konnte man auch den Eltern gut verkaufen, das leuchtete ihnen sofort positiv ein. Da haben sich fast 1000 Leute beworben! Eltern denken dann, klar, ist ja unser Sohn, wundert uns nicht, dass der genommen wurde. Da besitzt man ihnen gegenüber natürlich eine gute Position. Und dann fängt dieses Studium an und nach einer Woche haben sie dich auf Zwergenformat zurechtgestutzt.«

Vier Jahre Hannover.

Gäbe viel zu erzählen.

Wo anfangen?

Kurz bleiben!

Der junge spillrige Mann muss/will ein bisschen fester im Wind stehen. Muskeltraining, bisschen. Hat einen Hund, den nennt er

»Phoebe«, so heißt die kleine Schwester von Holden Caulfield, mit der der verloren-verlassene Held auf seiner nächtlichen Odyssee durch New York gern sprechen würde, doch die kleine Schwester liegt längst im Bett. Mit Phoebe spricht Matthias in Geheimsprache. Gibt das Kommando »Hautcreme« und meint »Ab nach draußen!«. Matthias heißt jetzt Matze. Trägt einen Ohrring, das wundert den Vater wohl, der sagt aber nichts, brummt nur mal was zu einem Referenten, was der aber auch nicht wirklich versteht. In der WG verschenkt »Matze« ab und an Zigarren, die aus Kuba angeflogen kommen, von Fidel für Willy. Einmal lässt sich »der Alte« blicken, hat gerade hier zu tun und sieht Matthias als »Ariel« in Shakespeares »Der Sturm«, es ist eine Jahrgangsarbeit. Und schließlich die Abschieds- und Abschlussvorstellung: Das historische Skandalstück »Das Liebeskonzil« von Oskar Panizza. Matthias Brandt spielt den Papst: »Den Papst muss ich spielen!«

Peter Meinhardt hat eine Videoaufzeichnung der Abschlussprüfung archiviert. Wir schauen uns die recht undeutlichen Bilder an. Matthias Brandt wird beinahe von seinem gewaltigen Papst-Kostüm verschluckt. Vorlauf. Die Vorstellung ist vorbei, Beifall brandet auf, die Schauspieler gehen ab, ziehen sich in die Garderobe zurück, doch die Kamera bleibt am Ball, denn jetzt heißt es auseinandergehen, jetzt ist das Studium vorbei, jetzt wird der Jahrgang in alle Himmelsrichtungen verstreut, wer schafft es, wer scheitert, wer geht andere Wege? Die Stimmung ist gemischt, Freude, Erschöpfung, euphorische Melancholie, die Studenten schminken sich ab. Da kommt auch Ute Heidorn ins Bild, Matthias Brandts damalige Freundin und seine spätere Frau. Sie stammt aus Hannover und beginnt ihr Schauspielstudium ein Jahr nach Matthias. Die jungen Schauspielschüler fallen einander sofort in die Augen, stürzen einander ins Herz, Oktober 1983, und verlieren keine Zeit, ein Paar zu werden. Weil es sich gut und richtig anfühlt, zusammen zu sein, ziehen sie bald zusammen.

Die Familie Brandt, erzählt Ute Heidorn, das sei für sie in erster Linie Rut Brandt gewesen. Lars und Peter lernt sie nur flüchtig kennen, auch die wenigen Begegnungen mit Willy Brandt bleiben wenig eindrücklich, umso lebendiger steht ihr Rut Brandt vor Augen: »Einen herzlicheren Menschen als Rut Brandt habe ich selten getroffen. Sie war die Familie Brandt für mich, und sie war es auch, die meine Eltern kennenlernen wollte. Ich habe mich bei diesem Zusammentreffen zunächst ein bisschen geschämt, weil ich aus einem richtigen Malocher-Haushalt stamme, mein Vater arbeitete als Schlosser bei VW, aber Rut waren gesellschaftliche Schranken vollkommen gleichgültig. Rut Brandt hat den Sozialismus nicht gepredigt, die hat ihn gelebt. Sie war eine große Seele von Mensch, und als wir uns das erste Mal in Kopenhagen trafen, hat sie mich gleich in die Arme geschlossen.«

»Wie hat Matthias Brandt damals auf Sie gewirkt?«

»Matthias war ein sehr empfindsamer, auch ein schüchterner Mensch. Wenn er im Studium in falsche Hände geraten wäre, wäre aus ihm vielleicht kein Schauspieler geworden, denn Schauspieler leben von ihrer Empfindsamkeit und müssen sie schützen, andererseits dürfen sie sie auch nicht einmauern, sonst bleibt die Empfindsamkeit unsichtbar. Vielleicht ist Matthias in seinem Beruf dem Vater auch näher, als er denkt, denn Willy Brandt war auch ein großer Schauspieler, einer, der sich im Beifall badete. Matthias hat sich eine große Empathie für andere bewahrt, das zeichnet ihn auch als Schauspieler aus, Empathie für andere Leben.«

Matthias Brandt und Ute Heidorn bleiben nahezu sechs Jahre lang ein Paar. Nachdem sie fünf Jahre zusammen sind und manches geteilt haben, was man nicht allein austragen möchte, finden sie, dass man ebenso gut heiraten könne, und so treten sie in Wardenburg bei Oldenburg vor den Standesbeamten. Keine Eltern, keine Freunde, nur Trauzeugen. Ein paar Wochen nach der Hochzeit wissen beide, dass man manchmal heiraten muss, um zu erkennen, dass man fortan besser auf getrennten Wegen durchs Leben geht. Dennoch bleiben die beiden einander freundschaftlich verbunden, haben es auch nicht eilig mit der Scheidung, die erst im Dezember 1995 »im Namen des Volkes« in Berlin ausgesprochen wird.

»Eine Anekdote«, sagt Ute Heidorn, die heute in Innsbruck lebt und arbeitet, »will ich Ihnen noch erzählen, weil ich sie so nett finde. Mein Vater war ein richtiger Sozialdemokrat, wenn der Willy Brandt kennengelernt hätte …? Er ist auch immer auf die Kundgebungen zum 1. Mai gegangen. Als Matthias und ich Willy Brandt einmal in Unkel besuchten, bekamen wir etwas geschenkt. Es gab in dem Haus einen eigenen Raum, in dem sich nur die Geschenke stapelten, die sein Vater immer bekam. Und dann griff Brandt nach einem Zigarrenkistchen mit echten Havanna-Zigarren von Fidel Castro. Die Zigarren haben wir dann meinem Vater mitgebracht, und der hat sie mit nach Stöcken ins VW-Werk genommen. In der Mittagspause hat er die Kiste reihum gehen lassen, und dann saßen die Malocher dort und qualmten die dicken Dinger aus Kuba.«

Die erste Theaterstation von Matthias Brandt heißt Oldenburg. Seine glücklichste Theaterzeit. Oldenburg ist eine kleine Großstadt im nördlichen Niedersachsen. Stolz ist man hier auf die schmuckstübchenhafte Fußgängerzone, die 1967 die erste flächendeckende Fußgängerzone der Bundesrepublik war. Es ist ein familiäres Flanieren, man geht im Kreis, und wenn man das dritte Mal an jemandem vorbeikommt, hat man das Gefühl, ihn und die halbe Einwohnerschaft gut zu kennen. Die Stadt besitzt eine agile Universität, ein barockes Schloss und ein traditionsreiches Theater. Ein unaufgeregtes Städtchen, dessen Bewohner immer noch den letzten Großherzog von Oldenburg verehren, den Grafen Anton Günter, ein Pferdenarr, der durch seine kluge Neutralitätspolitik vermied, dass die Stadt in die Kämpfe des Dreißigjährigen Krieges hineingezogen wurde. Selbst im Abgehen ließ er sich Zeit. Man bestattete ihn in einem Schausarg, so dass seine Untertanen dem Toten beim allmählichen Verschwinden zusehen konnten. Dieses Moment der Allmählichkeit prägt das Städtchen bis heute: Abwarten und Tee trinken.

Wer über Jahrhunderte seinen Stolz auf einen sich langsam auflösenden Großherzog pflegt, lässt sich auch wenig von einem Bundeskanzlersohn beeindrucken, der hier als Schauspieler seine Laufbahn beginnt. In der »Nordwest-Zeitung«, die Groß-Herzogin unter den hiesigen Zeitungen, findet sich kein Hinweis darauf, wer hier gerade aufschlägt, auch nicht bei der Vorstellung der neuen Kräfte am Oldenburgischen Staatstheater. In keiner der Kritiken oder Kurz-Porträts über Matthias Brandt habe ich einen Hinweis gefunden, aus welcher Familie er stammt. Er spielt in Oldenburg gleichsam inkognito, obschon jeder im Ensemble wusste, woher er stammte und wer seine Eltern sind, zum Dauerthema taugt es im Theateralltag nicht. Matthias Brandt findet sich leicht ein: »Das Staatstheater in Oldenburg war das einzige Theater, wo es mir wirklich gefallen hat. Da war ich fast drei Jahre, an keinem anderen Theater habe ich es später länger ausgehalten. Ich mochte die Stadt sehr, und das Theater war ein funktionierendes Provinztheater unter der Intendanz von Herbert Häckermann. Ich hatte das Gefühl, dass dort ein Plan dahintersteckt, und es gab Menschen, die sich meiner angenommen und mir eine Orientierung gegeben haben. In Oldenburg konnte ich als Anfänger wirklich etwas lernen, später gab es nie wieder einen Regisseur, an dem ich mich orientiert habe, es gab nur Momente, die einleuchteten oder nicht. Es ist ja nicht so leicht in diesem Beruf, denn der Schauspieler sucht immer einen, der ihn erlöst. Man spürt als Schauspieler permanent den Mangel der eigenen Leistung, und deshalb sucht man immerzu nach jemandem, der einem zeigt, wie es geht. Für einen jungen Schauspieler ist es irrsinnig wichtig, dass er irgendwo Halt findet. Da fühlte ich mich später oft allein gelassen, das soll kein Vorwurf sein, es liegt sicherlich auch in meiner Person begründet, aber es war schwierig für mich, immer diese Empfindung von Mangel auszuhalten. Es wäre für meine Entwicklung wichtig gewesen, dass da jemand genauer hinschaut und sich meiner annimmt.«

Rut Brandt hat den Weg ihres Sohnes aufmerksam verfolgt und ihn begleitet. Sie ließ es sich nicht nehmen, zu vielen Premieren anzureisen, zumindest dann, wenn Matthias größere Rollen übernahm. Willy Brandt hat seinen Sohn nur einmal am Theater erlebt. Es war im Frühjahr 1988. Der 7. Mai war ein Samstag, und Willy Brandt hatte an der Carl-von-Ossietzky-Universität eine Rede zu halten, die der Nobelpreiskampagne für den politischen Häftling galt. Brandt selbst hatte sich in Norwegen an dieser Kampagne beteiligt, er blickte an diesem Tag also weit zurück in das eigene Leben. Am Abend, um 19 Uhr 30, stand ein Besuch im Staatstheater auf dem Programm. Da dieser Termin sehr spontan zustande kam, war das Theater in heller Aufregung. Die hierarchischen Spitzen waren ausgeflogen, der Intendant und der Chefdramaturg verreist, wer würde den Altkanzler begrüßen? Schließlich fand sich der aus häuslicher Ruhe aufgeschreckte Verwaltungsleiter Wilfried Scholz. Auf dem Spielplan stand Arthur Millers »Hexenjagd«, keine Premiere, eine normale Repertoire-Vorstellung. Wilfried Scholz denkt gerne an diesen Abend zurück: »Es war wie bei einem Staatsbesuch. Ich nahm Willy Brandt in Empfang. Matthias hatte für ihn zwar Karten besorgt, aber das waren ganz normale Steuerkarten, dritter Rang oder so, und Matthias hatte die selbst bezahlt und nicht gesagt, für wen die sind. Die wurden mir dann kommentarlos von einem Sicherheitsbeamten zurückgegeben, und wir haben Brandt schließlich in der Loge des Großherzogs untergebracht, das war natürlich der beste Platz im Theater. In der Pause fragte ihn meine Frau, ob er nicht rauchen wollte, woraufhin er sagte: ›Müsste man nicht, könnte man aber.‹ Dann hat er in Windeseile drei Zigaretten geraucht. Ich fand, er besaß eine starke Aura.«

Zu Beginn der Vorstellung war das Publikum noch ganz aufgeregt gewesen, denn es hatte sich schnell herumgesprochen, wer da oben saß, und die Köpfe drehten und wendeten sich, jeder wollte zumindest einmal den großen Mann gesehen haben. Aber im Laufe der Aufführung verflog die nervöse Unruhe, und alles ging seinen gewohnten Gang. Als der Vorhang fiel, brandete Applaus auf, das Ensemble verbeugte sich. Matthias hatte eine kleine Rolle, im Mittelpunkt des Interesses stand der Hauptdarsteller Rudolf Bellgrasch. Willy Brandt zog den Vorhang, der ihn vor den Blicken schützte, beiseite, stand auf und applaudierte Bellgrasch stehend. Standing Ovations!

Bellgrasch hat sich schon lange aus dem Beruf zurückgezogen und lebt seit Jahrzehnten auf der griechischen Insel Samothraki, sein Lebenstraum. »Dass Willy Brandt aufstand und mir applaudierte, er stand als Einziger, hat mich stolz gemacht. Ob ich abgelenkt war durch ihn oder die Publikumsreaktionen? Nein, wissen Sie: Wenn man die Hauptrolle spielt, ist das scheißegal, wer da sitzt – man spielt!«

Matthias Brandt war es nicht egal. Er fühlte sich beeinträchtigt, er ärgerte sich, dass der Vater alle Blicke auf sich gezogen hatte, weil er die Kollegen in ihrer Konzentration gestört glaubte. Es war ihm, der nicht als Brandt-Sohn auffallen wollte, unangenehm, ja nahezu peinlich. Sicher wollte er auch nicht auf seine Vergangenheit reduziert werden, wo er sich doch gerade eine Gegenwart erspielte. Er bat seinen Vater daher eindringlich, ihn mit solchen Besuchen bitte nicht mehr zu beehren. Der vieleingespannte Willy Brandt hielt sich daran.

Den größten Erfolg feierte Matthias Brandt in Oldenburg in George Taboris Stück »Mein Kampf«, das von Helm Bindseil inszeniert wurde und am 21. Mai 1989 Premiere hatte. Er spielt den jungen Obdachlosen Adolf Hitler, der in einem »Männerasyl« von Schlomo Herzl (Rudolf Bellgrasch) unter die fürsorglichen Fittiche genommen wird. Der Theaterfotograf Peter Kreier, der Matthias Brandt damals bei der Generalprobe fotografiert, ist beeindruckt: »Ich war natürlich gespannt, der Sohn des Bundeskanzlers als Hitler? Und dann hat es mir und einem Kollegen fast den Atem genommen, als wir ihn da spielen sahen. Das war Hitler! Er machte kein Monster aus ihm, sondern einen Menschen, ein ganz sympathischen Menschen, der aber auch dämonisch sein konnte. Mein Kollege ist Engländer und hatte als Kind noch die Bombardierung von London miterlebt. Der war wirklich richtig erschüttert, fix und fertig!« Der Kritiker der »Nordwest-Zeitung« attestiert: »Herausragend die schauspielerische Leistung von Matthias Brandt, der den theatralischen Redestil Hitlers großartig brachte und einen wesentlichen Teil zum Gelingen der Groteske beitrug.« Die umjubelte Inszenierung wird ein Dauerläufer im Repertoire. Unangenehm bleibt lediglich ein Bühnenunfall in Erinnerung, der aber in der Erinnerung mittlerweile zu einer hübschen Anekdote vergoren ist: Bei einer Aufführung stürzt Matthias Brandt in eine Fensterscheibe, verletzt sich die Pulsader und verliert zum Schrecken aller viel Blut. Die Vorstellung wird abgebrochen, der Schauspieler, noch in der Hitler-Maske, mit Bürstenbärtchen und schlierigem Scheitel, wird mit Blaulicht in die Notaufnahme gefahren. Dort wird die Wunde des blassblutleeren Hitlers genäht und verbunden. »Der Führer ist gerettet!«, witzeln die Ärzte und amüsieren sich über den ungewöhnlichen Gast. Und als Matthias Brandt am späten Abend seine Kollegen in der Stammkneipe trifft, heißt es erleichtert: »Der Führer lebt!«

Doch nach den Oldenburger Jahren öffnen sich die Türen nicht wirklich für den Schauspieler. Er kommt und geht, mitunter fluchtar-

Matthias Brandt als Hitler in Georg Taboris »Mein Kampf«, Oldenburg 1989

tig. Wiesbaden, Mannheim, Bonn, München, Berlin, Zürich, Bochum und Frankfurt heißen die Stationen. Nirgendwo packt er seinen Koffer so ganz aus, nirgendwo fasst er Fuß. In Mannheim sucht er für kurze Zeit psychotherapeutische Unterstützung, weil ihn die hierarchischen Strukturen verunsichern, ebenso die Art und Weise, in der hier Macht ausgeübt wird, scheinbar willkürlich und ohne Einspruchsinstanz.

»Nach der Zeit in Oldenburg fühlte ich mich oft wie ein Tagelöhner. Ich kam mir ein bisschen so vor wie die Leute, die frühmorgens an der Markthalle stehen und auf Jobs warten. Dann kommt einer vorbeigefahren und sagt: ›Heute brauche ich mal drei Leute für die Kiesgrube!‹ Tja, und dann ist man halt zur Kiesgrube gefahren. Das hört sich jetzt dramatischer an, als es war, aber rückblickend hatte ich den Eindruck vertaner Zeit. Hätte ein bisschen leichter gehen können, aber ich habe immer sehr lange gebraucht, um mich einzufinden, um reinzukommen, ich bin eher ein langsamer Typ. Dennoch bin ich mit dieser Zeit heute im Reinen.«

Auf der Suche nach dem richtigen Ort findet Matthias Brandt den richtigen Lebensmenschen. Als er am Badischen Staatstheater in Karlsruhe engagiert ist, lernt er 1995 bei einer »Don Carlos«-Inszenierung seine spätere Frau Sofia Nikols kennen. Die 1963 in Deutschland geborene Schaupielerin, die eigentlich Sofia Nikolopoulou heißt, spielt die Rolle der Elisabeth, während Matthias Brandt den idealistisch-feurigen weltverbessernden Marquis Posa gibt.

Jeder Schauspieler sucht Anerkennung und Aufmerksamkeit, und bei aller Masken- und Versteckspielerei bleiben sie doch Entblößungskünstler, die ihr Innerstes nach außen kehren. Findet ein Schauspieler nicht das Maß an Zuwendung und Seelenbeifall, das er braucht und das sich keineswegs nur nach Lautstärke und der Zahl der Vorhänge bemisst, dann zerschleißt es ihn über die Jahre wie eine Jacke. Irgendwann ist er aufgebraucht. Erschöpft. Wundgespielt und ausgelaugt. Es gibt ein großes stilles Heer von Schauspielern, die scheiden sang- und klanglos aus dem Beruf oder springen von Verlegenheit zu Verlegenheit, die dämmern dahin in irgendeinem Ensemble, innerlich heimatlos, aber wenigstens bezahlt, oder sie trinken sich die Nächte hell, weil ihr Tag so finster ist. Man kann sich auch friedlich einrichten wie ein Darstellungsbeamter, aber wer sich seine Empfindsamkeit bewahrt und sich künstlerisch noch nicht geborgen weiß, wird weiterziehen und suchen. Es geht nicht darum, zum Star zu werden, es geht darum, das Quantum Trost zu finden, dessen man bedarf.

»Meine Theaterlaufbahn war im Wesentlichen nicht darüber definiert, wo ich hinging, sondern darüber, von wo ich abhaute. Ich war ein Fluchttier. Mir wurde es immer sehr schnell zu eng. Im Nachhinein weiß ich, dass das nicht gut war. Es hätte mir gutgetan, wenn ich mich selbst klarer definiert hätte. Wenn man die Hauptenergie darauf verwendet, von irgendwo wegzukommen, dann kommt man ja auch nie richtig an, denn nicht wo man hingeht, ist erst mal wichtig, sondern dass man schnell wegkommt. Da ist jede Menge Passivität dabei, man reagiert nur, anstatt sich aktiv auf die Suche zu machen und etwas auszusuchen.«

»Würden Sie rückblickend sagen, dass Sie konfliktscheu waren?«

»Mag sein.«

In der Nacht vom 28. September 1969 erledigte Willy Brandt den erledigten Willy Brandt. Er ließ den Verlierer Brandt hinter sich, er, der Lazarus, der zweimal als Kanzlerkandidat gescheitert war, griff beherzt nach der Macht, richtete den mutlosen Scheel auf, wischte die Bedenken des brummigen Herbert Wehner vom Tisch und sagte: »Ich werde der nächste Bundeskanzler!« Ein ähnliches Maß an Entschlossenheit legte Matthias Brandt an den Tag, als im Frühjahr 2002 der TV-Zweiteiler »Im Schatten der Macht« vorbereitet wurde. Der Regisseur Oliver Storz engagierte seinen alten Freund Hermann Schreiber als historischen Berater für das Projekt. Beide kannten sich seit den fünfziger Jahren, als sie zusammen bei der »Stuttgarter Zeitung« gearbeitet hatten. Der Journalist hatte Willy Brandt für den »Spiegel« jahrelang begleitet und einige der treffendsten Stücke über ihn geschrieben. Jetzt bereitete sich Schreiber noch einmal gewissenhaft auf die Rolle des Beraters vor und traf sich auch mit Matthias Brandt, um ihn um historische Eindrücke zu bitten, denn der Film sollte vor allem die Guillaume-Affäre und die letzten Wochen der Kanzlerschaft erzählen. Doch Matthias Brandt beschränkte sich bald nicht mehr auf die Rolle des Zeitzeugen, sondern sah die Chance, die in diesem Projekt für ihn lag. Als er das fertige Drehbuch las, frappierte ihn, wie undeutlich, wie unterbelichtet und unbesetzt die Figur des Spions war. Alle anderen Protagonisten, ob das nun Schmidt, Genscher oder Bahr waren, waren mit Bildern und Bezügen fixiert, waren fest im kollektiven Gedächtnis gespeichert. Nur Guillaume war eine Figur, die – aus der Sicht von Matthias Brandt – zu entdecken, die noch nicht gedeutet war.

Matthias Brandt, der bis dahin einige kleinere Rollen im Fernsehen übernommen hatte, fing an, um diese Rolle zu kämpfen. Er legte alle Scheu und Bedenken ab und griff zu. Hermann Schreiber vermittelte, arrangierte ein Treffen zwischen Storz und Matthias Brandt. »Beim ersten Zusammentreffen«, erinnert sich Schreiber, »sprachen die fast nur über Jazz. Oliver und ich gehören ja beide dem Jahrgang 1929 an und waren im ›Dritten Reich‹ Swingheinis. Da hatten die beiden ihr Thema gefunden. Es hat alle überrascht, dass Matthias den Guillaume spielen wollte. Natürlich hab ich ihn gefragt, warum willst du denn ausgerechnet den spielen? Er meinte, den kenne er am besten, er hätte ihn als Kind genau beobachtet, auch in dem gemeinsamen Norwegenurlaub 1973. Ich hatte aber nie das Gefühl, seine Motivation hätte irgendwas mit ›Vatermord‹ zu tun. Dass das eine wahnsinnige PR geben würde, war uns klar, bloß war es ja völlig unklar, in welche Richtung das gehen würde. Das hätte auch richtig schieflaufen können.« Storz und Matthias Brandt hatten einige Hürden zu überwinden. Der Sender und die Produktionsgesellschaft waren alles andere als begeistert, außerdem kannte Matthias Brandt kaum jemand. Auch Michael Mendl, der die Figur des Kanzlers übernahm, kannte seinen Kollegen nicht und war zunächst konsterniert über die Besetzung: »Ich dachte – und da war ich nicht der Einzige –, ist das Pressegeilheit, oder wie kommt man auf so eine Idee? Dieser Eindruck ist dann aber bei der Zusammenarbeit schnell verflogen. Matthias war sehr zurückgenommen, sehr konzentriert, sehr ruhig, ja, vielleicht auch introvertiert. Er war höflich, auch charmant. Wir haben am Set oft zusammen geraucht, auch schweigend, und das waren Momente mit einer guten Aura zwischen uns. Manchmal hatte ich den Eindruck, ihn ergreift eine kleine Trauer oder ein kleiner Zorn bei dieser Wiederbegegnung mit der Vergangenheit, aber da kann ich mich täuschen. Wenn ich ihn heute im Fernsehen sehe, freue ich mich, denn er geht inzwischen noch ganz andere und freiere Ausdruckswege als vor zehn Jahren.«

Oliver Storz hat Matthias Brandt geborgen. Er hat ihm Vertrauen geschenkt und ihn dennoch genau beobachtet und gefordert, und das ist das Beste, was ein Regisseur seinem Schauspieler zu geben hat. Die Frage, inwieweit Matthias Brandt seinen Vater symbolisch gemordet habe, indem er Guillaume verkörperte, will ich ein letztes Mal aufwerfen. Mir kommt der Gedanke reichlich albern vor, denn wer schießt schon Pfeile ins Grab? Andere Lesarten finde ich einleuchtender. Zunächst einmal muss es für einen Schauspieler eine irrwitzig reizvolle Konstellation sein, in ein Projekt einzusteigen, in dem ein nicht unwesentlicher Teil der eigenen Vergangenheit verhandelt wird. Matthias Brandt, der es sich vor den Dreharbeiten ausbedungen hatte, dass man ihn während der Arbeit nicht als Kronzeuge der Wahrhaftigkeit angehen solle, schaute neugierig zu, wie sein eigenes Jugendzimmer entworfen und gebaut wurde, und war verblüfft, wie nah die Ausstatter diesem Raum kamen. In der Beschäftigung mit dem historischen Stoff, der historischen Figur Guillaume und ihrem Dialog mit dem Vater bot sich auch die Chance, dessen Vergangenheiten nachzuspüren. Für das Kind Matthias Brandt musste dieser Vater in vielen seiner Verhaltensweisen unverständlich bleiben, der erwachsene Schauspieler jedoch konnte daran teilhaben, wie sich ein ganzes Team um die Psyche dieses Mannes bemühte und versuchte, zwischen der historischen Welt und der Innenwelt des Protagonisten zu vermitteln. Darin lag auch die Möglichkeit für den Sohn, den eigenen Vater aus einem anderen Blickwinkel zu betrachten und die Perspektive des Sohnes abzustreifen. Das ist kaum ein therapeutischer Prozess, sondern erst mal ein artistisches Projekt, eine handwerkliche Herausforderung. Will man dennoch psychologische Kategorien bemühen, dann möchte ich eine andere Betrachtung vorschlagen. Mir kommt es vor, als habe Matthias Brandt mit dieser Rolle eine große Unabhängigkeit gewagt und gezeigt. Ihm war klar, dass seine Entscheidung, den Guillaume zu spielen, viel Unverständnis und Unmut auslösen würde. Sich prospektiv darüber hinwegzusetzen, war mutig. Und sicher hat der Schauspieler, der immer lustloser seinen Theaterdienst tat, eine Chance gesehen, sich zu verändern.

Will man diese Rolle jedoch unbedingt an den Vater adressieren, drängt sich mir ein anderes Signal auf. Hier zeigt der Sohn dem Vater, was er kann, nämlich das, was ein guter Schauspieler können sollte, eine schwierige, widerspruchsvolle Figur zum Leben erwecken. Damit spielt er sich in aller Öffentlichkeit frei, denn diese Rolle hat ihm niemand aufgezwungen, die musste er sich selbst erstreiten. Zugleich aber lieferte er sich so dem Verdacht aus, sich noch einmal als Sohn von der Prominenz des Vaters nähren zu wollen. Sich darüber hinwegzusetzen und darauf zu vertrauen, dass man die kritische Öffentlichkeit durch die eigene Kunst und Person überzeugt, demonstriert Entschlossenheit und ein Vater-Sohn-Verhältnis, das bereits in die Entspannungsphase getreten ist. Hätte Matthias Brandt nicht bereits vorher ein gerütteltes Maß an innerer Freiheit besessen, hätte er diese Rolle nicht als Chance, sondern vielmehr als Falle begreifen müssen, denn wäre das Experiment missglückt, hätte ihn die Häme als ewigen Sohn qualifiziert. Dass Matthias Brandt als Schauspieler heute nicht dort stünde, wo er steht, hätte es diese Rolle und das Vertrauen von Oliver Storz nicht gegeben, weiß er selbst und sagt es auch. Ich begreife diese Rolle daher auch eher als Vaterliebesbeweis, denn hier stellt sich einer hin und zeigt sich dem Publikum, das nur den Vater kennt, das im Zweifelsfall durch dessen Augen sieht und sich zum Anwalt des Verstorbenen macht – Mein Sohn, warum tust du mir das an? –, als ernsthafter Künstler, der durch sein Handwerk jedes vordergründige Rachemotiv beiseitesetzt und die Interpretation der Rolle von aller Privatmythologie befreit. Weniger nachtragend kann ein Sohn gegenüber dem Vater kaum sein.

Ob Matthias Brandt es bedauert, dass er seinen Vater damals in Oldenburg bat, nicht wieder als Zuschauer zu kommen? Ich weiß es nicht, und ich will ihn das hier auch nicht mehr fragen.

Memorabilia

Nico Lumma erinnert sich

»Willy Brandt war für die Genossen-Generation meiner Eltern, und auch für meine Eltern, so eine Art Übervater, der große Parteivorsitzende. Ich kann mich noch gut an das Strahlen in den Augen meiner Mutter Mitte der Achtziger erinnern, als sie vom Bundesparteitag der SPD zurückkam und erzählte, dass Brandt an ihr vorbeigegangen war und »Na, mien Deern!« zu ihr gesagt hatte. Bei uns in der Studi-WG in Göttingen hing lange das Plakat mit Willy Brandt, inklusive Fluppe und Mandoline.«

Lunge

Der deutsche Lungentag findet am 30. Juni 2012 auf dem Willy-Brandt-Platz in Essen statt. Essener Pneumologen bitten dort am Samstag zur »Lungenolympiade«. Von 10 bis 15 Uhr werden Vorträge, Gesprächsrunden und Beratungen rund um die Atemwege kostenlos angeboten. Prävention durch Information ist das Anliegen der Mediziner des Ambulanten Lungenzentrum Essen und der Ruhrlandklinik – Westdeutsches Lungenzentrum, die die »Lungenolympiade« veranstalten. Die Bevölkerung ist herzlich eingeladen, vorbeizuschauen und den Experten ihre Fragen zu stellen. Themen sind Erkrankungen an Asthma, COPD, Lungenkrebs und Allergien bei Erwachsenen und Kindern. Auf dem Programm stehen Vorträge wie: »Ich rauche – bekomme ich jetzt Lungenkrebs?« und »Ich huste ständig – wer findet die Ursache?«

Hostie

Am Willy-Brandt-Platz in Unkel findet sich das Café am Markt, das zu Ehren von Willy Brandt ein Willy-Brandt-Eis und eine einzigartige Willy-Brandt-Torte anbietet. Ein feuchter Märztag, Regen-Strippen. Ein Rentner, der gerade, wie er sagt, seine Frau im Nagel-Studio abgeliefert hat, plaudert mit der Bedienung. Die Eis-Saison startet schleppend. Das Willy-Brandt-Eis sei leider gerade nicht vorrätig, sagt die Kellnerin, der Italiener, der es liefere, habe noch nicht geliefert. Ich glaube, sagt sie, da ist Whisky-Karamell drin, auf jeden Fall Alkohol. Ob ich denn ein Stück Brandt-Torte probieren könne? Die, sagt sie, sei leider auch aus. Die Torte wird gerne genommen, habe wohl den Geschmack von William Christ Birne. Auf jedem Stück befinde sich eine Esspapier-Oblate, auf der das Gesicht von Willy Brandt getreulich abgebildet sei.

Willy zum Verspeisen.

Mandoline

Das Mandolinenbild ist legendär. Willy Brandt und die Mandoline. Er sitzt in einem Gartencafé, es ist Sommer. Der Mann ist sonnengebräunt, das Gesicht lebenszerfurcht. Die Stirnlocke wirft Fragezeichen auf, der Blick geht ins Wer-weiß-Wohin. Die Fluppe hängt brutal cool im Mundwinkel, die Lippen sind breit und sinnlich. Das könnte ebenso gut Curd Jürgens sein, ein Politiker ist der nicht, diese maskuline Melancholie mit Jeans-Hemd und Perlmutt-Knöpfen. Das Bild entstand 1976, Henning von Borstell, der damals für den SPD-Vorstand Öffentlichkeitsarbeit machte, ist es gelungen. Glückstreffer. Brandt durchlitt damals eine depressive Phase. Unter dem Motto »Mit Willy Brandt durchs Land« entwickelte die SPD ein Programm zur seelischen Stabilisierung ihres Parteivorsitzenden. Basiskontakt, Menschenbegegnung, Trost von unten. An diesem schwülen Sommertag startete der Tross in Bielefeld, entlang der Senne bis zum Hermannsdenkmal. Tiefes SPD-Land, wo noch ein »Arbeitermandolinenverein«

Ein Bild, das zur Ikone wurde: Willy Brandt als Mandolinenspieler mit Fluppe

existierte. Berühmte Fotografen wie Robert Lebeck und Konrad R. Müller wanderten mit, bildhungrig. Doch es war der »Freizeitfotograf« von Borstell, der den wehmütig-zärtlichen Augenblick festhielt. »Es muss«, schreibt er mir, »so etwas wie ein Innen-Film bei ihm aus weit zurückliegender Vergangenheit gestartet worden sein, zurück in seine Zeit als Falke, in der Willy Brandt wie viele andere auch das Singen gelernt hatte und ein wenig Instrumentenspiel. Dieses wirkliche Abdriften in eine gute Zeit vor Jahrzehnten ließ sein Gesicht so wunderbar frei werden, Augenblicke, die zu erwischen man letztlich auch als begabter Profifotograf nicht inszenieren kann.«

Blow Job

Ein heißer Sommertag in Nürnberg. Früher hieß dieser Platz Marienplatz, jetzt ist er nach Willy Brandt benannt. Umstellt ist der Platz von Kisten und Kartons, die an Häuser erinnern, gehetzte, atemlose Architektur, hier müssen die alliierten Bombenflieger ganze Arbeit geleistet haben, man fühlt sich noch heute wie in einem Krater. Eine vielbefahrene Straße klemmt den Platz ein, kleine Wasserfontänen schießen aus dem Beton, Kinder laufen juchzend durch das Nass. In der Mitte des Platzes befindet sich das Willy-Brandt-Denkmal, in Bronze gegossen sitzt er da auf einer Bank, schaut entspannt in die Ferne, als sonnte er sich. Die Skulptur verschwindet fast in dem Knäuel der Jugendlichen. Ich trete näher. Einer der Jugendlichen beugt seinen Kopf in den Schoß und gibt dem Kanzler einen Blow Job. Die anderen haben ihre Handys gezückt und filmen das Ereignis. Sie lachen ab. Das interessiert mich.

»Was macht ihr denn da?« (Ich versuche nicht, wie ein empörter Opa, sondern wie ein Ethnologe zu klingen.) Sie drehen sich erschrocken um, es sind etwa zehn Jungen, alle zwischen 14 und 15.

»Was bedeutet das, was ihr gerade gemacht habt?« Sie sind immer noch erstarrt, zwei verkrümeln sich zur Seite. Der Blow-Jobber trägt ein blaues Superman-T-Shirt.

»Wisst ihr eigentlich, wer das ist?«

Superman linst auf die Inschrift.

»Klar, steht doch dran!«

Die »Nürnberger Zeitung« schreibt am 10. April 2013: »Die bronzene Figur hat bereits kurz nach der Aufstellung jede Menge Freunde gefunden, ein Kanzler zum Streicheln und zum Gernhaben. Viele Passanten nehmen neben ihm Platz, einige legen immer wieder mal die Arme um seine Schultern, lassen sich mit ihm fotografieren. Auch eine rote Rose hat hier ein Passant schon mal abgelegt.«

*Paps**

Vater werden ist nicht schwer,
Vater sein dagegen sehr.
Solches hat auch Willy Brandt
im Familienkreis erkannt.

Denn zwei Söhne, welche Lust,
wohnen, ach, in seiner Brust,
hier ein rechter Sonnenschein,
dort ein linker Pflasterstein.

Lobt der eine Papis Weste,
freut sich: Vati ist der Beste –
zwickt der andere renitent
Vater samt Establishment.

Lola findet's demokratisch
und ihm ist es sehr sympathisch,
dass ein Bonner, der so groß ist,
en famille merkt, was so los ist.

Friday on my mind

Der Gitarrist erinnert sich nicht mehr genau. War es der Bundespresseball? Oder war es ein Fest der sozialdemokratischen Wählerinitiative? Auf jeden Fall Bonn, auf jeden Fall 1972, Willy-Euphorie. In dem großen Saal spielen sie behäbige Tanzmusik, in dem kleineren Saal spielt »The Fashion«, sie covern zeitgenössische Pop-Musik. Da tritt Rut Brandt an den Gitarristen heran und fragt ihn, ob sie denn auch »Friday on my mind« von den Easybeats spielen könnten. Der Gitarrist nickt und Rut Brandt tanzt.

---

* Kölner Stadtanzeiger, 4. Mai 1968

Monday morning feels so bad!
Everybody seems to nag me
Come on Tuesday I feel better
Even my old man looks good
Wednesday just won't go
Thursday goes too slow
I've got Friday on my mind

We deeply regret

Zum fünfundsechzigsten Geburtstag ihres Mannes hatte Rut Brandt Joan Baez und Pete Seeger eingeladen. Beide sagen ab und bedauern zutiefst, aus terminlichen Gründen der Einladung nicht Folge leisten zu können.

Kaiser von Deutschland

Mit acht wollte Peter Brandt Kaiser von Deutschland werden.

Mit zehn war er immer noch ein leidenschaftlicher Monarchist.

Mit elf trifft er im Urlaub den Wittelsbacher Prinzen Konstantin von Bayern.

»Hab ick det richtig mitgekriegt, Sie sind ein Prinz von Bayern?«

»Ja!«

»Möchten Sie nicht gerne König werden?«

Gelächter.

Einige Jahre später hängt ein Napoleon-Poster in Peter Brandts Zimmer. Er bewundert den Vollender der Revolution.

Schließlich muss der Kaiser der Arbeiterklasse weichen und Peter Brandt wird Trotzkist.

Unter Schülern

Am 7. Juli 1959 ist der Regierende Bürgermeister von Berlin in der Ernst-Reuter-Schule im Wedding zu einem Schulklassengespräch eingeladen. RIAS hat einen Aufnahmewagen geschickt.

Willy Brandt: »Fernsehen ist eine Geschichte, die immer mehr um sich greift, es ist auch interessant, sich das ein oder andere anzusehen, aber ich war nicht davon überzeugt, dass vor allem kleinere Kinder unbedingt einen Vorteil davon haben, wenn sie den ganzen Nachmittag und Abend vor dem Fernsehapparat sitzen. Ich hatte bis dahin noch keinen entdecken können, den man abschließen kann, das wäre eine besonders nützliche Sache, ein Schloss, ein Schlüssel, der gut verwahrt wird. Inzwischen haben wir einen Fernsehapparat.«

Schüler: »Mit Schlüssel?« (Großes Gelächter)

Willy Brandt: »Nein, ohne Schlüssel.« (lacht)

Schüler: »Sie sprachen gerade von Ihren Kindern. Da möchte ich Sie fragen, ob Sie die eigenhändig verhauen oder ob Sie das Ihrer Gattin überlassen?« (Großes Gelächter)

Willy Brandt: »Weder noch! Es geht auch ohne!«

Der Zahn der Zeit

Das Willy-Brandt-Forum in Unkel ist ein Museum. Früher war in dem Gebäude eine Sparkasse untergebracht, wovon noch ein EC-Automat zeugt, der im Vorraum verblieben ist. Das Museum beherbergt verschiedene Aura-Stücke, etwa den Mantel der Geschichte. Steif und glatt steht er da im ehemaligen Tresorraum der Bank, Freiheitsmantel hinter Gittern. Brandt trug diesen Mantel am 11. November nach der Maueröffnung am Brandenburger Tor. Auch das komplette Arbeitszimmer Brandts findet sich hier, sein Schreibtisch, seine Bücherwand. Aber da ist noch etwas, ein kleines Stück Alltag. Im Schließfach 351 liegt eine Schere. Auf dem Täfelchen lesen wir: »Mit dieser Schere schnitt Irene Schädlich Willy Brandt in ihrem Friseursalon die Haare. Die Karte mit guten Wünschen zum neuen

Jahr erhielt sie im Dezember 1983.« Ich hätte gerne gewusst, wie der Salon hieß.

Ich verlasse das Museum und schlendere über den Marktplatz in Unkel. Vor dem Café am Markt stehen drei ältere Herren und essen Eis. Wir kommen miteinander ins Gespräch. Es stellt sich heraus, dass einer von ihnen der Zahnarzt von Willy Brandt in Unkel war. Eines Tages kam Brandt mit Zahnschmerzen zu ihm in die Praxis. Ein Zahn musste gezogen werden. Was aber macht man nun mit dem Zahn einen großen Mannes? Wirft man ihn weg? Der Zahnarzt beschloss, ihn aufzubewahren, und legte ihn in eine Formaldehyd-Lösung, die ihn konservieren sollte. Doch als der Konservator einige Tage später nach seinem Schützling sehen wollte, war er verschwunden. Das Formaldehyd war zu aggressiv und hatte den Zahn zerstört.

Der Austernfischer

Bevor ich Harold Hurwitz kennenlernte, lernte ich seinen Grabstein kennen. Als ich auf dem Waldfriedhof Zehlendorf das Grab Willy Brandts suchte, fiel mir in unmittelbarer Nähe zu diesem sein Grab auf. »Harold Hurwitz« stand auf dem Stein, gleich unter dem Namen seiner Frau Margarete. Während bei ihr das Geburts- und Sterbedatum eingraviert waren, fehlte bei ihm das Sterbedatum, was mich nicht wunderte, denn wir hatten uns wenige Tage zuvor zum Interview verabredet. Der Amerikaner Hurwitz kam 1946 nach Berlin, um in Bayern seine Doktorarbeit zu schreiben. Doch Berlin hatte es ihm angetan. Hier verliebte er sich in seine Frau Margarete, hier wurde er Soziologe, hier wurde er Mitarbeiter von Ernst Reuter und Willy Brandt, mit dem er sich anfreundete. Familie Hurwitz fuhr mit den Brandts in Urlaub, Harold brachte Lars das Schwimmen bei und schenkte Peter historische Bücher.

Einmal im Jahr fuhr der Soziologe in seine Heimat und fischte Austern. Er liebte es, im Meer zu stehen und die Austern mit einem Rechen einzuholen. Es ist eine anstrengende Arbeit. Davon erzählte er auch, als ich ihn besuchte. Er war bereits schwerkrank, aber er dachte gerne zurück. »Wo gehöre ich hin? Das war eine große Frage für Willy. Wo gehöre ich hin?« Zweimal kamen ihm während unseres Gesprächs die Tränen, einmal als sein Blick auf das Bild seiner verstorbenen Frau fiel, das andere Mal als er von Brandts Kniefall sprach. Lars Brandt hat 1998 einen schönen Dokumentarfilm über »The Berliner Freund« gedreht, der zeigt, was der amerikanische Jude Hurwitz dem paralysierten Deutschland geschenkt hat: demokratische Seele, großes Gefühl. Er war ein Freund der ganzen Familie. Wenige Wochen nach unserem Gespräch starb er.

Als Harold Hurwitz am 12. Juni 2012 auf dem Waldfriedhof beerdigt wird, stehen Peter, Lars und Matthias an seinem Grab und blicken zurück.

Dominik Graf schreibt einen Brief

»Lieber Herr Körner, Sie fragen nach Matthias Brandt. Er ist in jeder Hinsicht eine singuläre Persönlichkeit in der Landschaft. Er ist Denker und Fühler und Spieler in einem. Er ist Enthusiast und Skeptiker gleichzeitig. Sein Spiel lebt vom kreativen Konflikt zweier widerstrebender Grundbewegungen darin. Einmal ist er der von ihm sehr verehrten Nachkriegs-Schauspielerei zugeneigt, jenem typischen BRD-Understatement, das wir aus den phantastischen deutschen Filmen und Serien der 60er kennen. Eine Art brandneue Sachlichkeit im germanischen Schauspiel wurde damals erfunden, die der Zurücknahme und dem herrlichen Misstrauen allen großen Gefühlen gegenüber zu verdanken war. Nach dem völkischen Irrsinn wurde der Ball erst mal 40 Jahre lang angenehm flachgehalten im deutschen Schauspiel, auf den Avantgardebühnen und auch erfreulich häufig im Kino (nur nicht im triumphierenden Heimatfilm und im deutschen Lustspiel, aber deren Darstellungs-Stile nehmen wir ja heute auch genau deswegen als besonders »alt« wahr).

Seine Momente des zutiefst Knappen und des Emotions-Geminderten auf sozusagen engstem darstellerischem Raum machen Matthias Brandt oft so besonders wahrhaftig und so besonders interessant undurchsichtig. Schon wieder ein Widerspruch. Ich denke aber, darin findet sich bei ihm eine Art

BRD-Gefühls-Genealogie, vererbt von den Vätern zu den Söhnen, ein Erbe, das er tief verinnerlicht hat. Darüber hinaus hat er sehr viel Humor, der wunderbar trocken daherkommt und dann oft mit einem glücklichen, fröhlichen Lachen hintendran endet.

Und es gibt auch noch ein melodramatisches Spiel bei ihm, oft aus dem Mitgefühl für andere Charaktere in den Filmen entstehend wie beispielsweise dem schwerverletzten Terroristen Sebastian Urzendowsky gegenüber in Steinbichlers »Denn sie wissen nicht, was sie tun …« Ab der sogenannten »Wende«, dem Anschluss Ost-Deutschlands ans West-Kapital, war ja dann wieder Schluss mit dem Understatement. Deutschland jubelte seitdem unaufhörlich, Beckenbauer versprach für Jahrzehnte deutschen Fußball an der Weltspitze – und auch die Schauspieler mussten – zunächst den Privatsendern zuliebe, dann auch für die Gebührensender – »große« Emotion zeigen.

Intelligente Darsteller entziehen sich solchen platten Zumutungen, suchen andere Rollen und Darstellungsformen und reüssieren trotzdem beim Publikum – oder gerade deswegen. Matthias Brandt zeigt in den Momenten des Melodramatischen Dunkelheit, manchmal auch Skurrilität oder eine sympathische Ungelenkheit im Mitgefühl. Oliver Storz sagte über Michael Mendls Willy-Brandt-Darstellung in seinem »Schatten der Macht«, Mendl könne sehr gut den »Schatten« spielen, der plötzlich bei Brandt zwischen ihn und die Welt gefallen sei. Diese »Abwesenheit« – gewissermaßen bei ansonsten klarem Himmel –, diese schlagartige Vereinzeltheit zeichnet auch jene Kommissarsfigur aus, die Matthias Brandt seit wenigen Jahren spielt, den wunderbar sinistren »Hans von Meuffels«.

Niemals aber benutzt Matthias Brandt bei den melodramatischen Augenblicken ein Spiel-Klischee, immer ist alles bei ihm wie neu. In Jan Bonnys grandiosem Polizeiruf nach dem Günter-Schütter-Drehbuch »Der Tod macht Engel aus uns allen« wird man die Brandt'sche Empathie noch mal ganz neu sehen können, diesmal auch wieder einem Ausgestoßenen, einem Transsexuellen (Lars Eidinger) gegenüber.

Überhaupt muss man sagen, dass – vom Guillaume »Im Schatten der Macht« über seinen anderen düsteren Geheimdienstmann Erler im fabelhaften »Stich des Skorpion« – alle anderen Rollen bis heute in diesem Polizeiruf in jeglichen Facetten eingefangen sind und aus meiner Sicht dort einen bisherigen filmischen Höhepunkt erreicht haben.«

Der Bär sitzt klein und zart und zerbrechlich in seinem Sessel am Fenster und schaut hinaus. Er hält ein Glas Sekt in der Hand, aber zum Feiern ist diesem Bär aus Moll & Melancholie keineswegs zumute. Der will nichts wissen, von der Feder-, Fell-, Stachel- und Borstenschar, die sich herandrängt, alle Tiere sind schon da, Schwein, Krokodil, Affe, Schlange, Katze, Fisch und weiteres animalisches Party-Gelichter. Komische Tiere, haben Menschenhände, klatschen Beifall und erinnern an die Wilden Kerle von Maurice Sendak. Der Bär ist ein großes kleines unverstandenes Tier, die anderen Tiere lächeln oder grinsen einfältig, der Bär hingegen weiß mehr.

Die Zeichnung ist von Michael Sowa. Peter Brandt, der mit dem Maler gut bekannt ist, hatte ihn gebeten, zum fünfundsechzigsten Ge-

Traurig sitzt der Bär am Fenster. So sah der Maler Michael Sowa Willy Brandt an seinem 65. Geburtstag.

burtstag seines Vaters eine Zeichnung anzufertigen. Das Bild ist vielleicht eines der schönsten Porträts von Willy Brandt überhaupt, weil es die Stimmung des Bären in jenen Monaten trifft. Zum Feiern war ihm nicht zumute, große SPD-Party abgesagt. Herzinfarkt, Ehekrise, Parteikrise, Ich-Krise, der Bär hat den Blues. Oh, diese dämliche Bande!

Willy Brandt soll das Bild sehr gefallen haben. Es hing in seiner Wohnung in Unkel.

Blumendiebe

Es ist sein zwanzigster Todestag. Die Fotografen und Kameraleute stehen schon ungeduldig an Willy Brandts Grab. Endlich tut sich was! Da hinten kommen sie den Weg herauf, die Parteispitze rückt an. Ich sehe Peer Steinbrück, Klaus Wowereit, Andrea Nahles, Peter Struck, Wolfgang Thierse. Die Kameras werden geschultert. Die Partei nimmt Haltung an. Gedenkminutengesichter. Zwei große Kranzgestecke sind aufgerichtet, rote Rosen, rote Nelken. Dann kehrt das Geschwader um. Die Kameras und Mikrophone an langen Stangen wie Angeln nebenher. Sie verlassen den Friedhof nicht direkt, sondern laufen einen kleinen Umweg, biegen in einen schmalen Pfad und bleiben kurz vor dem Grab von Rut Brandt stehen. Keine Blume, nirgends. Dann sind sie verschwunden. Ich gehe zu Brandts Grab zurück. Lokale Parteiprominenz ist noch versammelt. Die SPD Zehlendorf stiftet zwei rote Sitzbänke für Willy Brandt. Der Berliner Landesvorsitzende hält eine Rede, Nelken werden auf die Bank gelegt. Als der hochgewachsene Mann mit dem kahlrasierten Schädel noch ein bisschen am Grab verharrt, frage ich ihn, ob ich eine Rose abzwacken dürfe für das blumenlose Grab von Rut Brandt. Er betrachtet mich erstaunt, dann schaut er sich vorsichtig um, als stünde seine Karriere auf dem Spiel, zieht eine Blume aus dem Bouquet und gibt sie mir.

Charisma

Jahrelang habe ich ein Symbol in Deutschland gesucht, an das ich mich klammer. Jetzt kann ich mich an Willy Brandt halten.

Marlene Dietrich

Was ist Charisma? Unsere mediale Vorstellung dessen, was Charisma ist, wird weniger durch Max Weber, sondern eher durch Hitler und Hollywood bestimmt. Hitler verkörpert die schwarze, die mörderische Variante des modernen Charisma-Bildes. Er, der destruktive Zerstörer, verführte ein Volk, mobilisierte es dank seiner charismatischen Fähigkeiten, stachelte, hetzte es auf, schwor es auf seine Gedanken ein und entfesselte unvorstellbare soziale Energien, die letztlich darauf hinausliefen, ein ganzes Land, vom Charisma betäubt, nahezu willenlos und hypnotisiert an den Rand des Abgrunds zu führen, in den Untergang, der Hölle entgegen.*

Die andere, die freundliche, die helle Variante unseres Charisma-Verständnisses ist durch die Traumfabrik geprägt. Jeder kennt diese Filme, wo es lange Zeit schlecht um eine gute Sache steht, wo aber im entscheidenden Augenblick ein gerechter Führer auftritt, zu der Masse spricht und die gute Sache mit unabweisbaren Argumenten zum Sieg führt. Es ist stets eine emotionale Rhetorik des Herzens, die alle Widerstände besiegt, die die phlegmatische Masse aufrührt und aus ihrem

* Der Historiker Ludolf Herbst hat in seinem Buch »Hitlers Charisma. Die Erfindung eines deutschen Messias«, 2011, gezeigt, was Hitler mit Hollywood verbindet, indem er das Charisma Hitlers als durch und durch strategische und inszenierte Größe beschrieb, die nichts mit einem genialischen Funkenflug zu tun hatte.

Zustand mörderischer Gleichgültigkeit reißt oder umgekehrt den Hass, das stets falsche Gefühl der Masse, entgiftet, abfließen lässt und eine kollektive Harmonie erzeugt, die Versöhnung stiftet zwischen Individuum und Gesellschaft.

So weit Hitler, so weit Hollywood. So weit die naive, aber doch wirkungsmächtige Vorstellung vom Charisma, seiner Kraft und seiner Helden. Aber was machen wir mit Max Weber und Willy Brandt? Schließlich kommt, wenn von Willy Brandts Charisma die Rede ist, auch immer die Sprache auf Max Webers Begriffsbestimmung. Wie bringen wir sie zusammen? Der Soziologe Max Weber hat in den zwanziger Jahren des vergangenen Jahrhunderts säuberlich drei »reine Typen legitimer Herrschaft« unterschieden, wohlwissend, dass diese saubere, diese idealtypische Systematik in der Wirklichkeit nicht zu haben ist, aber in der Wissenschaft doch eine wünschenswerte Klarheit herstellt, eine Klarheit, mit der man dann wieder mit aufgeräumtem Blick auf die unordentliche Wirklichkeit sieht, in der sich durch Jahrhunderte die Herrschaftsformen auf komplexe Weise mischen. Max Weber sprach von der rationalen, der traditionalen und der charismatischen Herrschaft. Die rationale Herrschaft stütze sich auf rechtmäßige, allseits akzeptierte Ordnungen, die traditionale Herrschaft basiere auf dem Es-war-schon-immer-so, an den Glauben an das Es-war-schon-immer-so und an die autoritätsspendende Kraft des Es-war-schon-immer-so, und die charismatische Herrschaft beruhe darauf, dass die Menschen an die »Heiligkeit« oder »Heldenkraft« einer Person glauben, die mit dieser Kraft den Alltag außer Kraft setzt oder über ihn hinausreicht. War, ausgehend von dieser Bestimmung, Willy Brandt ein Held, eine Heiligkeit, an die die Menschen glaubten? War er nicht gebunden an Recht und Gesetz, an die Verfassung, an Institutionen, an Amt und Würde? Wo finden sich in einer modernen, postheroischen, massenmedialen Demokratie wie der Bundesrepublik Spielräume für charismatische Politik?

Zum sechzigsten Geburtstag von Willy Brandt im Dezember 1973 erscheint ein schmales Büchlein unter dem Titel »Lieber Bundeskanzler, ich bin 8 Jahre und möchte Deine Freundin sein. Kinderbriefe an Willy Brandt« herausgegeben von Horst Jürgen Winkel. Das Buch bil-

Bundeskanzleramt
11. DEZ 1972

LIEBER WILLY BRANDT!

ICH HEISSE MATTHIAS WIE DEIN SOHN UND BIN 7 JAHRE ALT. ICH FREUE MICH, DASS DU BUNDESKANZLER GEBLIEBEN BIST. IM WAHLKAMPF HABE ICH JEDEN ABEND MIT MEINEM VATER WERBEMATERIAL AUSGETRAGEN. NUN HOFFE ICH, DASS MEINE OMA AUS DER DDR BALD KOMMEN KANN.

ES GRÜSST DICH
MATTHIAS QUEISSER

Willy Brandt
ist Kanzler.

Der Charismatiker Willy Brandt bewegt selbst die Kleinsten

det etwa 80 Kinderbriefe ab, eine Auswahl aus mehreren Tausend Kinderbriefen, die Willy Brandt seit 1969 erreicht hatten. Die Kinder schrieben zu seinem Amtsantritt 1969, sie schrieben zur Verleihung des Friedensnobelpreises 1971 und sie schrieben anlässlich des konstruktiven Misstrauensvotums am 27. April 1972. Sie gratulierten, sie freuten sich, sie wünschten Kraft und Zuversicht. Sie tanzten vor Freude, sie lachten und weinten mit ihren Eltern, Tränen der Erleichterung, als der Herausforderer Rainer Barzel sein Ziel verfehlte, Brandt als Kanzler abzulösen. Tatsächlich wird aus den Kinderbriefen deutlich, worin die Kraft eines Charismatikers besteht und wie sie sich entfaltet. Die meisten Kinderbriefe gehen anlässlich des Misstrauensvotums im Kanzleramt ein. Der Charismatiker Brandt setzt den Alltag außer Kraft, denn plötzlich dürfen die Kinder abends lange vor dem Fernseher sitzen, sie dürfen während des Mittagessens ausnahmsweise Radio hören, ihre Eltern übersetzen ihnen die schwierigen Zeitungstexte, manche Kinder dürfen ein Schlückchen Sekt trinken. Die Kinder erleben und beschreiben, wie sich wildfremde Menschen in die Arme fallen, weil Brandt obsiegt, sie sehen ihre Eltern emotional wie nie, sie bekommen schulfrei, um die Debatte im Fernsehen verfolgen zu können, sie greifen zum Stift, um dem Kanzler zu schreiben und für ihn zu zeichnen. Sie beglückwünschen ihn, aber sie formulieren auch Wünsche. Sie wollen, dass er sich für mehr Kindergärten, mehr Spielplätze, weniger strenge Hausmeister und Lehrer einsetzt. Sie fordern mehr Geld für die Grundschulen, sie wollen mehr Taschengeld. Sie laden den Kanzler zu sich nach Hause ein, sie wollen durchaus großmütig ihr Sparschwein schlachten, um die Fahrtkosten zu übernehmen, sie vertrauen dem Kanzler manches Geheimnis an und verlassen sich auf seine Fürsprache.

Was braucht ein Charismatiker wie Brandt in dieser Situation? Er braucht Menschen, die an seine Gestaltungskraft glauben. Er braucht Medien, die seine Botschaft und sein Bild verbreiten. Ja, eine Botschaft, eine Idee braucht es eben auch. Es braucht eine historische Situation, in der der Charismatiker agiert, und er braucht einen programmatischen Widersacher, den es zu besiegen gilt. Ohne Drama, ohne dramatische Situation existiert kein Charismatiker. Das Besondere an Brandts Charisma ist, dass sich bei ihm innere mit äußeren Dramen verbinden, dass sich seine individuellen Dispositionen mit kollektiven Bedürfnissen verschränken, dass er dem Land als Leidender und das Land ihm als Leidendes entgegentritt und man einander wechselseitig Heilung und Halt verspricht. Brandt ist zwar »nur« ein Politiker, aber die Hoffnungen und Sehnsüchte, die an ihn herangetragen werden, tragen deutlich messianische Züge. Lasst uns unsere Wunden zeigen, dann werden wir genesen! Diese nahezu spirituelle Erwartung korrespondierte aber mit einer ganzen Reihe von sehr viel handfesteren und profaneren Wünschen und Hoffnungen, die jedoch durch Brandts Charisma, durch seine besondere Ausstrahlung integriert werden konnten.

Das konstruktive Misstrauensvotum und die daraus resultierende Bundestagswahl 1972 sind ein charismatischer Höhe- und Wendepunkt in Willy Brandts Leben. Was Charisma bedeutet, was es bewegt, erinnere ich bis heute, wenn ich an die »Willy-Wählen-Kampagne« von 1972 denke. Ich war zu diesem Zeitpunkt sieben Jahre alt und wuchs im niedersächsischen Landkreis Cloppenburg auf, der stets eine Hochburg der CDU war. Bei Landtags- und Bundestagswahlen erzielten die Konservativen Rekordergebnisse von über 70 Prozent, die SPD war eine nahezu nicht existente Größe. In Cloppenburg wurde Günter Grass 1965 bei seiner Wahlkampfrede für Willy Brandt mit Eiern und Tomaten beworfen, nur unter Polizeischutz gelang ihm der Abgang. Die Wirtschaft des Landkreises ist vor allem durch große bäuerliche Betriebe geprägt, die Menschen glauben hier katholisch, die Geburtenrate liegt weit über dem Bundesdurchschnitt. Hier sagen sich Fuchs und Hase Gute Nacht, hier stehen, so weit das Auge reicht, Kühe auf den Feldern und wo das Auge nicht hinreicht in den Ställen, in den großen Mastbetrieben stehen die Schweine oder hocken die Puten und Hühner. Landwirtschaftsland.

Ich fuhr mit meinem Vater und Heinz Grünfeld durch die Gemeinde Barßel, um Willy-Plakate zu kleben. Die beiden Männer waren im Vorstand des SPD-Ortsvereins, der gerade ein bisschen Auftrieb hatte, weil die Willy-Euphorie einige langhaarige und bärtige Junglehrer und Studenten samt Freundinnen zum Parteieintritt bewogen hatte. Ansonsten waren die Roten, ein trostloses Häuflein, umzingelt von Schwarzen. Heinz und mein Vater saßen vorne in dem VW-Bus, ich saß hinten inmitten von Wahlplakaten und Leimtöpfen. Was für ein Abenteuer! Mir war die verantwortungsvolle Rolle übertragen worden, darauf aufzupassen, dass der Leimtopf nicht umkippte, denn in dem VW-Bus lagen nicht nur die vielen gerollten SPD-Plakate, sondern vor allem die in Papier eingeschlagenen Wäschepakete, die Herr Grünfeld als Inhaber einer Wäscherei auszufahren hatte. Daher verbindet sich die Erinnerung an diesen Wahlkampf für mich immer mit dem Geruch frisch gewaschener und gestärkter Wäsche. Mir ist nur weniges aus diesen Jahren erinnerlich, aber mir steht klar vor Augen, wie wir die Plakate an Laternenmasten befestigten, wie die Erwachsenen die Leiter hochstiegen, und wie ich unten stand und die Leiter halten musste. Und dieses Gesicht, dieses Brandt-Gesicht erinnere ich, zu dem ich ja wiederholt aufsehen musste. Mild und gütig lächelnd, irgendwie ein netter Typ, der auch dem Kind wie mir so etwas wie Vertrauen einflößte. »Willy Brandt muss Kanzler bleiben!« Dass der ein »Guter« ist und dass der »Andere« ein Gegner ist, ein »Schlimmer«, das hat sich als Gefühl in mir noch erhalten. Wir leisten hier etwas Außerordentliches! Es kommt darauf an! Es kommt auf uns an! Von Heinz Grünfeld bekam ich eine Mark, zu Hause eine Tafel Schokolade, klar, ich musste gerade etwas Ungewöhnliches geleistet haben. Die Erwachsenen strahlten so ein Missionsgefühl aus, so eine Dringlichkeit, die ich danach selten erlebt habe, eine Dringlichkeit, die mich einschloss und an der ich teilnahm, weil sie vermutlich auch mir zu erklären versuchten, warum es wichtig sei, dass dieser Mann siegte. An den Ausgang der Wahl erinnere ich mich nicht mehr.

Mein Vater engagierte sich für die SPD, weil er Brandts Entspannungspolitik favorisierte. Seine Mutter lebte in Polen, die Mutter meiner Mutter lebte in Leipzig, so dass wir als Familie unmittelbar von den ausgehandelten Reiseerleichterungen in den Sommerferien profitieren. Und da meine Eltern 1960 aus der DDR geflohen waren, bedeutete Brandts Ostpolitik auch, dass sich für meine Familie wieder ein Raum auftat, der bis dahin aus Angst vor Vergeltung verschlossen war. Nach dem Inkrafttreten des deutsch-deutschen Grundlagenvertrages 1973 fuhren meine Mutter und ich im Sommer 1974 das erste Mal nach der Flucht wieder in die DDR, zuerst einmal ohne meinen Vater,

So entspannt und wissend lächelt ein gütiger Bundeskanzlerübervater, Wahlplakat 1972.

der Frau und Kind quasi als »Testballon« in den Zug nach Leipzig setzte. Er misstraute den DDR-Behörden weiterhin.

Das außenpolitische Thema Entspannungspolitik war sicher das zentrale Thema des Wahlkampfes, und es war die zentrale Botschaft des Charismatikers Willy Brandt, aber im Aufmerksamkeitsschatten dieser Zentralbotschaft blühten andere Themen und andere Figuren, die vielleicht keine Charismatiker waren, die eher als »Effizienzen«* gelten konnten, die aber doch ein Team bildeten, das ohne die verbindende Gestalt und charismatische Kraft Willy Brandts nicht zusammengefunden und zusammengehalten hätte. Erst der Charismatiker bindet also ein Team, seine Jünger, er bündelt ihre Themen und schafft es, zum Teil widerstreitende Ansätze zu einem geschlossen wirkenden Programm und rivalisierende Köpfe zu einer Gemeinschaft zu synthetisieren. Um dieses Programm in die Öffentlichkeit zu tragen, benötigt der Charismatiker in der Mediengesellschaft wiederum ein Wahlkampfteam, das die Aura des Charismatikers ins Land, zu den Leuten transportiert und seine Präsenz im Land fühlbar macht. Albrecht Müller war 1972 für den Wahlkampf der SPD verantwortlich, und er hat in einer eindrucksvollen Studie »Willy wählen 72. Siege kann man machen« aufgezeigt, wie viele Faktoren und Ebenen zusammenspielen müssen, damit das Charisma des Kandidaten seine Wirkung entfalten und durchdringen kann. Im Gefolge des Charismatikers und seiner charismatischen Botschaft (Entspannung, Familienzusammenführung) entwickeln auch unter- und nebengeordnete Themen und Köpfe Attraktivität. Der Charismatiker und seine »Jünger« bilden eine leuchtende Gemeinschaft.

Albrecht Müller hat diese verschiedenen Anziehungskräfte folgendermaßen beschrieben: »In Bezug auf 1972 heißt das, dass auf eine Basisscheibe von geschätzten 25–30% typischen und eingefleischten SPD-Anhängern (Arbeitnehmer mit gewerkschaftlicher Bindung und sozialdemokratischer Familientradition) eine ganze Fülle kleinerer Scheibchen aufgeschichtet werden musste: Da gab es Bundeswehran-

* Zum Begriff »Effizienz« vgl.: Franz Walter: Charismatiker und Effizienzen, Frankfurt am Main 2009.

gehörige und ihre Familien, die am Wahltag zuallererst an Helmut Schmidts Arbeit als Verteidigungsminister dachten; da war die Gruppe derer, die von Erhard Eppler und seinen entwicklungspolitischen Vorstellungen angesprochen wurde; dann die Gruppe derer, die der Aufbruch in der Bildungspolitik und im Hochschulausbau interessierte; da waren die jungen Leute, die von der Amnestie für die Demonstranten von 1968, von Heinemanns Offenheit und Brandts souveränem Umgang mit dem Rebell in der Familie, Peter Brandt, beeindruckt waren; da gab es die Architekten und Stadtplaner, die vom Städtebauförderungsgesetz, der geplanten Bodenrechtsreform und der fachlichen Kompetenz Hans Koschnicks und Hans-Jochen Vogels angetan waren; hinzu kamen jene, für die Umweltschutz eine wichtige Zukunftsaufgabe war; die Tierschützer, die unter ihren Anhängern für Mitglieder warben; ältere Menschen, die wegen der flexiblen Altersgrenze wieder Hoffnung hatten, von ihrem Alter noch etwas zu haben; jene Juristen, die mit Heinemann und Ehmke für ein modernes Strafrecht gekämpft hatten, waren wichtig, genauso wie die Selbständigen, für die die Rentenversicherung geöffnet worden war; da waren alle, die sich über die Ungerechtigkeiten des Steuersystems, wie z. B. die Kindersteuerfreibeträge, ärgerten; und dazu kamen viele Wählerinnen und Wähler aus dem christlichen Bürgertum, die von Willy Brandts Kniefall in Warschau beeindruckt waren; usw. usf. Erst dadurch, dass die SPD alle diese Gruppen und Grüppchen angesprochen hatte, wurde Prozent für Zehntelprozent das Endergebnis von 45,8 % möglich.«

Die Liste der anklingenden Themen ist lang, und sie ließe sich leicht verlängern, so gehört zu Brandts Charisma zweifellos das Image seiner Frau Rut dazu, die weit ins bürgerliche Lager hinein Sympathien selbst bei solchen Wählern erzielte, die ihren Mann strikt ablehnten. Aus dieser Übersicht der ansprechenden und die Wähler gewinnenden Botschaften sticht zweierlei hervor: Ein Charismatiker reduziert Komplexität und simplifiziert verwickelte Themen so, dass sie auch einen Platz in der Öffentlichkeit finden, und er bindet Konkurrenten und Rivalen (etwa Helmut Schmidt und Erhardt Eppler) gerade so ein, dass nur ihm allein die Führung dieser Antipoden zugetraut wird, und erst durch ihn und nur durch ihn, finden diese zu ihrer höchsten Kraft und zu einem gedeihlichen Miteinander. Dass die kühl-autoritäre »Effizienz« Helmut Schmidt und der friedensbewegte Visionär Erhard Eppler ohne den ausgleichenden Charismatiker nicht miteinander klarkamen, wurde nach Brandts Rücktritt rasch deutlich.

Es lohnt, an dieser Stelle zwischen konstruktivem Misstrauensvotum und Willy-Wahl noch einmal innezuhalten, um Brandts charismatische Qualität, aber auch sein daraus resultierendes persönliches Handicap zu betrachten. Als sich nach dem Misstrauensvotum ein Land in den Armen liegt, das Fernsehen zeigt jubelnde Menschen, die Mitglieder der SPD-Fraktion wissen vor Freude gar nicht, wie ihnen geschieht, geht Brandt mit versteinertem Gesicht durch das Bundeshaus, verkneift sich jede triumphale Geste, unterdrückt selbst den Anflug eines Lächelns. Er strahlt in diesen Momenten Distanz und Ferne aus, doch in den darauffolgenden Monaten, Neuwahlen sind angesetzt, gebiert sein Charisma jene Fernwärme, die die Menschen mitreißt. Millionen von orangefarbenen »Willy-wählen-Buttons« sind in Umlauf, gütig und entspannt blickt der Kanzler von den Plakaten herab, Prominente wie Inge Meysel, Heinrich Böll oder Hardy Krüger erheben die Stimme für den Kanzler, die Sozialdemokratische Wählerinitiative um Günter Grass trommelt werbend landauf, landab, der Kabarettist Dieter Hildebrandt wirbt in Hörfunkspots, und Michael Pfleghar, der beste Fernsehshow-Regisseur seiner Zeit (»Wünsch Dir was«, »Klimbim«) inszenierte eine Reihe von emotionalisierenden Fernsehspots. Während die SPD-Anhänger im wahrsten Sinne Farbe bekennen, miteinander sprechen, die Öffentlichkeit jenseits der Medien auch schaffen, versinken die Anhänger der CDU in der berühmt-berüchtigten »Schweigespirale« (Elisabeth Noelle-Neumann), weil ihr Kandidat keine Aufbruchsstimmung und charismatische Bewegung erzeugt. Die Willy-Wähler machen aus ihrer Confessio spontane kleine Begegnungskirchen, fremde Menschen finden für Augenblicke zueinander, die Brandt-Anhänger erkennen einander an Aufklebern und Buttons, und schnell ist man sich einig, dass es auf dich und dich, also auf uns ankommt an diesem Tag.

Auch die Journalistin Wibke Bruhns hat den Eindruck, dass es auf sie ankommt, sie engagiert sich in der Sozialdemokratischen Wähler-

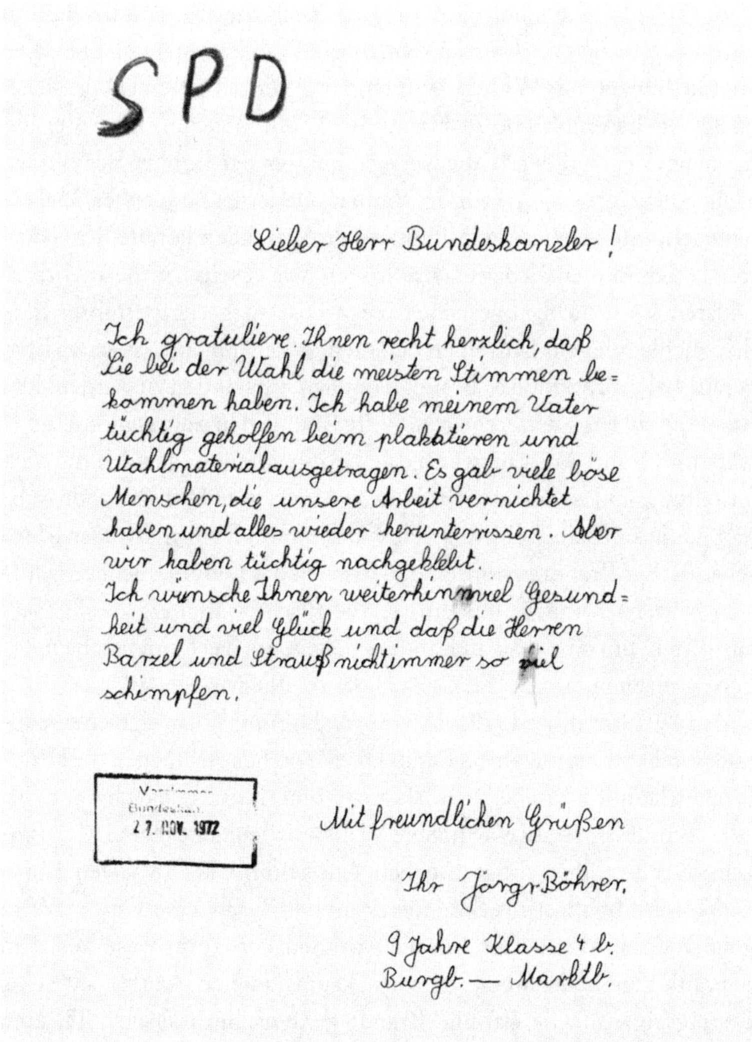

SPD

Lieber Herr Bundeskanzler!

Ich gratuliere. Ihnen recht herzlich, daß
Sie bei der Wahl die meisten Stimmen be=
kommen haben. Ich habe meinem Vater
tüchtig geholfen beim plakatieren und
Wahlmaterialausgetragen. Es gab viele böse
Menschen, die unsere Arbeit vernichtet
haben und alles wieder heruntenrissen. Aber
wir haben tüchtig nachgeklebt.
Ich wünsche Ihnen weiterhin viel Gesund=
heit und viel Glück und daß die Herren
Barzel und Strauß nicht immer so viel
schimpfen.

27. NOV. 1972

Mit freundlichen Grüßen

Ihr Jörg Böhrer.

9 Jahre Klasse 4 b.
Burgb. — Marktb.

Kinder als Charisma-Flämmchen und Wahlkampfhelferlein, 1972 initiative. Dreißig Jahre nach Brandts Rücktritt erinnert sie sich im »Stern«, wie sie den Kanzler damals als Wahlkämpfer erlebte: »Die Kundgebungen mit Willy Brandt hatten gigantische Besucherzahlen – 35000 in Essen, 20000 in Hannover, 17000 in Köln. Ich hatte ihn kennengelernt auf der Schlussveranstaltung in der Bonner Beethoven-Halle, die ich zwei Tage vor der Wahl moderierte. Zum ersten Mal erlebte ich, mit welcher Intensität er einen Saal füllen konnte. Er sprach frei, schien immer wieder nachzudenken, wie er seine Sache am besten erklären könne. Die zögerliche Sprechweise suggerierte in ihrer Eindringlichkeit jedem Einzelnen da unten, er sei gemeint, er sei wichtig, gerade bei ihm komme es Brandt darauf an, verstanden zu werden. Das war auch so – aus der Ferne war Willy Brandt sehr zugewandt. Und er war von Grund auf glaubwürdig. Ich erinnere mich, dass ich die Veranstaltung schloss mit der Feststellung, ich würde Willy Brandt wählen, ›nicht um seinetwillen, sondern aus purem Egoismus‹. Der Menschenfischer Brandt vermittelt den Fischen das Gefühl, nicht er würde sein Netz nach ihnen, sondern sie, die Fische wären es, die ihr Netz auswerfen, um das Meer an Land zu ziehen, um das Unmögliche möglich zu machen, um ein Stück Zukunft zu erbeuten.«

Am 19. November 1972, es ist der Wahlsonntag, legt sich eine spannungsvolle Stimmung übers Land. Die Menschen strömen in die Wahllokale wie in die Kirche. Niemals zuvor und niemals danach hat es bei einer Bundestagswahl eine höhere Wahlbeteiligung gegeben, 91,1 Prozent aller Wahlberechtigten geben ihre Stimme ab. In vielen Familien kommt heute etwas Besonderes auf den Tisch, eine Flasche Wein gehört dazu. Weiße Tischdecken werden ausnahmsweise aus dem Schrank geholt, Männer, die sonst kaum rauchen, kaufen sich eine Festtagszigarre. Die Familie Brandt geht nachmittags ins Theater. »Dornröschen« steht auf dem Programm, und Matthias (11 Jahre) spielt eine Hauptrolle. Er ist der König. Cornelia Scheel (9 Jahre), die Tochter des Außenministers, ist die Prinzessin, und Sybille Ahlers (11 Jahre), die Tochter des Regierungssprechers, spielt den Küchenjungen. Die Ehepaare Brandt und Scheel lachen, als die Prinzessin oben rezitiert: »Ein Tag wie der heutige bringt es wohl mit sich, einmal über sein Leben nachzudenken, dabei sind wir alle voller Gedanken, die zu nichts gut sind, als uns das Herz schwer zu machen.« Heli Ihlefeld, die auch unter den Zuschauern ist, hört Mildred Scheel sagen: »Das hat uns allen gutgetan. Was jetzt kommt, kann man nur noch mit Alkohol überstehen. Ich würde das nicht einen Tag länger aushalten. Es war ja nicht nur dieser Wahlkampf allein, wo wir Frauen gezittert haben. Es waren ja die ganzen letzten drei Jahre.« Nach der Vorstellung steht der Kanzler hinter seinem Sohn, dem kleinen König mit Krone und Zepter, und hält sich an ihm fest, sein Talisman für diesen Tag.

Als sich am Abend nach und nach das triumphale Wahlergebnis herausschält, bleibt Brandt mehr als gefasst, steif, ungerührt. Rut versucht, die Stimmung mit Scherzen zu lockern. Am späten Abend in der Parteizentrale. Rut Brandt lehnt ihren Kopf an die Schulter ihres Mannes. Die Fotografen halten das Bild fest. Wenn man diesen fixierten Moment als Foto betrachtet, suggeriert er eine große Nähe und Vertrautheit, eine Gelöstheit zwischen den Eheleuten, es wirkt so, als kämen sie inmitten des sie umgebenden Trubels zur Ruhe, Rut Brandt lächelt entspannt, ihr Mann ist heiter. Sieht man diese Szene jedoch als Filmbild, dann wird offenkundig, wie flüchtig und kurz dieser Augenblick war, ihm und ihnen ist keine Ruhe vergönnt, die Eheleute werden durch andere Gratulanten, Journalisten und Parteifreunde rasch getrennt, ihr Kopf lag kaum eine Sekunde an seiner Schulter, Halt kann sie hier und jetzt nicht finden.

Brandts Charisma, das am Tag des Misstrauensvotums und des Wahlsonntags dramatisch kulminierte und zwischen diesen beiden historischen Daten seine größte Wirkung erzielte, war also keine göttliche »Gnadengabe«, denn das bedeutet das Wort in altchristlicher Terminologie, sondern es war eine lange, tiefe, verwickelte und komplizierte Geschichte, die Brandt in sich trug, die sich nach außen wendete, andere umschloss und andere aufforderte, sich zu Erzählern aufzuschwingen.* Brandts Charisma gewann seine Kraft erst durch die

* Sabine Manke hat in ihrer Studie: »Brandt anfeuern. Das Misstrauensvotum 1972 in Bürgerbriefen an den Bundeskanzler« den kollektiven Bekenntnisdrang der Bürger untersucht. Ihrer Untersuchung zufolge wurden in den Tagen um den 17. April mehrere zehntausend Briefe an den Kanzler geschickt.

Millionen Ich-Erzähler, die seine Geschichte zu der ihren und ihre Geschichte zu der seinen machten: Wir! Zusammen erzählten sie einander dem Land die große Geschichte, eine große Erzählung, die Sinn stiftete, die Komplexes vereinfachte, die Aura besaß. Blickt man zurück, woher Brandts Fähigkeit kam, dieses Charisma zu entfalten, und woher die Tiefe der Resonanz rührte, die seine Erzählung zur kollektiven Erzählung machte, landet man wieder in Berlin, und wenn man in Berlin landet, dann ist das Leid nicht fern und aus der Gnadengabe wird schnell eine Leidensgabe, Brandts Talent, seine Leiden mit anderen Leiden zu verknüpfen.*

Als die aufgebrachten Berliner nach dem blutig niedergeschlagenen Ungarn-Aufstand zum Brandenburger Tor ziehen und Gewalt in der Luft liegt, beschwichtigte Brandt die Bürger. Er ist der Einzige, der das kann. Es ist eine Rhetorik, die nicht auf energetische Potenzierung der Masse setzt, sondern auf deren Entladung. Brandt agierte als emotionaler Blitzableiter, der verhinderte, dass sich der Volkszorn gegen die DDR-Grenzer richtete. Sein Geschäft ist Deeskalation. Diese nächtliche Befriedung der Massen ist eine Etappe auf dem Weg zum Kanzler, denn in diesem Moment findet die Stadt ihren Steuermann. Brandt wird Berliner Bürgermeister, auch weil sich die örtlichen Medien darauf verständigen, auf diesen Mann ihre Pläne und Wünsche zu projizieren. Insbesondere Axel Springers Publikumsblätter wie die »Berliner Morgenpost« machen den Mann zum Menschen, zum Macher, zum Anwalt kollektiver Interessen.

In der geteilten Stadt entfaltet Brandt sein Talent, das Leid aufzusaugen und in Widerstand und Hoffnung zu verwandeln. In den zahlreichen Berlin-Krisen jener Jahre wandelt er stets auf einem schmalen Grat: Er muss den Zorn der Berliner beschwichtigen, er muss ihre Empörung in seine Reden integrieren, er ist der kalte Krieger gen Os-

---

* Wie aus dem Leiden ein »Kapital« werden konnte, hat Wolther von Kieseritzky in seinem Aufsatz »›Wie eine Art Pfingsten …‹ Willy Brandt und die Bewährungsprobe der zweiten deutschen Republik« beschrieben. Er findet sich in dem Buch von Frank Möller (Hg.): Charismatische Führer der deutschen Nation, München 2004; S. 219–258.

ten, aber zugleich muss er Spannungen abbauen und die Wut der Sprache in Akte der Diplomatie übersetzen. Drei Tage nach dem Bau der Mauer steht er erneut vor so einem Drahtseilakt, als sich am 16. August 1961 mehrere Hunderttausend Menschen vor dem Schöneberger Rathaus versammeln. Zwei Tage zuvor hatte Adenauer Brandt im Wahlkampf als »Brandt alias Frahm« geschmäht. Ein Riss geht durch Brandt, ein Riss geht durch die Stadt. Egon Bahr hat beschrieben, wie er bis zuletzt an der entscheidenden Rede schrieb, mit der die Stimmung in der Stadt getroffen werden musste. Er schrieb noch, als er bereits das anschwellende Summen der Masse hörte, die so zum Co-Autor einer Rede wird, die darauf abzielen muss, den Dampf aus dem Kessel zu nehmen. So tritt Brandt mit einem Manuskript vor die Berliner, das frisch aus der Maschine kommt, die Worte sind noch warm. Auch diesmal entfaltet Brandt ein quieszierendes Charisma, er droht, er schüttelt rhetorisch die Fäuste, lässt Zornesadern springen, er fordert Konsequenzen, aber im Gewand der Erregung betritt schon die Abkühlung die Arena. Ja, er ist ein kalter Krieger, aber kalt heißt eben auch, dass er die Hitze kühlt, dass er die Flammen löscht, ohne das Feuer auszutreten.

Studiert man diese Rede, betrachtet man sie von heute aus, will sie prima vista nicht als rhetorisches Meisterwerk erscheinen, aber was die Berliner über die Worte hinweg erreicht, was auch heute noch Brandts charismatische Gestalt deutlich werden lässt, ist die Last, die er trägt, ist sein Mitleiden, sein emphatischer Körper, der mit jeder Faser den ohnmächtigen Zorn der Berliner zum Ausdruck bringt. In ihm spiegelt sich Ohnmacht und zugleich ein Aufbegehren dagegen, und unten stehen die ohnmächtigen Berliner und formen zusammen mit ihrem Regierenden Bürgermeister ein Zeichen des Widerstands, ein Fanal des Freiheitswillens. Selbst ein besessener Brandt-Gegner wie Franz-Josef Strauß kam in seinen Erinnerungen nicht umhin, Brandts Anziehungskraft anzuerkennen: »In der Person Willy Brandt schienen brennpunktartig alle ungestillten Wünsche, alle unerfüllten Sehnsüchte, alle psychischen Bedürfnisse zusammenzulaufen. Brandt wurde, ähnlich wie Kennedy, das Idol vieler Bürger, das Pilgerziel aller Beladenen und Belasteten.« War das nicht Willy Brandts besondere Gabe? Die Masse und er tauschten Lasten, sie bewerkstelligten einen emotionalen Lastenausgleich und warfen gemeinsam das kommunizierende Notstromaggregat an.

Willy Brandt wird in den Berliner Jahren zum leidgeprüften Leidbeauftragten einer Stadt, der zugleich alles Leid abschüttelt und als Freiheitskämpfer um die Welt reist, um Berlins Widerstandswillen zu dokumentieren. Vor diesem historischen Hintergrund wächst Brandt Charisma zu, das durch seinen politischen Leidensweg noch genährt wird, denn zunächst sammelt er Niederlagen. Bei den Bundestagswahlen 1961 und 1965 kann er als Kandidat der SPD zwar beachtliche Stimmenzuwächse für seine Partei erringen, aber er verfehlt die Macht, und auch die Partei hält ihn auf Distanz. Der große unumstrittene Führer ist er noch nicht. Brandt findet erst im Augenblick tiefster Bitterkeit und Depression zu charismatischer Größe. Als er 1965 beschließt, nichts mehr werden zu wollen, und das auch alle wissen lässt, als er die Macht loslässt und sich innerlich schon auf »die Reise wegwohin« macht, findet er zu sich selbst. Und dieses Selbstbild orientiert sich nicht mehr an einem jugendlichen Helden wie John F. Kennedy, den er kopierte, sondern es gewinnt Kraft, weil es die Ohnmacht und das erlittene Leid mit einschließt. Erst jetzt ist er für die Menschen rundherum Mensch, und die Stigmata, die er trägt, fangen an Früchte abzuwerfen. Ihm wächst jetzt vieles zu, weil ihm so vieles abgesprochen wurde, und so basteln Adenauer und Franz Josef Strauß mit an diesem Helden, der 1969 alles Phlegma abstreift und nach der Kanzlerschaft greift.

Brandts Lebensgeschichte wird zum Charisma-Kapital, weil die persönlichen Angriffe gegen den »Landesverräter«, den »vaterlandslosen Gesellen« und das »uneheliche Kind« diejenigen mobilisiert, die ihm beistehen wollen, die es nicht hinnehmen, dass Brandts Lebensweg benutzt wird, um ihn zu diskreditieren. Während Brandts Gegner ihren Hass auf ihn projizierten, schrieben seine Unterstützer ihm ihre Hoffnungen zu und gut. Dass Willy Brandt auch und gerade daraus Energien bezog, die gegen ihn gerichteten Angriffe hinzunehmen, eine Art verschwiegenen, aber doch beredsamen Narbenstolz zu entwickeln, hat sein Antipode Rainer Barzel in der Rückschau benannt. Er schreibt in seinen Erinnerungen: »Er stieß zu; nutzte dazu seine emotionalen Möglichkeiten, auch seinen Lebenslauf. Einige lächelten, weil sie nicht begriffen, welchen Horizont und welche Sehnsüchte nach Immateriellem Brandt aufriss mit seinem Satz ›Der Himmel über der Ruhr muss wieder blau werden!‹ Natürlich wusste er, dass die Kumpels an der Ruhr zuerst andere Sorgen hatten; auch, was alles dagegen stand, dieses Ziel zu erreichen. Aber er spürte, mit diesem Ausruf einen Aufruf zu wagen und so ein politisches Feld zu erobern und zu besetzen, das die Union hatte brachliegen lassen. Ähnlich verhielt es sich, als er ›Compassion‹ (Mitleid) in die politische Diskussion einbrachte. Die Union aber hatte begonnen, ihr ›C‹ zu verstecken.«

Im Laufe seiner Karriere wird Willy Brandt der Mahnmal-Mann der deutschen Politik, dem sich die deutsche Geschichte wie ein Wundmal auf den politischen Leib zu schreiben schien. Als er 1972 von den Mitbürgern »compassion« erbat, also Mitleid oder Mitgefühl, schien dieser Appell insgeheim auch ihm selbst zu gelten, denn sein Charisma war eines jener vorgezeigten Ohnmacht, die um Macht bat bei jenen, die doch ohne Macht dazustehen schienen. Vielleicht war das seine ganz besondere Charisma-Qualität, den Ohnmächtigen die Macht einzuräumen, die eigene Ohnmacht zur Macht werden zu lassen. Wenn die Macht ein Vermögen ist, erst im Anderen zu sich selbst zu kommen, dann hat Brandt das begriffen: Er erbat sich Macht, er erbat sich das Delegat der Masse, seine Ohnmacht einzutauschen gegen ihre Macht.

Die Sprecher der »Tagesschau« exekutieren kühl, was die Weltgeschichte ihnen vorschreibt. Sie dürfen das, was sie vermelden, nicht kommentieren, der Zuschauer darf nicht erraten, was im Nachrichtensprecher vor sich geht. Wilhelm Wieben, der von 1974 bis 1998 in der Tagesschau die Nachrichten spricht, schreibt Willy Brandt am 15. Mai 1974: »*Als Tagesschau-Sprecher sind wir gehalten, eine neutrale Mimik zu zeigen – den Mann ohne Meinung. Gestatten Sie mir bitte, Ihnen zu danken für Ihr eingelöstes Versprechen, mehr Demokratie zu wagen, für Ihr großes politisches Werk zu danken* [...] *für jeden Tag ihrer Kanzlerschaft, die für viele – gleich mir – ein beglückendes Erlebnis war, denn wann werden wir wieder so vertrauensvoll den ersten Politiker unseres Landes zugleich groß und liebenswert nennen.*«

Brandt war ein Charismatiker, weil er es schaffte, den Alltag außer Kraft zu setzen. Die Menschen wandten sich ihm über den Tag hinaus zu, weil er über den Tag hinaus zielte. Seine charismatische Kraft entfaltete sich vor dem Hintergrund der deutsch-deutschen Teilung, die er zu überwinden trachtete. Er war ein großer Erzähler, der den Nerv der Zeit traf, weil er Botschaften besaß, die auf kollektive Bedürfnisse zielten: Die Aussöhnung mit dem Osten und das »Mehr Demokratie«. Um aber in einer postheroischen Gesellschaft zum heldenhaften Charismatiker zu werden, braucht es mehr als eine Botschaft und ein Talent. Brandt brauchte eine charismatische Situation, einen dramatischen Ort, an dem sich seine Persönlichkeit entfaltet. Brandt, der Mann mit dem Riss in der Identität, hat sich zielsicher Berlin ausgesucht, die zerrissene Stadt, die Καιρός/Kairos-Maschine, die historische Eingreif- und Entscheidungsaugenblicke und somit heroische Augenblicke am laufenden Band produzierte. Hier korrespondierte sein Weg mit der »Insel im roten Meer«. Brandt fand Feinde, Gegner, Konfliktpartner, die letzten Endes sein Geschäft betrieben, von Adenauer bis zum »Kettenhund« Walter Ulbricht. Brandt brachte soziale Energien zur Sprache, verkörperte sie, sog sie in sich auf, sie machten aus ihm eine ikonische Figur auf der Bühne der Weltgeschichte. Brandt, der Bürgermeister der Frontstadt, wurde zu einer legendären Figur, mit eigenem Mythos, von Zustimmung und Ablehnung gleichermaßen dynamisiert. Sein Charisma wuchs in Etappen, wandelte und weitete sich. Aus dem lokalen Helden, der die aufschäumenden Emotionen beschwichtigte, wurde ein Weltheld, der finanziell unterstützt von Erzgegner Adenauer als Handelsreisender in Sachen Freiheit und Demokratie um die Welt tourte, Berlin-Pathos im Gepäck. So wird er 1959 in New York mit einer Konfettiparade geehrt, Bilder, die im Wahlkampf 1961 zeigen sollen, welchen Rang Brandt im Ausland einnimmt. Im Jahr 1972, dem Gipfelpunkt seiner Anziehungskraft, wird er zum nationalen Leidens- und Hoffnungsmann, der 1974 stürzt, weil sein Charisma den Mühen der Ebene, den institutionellen und innerparteilichen Mühlen nicht mehr gewachsen ist. Im Sturz glimmt das Charisma noch einmal auf, viele Menschen vergießen Tränen, ein Tag, der sich beklommen anfühlt. Und schließlich kehrt der Charismatiker noch einmal zurück auf die große Weltstadtbühne, als 1989 die Mauer fällt und Willy Brandt ergriffen ausspricht, was fast alle wünschen: »Jetzt wächst wieder zusammen, was zusammengehört.«

Ist das Gegenteil von Charisma das Image? Zwischen 1957 und 1966 ist bei Brandt beides im Spiel. Das geschneiderte, konfektionierte, das von seinen Beratern ersonnene Image und sein Charisma, das sich der präzisen Planung entzog, weil es auch mit seinen psychischen Dispositionen zu tun hatte. Brandt wurde das Image eines modernen Politikers übergestreift, aber stets schimmerte doch die alte Haut durch, stets wehrte sich der Mensch gegen die totale Vereinnahmung durch den Politiker Brandt. Brandts Charisma konnte erst in dem Augenblick zur vollen Entfaltung finden, als das synthetische Image nicht länger als dominierendes Merkmal seiner Persönlichkeit wahrgenommen wurde. Als Barzel Brandt ablösen wollte, war der gute Mensch in Not, spielte sich das ganze Drama seiner politischen, aber auch seiner menschlichen Existenz vor aller Augen ab und mobilisierte die Unterstützermassen: Brandt retten, Deutschland retten! Brandt war ein Wärmepol der deutschen Politik, als diese kalt zu werden schien, er war der Garant der Menschlichkeit, als viele argwöhnten, dass nur noch Masken regierten. Brandts Charisma war bereits in den siebziger Jahren ein Antidot gegen jenes Schlagwort der »Politikverdrossenheit«, das erst Ende der achtziger Jahre unter Helmut Kohl in den politischen Diskurs und das kollektive Empfinden Einzug hielt. Ein Ausflug in die Jetzt-Zeit mag diesen anhaltenden politischen Entfremdungsprozess und Brandts besondere Gegengiftgabe belegen. In der Polit-Sendung »Bei Brender« auf dem privaten Nachrichtensender n-tv kommt es am 4. Mai 2012 zu folgendem Wortwechsel zwischen der Journalistin Anna Sauerbrey (»Der Tagesspiegel«) und Johannes Ponader, der kurz zuvor zum politischen Geschäftsführer der Piraten-Partei gewählt worden war.

Anna Sauerbrey: »Verstehen Sie sich denn als Politiker?«

Johannes Ponader: »Ich verstehe mich als politischer Mensch. Ich bin persönlich noch viel zu frisch in diesem Bereich, um zu sagen, was ein Politiker ist für mich vom Begriff her. Das ist so eine Schublade. Also ich bin Mensch und ich bin politisch, deshalb kann ich sagen, ich bin ein politischer Mensch. Ein Politiker, das klingt so, als gäb's da noch was neben dran, was ich dann nicht mehr bin. Ich möchte nicht mehr aufhören, Mensch zu sein, weil ich Politiker bin.«

ANNA SAUERBREY: »Warum ist der Politiker bei den Piraten so ein negativ besetzter Begriff? Kaum einer von ihnen möchte gerne sagen: ›Ich bin Berufspolitiker und ich stehe dazu, das ist das, was ich gerne machen möchte‹.«

JOHANNES PONADER: »Ich glaube, weil wir bei der Politik manchmal die Menschlichkeit vermissen. (…) Es ist für uns schon eine große Herausforderung, das merke auch ich jetzt in den ersten Tagen, authentisch zu bleiben und trotzdem mit diesem großen Ansturm und mit der Verantwortung umzugehen, die da auf uns zuläuft. Es ist immer leichter, sich abzukapseln und eine Maske aufzusetzen, als weiterhin offen und transparent mit allen umzugehen.«

ANNA SAUERBREY: »Leisten Sie damit nicht der Politikverdrossenheit Vorschub?«

JOHANNES PONADER: »Wenn ich ein Mensch bleibe?«

Ohne dass Brandt es systematisch betrieb und plante, regierte das Bild des Fehlbaren und somit des Menschlichen sein Bild als Politiker. Er wirkte authentisch. Noch bevor das Image seinen Siegeszug bis in die letzten Schlupfwinkel des Alltag antrat und jeder anfing, an seinem Dienstleistungs- und Selbstverkaufskleid zu werkeln, hatte Brandt ein Image, das sich nicht als solches anfühlte. Brandts Existenz zerfiel nicht in Amt, öffentliche Figur, Privatmann und Politiker, er wurde vielmehr als echt und wirklich wahrgenommen und im Gegensatz zu anderen, die man mit parteipolitischem Schaum vor dem Mund sah, im Gegensatz zu anderen, die in mehrere kalkulierte und künstliche Existenzen zu zerfallen schienen, wirkte er – gerade wegen seiner Widersprüche – wie ein Mensch aus einem seelenvollen Guss. Brandt war kein Großenrechenmeister des strategischen Selbst, er blieb ein Ich, ein anfechtbarer und daher wiedererkennbarer Mensch. Betrachtet man alte Dokumentaraufnahmen, Interviews, Treffen mit Parteifreunden oder Wahlkampfreden, spürt man, welche ungeheure Anstrengung es ihn gekostet haben muss, überhaupt eine balancierte politische Existenz darzustellen.

Der filigrane und wohlüberlegte Wahlkampf von 1972 verzichtete nicht darauf, ein Image zu modellieren, aber das Wahlkampfteam räumte dem charismatischen Brandt den Vorrang ein und drängte ihm keine künstliche Rolle auf. Man präparierte Brandts Kernbotschaften heraus, man koordinierte seine Hilfstruppen, man verließ sich aber in erster Linie auf Brandts synergetisches Charisma, das verschiedene Energien anzog und aneinander steigerte. Dieses sich Verlassen und Einlassen auf Brandts Präsenz, seine Fähigkeit, andere für sich zu gewinnen und ihre Energien zu mobilisieren, kommt in der Auswahl des Porträtfotos zum Ausdruck, mit dem der gesamte Wahlkampf bestritten wurde und das eine nahezu allmächtige Allgegenwart entfaltete im Herbst 1972. Brandt, braungebrannt, lächelt versonnen in die Kamera. Dieses Foto ist eher ein Zufallsfund, nicht das Ergebnis einer stundenlangen Studiositzung. Brandt war gerade aus dem Urlaub zurückgekehrt und daher sonnenverwöhnt. Harry Walter, der Chef der Werbeagentur ARE, der die Kampagne entwarf und gestaltete, begleitete ihn auf einer Rundreise durch bayerische Kur- und Badeorte. Auf jeder Station hatte Brandt sich in das Gästebuch des jeweiligen Rathauses einzutragen. So trat er wieder einmal, nachdem er sich verewigt hatte, nach draußen und wurde von einem durchdringenden Marschlied empfangen. Ein Kinderblasorchester hatte sich zu seinen Ehren vor dem Rathaus aufgebaut und blies nach Leibeskräften. Einige Kinder verschwanden geradezu hinter ihren riesigen Instrumenten. Brandt blickte versonnen auf die kleinen Blechbläser und lächelte gütig, wie es schien. In diesem Augenblick betätigte Harry Walter den Auslöser.*

* Ein Charismatiker ist wohl auch daran zu erkennen, dass kleine, kleingewachsene Männer wie mein Vater auf eine hohe Leiter steigen, obwohl es ihnen schwindelt, um das Bild eines großen Mannes zur Geltung zu bringen, und ihre Söhne mitnehmen, damit die ihnen zusehen bei diesen Heldentaten, die auch aus ihnen große Männer machen.

Der Werbeprofi erinnert sich daran, dass Willy Brandt ein sehr kooperativer Partner war, der sich auf ihn und seine Strategien, seine Kompetenz verließ, ohne sich einzumischen, ohne zu glauben, er selbst wüsste besser, wie man der Öffentlichkeit Politik und den Kandidaten verkauft. Nur zwei Mal schlug Brandt betont moderat Änderungen vor. Als Harry Walter für die Bundestagswahl 1969 für die SPD textete »Wir haben die besseren Männer«, machte Brandt daraus »Wir haben die richtigen Männer«. Ich-Lautstärke und Selbstanpreisung war Brandt unangenehm. Harry Walter hatte 1972 den zentralen Slogan zur Bundestagswahl so formuliert: »Deutsche. Wir können stolz sein auf Willy Brandt.« Brandt betrachtete den Entwurf skeptisch und meinte: »Mein Kopf ist doch groß genug auf dem Plakat!« Daraufhin korrigierte er und schlug stattdessen vor: »Deutsche. Wir können stolz sein auf unser Land.« So blieb es.

Ob ein Charismatiker wie Brandt heute noch Chancen hätte? Die digitale Gesellschaft, die unentwegt kontrolliert, Info-Nachschub verlangt, durchleuchtet, kommentiert, deutet und zerzaust, duldet keine Schweigezonen, toleriert keine Arkana, transparent soll alles sein, einsehbar und nachzuvollziehen. Wir leben in anticharismatischen Zeiten, obwohl sich alle nach Charisma sehnen. Authentizität ist der höchstbezahlte Artikel der Mediengesellschaft, und sobald diese irgendwo gesichtet wird, ist sie auch schon vernichtet. Ein charismatischer Bengel wie Karl-Theodor zu Guttenberg bleibt nur als inszenierter Hochstapler in Erinnerung, ein Mann ohne echte Geschichte, der sich eine Zeitlang von der Charisma-Sehnsucht nährte, aber dann tief fiel, weil seine Biographie nicht hielt, was die Hochglanz-Bilder versprachen.

Effizienzen regieren, schlechte Zeiten für Charismatiker.

Sucht die Geschichte noch einen Erzähler?

Willy Brandt war kein gläserner Mensch.

Alles wird durchleuchtet, Aussichten finster.

Mehr Gefühl wagen

»In der Politik hat keine Emotion und keine Leidenschaft Platz außer der Leidenschaft zur Vernunft.«

Helmut Schmidt

Die Familie Brandt forderte Willy Brandt heraus, ängstigte ihn, gab ihm das Gefühl, ihr nicht gewachsen zu sein, schürte in ihm die Furcht, sich selbst zu versäumen, weil er selbst in Kindheit und Jugend nie gefunden hatte, was diese, seine Kinder und seine Frau suchten: Nähe, Geborgenheit, geteilte und gemeinsam gelebte Intimität. Brandt war kein Mann, der gefühllos war oder zu wenig Gefühl besaß, sein Problemtalent (vielleicht seine Tragik) war, dass er ein Übermaß an Gefühlen besaß, unerwiderte, gestaute Gefühle, verborgene, nie zur Sprache oder zum Körper gebrachte Gefühle, schlecht ausgebildete, verletzte, beschädigte, niemals befreite Gefühle, die ihm als Politiker faszinierende Tiefe verliehen, als Privatmann aber in Einsamkeit bannten.

Sein liberaler Weggefährte Walter Scheel hat Brandts Problemtalent erkannt und gewusst, was es für die Bundesrepublik bedeutete. Der emotional eher nüchterne Liberale lässt Brandt einige Wochen nach dessen Rücktritt vom Bundeskanzleramt eine ungewöhnlich private Nachricht zukommen. Er schreibt am 27. Juni 1974: *»Gefühlswerte, die in der Vergangenheit in der Politik allzu häufig nur in demagogischer Absicht oder gar pervertiert genutzt wurden, finden Glauben. Sie wissen, daß ich immer die Meinung vertreten habe, daß nur eine außergewöhnliche Häufung von Zufällen einen Mann Ihrer Struktur an die Spitze der Regierung bringen konnte. Aber die Zeit hat sich gelohnt!«* Obwohl Brandt Scheel im Innersten fremd bleibt (»ein Mann Ihrer Struktur«), respektiert er doch die so ganz andere psychologisch-politische Biographie seines Partners und bilanziert, dieser habe »Gefühlswerte« eingebracht, die »Glauben finden«.

Erst in und an dem Kanzler Brandt entdeckte die Bundesrepublik ihre kollektiven Gefühle, er war ein Gefühlsprovokateur. Der erste Nachkriegskanzler Adenauer, der mit dem Slogan »keine Experimente!« für sich und die CDU warb, hätte genauso gut sagen und fordern können »keine Gefühle«, denn der Alte aus Rhöndorf fand, dass Gefühle in der Politik nichts zu suchen hatten, erst recht nicht nach den pervertierten und extremistisch gesteigerten Gefühlsströmen des »Dritten Reiches«. Die emotionale Zustimmung zum Diktator war das Band, das die »Volksgemeinschaft« zusammenhielt. Das einzige Gefühl, das Konrad Adenauer instrumentalisierte, das er kühlen Kopfes aufgriff und in Parolen presste, war die Angst vor den »Sofjets«. Willy Brandt urteilt in »Begegnungen und Einsichten«: »Adenauer war in der Tat das Gegenteil eines gefühlsbetonten Mannes.« Tatsächlich war der »Alte« ein kalter Kanzler, ein runzliger Altvater, in dessen Obhut man sich begab, der jedoch kein Gefühl forderte, sondern nur Wahlurnengefolgschaft. Vielleicht noch das: Das Trümmerland Deutschland suchte einen unzertrümmerten Führer: das war Adenauer. Der frühere Bürgermeister von Köln wurzelte als Politiker noch tief im 19. Jahrhundert, er war lange vor und lange nach Hitler da, seine Lebensspanne (1876 bis 1967), schien den furchtbarsten Kanzler aller Zeiten (1889 bis 1945) gleichsam friedlich zu überbieten und somit, mit dieser gelebten Zivilität, vergessen machen. Unter Adenauers Obhut mochte man sich von Hitler weniger beladen fühlen, weil der alte Mann aus Rhöndorf ein Kontinuum suggerierte, wo der »Führer« doch alles zerschlagen zu haben schien.

Und Erhard, dieser kurzatmige Etappenkanzler, taugte ebenso wenig zum Gefühlsartikulierer oder Gefühlsventil. Mit ihm verband man Behaglichkeit, wirtschaftliche Leistungskraft, Gefühle in Aspik, er blieb, auch als Kanzler, eher ein fähiger Minister, aber keiner für's große Ganze.

Als dritter Gefühlsunkundiger trat Kurt Georg Kiesinger an. Er wollte ein stolzer, nobler Bürger sein, all das Vergangene lächelte er tapfer weg. Er provozierte zwar Empörung, weil er eine undurchsichtige Rolle im Propagandaapparat der Nationalsozialisten gespielt hatte, aber diese aggressiven Gefühle blendete er hartnäckig aus. Die Ohrfeige, die ihm Beate Klarsfeld 1968 aus Protest gegen seine Funktion im »Dritten Reich« gab, dieses hilflos-selbstgerechte Zeichen markierte Kiesingers Dilemma: Als Kanzler des Übergangs gelang es ihm nicht, die Gefühlswelten einer neuen Zeit aufzunehmen oder anzusprechen. Er blieb ein kühler Mann, der eine wohlkonservierte Aura tadelloser Bürgerlichkeit pflegte, die von Früher, Einst und Gestern sprach, aber diese habituelle Befestigung war undurchlässig für Emotionen.

Nach diesen drei Gefühlsverweigerern oder Gefühlsunkundigen hatte sich eine Menge Gefühl gestaut: das Gefühl, um die eigene Jugend und um den eigenen Bildungsweg betrogen worden zu sein, Trauer über die verlorene Heimat, dumpfe Ohnmacht angesichts des nazistischen Selbstbetrugs, Aggressionen gegen die Besatzer oder Dankbarkeit gegenüber den Befreiern, die Unfähigkeit, den Verlust des verbrecherischen Führervaters zu betrauern, Angst vor dem Kommunismus, Scham über die Verbrechen, die man zu verantworten hatte, Wut über die Teilung des Landes, die Mauer und die kalte Machtpolitik der Alliierten, Furcht vor einem Dritten Weltkrieg und all die aufgetauten Gefühle der jungen Generation, die anfing, die Kriegsgeneration kritisch zu befragen und emotional zu provozieren.

Brandt hingegen forderte Gefühle heraus, nicht so sehr durch seine Reden, ja doch, das auch, aber mehr doch durch seinen Lebensweg, durch sein Schicksal, durch seinen politischen Gesamtleib, wozu sein Emigranten- und Widerstandskämpferweg ebenso gehörte wie die Verleumdungen dieses Weges, seine merkwürdig zerschrundene Rhetorik aus Pathos, Asche und Stein, seine Rolle als Bürgermeister der geteilten Stadt, seine zwei gescheiterten Versuche, Kanzler zu werden, seine Ostpolitik, die als Verrat und Zurückweichen vor dem Kommunismus empfunden werden konnte, das Wissen um den fehlbaren Menschen Brandt, usw. usw. Brandt kitzelte die so unterdrückten Emotionen heraus, an ihm schieden sich die »Geister«, die Generationen, die ewig Gestrigen und die ewig Morgigen, an ihm, durch ihn trafen die widerstreitenden Empfindungen zusammen, weil die einen ihn verteidigten und die anderen ihn angriffen, dieses Hin und Her von Angriff und Verteidigung, von Empathie und Ablehnung, von Aggression und Annahme machte überhaupt so etwas wie einen emotionalen Marktplatz des Landes greif- und spürbar. Das »Tua res agitur«, das die Lateinlehrer ihren Schülern so gerne um die Ohren hauten, das wurde an ihm erst so recht verstanden, und die Bürger beteiligten sich, selbst wenn sie hasserfüllte Briefe schrieben oder Wände mit feindseligen Parolen beschmierten, Wahlplakate abrissen oder Brandt-Anhänger schmähten. Die mussten sich bekennen, Position beziehen, ihren Mann verteidigen, und das taten sie auch. Sie bekannten sich zu diesem »anderen Deutschen«, sie trugen »Willy-Wählen!«-Buttons, sie verteidigten ihn am Arbeitsplatz, am Stammtisch, in der Schule, an der Universität oder am heimischen Küchentisch. Die berühmte Serie »Ein Herz und eine Seele« von Wolfgang Menge thematisierte genau das: den Kampf der Gefühle am Küchentisch, politische Konflikte, die zu innerfamiliären Konflikten, innerfamiliäre Konflikte, die ihre Entsprechung auf der politischen Bühne fanden. Und Willy Brandt war der Umkämpfte, der Umstrittene, der dem Land emotionales Engagement abverlangte, auch und gerade am Küchentisch. Während »Ekel Alfred Tetzlaff«, der ewige Reaktionär und ressentimentgeladene Spießer (Heinz Schubert) gegen die »Sozen« stänkert und bollert, verteidigt sein Schwiegersohn Michael (Diether Krebs), die »langhaarige bolschewistische Hyäne«, wie Alfred sich auszudrücken beliebt, den Kurs der SPD. Auch das, dieser ideologische Kleinkrieg, bedeutete: »Mehr Demokratie wagen!«

Im eigenen Familienleben jedoch, im Familienleben der Brandts konnte es nicht darum gehen, das Gefühl einer Zeit aufzufassen, es symbolisch-sprachlich auszudrücken, ein Repräsentant zu sein, sondern hier galt es, sich dem Gegenüber unmittelbar emotional zu zeigen und zu erkennen zu geben. In der Familie gibt es keine medialen Pufferzonen, keine politischen Codes und Vokabeln, hinter denen man Zuflucht suchen kann. Wo andere in Familien Halt finden, wenn sie sich öffnen, Gefühle zeigen, sah Brandt sich von Haltlosigkeit bedroht, sah er sich aufgelöst, sein Selbst, sein von Kindheit an beschädigtes und nie ganz zu Ende entwickeltes Selbst davonschwimmen. Je mehr unausgesprochenes und ungelebtes Gefühl sich in der Familie Brandt aufstaute und zu Bergen von Erwartung gipfelte, desto einsilbiger, sprachloser und steinerner wurde Brandt, der diese Sehnsüchte spürte, aber keinen Weg sah, ihnen gerecht zu werden.

Willy Brandt war kein Mensch, der an den Menschen glaubte, jedenfalls an den Einzelnen nicht, ja, von Fall zu Fall schon (gleichwohl zweifelsreich), aber sonst war seine Erwartung an das Gute im Menschen, im Mitmenschen eher schwach ausgeprägt; die Verführung zum Bösen einzurechnen und gleichzeitig darauf zu hoffen, der Mensch möge sich dem Guten zuwenden – was schon schwieriger zu gestalten war, weil es Kraft kostete, während man sich dem Bösen einfach träge und taub überlassen konnte –, blieb seine Form des Realismus, seine schüttere Zuversicht.

Willy Brandt glaubte an keinen Gott, war Agnostiker, ein Mann ohne Himmel über sich, von dem er sich aufgehoben fühlen konnte. So floh und fand Brandt Halt und Bedeutung vor allem in der Geschichte, im Glauben an seinen Platz in der Geschichte und im Glauben daran, dass die Geschichte langsam, ganz langsam den Fortschritt entwickle, sofern sie, vorangetrieben von den richtigen Kräften, Parteien und großen und kleinen Politikern, ein menschlicheres Gesicht zeigen würde. Brandt fand Halt häufig genug nur in Augenblicken, historischen Augenblicken, die ihm seine Bedeutung vor Augen führten, gelebte Geschichte, die seiner besonderen lebensgeschichtlichen Signatur bedurfte, um sich selbst zur Sprache zu bringen.

Wer hätte in den Jahren der Krise, des Mauerbaus die Rolle des Regierenden Bürgermeisters besser ausfüllen können als er? Ein Mann, der in der Emigration an den Grenzen und Distanzen gelitten hatte und sich eiserne Hoffnungen auf das Ende des Bösen antrainiert hatte. Der die empörte Masse beschwichtigen konnte, wo es nottat, und ihr gleichzeitig etwas von einer Zuversicht lieh und Hoffnungen am Leben hielt, wo andere vor dem historischen Augenblick versagt hätten, weil sie nicht Brandts pathetische Kraft besaßen, ein Pathos, das nicht leer und ungedeckt war, sondern das reich erlitten und lebendig war, ein Pathos, das keine hohle Phrase, sondern lebensgeschichtlich in den Mann eingebrannt war, das eher glühte als flammte und zu ihnen sprach. Nur im Einklang mit der Geschichte vermochte Brandt die Idee von seiner Unentbehrlichkeit aufrechtzuerhalten, die Hoffnung daran, dass sein Leben als ein gelungenes und sinnreiches aufgefasst werden könne, dass etwas bliebe von ihm, über den Tag hinaus.

Gegen Ende seines Lebens, in seinen staatsmännischen Erinnerungen, suchte Brandt Halt in der Rolle des Staatsmannes, die für ihn keine bloße Rolle war, sondern die Matrix seiner Existenz. Es fiel ihm wohl leichter, verfeindete Staaten miteinander ins Gespräch zu bringen als die eigenen Söhne, die keineswegs verfeindet sind, aber doch jeder auf seine Weise an der Übermachtgestalt und der privaten Sprachlosigkeit des Vaters litten. Willy Brandts letzte Autobiographie, sein Buch »Erinnerungen«, ist das Totenhemd und Auferstehungsgewand, das er sich selbst zu Lebzeiten überstreifte. So, in diesem Kleid, wollte er die Erde verlassen. So wollte er gelesen, verstanden, gesehen, gedeutet werden. Das war er, der Mann, der seinen Platz in der Geschichte gesucht hatte, der von der Geschichte selbst gesucht und gefunden worden war – sie, die Geschichte, und er hatten sich aneinander gefunden, sich geliebt, aneinander gelitten, sich gebraucht – sie waren sich gegenseitig die Geburtshelfer ihrer Existenz bzw. ihrer Existenzmomente.

Die Geschichte ist Brandts größte Geliebte, die Frau, die alle anderen Mütter und Gefährtinnen umschloss und hinter sich ließ; aus dem Schoß der Geschichte kam er, und in ihn wollte er, Brandt, wieder eingehen. Alles, was ihn daran hinderte, musste daher zurückgelassen und abgestreift werden. Der Geschichtsmann Brandt ließ die Familie Willy Brandt in seinen Erinnerungen hinter sich, weil er hier, an diesem Ort, der historischen Erzählung seines Lebens, nichts duldete, was er nicht beherrschte, was ihn überforderte, was seine Lebensrolle gefährdete. Es war nicht Undankbarkeit oder Gefühlskälte, die ihn seine Frau und seine Kinder aus diesem Buch herausschrieben ließ, es war eher ein Übermaß an Gefühl und die Unfähigkeit, das Private und das Politische in einen Dialog zu bringen. Welcher politischen Autobiographie wäre das auch wirklich gelungen? Hier, in diesem politischen Roman seines Lebens, wollte er bleiben, in dieses Haus wollte er einziehen, das war sein Olymp, sein selbstgebautes Pantheon, hier sollte kein menschliches »Kleinklein«, kein privates Gefühl stören. Wo in den Erinnerungen von Gefühl die Rede ist, wo sich Brandt emotionale Ausbrüche gestattet, da geht es um die große Geschichte, da geht es um zerrissene Heimaten oder Kriege zwischen Brüdern, da geht es um die großen Dramen der Weltfamilie. Rut Brandt war befremdet, auch verletzt, dass ihr Mann sie aus dieser Version seines Lebens aussperrte. Sie mochte ihm auf diesem Weg in die große Geschichte nicht folgen, weil sie diese Art der Darstellung für eine retuschierte Form ihrer gemeinsamen Vergangenheit hielt. Da, wo sie an seiner Seite war, fehlte sie, und wo sie fehlte, wäre sie manches Mal gerne dabei gewesen: »Aber da«, schrieb sie, »passte ich dann nicht in die Landschaft.« Mit der Landschaft war in diesem Fall Erfurt gemeint, wohin sie ihren Mann gern begleitet hätte.

»Der Tag von Erfurt. Gab es einen in meinem Leben, der emotionsgeladener gewesen wäre?« Das schreibt Willy Brandt über seinen Besuch am 19. März 1970 in jener Stadt, der Auftakt der deutsch-deutschen Verhandlungen. Brandt reiste mit dem Sonderzug nach Thüringen, und jenseits der Grenze standen Tausende von Menschen entlang der Strecke und winkten dem vorbeifahrenden Willy Brandt, dem Hoffnungsträger von drüben, ergriffen zu. Mitreisende Journalisten sahen einen Kanzler, der sich seiner Gefühle nicht scheute, Tränen standen in seinen Augen. In Erfurt ereignete sich dann jene berühmt gewordene kollektive Gefühlsaufwallung, als die Erfurter Bevölkerung vor den »Erfurter Hof« zog, um Willy Brandt ans Fenster zur rufen. Im Zug, im schnellen Aneinandervorbei, konnte Brandt Gefühle zeigen, hier, angesichts der Masse, die die Volkspolizei schon überrumpelt hatte, die nur auf eine große Geste wartete, die die gestauten Gefühle zum Überfließen brachte, war äußerste Gefühlsbeherrschung und Gefühlsverantwortung geboten. Er trat ans Fenster, die Masse schrie auf. Eine Zeitzeugin, die in der Menge gestanden und nach oben gesehen hatte, schilderte ihre Eindrücke: »Und als Brandt dann am Fenster erschien, das war wirklich … das kann man nicht beschreiben, was das für ein Schrei war, wie so eine Erlösung, frei schreien, es war unbeschreiblich.« Brandt lächelte, winkte erst zaghaft grüßend, dann um Zurückhaltung bittend. »Ich war bewegt und ahnte, dass es ein Volk mit mir war.« Brandt dämpfte Gefühle, er beschwichtigte, er wusste, dass jede Tri-

umphgeste fehl am Platz gewesen wäre und zum emotionalen Exzess hätte führen können. Mit seiner Hand hielt er die Gefühle klein, bat die Menschen um etwas weniger Laut- und Gefühlsstärke, »sachte, sachte« mochte diese Geste ausdrücken, ohne dass man den Eindruck hatte, da stünde ein gewiefter Dirigent, der sich seiner Mittel gewiss war. Nein, Brandt war unübersehbar unsicher, das sah auch seine Frau zu Hause am Fernsehgerät, aber sie sah auch, dass es eben jenes echte Gefühl war, jene echte Sorge um die Menschen, die auf ihn hofften, die ihn befähigte, die heikle Situation zu meistern. Er durfte die Gastgeber nicht brüskieren, er durfte die Erfurter nicht enttäuschen, aber er durfte sie auch nicht in Gefahr bringen, denn jedes unbedachte Zeichen seinerseits, jedes gestische Triumphieren oder emotionale Aufstacheln hätte die Situation eskalieren und die Staatsmacht zu unbedachten Reaktionen verführen können. Da stand einer, und das erkannten auch die Tausende unter dem Fenster, der war in gewisser Weise auch unfrei und gefangen wie sie, ich wäre jetzt gerne ein anderer für euch, aber ich kann, ich darf es nicht sein, lasst uns hoffen und verhandeln, diese Botschaft sprach aus dem Mann, seinem Körper seiner Präsenz.

Der Kniefall von Warschau war für Willy Brandt ein Körper- und Gefühlsdrama ganz eigener Art. In seinen »Erinnerungen« schreibt er unüberhörbar bewegt: »Es war eine ungewöhnliche Last, die ich auf meinem Weg nach Warschau mitnahm. Nirgends hatte das Volk, hatten die Menschen so gelitten wie in Polen. Die maschinelle Vernichtung der polnischen Judenheit stellte eine Steigerung der Mordlust dar, die niemand für möglich gehalten hatte. Wer nennt die Juden, auch aus anderen Teilen Europas, die alleine in Auschwitz vernichtet worden sind? Auf dem Weg nach Warschau lag die Erinnerung an sechs Millionen Todesopfer. Lag die Erinnerung an den Todeskampf des Warschauer Ghettos, den ich von meiner Stockholmer Warte verfolgt hatte und von dem die gegen Hitler kriegführenden Regierungen kaum mehr Notiz nahmen als vom heroischen Aufstand der polnischen Hauptstadt einige Monate danach.« In der polnischen Hauptstadt wollte der deutsche Bundeskanzler den »Warschauer Vertrag« unterzeichnen, der das angespannte Verhältnis der beiden Ländern entspannen und normalisieren sollte, wobei ihm die faktische Anerkennung der Oder-Neiße-Grenze in der Bundesrepublik große Gegnerschaft, ja Hass eintrug.

Warum knieten Sie? Hatten Sie das geplant? Wann stand diese Geste für Sie fest? Hat Ihnen jemand geraten? Oder war es eine eigene, spontane Eingebung? Willy Brandt sind diese Fragen immer wieder gestellt worden. Er hat sie stets knapp beantwortet, er hat die Geste nie zerredet, das war klug, aber es entsprach auch seiner nordischen Natur, denn der Lübecker wurde einsilbig, wenn es um sehr persönliche, innere Vorgänge ging. Er habe, antwortete er dann stets oder schrieb es, etwas getan, was man tut, wenn die Sprache versagt, wenn die Erinnerung an die Millionen Ermordeten quält. Er habe für sein Volk um Vergebung gebeten und ja, auch gebetet.

Als Brandt am Morgen des 7. Dezember sein Quartier im Schloss Wilanow verlässt, tut er das »in dem Gefühl, die Besonderheit des Gedenkens am Ghetto-Monument zum Ausdruck bringen zu müssen«. Der Bundeskanzler steckt also an diesem Morgen »in dem Gefühl«, er steckt im Gefühl und es steckt in ihm, es rumort, arbeitet, drängt und sucht einen Ausdruck. Wenn man sich Brandts Kniefall ansieht, niemand wusste etwas davon, dann merkt man deutlich, wie sehr er in diesem Augenblick um das rechte Maß ringt, um die angemessene Bewegung, um die Würde seines Körpers, der da kein privater Leib mehr ist, sondern ein öffentlicher, ein repräsentativer, der sich der vollen Bedeutungslast und ikonischen Wucht sehr bewusst ist. Dieses Spannungsverhältnis auszuhalten, der private Körper verschwindet hinter dem repräsentativen Leib, muss für Brandt einen enormen Kraftakt dargestellt haben, ein halsbrecherischer Balanceakt, der schrecklich hätte misslingen können. Es ist wohl in diesem Zusammenhang nicht banal darauf hinzuweisen, dass Brandt kein sportlicher Mann war, eher einer, dem der Körper abhandengekommen war in Amt und Würden, eher einer, dessen Körperbeherrschung schwach ausgeprägt war. Auch das Knien gehörte nicht zum Erfahrungsschatz des Protestanten, der Kirchen allenfalls als Festtagschrist besuchte. Sind Sie 57 Jahre alt? Brandt war es damals in Warschau. Ich bin 47, und mir fällt es schwer, mich hinzuknien, ohne mich abzustützen, und es fällt mir auch schwer, wieder hochzukommen, ohne die Hände zu Hilfe zu nehmen. Nur beim Hochkommen benutzt Brandt die Hände, allerdings nur in der Luft zum leichten Ausbalancieren, es ist ein leichtes Schwanken bemerkbar, aber schon hat er sich nach oben gebracht. Hinabgesunken war er, ohne sich abzustützen. Als er die Kranzschleifen zurechtzupfte, die obligatorische Geste des Staatsmannes, muss er den Kniefall schon gedacht haben, denn dieses Zupfen, Zurechtlegen fällt auffällig kurz und knapp aus, es drängt den Mann zur schwereren Geste des Tages.

Wer kniet denn da in diesem Augenblick? Der Kanzler? Willy Brandt? Der Emigrant? Der politische Führer? Ein Christ? Ein Verhandlungsreisender in Sachen Ostpolitik? Ein Repräsentant aller Deutschen oder nur der Stellvertreter einer Minderheit? Ein Regierungschef oder ein Abgeordneter aller Parteien? Brandt musste gegenüber der Welt, gegenüber den Opfern und ihren Nachfahren solche Überlegungen zum Schweigen bringen, die Geste musste im Kern von allen politischen Zuschreibungen frei sein, obschon sie hochpolitisch war und auch so gedeutet wurde. Wäre sie aber nur als politischer Akt wahrgenommen worden, als kalkulierte Demutsbekundung, hätte sie jegliche Aufrichtigkeit und Glaubwürdigkeit verloren. Sie musste also spontan sein oder wirken und menschlich erscheinen, aber doch zugleich mit staatsmännischer Beherrschung ausgeführt werden. Brandt stand also vor einem äußerst diffizilen und komplexen Darstellungsakt, der ihm vielleicht nur gelang, weil er sich auf seine Gefühle verlassen konnte, die ihn zu dieser Geste nicht hinrissen, sondern leiteten. Wie jeder Schauspieler stand Brandt vor der Frage, wie intensiv er den Dialog seiner Gefühle mit denen seiner Figur verknüpfte, wie sehr er sich dieser Figur hingab oder sein Innerstes in der Figurengestaltung offenlegte. Doch anders als ein Schauspieler konnte Brandt seine Rolle nicht abstreifen, denn ein Kanzler hat keinen Vorhang, der fällt, kein Vorstellungsende, keine Garderobe zum Abschminken und Umkleiden. Das Kanzleramt konnte Brandt verlassen, das Amt des Kanzlers nicht. Alles, was er als Privatmann tat, musste vor dem Amt bestehen, musste sich verantworten, musste und sollte der Würde und dem Ernst des Amtes Genüge tun. Auch deshalb war es für Brandt ungemein wichtig, gespiegelt zu bekommen, dass die Geste in Warschau gelungen war, dass sie bestand vor dem Amt, aber auch vor dem Gefühl der Welt, und wie schwer muss es sein, eine eigentlich gefühllose Institution und gefühlsbeladenes Gedenken zu verbinden? Brandt hat in diesem Zusammenhang auch von den Tränen in den Augen seiner Delegation gesprochen, und er hat in seinen Erinnerungen auch erzählt, dass die Frau des polnischen Ministerpräsidenten Josef Cyrankiewicz weinte, als sie mit einer Freundin über den Kniefall sprach. Diese Tränen waren Brandt wichtig, weil die ihm zeigten, dass er mit seiner Geste nicht in die Irre gegangen war, sondern symbolisch Gefühle gewagt hatte, wo Worte mutlos bleiben.

Während ich an diesem Kapitel schreibe, bitte ich Peter Brandt, sich die Szene noch einmal auf YouTube anzuschauen und mir seine unmittelbare Reaktion, sein Empfinden angesichts des Kniefalls mitzuteilen: *»Habe mir gerade noch einmal den Kniefall angeschaut, eine tiefbewegende Geste. Allerdings ist für mich überhaupt nicht erkennbar (weder damals noch heute), was im Innern meines Vaters da vorgegangen ist. Das Gesicht wirkt maskenhaft-versteinert. Es konnte wohl anders auch nicht sein – es war ja völlig undenkbar, sich von Gefühlen übermannen zu lassen …«*

Der Mediävist Ernst Kantorowicz hat in seiner Studie »Die zwei Körper des Königs« (1957) einen juristischen Kunstgriff mittelalterlicher Herrschaft aufgenommen und daraus eine Theorie politischer und dynastischer Herrschaft gesponnen. Demnach besaß der mittelalterliche Herrscher zwei Körper, seinen persönlichen Körper, der der natürlichen Ordnung unterworfen war, der krank wurde, schwach, hinfällig und schließlich starb, und er besaß den Herrschaftskörper, den unsterblichen Leib, der eine eigene Ordnung begründete, die sich der irdischen Ordnung entzog und wie ein Gott über dem irdischen Alltag thronte. Dieses Über-dem-Alltag-Thronen begründete seinen Herrschaftsanspruch, der sich ebenfalls dem Tag entzog und darauf angelegt war, über Generationen in alle Ewigkeit zu währen. Nun ist Brandt kein König, aber der Kniefall hat sich als ikonisches Bild schon zu seinen Lebzeiten von ihm gelöst und ins Weltgedächtnis eingeschrieben. Ich will damit keineswegs sagen, dass Brandt in diesem Moment auf seine mediale Unsterblichkeit zielte, aber naiv war er nicht, und dass er hier etwas tat, was sich letztlich seiner Gewalt und Überlieferung entzog, dass er etwas tat, das größer war als er selbst, das ihm so oder so nachlaufen würde, dürfte ihm ganz klar gewesen sein und seine Schritte auf dem Weg zum Mahnmal nicht gerade leichter gemacht haben. Musste das einen, der selbst vor Hitler hatte fliehen müssen, der den Nationalsozialismus bekämpft hatte, nicht zerreißen, hier zu knien, hier am sogenannten Umschlagplatz, wo die Nazis die polnischen Juden selektiert und in den Tod geschickt hatten, hier, wo die einen dazu bestimmt wurden, sich zu Tode zu hungern und zu schuften, während die anderen gleich in die Züge gepfercht wurden, die sie in die Gaskammern brachten? Kantorowicz König weiß seinen sterblichen Körper im unsterblichen Leib des Königs geborgen, aber Brandt war ein Kanzler, dem das Amt seinen sterblichen Körper bestritt, in Dienst nahm und eifersüchtig bewachte. Für den Kanzler der Bundesrepublik gab es keine feudalen Komfortzonen, wie die Guillaume-Affäre nachhaltig bewies, wo es bei seinem Rücktritt auch um Körperwissen ging, um private Sphären, die öffentlich zu werden und das Amt des Kanzlers zu beschädigen drohten. Willy Brandt ist als Kanzler auch an der pietistischen Körperfeindlichkeit seiner Gegner gescheitert, die vorgaben, das keusche Amt gegen den unkeuschen Amtsinhaber und seine körperlichen und seelischen Sehnsüchte verteidigen zu müssen.

»Hat«, frage ich Matthias Brandt, »ihr Vater sich nicht auch in seinem politischen Alltag emotional erschöpft? Blieb da noch ein Rest für die Familie?«

»Die emotionale Erschöpfung oder Verausgabung, über die wir vorhin gesprochen haben, kulminiert ja vielleicht in einer der berühmtesten Gesten des 20. Jahrhunderts, im berühmten Kniefall. Das ist ein ikonischer Moment, ohne Frage, aber ich muss Ihnen sagen, wenn ich dieses Bild sehe, dann tue ich das nicht mit ungeteilter Bewunderung oder Freude. Manchmal denke ich, vielleicht hat er sich da einfach zu viel zugemutet. Oder es ist meine ganz eigene persönliche Anteilnahme, wenn ich denke: Warum hast du dir das alles aufgeladen, warum gerade du? Ich glaube, er ist mit dieser Geste so weit gegangen, dass er danach … ich habe mich nicht wie andere im Detail mit der Biographie meines Vaters beschäftigt, aber mich würde sehr interessieren, ob nicht von diesem Moment an, vom Kniefall, ein Prozess der Erschöpfung deutlich nachzuweisen ist. Vielleicht könnte man eine emotionale Chronologie schreiben, in der diese Stufen nachzuweisen sind. Der Moment des größten Einsatzes, der größten Bewunderung, der größten Anfeindung, der Gipfel der Emotionalität war vielleicht für den Menschen ein Schritt zu viel, mehr als er tragen, mehr als er leisten konnte. Das ist natürlich Spekulation.«

Willy Brandt ist oft als Gefühlspolitiker bezeichnet worden. So urteilt etwa Helmut Schmidt in seinem Erinnerungswerk »Weggefährten« über ihn: »Willy war ja selber von vornherein ein Mann, der sich sehr weit von seinen eigenen Gefühlen leiten ließ.« Nun mag das im Vergleich mit anderen Politikern seiner Generation stimmen, andererseits war Brandt ein Mann, der um seinen Gefühlsreichtum, ja seine Gefühlsgefährdungen wusste und sie auf der politischen Bühne sehr genau zu kontrollieren versuchte. Was aber macht einer am Ende eines nasskalten, niederdrückenden Tages in Warschau, der ihn an die Grenzen des beherrschbaren Gefühls trägt? Was macht einer, der den kalkulierten und festgeschnürten Staatskörper verlassen will, ein Amts-

Wo Worte versagen, beginnt der Körper zu sprechen. Willy Brandt 1970 in Warschau

körper, der mit stiller, stummer, aber nicht geringer Gewalt auf den Amtsträger einwirkte?

Willy Brandt sucht Nähe, fürsorgliche und soziale Ummantelung. Am Abend des Tages sitzen einige Gefährten seiner Delegation im Schloss Wilanow zusammen: Egon Bahr, Horst Ehmke und auch einige Journalisten. Brandt sucht das Gespräch und das Getränk, das ihn löst und lockert, diesen pflichtgepressten, staatstragenden Körper. Brandt sucht Nähe und sinkt einer anwesenden Journalistin fast wehrlos entgegen. Aber dieses Obdach, diese Zuflucht bleibt ihm verwehrt – hier reist der Kanzler der Bundesrepublik, hier sitzt der Körper des Knienden, hier hockt das Amt und wird sorgsam gehütet von seinen Referenten, die ihn – wie so oft auf Auslandsreisen – ins Bett zwingen, weil sie den morgigen Tag fürchten, weil sie die Pflichten des Chefs verzeichnet haben und ihm das Amt bis an Bett nachtragen.

Nein, diese Diener kennen zwar Mitgefühl, aber kaum Pardon, wenn es gilt, das Amt gegen die Bedürfnisse des Menschen zu verteidigen. So berichtet etwa sein Büroleiter Reinhard Wilke in seinem Buch »Meine Jahre mit Willy Brandt« über einen Abend, den Brandt 1972 zu Ehren des emigrierten Malers Max Ernst gibt: »Aber er kann in seiner physischen Verfassung keinen Alkohol mehr vertragen. Schon nach dem Essen war er angeschlagen, am Schluss (gegen 1.00 Uhr) hatte er sich nach Zeiten heftigen Schwankens wieder gefangen. Dabei ist es nur die ›Außenhaut‹, die ins Schwimmen gerät, in Wahrheit ist er hellwach. Eigentlich kann er nur in diesem Zustand Mensch sein und die Mauer, die ihn von anderen trennt, überwinden. Es ist dann immer schmerzlich zu sehen, welche Sehnsucht nach Zärtlichkeit er hat.«

Die »Sehnsucht nach Zärtlichkeit« hat Brandt wohl nur selten stillen können. Die kollektive Phantasie ist anderer Auffassung. Die kollektive Phantasie weiß selten viel und schäumt gewaltig. Insbesondere Männerphantasien haben beim Rücktritt von Willy Brandt eine unheilvolle Rolle gespielt. Nach der Verhaftung von Günter Guillaume hatte das Bundeskriminalamt die Beamten von Brandts Sicherungsgruppe verhört, um herauszufinden, was der Spion wusste, was er hätte verraten können. Dabei kamen »Frauenkontakte« zur Sprache. Guillaume hätte dem Kanzler Frauen »zugeführt«. Auch Wibke Bruhns wurde phantasievoll zur Spielfigur und »Zugeführten« gemacht. Die Journalistin meinte einmal sarkastisch, vermutlich würde noch auf ihrem Grabstein stehen, dass sie die Geliebte von Willy Brandt gewesen sei. Sie könnte recht behalten. Bei meinen Recherchen bin ich immer wieder Leuten begegnet, die das noch heute annehmen, weitertragen, nicht nur der Volksmund, sondern auch Menschen, die Brandt und Bruhns gut kannten und es besser wissen könnten. »Ja, die Wibke Bruhns war doch auch ... oder? Sie hat doch ihr Kollier im Hotelzimmer liegen lassen ... war es nicht so?« Die Fama ist unsterblich, die Wahrheit liegt im Sauerstoffzelt. Der »Focus« druckte im Februar 1994 Auszüge aus der »Geheimakte Brandt«, ein BKA-Papier, das die Erkenntnisse der Befragung von Brandts Personenschützern bündelt, ein Papier, das viele imaginäre Geliebte aufmarschieren lässt. Ein Papier, voll verschwitzter James-Bond-Phantasien, Herrengedeck aus Trieb und Tratsch.

Als Wibke Bruhns den weibersüchtigen Artikel liest (er ergötzt sich fünf Mal an dem Wort »zuführen«), schreibt sie am 14. Februar 1994 einen zornigen Brief an Johannes Rau, den sie in Kopie an Rut Brandt schickt. Sie wirft Rau vor, sich als Kolporteur an den »Weibergeschichten« beteiligt zu haben, und zwar auf ihre Kosten. Und sie erzählt ihm, wie es wirklich war in jener Nacht, als der Kanzler sie in sein Zimmer bat. Sie schreibt: *»Aber ich will Ihnen sagen, was sich abgespielt hat im Hotel King David. Willy Brandt nahm mich im Auto mit vom Empfang am ersten Abend seines Staatsbesuches dort. Er fragte mich, ob ich mit ihm noch was trinken wollte – er müsse diesen Tag, seinen ersten Tag in Israel, noch einmal Revue passieren lassen. Das konnte und wollte ich nicht ablehnen. Wir waren hundert und mehr begleitende Journalisten, und jeder suchte dringend ›seine‹ Geschichte. Wir gingen in das Wohnzimmer seiner Suite – Bauhaus, der Chef der Sicherungsgruppe, schenkte uns einen Whisky ein, verließ das Zimmer, und dann fing Brandt an zu reden: über sein schwieriges Verhältnis zu Israel (nicht zu den Juden), über seine Abneigung gegen Golda Meir (recht hatte er), über die Problematik, nach dem Kniefall in Warschau etwas zu finden, das diesen übertreffen musste (das ist ihm nicht gelungen), über seine Beklemmung in Yad Vashem. Und im Verlauf der zwei Stunden, die ich da war, kam er vom Hundertsten ins Tausendste: über die*

Problematik der Kanzlerschaft, über die Schwierigkeit mit Wehner und Schmidt – er sprach wie einer, der endlich mal ungeschützt reden wollte, weil ihm das Herz oder der Kopf voll waren, der Besuch in Israel ihn psychisch anstrengte und dennoch ein Erfolg werden musste. Er war erschöpft und vollkommen offen. Um vier Uhr morgens stand er auf, brachte mich zur Tür, küsste mich wie ein Vater auf die Wange und entließ mich. Und ich hatte keine Geschichte. Denn nichts von dem, was er mir erzählt hatte, konnte ich veröffentlichen, ohne sein Vertrauen zu mißbrauchen. Das war's. Aber Sie, lieber Herr Rau, der Sie sein Freund waren, trauen Ihrem Freund offenbar nur eine Bettgeschichte zu. Ist diese reduzierte Form der Phantasie das Kriterium der Männerfreundschaft? Wo ist der Respekt gegenüber dem Menschen Brandt, von mir mal nicht zu reden? Ich finde es des Nachdenkens wert, wieweit Männerphantasien beigetragen haben zu dem, worüber jeder in Münstereifel angeblich so erschüttert war und was Willy Brandt über seinen Tod hinaus schmäht.« Johannes Rau hat sich danach bei der Verfasserin des Briefes entschuldigt.

Es ist aufschlussreich, zu welchen Worten, Formulierungen und Bildern Brandt in seinen Werken und Reden greift, um sein emotionales Erleben zu artikulieren. So heißt es in den »Erinnerungen« etwa über seine Zeit nach dem Rücktritt vom Amt des Parteivorsitzenden: »Warum nicht zugeben, daß ich mich freute, wenn mir Zeitgenossen, bekannte und unbekannte, Schriften schickten, die ich schwerlich selbst gefunden hätte, Erinnerungen an die Jahre des Naziterrors, an das Exil und den Berliner Widerstand, an die schlimmen Auseinandersetzungen mit den Kommunisten. Und warum nicht auch zugeben, daß es mich rührte, wenn ich Briefe bekam oder man mir Zettel zusteckte, auf einem Marktplatz, in einem Lokal, auch im Flugzeug, in denen einfache Menschen, nicht zuletzt Landsleute aus der DDR und Neubürger unterschiedlichster Nationalität, auszudrücken suchten, daß sie mich verstanden hatten und mich nicht vergessen wollten.« Er gebraucht hier gleich zwei Mal die Formulierung »warum nicht zugeben«, an anderer Stelle des Buches heißt es, wenn es um das Eingestehen von Gefühlen geht, »Ich gestehe gern« oder »Warum verschweigen?« Noch im letzten Text seines Lebens, im Grußwort an die Sozialistische Internationale, das der sterbende Willy Brandt im Herbst 1992 auf seinem

Krankenlager in Unkel schreibt, heißt es: »Doch warum nicht einräumen: Es hat mir viel bedeutet, als Felipe Gonzales Berlin vorschlug.« In all diesen Wendungen, die sich bereits in seinen frühen Briefen an Rut finden, klingt das Vokabular der Vernehmung, der Selbstvernehmung durch, so als ob das Eingeständnis von Gefühlen etwas Kriminelles, etwas Selbstgefährdendes oder zumindest etwa Anrüchiges darstellt. Diese Art Gefühle zu zeigen wirkt so, als hätte Brandt lebenslänglich ein inneres Tribunal errichtet, in dem Ich, Über-Ich und ein paar andere misstrauische Verhörspezialisten jedes Gefühl auf sein Gefahrenpotential untersucht hätten. Erst wenn dieses innere Tribunal, die Herren des Für und Wider, die Argumente getauscht, Plädoyers und Anklagen gewechselt hatten und das Urteil gesprochen war, erst dann ließ Brandt das Gefühl in bedachtsamer Dosierung nach außen treten.

An der oben zitierten Passage fällt weiterhin auf, dass die Gefühle erst im Rückblick auf das eigene politische Leben und die eigene Rolle in der Geschichte vor das innere Tribunal treten. Brandt blickt zurück, bilanziert, sammelt, arrondiert sein Leben, seine Bedeutung, sein Selbstbild. Dabei helfen ihm fremde Menschen, sein Publikum, die Menschen, für die er stritt, und bestätigen ihm, dass sie ihn »verstanden« hatten und ihn nicht »vergessen« wollten. Die Masse, die Wähler, an die er sich stets gewandt, um die er gerungen, zu denen er gesprochen hatte, schenkten ihm nun das Gefühl, verstanden worden zu sein. Sie gaben ihm ihn selbst zurück, indem sie die Resonanz seiner Botschaften zurücktrugen. Das Fremde ist hier das Eigene, weil das Fremde das Eigene für ihn bewahrt und gesammelt hat. Das Eigene fand erst in der Verschmelzung mit dem Fremden zu sich selbst, denn erst im Kontakt mit dem »Massenkörper«, dem »Geschichtsleib« zeugt die Geschichte den Staatsmann. Brandt konnte, was nur wenige Politiker können und konnten, zu einer Masse sprechen und den Menschen dabei das Gefühl vermitteln, er höre ihnen zu. Brandt konnte redend hören und hörend reden. Sein Mund wurde Ohr, sein Ohr wurde Mund, er sprach mit diesem Ohrmund und hörte mit seinem Mundohr. Sein Zuhören, es ist von seinen Gesprächspartnern und Mitarbeitern oft gerühmt worden, sprach zu den Menschen, und sein Sprechen hörte den Menschen zu.

Dieses Talent, sich im atmosphärischen Dialog mit der Masse zu finden und sich spontan zu verändern, den eigenen Stil zu wandeln, hat Brandt oftmals eindrucksvoll bewiesen. Bei einer Wahlkampfveranstaltung in der Kölner Messehalle hielt Brandt eine leidenschaftliche und engagierte Rede. Die Stimmung war aufgeheizt, Brandt sprach in allen Tonlagen und ging an seine Grenzen. Plötzlich war ein aggressiver Zwischenruf zu hören, Brandt hielt kurz inne und setzte dann – nach einem Moment der Besinnung – erneut und verändert an. »Da hat jemand Demagoge gerufen!«, sagte er, und dann nahm er sich in der Lautstärke zurück, wurde im Ton sachlicher und setzte sich differenziert mit dem Zwischenrufer auseinander. Die Menge, die zuvor eher getobt als aufmerksam zugehört hatte, verwandelte sich nun, konzentrierte sich auf den Redner und hörte ihm gespannt zu. Nachdem Brandt seine Rede beendet hatte, brandete lebhafter Beifall auf, und die Zuhörer riefen »Willy! Willy!«

In den historisch-politischen, den kollektiven, den nationalen und globalen Dimensionen konnte Brandt seine Gefühl zeigen, hier war es am Platz. Hier konnte er – zwischen Ost und West – Familien zusammenführen, denn es war ja nicht die eigene Familie, die er zusammenzuführen hatte, sondern es waren Familien, die an Mauer und Stacheldraht litten, Familien, die – en masse – der großen Geschichte angehörten, so wie er. Es hat vermutlich kaum einen anderen Politiker im 20. Jahrhundert gegeben, der so genau wusste, wie verheerend das ungebändigte, aufgepeitschte Gefühl wirken, was es anrichten konnte, keinen, der besser verstanden hätte, wie kollektive Gefühlslagen den Einzelnen fort- und mitreißen und somit auslöschen können. Anlässlich der Verleihung des Friedensnobelpreises bekannte er am 11. Dezember 1971 in Oslo: »Übrigens gehört es zu den Härten im Leben eines Politikers, besonders eines Regierungschefs, dass er nicht immer alles sagen darf, was er denkt; dass er, um des Friedens willen, seinen Gefühlen nicht immer freien Lauf lassen kann.« Das Paradoxe an Brandts Innenwelt war, dass er zu sich selbst fand, indem er sein Ich einem Plural, dem kollektiven »Wir« anvertraute, dieses Wir aber zugleich misstrauisch beäugte und es zu steuern versuchte, weil er eben wusste, dass das ungesteuerte »Wir« leicht genug ins Irrationale, ins

Destruktive abglitt. Aus dieser Meta-Position der Empfindung, sich einschreiben ins »Wir« und zugleich es distanzierend beobachten, eintauchen ins Wir, aber es doch lenken und leiten, fand Brandt zu einem ihm gemäßen Selbstbild und zu einer kontrollierten Gefühlsentladung.

Brandt vermied in seinen Reden häufig genug auch dort das Wort »Gefühl«, wo man es erwarten durfte. Die Rede Willy Brandts, die er am 12. Oktober 1972 in der Dortmunder Westfalenhalle hielt, gilt als eine seiner gelungensten und effektvollsten. Mit ihr läutete Brandt den triumphalen »Willy-wählen-Wahlkampf« ein, der der SPD das beste Wahlergebnis ihrer Geschichte bescheren sollte. In dieser Rede gebrauchte Brandt das erste Mal den Begriff »Compassion«, der ihm von seinem Redenschreiber Klaus Harpprecht nahegebracht worden war. Brandt erläuterte den Genossen den Begriff folgendermaßen: »Dieses Wort heißt ›compassion‹. Die Übersetzung ist nicht einfach Mitleid, sondern die richtige Übersetzung ist die Bereitschaft, mitzuleiden, die Fähigkeit, barmherzig zu sein, ein Herz für den anderen zu haben. Liebe Freunde, ich sage Ihnen und ich sage den Bürgern und den Bürgerinnen unseres Volkes: Habt doch den Mut zu dieser Art Mitleid! Habt Mut zur Barmherzigkeit! Habt Mut zum Nächsten! Besinnt euch auf diese so oft verschütteten Werte! Findet zu euch selbst!« Auffällig an dieser Stelle ist, dass Brandt und Harpprecht die ebenso naheliegende Übersetzung »Mitgefühl« vermeiden, so als ob die ohnehin ungewöhnlich emotionale Passage dann vor Subjektivität überfließen könnte. Dass Brandt an einer Stelle, wo es am Ende der Rede um eine emotionale Zuspitzung geht, die »Freunde« zunächst siezt (»ich sage Ihnen«) und die Delegierten erst mit den beiden letzten Appellen im Plural direkt anspricht (»Findet zu euch selbst!«), zeugt in einem Moment gefühlsgeladener Dringlichkeit von einem beibehaltenen Moment der Reserve und Distanz. Vielleicht spürte Willy Brandt, dass der dreifache Appell, »Mut« zu zeigen, schließlich zu ihm zurückkehren würde, denn man ruft niemandem »Finde zu Dir selbst!« zu, ohne sich selbst vor diese Aufgabe gestellt zu sehen. Nur ein mit Zweifeln beladener Politiker wie Brandt konnte sich auf so ein Pathos der Innerlichkeit einlassen, ohne dabei ölig-pastoral und unaufrichtig zu klingen. Mag sein, dass es auch der Co-Autor Klaus Harpprecht war, der seinem Freund an diesem Punkt zurief »Nun finde zu Dir selbst!«, jetzt kommt es darauf an!

Politik denkt den Menschen immer im Plural und muss sich blind machen gegen die singuläre Existenz, gegen den Einzelnen. Gäbe sich Politik ganz dem Einzelnen hin, seinem Weg, seinem Schicksal, seinem Fühlen, seiner Existenz, seinen Koordinaten, dann würde sie zu den vielen anderen nicht sprechen können, dann verlöre sie die Macht über Millionen, über den Plural. Ein begabter Politiker wird zum Einzelnen durch die Masse sprechen, und er wird des Einzelnen gedenken, um die vielen zu fesseln. Muss der Politiker nicht sogar fühllos werden gegen den Einzelnen, um ganz bei sich selbst und seinem politischen Auftrag anzukommen? Und treibt er sein Talent auf die Spitze, macht er sich fühllos gegen den Einzelnen, wird er dann nicht fühllos gegen sich selbst? Muss er sich nicht in gewisser Weise auslöschen, um den Plural in der eigenen Brust, Überzeugung und Stimme zum Klingen zu bringen?

Sich finden, sich verlieren. Jemand, der sich als Politiker so konsequent mit seinen Gefühlen an die Geschichte bindet, an das plurale Schicksal, der wird unter Entzugserscheinungen leiden, wenn man ihm das Gefühl gibt, nicht mehr gebraucht zu werden. Im Sommer 1977 litt Willy Brandt noch immer unter seinem Rücktritt, den er nicht verwinden konnte. Zwar bekleidete er als Präsident der Sozialistischen Internationale und als Vorsitzender der Nord-Süd-Kommission zwei international hochangesehene Ämter, aber dieses Comeback als »Elder Statesman« konnte ihn vorerst nicht über die verlorenen Gestaltungsräume als Bundeskanzler hinwegtrösten. Von seinem Nachfolger Helmut Schmidt fühlte sich Brandt schlecht informiert, einen deutlichen Dissens gab es, wie und ob friedensbewegte, rüstungskritische und ökologische Stimmen in die Partei integriert werden könnten. Brandt fehlte die Bühne, die seine Persönlichkeit stabilisierte, ihm fehlte das Korsett aus Terminen und Druck, das seine Depressionen eindämmte, und ihm fehlte der Austausch mit seiner Frau Rut, über die er einmal sagte, »meine Frau ist mein bester Freund«.

Im Sommer 1977 ist ihnen nicht der Gesprächsstoff abhandengekommen, aber die Fähigkeit und der Wille, ihre Empfindungen einander mitzuteilen und zu synchronisieren. Brandt hat als Ehemann manches Mal gefehlt, nicht in erster Linie, weil er in die Fremde geliebt oder versucht hat, dorthin zu leben, eher weil er nichts gegen das Wuchern der Fremdheit zwischen ihnen getan hat. Wenn zwei sich immer noch gern haben, aneinander hängen und Bedeutendes miteinander teilen, dann sagt man sich nicht leicht voneinander los. In diesem Sommer machen die Brandts einige Tage auf der Hütte in Norwegen Urlaub, aber was ist das mal wieder für ein komisches Ausspannen, wo Journalisten und auch Mitarbeiter aus- und eingehen und Personenschützer durchs Gelände schleichen? Der Fotograf Konrad R. Müller ist auch für zwei oder drei Tage anwesend und beobachtet Brandt, den er schon lange begleitet. Ihm gelingen in dieser Zeit besondere Fotos, weil ihn sein Gegenüber kaum wahrnimmt und weil das Auge des Fotografen tief in in die Gefühlswelt des Porträtierten hinabsteigt. Das Foto ist bekannt geworden, weil es einen Mann zeigt, dessen Gesicht in Wehmut und Schmerz gekleidet ist, die Stirn von Linien zerfurcht, die sich wie existentielle Fragezeichen in die Haut versenkt haben, die Augen dunkel und feucht, der ganze Ausdruck malt Ungewissheit, ja auch Furcht und tiefste Verletztheit. Wenn nicht die Augen schon mit Tränen gefüllt sind, dann ist es der geflutete Ich-Aufenthaltsraum dieses Mannes, der sich dagegen zu wehren scheint, dass die Staudämme brechen. Dennoch ist dieses Foto nicht zudringlich, weil die schwarze Schwermut des Mannes nicht eine Sekunde als Pathos eines großen Leidens daherkommt, als monumentales Flehen. Nein, das ist zart, klein, still.

Rut Brandt löst sich aus der Beziehung, sie hat Verständnis und Zuneigung bei einem Mitarbeiter ihres Mannes gefunden, dem sie umgekehrt das Gefühl gibt, gebraucht zu werden. Das ist keine Affäre, eher ein inniges Umarmen von zwei emotional Obdachlosen. Brandt registriert es und leidet. Auch weil ihm Rut vorenthält, wie schwer diese Beziehung wirklich wiegt. Ihre Wege trennen sich. Er schreibt ihr noch einmal einen langen Brief in jenen Tagen, und dieses Dokument offenbart, wie schwer Brandt und seiner Frau Rut es fällt, einander mitzuteilen. Da ist von Vermutungen, Andeutungen, Beobachtungen und Deutungen die Rede, aber es fehlt – hier und da, bei ihm und bei ihr – an Deutlichkeit. Alles spielt ins Vage, ins Verschwommene. Es ist letztlich ein Scheidebrief, dessen Kernbotschaft lautet: Du verstehst meine Krise nicht, und ich kann sie Dir nicht nahebringen, weil Du schon fort bist, fort.

Brandt hat wohl oft und viel mit seiner Frau gesprochen, wenn sie nicht da war. Paare scheitern oft daran, dass die Zeitpunkte, wo man empfangs- und sendebereit ist, nicht mehr in Übereinstimmung zu bringen sind. Diese Fenster der Verständigung wollten sich für diese Zwei nicht mehr auftun. Einige Jahre nach dem Tod von Willy Brandt sitzt Rut Brandt mit Henning von Borstell, einem anderen Mitarbeiter ihres Mannes, und einigen anderen Freunden im Gasthaus »Maternus«. Es wird auch über Willy Brandt gesprochen. Warum war er, wie er war? Und was kennzeichnet einen Politiker seiner Größe? Einige Wochen nach dem Treffen schreibt Henning von Borstell am 29. November 1995 an Rut Brandt. Er sucht noch immer Antworten auf diese Fragen: *»Was ist eigentlich ein Politiker mal ganz persönlich betrachtet und ohne Würdigung seines Werkes – ein richtiger natürlich, nicht der kleine ehrenamtliche? Ein Politiker ist wohl immer ein wenig besessen, süchtig und sendungsbewusst. Das treibt ihn an. Er ist notwendigerweise Generalist, hält sich also raus aus den Einzelfällen, und deshalb auch ein zwischenmenschlicher Verschleißer, er ist Spieler und Egozentriker, er ist ebenso öffentlichkeits- und medienfixiert wie im Privaten kontaktarm. Große Politiker sind Künstlernaturen, umtrieben von ihrer Sache und ihrem Spiel, das nicht nur anderen gilt, sondern Einfluss und Prägung auch als persönliche Genugtuung sucht. Politik ist – wie die Kunst – eine mächtige Droge, die freilich nur die ›Künstler‹ infiziert. Wir Schlichtbürger stehen derweil im Publikum und projizieren viele unserer Hoffnungen und Sympathien in diese Menschen. Natürlich zu Recht, dafür ist Politik-Kunst schließlich auch da. Aber wir bleiben trotzdem nur im Zuschauerraum, die Bühne gehört uns nicht.«*

Brandt hat großes Gefühl vor den Augen der Welt gewagt, aber jedes dieser Wagnisse hat ihn erschöpft, so dass ihm dort, wo ihm niemand zuschaute, die Kraft fehlte, manchmal der Mut, Gefühle zu zeigen. Die Frage aber, ob er das große Gefühl hätte zeigen können, wenn er von Kindesbeinen an ein glücklicherer Mensch gewesen wäre, bleibt gestellt. Sich für etwas zu zerreißen und dafür Anerkennung zu ernten, zog die Wunden der Zerrissenheit zusammen.

Sein langer Marsch

»Wilde Gesellen, vom Sturmwind durchweht, Fürsten in Lumpen und Loden, ziehn wir dahin, bis das Herze uns steht, ehrlos bis unter den Boden. Fiedelgewandt, in farbiger Pracht, trefft keinen Zeisig ihr bunter; ob uns auch Speier und Spötter verlacht, uns geht die Sonne nicht unter.«

Lied der bündischen Jugend, gleichermassen geliebt und gesungen von Willy und Peter Brandt

Peter Brandt ist ein Pendler. Er lebt in Berlin und in Hagen, wo er an der dortigen Fernuniversität seit 1990 einen Lehrstuhl für Neuere Deutsche und Europäische Geschichte innehat. So sitzt er viel im ICE, immer lesend, ein Buch auf den Knien, einen Stift in der Hand. Ein Laptop-Held ist er nicht, kein digitaler Flaneur, er schreibt viel mit der Hand. Wenn er mich besucht, kommt er oft mit dem Rad oder mit dem Bus, aber meistens geht er zu Fuß. Das ist sein Sport, sein Ausgleich, sein Programm gegen das Versteinern und Versteifen am Schreibtisch. Jeder Gelehrte muss aufpassen, sich nicht in ein Petrefakt zu verwandeln.

Wenn er es einrichten kann, spaziert er jeden Tag eine bis anderthalb Stunden durch die Stadt, die Landschaft. Wie es gerade kommt. Schnelleren Schritts. Manchmal sieht es aus, als marschiere er. Etwas Kriegerisches ist mir an ihm aber bislang nicht aufgefallen. Oder ist der Furor, mit dem man ein Ziel verfolgt, kriegerisch? Ist eine asketische Lebensweise eine Form kriegerischer Selbstbehauptung? Mag sein, dass die kriegerische Phase hinter ihm liegt.

In Berlin arbeitet er meist in der Staatsbibliothek an der Potsdamer Straße. Eines Tages, wir hatten uns zum Interview verabredet, überreichte er mir eine der bekannten Plastiktüten der Bibliothek (»Staatsbibliothek zu Berlin«) – wer sie benutzt, signalisiert Bücherdurst –, die prallvoll mit Briefen, Fotos und Dokumenten gefüllt war. »Ich dachte mir, Sie können das gebrauchen. Die krassesten Liebesbriefe habe ich aussortiert, aber sonst ist nichts zensiert worden.« Peter Brandt ist kein misstrauischer Mensch. Bei unserem ersten Treffen hatte er gesagt, er sei möglicherweise kein guter Menschenkenner, aber letztlich sei er gut damit gefahren, nicht zu argwöhnisch durch's Leben zu gehen. Ich nahm seine Gabe dankbar an. Während der Arbeit an diesem Buch habe ich mich immer wieder gefragt, wo sich denn so ein Familienleben niederschlägt, wo man denn die intimen Fäden zwischen den Figuren zu fassen bekommt und ob sich das Leben zwischen den Beteiligten tatsächlich dokumentarisch abbildet. Oder bleiben die wirklich entscheidenden Momente und intimen Motive spurlos?

So studierte ich das Material hoffnungsvoll und skeptisch zugleich. Ich las die Briefe aus der Plastiktüte, und vieles habe ich sogleich wieder vergessen, weil ich keine persönliche Signatur ausmachen konnte, weil die Absender meistens von sich erzählten und kaum auf den Adressaten eingingen oder weil in den alltäglichen Mitteilungen keine Geschichte steckte, die über den Alltag hinauszureichen schien. Willy Brandt schreibt seinem Sohn regelmäßig, aber knapp. Bedankt sich für Bücher, Hinweise, gratuliert zu Geburtstagen, zeigt an, wenn er längere Zeit verreist oder wünscht gute Besserung, wenn Peter wegen gesundheitlicher Probleme ins Krankenhaus muss. Am 30. März 1987 schreibt Willy Brandt an seinen Sohn: *»Lieber Peter, Brief und Telefonat haben mir wohlgetan. Der Abgang fällt mir nicht schwer, doch der Übergang bleibt mühsam genug.«* Brandt schreibt hier sieben Tage nach seinem Rücktritt als Parteivorsitzender der SPD. Auf der offiziellen Grußkarte der Partei hat er die aufgedruckte Amtsbezeichnung »Vorsitzender der SPD« sorgfältig und akkurat mit dem Lineal durchgestrichen. Unterzeichnet ist die Karte lakonisch mit »Dein V«, wobei das V bekümmert und verloren in der Landschaft steht. Die Karte hat gewiss eine starke Aura, die schwarze Tinte unterstreicht das, Brandt lässt sein Amt als Parteivorsitzender, das er seit 1964 bekleidete, nicht leichten Herzens los, dennoch hat mich ein anderes Fundstück aus Peter Brandts Konvolut weitaus stärker berührt. Es ist eine Karteikarte (A 8, liniert), die von Peter Brandt geschrieben wurde. Karteikarten sind ja die treuen Helferlein des Geisteswissenschaftlers, mit ihnen versucht man, sich einen Weg durch das undurchdringliche Gestrüpp des Wissens zu schlagen, sie sollen festhalten, aufbewahren, retten, bevor alles untergeht in Chaos oder dem Strudel des ewig mahlenden Wissens. Diese Karteikarte jedoch hat sich der Systematik des Historikers entwunden, sie ist wohl eher eine melancholische Wegzehrung, ein Zitat, das einen Funken Trost spendet, eine Einsicht, die die Menschen über Jahrtausende verbindet und sie somit aus ihrer empfundenen Isolation reist: »Schmerz, der nicht vergehen will, erfüllt wieder und wieder das Herz, bis unsere Verzweiflung sich in Einsicht wandelt durch die unendliche Gnade der Götter.« Der Satz stammt von dem griechischen Tragödiendichter Aischylos. Darf ein materialistischer Historiker auf die Gnade der Götter hoffen? Und wo auf seinem Weg wandelt sich Schmerz zur Einsicht?

In einem unserer Gespräche sagte Peter Brandt einmal, sein Vater habe ihn eigentlich nur ein einziges Mal so richtig gelobt, für etwas, das er veröffentlicht oder wissenschaftlich publiziert habe: »Über meine Doktorarbeit hat er sich richtig gefreut, das erinnere ich gut, vielleicht weil es das noch nicht gab in der Familie. Außerdem stammte die Anregung für die Arbeit unmittelbar von ihm, denn er hatte mich darauf aufmerksam gemacht, dass die Arbeiterbewegung in Bremen nach dem Krieg einen ganz interessanten Weg gegangen war.« Peter Brandt hatte seine Promotion 1973 abgeschlossen, und ein fernes Echo des Vaterstolzes findet sich noch in Willy Brandts 1982 veröffentlichtem Buch »Links und frei«, wo er aus der Promotion zitiert.

Die mit Magna cum laude bewertete Doktorarbeit erschien erweitert 1976 unter dem Titel »Antifaschismus und Arbeiterbewegung. Aufbau, Ausprägung, Politik in Bremen 1945/46«. Im Schlussteil der Arbeit finden sich einige Passagen, die auch als Nachdenken über den eigenen politischen Standort des Autors verstanden werden können, der auf dem Weg in den professionellen Wissenschaftsbetrieb frühere Positionen auch wissenschaftlich auf den Prüfstand stellte. Peter Brandt resümiert: »Dass die auf Erneuerung der deutschen Arbeiterbewegung gerichteten Ansätze im Jahr 1945 ohne nennenswerten Widerstand ausgeschaltet werden konnten und dass sie so gut wie keine Spuren hinterließen, deutet auf die tiefere Ursache ihres Scheiterns hin. Sie waren nicht der Ausdruck einer revolutionären Massenbewegung, sondern ein Kader-, oder wenn man so will, Elitephänomen der Arbeiterbewegung, getragen von jener Schicht unterer und mittlerer Funktionäre, die als Verbindungsglied zwischen Führern und Basis das Rückgrat jeder Arbeiterorganisation bildet. Revolutionäre Phasen zeichnen sich dadurch aus, dass die breiten, normalerweise mehr oder wenigen passiven, werktätigen Schichten für die Durchsetzung unmittelbarer Interessen aktiviert und allgemein politisiert werden. Erst dadurch erhalten die Organisationskader der Arbeiterbewegung – ergänzt durch neue Elemente – ihr gesellschaftliches Gewicht. Gerade dieses Merkmal einer revolutionären oder vorrevolutionären Situation fehlte 1945 in Deutschland.« Man kann diese Passage auch als Bilanz des »Roten Jahrzehnts« von 1966 bis 1976 lesen, das nun hinter Brandt lag. Er hatte sich nun zu verabschieden von der Vorstellung, dass in der Bundesrepublik eine revolutionäre Situation entfacht werden könne, selbst von einer »vorrevolutionären Situation« war man Mitte der siebziger Jahre weit entfernt. Die Illusionen waren ausgeglüht, eine Republik mit einer radikal- oder rätedemokratischen Struktur war eine Utopie außer Dienst. Und die zersplitterte Linke hatte sich zu Teilen auf den langen Marsch durch die Institutionen begeben, der die Linke mehr verändert als die Institutionen.

Dass das Leben ein machtvoller Schleifstein ist, erfuhr Peter Brandt nicht erst 1975, als er sich an der Freien Universität Berlin auf eine Assistenten-Stelle im öffentlichen Dienst bewarb und daraufhin auf seine Verfassungstreue geprüft wurde. Da ein Bericht des Verfassungsschutzes bis 1971 über ihn vorliegt, macht nun ausgerechnet Peter Brandt mit dem sogenannten »Radikalenerlass« Bekanntschaft, den sein Vater politisch mitverantwortet. Im Januar 1972 hatten die Ministerpräsidenten der Länder unter Vorsitz von Bundeskanzler Willy Brandt die »Grundsätze zur Frage der verfassungsfeindlichen Kräfte im öffentlichen Dienst« beschlossen. Diese sahen vor, dass ein Bewerber auf eine Stelle im öffentlichen Dienst nicht eingestellt wird, der verfassungsfeindliche Aktivitäten entwickelt oder einer verfassungsfeindlichen Organisation angehört. Daraufhin wurden bis 1976 fast eine halbe Million Bewerber auf ihre Verfassungstreue überprüft; mancher hoffnungsvolle Berufs- und Lebensweg wurde durch hysterischen Bürokratismus zerschlagen. Im Beisein seines Anwalts wurde Peter Brandt angehört und stellte sich kritischen Fragen. Eine Gratwanderung. Sich treu bleiben, aber dennoch alle Klippen umschiffen. Im Hinblick auf seine radikalen Positionen sagte Peter Brandt bei der Anhörung am 17. Juli 1975: »Einige Dinge sehe ich heute wesentlich anders als damals. Ich würde sie auch allgemein in der Diktion jetzt anders formulieren ... Für mich ist das Freiheitliche im Sozialismus immer das bestimmende Handlungsmoment gewesen.« Heute betont Peter Brandt: »Das war nicht geheuchelt. Ich befand mich schon auf dem Weg vom revolutionären Marxismus zu einem marxistisch geschulten demokratischen Reformsozialismus, dem ich mich auch heute noch verbunden fühle.« Nach der Anhörung befand man, dass die Bedenken nicht in ausreichender Weise gegen eine Beschäftigung im öffentlichen Dienst sprachen. Da der Fall »Brandt« im Fokus der Öffentlichkeit stand, hatte Peter seinen Vater schon im Vorfeld gebeten, sich nicht öffentlich zu äußern, da sonst Missverständnisse zu erwarten seien.

Alte Bärte abschneiden. Wer das sagt, meint, dass etwas modernisiert werden soll, modernisiert werden muss. Die Redensart geht auf den russischen Zaren Peter den Großen zurück, der nach einer Europareise eigenhändig die langen Bärte der Bojaren an seinem Hofe abschneidet, weil er sie als Zeichen von Rückständigkeit begreift.

Peter Brandt und ich hatten uns schon einige Male getroffen, als er mich nach der Schere fragte.

»Wenn Sie nicht ohnehin schon wüssten, was für ein verrückter Kerl ich bin, dann würden Sie spätestens jetzt anfangen, mich für einen zu halten. Hätten Sie vielleicht eine Schere, mit der ich mir meinen Bart kürzen könnte?«

Ich muss Peter Brandt in diesem Augenblick wie ein tonnenschweres Fragezeichen angeschaut haben.

»Ich habe hoch und heilig versprechen müssen, nicht mit so einem wilden Bart nach Hause zu kommen.«

Ich fand in diesem Augenblick nur die Bastelschere meiner Tochter, aber sie tat ihren Dienst. Einige Monate später war der Bart, den man vielleicht als trotzkistischen oder als Retro-Bart bezeichnen könnte, ganz verschwunden. Ich nahm die zahlreichen Fotografien von Peter Brandt zur Hand und betrachtete den mal jüngeren, mal älteren Mann hinter oder unter oder mit diesem Bart. Stand der Bart für etwas? War er ein Zeichen? War er eine Grenzmarkierung oder tatsächlich eine Referenz an einen Politiker wie Trotzki, dessen Lebensweg und Theorie für Peter Brandt lange Zeit eine wichtige Orientierungsfunktion besaßen? War der Bart nur ein modisches Statement oder war er das haarige Identitätsmerkmal eines Achtundsechzigers, der sich damit absetzte von den bürgerlich glattrasierten Gesichtsfassaden? Führt das Nachdenken über den Bart eines Mannes zu ihm hin oder von ihm weg? Willy Brandt, das kann als gesichert gelten, war kein Bartträger. Ich betrachtete die zahlreichen Fotos, die mir Peter Brandt zur Verfügung gestellt hatte. Der Bart war immer dabei. Durch Jahrzehnte. Insbesondere ein schwarzweißes Foto erregte meine Aufmerksamkeit. Da sitzt ein nicht mehr ganz junger Mann am Schreibtisch. Er mag Mitte dreißig sein. Im Rücken die Bücherwand, die nicht auf Repräsentation aus ist, sondern auf Welterkundung und Wissensfundierung. Auf dem Boden stapeln sich Bücher und Manuskripte. Er sieht müde aus, erschöpft. Der Schreibtisch ist aufgeräumt. Eine Kanne Tee steht da, Tipp-Ex gleich mehrfach, ein Klebe-Stift, eine Briefwaage. Es ist die Ära vor dem Computer. Sitzt da nicht ein bleicher Revolutionär? Ja, der steht mit beiden Beinen auf dem Boden der Verfassung, aber dennoch muss die Gesellschaft, so wie sie ist, nicht hingenommen werden. So wie er da sitzt, erinnert mich Peter Brandt an den jungen Friedrich Engels, Lenin und ja, auch Trotzki. War der Bart für sie nicht auch ein politisches Zeichen, mit dem sie Volksnähe demonstrierten? Der Adelige war ein glattrasiertes, gepudert-parfümiertes Wesen, der Revolutionär trug Bart. Peter Brandt, bleich und bücherbeflissen, sieht aus wie ein Mann, der es gewohnt ist, Manifeste zu schreiben, die dazu aufrufen, auf die Barrikaden zu gehen, den Palästen Krieg und den Hütten Frieden zu wünschen. Nein, ein Krieger ist er nicht, aber seinen Frieden hat er mit dieser erstarrten Republik noch nicht gemacht.

Peter Brandt am Schreibtisch, Mitte der achtziger Jahre.

Ich reise noch mal zurück in die Zeit, zurück in die Zeit vor diesem Moment, den das Foto festhielt.

Woher kommt dieser erschöpfte junge Mann am Schreibtisch? Was für Häutungen liegen hinter ihm?

»Ja«, sagt die Archivarin des Archivs »APO und soziale Bewegungen«, kurz »APO-Archiv«, »Sie können vorbeikommen, wir haben Bestände zu Peter Brandt.« Das »APO-Archiv« ist erfrischend anders. Es ist unbürokratisch, es ist spontan, es ist nicht autoritär, es schüchtert nicht ein. Mit der lebhaften Archivarin entspann sich sofort ein munteres Gespräch. Peter Brandt ist ein asketischer, ein preußischer Mensch, er hat nie gekifft, hat es auch nie probiert. Für ihn war die achtundsechziger Bewegung kein hedonistisches Konzept, er musste sich nicht von einer lebens- und lustfeindlichen kleinbürgerlichen Enge befreien, er musste auch nicht gegen einen Nazi-Vater rebellieren. Der Protest gegen den Vietnam-Krieg der USA verband ihn am stärksten mit der Revolte der Achtundsechziger. Darüber hinaus suchte er Geschichtsgewissheit, Gegenwartskritik, ein gerechteres politisches System, Zukunftswege, die Gnade der Theorie.

Ein österreichischer Reporter, der die Familie des Berliner Bürgermeisters Brandt interviewte, fragte den zwölfjährigen Peter: »Wer kann besser Geschichte, du oder dein Vater?« Peter antwortete trocken, aber auch selbstbewusst: »Ach, ich denke, von 1789 an jedenfalls er.« Der Sohn fühlt sich früh angestachelt, den Vater als »Historiker« einzuholen, zu überholen. Der Beifall der Mutter ist ihm sicher. Rut Brandt ist stolz auf das vielwissende Kind, das ihr Geschichtsvorträge hält und für sie sogar eine eigene Weltgeschichte verfasst, damit sie auch mal Bescheid weiß, was so los war in den letzten paar hundert Jahren. Als die Archivarin im »APO-Archiv« einen Aktenwagen heranschiebt, auf dem sich die Aktenordner und Dokumenten-Boxen türmen, muss ich an einen Besuch bei Brandts Hausmädchen Ursula Schurig denken. Zusammen mit Peter Brandt besuchte ich sie in Berlin-Spandau. Sie hat ein kleines Kistchen hervorgezogen, in dem sie alte Fotos, Briefe und Postkarten aufbewahrt hatte. Es hat sich auch ein Foto aus dem Jahr 1960 darunter befunden, als Familie Brandt mit ihren Nachbarn Bohmbachs eine Reise nach Österreich unternahmen. Der Regierende Bürgermeister fuhr ganz brav wie alle Berliner über die Transitstrecke. Seine Frau sitzt am Steuer, Willy Brandt hat nie einen Führerschein gemacht. Er ist ein ängstlicher Beifahrer, der aufstöhnt und ächzt. Brandt hatte nie vergessen, dass sein Großvater als Berufskraftfahrer an zwei Unfällen beteiligt war, bei denen zwei Menschen starben. In Österreich angekommen, machen die Brandts Rast in einer Gaststätte. »Das ist ganz der Peter! Da!« Frau Schurig tippt auf das Foto. »Da hast du ihm wieder was erklärt.« Tatsächlich sieht es auf dem Foto so aus, als setze der zwölfjährige Peter dem Vater etwas von höchster Dringlichkeit und Bedeutung auseinander. Der Zeigefinger des Jungen argumentiert, beweist, ficht an.

»So, das ist erst einmal alles zu Peter Brandt«, sagt die Archivarin, »Viel Spaß!« Vor mir liegen hunderte von Zeitschriften, Aufrufen, Appellen, Protestnoten, Broschüren, Briefen, Erklärungen. Da hat sich einer unzweifelhaft engagiert, eingebracht, gekämpft. Es finden sich viele handschriftliche Manuskripte, auf denen es von Umstellungen, Streichungen und Korrekturen wimmelt. Die Schrift ist gut zu lesen, obschon es eine stürmisch-eilende, eine eilige Handschrift ist. Peter

Brandts Abiturrede endete mit Lenins Appell »Lernt, lernt, lernt!« Das hat er beherzigt. Ein Leben lang. Dabei geht es nicht um gute Noten, auch nicht in erster Linie darum, den Vater zu überbieten, sondern es geht um Wirklichkeitsertüchtigung, um Emanzipation von autoritären Systemen wie Schule und Universität, es geht um die Überwindung der ausbeuterischen kapitalistischen Ordnung. Sich mündig machen heißt in erster Linie viel lesen, studieren, analysieren, die Geschichte der Klassenkämpfe begreifen und begreifend eingreifen, voranbringen. Der radikale Trotzkist Peter Brandt will die bestehende Demokratie überwinden, eine basisdemokratische Räterepublik ist das Ziel. Im Laufe der siebziger Jahre verlässt er diese Position. Als angehender Geschichtsprofessor wird die parlamentarische Demokratie zu einem Möglichkeitsraum.

Würde ich versuchen, die politische Entwicklung Peter Brandts en detail nachzuvollziehen, würde ich in einem Meer von Begriffen verschwinden. Er vielleicht auch? Damit ich sein politisches Engagement verstehen könne, hatte mir Peter Brandt freundlicherweise einen Lexikon-Artikel aus dem umfänglichen »Parteien-Handbuch« von Richard Stöss kopiert, das einen Überblick geben soll über die Parteien der Bundesrepublik in den Jahren 1945 bis 1980. Den Artikel über die »Gruppe International Marxisten«, deren Spaltprodukt auch Peter Brandt angehörte, hat er zusammen mit Rudolf Steinecke selbst verfasst. Der Artikel scheint ausufernd lang, warum, fragt man sich, ist die Geschichte einer radikalen Splittergruppe so umfänglich? Die nimmt es ja auf dem Papier mit jeder Volkspartei auf. Aber ging es nicht genau darum? Sich der eigenen Geschichte möglichst exakt zu versichern?

Lese ich diesen Artikel und andere trotzkistische Originaltexte, kommt es mir vor, als sprängen die Autoren, in unserem Fall Peter Brandt, aus der Geschichte heraus, um zur Geschichte vorzustoßen. Wer die Wirklichkeit verändern will, muss sie beschreiben, wer sie beschreiben will, muss das möglichst genau tun. Man begibt sich in eine Meta-Position, man steigt auf einen Hochsitz, gezimmert aus Begriffen. Trotzkisten sind ehrgeizige Leute, wir, nur wir, sagen sie, sind die legitimen Erben der Revolution, und wir erklären euch jetzt warum.

»Kommt mal mit auf unseren Hochsitz, von da oben sezieren wir den Kapitalismus!« – »Dein Hochsitz steht schief, dein Bild von der Welt ist verzerrt.« Da wird schnell ein neuer Hochsitz gebaut, der aber hat zu kurze Beine, der Blick reicht nicht über die Wipfel, weshalb ein höherer Hochsitz her muss. Einige Trotzkisten finden, von diesem Hochsitz ist der Blick prächtig, andere sagen, man stoße ja schon an die Wolken, der Blick sei also getrübt. »Ja«, sagen da einige, »hättet ihr euch an die Hochsitz-Errichtungspläne von Vater Trotzki gehalten, wäre das nicht passiert.« – »Haben wir, aber ihr lest die Baupläne falsch!« Trotzkismus ist also eine Art manischen Streits um den idealen Hochsitz. Wer den idealen Hochsitz gefunden hat, nutzt ihn sogleich als Plattform der Aufklärung. Von hier oben kann man der Arbeiterklasse zurufen, wie sie agieren muss, damit sich was ändert. »Halt, halt!«, rufen da einige Trotzkisten, »wenn ihr auf dem Hochsitz sitzt, könnt ihr doch nicht die Vorhut der Arbeiterklasse sein, ihr müsst zu den Leuten hingehen, auf einer Ebene mit ihnen stehen, wer sich auf einen Hochsitz begibt, ist ja schon weltentfremdet, das ist Verrat an der Wirklichkeit, Verrat an der Arbeiterklasse. Mit euch reden wir nicht, euer Hochsitz ist gebaut aus Hochverrat!«

Wenn ich den Trotzkismus ungefähr richtig verstanden habe – und ich muss diese permanent ausufernde Theorie hier ja auf einen Kern reduzieren –, dann startet der Trotzkist den Versuch, die Arbeiterklasse, das vermeintlich revolutionäre Subjekt, dergestalt aufzuklären, damit es erkennt, wie ungerecht die Welt eingerichtet ist, um dann, aufgeklärt, zur treibenden Kraft der Weltveränderung zu werden. Trotzkisten, das ist vielleicht ein Paradox, denken stets in internationalen Zusammenhängen und betreiben die permanente Revolution. Daher arbeiten sie verbissen an einer begrifflichen Dynamisierung, die Theorie muss den Gegebenheiten stets angepasst werden, denn eigentlich soll sie ja die Wirklichkeit überholen, aber weil Trotzkismus eben auch Theorie in Permanenz ist, erstickt sie schließlich an ihren Widersprüchen, die sie selbst so unerbittlich vorantreibt, dass die kleinsten trotzkistischen Zellen durch Zellteilung immer noch kleiner werden auf der Suche nach dem richtigen Weg. Und wenn etwas immer noch kleiner und kleiner wird, mauert es sich schließlich selbst ein und bleibt in sich

Peter Brandt hält Trotzki hoch, Berlin 1968

selbst, im Nationalen oder Lokalen stecken, anstatt zum Internationalen vorzudringen. Mit einer geradezu selbstzerstörerischen Unerbittlichkeit (»unerbittlich« ist ein häufig gebrauchtes Wort in Trotzkis Schriften), grenzt man sich gegen andere linke Gruppen und Positionen ab. Man ist gegen die Sozialdemokratie, man ist aber auch gegen den »Stalinismus«. Die »breite Straße der Revolution« (Trotzki) wird man nur erreichen, wenn man sich zuvor von all den Wirrköpfen, Opportunisten, Renegaten und Revisionisten freigemacht hat. Der Trotzkist glaubt nicht an Gott, aber er glaubt an Häresie und den rechten linken Weg, den einer verlassen kann.

Als Trotzkist war Peter Brandt Teil einer esoterischen Elite, die sich vom irdischen »Elend« des sozialdemokratischen Alltags abheben konnte. Gerd Koenen schreibt in seiner Studie »Das rote Jahrzehnt«, in der er die revolutionären linken Bewegungen in der Bundesrepublik von 1967 bis 1977 untersucht, über die Trotzkisten: Sie »waren so etwas wie die Luftmenschen dieser ganzen neorevolutionären Bewegung, die in ihrer IV. INTERNATIONALE wie in einer vierten Dimension der Geschichte lebte. In ihrer Version nahm der ›revolutionäre Marxismus‹ vollends die Züge einer reinen Schriftreligion an. Und selbst dort, wo sie ultramilitant auftraten und durch Gestus und Kostüm ihr soldatisches Kämpfertum signalisierten, war das noch ein historisches Zitat.« War der Trotzkismus für Peter Brandt nicht eine Möglichkeit, dem Vater auszuweichen und ihm doch nah zu sein? Der Vater hatte sich 1931 einer radikalen linken Splittergruppe angeschlossen, der Sohn tat das auch, aber er ging noch einen Schritt weiter, überbot den Vater gleichsam an reiner Lehre. Der Sohn sagt dem Vater den Kampf an, aber über Umwegen, denn als Vater war Willy Brandt ungemein tolerant und als Politiker eher ein Hoffnungsträger. Von der trotzkistischen Warte aus konnte Peter Brandt das bestehende politische System der Bundesrepublik kritisieren und einen eigenständigen politischen Weg jenseits der SPD reklamieren. Er stieg auf einen höheren Turm als der Vater, stapelte mehr Begriffe als dieser und sah somit klarer und deutlicher, was unter ihm lag. In dieser politischen Wahl steckten viele Sehnsuchtsmomente, denn der Trotzkist sucht ja besonders nachdrücklich die bessere, die gerechtere Welt. Aber dieser Weg ist derart hart und steinig, steigend und unabsehbar, dass die Gefahr besteht, dass die vielen Sehnsüchte des Lebens der einen sehr fernen Sehnsucht geopfert werden. Und das spielerische Basteln, das heitere Schweben über den Dingen oder in diesem Fall über den Begriffen, war Peter Brandt nicht gegeben. Er biss sich in der Materie fest.

Unerbittlich sich selbst gegenüber?

Der Bart ist noch nicht ab. Er ist eine Klammer, ein Treueschwur, ein Gesinnungswappen, ein Steg ins Gestern, der Bart ist Identitätsmerkmal und Zeichen der Selbstvergewisserung.

Hat der Mann denn nur studiert? Hat er auch gelebt?

Maria Jänicke ist mit Peter Brandt von 1967 bis 1976 liiert. Sie begleitet ihn durch das »Rote Jahrzehnt«. In den zeitgenössischen Presseberichten wird sie bisweilen als »Hanoi Mary« bezeichnet. Für die Boulevardzeitungen sind die beiden fette Beute, der »rote Peter« und »Hanoi Mary«, der Kanzlersohn und die Pfarrerstochter. »Ausgerechnet eine Pfarrerstochter!«, habe Willy Brandt gegenüber Johannes Rau mit einem milden Lächeln geseufzt. Theodor Jänicke war seit 1958 Pfarrer in Berlin-Dahlem an der Jesus-Christus-Kirche. Der pazifistische Gottesmann, in dessen Haus Martin Niemöller und Helmut Gollwitzer regelmäßige Gäste waren, unterstützte das politische Engagement seiner Tochter, doch an der Gewaltfrage schieden sich die Geister. Nachdem das Amerika-Haus von Studenten, die gegen den

Vietnam-Krieg demonstrierten, mit Farbbeuteln beworfen wurde, Maria und Peter waren unter den Demonstranten, fuhr Theodor Jänicke gegenüber seiner Tochter aus der Haut. »Mein Vater hat sonst nie gebrüllt, das war nicht seine Art, aber da gerieten wir in einen furchtbaren Streit. ›Das endet in einem Meer von Blut‹, brüllte er.« Maria Jänicke lernt Peter bei den »Falken« kennen. Schon damals sticht der Schüler hervor: »Peter wollte immer dem Ernst des Lebens gerecht werden. Er blieb immer sachlich, ganz egal, was ihm die Leute erzählten oder wie aggressiv man ihm begegnete, er versuchte, diesen Leuten und ihren Argumenten differenziert zu begegnen. Ich kannte viele seriöse Leute, aber nicht in meinem Alter, und Peter war absolut seriös!«

»Wann haben Sie sich denn in ihn verliebt?«

»Das war im November 1965. Wir haben von den »Falken« eine Gedenkstättenfahrt nach Prag und Theresienstadt gemacht. Wir saßen im Reisebus und Peter schlief, den Kopf an die Scheibe gelehnt. Er sah in diesem Moment total unbehütet aus, sehr einsam, da fehlte was, das fiel mir auf, obwohl wir doch alle recht cool drauf waren und uns cool gaben. Peter wirkte auf mich nicht wirklich geborgen.«

»Das war der Augenblick?«

»Ja, aber er hat mich erst mal ignoriert.«

Nachdem die beiden ein Jahr zusammen sind, es wird also etwas Ernsthaftes, machen sich auch die Eltern miteinander bekannt. Zu Weihnachten 1970 besuchen Rut und Willy Brandt den Gottesdienst in der Jesus-Christus-Kirche und setzen sich unauffällig in die letzte Reihe. Nach dem Gottesdienst treffen sich die Brandts und die Jänickes im Pfarrhaus, Willy Brandt nimmt die Verlobte seines Sohnes herzlich in den Arm. Die erste gemeinsame Wohnung beziehen die beiden unter Vorspiegelung falscher Tatsachen, denn sie sind beide noch unter 21 und damit noch nicht volljährig, außerdem gilt noch der Kuppeleiparagraph, wonach sich derjenige strafbar machte, wer unehelichen Paaren Sex ermöglichte, indem er ihnen ein Zimmer vermietete. Erst unter Willy Brandts Kanzlerschaft wird dieser repressive Paragraph abgeschafft und das Sexualrecht liberalisiert.

Peter ist in diesen Jahren so etwas wie ein marxistischer Musterschüler, der die Texte besser kennt als die anderen, der sie eifriger und eigenwilliger interpretiert. Gleichwohl respektiert er stets den Vater, dessen politische Positionen er zwar nicht teilt, den er aber persönlich nie angreift. Gegenüber anderen spricht er, so Maria Jänicke, immer mit einer gewissen Ehrfurcht von seinem Vater. Oft ist von der Toleranz Willy Brandts gegenüber seinen Söhnen gesprochen worden, vermutlich muss man umgekehrt auch von der Toleranz der Söhne gegenüber ihrem Vater sprechen, die, jeder aus einem anderen Blickwinkel, den Vater als außergewöhnliche Größe anerkennen.

Als Maria und Peter 1973 in eine Krise geraten und Maria sich mit Trennungsabsichten trägt, reist Rut Brandt eigens aus Bonn an, um sie dazu zu bewegen, diesen Schritt noch einmal zu überdenken.

»Rut wollte mich davon abbringen, dass wir auseinanderziehen, sie fand, das sei der erste Schritt zur Trennung. Wir trafen uns, und sie sprach ganz eindringlich auf mich ein. ›Ich habe immer nur auf Peter gewartet‹, sagte ich zu ihr und sie antwortete ›Man kann dennoch gut zusammenleben, ich muss auch immer auf Willy warten‹.«

Ein Grund für die Paarkrise war neben anderen sicherlich die Arbeitswut Peters. »Als Peter seine Doktorarbeit schrieb«, erinnert Maria Jänicke, »musste man Angst um ihn haben!«

»Warum?«

»Er vergrub sich, vergaß, etwas zu essen, und versank total in seiner Arbeit, er schonte sich nicht. Eine Ärztin empfahl, er müsse mehr spazieren gehen.«

»Hat er sich den Vater zum Vorbild genommen?«

»Peter wollte immer nur Peter sein, und er wollte durch sich selbst gelten, durch eigene Kraft. Der Vater war aber sicher der Maßstab für seine Arbeitswut, aber Peter ging seinen eigenen Weg. Er wollte bis in die letzte Faser seines Körpers dafür einstehen, was er politisch meinte, und der Vater hat ihm dabei immer signalisiert, dass er ihn ernst nimmt.«

Die Beziehung zerbricht Ende 1976. Das rote Jahrzehnt liegt hinter Maria und Peter, und der junge Mann arbeitet mit Hochdruck an verschiedenen Publikationen. In den achtziger Jahren beginnt er seine Habilitation, die von Professor Reinhard Rürup an der Technischen Universität (TU) betreut wird. Rürup schätzt die fachliche Kompetenz des angehenden Wissenschaftlers und setzt sich mit Nachdruck dafür ein, dass Peter Brandts befristete Verträge an der TU verlängert werden. Peter Brandt habilitiert sich 1988 an der TU Berlin mit einer Arbeit über die Vor- und Frühgeschichte der Burschenschaft im Rahmen der Entstehung der deutschen Nationalbewegung im frühen 19. Jahrhundert. Mit dieser akademischen Qualifikation kann sich der Historiker nun auf einen Lehrstuhl bewerben. Als Peter Brandt schließlich 1990 die Professur in Hagen übernimmt, geht eine lange Zeit beruflicher Ungewissheit zu Ende, denn die Promotion lag bereits fünfzehn Jahre zurück. Diese vergleichsweise lange Zeit zwischen Promotion (1973) und Habilitation (1988) war jedoch kein Ausdruck von mangelndem Fleiß oder Zielstrebigkeit, sondern eher das Gegenteil. Ein Karrierist ist Peter Brandt nie gewesen, auch das eint ihn mit seinen Brüdern, die sich gegen geräuschlos-glatte, gut bezahlte Laufbahnen entschieden und versuchten, dem eigenen Weg treu zu bleiben. Dieses Motiv, sich treu bleiben, sich nicht verkaufen, sich nicht anbiedern, sich auch gegen Widerstände zu behaupten, zieht sich auch durch Peter Brandts akademische Laufbahn. Neben seiner wissenschaftlichen Arbeit betätigte er sich immer als politischer Publizist und Aktivist, der sich vor allem für deutsch-deutsche Themen einsetzte, was ihn innerhalb der Linken auch zu einer stark befehdeten Figur machte, denn links sein und »national« denken schien und scheint gerade in Deutschland ein Affront zu allen politischen Seiten hin.

Am 25. März 2009 wurde Peter Brandt für seinen gesellschaftspolitischen Einsatz mit dem Bundesverdienstkreuz ausgezeichnet. In der Begründung für diese Auszeichnung hieß es, der Geehrte habe sich weit vor 1989/90 für eine Annäherung der beiden Teile Deutschlands eingesetzt und auf verschiedenen Ebenen um die staatliche Vereinigung sowie die »innere Einheit« verdient gemacht. Darüber hinaus habe er sich publizistisch stets mit dem nationalen Selbstverständnis auseinandergesetzt und so ein Nachdenken über Deutschland angeregt. Wenn man sich die Bilder der Ordensverleihung ansieht, Klaus Wowereit heftet Peter Brandt das rote Kreuz an das dunkle Revers des betont streng geschnittenen Anzugs, dann kommt man kaum umhin, die Physiognomie der beiden Männer zu vergleichen. Der Berliner

Bürgermeister lächelt vergnügt in die Kameras, ein pausbäckiger, pfiffiger Junge, die Augen lächeln mit, ein hochbetriebsamer Impresario für Berlin, der zischt und dampft in allen Gassen, ein Standortpolitiker, ökonomischer Schlank- und Fitmacher, der über den Tag hinaus kaum Träume hat noch Sorgen. Daneben Peter Brandt: Er versucht ein Lächeln, auf halbem Wege blieb es liegen, ein melancholischer Blick zu den Kameras, das Gesicht schmal, fast hager, so als laufe der Mann Marathon (was er nicht tut), so als nage eine Sorge an seinem Reservoir der Hoffnungen. Der eine ein Leicht-, der andere ein Schwermeister, der eine eine Frohnatur, der andere ein Melancholiker.

Peter Brandt ist ein Mensch, dem vieles zu Herzen geht, dem sich vieles aufs Herz legt, dem das Leben Stricke ums Herz schnürt und daran zieht. Kein Leichtmeister. Die achtziger Jahre sind ein bleiernes Jahrzehnt für ihn. Seit 1980 ist er Mitglied der Berliner Alternativen Liste, doch eine wirkliche politische Heimat findet er hier nicht, er verlässt die Partei 1985 ohne Aufsehen. Über sein politisches Engagement sagt sein Vater einmal lakonisch: »Ich glaube, die Leute haben inzwischen verstanden, dass wir zwei verschiedene Menschen sind!« Auch im Privaten versucht Peter Brandt, eine Heimat zu finden. Er heiratet 1983 seine erste Frau Gabriele, die ein Kind von ihm erwartet. Als er am Sinn einer bürgerlichen Ehe zweifelt und sich auch ein Leben ohne Trauschein vorstellen kann, rät ihm sein Vater entschieden zur Heirat: »Ich weiß, wie es ist, unehelich geboren zu sein!« Am 23. Oktober 1983 wird Karoline Luise Brandt geboren, sie ist das erste Enkelkind für Rut und Willy Brandt, und sie wird von beiden geliebt. Doch der Verbindung ist keine lange Dauer vergönnt, die Ehe von Gabriele und Peter Brandt wird 1990 nach Jahren der Trennung geschieden. Peter bemüht sich, ein Familienmensch zu sein, aber von allen Seiten stürmt es auf ihn ein, er fühlt sich als Geisel von Pflicht und Erwartung, er kann weder die familiären noch die beruflichen Herausforderungen spielerisch angehen und sich aus existentiellen Druckkammern befreien. Die Wissenschaft frisst ihre Kinder, und Peter Brandt sitzt an seinem Schreibtisch und kämpft mit Gespenstern wie Vergeblichkeit, Deutschland, Krieg und Frieden, Sinn, Material, Zeit, Identität, Herkunft, Zukunft, Vater, Mutter, Tod. Ohne ersichtlichen Grund erleidet

Als engagierter Demokrat wird Peter Brandt mit dem Bundesverdienstkreuz ausgezeichnet. Klaus Wowereit und Peter Brandt am 25. März 2009 im Berliner Roten Rathaus.

er schmerzhafte Herzattacken, die ihn glauben lassen, er müsse sterben. Alle Symptome einer schweren Herzerkrankung sind gegeben, doch die Untersuchungen bleiben ohne organischen Befund. Wiederholt wird die Diagnose einer funktionellen Herzstörung gestellt, andere Bezeichnungen sind Herzneurose oder Herzphobie. In ihrem Buch »Herzneurose«, das erstmals 1969 erscheint, haben Horst-Eberhard Richter und Dieter Beckmann sich des Krankheitsbildes angenommen, seinen Wandel im Zeitgeist dargestellt und für eine vertiefte und verstärkte psychologische Ursachenforschung plädiert: »Im

1. Weltkrieg zählte die Herzneurose zu den häufigeren Kriegsneurosen. Dies führte sogar zu der Benennung »soldier's heart«. In der Literatur spiegelte sich fortan bis heute die Widersprüchlichkeit wider, dass die Kranken sich im Grenzland zwischen Innerer Medizin und Psychologischer Medizin bewegen, ihre klinischen Karrieren meist bei den Internisten und Kardiologen beginnen, z. T. dort verbleiben, meist erst später, wenn überhaupt, in die Hände von Psychotherapeuten und Psychiatern gelangen. (...) Was wühlt diese Menschen in ihrem Innern so auf, dass sie den Tod immer wieder unmittelbar vor Augen haben? Was lässt ihre Selbstsicherheit in Intervallen abrupt und wie aus heiterem Himmel total zusammenbrechen? Wo sind die verdeckten psychologischen Wurzeln der scheinbar sinnlosen Anfälle?« Das Fatale für die Betroffenen ist oft, dass ihr Leiden im sozialen Umfeld häufig genug abgetan und nicht ernst genommen wird, auch aus Unkenntnis. So fühlt sich der Leidende ausgeschlossen und abgeschnitten, obwohl er doch vermehrt nach Unterstützung und Halt sucht. Wenn, so ein weitverbreiteter Glaube, hier eine psychosomatische Erkrankung vorliegt, dann muss dem Ganzen doch auch mit dem Willen beizukommen sein! Komm raus, aus deinen Einbildungskäfigen, stell dich nicht so an! Dass mit derart rabiaten Appellen das Messer in der Brust eher noch tiefer wühlt, darf man annehmen.

Peter Brandt beginnt Ende der siebziger Jahre eine mehrjährige Analyse, die sich den psychischen Prägungen, den formenden Kindheitsmustern und den seelischen Krisenzonen nähert. Vielleicht stößt der Analysand nicht zu den verschwiegensten Orten seines Selbst durch, aber er gewinnt doch eine gewisse Klarheit, und wenn auch die Herzbeschwerden nicht ganz verschwinden, so kann Peter Brandt mit den Attacken fortan doch weitaus besser zurechtkommen. Nein, ich habe mit Peter Brandt natürlich nicht über die Inhalte der Analyse gesprochen, das verbietet sich, was da auf der Couch oder dem Sessel zur Sprache kam, muss im therapeutischen Rahmen verbleiben, und ich will Peter Brandt auch nicht auf meine papierene Ersatzcouch legen, aber ich versuche doch, mir ein Bild zu machen, denn letztendlich ist dieses Buch ja nichts anderes als der Versuch, eine Familie kennenzulernen, und das funktioniert natürlich nur, wenn man den offiziellen

Fotoroman zur Seite legt und stattdessen die privaten Familienalben deutet, die man vorfindet. Mir geht dieses Bild nicht aus dem Kopf, wie Peter Brandt da in seinem Studierzimmer sitzt und um das Pensum zu kämpfen scheint, das er sich selbst oder andere ihm auferlegt haben. Wer oder was sind seine Gespenster?

Für die Öffentlichkeit ist der Vater, dieses ewig ferne, ewig nahe Machtwesen die Zentralgestalt, der Mann, an dem sich die Söhne abzuarbeiten hatten. Aber wie stand es um die Beziehung zur Mutter? Als Peter Brandt 1948 geboren wird, ist der Vater unterwegs. Sein Fahrer fährt die junge Mutter ins Krankenhaus. Der Vater führt in diesen und allen Jahren ein, wie er selbst in einem der Briefe jener Jahre schreibt, »Zigeunerdasein«. Rut Brandt ist viel allein mit dem Kind, mit dem sie oft nach Norwegen verreist. Das Kind Peter ist das Bindeglied. Zwischen ihr und dem »Zigeuner«, zwischen ihr und Deutschland. Sie spricht Norwegisch mit dem Kind. Das Kind bindet sie, und sie bindet sich an ihr Kind. Sie sucht Halt und Heimat und wird immer wieder auf dieses Kind verwiesen. Kein Kind kann einen Mann und ein Land ersetzen. Das merkt die Mutter, und bewusst oder unbewusst wird das auch ihre Beziehung zu dem Kind steuern. Vielleicht überträgt sie diesem Kind mehr Verantwortung, als diesem guttun kann. Fühlt sich das Kind lebenslang aufgefordert, den unsichtbaren Vater zu ersetzen? Im Sommer 1962 spitzt sich in Berlin die Lage zu, bedrohliche Truppenkonzentrationen in der DDR lassen Bürgermeister Willy Brandt einen »Handstreich gegen West-Berlin« fürchten. In »Begegnungen und Einsichten« schreibt er über diese Berlin-Krise: »Eines Nachmittags fuhr ich nach Hause, um mit meinem damals 13-jährigen Sohn Peter ein ernstes Wort zu reden: Es könne sein, dass sein Vater für längere Zeit nicht da sein werde. Dann sei er der älteste Mann in der Familie und müsse seiner Mutter helfen, so gut er dies könnte …« Nun war das wohl gar keine neue Rolle für den 13-jährigen Peter Brandt, denn er war ja nur zu oft der »älteste Mann in der Familie«. Diese Verantwortungsbürde war also längst geschultert. Alle Zeitzeugen, mit denen ich gesprochen habe, und das waren – auch und gerade in Hinblick auf Peter Brandt – nicht wenige, stimmten weitgehend darin überein, dass der Junge ernst vor der Zeit war, um Reife bemüht, nie so ganz Kind und unbeschwert, wie man es in diesem Alter hätte erwarten dürfen.

Man vertreibt ein Kind zu früh aus der Kindheit, wenn man ihm große Schuhe schnürt, wenn man es als kleinen Erwachsenen betrachtet. Der älteste Sohn geht voran, erkundet Wege, kassiert Pflicht und Tadel, tritt fehl, wird bestraft, schafft Freiräume für die, die folgen. Rut Brandt hat ihren Sohn stets angespornt, Bildung als Chance, sich von der beengten Herkunft und von Herren frei zu machen, war ungeheuer wichtig für sie. Aus dieser Verantwortung entlässt sie ihn nie. Andererseits gibt sie ihm das Gefühl, er könne in seinen Fächern noch so sehr glänzen, ihre ganze Aufmerksamkeit könne er mit diesem Weg nicht erobern. Sie ist eine patente Kameradin, sie ist stets da, wenn man sie braucht, aber wenn sie da ist, hat man vielleicht das Gefühl, dass sie nicht da ist, weil sie nicht so genau wissen will, was da los ist, und wenn man anfängt, sich zu erklären, mag sie finden, so spannend ist das nun auch wieder nicht, und das macht jetzt keinen Sinn, allzu tief in sich herabzusteigen. Sie mag es nicht, wenn man seine Seele zergliedert, und wenn man es tut, dann lass es uns schnell hinter uns bringen, das Leben ist doch zu kurz, um sich in sich selbst zu verheddern.

Unmittelbar nach Willy Brandts Rücktritt fuhren Rut, Matthias und Willy Brandt nach Norwegen. Rut Brandt schildert in »Freundesland« eine Szene, die in Hinblick auf ihre Art der Krisenbewältigung aufschlussreich ist: »Auf einem Spaziergang im Wald fragte ich Willy, ob er mir nicht sagen wolle, was geschehen war. ›Vielleicht können wir darüber lachen?‹, sagte ich.

›Nein‹, antwortete er.

›Ich werde dich nie wieder fragen‹, sagte ich, ›und ich werde dir helfen, so gut ich kann.‹«

Eine andere illuminierende Eheszene findet sich in Heli Ihlefelds »Anekdoten um Willy Brandt«, eine Szene im Übrigen, die Brandt selbst zugeliefert hat: »Vor einigen Jahren kam Willy Brandt einmal nach einem besonders arbeitsreichen, aber unergiebigen Tagesprogramm nach Hause. Er wollte seinen Missmut abladen, musste sich aber von seiner Frau sagen lassen: ›Sei bitte still, du hast es nicht anders gewollt.‹

›Das war‹, sagt Willy Brandt heute, ›eine heilsame Lehre.‹«

Die emotionalen Temperamente der Eheleute passen auf lange Sicht nicht zueinander, die Strategien ihrer Selbstrettung sind denkbar verschieden, er ist der Tragiker, sie ist die Ironikerin, er wühlt in sich, sie will aus sich heraus, er verarbeitet Erlittenes durch wiederholtes inneres Erleiden, sie hält das für selbstverfassten Schmerz, für lähmende Selbstbespiegelung. Der Sohn ist in diesem Konfliktmuster dem Vater viel näher als der Mutter, weil er wie der Vater zu melancholischen Forschungsreisen neigt.

Jeder der Söhne hat eine andere Mutter. Was Rut Brandt mit Peter verbindet, verbindet sie nicht mit Lars, und Matthias wiederum hat noch einmal eine andere Beziehungsgeschichte mit ihr. Peter und sie verpassen einander oft, auch wenn sie sich treffen, und die Mutter entlässt ihn wohl nie aus der doppelten Bindung: Er muss den abwesenden Mann ersetzen (was naturgemäß kein Sohn kann), und er soll zugleich das Kind bleiben, das ihr Geborgenheit vermittelte (was auch eine unmögliche Forderung darstellt). So sieht die Mutter im ältesten Sohn, der längst sein eigenes Leben lebt, immer einen anderen, der dieser aber gar nicht sein möchte.

Die bleiernen achtziger Jahre enden für Peter Brandt hoffnungsvoll, doch die rasche, die jähe Ernüchterung, ja die Depression folgt rasch. Michael Gorbatschows Reformpolitik der Perestroika lässt alte Gewissheiten bröckeln, die gesamte erstarrte Tektonik des Ostblocks gerät in Bewegung, ein weltumspannendes Beben kündigt sich an. Frühling 1989. Peter Brandt ist sich sicher, dass in den nächsten fünf Jahren die Mauer fällt, dass ein neues deutsch-deutsches Miteinander beginnt, dass man das Wort »deutsche Einheit« zumindest mal wieder entstauben sollte und der Sozialismus als ein freiheitlicher wieder eine Zukunft hat. Wie rasend schnell dieser Prozess dann einsetzt, wie abrupt die greisen Machthaber zu fahlen Gespenstern werden und wie rasch die DDR implodiert, hatte er nicht geahnt. Als er dem »Spiegel« im Juli 1989 einen Artikel schickt, in dem er über mögliche Szenarien der deutschen Einheit nachdenkt, lehnt man dankend und skeptisch ab. Der Ressortleiter Innenpolitik Wolfram Bickerich antwortet: »Sehr geehrter Herr Brandt, schöne Sätze, kluge Kombinationen. Aber ist wirklich die deutsche Einheit plötzlich wieder in aller Munde? Waltet da nicht ein Wunsch? Ich gebe zu: Die Sonntagsreden von heute, eine gemeinsame deutsche Zukunft sei innerhalb irgendwelcher europäischer Häuser denkbar, sind natürlich, dank Gorbatschow, ein bisschen realer als zu Adenauers Zeiten. Aber utopisch sind sie weiterhin, solange völlig unklar ist, wohin die Altherren-Regierung ihre DDR treibt.

Zu deutsch: Ich halte Ihre Überlegungen für verfrüht. Erst mal muss und wird noch viel passieren, und hoffentlich nicht allzu Schlimmes, bis es auch nur annähernd in diese Richtung gehen kann.« Was in den nächsten Monaten geschah, der Fall der Mauer, der Rücktritt Honeckers und die totale Implosion der DDR hatte niemand vorausgesehen, weder der »Spiegel« noch Peter Brandt oder sein Vater, der ab November 1989 auf zahlreichen Massenkundgebungen in der DDR sprach und euphorisch bejubelt wurde. Auch deshalb hatte sich die SPD bei der vorgezogenen Volkskammerwahl am 18. März 1990 größte Chancen ausgerechnet, bis zu 53 Prozent der Stimmen waren prognostiziert worden, zumal im Osten viele frühere SPD-Hochburgen lagen. Bei dieser Wahl würden die Weichen für den weiteren Prozess der deutschen Einheit gestellt. Würde Helmut Kohls nationale Dampfwalze obsiegen oder fände sich eine linke Mehrheit, die dem Sozialismus eine neue Lebenschance einhauchen würde? Eine linke Mehrheit, die Kohls gieriger Republik ein anderes Deutschland entgegensetzen könnte? Vor diesem Hoffnungshintergrund waren die 21,9 Prozent, die die SPD erzielte, eine Katastrophe. Ein spürbar angeschlagener Peter Brandt schreibt am 3. April 1990 an Willy Brandt: »Lieber Vater, langsam beginne ich mich vom 18. März zu erholen, an dem meine gesamte politische Konzeption zusammengebrochen ist. Ob aus der konjunkturellen Mehrheit der Liberal-Konservativen eine strukturelle wird, muss man natürlich erst einmal abwarten, aber manches wird ggf. gar nicht mehr zu korrigieren sein. Ein Wahlerfolg der SPD und eine deutliche Mehrheit links von den Liberalen wäre nicht nur für den deutschen Einigungsprozess wichtig gewesen, sondern auch, um den Trend nach rechts in Osteuropa zu brechen. (...) Mir ist noch nicht hundertprozentig klar, was das für die Zukunft des Sozialismus bedeutet. Ich dachte immer, ich würde mir wenig Illusionen über den real existierenden Sozialismus machen, aber offenbar habe ich die Dinge noch zu rosig gesehen, jedenfalls hinsichtlich der Vorstellung, nach einer politischen Umwälzung die bestehende Wirtschafts- und Gesellschaftsordnung – bei gewissen Zugeständnissen an den Weltmarkt – demokratisch umgestalten zu können. (...) Ohne den Primat der Politik über die Ökonomie sehe ich für die Lösung der Menschheitsprobleme schwarz.«

Was macht ein Wissenschaftler, um sich aus diesem Tal der Tränen zu befreien? Er setzt sich an seinen Schreibtisch und arbeitet weiter. Zwei Jahre nach der Volkskammerwahl erscheint ein Buch von Peter Brandt und Dieter Groh mit dem Titel »Vaterlandslose Gesellen. Sozialdemokratie und Nation 1860–1990«, das anhand der Quellen aufzeigt, dass die Sozialdemokratie einen selbstbewussten linken Patriotismus pflegte und keineswegs aus »vaterlandslosen Gesellen« bestand.

Die neunziger Jahre sind sowohl im Politischen wie im Privaten Jahre des Umbruchs und der Festigung. Peter Brandt, der ab 1990 eine ordentliche Professur in Hagen bekleidet, heiratet 1991 ein zweites Mal. Als er dem Vater seine angehende Schwiegertochter vorstellt, ist der regelrecht verlegen und unbeholfen. Der Protestant Peter Brandt und seine katholisch getaufte Frau Antonia, die heute an einer konfessionellen Schule als Religionslehrerin arbeitet, heiraten nach katholischem Ritus, eine befreundete evangelische Pastorin verleiht der Zeremonie einen ökumenischen Aspekt. Antonia bringt mit Tanja und Anton zwei Kinder in die Ehe ein, so dass Peter Brandt nunmehr ein Patchworker ist, der sich in verschiedenen Familienkreisen zu bewegen und diese zu verbinden hat. Und natürlich gehört zu diesem Patchwork auch der Schreibtisch. In welche familiäre Kategorie gehört eigentlich der Schreibtisch eines Mannes, der mit ihm existentiell verbunden ist? Zwar werden dem Schreibtisch selten Liebeslieder gesungen, aber ein Familienmitglied ist er in jedem Fall. Mal wird er als Despot, als Heimat, als Zelle, als Hafen, als Abenteuer oder Asyl wahrgenommen. Man kann ihn verlassen, entlassen ist man noch lange nicht.

Was ist mit der Karteikarte? Was ist mit dem Aischylos-Zitat »Schmerz, der nicht vergehen will«, das am Ausgangspunkt dieser biographischen Skizze stand? Warum übereignet sich einer, der sicher ein Talent zur Schwermut besitzt, nicht der Verzweiflung? Ich denke, davor schützen Peter Brandt mindestens drei oder vier Eigenschaften. Sein Talent, Freunde zu finden und Freundschaften über Jahrzehnte zu pflegen, auch wenn man den Freunden manche Stunde schuldig bleibt. Sein intellektuelles Distanz- und Differenzierungsvermögen. Die eigenen Zweifel und Niederlagen in größere Zusammenhänge einordnen zu können, hilft ungemein. Sich selbst sub specie aeternitatis zu betrachten, relativiert manch tagesschweren Kummer. Und einen festen Kompass innerer Werte zu besitzen, ist ebenfalls ganz hilfreich in stürmischer See. Wie schwer es unter gegenwärtigen Bedingungen auch sein mag, Peter Brandt hält an der Idee einer gerechteren Welt fest und engagiert sich dafür. Und schließlich ist es die Familie, die einen hält und bindet, die fordert und fragt. Wer Vater geworden ist, wird sich nicht freimachen von dem Gedanken, dass er selbst einmal Kind gewesen ist, und sich fragen, wie es gewesen wäre, sich selbst als Vater anstatt des Vaters als Vater gehabt zu haben. Wo unterscheide ich mich von ihm?

Zum Abschluss dieses Kapitels möchte ich noch auf zwei Briefpassagen eingehen, die viel über Peter Brandt und seine familiären Prägungen erzählen. Der erste Auszug gilt Peter Brandts Tochter Karoline, die nach der Trennung der Eltern im mütterlichen Haushalt aufwuchs. Vater und Tochter sahen und sehen sich regelmäßig, aber in Zeiten, wo ein Zusammentreffen längere Zeit nicht zustande kommt, schreiben die beiden einander. Karoline besitzt ein großes Talent, in gestochener Handschrift kleine Romane auf ihren Postkarten an den Vater zu verstauen, und wann immer sie mit der Mutter in den Urlaub und die Ferne zieht, schreibt sie. So hält es der Vater. Er schreibt der sechzehnjährigen Tochter am 25. Juli 2000 nach einem Gastvortrag in Petersburg: »*Liebe Karoline, über Deinen Brief vom 14. d. M. (die Hundeansichtskarte) habe ich mich riesig gefreut. Ich war etwas erschöpft und nicht so guter Dinge gewesen, aber dann ging die Sonne gleich wieder auf. Du bist wirklich meine Sonne in dieser Zeit, die für mich nicht immer leicht ist, und ich kann Dir das sagen und weiß, dass Du das nicht ausnutzen wirst. Mit Deinem Brief hast Du mich an Deinem Leben teilnehmen lassen, an Deinen Gedanken und Gefühlen (natürlich nicht an allen, das versteht sich). Das ist etwas ganz Schönes für einen Vater, jedenfalls für mich als Vater und als Dein Freund; das möchte ich nämlich auch sein. Wie bekommst Du übrigens so viel auf eine Postkarte?*

Petersburg war wirklich ein Erlebnis. Von uns aus gesehen, ist die Stadt ziemlich weit im Osten, aber für das riesige Russland ist es eine Art westlicher Metropole und das Tor zum Westen; als solches hat Peter der Große die Stadt vor fast 300 Jahren gegründet. Dieser Peter war übrigens als Mensch ein ziemlich hemmungsloser und grausamer Typ. Zu seinen vielen Missetaten gehört z. B. das Foltern und eigenhändige Erdrosseln des eigenen Sohnes, der weder ins Kloster noch auf den Thron wollte. Solche Monster wie Peter gab es damals aber viele unter den Herrschern (nicht nur in Russland). Das ist übrigens ein starkes Argument für Demokratie, dass dort ein Einzelner niemals eine solche Macht erlangen kann, sondern kontrolliert wird und sich Wahlen unterwerfen muss. […] Alles ist viel ärmer als bei uns – nicht erst seit kürzlich, sondern seit 1000 Jahren –, und man heute den Eindruck, die Übel des alten, sogenannten kommunistischen Systems sind mit einem brutalen Raubtier-Kapitalismus, dessen Grenze zur Kriminalität fließend ist, unheilvoll verknüpft.« Vater, Freund, Historiker, Kapitalismuskritiker, Utopist, Demokrat, Aufklärer, Aktivist, alles drin in diesem langen Brief, den ich nur auszugsweise zitiere. Die Tochter, das ist klar, muss sich den Vater teilen mit den anderen Lebensrollen, die der Vater nicht spielt, sondern ernsthaft lebt.

Die andere Briefpassage stammt von Peter von Oertzen. Der Politologe war 1946 in die SPD eingetreten und 2005 wegen des »wirtschaftsliberalen« Kurses der Schröder-Regierung aus der Partei ausgetreten. 1959 hatte er zu den Abweichlern gehört, die das Godesberger Programm ablehnten. Sein Motto »Je demokratischer, desto linker« mag auch ein Satz sein, dem Peter Brandt sich anschließt. Ich habe viele Briefe an Peter Brandt gelesen, und oftmals bedanken sich die Briefeschreiber für aufmunternde oder trostspendende Zeilen. Ganz offenbar ist Peter Brandt ein empathischer Mensch. Was Peter von Oertzen hier am 28. August 1989 an ihn schreibt, kann vielleicht auch als biographisches Muster von Peter Brandt betrachtet werden: *»Außerdem danke ich Dir sehr herzlich für Deine persönlichen und persönlich-poli-*

Peter Brandt und seine Tochter Karoline Brandt, etwa 1987.

tischen Worte. Sie haben mir – ich sage es ganz offen – sehr wohlgetan. Mein ganzes Leben habe ich zwischen Baum und Borke verbracht: Zwischen Wissenschaft und Politik, zwischen SPD und unabhängigem Linkssozialismus, zwischen einem aufzehrenden politisch-beruflichen Alltag und den Versäumnissen meines privaten Lebens. Nichts davon habe ich wirklich genug und gut gemacht. [...] *Da sind dann Bemerkungen wie die Deinen so was wie Öl auf ein manchmal ein wenig wundgescheuertes Gemüt. Sie zeigen mir, dass ich zwar aufs Große gesehen erfolglos gewesen bin, aber doch nicht umsonst gelebt habe.«*

Die Zeit vergeht. Peter von Oertzen ist vor Jahren verstorben, die rot-grüne Regierung ist Geschichte, die christsoziale Kanzlerin regiert mit kühlem Herz und wird manchmal mit einer Sozialdemokratin verwechselt, der flexible Mensch soll immer noch flexibler werden, mysteriöse Märkte verwandeln die Idee eines geeinten Europas in eine Landschaft mit Trümmern, und der Kanzlerkandidat der SPD heißt Peer Steinbrück und sieht aus wie ein Banker.

Peter Brandt geht nächstes Jahr in Ruhestand. Im Oktober 2013 feiert er seinen fünfundsechzigsten Geburtstag, Karoline wird im selben Monat 30 und Willy Brandt wäre im Dezember 100 Jahre alt geworden.

Je älter man wird, desto häufiger spricht man am Grab von Freunden. Peter Brandt steht nun in der Pflicht. Er ist ein einfühlsamer Redner, auch weil er Schatten zur Sprache bringt. Bei der Trauerfeier des Wirtschaftswissenschaftlers und Politikers Claus Noé sagt er: »Die brutale Gewalt des Todes ist schwer zu ertragen. Ist es, jenseits religiöser Gewissheiten, ein Trost, das eigene Leben als Bestandteil jenes Kontinuums zu verstehen, das nicht mit uns beginnt und nicht mit uns endet, des langen Marsches der Menschheit durch die Zeit? Und kann es ein Trost sein, je nach Kräften daran mitgewirkt zu haben, diese Welt ein wenig friedlicher, gerechter, freundlicher zu gestalten? August Bebel sprach wiederholt vom ›Vaterland der Liebe und Gerechtigkeit‹, das die Sozialdemokraten schaffen wollten. In diesem Sinne gehört Claus Noé bei aller Nüchternheit des Denkens zu den Weltverbesserern.«

Mitte April. Der März 2013 ist so kalt gewesen, dass ihn die Menschen lange in Erinnerung behalten werden, obwohl heutzutage – der Liveticker regiert, die Deadline droht – kaum etwas lange in Erinnerung bleibt. Heute Sonne. Dieser Text muss bald fertig sein, lieber Herr Brandt, aber wenn Sie jetzt anriefen, ließe ich den Schreibtisch sein und stieße mit Ihnen an.

Aber Sie stecken im Tisch.

Und ich stecke da auch.

Das Haus, das Willy heißt

Das Haus, das Willy heißt, das Willy-Brandt-Haus in Kreuzberg, hat Willy Brandt nie betreten, und wenn wir mal ehrlich sind, war dieses Haus weder für ihn geplant, noch hatte ihm jemand diesen Namen geben wollen. Das einzige Haus, das Willy Brandt in seinem Namen bauen ließ, begleitete ihn nicht lange. Das Haus in Unkel, in das er ausgerechnet am 9. November 1989 einzog und so den Mauerfall verschlief, weil noch kein Fernsehgerät angeschlossen war, wurde ein Ort zum Abschiednehmen und Aus-der-Welt-Gehen. Adresse: Auf dem Rheinbüchel 60. In diesem Haus starb Willy Brandt am 8. Oktober 1992. Somit war das Haus, das – wie seine Kinder fanden – nicht zu ihm passte, zu seinem Totenhaus geworden.

Der Deutsche trägt eine große Sehnsucht nach den eigenen vier Wänden in sich, hier, im Eigenheim, will er seine Heimat, seine Ruhe, seine Behaglichkeit finden, dieser Traum ist zäh und vital: »Wir geben ihrer Zukunft ein Zuhause« oder »Auf diese Steine können sie bauen«, diese alten Slogans kennt hierzulande jedes Kind. Doch Willy Brandt hat sein Schicksal nie mit einem Haus aus Stein und Stahl verbunden, seine Häuser waren eher luftig, Ideengebäude, seine Häuser findet man in seinen Reden zur Deutschland- oder Europapolitik, wo Metaphern wie »das gemeinsame Dach« Menschen verbinden sollen, die tatsächlich noch getrennt leben durch Grenzen, Kulturen, Währungen und die Geschichte. Die Häuser, in denen er lebte, in Lübeck, Oslo, Stockholm, in Berlin oder in Bonn, gehörten nie ihm, sie waren geliehen, gemietet, auf Zeit bezogen. Als Bauherr eines Eigenheims wollte sich Brandt nie verewigen, dieser Ehrgeiz, dieses steinerne Unsterblichkeitskonzept, war ihm fremd. Viel Platz hat er privat ohnehin nie gebraucht. Manch einer, der seine privaten Räume in der Villa auf dem Venusberg besichtigte, Kiefernweg 12, erschrak über die engen und niedrigen Räume, in denen immerhin der Bundeskanzler der Bundesrepublik Deutschland wohnte. Kein Wunder, denn die Kämmerchen unter dem Dach, die Willy Brandt bezog, dienten zuvor als Dienstwohnung des Hausmeister-Ehepaares. Brandts Ich brauchte keine Pfauen-Räume.

Das Haus, das Willy heißt, sieht von oben aus wie ein Tortenstück. Es steht in Kreuzberg, da, wo die Stresemannstraße und die Wilhelmstraße im spitzen Winkel aufeinanderstoßen. Am 9. November 1993 wurde hier symbolträchtig der Grundstein gelegt. Kreuzberg sollte es sein, denn hier im alten Arbeiterbezirk nahe der neuen Macht in Mitte, hatte sich auch die Parteizentrale der SPD in den dreißiger Jahren befunden, Lindenstraße 3, bis die Nazis das Haus 1933 stürmten. Jetzt – nach dem Hauptstadt-Umzugsbeschluss, für den Willy Brandt leidenschaftlich plädiert hatte – zog es auch die SPD heim. Die neue Parteizentrale entstand nach Plänen aus der Schublade, denn die brachliegende leere Fläche hätte schon im Zuge der Internationalen Bauausstellung 1984 bebaut werden sollen, doch die Pläne des Architekten Helge Bofinger blieben unverwirklicht. Jetzt fanden sie in der SPD einen Abnehmer. So wurde aus dem geplanten Wohn- und Geschäftshaus, das sich an die historische Traufhöhe von 22 Metern hält, schließlich die Parteizentrale der Sozialdemokratischen Partei Deutschlands, ein Bau aus hellem Kalkstein, viel Glas und Stahl. Das Präsidium trifft im sechsten Stock zusammen, der Parteivorsitzende residiert ein Stockwerk tiefer, und Willy Brandt steht überlebensgroß im Atrium des Hauses. Die Bronzeskulptur des Künstlers Rainer Fetting ist zu einem markanten und medial äußerst weit verbreiteten Symbol für die Berliner Republik geworden. Wer in den Nachrichten diesem denkschweren Kopf aus Bronze begegnet, weiß, jetzt geht es um Politik, um die SPD, um Wahlkampf, um Willy Brandts Enkel und Urenkel oder um den nächsten Kanzlerkandidaten. Aber den Mann aus Bronze mal außer Acht gelassen: Wo ist Willy Brandt hier noch anzutreffen? Findet man so etwas wie seinen Geist?

Zunächst einmal findet man ein Bistro, das heißt »Willy's«. Die digitale Speisekarte verspricht: »Großen Wert legen wir auf eine vitale, ernährungsbewusste Kost, denn Genuss und Ihre Gesundheit liegen uns sehr am Herzen. Wir möchten Sie mit unserem freundlichen,

Die Willy-Brandt-Skulptur von Rainer Fetting wird enthüllt, Berlin 1996.

kompetenten Personal, dem sorgfältig ausgewähltem Speisen- und Getränkeangebot optimal umsorgen, damit Sie und Ihre Gäste sich wohl bei uns fühlen!« Das ist der Sound der neuen Dienstleistungsgesellschaft, das ist Sound der asketischen Republik, in der ein qualmender Ex-Bundeskanzler auch schon mal angezeigt wird, in der wir joggen, Rad fahren und allzu fette Speisen meiden. Ob Brandt, der ein Liebhaber rustikaler Hausmannskost war, sich hier wohlgefühlt hätte? Mitarbeiter im Willy-Brandt-Haus beklagen, dass es keine Kantine mehr gibt, so wie früher im Erich-Ollenhauer-Haus in Bonn, wo sich Willy Brandt wie jeder andere in der Kantine niederließ und inmitten des Parteivolks speiste. Heute hasten die Mitarbeiter in der Mittagspause in ein gegenüberliegendes Restaurant oder sie gehen ins »Willy's«, nicht ohne einen Blick auf die digitale Speisekarte zu werfen, denn die kann man sich zuschicken lassen. Aber meistens verlassen die Mitarbeiter ihre Büros gar nicht und verzehren lieber Mitgebrachtes.

Neben dem »Willy's« findet sich der Image-Shop, der die SPD-Basis mit mutmachenden Devotionalien, Werbeartikeln und Seelen- und Stimmzettel-Ködern jeder Art bestückt. Da gibt es SPD-Badeenten, Gummibärchen (18 Gramm pro Tüte, bunt gemischt), es gibt T-Shirts, Büroklammern, Tassen, Lineale, Plüschbären, Schlüsselbänder, Feuerzeuge, Trillerpfeifen, Fußbälle, Toaster – Halt! Beim Toaster (27,60 Euro) müssen wir verweilen. Er hat nicht nur eine Krümelauffangschale, nein, er ist natürlich rot, und die drei magischen Buchstaben »SPD« leuchten weiß auf rotem Grund. Aber noch besser ist, dass der SPD-Toaster das SPD-Logo auch auf die Toastscheibe röstet, so dass sich der frühstückende Genosse seine Partei gleich frühmorgens mit Butter bestreichen und in einem Akt von Transsubstantiation in den Rachen schieben kann. Natürlich gibt es auch Willy-Brandt-Artikel. Es gibt Willy-Brandt-Reden auf CD, es gibt zwei Willy-Brandt-Poster (59 x 85 Zentimeter), einmal stehend-redend und einmal kniend in Warschau, und es gibt ein »Postkartenset Willy Brandt« (10,90 Euro). Nicht vergessen werden soll die rote Fliegenklatsche mit dem aufmunternden Killerappeal »Gegen politische Eintagsfliegen«. Wer soll damit bloß erledigt werden? Die Linke? Die Piraten?

Verlassen wir nun den Image-Shop und betreten das Atrium des Willy-Brandt-Hauses. Die SPD beschreibt den architektonischen Leitgedanken des Haues so: »Die unverspiegelte Verglasung betont die Transparenz des Willy-Brandt-Hauses, das keine geschlossene Polit-Zentrale sein will, sondern ein offenes Haus, ein Kommunikationsmittelpunkt für Kultur und Wissenschaft.« Das meint vor allem den Blick von außen auf das Haus, aber im Inneren des Hauses stößt man auf andere Hindernisse. Offenheit und Zugänglichkeit wird versprochen, aber wer die Stockwerke betreten will, braucht einen Mitarbeiter an seiner Seite, der ihm die zahlreichen Türen mit einer Chipkarte öffnet, denn ohne die kommt man nicht sehr weit. Und nicht jeder Mitarbeiter kommt überall hin, es gibt verschiedene Karten, die nur bestimmte Bereiche und Ebenen öffnen, so dass das ganze Haus von einem feinen hierarchischen Netz und Machtgewebe durchzogen ist. In Bonn ging jeder zu jedem, man ging über lange Flure, und plötzlich kam einem Willy Brandt entgegen, in sich versunken, kaum grüßend, aber man traf ihn. Heute ist der Parteivorsitzende ein Unsichtbarer, oben im fünften Stock, verborgen hinter vielen Schranken und Türen ein Anwesend-Abwesender. Aber das gilt für viele Mitarbeiter in ihren Büros, die mit ihren Bildschirmen kommunizieren und im Intranet auch den Kontakt zu den Kollegen im eigenen Haus halten. Manche Mitarbeiter sind regelrecht erschrocken, wenn plötzlich ein Kollege aus dem vierten Stock persönlich bei ihm auftaucht. Warum schickst Du die Papiere denn nicht als pdf? Etwa 200 Mitarbeiter sind im Willy-Brandt-Haus fest angestellt, manche haben sich noch nie gesehen.

Auf den Fluren hängt viel moderne Kunst. Geschmackvoll ausgesucht: Die »Sammlung im Willy-Brandt-Haus« besteht mittlerweile aus mehr als 2000 Gemälden, Zeichnungen, Graphiken und Skulpturen, die oftmals einen Bezug zur Sozialdemokratie haben. Aus der klassischen Moderne enthält die Sammlung Werke von Otto Dix, George Grosz, Conrad Felixmüller, Walter Dexel und Max Beckmann. Die Nachkriegsgeneration ist mit Arbeiten von Hans Ullmann, Heinz Trökes und HAP Grieshaber vertreten. Für die zeitgenössische Moderne wurde mit Bedacht ein Schwerpunkt gewählt: Sie zeigt vor allem Künstler aus der ehemaligen DDR, die sich in ihrem Schaffen unter der SED-Kunstdoktrin nur schwerlich entfalten konnten. Ich vermute, Willy Brandt wäre nur selten vor einem der Bilder stehen geblieben.

Die Menschen im Willy-Brandt-Haus, die den Parteivorsitzenden noch persönlich kennengelernt haben, machen sich rar. Die meisten Mitarbeiter des Erich-Ollenhauer-Hauses haben den Umzug von Bonn nach Berlin nicht mitgemacht, viele sind verstorben, viele längst im Ruhestand. Aber es gibt noch Wolfgang Briese. Er hat 1968 als fünfzehnjähriger Lehrling eine Ausbildung in der Poststelle der Parteizentrale begonnen. Früher war alles anders. Früher war eine andere Zeit. Früher war früher.

»Früher warst Du ein Teil der Familie. Heute? Da liegen Welten dazwischen. Früher hielten alle zusammen! Heute?«

Wolfgang Briese ist der Einzige im Willy-Brandt-Haus, der mich sofort duzt, ohne eine »Genehmigung« einzuholen. Seine handfeste Herzlichkeit gepaart mit seinem rheinischen Singsang vermittelt eine Ahnung, wie sich das Früher angefühlt haben muss. Er ist ein Mann im Zeitstrom, umspült von taumelnder Gegenwart. Er setzt sich. Er bleibt sich gleich. Als er Wehner eines Tages zu Hause die Post zustellt, zu leicht bekleidet für die herbstliche Jahreszeit, veranlasst der Fraktionsvorsitzende persönlich, dass der Junge eine wärmende Jacke bekommt. Überhaupt Wehner, über den kann Wolfgang viel Familiäres erzählen, zum Beispiel, dass er seiner sterbenden Frau im Krankenhaus immer auf der Mundharmonika vorgespielt hat. Früher! Ja, früher!

»Ich bin glücklich, dass ich die schönen Zeiten noch miterlebt habe!«

Als ich Wolfgang Briese erzähle, dass ich ein Buch über die Familie Brandt schreibe, sagt er spontan: »Dem sein Kind war die Ostpolitik, dafür hat er alles getan, das war sein Kind.«

Einmal in der Woche musste der Lehrling Wolfgang dem Parteivorsitzenden große Fotos zum Signieren ins Büro tragen, die wurden dann an verdiente Genossen geschickt, an solche, die Jubiläen der Zugehörigkeit oder einen hohen runden Geburtstag feierten.

Wolfgang Briese spielt die Szene nach.

»Ist die Thea da?«, fragte Brandt.

Thea Wernicke war Brandts gestrenge und treue Chefsekretärin.

Wolfgang schüttelte den Kopf.

»Na, dann hol uns mal die Flasche aus dem Schrank!«

Wolfgang holt die Flasche Kognak. Willy schenkt zwei Gläser ein: »Prost!«

»Na, dann bring die Flasche mal schnell wieder weg!«

Wo steckt Willy in dem Haus, das Willy heißt? Ich treffe einen Mitarbeiter mit flauschigem Retrobart: »Können Sie mir sagen, wo ich bei Ihnen Willy Brandt finde?«

»Für mich wird seine Präsenz von Egon Bahr verkörpert. Er hat hier noch sein Büro und ist oft da. Der Egon geht ganz verlässlich durch die Gänge, er schwebt lautlos über die Flure, ganz langsam, und erinnert mich an Willy Brandt, er ist sein Statthalter. Ich kann die beiden nicht trennen, obwohl ich weiß, dass Brandt ebenso für sich steht wie Egon Bahr. Ja, er kommt mir vor wie eine Erscheinung aus einer anderen Zeit.« Egon Bahr ist wohl auch der Einzige, der sich nicht in das unansehnliche Raucherstübchen unterm Dach quälen muss, sondern noch in seinem Büro einen Aschenbecher beherbergt und ihn auch fleißig mit Asche füttert. Mit jeder Zigarette glimmt das Gestern auf.

Peter Brandt ist der Einzige aus der Brandt-Familie, der dem Haus einen Besuch abgestattet hat, der hier, im Atrium, diskutiert oder Vorträge gehalten hat. Lars und Matthias scheuen Brandt-Orte wie diesen, öffentlich ausgewiesene Brandt-Zonen. Peter Brandt schätzt auch Rainer Fettings Skulptur, die er bereits vor der öffentlichen Präsentation in Augenschein genommen hat. Die meisten Genossen jedoch, die aus ihren Bundesländern anreisen und bei denen ein Besuch im Willy-Brandt-Haus zum Pflichtprogramm gehört, müssen erst mal davon überzeugt werden, dass das »ihr Willy« ist. Die versierte Kunsthistorikerin Daniela Zehe, die viele Besuchergruppen durchs Haus geführt hat, hat oft erlebt, wie ablehnend die ersten Reaktionen sind: »Die Skulptur polarisiert. Viele unserer Besucher brauchen eine Erklärung. Sie kommen mit ihrem Brandt-Bild zu uns und sind dann enttäuscht, dass sie das in der Skulptur nicht wiederfinden. Da gibt es krasse Ablehnung, Ausdrücke wie ›Clochard‹, ›Frankenstein‹, ›Zombie‹ oder ›Penner‹ sind gefallen. Viele Besucher finden, dass die innere Unruhe und die Zerrissenheit, die die Figur vermittelt, nicht zu einem Bundeskanzler passt. Die Präsenz der Macht fehlt ihnen. Es sind meistens die Frauen, die sagen, sie spüren etwas von Brandts Persönlichkeit.«

Vermutlich ist die Willy-Brandt-Skulptur die exponierteste politische Skulptur des Landes. Keine andere taucht so oft in den Medien auf, keine wird so oft benutzt, um das Seelenleben einer Partei zu illustrieren oder es kritisch zu befragen. Die Figur ist wahlweise Memento oder Menetekel. Wenn eine Landtagswahl geschlagen ist, wenn ein Kandidat an- oder abtritt, wenn die Partei etwas Grundsätzliches mitteilen will, dann ist »Willy« im Bild, der weisende oder mahnende Arm, die mächtige Hand, das schwere Haupt voll Tag und Traum. Die Enkel oder jetzt schon Urenkel der Partei müssen sich den »Alten« gefallen lassen, der stets so ins Bild gesetzt wird, als wolle er kommentieren, was die Nachgeborenen sagen, als habe stets er das letzte Wort. Und wenn es der SPD mal wieder an Geschlossenheit, an Zuspruch und charismatischen Führern mangelt, dann kann man sich darauf verlassen, dass der Kommentator sich einen Seitenhieb mit Blick auf Willy Brandt nicht verkneifen kann. Was wohl er dazu gesagt hätte?

Hat diese mediale Retromanie nicht etwas Entmutigendes? Manch einer im Willy-Brandt-Haus ist weder vom historischen Schattenwurf noch von dem melancholischen Faltenwurf des großen Vorsitzenden begeistert. Nachdem die SPD bei der Bundestagswahl 2009 ihr schlechtestes Ergebnis überhaupt abgeliefert hatte, kommentierte Brandts enger Weggefährte Klaus Harpprecht in der Zeitschrift »Neue Gesellschaft/Frankfurter Hefte« unüberhörbar genervt: »Vielleicht lag's an Willy? Vielleicht strahlt die Statue im Generalquartier der Partei, das seinen Namen trägt, die bedrückende Stimmung aus, die man im Englischen bad vibrations nennt – schwere Gedanken, Zweifel, Melancholie, beinahe Resignation? Wie soll das Führungspersonal der SPD aus diesem verstörenden Anblick den Mut und die Energien schöpfen, die es braucht, um kraftvoll zu regieren, vor allem: um die Stimmen der Bürger zu gewinnen! Natürlich gab's den zweifelnden und schwermütigen Brandt. Das hat der Künstler sensibel übersetzt. Aber dank seiner Melancholie ist noch keiner Vorsitzender der Partei geworden (und es fast ein Vierteljahrhundert geblieben) – und schon gar nicht Bundeskanzler. Das verlangte Kraft, einen im Kern eisernen Willen, Courage, Entschlossenheit, ein dickes Ego, ein – wenngleich gezähmtes – Machtbewusstsein, das sich so leicht nicht brechen ließ. Im Foyer des Willy-Brandt-Hauses sollte kein strotzender Heros stehen, aber eine Gestalt, die dem Kämpfer W. B. gerecht wird. Ein Bild, das Mut macht.«

Ist der Anblick dieser Brandt-Figur wirklich entmutigend, verstörend? Nutzen die Brandt-Erben ihren Willy nicht auch, um sich selbst zu inszenieren, um eigene Auftritte bedeutsam zu machen, um sich mit Vergangenheitslack gegen den Rostfraß des Tages zu imprägnieren? Und verrät Harpprechts Bemerkung über die Funktion dieser Figur (»Mut und Kraft schöpfen«) nicht auch, welche sakrale Macht ihr zugesprochen wird? Das Willy-Brandt-Haus ist sicher ein säkularer Raum, aber ebenso sehr ist es ein Sakralbau, wo »das Herz der Partei« schlägt, wo »der Geist Willy Brandts« über den Häuptern schwebt. Partei ist auch Familie und Kirche, Partei ist auch Gottesdienst, gemeinsames Gebet und Eingedenken. Brandt schwebt in einer Sphäre, wo sich Mensch und Mythos mischt, noch kein richtiger Gott, aber eine Art Halbgott, vor dem sich die Landtags- und Bundestagsabgeordneten fotografieren lassen, um an der Basis ihre Glaubenstreue und Bibelfestigkeit ins Bild zu setzen. Alles online! Während die Mitarbeiter der Parteizentrale in ihren digitalen und transparenten Zellen sitzen und in Windeseile Netze knüpfen, mit einem Mausklick hierhin und dorthin segeln, um sich in rasender Gegenwart zu behaupten, steht der »Alte« unverrückbar in Bronze gegossen im Hof. Ist er ein Anker, ein Rettungsanker? Oder doch ein Altar?

Willy Brandt wuchs im »familiären Chaos« auf. Der Großvater, ein »Agitator«, ist seine wichtigste Bezugsperson. Bei ihm wächst er auf, zu ihm zieht er, als der Kriegsheimkehrer eine moderne Zweizimmerwohnung in der Lübecker Trappenstraße 11a bezieht, zu der auch eine sechs Quadratmeter große Dachkammer mit Fenster zum Hof gehört. Da richtet sich der Knabe Willy Brandt ein, hier wickelt er sich in Pläne und zukünftige Projekte, hier schreibt er seine ersten Artikel, memoriert seine frühen Reden, hier studiert er Bücher auf der Suche nach einem politischen und persönlichen Weg. Die Dachkammer als Zufluchtsstätte und Brutkammer des sich entwickelnden jungen Mannes schleppt er ein Leben lang mit sich herum. Ein Raum, gerade groß genug, um darin zu stehen, reicht ihm aus, um auszuschreiten. Wer den Hütten Frieden und den Palästen Krieg wünscht, für den ist die Dachkammer kein Ort, an dem man sich beengt fühlt, hier sucht und sehnt es sich gerade richtig.

Der deutsche Politiker war noch nie ein Prunkdarsteller, die Republik nach 1945 erzog ihre Kanzler zu Bescheidenheit, meistens waren sie es ohnehin. Das Adenauer-Haus in Rhöndorf hat es ins kollektive Gedächtnis geschafft, weil der »Alte« hier seine Rosen züchtete, weil dieses Haus für Bonn als Regierungssitz plädierte, aber als Haus ist es ein Haus wie tausend andere auch. Heute ist es ein Museum, es kann besichtigt werden, die Räume sind niedrig und die Möbel sperrig. Dass ausgerechnet der gemütvolle Pykniker Ludwig Erhard dem Architekten Sep Ruf den Auftrag erteilte, in Bonn einen sachlich-kühlen Kanzlerbungalow zu entwerfen, vermag man sich kaum vorzustellen. Als der Kanzler 1964 in den minimalistisch gehaltenen Bungalow einzog, ätzte Adenauer über den Architekten: »er verdient zehn Jahre«. Erhard gab sich davon unbeeindruckt und ließ bei seinem Einzug wissen: »Man lernt mich besser kennen, wenn man sich in diesem Haus umsieht, als wenn man mich eine politische Rede halten sieht.« Das hätte Willy Brandt sicherlich nie gesagt, denn seine Persönlichkeit suchte nach politischer Architektur, nicht nach Häusern als Persönlichkeitsstudie. Aus praktischen Erwägungen lehnte er es ab, in den Kanzlerbungalow zu ziehen, Rut und die Kinder fühlten sich wohl auf dem Venusberg. Während Kanzler wie Kiesinger, Kohl und Schmidt hier einzogen, blieb Brandt in der Villa des Außenministers. Allerdings war Willy Brandt auch der einzige Kanzler der Bundesrepublik, der kein eigenes Haus besaß, der nie ein Haus gebaut, der privat immer auf Abruf gelebt hatte. Die anderen hatten ein Heim gekauft oder gebaut, für sich und die Familie, einen Gegenort zur Politik, Brandt hingegen war immer weitergezogen, die Häuser waren austauschbar, nur die Dachkammer stets im Gepäck.

Als Willy Brandt 1989 das erste Mal in ein Haus zog, das ihm gehörte, das nach seinen Vorstellungen gebaut worden war, war er 76 Jahre alt. Es sollte seiner Frau gefallen, er wollte ihr eine Freude machen, für ihn war das kein Lebenswunsch. Das Haus sollte in die Landschaft passen, es wurde ein großzügiges Einfamilienhaus, heller Kalksandstein, ein Satteldach. Den Architekten hatte man gleich vor Ort in Unkel gefunden, an architektonische Ewigkeit war nicht gedacht, eher sollte das Haus unauffällig sein, nicht hervorstechen. Willy Brandts

Arbeitszimmer im Erdgeschoss lag zur Straße hin, vom Wohn- und Essbereich sah man auf den Rhein. Viel Zeit war ihm hier nicht vergönnt. In den Monaten und Wochen vor seinem Tod verlässt er das Haus nicht mehr. Der alte sterbende Mann verwandelt sich noch einmal in den Jungen, der sich in der Lübecker Trappenstraße 11a in die Welt hineingelesen hatte. Jetzt – immer nach Halt, nach Welt und Trost suchend – las er sich aus ihr heraus und in sie hinein. Wieder und wieder griff er zu Heine, zu Gedichten wie »Babylonische Sorgen«, das Heine schon sterbenskrank »aus seiner Matratzengruft« in die Welt geworfen hatte:

»In meinem Hirne rumort es und knackt,
Ich glaube, da wird ein Koffer gepackt.
Und mein Verstand reist ab – o wehe –
Noch früher als ich selber gehe.«

Vermutlich hat Willy Brandt das Unkeler Original Marlies Werheit, die von den Unkeler Bürgern meistens »et Müllers Marlies« genannt wurde, nicht gekannt. Zwar ließ er sich in Unkel nieder, aber undurchschaubar blieb, welcher Teil seiner Existenz sich hier aufhielt, ob und wie er hier anwurzelte oder ob das kleine Städtchen am Rhein nur ein strategisch günstiger Ort war, weil er nah und doch auch sehr weit von Bonn entfernt lag. Klaus-Henning Rosen, der Leiter von Brandts persönlichem Büro, hatte dem Alt-Kanzler Unkel vorgeschlagen, nachdem der ihn 1979 mit der Wohnungssuche beauftragt hatte. Zufällig war eine Penthousewohnung in der Unkeler Eschenbrenderstraße frei, die Wohnungssuche hätte auch in anderen Orten am Rhein enden können. Nun also Unkel. Das 1972 erbaute Atrium-Haus hat zwar ein eigenes Schwimmbad, aber sein architektonischer Charme ist begrenzt, von außen wirkt es so, als würden Menschen in diesem Schubladenbau eher aufbewahrt als leben. Unten am Klingelschild war Brandts Name nicht zu finden. Stattdessen steht auf dem Klingelschild »Dr. Müller«, ein Umstand, der Brandts Kinder amüsiert. »Wir gehen jetzt Dr. Müller besuchen«, sagen sie, wenn sie ihren Vater besuchen wollen. Morgens wurde der SPD-Vorsitzende von schweren Limousinen abgeholt, abends brachte man ihn wieder zurück. Eine halbe Stunde später verließ er dann in bequemer Strickjacke das Haus und spazierte ohne Personenschutz zum Rhein hinunter, niemand sprach ihn an. Er ging hier gern spazieren, versonnen, die Hände hinter dem Rücken verschränkt. Dann schaute er so tief in sich hinein, dass er viele Leute, die ihn grüßten, gar nicht sah, und mancher hielt ihn daher für hochmütig und abweisend. Wehmütig und abwesend wäre wohl treffender gewesen. Als Willy Brandt am 8. Oktober 1992 starb, hatte er nicht lange Zeit, sich von seinem Haus zu verabschieden. Die Bestatter trugen den Sarg noch am selben Abend hinaus und fuhren ihn in die Unkeler Leichenhalle, wo bereits eine andere Mitbürgerin aufgebahrt war. Änne Terwesten war allgemein bekannt und geschätzt für ihren rheinischen Humor, für ihren trockenen Witz. Sie soll auf dem Unkeler Friedhof beerdigt werden, Willy Brandt hingegen zieht es nach Berlin. Als Müller Marlies hört, wer da neben wem in der Leichenhalle liegt, der berühmte Mann und die unbekannte Frau, entfährt ihr unwillkürlich die folgende Bemerkung: »Dat hätt et Änni sich och nit drühme losse, dat se ens Naach mimm Willy Brandt zosamme verbringe däht.«

Die Häuser, in denen Willy Brandt lebte, haben ihre Besitzer gewechselt, wurden verkauft, verändert, umgebaut. Stadt und Land sind hoch verschuldet, die Immobilien müssen veräußert werden.

Wer im Haus in der Trabener Straße 74 wohnt, weiß ich nicht.

Im Marinesteig 9 wohnt ein Ministerialrat a. D.

Im Marinesteig 14 wohnt ein Zahnmediziner.

In der Taubertstraße 19 wohnt ein Rechtswissenschaftler.

Im Kiefernweg 12 wohnt ein Chirurg.

In seinem letzten Haus wohnt nun ein Manager.

Und im Haus, das Willy heißt?

Willy Brandt steht eher am Rand. Hatte man Furcht, ihn in die Mitte des Raumes zu stellen? Er steht vor dem gläsernen Aufzug, als sei das Aufwärts eine Option. Atheist war Brandt nicht, eher Agnostiker, ein verhalten Neugieriger. Kommt noch was? Kam doch noch immer was. Die eine Hand leger in der Hosentasche. Die andere, groß wie eine Macht an sich, schwebt über einem Meer von Möglichkeiten, und zugleich weist sie den Weg, doch nicht direkt, nicht auf kürzestem Weg, sie zielt ins Ungewisse, ins zu Wagende. Geht er, steht er, schreitet er, beugt sich sein Knie, steht er im Fluss wie ein Christophorus? Und wer sitzt dann auf seinen Schultern? Da müht sich einer zwischen Frage- und Ausrufezeichen, da spendet einer Halt, weil er sucht, da schlägt wohl noch ein Herz, und das ist nicht aus Bronze. Ein Machtmensch ist der nicht, aber eine Macht geht zweifellos von dieser Skulptur aus, weil da kein Herrscher steht, auf dessen Mantel aus Größe und Gewalt despektierlich die Tauben scheißen, sondern einer, der Wege sucht für alle. Dass man auf diesem Weg Wunden und Falten sammelt, dass man am Ende ganz zerknittert aussieht und windgeschüttelt, gehört zu seiner Reise.

Verwachsene Pfade

Das Leben ist kein Kinofilm, auch wenn es sich manchmal so anfühlt, auch wenn es manchmal so klingt, wenn uns jemand eine Geschichte erzählt, die anrührend ist wie ein Film.

»Zuletzt«, sagt Peter Brandt, »hat meine Mutter noch mal einen Engel gefunden.«

Die Krankenschwester Kristiane Arlt lernt Rut Brandt im Frühjahr 2004 kennen. Kurz zuvor war für Rut Brandt eine Welt, ihre Welt von einem Tag auf den anderen zusammengebrochen. Bis dahin lebte sie mit ihrem Lebensgefährten, dem dänischen Journalisten Niels Nørlund, in Bornheim bei Bonn. Das Paar, das sich wirklich innig zugetan ist und aneinander Halt findet, versteht sich auf die Inszenierung des perfekten Glücks. Alles prima, alles gut! Wenn die Söhne sie besuchen, läuft Rut Brandt, von jeher eine Virtuosin der Repräsentation, zu Hochform auf. Der Tisch ist gedeckt, die Wohnung blitzblank, auch die Gesichter sind aufgeräumt, da trifft man nur Munterkeit und Freude, alle anderen Spuren und Schatten bleiben für die Besuchszeit ausgespart. Dass hinter dieser befestigten Fassade nicht alles zum Besten steht, zeigt sich Ende 2003, als bei Niels Nørlund eine unaufhaltsam rasch fortschreitende Krebserkrankung diagnostiziert wird. Das Konstrukt zerbröselt nicht, es zerbricht, denn jetzt zeigt sich, dass Rut Brandt an einer beginnenden Altersdemenz leidet, die sie bislang durch Disziplin und mit Niels' Hilfe vor anderen verborgen haben. Nein, sie wollte niemandem zur Last fallen. Jetzt jedoch ist rasches, stützendes Handeln und Helfen vonnöten.

Rut und Niels ziehen nach Berlin, wo Niels vorübergehend ins Krankenhaus eingeliefert wird. Rut zieht zunächst zu Peters erster Frau Gabriele, dann zu Matthias und seiner Frau Sofia. Doch eine dauerhafte Lösung kann das nicht sein, denn Ruts Erkrankung erfordert intensive Pflege und professionelle Begleitung, die die beruflich häufig reisenden und auswärts arbeitenden Söhne nicht leisten können. Der Gedanke, in ein Altersheim zu ziehen, schreckt Rut Brandt ab, nicht aus Dünkel oder Standesbewusstsein, sondern weil sie sich jung genug fühlt, um nicht alt sein zu wollen, weil sie, die ewig agile, heitere und lebendige Frau, für sich keinen Ort, der an die letzte Haltestelle erinnert, akzeptiert. Es wurde gesucht und gesucht, und leicht war die Reise für die Familie durch die Berliner Lebensabendlandschaft nicht. Schließlich fanden Rut und Niels das Tertianum, eine sogenannte Seniorenresidenz, die ihren Bewohnern das Gefühl vermittelt, einen langen Urlaub auf einem gehobenen Kreuzfahrtschiff anzutreten. Sie beziehen zwei nebeneinanderliegende Wohnungen im siebten Stock, von wo aus man den Blick über die Stadt schweifen lassen kann, das Kaufhaus des Westens, stets ein Heimatort für Rut, ist gleich um die Ecke. Es ist lebendige Bewegung in den hellen Räumen des Tertianums, zahlreiche kulturelle Termine und Freizeitaktivitäten werden angeboten, das Haus besitzt einen eigenen Weinkeller und eine Bibliothek. Rut freundet sich mit dem Ort an, deklariert das Tertianum für sich als Hotel und setzt sich innerlich auf rasch gepackte Koffer. Sie würde, so viel steht fest, eines Tages aufbrechen, mal sehen, wohin die Reise führt.

Niels geht zuerst. Als er am 11. August 2004 stirbt, einen Tag vor seinem achtzigsten Geburtstag, haben er und Rut fast 23 Jahre zusammengelebt. Kennengelernt haben sie sich bereits 1947 in Berlin, denn ein Jahr zuvor hatten Niels und Willy Brandt bei den Nürnberger Kriegsverbrecherprozessen Bekanntschaft geschlossen, wo beide als Berichterstatter vor Ort waren. Im Nachkriegsberlin erlebt Niels Rut als »wunderschönen Mittelpunkt der Berliner Kolonie von skandinavischen Journalisten«. Die Wege trennen sich, doch ganz verliert man sich nicht aus den Augen, zumal Niels als Auslandskorrespondent der traditionsreichen dänischen Zeitung »Berlingske« in den sechziger und siebziger Jahren aus Bonn berichtet. Als Willy Brandt in Warschau auf die Knie fällt, ist er auch als Reporter dabei. In jenen Jahren flammt auch die herzliche Freundschaft zwischen Rut und Niels auf, die schon den Keim der späteren Lebensbeziehung in sich trägt, denn Niels ist ein guter Zuhörer, und Rut sucht 1969 die Nähe und den Zuspruch eines

Freundes, weil ihr Mann ganz und gar vom Wahlkampf verschlungen wird. Wieder trennen sich die Lebenswege, doch der Kontakt bleibt bestehen. Als sich Rut 1980 von ihrem Mann scheiden lässt, gehört Niels zu den wenigen Empfängern eines Briefes, in dem sie ihre Trennung anzeigt. Im Jahr darauf, 1981, interviewt Niels ein letztes Mal den SPD-Vorsitzenden Willy Brandt in Bonn, und da, schreibt Rut in ihrem zweiten Erinnerungsbuch »Wer an wen sein Herz verlor«, »wurde unser Schicksal besiegelt bei einem Abendessen bei Ria Maternus«.

Erst drei Jahre später, das Paar lebt in Kopenhagen, vertraut Niels, der Gefühle nur schwer mit anderen teilen kann, Rut an, was ihm in der Zeit des Nationalsozialismus angetan wurde. Er hatte als geheimer Kurier im dänischen Widerstand gearbeitet und war im August 1944 von der Gestapo verhaftet worden. Tagelang wurde er in deren Hauptquartier gefoltert, er solle sein Wissen, seine Kontakte preisgeben. Er weigerte sich, schließlich teilte man ihm mit, er sei zum Tode verurteilt und solle besser einen Abschiedsbrief an die Eltern verfassen. Rut Brandt hat in bewegender Weise beschrieben, welcher psychischen Marter sich der zwanzigjährige junge Mann in diesem Augenblick ausgesetzt fühlen musste: »Ihm blieben noch zwei Tage und zwei Nächte. Er suchte den Trost des Häftlings in der Nachbarzelle, mit dem er sich öfter über Klopfsignale mit dem Morsealphabet verständigte: einmal für Punkt, zweimal für Strich. Am letzten Tag schwankte die Stimmung zwischen hell und dunkel. Er versuchte, sich fröhlich zu singen. Er memorierte eine kleine Rede, die er an das Exekutionskommando richten wollte, verwarf sie aber wieder. Am Mittwochabend konnte er nur schwer einschlafen, doch er wachte am Donnerstagmorgen erst um sechs Uhr auf, als die Wärter an alle Türen klopften. Das bedeutete, dass an diesem Tag keine Hinrichtungen mehr stattfinden würden, denn diese wurden stets vor Tagesanbruch durchgeführt.« Niels Nørlund war ein Gentleman, stets aufmerksam und adrett, der Rut das Gefühl gab, so wie sie sei, sei sie gerade richtig und schön, nicht nur für ihn oder erst durch ihn, nein, sie sei wunderbar aus eigenem Recht und für alle. Und Rut genoss das Gefühl ungeteilter, stets frisch sprudelnder Aufmerksamkeit. Das Paar reiste viel, und erst an seiner Seite lernte Rut Brandt Deutschland so richtig kennen. Sie pendelten zwischen

Hamar und Bornheim und entfalteten ihre Talente, das Leben zu genießen.

Der achtzigste Geburtstag von Rut Brandt wurde am 10. Januar in Berlin-Mitte in dem Lokal »Ständige Vertretung« gefeiert. Nachdem Peter Brandt den Reigen der Festredner humorvoll eröffnet hatte, sprach Niels Nørlund und schloss seine Rede mit einer Liebeserklärung: »Jeden Tag habe ich dir erklärt, dass ich dich liebe, und jeden zweiten Tag hast du pariert: ›Äsch, Dänische Übertreibung!‹ Aber so ist es doch, und so bleibt es!« Nach ihrem Lebensgefährten tritt Matthias Brandt ans Mikrophon. Auf dem Arm hält er seine Tochter Naima, die gerade fünf Monate alt ist. Er trägt sie im Fliegergriff, so wie das Väter von heute lernen, wenn sie ihre Kinder auf den Arm nehmen sollen. Dass er mit seiner Tochter auf dem Arm nach vorne tritt, ist kein Statement, jedenfalls kein bewusstes, das dem verstorbenen Vater gilt. Der jüngste Sohn hatte sich überlegt, was er der Mutter an diesem Tag unbedingt sagen, was der Kern seines Glückwunsches und seines Gedenkens sein sollte: »Ich glaube, dass für mich dein Zutrauen in meinen eigenen Weg, welches du mir vermittelt hast, auch und gerade in Zeiten, die schwieriger waren als die jetzigen – als für mich kein wie auch immer gearteter ›Erfolg‹ in Sicht war –, das ist, wofür ich dir wirklich sehr danke. Das wichtigste Merkmal von Freundschaft und auch von Liebe ist für mich die Bedingungslosigkeit. Die findet man – naturgemäß – nur sehr selten, wenn überhaupt. Deine Liebe ist immer bedingungslos gewesen, so wie deine Freundschaft – Freunde sind wir nämlich auch immer gewesen. Für mich war das auch deshalb wichtig, weil du damit viel von dem ausgleichen konntest, was der andere Elternteil mir vorenthielt, so empfand ich es jedenfalls – sicher nicht aus bösem Willen, aber aus dem Unvermögen heraus, die eigenen Grenzen im Zugehen auf mich zu überschreiten. Sich selbst nicht zum Maß aller Dinge zu machen, auch das hab ich von dir gelernt. Und über mich selbst lachen zu können. Ich stehe hier mit deiner Enkeltochter Naima, die im Jahr 2079 80 wird, und ich wünsche ihr von ganzem Herzen, dass sie bis dahin weniger Unrecht erlebt, als du dies musstest, und dass ihr in ihrem Leben genauso viel Zuneigung entgegengebracht wird wie dir in deinem.«

Von hohen Geburtstagen ist der Weg zum letzten Abschied oftmals ein kurzer. Rut Brandt streicht dem verstorbenen Niels ein letztes Mal über die Stirn, dann will sie raus, Leben suchen, ins Land ihrer Kindheit reisen. Als Rut und Niels ins Tertianum zogen, lernten sie bald Kristiane Arlt kennen, die sie als Krankenschwester unterstützte und die Aufgaben der täglichen Pflege, Betreuung und Versorgung übernahm. Anfangs beobachtete Rut die Fremde zurückhaltend, aber als sie sah, wie sie sich um Niels kümmerte, wie sie ihm durch die schweren Tage half, fasste sie Zutrauen. Im Tertianum hatte sie es vermieden, am geselligen Leben der Seniorenresidenz teilzunehmen, jemanden näher kennenzulernen. Weil es ihr immer schwerer fiel, die Rut Brandt zu bleiben, die sie selbst kannte und mochte, die sie immer verteidigt hatte, die makellose, fröhlich-patente Frau, die an allem Anteil nahm, die alle mit ihrer natürlichen Kontaktfreude begeisterte, zog sie sich auf ihr Zimmer zurück. Für Augenblicke konnte sie sich immer noch in jene Frau verwandeln, die andere bezauberte. Doch Kristiane Arlt registrierte, wie rasch dieses Bild erlosch: »Egal, was sie trug, egal, wie es ihr ging, dennoch bewahrte Rut Brandt immer ihre Haltung. Wenn sie von Menschen angesprochen wurde, gab sie ihnen bis zum Schluss das Gefühl, ganz bei ihnen zu sein. Mit ihrem Charme verzauberte sie immer noch die Menschen, doch diese Begegnungen kosteten sie immer mehr Kraft.«

Rut Brandt bittet Kristiane Arlt, mit ihr nach Norwegen zu reisen und zusammen die Beerdigung von Niels in Kopenhagen zu besuchen. Die Direktion des Hauses geht auf die ungewöhnliche Bitte ein. Eine Woche wird für die Reise veranschlagt, doch aus einer Woche werden rasch drei, nicht nur, weil der Beerdigungstermin sich verzögert, sondern auch, weil Rut jeden Stein der Erinnerung in Norwegen umdreht. Es ist eine Reise an den Anfang des Lebens und ein Versuch, die immer poröser werdende Erinnerung zu befestigten und ein paar Bilder und Orte zu bewahren.

In Hamar, dem Ort ihrer Kindheit und Jugend, sucht sie alle Orte auf, mit denen sie noch lebendige Erinnerungen verbindet. Sie will alles noch einmal in Augenschein nehmen, das Gut in Stange, wo ihr Vater Andreas als Chauffeur und Kutscher angestellt war, das kleine rote Haus an der Straße in Kapp, wo ihre Mutter nach dem frühen Tod des Vaters Arbeit in einer Milchfabrik fand, um die vier Töchter durchzubringen, den kleinen Fischladen, wo sie als junges Mädchen immer eingekauft hatte, das Tanzlokal, wo sie erste Jugendliebe erlebte, das Gefängnis, wo man sie und ihre Schwester Tulla einsperrte, und das Grab ihrer Mutter. Sie trifft noch einmal ihre Schwestern, die liebenswürdige, warmherzige Tulla, mit der sie einst als junges Mädchen ihre Heimat verlassen hatte und ins Exil gegangen war, und die energische, kraftvolle Hjørdis, die sie immer als Respektsperson betrachtet hatte, und Olaug, die Jüngste der vier Schwestern, die schwerkrank in einem Altersheim lebt und kurz nach diesem Besuch stirbt. Aufgedreht wie junge Mädchen sitzen die drei Schwestern beisammen, fischen in den Seen ihres Lebens und plaudern ohne Unterlass. Und Rut springt zwischen den Sprachen hin und her, um ihre Begleiterin an all den Abenteuern teilnehmen zu lassen. Ja, Rut fasst sogar den Plan ins Auge, die Fluchtroute der Schwestern von Norwegen nach Schweden mit dem Auto abzufahren, doch daraus wird nichts mehr, die Zeit verrinnt wie im Fluge, und so vieles muss noch ausgegraben werden. Der wichtigste Ort auf ihrer Erinnerungsroute, ihrer Tour wider das Vergessen, ihrer Selbstbehauptungstournee ist ihre Hütte in Hamar, jenes geräumige Holzhaus, das Rut 1964 erworben hatte und das ein Knotenpunkt des familiären Lebens geworden war. Hier hatten die Brandts so oft Urlaub gemacht, hierher hatten die Söhne ihre Freundinnen und Frauen entführt, hier gingen Willy Brandts Freunde ein und aus, hier hatten sich die Journalisten und die Leibwächter getummelt, hier war Zeitgeschichte geschrieben worden, als der Spion, über den Brandt stürzte, 1973 den Sommerurlaub an der Seite seines Herrn verbrachte, hierher war der Kanzler nach seinem Rücktritt geflohen und hatte sich in Schmerz gehüllt. Jetzt war es Rut, die tief in ihre Erinnerungen hinabstieg.

Sie holte ein altes Grammophon hervor, legte die schweren, schwarz glänzenden Schellackplatten auf und tanzte ausgelassen zur Musik ihrer Jugend. In einer anderen Stimmung zog sie ein altes, verwittertes, mit einer roten Schleife verschnürtes Bündel Briefe hervor. Das waren die Briefe ihres ersten Mannes Ole Olstadt Bergaust, den sie 1942 geheiratet hatte, eine in Kriegs- und Krisenstimmung geschlossene Ehe, und den sie unter schweren Gewissensbissen verlassen hatte, als er todkrank in Falun im Krankenhaus lag. Sie und Willy Brandt hatten sich flüchtig auf ihrer Hochzeit mit Ole kennengelernt, ein wohlgefälliges gegenseitiges Wahrnehmen, mehr nicht. Doch als Ole an Tuberkulose erkrankt und in einem Sanatorium liegt, knüpfen Rut und Willy engere Bande. Ole, der etwas ahnt, beschwört sie in seinen Briefen, zu ihm zu kommen, nach Falun zu ziehen. »Das war nicht möglich, und ich wollte es auch nicht. Willy war auch nicht imstande, sich zu entscheiden.« Es ist ein quälerisches, fiebrig-leidenschaftliches und Leid verursachendes Hin und Her zwischen zwei Paaren. Willy zieht bei Carlota aus, kehrt zurück, gibt Rut auf und wieder nicht, Rut besucht ihren Mann, lässt Willy innerlich los, kehrt zurück nach Stockholm, und da steht er auf dem Bahnhof, wartet, und nun ist es beschlossene Sache. Sie gehören zusammen.

Rut nimmt sich das Bündel vor, schnürt es auf und liest ihrer Vertrauten alle Briefe vor, die ihr der kranke Ole damals schrieb. Es sind eine Menge Briefe, es sind lange und es sind kurze Briefe, es sind zärtliche und vorwurfsvolle, wehmütige und bittere Briefe. Rut liest jeden Brief auf Norwegisch und sie übersetzt getreulich Satz für Satz ins Deutsche. Es muss ihr sehr am Herzen gelegen haben, sich diesen Lebensabschnitt noch einmal zu vergegenwärtigen, noch einmal ihren ersten Mann zu treffen. Ole Olstadt Bergaust stirbt Weihnachten 1946 im Mesnalia Sanatorium und wird in Hamar begraben. Er wurde 28 Jahre alt.

In Kopenhagen gilt es, Abschied von Niels zu nehmen. Hier versammelt sich die ganze Familie. Rut ist traurig, auch verwirrt, die Zeitebenen verschwimmen. Wer wird da jetzt zu Grabe getragen? Niels oder Willy? Peter hält eine der Traueransprachen, und sie macht seinen ausgleichenden, nach allen Seiten um Verständnis bemühten Charakter deutlich. Er beginnt seine Ansprache auf Norwegisch und wechselt dann ins Deutsche, um eine möglichst große Zahl an Trauernden zu erreichen, denn die Trauergesellschaft setzt sich aus deutschen, norwegischen und dänischen Gästen zusammen, und die Skandinavier sind noch eher des Deutschen mächtig als umgekehrt. Peter vermeidet

Floskeln, bemüht sich um Aufrichtigkeit, auch weil er weiß, dass an Gräbern nur anklingen kann, was das Leben spielt. So erinnert er auf einfühlsame Weise auch daran, wie »atemberaubend stur« dieser Mann sein konnte und wie schwer es ihm fiel, sich anderen emotional zu zeigen. Er vergisst auch nicht den dänischen Teil der Familie, für die Niels' Entscheidung, mit Rut zu leben, auch einen schmerzlichen Bruch auf dem eigenen Weg bedeutete. Und er erzählt, wie er Niels kennenlernte: »Es war Sympathie, was uns beide vom ersten Moment an verband. Manchmal hatte ich das Gefühl, ich bekäme mehr davon, als ich verdiente. Aus der Sympathie wurde schnell Freundschaft: von meiner Seite die liebevolle Verbundenheit mit einem väterlichen Freund. Er war ein wirklicher Herr und Kavalier alter Schule, der Rut auf rührende Weise beschützt hat.« Peter schließt mit dem Satz, mit dem Niels seine Geburtstagsansprache für Rut hatte ausklingen lassen: »Die Liebe ist nicht alles, aber ohne Liebe ist alles nichts!«

Das Verhältnis zwischen Rut Brandt und ihrer Krankenschwester Kristiane Arlt hat sich in Norwegen intensiviert, sie mag niemand anderen mehr an sich heranlassen, und so wird ein ganz offizieller Arbeitsvertrag zwischen den beiden geschlossen, der sicherstellt, dass Kristiane Arlt sich fortan ausschließlich um Rut Brandt kümmern kann. Auch rückblickend sprechen die Söhne voller Dankbarkeit über dieses Arrangement, denn Rut Brandt hat Glück mit ihrer Vertrauten, die sich ihrer weit über ein vertragliches Verhältnis hinaus annimmt und ihr eine stabile und verständnisvolle Beziehung garantiert. Das ist gerade für Menschen, die an Altersdemenz leiden, besonders wichtig, denn sie werden von innerer Unruhe erfasst, sie fliehen, wollen ausbrechen, sie suchen Halt, sie brauchen Menschen, bei denen sie sich von Vertrauen ummantelt fühlen, weil sie immer häufiger das Vertrauen in sich selbst verlieren. Wer oder was bin ich noch? Diese fürsorgliche Ummantelung, diesen Halt findet Rut Brandt hier, sie möchte den Familien- und Freundeskreis ihrer Begleiterin kennenlernen, und die reist mit ihrer Klientin durch alle möglichen Vergangenheiten und Gegenwarten der Familie Brandt.

»Wir haben in Berlin«, erinnert sich Kristiane Arlt, »immer wieder Ausflüge mit dem Auto unternommen an Orte, mit denen sich Rut verbunden fühlte. Das hat sie immer sehr berührt, aber nie mit Wehmut, sondern eher Staunen. Ein ganz besonderer Ort war die Marinesiedlung, dort sind wir oft hingefahren. Sie war so glücklich, wenn sie von ihrer Zeit dort erzählt hat. Mit Freude berichtete sie davon, wie ihre Söhne Matthias, Peter und Lars dort gespielt und im See geschwommen sind. Aber aussteigen, nein, das wollte sie nie mehr.« Nach der erfolgreich bestandenen Reise nach Norwegen will Rut auch unbedingt noch mal nach Bonn fahren, und so wird dieses Abenteuer in Angriff genommen. Die Orte in Bonn sind ihr nicht wichtig, auf den Venusberg will sie nicht. Nein, sie will die Menschen sehen, die sie noch kennt, die ihr wichtig sind. Sie trifft Lars und seine Frau Renate, sie trifft ihre alte Freundin Dorothea Bahr, sie trifft Karin Clement, ihre Kosmetikerin Renate Messler, sie besucht Maria und Horst Ehmke. Bis zu ihrem Tod fährt Rut Brandt noch drei Mal nach Norwegen, immer auf den alten, verwachsenen Pfaden, die ihr so viel Halt gegeben hatten, als sie in Deutschland an der Seite ihres Mannes schwere Zeiten durchmachte. Sie hat ihn, ihren Willy, geliebt, das sagt sie auch in diesen Tagen, sie besucht noch einmal sein Grab auf dem Waldfriedhof und macht sich Gedanken über den eigenen Tod. Darüber, sagt Kristiane Arlt, hätten sie viel gesprochen.

»Wo möchtest du begraben werden?«

»Da, wo meine Kinder sind!«

Ich frage Kristiane Arlt, ob sie mit Rut Brandt in den letzten Monaten und Wochen auch über den Tod und eine mögliche Jenseitshoffnung gesprochen habe: »Rut hat ihr Sterben bewusst angenommen, ohne Sentimentalität oder Wehmut. Wir haben über das Sterben gesprochen, das Sterben als Teil des Lebens, und da war bei ihr auch etwas Neugierde auf das, was wohl kommen würde. Rut spürte selber, wie sie ruhiger wurde, und hat es sogar thematisiert. Sie kam mir vor wie eine flackernde Kerze, die langsam erlischt. Und die in den letzten zwei Wochen noch einmal ganz besonders hell erleuchtet ist. Es war eine so kostbare Zeit! Sie war ganz ruhig und ohne Angst. Und manchmal konnten wir auch noch miteinander herzlich lachen.«

Das Leben ist kein Kinofilm, auch wenn es sich manchmal so anfühlt. Die »atemberaubende Sturheit«, die Niels auszeichnete, konnte sich auch Rut zu eigen machen, und wenn sie etwas nicht wollte, dann wollte sie nicht. Da waren Diplomatie und Fingerspitzengefühl erforderlich, auch wenn es schwerfiel.

»Es ist nicht immer leicht mit mir?«, fragt Rut.

»Ja!«, sagt ihre Begleiterin schon halb versöhnt.

»Na, ja, mit dir habe ich es auch nicht immer leicht!«

Rut musste nicht immer das letzte Wort haben, aber schön war's, den eigenen Dickschädel behalten zu dürfen.

Rut Brandt ist nie allein. Die Söhne kommen sie oft besuchen, ihre Frauen, Ninja, die sie wie eine eigene Tochter liebt, reist aus Oslo an, einige Freundinnen besuchen sie und vor allem auch Karoline Brandt, ihre Enkelin. Großmutter und Enkeltochter hatten immer eine enge und vertrauensvolle Beziehung, und Karoline lässt sie auch an ihren Gefühlswelten teilhaben. Jetzt bereitet sie Rut Brandt eine große Freude, als sie ihr erzählt, dass sie begonnen habe, Norwegisch zu lernen. Rut strahlt. Da wird etwas weitergesponnen, Heimatfaden.

»Deutschland ist das Land meiner Söhne und meiner Freunde. Norwegen ist das Land meiner Kindheit und meiner Schwestern. Ich kann hier wie dort auf meinen ›verwachsenen Pfaden‹ gehen. Tulla und ich suchten nach der Lichtung im Wald, wo wir als Kinder Erdbeeren pflückten, die wir eine nach der anderen auf Grashalme zogen. Die Lichtung fanden wir schließlich, aber sie war viel kleiner als in unserer Erinnerung. Doch überall wuchsen Erdbeeren, und ich werde einmal mit Karoline dorthin gehen und Beeren auf Grashalme fädeln.«

Im Februar 2006 erscheint das Buch »Andenken« von Lars Brandt. Der Sohn schickt ihr ein Exemplar. Die Mutter freut es. Sie registriert noch, dass das Buch ein Erfolg wird, dass dieser lange Brief an den Vater zustimmend besprochen wird, lesen kann sie es nicht mehr. Aber sie packt es wieder und wieder aus dem Papier, so als ob es das erste Mal wäre, und freut sich ohne Erinnerung.

Sie freut sich auch, wenn sie Matthias im Fernsehen sieht, nur einmal ist sie entsetzt, als er einen Mörder spielt. Nein, das will sie nicht sehen, das darf nicht sein, das regt sie innerlich auf.

Im letzten halben Jahr ihres Lebens wird eine zweite Pflegekraft hinzugezogen, auch auf sie lässt Rut sich ein. Sie bewegt sich nun

Trauer um Rut Brandt: Enkelin Naima, Matthias und Sofia Brandt

unsicherer in den Koordinaten ihres Lebens, die Zeit strudelt und schleift, verschlingt sich, das Gedächtnis wird ein immer rätselhafteres Netz, das die erstaunlichsten Sachen einfängt, aber die scheinbar nächsten Dinge verliert, die Umrisse der Menschen, die ihr begegnen, werden undeutlicher. Mit der Erinnerung an ihre Lieben erlischt auch ihr Leben. Sie steht Peter gegenüber und sie weiß, dass er ein ihr sehr vertrauter, sehr naher Mensch ist. Nur deshalb fragt sie ihn: »Wie geht es meinen Söhnen?« Sie bricht auf, um jemanden zu suchen, und hat nach dem ersten Schritt vergessen, wen sie suchen und dass sie suchen wollte. Da steht sie im Niemandsland.

Rut Brandt stirbt am 28. Juli 2006.

Ihre letzten Worte?

»Es war gut so!«

Manchmal, wenn ein ganzes Leben auf der letzten Leinwand rasend entflieht, ist es ein Film.

Die Gedenkfeier für Rut Brandt findet am 11. August 2006 in der Johanneskirche in Schlachtensee statt. Friedrich Schorlemmer, der die

Gedenkansprache hält, sagt manches, und er sagt das: »Willys Diktum ›Ich muss mich um die großen Zusammenhänge kümmern; Rut kümmert sich um einzelne Menschen‹ ist doch mehr ein Bonmot, denn die großen Zusammenhänge halfen auch einzelnen Menschen. Und sie half ihm, dies immer im Blick zu halten.«

Die Familie Brandt

Erinnert ihr Euch an Paris, Kinder? Wir hatten in Marokko ein Höchstmaß an familiärer Verdichtung erreicht und konnten uns von nun an nur zerstreuen. Erwachsen werden, aus dem Haus gehen, mit ansehen, wie eure Eltern sich scheiden ließen – alles hat sich in dem Jahrzehnt seither zugetragen. Aber auf einer hellen hohen Plattform des Eiffelturms hatte ich noch das Gefühl, wir seien für alle Zeit untrennbar verbunden.

John Updike: Marokko.

Nahezu 99 Jahre nach der Geburt von Herbert Ernst Karl Frahm in Lübeck wurde seine Urenkelin Johanne Frahm Øie am 4. November 2012 in Oslo geboren. Dass Willy Brandt sich über diesen familiären Jahrhundertfaden gefreut hätte, darf man behaupten, ohne ihn noch fragen zu können. Die Familie Willy Brandt, die immer mehr war als eine Familie im Schatten der Macht, hört nicht auf, seine Familie zu sein, obschon Willy Brandt seit mehr als 20 Jahren tot ist. Doch einer wie er kann allenfalls aufhören zu atmen, aufhören zu leben kann er nicht. Deshalb kommen seine Kinder im Jahr 2013 auch nicht darum herum, mitzuerleben, wie ein ganzes Land ihrem Vater viele neue Leben schenkt und ihm 100 Kerzen anzündet.

Der Titel des Buches lautet »Die Familie Willy Brandt«, spätestens an dieser Stelle sollte deutlich geworden sein, dass es diese Familie nie gab, weil sie nie nur aus einer Zentral- und Allmachtsgestalt bestand, der sich alle zu beugen hatten.

Dieses letzte Kapitel ist ohnehin eigentlich Unfug, denn eine Familiengeschichte kennt nun einmal keinen Schluss. Es geht immer weiter. Nur ich muss nun langsam anfangen aufzuhören, nur weiß ich nicht recht wie, denn je länger ich über die Brandts nachdenke, desto mehr

Drei Generationen: Willy Brandts Enkelin Janina Frahm Kringstad, ihre Tochter Johanne Frahm Øie und die stolze Großmutter Ninja Frahm, Brandts Tochter, Oslo 2013.

will mir scheinen, dass man familiäre Einsichten nur als Splitter und Fragmente mitteilen kann. Vielleicht, denke ich nun, passt dieses skrupulöse Tasten und Formulieren ganz gut zu dieser Familie, die kein Lautsprecher-Abo besitzt und eher selten in der Öffentlichkeit anzutreffen ist. An der allgegenwärtigen »Tyrannei der Intimität« beteiligen sie sich nicht. Es wäre undenkbar, dass sie zu zweit, zu dritt oder gar zu viert in einer Talkshow Platz nähmen, wie es jüngst die Söhne von Helmut Kohl taten, um für ihre Mutter Hannelore zu demonstrieren. Öffentlichkeit als therapeutischer Raum? Eine Talkshow als Couch? Nein, sie schreiben, scheint mir, auf ihre eigene Weise Briefe an die abwesenden Eltern. Auch die Idee zu diesem Buch beruht weder auf ihrer Initiative noch ihrem Wunsch, weshalb ich hier umso dankbarer zu sein habe, denn ohne ihre Hilfe hätte dieses Buch nicht geschrieben werden können.

Heute ist Freitag, am Montag geht dieses Manuskript auf die Reise. Und heute, an diesem Tag, verdichtet sich noch einmal, was diese Familie kennzeichnet, soweit ich sie kennengelernt habe: Ruhige Verlässlichkeit. Jeder nimmt sich auf seine Weise Zeit und steht auf andere Weise in der Zeit. Von Lars Brandt ziehe ich eine Postkarte aus dem

Briefkasten, später schickt seine Frau Renate Fotos auf digitalem Weg, die ich erbeten hatte, von Ninja empfange ich E-Mails aus Oslo, um letzte Fragen zu beantworten, Matthias Brandt sendet eine SMS: *»Habe bis 6 Uhr morgens gedreht und verfüge demzufolge noch über exakt drei Gehirnzellen. Besser morgen, Mittag, früher Nachmittag wäre gut (aus bekanntem Grund bitte vor 15.30 Uhr). herzlich, mb«*, und mit Peter Brandt bin ich für den frühen Abend zum Telefonieren verabredet.

Trotz dieser enormen Unterstützung ist dieses Buch keine autorisierte Biographie, denn nicht alles, was ich schreibe, wird von den Brandts genauso gesehen, nicht alles, was ich hervorgezogen habe, hätten sie hervorgeholt, nicht alles, was ich für bedeutsam halte, wird von ihnen dafür gehalten. Aber vielleicht würden sie mir zustimmen, wenn ich vermute, dass die Familie Brandt eine starke Familie gewesen sein muss, sonst hätte sie nicht so starke Individuen entlassen. Zerbrochen ist keiner von ihnen an einer Lebenssituation, die gewiss manches Senkblei mit sich gebracht hat, manche Brandwunde. Sie sind »sensible Wege« gegangen, weil es ihnen früh oblag, sich zurechtzufinden in den verschiedenen Familienbildern und Schichten. Wo begann die inszenierte Familie, wo endete sie? Sind Freunde Freunde und Feinde Feinde? Was will dieser Mensch wirklich von Dir? Meint er dich oder meint er ihn, den großen Mann?

Wie hat es angefangen mit dieser Familie? Rut und Willy Brandt waren zwei sehr unterschiedliche Menschen, die sich vielleicht wegen ihrer Widersprüche lange gut ergänzten. Ohne Rut Brandt hätte ihr Mann in Berlin nicht Karriere gemacht, und ohne seine Berliner Karriere wäre er nicht Bundeskanzler geworden. Er war aus eigener Kraft ein bedeutender Politiker, aber sie kurierte schon in Berlin so manches seelische Leid, indem sie blieb, nicht von seiner Seite wich, indem sie vermittelte, im Freundes- und Bekanntenkreis Hilfe einforderte, wenn ihr »Willy« diese benötigte. Als er die aufgebrachten Berliner 1956 nach dem niedergeschlagenen Ungarn-Aufstand beruhigte, stand sie an seiner Seite, ja, sie tauchte in die Menge ein, um selbst zu beruhigen und zu besänftigen. Durch die Medien wurde sie Teil der inszenierten Familie, sie wurde ein Attraktionsmoment, und sie half, kollektive Ressentiments zu überwinden. Eine Beziehung wie diese, die bereits am

Anfang so viele Zweifel und Selbstzweifel niederzukämpfen hatte, die mit so viel Gewissens-Gepäck gestartet war, muss von einem großen, tiefen Gefühl des Zusammengehörens begründet worden sein, sonst wäre es nicht gelungen, überhaupt zueinander zu finden und sich für einen gemeinsamen Weg zu entscheiden. Dass ihr Glück zunächst Unglück für andere bedeutete, war ihnen nur zu bewusst. Sie wagten das »Dennoch« und gewannen, weil sie miteinander etwas lebten, was lohnt, erinnert zu werden: Eine reiche, fruchtbare, vielgestaltige Familie. Und angesichts der Belastungen und Verpflichtungen, die diese Familie zu bewältigen hatte, ist es erstaunlich, wie lange sie dem Auseinandergerissenwerden getrotzt hat.

Brandt war kein rückwärtsgewandter Mann, der seine Maskulinität darauf gründete, die Frau auf ein traditionelles Rollenbild zu verpflichten. Die Eheleute versuchen vielmehr einen echten Empfindungsdialog, der von wechselseitiger Kritik lebte und dadurch vital war. Willy Brandts Gefährtinnen waren bis dahin starke, selbstbewusste Frauen wie Gertrud Meyer und Carlota Thorkildssen, die ihr eigenes Geld verdienten und nicht auf Brandt angewiesen waren. Er war es, der in hohem Maße von ihren pragmatischen und intellektuellen Fähigkeiten, ihren Erfahrungsschätzen und ihrer bergenden Kameradschaftlichkeit profitierte.

Rut Brandt war ebenfalls eine selbstbewusste Frau, die auch früh selbst gearbeitet und politisch etwas gewagt und die ihre Familie stets als solidarischen Zusammenhalt erlebt hatte. Sie war in einem Fünf-Frauen-Haus groß geworden und hatte somit erlebt, dass es auch ohne geldheimbringende Machtgestalt geht. Wenn sie sich nun an Brandts Seite auf ihre Rolle als Mutter und Hausrau beschränkte, bedeutete das nicht, dass sie sich selbst aufgab, denn je höher ihr Mann stieg, desto schwieriger wurde das Leben an seiner Seite. Nicht nur weil ihr die Organisation des Haushalts vorbehalten blieb, sondern auch weil sie als Frau des Bürgermeisters, des Außenministers und des Kanzlers eine öffentliche Rolle lebte, was im Grunde genommen ein ganz eigener Beruf ohne Berufsausbildung war. Niemand wird bestreiten, dass sie diese Rolle glänzend gespielt hat, weil niemand das Gefühl hatte, sie müsse sie spielen. In Bonn besaß sie einen ganz eigenen Rut-Brandt-

Fanclub, der ihr die Herzen entgegenschlagen ließ. Sie besaß eine ganz unstrategische Motivationsgabe, die ihr, aber auch ihrem Mann half. Die Mitarbeiter ihres Mannes wusste sie durch ihren Charme einzunehmen, und sie kompensierte durch ihr Begegnungstalent manches, was ihr Mann durch seine häufig genug abweisende Aura erstickt und unterdrückt hatte.

Rut Brandt baute ihm und ihrer ganzen Familie Brücken in den Alltag, während ihr Mann häufig keinen Ausweg aus seiner Außerordentlichkeit fand. Dass er der »andere Deutsche« war, war ihm Freiheit und Festungshaft zugleich, denn ebenso wie er an diesem Anderssein litt, ebenso bezog er daraus seine Kraft. Kann man jemanden, der sich zur Regeneration seines Selbst ganz und gar von allem abscheiden und in sich zurückziehen muss, vollends von dieser Depression befreien, ohne ihn zu einem ganz anderen zu machen? Und wie lebt man mit so einem Menschen, dem die Geschichte schon zu Lebzeiten ihr Kleid anzieht? Ist das nicht ein grausamer Akt, in vivo in eine Statue verwandelt zu werden? Wie fühlt es sich an, wenn man von der Historie petrifiziert wird, wenn man von anderen auf einen Sockel gestellt wird, dem andere nachsagen, man habe ihn sich selbst gezimmert, bis man sich zweifelnd fragt, ob nicht was dran ist an diesem Vorwurf? Wie lebt man mit einem Mann zusammen, der seine seelischen Batterien im Kontakt mit der Masse und mit dem geschichtlichen Augenblick auflädt, der die Masse als Notstromaggregat braucht? Kann man dessen Bedürfnisse überhaupt in den eigenen vier Wänden stillen? Und wächst so einer nicht, ob er will oder nicht, in unerreichbare Gefilde als Vater und Ehemann? Nein, nein, ich stelle dem Mann hier kein familiäres Entschuldigungsschreiben aus, ich versuche nur zu beschreiben, dass die Brandts keine normale Familie waren. Sie hatten all die Probleme zu bewältigen, die jede andere Familie auch zu bewältigen hatte, aber darüber hinaus waren ihnen Aufgaben gestellt, die eher nicht zum normalen familiären Last-Pflicht-Paket gehörten. Wie schafft man es als Sohn, sich treu zu bleiben, wenn einen die Öffentlichkeit zerpflückt oder wenn die Partei nach der »Rute« ruft, die der Vater nicht im Arsenal seiner Autorität weiß? Wie lebt es sich als Sohn mit einem Vater, der überall da, wo man hin will, schon gewesen ist? Muss man den symbolischen Wettstreit mit dem Vater, den Wettlauf um die Identität nicht von vornherein verloren geben? Lauf Junge, so viel du willst, sagt das Vater-Vaterland, in meinen Schuhen legst du die Strecken nicht zurück, die mir gehören. Wo sind die weißen Flecken, die unberührten Gebiete auf den Landkarten der Selbstverwirklichung?

Im Familienbild nimmt Ninja sicherlich eine Sonderstellung neben ihren Brüdern ein, denn sie, das Kind aus erster Ehe, ist in Norwegen niemals den kollektiven Brenngläsern und der öffentlichen Röntgenstrahlung des Übervaters ausgesetzt gewesen. Ihre Probleme mit ihm waren andere, sie musste angestaute Fremdheiten und Distanzverhältnisse überwinden, sie musste Vertrautheit oft neu erarbeiten, wobei sie von Rut unterstützt wurde. Andererseits war sie durch diese Semi-Distanz auch davor geschützt, ihr Ich irrlichternd an ihn zu verlieren oder mit ihm rivalisieren zu müssen. Sie war raus aus diesem Überbietungsspiel, aus dieser Lebensleistungsschau. Sie konnte ihre Wege ungestörter gehen und leben und trug ihrem Vater auch keinen Zorn nach, weil der die Mutter verlassen hatte. Das Dreieck zwischen Carlota Thorkildssen, Rut Brandt und Ninja Frahm ist von emotionaler Klugheit gekennzeichnet. Carlota hat ihre Tochter gehen lassen, wenn der Vater rief, und sie hat Rut als »Stiefmutter« akzeptiert und unterstützt. Ninja wiederum hat in Rut nie die Frau gesehen, die ihrer Mutter den Vater abspenstig gemacht hat, sondern hat sie als Außenmutter im Land des Vaters angenommen und Geborgenheit bei ihr gefunden. Trennendes, das war Konsens zwischen den Frauen, soll überwunden werden. Die Großzügigkeit der Frauen gegenüber dem Mann Brandt war nicht eben klein, denn schließlich hatte der nicht nur eine erste und zweite Familie, die sie zusammenhielten, nein, er hatte noch eine dritte Familie, und die war weitaus gefräßiger und unnachgiebiger als sie und bestritt ihnen den Mann, wo es ging: Die Partei. Für diese Familie tat er fast alles, ließ sich in Stücke schneiden und fand sich doch selten so ganz und gar, so ohne Hintergedanken und Reserve von ihr angenommen. Ein Parteivorsitzender wie Brandt wird ja in eine eigentümlich widersprüchliche Rolle gedrängt, denn einerseits ist er selbst Mitglied dieser »großen alten Familie«, andererseits ist er ihr Familientherapeut, der sich um die Parteigesundheit und den familiären Zusammenhalt zu sorgen hat.

Ist die SPD noch eine Volkspartei? Gibt es noch das Volk? Oder nur Völkchen? Ist die SPD noch eine Familie und wenn ja, welche? Gehört Peter Brandt, der erst seit 1994 ihr Mitglied ist, dazu? Anfang November 2012 fahren wir gemeinsam zu einer Jubilarfeier der SPD Spandau, eine festliche Veranstaltung im Rathaus. Die Genossen sitzen an langen Tischen mit weißen Deckchen, in geordneten Abständen sind Knabberzeug und Getränke verteilt, auf kleinen Kärtchen ist jedem Unterbezirk sein Plätzchen zugewiesen. Hier ehrt man heute Abend Parteimitglieder, die mindestens 25 Jahre in der Partei sind. Viele sind hier 30, 40, ja 50 Jahre dabei. Viele, das wird deutlich, sind wegen Willy Brandt und seinem Motto »Mehr Demokratie wagen« in die Partei eingetreten. Auch Neueintritte werden freundlich begrüßt, das älteste Neumitglied ist 96 Jahre alt und das jüngste, Hendrik, 14 Jahre alt. Doch die Mehrzahl der Parteimitglieder ist über 60. Peter Brandt ist der Ehrengast an diesem Abend, er ist Fleisch von seinem Fleisch, und ein bisschen Kirche und Gottesdienst ist das hier auch, wenn sie singen: »Wann wir schreiten Seit' an Seit'«. Peter Brandt, der heute auch solche Weihestunden gelegentlich mitmachen kann, spricht über den 9. November 1918, die sozialdemokratische Revolution von 1918/19.

Das Publikum lauscht andächtig. Für einen Moment könnte man denken, dort stünde der Vater, die Stirnlocke fällt widerspenstig, der reche Arm gestikuliert. Kräftiger Beifall, einer, der wohl eher eine aufrüttelnde politische Rede und keinen Sachvortrag erwartet hatte, mault trocken: »Der Willy hätte mehr aus dem Thema gemacht!« Peter Brandt ist hier aber nicht als Stellvertreter, Willy-Kopie oder Grüß-Onkel vom Dienst, sondern als thematisch ausgewiesener selbstbewusster Historiker, der eine andere Sprache spricht als sein Vater, der die Partei nicht streicheln muss, sich ihr aber verbunden fühlt. Partei ist, denke ich und sehe auf die singenden Genossen, die sorgfältig befestigten Frisuren und die festlichen Anzüge, Religion, Gottesdienst, Heimat, Familie, Kuschelzone und Kampfgebiet, Interessengemeinschaft, Nostalgiebadewanne, frohe Botschaft, Demokratiegeschütz. Dann ist Pause. Ein Alleinunterhalter an der Orgel spielt zum Schunkeln auf. Peter Alexander »Wenn auch die Jahre vergehen«, Udo Jürgens »Griechischer Wein« und weitere Schlager. Später, als alle Jubilare ausgezeichnet und mit einem Willy-Brandt-Karikaturen-Band beschenkt worden sind, lassen sich die Geehrten mit Peter Brandt fotografieren, er wird gebeten, die Geschenkbände zu signieren.

Wir fahren dann zusammen mit der S-Bahn nach Hause. Peter Brandt findet es wichtig, sich nicht in den Elfenbeinturm zurückzuziehen, sondern sich hier einzubringen, Geschichte zu vermitteln, politisches Bewusstsein zu bilden und ja, es geht auch auch darum, den Geist des Vaters lebendig zu halten. Wie hieß das Buch, das er gerade zusammen mit Detlef Lehnert geschrieben hat und das dort auf dem Büchertisch lag? »›Mehr Demokratie wagen‹. Geschichte der Sozialdemokratie 1830 – 2010«. Ein Denkmalpfleger ist er nicht, auch jeder missionarische Eifer fehlt ihm, der Vater ist kein gleißender Schatten mehr, eher ein mildes Licht.

Was verbindet die Brüder mit dem Vater? Was trennt sie? Was haben sie geerbt? Keiner von ihnen ist ein Piff-Paff-Puff-Fabulant, sie sprechen jeder auf seine Weise bedächtig, stockend, tastend. Da ist ein großes Genauigkeitsbemühen, sie halten eher inne als vorzupreschen. Lars versinkt mitunter ins Schweigen, Matthias lässt »Ähms« und »Ähs« wie Mikros in sich versinken, Peter schließt die Augen und stemmt die ersten Worte wie Steine. Sparsame Augenbrauen bei jedem, Grübchen auch vorhanden bei allen und das kleine He-He-He-Gelächter. Bei allen finden sich Phasen, Momente von Introvertiertheit, die müssen Anlauf nehmen, um aus sich herauszutreten, manchmal reicht ein Schritt, manchmal müssen es mehr sein. Melancholie ist bisweilen zu Gast. Jeder hat eine andere Distanz zum Vater gewählt. Peter hat seinen Faden, trotz politischer Differenzen, am gleichmäßigsten durch die Jahrzehnte gesponnen. Lars war dem Vater am nächsten, entfernte sich aber auch am weitesten von ihm. Als er das Gefühl hat, der Vater bemühe sich nicht genügend, bestehende Unterschiede zu respektieren, bricht er den Kontakt 1986 für mehrere Jahre rigoros ab. Matthias, am stärksten betroffen von der Scheidung der Eltern und der Persona-non-grata-Haltung, die sein Vater gegenüber seiner Mutter einnimmt, ist emotional am tiefsten entfremdet.

Den Brandt-Söhnen eignet etwas Jungenhaftes, sie wirken, als laufe ihnen hartnäckig der Junge in kurzen Hosen hinterher, der sie einmal waren. Konserviert ein Vater, der nicht sterben kann, weil ihn das Kollektiv erinnernd konserviert, weil sein Bild auch in der Gegenwart noch mit Bedeutung gefüllt wird, weil die Republik sein Gesicht adoptiert, seine Kinder gleich mit, da sie immer noch aufsehen müssen zu ihm, wie sie einst als Kind zu ihm aufsahen, als sie von unten zu ihm aufsahen, seine Miene zu lesen versuchten? Und sah der Mann, der tot ist, aber immer unvergänglicher wird, nicht schon zu Lebzeiten mit fünfzig älter aus als sie mit sechzig? Die Gewalt, die vom Vater ausging und ausgeht, ist nicht seine, es ist die der anderen, die aus dem Vater mehr machen, als Väter und Söhne zu tragen vermögen.

Alle drei sind Geschichten-Erzähler in wechselndem Gebiet, mit wechselnden Ausdrucksmitteln. Matthias als Anwalt von Figuren, Peter als Deuter von Kollektiva, Mentalitäten und politischen Prozessen und Lars als Romanautor. Der Öffentlichkeit ist Lars Brandt erst mit seinem Buch »Andenken« als Schriftsteller bekannt geworden, doch er hat immer geschrieben. Im Selbstverlag erscheinen unter dem Pseudonym David Stein Bücher wie »Spätsommertage. Novelle in vier Sätzen« (1980), »Nicht wieder. Roman eines Tagebuchs« (1981) oder »Rosenquarz« (1982). Die Bücher liegen im Nachlass seines Vaters, im Nachlass der Mutter sah ich sie nicht. Das war gestern, von diesen Büchern will er heute nichts wissen, zumindest will er nicht, dass man sie heute hervorkramt, um ihn jetzt dadurch zu betrachten. »Lars«, sagt ein alter Freund über ihn, »wollte sich immer neu erfinden.« Sich neu zu erfinden, das ist ihnen allen gelungen, mit und nicht gegen den Vater, der ihnen nach seinem Tod immer näher kommt, weil sie vor nichts davonlaufen müssen. Jeder hat frei wählen können und seinen »Andenken«-Dienst so verrichtet, dass daraus ein vitaler Vater-Sohn-Dialog wurde. Lars mit seinem Buch »Andenken«, Matthias in der Rolle des Spions Günter Guillaume und Peter als Bewahrer des »Mehr Demokratie wagen« haben ihrem Vater gezeigt, was sie können, ohne ihn zu demontieren. Sie verdanken ihm viel, er ihnen nicht wenig.

Alle Brandts sind Spaziergänger, eher schlendern sie, als dass sie wandern, nein, Power Walker sind das nicht. Mit Matthias um den

Schlachtensee, Stamm- und Heimatstrecke, hier hat er erste Kinderjahre verbracht, hier fand in der »Fischerhütte« die Trauerfeier für Rut Brandt statt, hier schwammen Peter und Lars als Kinder ans andere Ufer und winkten ihrer Mutter zu, hier tauchte ihr Vater die Ruder ins Wasser. Wir sprechen über familiäre Bande, über Erinnerungsbilder, über letzte Begegnungen und das, was eine Familie ausmacht. Ein Apriltag.

»Haben Sie ein besonderes Familienbild vor Augen?«

»Es kann sein, dass es der siebzigste Geburtstag meines Vaters war, genau erinnere ich es nicht mehr. Es war einer der letzten Besuche, die wir drei Brüder zusammen bei meinem Vater in Unkel unternommen haben. Wir spazierten zusammen am Rhein entlang, und ich blieb ein Stück zurück und sah vor mir drei Männer mit absolut identischem Bewegungsablauf und identischer Körperhaltung. Sie hatten alle drei die Hände auf dem Rücken zusammengelegt, sie zeigten alle diesen leichten Watschelgang. Es war im Grunde genommen ein sehr friedlicher Moment. Ich war erstaunt, aber auch berührt über diese Beobachtung, es sah komisch aus, gerade weil es in dem Gespräch um ernste Sachen ging. Gerade weil es so ernst war, war es lustig. Ich musste innerlich lachen, das ist meine erste Reaktion. Es ist ja nicht gerade unkomisch, dass es so kleine Momente gibt, in denen das sehr forcierte Bemühen um Individualität ad absurdum geführt wird. Natürlich nicht wirklich, denn die drei sind ja jeder für sich sehr ausgeprägte Individuen. Aber die sahen in diesem Augenblick einfach vollkommen gleich aus! Und daran ist nichts zu ändern, und es ist auch nicht schlimm. Und das wäre doch auch einmal eine interessante Frage: Ob das alles so schlimm ist, wenn man sich einander ähnelt?«

Ginge jetzt ein Spaziergänger hinter uns, würde er sehen, dass Matthias Brandt die Füße leicht nach außen setzt und die Hände auf dem Rücken zusammengelegt hat. Ist unser Gespräch ernst?

»Sind Sie ein Familienmensch?«, frage ich Matthias Brandt.

»Niemand kann sich von seiner Familie freimachen, wir sind ja durch sie geprägt, und mich interessiert das auch alles viel zu sehr, als dass ich mich nicht als Familienmensch betrachten könnte. Seitdem ich selbst Vater bin, beobachte ich auch die Veränderungen. Wie ver-

Matthias Brandt, Tochter Naima und Ehefrau Sofia

hält man sich? Was für Fehler macht man als Vater? Natürlich macht man Fehler. Ich sehe meinen Vater heute auch sehr viel milder und versöhnlicher als noch vor zehn Jahren, ich bin ganz im Reinen mit ihm. Durch das Verhältnis zu meiner Tochter Naima, durch ihre Existenz hat sich vieles gelöst, viele Dinge, die mir wichtig erschienen, haben sich erledigt und besitzen keine Bedeutung mehr. Ich mag meinen Vater wirklich sehr, und das war schon immer so. Die Liebe ist in ihrem Kern von Schwierigkeiten nicht berührt, behaupte ich jetzt mal.«

»Ist Ihre Tochter eigentlich nach John Coltranes berühmter Ballade benannt?«

»Das kann man so sagen!«

Die Frage, ob er ein Familienmensch sei, stelle ich auch Peter Brandt. »Im engeren Sinne«, antwortet er, »bin ich sicher kein Familienmensch, wie ich selbstkritisch sagen muss, etwas zu viel Willy, aber ich versuche, mich in die Familie einzubringen, weil ich weiß, wie sehr sie uns formt, bindet und auch trägt.« Zu seiner Familie gehören auch seine Stiefkinder Anton und Tatjana, die Antonia Brandt in die Ehe eingebracht hat. Er spricht von ihnen nicht ohne väterlichen Stolz. Sein Sohn Anton hat gerade das erste juristische Staatsexamen abgelegt, und Tanja, eine promovierte Erziehungswissenschaftlerin und Lehrerin, hat ihn zum Großvater gemacht. Die »Stiefenkelin« Rosaria bedeutet ihm viel, und auch mit seiner Nichte Naima unternimmt Peter Brandt hin und wieder Ausflüge, um das familiäre Band zu pflegen.

»Ach, Sie Armer!«, rief ein bekannter rheinischer Fernsehmann unwillkürlich aus, als ich ihm sagte, ich schriebe über Willy Brandt als Familienmenschen. »Der war doch kein Familienmensch!« Hat der hochverehrte Kollege, der ein legendäres Interview mit Brandt führte, bei dem der Kanzler nur mit »Ja« und »Nein« antwortete, recht? Niemand, selbst ein Einsiedler in der Wüste, Major Tom im All oder der Mönch in seiner Zelle kann sich aus seiner Familie entlassen. Segeln wir auch noch so weit hinaus, der Wind, der unser Segel bläht, wird immer daher kommen, von wo wir weg wollen. Willy Brandt hat diese Familie gewollt, was aus ihr wurde und wird, hat er nicht allein und nicht nur diese Familie zu verantworten.

Die Familie Willy Brandt, die mediale Kanzlerfamilie, passte in ihre Zeit, denn sie wurde als modern wahrgenommen, als Spiegelbild gesellschaftlicher und generationeller Konflikte und Umbrüche. Die Frau blieb nicht länger Schattenfrau, ohne jedoch als kämpferische Amazone hervorzutreten. Stattdessen selbstbewusste Präsenz. Sanfte Modernisierung an der Seite eines Mannes, der das Bild des abgerüsteten Mannes vermittelte. Dieser Kanzler und Vater hatte alle soldatische und kriegerische Autorität abgelegt und führte, so lange es ging, durch charismatischen Dialog. Allerdings ist Charisma eine Größe, die schrumpft, sobald ihr Träger den Machtraum verlässt, sich zu Hause in einen Sessel fallen lässt und versucht, mit dem Sohn »Mensch ärgere Dich nicht!« zu spielen. Der älteste Sohn Rebell, insofern Repräsentant des Zeitgeistes, der andere ein empfindsam Reisender in ästhetische Provinzen. Und das Nesthäkchen, ein fröhlicher Junge, dem die große Bühne und das Drama der Politik nichts anzuhaben scheint. Schließlich noch eine Tochter, aus anderer Zeit und Kultur, die in diese Familie integriert ist und das norwegische Erbe am Leben erhält. Auch noch im Rückblick ist das eine Familie, der ich gerne dabei zusehe, wie sie dem Land ein Gesicht und Gestalt gab.

Für die Brandts heute gibt es kein imperatives Familien-Wir. Sie hocken nicht aufeinander, jeder stellt lebend und arbeitend einen anderen Familienbegriff auf die Beine, kämpft mit dem, mit dem alle Familien zu kämpfen haben: Wie finden wir zueinander, ohne uns aneinander zu verlieren?

Spaziergänge, Impressionen.

Mit Lars Brandt am Rhein entlang.

Mit Peter Brandt durch Hagen, Grunewald und Friedenau.

Mit Matthias Brandt um den Schlachtensee.

Mit Ninja Frahm durch Oslo.

»Wie haben Sie«, frage ich Peter Brandt, »von Ihrem Vater Abschied genommen? Hatten Sie bei ihren letzten Besuchen noch vieles miteinander zu klären?«

»Das brauchten wir nicht, denn wir hatten immer einen Kontakt und haben uns ausgetauscht. Ich hatte nichts mehr nachzuholen, mich bedrängten keine großen Fragen. Wir wussten, wer wir sind.«

»Besuchen Sie die Gräber ihrer Eltern?«

»Ja, natürlich. Auf dem Waldfriedhof in Zehlendorf liegen ja nicht nur meine Eltern, sondern auch meine Schwiegereltern und einige Freunde wie Harold Hurwitz. Dieser Ort ist, ich denke, das kann ich sagen, ein Stück Heimat für mich, denn ich bin ganz in der Nähe aufgewachsen und zur Schule gegangen. Meine Grundschule, die Tews-Schule, liegt gleich um die Ecke.«

Am 23. Oktober 1983 wird Karoline Brandt geboren, und ihre Weltankunft macht Peter Brandt zum Vater und Rut und Willy Brandt zu stolzen Großeltern. Ein knappes Jahr später, am 12. September 1984, kommt Janina Frahm zur Welt, das zweite Enkelkind der Großeltern Brandt, die ihre Enkel zwar nie gemeinsam sehen, aber doch gemeinsam lieben. Karoline Brandt weiß nicht mehr, wo die lebendigen Erinnerungen an ihren Großvater von denen zu trennen sind, die sich durch Erzählungen oder Bilder fermentiert haben. Zwei Szenen erinnert sie jedoch noch recht genau. Eines Tages, sie muss fünf oder sechs Jahre alt gewesen sein, besuchte sie mit ihrem Großvater den Berliner Zoo. Es ist ein schöner Besuch, aber bald sind Presseleute da, Fotografen, die den prominenten Mann umschleichen. Ihre Mutter Gabriele Kunkel-Brandt ärgert sich, dass dieser private Moment gestört wird. Ein anderes Mal hatte ihr der Großvater ein Spiel mitgebracht, ein »Schneckenspiel«, bei dem man würfelt und die Schnecke über verschiedene Felder wandern lässt. Ihr Großvater habe das Spiel mit ihr begonnen, doch plötzlich erschien der Fahrer und drängte eilig zum Aufbruch. »Ich konnte als Kind nicht verstehen, warum er jetzt weg muss, warum wir das nicht zu Ende spielen konnten, ich glaube mich zu erinnern, dass ich in diesem Moment sehr traurig war. Ich habe es nicht verstanden.« Sie freut sich stets über das Mickymaus-Abo, das ihr »Opa Willy« zu jedem Geburtstag um ein Jahr verlängert. Kurz vor ihrem neunten Geburtstag stirbt er. Um zu ihrer Großmutter eine intensive Bindung zu entwickeln, bleibt für Karoline Brandt mehr Zeit. Ihre »Farmor« Rut wird eine enge Bezugsperson für die Enkelin, die ihre Großmutter als Vertrauensperson und bald auch als Vorbild betrachtet. Daher ist es ihr auch wichtig, ihrer Cousine Naima Matilda Brandt, die am 25. August 1999 als Kind von Sofia und Matthias Brandt geboren wird, die Heimat der Großmutter nahezubringen. Im August 2010 reist sie mit der elfjährigen Naima nach Oslo und macht sie mit der norwegischen Geschichte und Gegenwart der Familie Brandt bekannt.

Karolines Cousine Janina ist gerade acht geworden, als ihre Mutter ihr erzählt, dass »Bestefar Willy« gestorben ist. Janina hat ihren Großvater intensiver erleben können, sie ist einige Mal mit ihrer Mutter nach Frankreich in Brandts Ferienhaus nach Gagnières gefahren. Die Bilder jener Tage zeigen einen entspannten, einen heiteren Willy Brandt, der seine Enkelin mit großer Innigkeit zu sich nimmt und liebevoll auf sie eingeht. Ninja meint, ihr Vater habe diese Momente sehr ausgekostet und sei glücklich gewesen. Doch natürlich kann ein Mann wie Willy Brandt vom großen Unterwegs nicht lassen. Von hier und dort aus der Weltgeschichte schreibt er der Enkelin: *»Liebe Janina, diese Karte wollte ich aus Seoul schicken. Jetzt kommt sie aber aus Italien, wo ich schnell zu einer Sitzung musste. Vielen Dank für die schöne Zeichnung im letzten Brief von Ninja. Große Umarmung! Großvater Willy.«*

Mickymaus-Abo, spendiert von »Opa Willy« für seine Enkeltochter Karoline Brandt.

Wenn Karoline und Janina zusammen sind, sprechen sie kaum von alten Erinnerungen. Ihnen gehört die Zukunft. Sie hatten immer einen Kontakt zueinander, die eine in Oslo, die andere in Berlin, aber weil sie keine gemeinsame Sprache hatten, fehlte es an tieferer familiärer und freundschaftlicher Befestigung. Bei der Beerdigung von Rut Brandt standen sie einander gegenüber, voller Sympathie, aber doch auch gehemmt, weil sie es seltsam fanden, Englisch miteinander zu sprechen. Zwar hat Janina in der Schule Deutsch belegt und Karoline hatte begonnen, Norwegisch zu lernen, aber beide fühlten sich nicht sicher genug, um sich in der Sprache der anderen auszudrücken. Sie

Cousinen und gute Freundinnen: Janina Frahm Kringstad und Karoline Brandt pflegen die deutsch-norwegischen Bande.

beschlossen, das zu ändern. Karoline, die studierte Geographin, die gerade promoviert, absolvierte einen Intensivkurs Norwegisch in Oslo, und Janina, die Landschaftsarchitektur studiert hat, begann ihr Deutsch aufzufrischen. Seit 2008 feiern sie jedes Jahr zusammen Silvester mit ihren Freunden auf der Hütte in Vangsåsen bei Harmar. Und im Frühjahr 2012 lebte Janina mit ihrem Freund einige Monate in Berlin, um sich die deutsche Sprache noch stärker anzueignen. Man sagt den Cousinen eine große Ähnlichkeit nach (ich finde das auch). »Manche Dinge müssen wir gar nicht aussprechen, um zu wissen, was die andere denkt«, sagt Karoline. Am 4. November 2012 wird Johanne Frahm Øie geboren. Willy Brandts Urenkelin. Der Name Frahm, das war den Eltern wichtig, soll weitergetragen werden. Die Enkelinnen Karoline Brandt und Janina Frahm Kringstad sind Verwandte und Freunde und gehen hin und her zwischen Norwegen und Deutschland. Die Cousinen pflegen ein familiäres Freundschaftsband, sie führen einen europäischen Dialog, und die Namen Frahm und Brandt, deren Konfrontation noch für ihren Großvater ein Zerrissensein und Zerrissenwerden markierten, begegnen sich nun vor der Geschichte versöhnt.

Ist das nicht ein schöner Moment, um aufzuhören?

Schreibtisch abschütteln, aufstehen.

Nach Hause fahren.

»Papa, wie viele Seiten noch?«

»Keine!«

»Keine?«

»Ja!«

»Kriegen wir jetzt eine Katze?«

Anhang

Gespräche

Für dieses Buch wurden von mir weitaus mehr Gespräche geführt als die, die hier verzeichnet sind. Einige, jedoch nur wenige Gesprächspartner, wollten nicht genannt sein, andere habe ich so oft gesprochen, dass es allzu raumgreifend wäre, hier jedes Gespräch mit ihnen zu verzeichnen, und wiederum andere Unterhaltungen, die eher zufällig zustande kamen und nicht aufgezeichnet wurden, habe ich in dieser Liste ebenfalls weggelassen. Die meisten Interviews fanden während persönlicher Begegnungen statt, in der Schlussphase der Arbeit kam ich nicht umhin, einige Gespräche als Telefoninterviews zu führen. Ich danke allen Gesprächspartnern für ihre Geduld und Offenheit.

Arlt, Kristiane (Krankenschwester von R. Brandt), 14. März 13
Arnold, Christof (Darsteller in »Katz und Maus«), 9. Januar 13
Ahlers, Sybille (Journalistin), 31. Januar 12
Bahr, Egon (Politiker), 7. März 12
Bahr, Egon (Politiker), 12. Juni 12
Bellgrasch, Rudolf (Schauspieler), 7. Dezember 12
Bohmbach, Christian (Jugendfreund von P. Brandt), 14. November 12
Bohmbach, Michael (Jugendfreund von L. Brandt), 14. November 12
Bölling, Klaus (Politiker), 23. Juli 12
Brandes, Hans-Peter (Schulfreund von P. Brandt), 17. August 12
Brandt, Karoline (Geographin), 3. Mai 13
Brandt, Lars (Schriftsteller), 26. Februar 12
Brandt, Lars (Schriftsteller), 16. Oktober 12
Brandt, Lars (Schriftsteller), 18. Dezember 12
Brandt, Matthias (Schauspieler), 23. August 12
Brandt, Matthias (Schauspieler), 28. August 12
Brandt, Matthias (Schauspieler), 7. September 12
Brandt, Matthias (Schauspieler), 8. November 12
Brandt, Matthias (Schauspieler), 13. April 13
Brandt, Peter (Historiker), 15. Februar 12

Brandt, Peter (Historiker), 14. Mai 12
Brandt, Peter (Historiker), 13. Juni 12
Brandt, Peter (Historiker), 6. September 12
Brandt, Peter (Historiker), 5. November 12
Brandt, Peter (Historiker), 17. Dezember 12
Brandt, Renate (Fotografin), 18. Dezember 12
Brenke, Andreas (Freund von M. Brandt), 8. September 12
Brenke, Andreas (Freund von M. Brandt), 13. September 12
Brenke, Hans-Georg (Bekannter der Familie Brandt), 9. April 12
Brenke, Roswita (Bekannte der Familie Brandt), 17. September 12
Buchholz, Axel (Schulfreund von P. Brandt), 15. April 12
Clement, Karin (Freundin von R. Brandt), 27. März 12
Darchinger, Jupp (Fotograf), 16. Juli 12
Denstaedt, Christoph (Schulfreund von P. Brandt), 20. August 12
Genscher, Hans-Dietrich (Politiker), 5. November 11
Groth, Angelika (Mitschülerin von P. Brandt), 11. Mai 12
Ehmke, Horst (Politiker), 21. November 12
Ehmke, Maria (Journalistin), 12. April 12
Frahm, Ninja (Lehrerin), 24. September 12
Frahm, Ninja (Lehrerin), 25. September 12
Frahm, Ninja (Lehrerin), 26. September 12
Frahm, Ninja (Lehrerin), 29. April 13
Fuchs, Maria (Lokalpolitikerin in Unkel), 17. Juli 12
Godefroid, Christoph (Jugendfreund von P. Brandt), 1. März 13
Hagen, Till (Jugendfreund von P. Brandt), 17. Juni 12
Heidkamp, Peter (Jugendfreund von M. Brandt), 8. Februar 13
Heidorn, Ute (Schauspielerin, geschiedene Frau von Matthias Brandt), 20. März 13
Houwer, Claudia (Darstellerin in »Katz und Maus«), 5. Dezember 12
Hurwitz, Harold (Politologe), 10. April 12
Ihlefeld, Heli (Journalistin), 20. Februar 12
Ihlefeld, Heli (Journalistin), 5. April 12
Jänicke, Maria (Freundin von P. Brandt), 6. September 12
Koschnick, Hans (Politiker), 21. Mai 12
Knoche, Wolf-Rüdiger (Freund von P. Brandt), 23. April 12
Knoche, Wolf-Rüdiger (Freund von P. Brandt), 28. August 12
Kreier, Peter (Theaterfotograf in Oldenburg), 17. März 13
Leonhardt-Barillé, Heide-Marie (Freundin von N. Frahm), 4. Dezember 12
Lintz, Rita (SPD-Vorstandssekretärin), 11. Dezember 12

Lison, Horst (Freund der Familie Brandt), 9. November 12
Lueg, Wiltraud (Freundin von R. Brandt), 2. April 12
McLaren-Thomson, Julia (Freundin von M. Brandt), 4. April 13
Magka, Siegfried (Trainer von M. Brandt), 22. November 12
Magka, Joachim (Fußballfreund von M. Brandt), 22. November 12
Meinhardt, Peter (Schauspiellehrer von M. Brandt), 9. Oktober 12
Merges, Heinz (Friseur von R. Brandt), 7. Mai 12.
Merseburger, Peter (Journalist), 28. August 12.
Messler, Renate (Kosmetikerin von R. Brandt), 4. Mai 12
Messler, Renate (Kosmetikerin von R. Brandt), 17. März 13
Mendl, Michael (Schauspieler), 14. März 13
Mirow, Thomas (Freund von L. Brandt), 3. Dezember 12
Mitscherlich, Margarethe (Psychoanalytikerin), 15. Mai 12
Müller, Konrad R. (Fotograf), 13. März. 13
Ottersbach, Thomas (Beamter im AA), 27. März 12
Pfender, Monika (Kinderfreundin der Brandts), 7. März 13
Pfender, Michael (Nachbar im Marinesteig), 7. März 13
Pohland, Hans-Jürgen (Regisseur), 18. August 11
Rank, Gerd André (Vetter von W. Brandt), 15. Juni 12
Renk, Matthias (Jugendfreund von L. Brandt), 6. Februar 13
Richter, Uli (Modeschöpfer), 12. Oktober 12
Riepenhausen, Thomas (Schulfreund von P. Brandt), 9. Januar 13
Romain, Monika (Lehrerin von M. Brandt), 18. September 12
Rosen, Klaus-Henning (Referent von W. Brandt), 28. März 12
Rotholz, Sally (Freund von P. Brandt), 15. Oktober 12
Scheffel, Ina-Dolores (Mitschülerin von P. Brandt), 4. April 12
Schelz, Wolfgang (Lehrer von P. Brandt), 11. Mai 12
Schmidt, Helmut (Politiker), 22. April 13
Schmidt, Gerhard Wolfgang (Lehrer an der Schadowschule), 11. Mai 12
Schneider, Peter (Schriftsteller), 9. November 12
Scholz, Wilfried (Staatstheater Oldenburg), 11. September 12
Schreiber, Hermann (Journalist), 17. September 12
Schulz, Robert J. (Jugendfreund von P. Brandt), 11. Februar 13
Schumacher, Jörg (Freund von P. Brandt), 25. Mai 12
Schurig, Ursula (Kindermädchen bei den Brandts), 5. Februar 13
Schütz, Klaus (Politiker), 23. Januar 12
Tan, Chun Mei (Freundin von M. Brandt), 6. Oktober 12
Topf, Hartmut (Aufnahmeleiter bei »Katz und Maus«), 6. Dezember 12
Van Haastrecht, Sabine (Freundin von P. Brandt), 3. März 13

Varro, Anite (Bekannte der Brandts), 20. September 12
Veith, Norbert (Lehrer von M. Brandt), 22. November 12
Wagner, Matthias (Schulfreund von P. Brandt), 21. August 12
Walter, Harry (Werbefachmann), 2. Mai 13
Wierig, Jakob (Lokalpolitiker in Unkel), 28. März 12
Zehe, Daniela (Mitarbeiterin im Willy-Brandt-Haus), 6. Februar 13
Zeller, Wolfgang (Schulfreund von P. Brandt), 2. September 12
Zeplichal, Thomas (Schulfreund von P. Brandt), 16. September 12

Personenregister

Bildnachweis

Die S. Fischer Verlag GmbH dankt allen Verlagen und Rechtegebern für die Abdruckgenehmigungen. Da in einigen Fällen die Inhaber der Rechte nicht festzustellen oder erreichbar waren, verpflichtet sich der Verlag, rechtmäßige Ansprüche nach den üblichen Honorarsätzen zu vergüten.

Fotoarchive und -agenturen

Seite	
13	ullstein bild / ullstein bild
20	SPIEGEL TV
29	Archiv der sozialen Demokratie der Friedrich-Ebert-Stiftung
63	Archiv der sozialen Demokratie der Friedrich-Ebert-Stiftung
69	picture alliance / dpa
136	picture alliance / Konrad Giehr
183	BArch, B145 Bild-00010598, Ulrich Wienke / Georg-Meistermann-Nachlassverwaltung. Dr. J. M. Calleen / VG Bild-Kunst, Bonn 2013
185	Klaus-Henning Rosen / BPA / Georg-Meistermann-Nachlassverwaltung. Dr. J. M. Calleen / VG Bild-Kunst, Bonn 2013
229	picture alliance / Chris Hoffmann
271	picture alliance / Hartmut Reeh
278	Archiv der sozialen Demokratie der Friedrich-Ebert-Stiftung
286	picture alliance / Bonner Fotografen
290	picture alliance / akg-images
309	picture alliance / dpa
330	picture alliance / Kurt Rohwedder
333	picture aliance / dpa
338	picture alliance / NTB As Norsk Telegrambyra
363	Archiv der sozialen Demokratie der Friedrich-Ebert-Stiftung / Henning von Borstell

375	Horst Jürgen Winkel
379	Archiv der sozialen Demokratie der Friedrich-Ebert-Stiftung/ Harry Walter
383	Horst Jürgen Winkel
407	picture alliance/Sven Simon
427	ullstein bild/Rogge
433	FernUniversität in Hagen
446	picture alliance/dpa
467	picture alliance/Sascha Radke

Privatbesitz

Seite	
44, 45, 53	Ninja Frahm/privat
65	Ninja Frahm/privat
74	Peter Brandt/privat
83	Torsten Körner/privat
88	Matthias Brandt/privat
110	Peter Brandt/Lilo Frank
113	Michael und Christian Bohmbach/privat
125	Maria Jänicke
143	Maria Jänicke/privat
145	Lars Brandt/Gerd Ruppik
148	Berliner Morgenpost/E. O. Plauen
152	Peter Brandt/Wolfgang Roth
166, 173	Lars Brandt/Renate Brandt
196	Peter Brandt
204	Heli Ihlefeld
236	Sybille Ahlers
253	Roswita Brenke/privat
259	Peter Brandt/J. H. Darchinger
263	Roswita Brenke/privat
265	Matthias Brandt/privat
276	Peter Brandt/Irm Kühn
335	Sybille Ahlers/privat
340	Matthias Brandt/privat
355	Matthias Brandt/Peter Kreier
371	Michael Sowa

423	Peter Brandt/Fotoagentur Lichtblick, Sabine Sauer, Detlef Konnerth
442	Peter Brandt/privat
470	Ninja Frahm/privat
479	Matthias Brandt/privat
483, 484	Karoline Brandt/privat

Quellennachweis

Die S. Fischer Verlag GmbH dankt allen Verlagen und Rechtegebern für die Abdruckgenehmigungen. Da in einigen Fällen die Inhaber der Rechte nicht festzustellen oder erreichbar waren, verpflichtet sich der Verlag, rechtmäßige Ansprüche nach den üblichen Honorarsätzen zu vergüten.

Handke, Peter: Am Felsfenster morgens und andere Ortszeiten 1982–1987
© 1998 by Residenz Verlag,
alle Rechte beim Suhrkamp Verlag GmbH, Berlin

Koeppen, Wolfgang: Das Treibhaus
© 1953 by Scherz & Goverts Verlag GmbH, Stuttgart
Alle Rechte beim Suhrkamp Verlag GmbH, Berlin

Lindgren, Astrid: Der beste Karlsson der Welt
© Friedrich Oetinger Verlag, Hamburg 1995

Updike, John: Marokko, Zitat aus:
John Updike, »Die Tränen meines Vaters«
Deutsche Übersetzung von Maria Carlsson
© 2011 Rowohlt Verlag GmbH, Reinbek bei Hamburg

Yates, Richard: Eine gute Schule
Deutsche Übersetzung von Eike Schönfeld
© 2012, Deutsche Verlags-Anstalt, München,
in der Verlagsgruppe Random House GmbH

Bibliographie

Aufsätze

Ahlers-von der Mehden, Heilwig: Volksmann, Staatsmann. In: Werner Höfer (Hg.): Glück gehabt mit Präsidenten, Kanzlern und den Frauen, Gütersloh. o.J., S. 100–109.

Ahlers-von der Mehden, Heilwig: Rut Brandt. In: Dieter Zimmer (Hg.): Deutschlands First Ladies, Stutttgart 1998, S. 136–154.

Berger, John: Warum sehen wir Tiere an? In: ders.: Das Leben der Bilder oder die Kunst des Sehens, Berlin 1996, S. 12–35.

Fest, Joachim: Autorität und Menschlichkeit. Laudatio auf Willy Brandt anlässlich der Verleihung des Dolf-Sternberger-Preises 1992. In: ders.: Bürgerlichkeit als Lebensform, Hamburg 2008, S. 260–277.

Grass, Günter: Eine pädagogische Lektion. In: Neue Gesellschaft, 1969, Heft 16, S. 39–40.

Harpprecht, Klaus: Rix Löwenthal, der beste Kopf der SPD. In: Neue Gesellschaft/Frankfurter Hefte, 2009, Heft 1/2, S. 41–44.

Harpprecht, Klaus: Die SPD Willy Brandts – Gibt es sie noch? In: Neue Gesellschaft/Frankfurter Hefte, 2009, Heft 11, S. 12–14.

Harpprecht, Klaus: Brief an Horst Ehmke zum 80. Geburtstag. In: Neue Gesellschaft/Frankfurter Hefte, 2007, Heft 1/2, S. 17–21.

Harpprecht, Klaus: Rut Brandt. Noras erwachsene Enkelin. In: Werner Höfer (Hg.): Glück gehabt mit Präsidenten, Kanzlern und den Frauen, Gütersloh, o.J., S. 111–116.

Harpprecht, Klaus: Willy Brandt oder der Mut zum Glück, Hamburg 2003.

Merseburger, Peter: Ein Mann der Bonner Republik. In: Neue Gesellschaft/Frankfurter Hefte, 2007, Heft 5, S. 17–20.

Erinnerungen, Biographien, Dokumentationen

Ahlers, Conrad (Hg.): Was hält die Welt von Willy Brandt?, Hamburg 1972.

Amendt, Günter (Hg.): Kinderkreuzzug oder beginnt die Revolution in den Schulen?, Hamburg 1968.

Apel, Hans: Bonn, den … Tagebuch eines Bundestagsabgeordneten, Köln 1972.

Bahr, Egon: Zu meiner Zeit, München 1998.

Bahr, Egon: Das musst du erzählen. Erinnerungen an Willy Brandt, Berlin 2013.

Barzel, Rainer: Ein gewagtes Leben, Stuttgart, Leipzig 2001.

Bölling, Klaus: Die letzten 30 Tage des Kanzlers Helmut Schmidt, Hamburg 1982.

Brandt, Lars: Andenken, Hamburg 2007.

Brandt, Rut: Freundesland. Erinnerungen, Hamburg 1992.

Brandt, Rut: Wer an wen sein Herz verlor, München 2001.

Brandt, Willy; Löwenthal, Richard: Ernst Reuter. Ein Leben für die Freiheit, München 1957.

Brandt, Willy: Mein Weg nach Berlin. Aufgezeichnet von Leo Lania, München 1964.

Brandt, Willy: Begegnungen mit Kennedy, München 1964.

Brandt, Willy: Draußen. Schriften während der Emigration, München 1966.

Brandt, Willy: Begegnungen und Einsichten. Die Jahre 1960 – 1975, Hamburg 1976.

Brandt, Willy: »... wir sind nicht zu Helden geboren«. Ein Gespräch über Deutschland mit Birgit Kraatz, Zürich 1986.

Bruhns, Wibke: Nachrichtenzeit. Meine unfertigen Erinnerungen, München 2012.

Dollinger, Hans: Willy! Willy! Der Weg des Menschen und Politikers Willy Brandt, München 1970.

Dowe, Dieter (Hg.): Brand(t)meister Willy Brandt als Regierender Bürgermeister von Berlin, München 1996.

Ehmke, Horst: Mittendrin. Von der Großen Koalition zur Deutschen Einheit, Hamburg 1996.

Eppler, Erhard: Komplettes Stückwerk. Erfahrungen aus fünfzig Jahren Politik, Frankfurt am Main 2001.

Gaus, Günter: Widersprüche. Erinnerungen eines linken Konservativen, Berlin 2006.

Grass, Günter: Aus dem Tagebuch einer Schnecke, Neuwied; Darmstadt 1972.

Grebing, Helga: Willy Brandt. Der andere Deutsche, München 2008.

Harpprecht, Klaus: Willy Brandt. Porträt und Selbstporträt, München 1970.

Harpprecht, Klaus: Im Kanzleramt. Tagebuch der Jahre mit Willy Brandt, Hamburg 2001.

Hofmann, Gunter: Willy Brandt. Porträt eines Aufklärers aus Deutschland, Hamburg 1988.

Ihlefeld, Heli: Anekdoten um Willy Brandt, München 1968.

Ihlefeld, Heli: Mein Bonner Tagebuch, München 1970.

Ihlefeld, Heli: Auf Augenhöhe oder wie Frauen begannen, die Welt zu verändern, München 2008.

Jürgs, Michael: Bürger Grass, München 2002.

Kettlein, Rudolf: Willy Brandt ruft die Welt, Berlin 1959.

Korruhn, Wolfgang: Hautnah. Indiskrete Gespräche, Düsseldorf 1995.

Koch, Peter: Willy Brandt. Eine politische Biographie, Berlin; Frankfurt am Main 1998.

Lattmann, Dieter: Die Einsamkeit des Politikers, München 1977.

Lattmann, Dieter: Einigkeit der Einzelgänger, München 2006.

Lindlau, Dagobert (Hg.): Dieser Mann Brandt … Gedanken über einen Politiker von 35 Wissenschaftlern, Künstlern und Schriftstellern, München 1972.

Merseburger, Peter: Willy Brandt 1913–1992. Visionär und Realist, München 2006.

Prittie, Terence: Willy Brandt, Frankfurt am Main 1973.

Richter, Hans Werner: Mittendrin. Die Tagebücher 1966–1972, München 2012.

Richter, Horst-Eberhard: Die Chance des Gewissens, Düsseldorf 1995.

Ristock, Harry: Neben dem roten Teppich, Berlin 1991.

Salvatore, Gaston: Gaston Salvatore erzählt die Geschichte des Mannes mit der Pauke Wolfgang Neuss. Ein faltenreiches Kind, Frankfurt am Main 1974.

Schütz, Klaus: Logenplatz und Schleudersitz. Erinnerungen, Berlin 1992.

Seebacher, Brigitte: Willy Brandt, München 2006.

Strauß, Franz Josef: Die Erinnerungen, Berlin 1989.

Wilke, Reinhard: Meine Jahre mit Willy Brandt, Stuttgart 2010.

Winkel, Horst Jürgen (Hg.): Kinderbriefe an Willy Brandt, Frankfurt am Main 1973.

Weiterführende Literatur

Amendt, Günter (Hg.) Kinderkreuzzug oder Beginnt die Revolution in den Schulen? Hamburg 1968.

Anzieu, Didier: Das Haut-Ich, Frankfurt am Main 1991.

Arendt, Hannah: Menschen in finsteren Zeiten, München 2012.

Artmann, H. C.: Frankenstein in Sussex, Frankfurt am Main 1972.

Baring, Arnulf: Machtwechsel. Die Ära Brandt – Scheel, Berlin 1998.

Baroth, Hans Dieter (Hg.): Schriftsteller testen Politikertexte, München und Bern 1967.

Bauman, Zygmunt: Tod, Unsterblichkeit und andere Lebensstrategien, Frankfurt am Main 1994.

Benthien, Claudia: Haut. Literaturgeschichte, Körperbilder, Grenzdiskurse, Hamburg 1999.

Biens, Paul: Heimatklänge. Sagen und Geschichten der Neumark, Berlin 1994.

Brandt, Peter: Schwieriges Vaterland, Deutsche Einheit, Nationales Selbstverständnis, Soziale Emanzipation, Berlin 2001.

Brandt, Peter; Groh, Dieter: »Vaterlandslose Gesellen«. Sozialdemokratie und Nation 1860–1990, München 1992.

Brandt, Lars: H. C. Artmann. Ein Gespräch, Salzburg, Wien 2001.

Brandt, Lars: Gold und Silber, München 2008.

Brandt, Lars: Alles Zirkus, München 2012.

Eppler, Erhard: Kavalleriepferde beim Hornsignal. Die Krise der Politik im Spiegel der Sprache, Frankfurt am Main 1992.

Erikson, Erik H.: Der vollständige Lebenszyklus, Frankfurt am Main 1980.

Erikson, Erik H.: Identität und Lebenszyklus, Frankfurt am Main 1989.

Frayn, Michael: Demokratie. Stück in zwei Akten, Göttingen 2004.

Grunert, Manfred u. Barbara (Hg.): Wie stehen Sie dazu. Jugend fragt Prominente, München; Bern 1967.

Guttenberg, Karl Theodor Freiherr zu: Fußnoten, Stuttgart 1971.

Habel, F. B.: Ekel Alfred. Ein Herz und eine Seele, Berlin 1996.

Han, Byung-Chul: Was ist Macht?, Stuttgart 2010.

Han, Byung-Chul: Transparenzgesellschaft, Berlin 2012.

Harpprecht, Klaus: »… und nun ist es die!« Von Deutscher Republik, Hamburg 1999.

Herbst, Ludolf: Hitlers Charisma. Die Erfindung eines deutschen Messias, Frankfurt am Main 2010.

Illouz, Eva: Gefühle in Zeiten des Kapitalismus, Frankfurt am Main 2007.

Jung, Ernst G. (Hg.): Kleine Kulturgeschichte der Haut, Darmstadt 2007.

Koenen, Gerd: Das rote Jahrzehnt. Unsere kleine deutsche Kulturrevolution 1967–1977, Frankfurt am Main 2004.

Koeppen, Wolfgang: Das Treibhaus, Frankfurt am Main 1980.

Kracauer, Siegfried: Über die Freundschaft, Frankfurt am Main 1990.

Manke, Sabine: Brandt anfeuern. Das Misstrauensvotum 1972 in Bürgerbriefen an den Bundeskanzler, Marburg 2008.

Meckel, Christoph: Suchbild. Über meinen Vater, Frankfurt am Main 2005.

Möller, Frank (Hg.): Charismatische Führer der deutschen Nation, München 2004.

Münkel, Daniela: Willy Brandt und die »Vierte Gewalt«. Politik und Massenmedien in den 50er und 70er Jahren, Frankfurt am Main 2005.

Richter, Horst-Eberhard: Engagierte Analysen. Über den Umgang des Menschen mit dem Menschen, Hamburg 1978.

Richter, Horst-Eberhard: Die Chance des Gewissens, Düsseldorf 1995.

Rossi, Christina Peri: Die Zigarette. Leben mit einer verführerischen Geliebten, Berlin o. J.

Rosumek, Lars: Die Kanzler und die Medien. Acht Porträts von Adenauer bis Merkel, Frankfurt am Main 2007.

Salinger, J. D.: Der Fänger im Roggen, Hamburg 2012.

Schmidt, Helmut; Stern, Fritz: Unser Jahrhundert. Ein Gespräch, München 2011.

Schreiber, Hermann: Kanzlersturz. Warum Willy Brandt zurücktrat, Berlin 2005.

Seitz, Norbert: Die Kanzler und die Künste. Die Geschichte einer schwierigen Beziehung, München 2005.

Stahl, Enno: Für die Katz und wider die Maus, Pohlands Film nach Grass, Berlin 2012.

Sternberger, Dolf: »Ich wünschte ein Bürger zu sein«, Frankfurt am Main 1970.

Svevo, Italo: Zeno Cosini, Hamburg 1988.

Thomä, Dieter (Hg.): Vaterlosigkeit. Geschichte und Gegenwart einer fixen Idee, Frankfurt am Main 2010.

Updike, John: Die Tränen meines Vaters, Hamburg 2011.

Walter, Franz: Charismatiker und Effizienzen. Porträts aus 60 Jahren Bundesrepublik, Frankfurt am Main 2009.

Westen, Drew: Das politische Gehirn, Berlin 2012.

Wolffsohn, Michael; Thomas Brechenmacher: Denkmalsturz? Brandts Kniefall, München 2005.

Danksagung

Entschuldigung! Ich werde an dieser Stelle Namen vergessen haben, die hier stehen sollten. Ich danke meiner Familie, der ich viel Zeit schuldig blieb, und ich danke der Familie Brandt, der ich viel Zeit gestohlen habe. Ohne Ihre Unterstützung, ohne Ihre Bereitschaft, mir Rede und Antwort zu stehen und sich zu öffnen, wäre dieses Buch kaum möglich gewesen. Fehler siedeln ausnahmslos auf meiner Kappe.

Sybille Ahlers, Dieter Anschlag, Kristiane Arlt, Christof Arnold, Gerhard Bafs, Egon Bahr, Andrea Bazzato, Klaus Bölling, Christian Bohmbach, Michael Bohmbach, Peter Bohmbach, Henning von Borstell, Hans-Peter Brandes, Anton Brandt, Peter Brandt, Lars Brandt, Renate Brandt, Matthias Brandt, Karoline Brandt, Andreas Brenke, Hans-Georg Brenke, Roswitha Brenke, Wibke Bruhns, Axel Buchholz, Barbara Buhl, Andre Castrup, Karin Clement, Frank Darchinger, Josef Darchinger, Christoph Denstaedt, Nathalie Dettke, Gregor Dotzauer, Gabriele Drzisga, Maria Ehmke, Horst Ehmke, Werner Ettel, Ninja Frahm, Maria Fuchs, Stephan Fugel, Charlotte Geiser, Hans-Dietrich Genscher, Jan George, Christoph Godefroid, Hans Joachim von Gottberg, Dominik Graf, Katja Groeber, Christian Große-Siestrup, Gerd Haag, Sven Haarmann, Sabine van Haastrecht, Thomas Häger, Till Hagen, Anke Hahn, Jenny Harmsen, Peter Heidkamp, Ute Heidorn, Ute Herb, Margarete Hinze, Unda Hörner, Mai Horlemann, Merle Horlemann, Claudia Houwer, Robert Ide, Heli Ihlefeld-Bolesch, Maria Jänicke, Volker Jarck, Uwe Kammann, Alexandra Kosian-Krishnabhakdi, Michael Kloft, Wolf-Rüdiger Knoche, Ed Koch, Thomas Korff, Hans Koschnick, Katrin Krämer, Thomas Krämer-Badoni, Heinz Krebs, Peter Kreier, Karsten Krogmann, Thomas Krüger, Sigurd Kuschnerus, Susanne Labrenz, Wolfgang Landsberg, Heide-Marie Leonhardt-Barillé, Rita Lintz,

Horst Lison, Salma Louden, Wiltraud Lueg, Heidi Magka, Siegfried Magka, Joachim Magka, Vicki Marx, Julia McLaren-Thompson, Henrich Meier, Michael Mendl, Heinz Merges, Peter Merseburger, Renate Messler, Thomas Mirow, Margarethe Mitscherlich, Konrad R. Müller, Thomas Müller, Klaus Nicklitz, Claudia Nothelle, Friedrich Nowottny, Ursula Nüdling, Manfred Omankowsky, Thomas W. Ottersbach, Christiane Peitz, Michael Pfender, Monika Pfender, Karl-Heinz Petry, Patricia Plate, Hans-Jürgen Pohland, Edith Posack, Matthias Renk, Angelika Reuter, Uli Richter, Ingrid-Helmut Richter-Lippert, Thomas Riepenhausen, Michael Ringel, Diemut Roether, Monika Romain, Klaus-Henning Rosen, Sally Rotholz, Felix Rudloff, Ina-Dolores Scheffel, Wolfgang Schelz, Wolf-Dietrich Schilling, Bernd Schiphorst, Helmut Schmidt, Daniel Schönpflug, Harry Scholz, Petra Scholz, Wilfried Scholz, Hermann Schreiber, Achim Schreier, Helmut Schreiner, Klaus Schütz, Robert Schulz, Jörg Schumacher, Ursula Schurig, Alice Schwarzer, Karin Seidel, Sybille Simon-Zülch, Michael Sowa, Dagmar Stechmann, Daniela Stilzebach, Christiane Süßenguth, Dorothee Tackmann, Chun Mei Tan, Jutta Temme, Wolfgang Theis, Tamara Thiele, Gerrit Thies, Hartmut Topf, Anite Varro, Christian Varro, Arne Veit, Matthias Vitt, Matthias Wagner, Harry Walter, Gerlinde Watz, Jakob Wierig, Daniela Zehe, Wolfgang Zeller, Thomas Zeplichal, Hartmut Ziesemer, Michael Zöpel-Brochwitz, Miriam Zuchtriegel.

Torsten Körner

Götz George

Mit dem Leben gespielt

Band 16972

Götz George ist nicht Horst Schimanski. Hinter dieser berühmten Kultfigur verbirgt sich nicht nur einer der letzten großen Stars des deutschen Films und Fernsehens, sondern vor allem ein besonderer Mensch mit außergewöhnlicher Begabung.

Torsten Körner ist es als Erstem gelungen, den als pressescheu bekannten Schauspieler von einer Zusammenarbeit zu überzeugen: Sein Buch beleuchtet die gesamte Karriere des Künstlers, zeigt viele bislang unveröffentlichte Dokumente und Fotos und lässt in Interviews über hundert Zeitzeugen, Kollegen, Freunde und Familienangehörige zu Wort kommen. Ein Werk, das den Schauspieler und Menschen von seiner sehr persönlichen und berührbaren Seite zeigt.

Fischer Taschenbuch Verlag

fi 16972 / 1

Torsten Körner

Geschichten aus dem Speisewagen

Unterwegs in Deutschland

Band 18273

Im Speisewagen der Bahn bereist Torsten Körner ein Jahr lang das Land, beobachtet und spricht mit Reisenden, die ihm und anderen ihre (Lebens-)Geschichten anvertrauen. Für wenige Stunden legen sie die Anonymität des Reisenden ab, um sich in intimen Gesprächen zu öffnen. Egal, ob Studentin, Handwerker, Rentnerin oder Professor: Sie alle erzählen nicht nur von ihrem Lebensglück, sondern teilen ihre Geheimnisse und Ängste mit völlig unbekannten Menschen. Von diesen besonderen Begegnungen erzählt Körners einzigartiges Gesellschaftsporträt, das das verborgene Gesicht der Bundesrepublik jenseits aller Klassen- und Altersgrenzen widerspiegelt.

Fischer Taschenbuch Verlag

fi 18273 / 1